U0659107

《宝库山世界历史研究指南》
编辑委员会

图像研究与编排	安娜・迈尔斯（Anna Myers）
设计者	安娜・迈尔斯（Anna Myers）
封面艺术设计	莉莎・克拉克（Lisa Clark）
编制与索引	新源成像系统公司（Newgen Imaging Systems, Inc.）
印刷者	汤姆森－肖尔公司（Thomson-Shore, Inc.）
中文版主编	陈　恒　俞金尧　刘　健　郭子林　黄艳红　刘文明
项目主持	王秦伟　成　华

译校者

第一卷	陈　恒　蔡　萌　刘招静　焦汉丰　屈伯文 张忠祥　常　程　李　月　赵文杰　张译丹
第二卷	俞金尧　陈黎黎　尹建龙　侯　波
第三卷	刘　健　邢　颖　李　军　王超华
第四卷	郭子林　毛　悦　张　瑾
第五卷	黄艳红　马行亮　王　超　赵挹彬
第六卷	刘文明　王晓辉　高照晶　邢　科　汪　辉 李磊宇　魏孝稷　刘凌寒　张小敏　张娟娟

BERKSHIRE ENCYCLOPEDIA *of* WORLD HISTORY

宝库山

世界历史研究指南

第四卷

生活·讀書·新知 三联书店

本作品中包括地图在内的所有插图均来自原文。

图书在版编目(CIP)数据

宝库山世界历史研究指南/(美)威廉·麦克尼尔主编;陈恒译. —北京:生活·读书·新知三联书店,2024.1
ISBN 978-7-108-07348-8

Ⅰ.①宝… Ⅱ.①威… ②陈… Ⅲ.①世界史—研究 Ⅳ.①K107

中国版本图书馆 CIP 数据核字(2022)第 016005 号

K

Korea 朝鲜

1466 朝鲜半岛(Korean peninsula)位于亚洲大陆的东陲,西面是黄海,东面是日本海。尽管学者们把朝鲜历史归入东亚的讨论范畴,但朝鲜的王国和王朝早在其现代化进程开始之前的 19 世纪晚期就与半岛之外的国家相互影响。目前,朝鲜半岛被分成朝鲜和韩国。

考古证据表明,朝鲜半岛上最早大约 70 万年以前出现人类,那是采集食物(旧石器)时代。新石器时代大约始于公元前 1 万年,出现了定居生活。朝鲜半岛上建立起来的第一个国家是古朝鲜(Old Choson, Joseon)。相传,古朝鲜王国建立于大约 4 300 年以前。但历史记录证实,古朝鲜大约存在于公元前 7 至前 8 世纪。自此以后,朝鲜半岛(在三国时代)经历了高句丽(Koguryo,前 37—公元 668)、百济(Paekche,前 18—公元 660)和新罗(Shilla/Silla,前 57—公元 935)3 个国家的兴衰过程,它们的统治有时同时并存。

19 世纪之前,学者们在东亚国际秩序语境中讨论朝鲜半岛历史。这里的东亚国际秩序主要是指中国的朝贡体系,这是一国与相邻国家形成外交关系的基本机制。结果,人们普遍认为朝鲜在 19 世纪晚期实行开放和现代化政策以后才与整个世界发生交集。

但是,朝鲜的历史表明,在现代以前,朝鲜就不断与亚洲其他国家以及世界其他地区相互往来。朝鲜经中国从印度和中亚引进佛教及很多文化元素,也与一些阿拉伯国家有交往。西方文化是在朝鲜王朝时期引入朝鲜的。事实上,与外部世界各种各样的交换对于朝鲜传统文化发展是必不可少的动力。

遭遇世界: 从史前至 1392 年

在新石器时代和青铜器时代,朝鲜与世界其他地区的接触区域远及西伯利亚大草原(Siberian

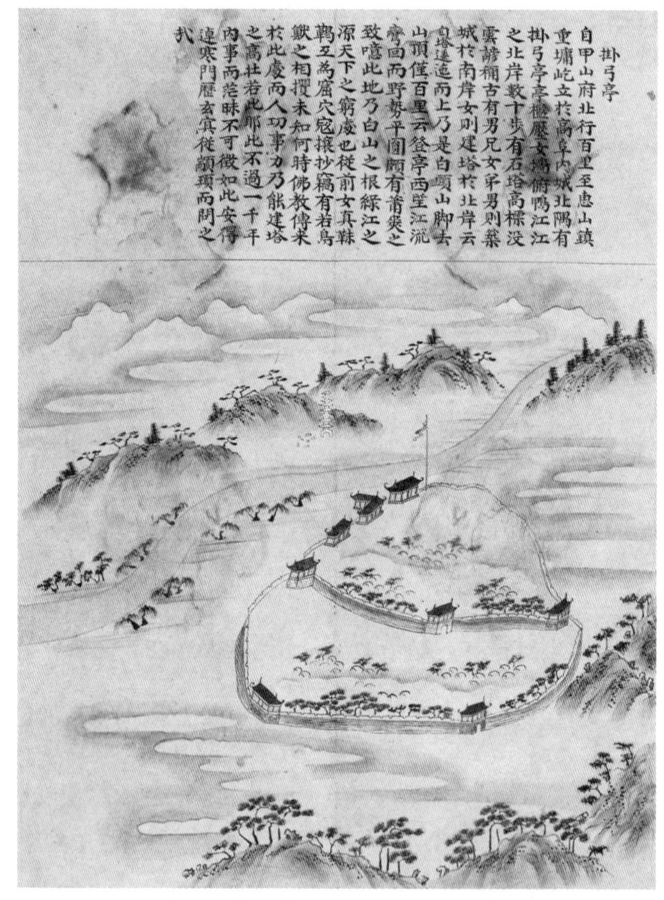

这是一张关于朝鲜北部边境小村庄的鸟瞰图,由一位匿名艺术家绘制,约 1800 年

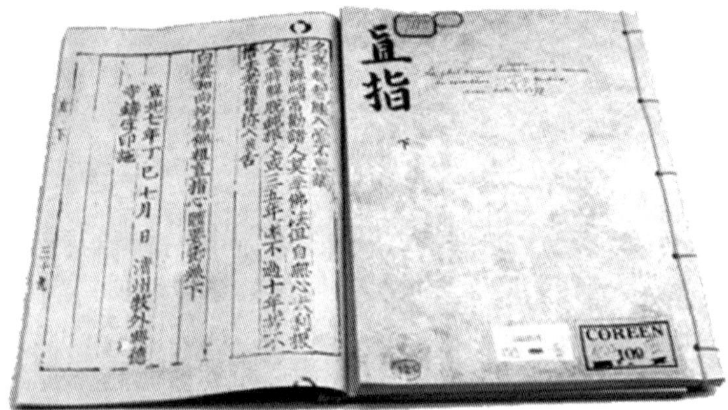

《直指》(*Anthology of Great Buddhist Priests'Zen Teachings* [Jikji])于 1377 年出版，是现存最早使用金属活字印刷术印制的书

1467 steppe)、中国和日本。朝鲜新石器时代的人们使用的篦纹陶器似乎是由亚洲人从西伯利亚大草原地区带到半岛上来的。朝鲜半岛上 3 万多座青铜器时代的石冢墓(单室巨石墓)遗迹，与中国东北地区的辽宁省和日本西部九州发现的那些石冢墓相似。这证明这些区域之间的交换已经形成了一个文化区。

在朝鲜半岛进入铁器时代之后的三国时代文化互动越来越频繁。高句丽、百济和新罗这三个国家大约在 4 世纪采信了佛教。在这之前，它们的信仰体系主要是萨满教。佛教似乎是由中国或印度僧侣经中国引进到朝鲜半岛的。在统一新罗时代，诸如慧超(Haecho)这样的朝鲜僧侣能够到遥远的印度和一些阿拉伯国家朝觐。

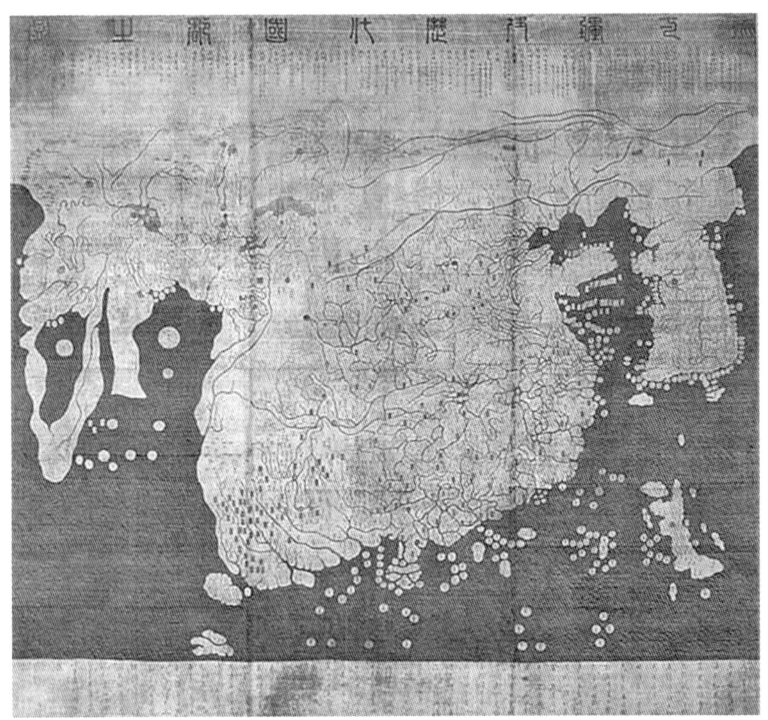

疆理图，这是 1402 年朝鲜人绘制的世界地图。该地图意在表明朝鲜在近现代之前始终与亚洲其他国家以及世界其他地区有交往

值得注意的是，三国时期和统一新罗时代的历史记录提到了波斯和东南亚的各种玻璃产品和进口商品。《三国史记》(*Samguk sagi*)提及很多从波斯进口的羊毛地毯和从东南亚进口的奢侈品。这些商品似乎是通过直接贸易进口的，有一些个人交往证据。如在高句丽时代坟墓壁画上的一个摔跤(韩国相扑[Ssireum]或朝鲜传统摔跤)场面里，一个摔跤选手从相貌上看并非本土人：大眼睛和鹰钩鼻子。统一新罗时代国王坟墓——所谓帝王陵(Kwaereung)——前面立着一位军人石头雕像，其相貌也是外国人的。这些人物或是中亚人，或是阿拉伯人。

朝鲜与中国的文化交流占据主导地位，但也与阿拉伯商人建立了密切的海上贸易关系。7 世纪，阿拉伯人开始与中国建立联系。根据 8 世

美国空军(U. S. Air Force)B－26 轻型轰炸机袭击朝鲜

纪的中国记录，中国的华南地区与印度尼西亚水域、印度洋、波斯湾和东非海岸的贸易路线已经连接起来。三国和统一新罗在与阿拉伯商人进行贸易活动时，可能利用了这些海上贸易路线。

1468 丝绸之路把中国与西方世界联系起来，成为另一个重要交换路线。高句丽使节可能出现于一幅壁画里。1965 年，乌兹别克斯坦撒马尔罕(Samarqand)郊区的阿夫拉西阿卜(Afrasiab)遗址出土了一幅壁画。壁画描绘了 7 世纪中叶 12 位外国使节获得接见的场面。考虑到这些使节的种族特点、服装样式和那个时代的国际关系，可以断定，他们是高句丽使节。他们为了建立联盟，穿过北部大草原，到达撒马尔罕。三个王国不仅与中国，还与西北大草原地区的大量族群以及国家建立了外交关系。这样，它们能够维持其作为东亚秩序轴心国之一的地位。

高丽王国(918—1392)积极扩张国际贸易网络，远及阿拉伯半岛，从南方进口印度棉花、糖、象牙和染料。高丽的历史记录提到了那些来到王国的阿拉伯商人；高丽的名字也传播到了西方世界，而现代名称“朝鲜”(Korea)就源自高丽这个名字。

高丽与蒙古人进行了长达 50 年的战争。1270 年，战争以高丽的失败而告终，结果高丽遭受了蒙古人对其国内事务的长期干预。尽管高丽这段时间在政治上受到蒙古人的控制，但他们能够通过蒙古人与伊斯兰世界交往，输入信息和知识，例如从伊斯兰世界输入历法。朝鲜王朝早期于 1402 年绘成的《疆理图》(*the Map of Lands and Regions of Historical Countries and Capitals*)就是以阿拉伯半岛的地理知识为基础的。该地图描绘出了世界各个地区及其核心城市，包括中国、朝鲜、日本、西伯利亚、东南亚、印度、阿拉伯半岛、非洲和欧洲。这幅地图显示了 1469
朝鲜对世界地理的深刻理解。

高丽王国在世界印刷术史上占有一席之地。印刷术在朝鲜早期发展起来，《陀罗尼经》(*Great Dharani Sutra of Pure and Immaculate Light*)是用雕版印刷术印制的最早书籍的现存本。这个传统可能促进了金属活字印刷术的发展。《钦定礼仪文本》(*Prescribed Ritual Text of the Past and Present*)就是 1234 年用金属活字印刷术印制的，但已遗失。《直指》(*Anthology of Great Buddhist Priests' Zen Teachings* [Jikji])于 1377 年在清州(Cheongju)出版，是现存运用金属活字印刷术印制的最古老书籍，收藏于法国国家图书馆(French National Library)。朝鲜金属活字印刷术的使用比谷登堡(Gutenberg)活字印刷术的使用早 77 年。高丽王国的印刷术为朝鲜王朝优质金属活字印刷术的发展奠定了基础。

朝鲜王朝的对外关系

韩国板门店非军事区带钩的铁丝网和护栏。欧仁伲亚・金(Eugenia Kim)摄

朝鲜王朝(1392—1910)的对外政策受到明朝“闭关锁国”政策的影响。高丽晚期,日本海盗逐渐壮大起来,朝鲜与东南亚非经常性的贸易也因此而终结。这样,朝鲜只能断断续续地与外国(除了中国和日本)以及外国人往来,有时是在非常困难的环境中往来,沉船事件就表明了这点(1653年,荷兰游艇“斯佩威尔号”[Sperwer]失事,朝鲜政府强行扣留亨德里克・哈梅尔[Hendrick Hamel]和36名其他幸存者达13年之久。哈梅尔逃到日本以后,于1668年出版了一本关于这次经历的日志。这次事件引起了荷兰和西方关注)。

然而,朝鲜王朝统治下的朝鲜并没有完全孤立于世界之外,因为它仍然与西方世界交流,并通过中国获得西方商品。天主教在17世纪引入朝鲜。朝鲜使节从中国北京将意大利天主教耶稣会传教士利玛窦(Matteo Ricci)关于科学和宗教的新知识带回朝鲜。利玛窦那时定居在中国。天主教最初被接受为一种学术,后来被接受为宗教。

19世纪,西方帝国主义势力在东亚扩张,朝鲜政府在如何对待西方这个问题上开始摇摆不定。一些朝鲜人意识到西方侵略的意图,支持海上防御政策。一些朝鲜人倡导为了国家利益
1470 而采用西方技术。在这个混乱时期,朝鲜政府与日本在1876年签订了《江华条约》(Treaty of Kanghwa),并与美国、英国、德国、意大利、俄国、法国和奥地利缔结条约。结果,朝鲜王朝开始发展现代国际关系。然而,它未能免于日本侵略,日本当时正作为东亚最强大民族国家而兴起。

现代化、殖民统治和国家分裂

从1910年开始,朝鲜经历了现代化的失败和日本为期36年的殖民统治。1945年,朝鲜半岛刚刚解放,就从北纬38度线上被分裂为两部分,北部由苏联军队占领,南部由美国军队占领。这是美国(资本主义阵营)与苏联(社会主义阵营)之间对抗的反映。最终朝鲜分为两个部分:朝鲜,官方称呼为朝鲜民主主义人民共和国(Democratic People's Republic of Korea),首都位于平壤;韩国,官方称呼为大韩民国(Republic of Korea),也有自己的首都。

1950年的朝鲜战争是这些冲突与对抗的表现。战争不是以缔结和平条约的方式结束,而是以签订停战协议的形式结束。战争对现代朝鲜历史产生了巨大影响。

自20世纪60年代以来，韩国已经实现了极为快速的经济增长，这种增长经常被称为“汉江奇迹”。韩国克服了自现代史开端以来100多年的混乱局面，成功地建立和巩固了民主政治制度。

朝鲜作为社会主义共和国与中国及东南亚的柬埔寨、老挝和越南保持着非常友好的关系。 1471

进一步阅读书目：

Cumings, B. (2005). *Korea's Place in the Sun: A Modern History*. New York and London: W. W. Norton & Company.

Jeong, Soo-Il. (2001). *Coexistence of Civilizations*. Paju, South Korea: Sakyejul Publishing Ltd.

Lee, Ki-baik. (1984). *A New History of Korea*. Edward W. Wagner with Edward J. Shults (Trans.). Seoul: Ilchokak.

白昊卿(Ok-Kyoung Baek) 文
郭子林 译，毛悦 校

Kushan Empire 贵霜帝国

1472 在古代欧亚大陆的历史上，贵霜时代(约45—230)是最重要、最具影响力的时期之一。在公元最初的几个世纪里，贵霜帝国控制了欧亚大陆内陆大部分地区的政治、文化和经济。

通过在中亚积极参与政治、经济、艺术和沿丝绸之路的贸易活动，贵霜帝国在欧亚大陆内陆的大部分地区产生了重大文化影响，包括今塔吉克斯坦、乌兹别克斯坦和土库曼斯坦的很多地区，中国西北的新疆西部，整个阿富汗和巴基斯坦，印度中部和北部很多地区。贵霜帝国是当时的主要强国之一。在那个时代，亚非欧大陆的很多地区恰好由4个帝国控制着：中国的汉朝、罗马帝国、帕提亚王国和贵霜帝国。

尽管贵霜人的重要性毋庸置疑，但关于贵霜人的证据始终是有问题的。他们没有产生意义重大的文化体，只有很少量的、碎片化的铭文保留下来。然而，月氏——贵霜人得以起源的一个部落联盟——和贵霜人本身却经常出现在很多相邻社会的文学作品中，包括中国的王朝史书，印度、波斯、摩尼教(Manichaean)和粟特(Sogdian)的圣书及世俗文献，伊斯兰历史，以及几部希腊-罗马史料。月氏人的很多历史是从这些偶然证据中构建出来的。

少量贵霜纪念性建筑保存下来，尽管7世纪中国史料记载他们建筑了庞大宫殿、佛塔和王朝圣地。考古学家在阿富汗和巴基斯坦挖掘出的一些证据表明，在贵霜时代，他们构建了很多城市。除此之外，马图拉和犍陀罗出土的贵霜人赞助的重要艺术作坊，贝格拉姆(Begram，阿富汗)和塔克西拉(Taxila，巴基斯坦)王宫附近发现的国际艺术品，不仅表明贵霜君主调和艺术生产的方式，还表明贵霜时代发生的跨欧亚大陆文化交换达到了很高水平。

关于贵霜人的最重要的证据是钱币。在贵霜人生活的整个区域内，我们发现了几千枚贵霜人的硬币。它们证明早期文化对帝国军事和政治扩张、王位继承系谱、宗教信仰与意识形态、贵霜经济控制区以及3世纪贵霜政治控制力的最终消亡都产生了影响。

月氏和“早期贵霜人”

贵霜人源自一个部落联盟，中国人称之为月氏。月氏人或许讲吐火罗语（Tocharian），后者是印欧语系的一个分支。中国汉朝的历史学家描述了公元前162年月氏在敦煌附近被另一个名为匈奴的部落联盟决定性地打败的过程。月氏人被迫离开他们在今日甘肃（中国西北部）的家乡而向外迁移，最后迁移到巴克特里亚
1473 （Bactria，古代阿富汗）。他们在这里打败希腊-巴克特里亚王国的余部，于公元前1世纪的某些时候占据巴克特里亚，并划分为五大部落（yabghu）区。到公元45年，月氏人贵霜（Kueizhuang）部落（贵霜国家因此而得名）的王子丘就却·伽德菲塞斯（Kujula Kadphises）把各部落统一为强大的联盟，建立了贵霜帝国。

月氏的迁移直接打开了大规模丝绸之路贸易以及随之而来的跨欧亚大陆文化交流的大门。公元前138年，汉武帝派遣张骞出使月氏，试图与他们建立联盟，共同抵抗匈奴。尽管张骞未能成功地获得当时重新定居的月氏人的支持，但他给汉朝宫廷带回来的信息促使汉武帝采取扩张主义政策，第一次使汉朝的商业利益与中亚、帕提亚（Parthia）和（最终与）罗马商人联系起来。

早期贵霜

从丘就却（约45—85）开始，早期贵霜国王们大大扩展版图，征服喀布尔山谷（Kabul Valley）、克什米尔（Kashmir）、犍陀罗和印度西北部的很多地方。钱币证据表明早期罗马对贵霜王朝产生影响。到1世纪中叶，罗马人显然涉足了与印度、中亚以及中国的丝绸和奢侈品贸易。这通过两条商路进行：一条是从亚历山大城开始的海路；一条是经帕提亚和中亚的陆路，即丝绸之路。丘就却和其继承者对汉帝国造成某些影响。在1世纪，贵霜人曾多次对和田（Hotan，或者 Khotan）和喀什（Kashi，或者Kashgar）直接实施政治与经济控制，它们是中国控制的塔里木盆地地区丝绸之路沿途两座重要绿洲城市。丘就却的继承者依次是其子威玛·塔克图（Vima Takto，85—100年在位）和其孙子威玛·伽德菲塞斯（Vima Kadphises，100—127年在位）。接下来，威玛·伽德菲塞斯的儿子迦腻色迦大帝（Kanishka the Great，约127—153年在位）继承王位，他是古代中亚历史上最重要的统治者之一。

大贵霜

随着迦腻色迦及其继承者的统治，贵霜历史进入了其最重要的阶段，即“大贵霜”时代（Great Kushans，约127—约228）。迦腻色迦及其继承者瓦什色迦（Vasishka）、胡维色迦（Huvishka）和瓦苏德瓦（Vasudeva）统治着一个庞大、富裕、多文化及相对和平的帝国，这个时代常常被描述为古代中亚的黄金时代。大贵霜继续颁发标准的铜币和金币，标准是由威玛·塔克图制定的。货币重量长期维持下来，这种现象本身就是稳定和强大中央政府曾经存在的证据。硬币反映了贵霜对宗教的宽容，大多数硬币

描绘了琐罗亚斯德教的神祇，也有一些硬币描绘了希腊和印度神祇。

尽管迦腻色迦本人已经皈依了琐罗亚斯德教，但他仍被视作佛教的赞助人。他发行的（至少）一个系列金币和几个系列铜币上描绘了原初形象的佛陀。迦腻色迦也因为在克什米尔召集了一次宗教会议而受到崇敬。这次会议确定将佛教经文从婆罗米语（Brahmi）和佉卢语（Kharosthi）转写为更容易理解的语言——梵文。佛教徒认为经文的转译促使大乘佛教迅速流传开来，然后由朝觐者经由丝绸之路传播到中亚与东亚。

大贵霜的国王们也是在犍陀罗和马图拉建立起来的重要艺术派别的赞助人。这些作品的输出反映了一种文化合成，这在艺术史上几乎是独一无二的。关于佛陀和菩萨（Bodhisattvas）身体的描绘导致巴克特里亚、伊朗、印度和希腊文化实现融合，然后沿着贸易路线传播，进入印
1474 度南方较远处的斯里兰卡，通过中国进入朝鲜、日本和东南亚。

晚期贵霜

随着约 228 年瓦苏德瓦去世，贵霜历史进入衰落期。226 年之后不久，萨珊（Sasanian）统治者阿达什尔（Ardashir）率领军队从伊朗高原进入贵霜境内，以前贵霜帝国的西北地区被并入萨珊-贵霜国家。萨珊的国王们用巴克特里亚文字宣称自己为“Kushan Shah”或“贵霜的国王”，以强调自己与贵霜人的联系。然而，在 4 世纪之前，贵霜人始终难以驾驭。晚至 367 年或 368 年，萨珊国王沙普尔二世（Shapur II，309—379）才被迫与大夏（Balkh）的贵霜人进行了一场破坏性的战斗。

在印度，强大君主国的纷纷兴起进一步削弱了贵霜的势力，尽管贵霜的文化影响始终无处不在。笈多（Gupta）人的大量金币显然是以贵霜第纳尔（dinar）的模式铸造的。大约 335 年的一份铭文发现于阿拉哈巴德（Allahabad），记录了那些向笈多统治者进贡的外国国王的名字，用贵霜头衔描述笈多统治者为“天子的后裔”和“王中王”。

尽管贵霜帝国非常迅速地瓦解了，可能还导致了古代中亚黄金时代的终结，但贵霜人的文化、政治和经济成就持续不断地影响他们曾统治地区的后来者。关于贵霜人的证据很少，但现有史料足以展现一个非同寻常的文明的重要意义和文化遗产。这个文明曾占据中亚达几个世纪之久，对其周围世界的影响远远超过伊斯兰文明兴起之前的任何其他文明。

进一步阅读书目：

Basham, A.L.(1968). *Papers on the Date of Kanishka*. Leiden, The Netherlands: Brill.

Benjamin, C.(2007). *The Yuezhi: Origin, Migration, and the Conquest of Northern Bactria* (Silk Roads Studies Series No.14). Turnhout, Belgium: Brepols.

Benjamin, C., & Lieu, S. (Eds.).(2002). *Walls and Frontiers in Inner Asian History* (Silk Roads Studies Series No.6). Turnhout, Belgium: Brepols.

Christian, D.(1998). *A History of Russia, Central Asia and Mongolia: Inner Eurasia from Prehistory to the Mongol Empire: Vol.1*. Oxford, U.K.: Blackwells.

Christian, D., & Benjamin, C. (Eds.).(1988). *Worlds of the Silk Roads: Ancient and Modern* (Silk Roads Studies Series No.2)Turnhout, Belgium: Brepols.

Christian, D., & Benjamin, C. (Eds.).(2000). *Realms of the Silk Roads: Ancient and Modern* (Silk Roads Studies Series No.4)Turnhout, Belgium: Brepols.

Frank, I., & Brownstone, D.(1986). *The Silk Road: A History*. New York: Facts on File Publications.

Frye, R. N. (1996). *The Heritage of Central Asia*. Princeton, NJ: Princeton University Press.

Harmatta, J. (Ed.). (1994). *History of Civilizations of Central Asia: The Development of Sedentary and Nomadic Civilizations: Vol. 2*. Paris: UNESCO.

Liu, X. & Shaffer, L. N. (2007). *Connections across Eurasia: Transportation, Communication and Cultural Exchange on the Silk Roads*. Boston: McGraw-Hill.

Sinor, D. (Ed.). (1990). *The Cambridge History of Early Inner Asia*. Cambridge, U. K.: Cambridge University Press.

Wheeler, M. (1958). *Rome beyond the Imperial Frontiers*. Harmondsworth, U. K.: Penguin.

克雷格・本杰明(Craig Benjamin) 文

郭子林 译,毛悦 校

L

Labor Systems, Coercive 强制劳动制度

强制劳动是一个人被迫地为另一个人(或另一个国家)做的工作，而获得很少或根本不能获得报酬。最普通的强制劳 1477
动形式是奴隶制、强制劳役、农奴制和债务奴役。从历史上看，农业社会比游牧社会和工业社会更倾向于依赖强制劳动。

强制劳动制度存在于世界各地和整个人类历史上，尽管世界某些地区和某些时期比其他地区和时期更强烈地以这种制度为特征。一般来说，农业社会产生了最大量的强制劳动，而游牧社会和工业社会通常很少有强制劳动。这里将强制劳动这个词定义为一个人被迫为另一个地位较高的人或国家做的强制工作，而获得很少的报酬，或根本不能获得报酬。

强制劳动主要在农业社会里表现出来，因为这种类型的社会是稳定的，人们不能随意四处迁移，人力劳动是大多数任务中必不可少的，而且控制人的方法比较简单。不同层次的强制随着时间和地点的变化而有所不同。最常见的强制劳动是奴隶制、强制劳役、农奴制和债务奴役。最初，有的人被他人所有，从而被迫去工作，其所有者享有相对较少的限制。强制劳役是一种国家借以迫使其人民为其工作的制度，尽管人民在理论上是自由的。农奴在贵族地产上工作，贵族占有农奴的一部分收获物，限制农奴的迁徙能力。在债务奴役中，个人被迫为地主工作，因为他或她欠这个人的钱，而这些钱从来就不能彻底还清。强制劳役和奴隶制是强制劳动制度最古老的类型，是在大约 8 000 年前农业社会伊始创立的。在人类存在的较早的狩猎-采集阶段和游牧社会，尽管有奴隶，但数量非常少，因为这种社会难以维持对奴隶的控制。

古代世界的强制劳役与奴隶制

最早的世界文明都是以奴隶制和强制劳役为特征的，尽管各个文明对两者的组合方式不同。中国文明和埃及文明非常依赖于强制劳役，埃及从大约公元前 2700 年开始建造大金字塔，中国从秦朝开始建筑长城。埃及和中国秦朝的统治者们要求那些在土地上劳作的农民，离开他们的小块土地，到这些建筑项目中工作。他们通常能获得一些东西(修长城是食物和住处)，但无法选择是否工作。强制劳役通常用于这些大型项目；在这些项目中，要在有限的时间内完成工作，国家需要大量人力，而且大多数工作都是体力劳动，这需要强壮的胳膊和腰板而非技术劳动力。奴隶制仅仅以小规模的形式存在于这些社会里。

其他古代文明以奴隶制为特征，例如美索不达米亚地区、波斯和后来的希腊与罗马的古代文明。大多数奴隶是通过战争获得的，尽管在 1478
所有这些社会中，因为财产或债务，父母亲将孩子或自己出卖为奴。在这些社会里，大多数奴隶从事农业生产，在橄榄林或小麦地里工作，尽管城市奴隶也是常见的。一般来说，城市奴隶比农村奴隶的境况要好一些，因为他们居住在主人的房屋里，也在那里吃饭。有些城市奴隶受到过很好的教育，一些希腊和罗马精英甚至允许奴隶担当其孩子们的教师。对于很多精英来说，拥有城市奴隶是一种地位象征。

伊斯兰世界的奴隶制

罗马帝国衰落以后，奴隶制在前帝国时代最

> 没有斗争，就没有进步。那些声称热爱自由却反对动乱的人，是想不劳而获、天上掉馅饼的人。
>
> ——弗里德里克·道格拉斯(Frederick Douglas，1817—1895)

哈里耶特·比切·斯托(Harriet Beecher Stowe)的《汤姆叔叔的小屋》(*Uncle Tom's Cabin*)促使奴隶制在美国和欧洲成为公共话题。在此书里，一位母亲恳求与儿子待在一起，唯恐他们在奴隶拍卖中被分开

具活力的地方、在伊斯兰统治的地方始终是一种重要的劳动制度。奴隶来源于阿拉伯文明的边远地区，主要来自高加索地区和次撒哈拉非洲。在伊斯兰社会，奴隶皈依伊斯兰教以后就能获得自由。自由农民也存在于伊斯兰世界，就像在较早的时代那样，但奴隶在城市经济中很重要，城市人足够富有，可以拥有其他人。农村奴隶制也存在，但各地区有所不同。在阿拉伯世界，从经济上来看，城市奴隶制比农村奴隶制更重要。

伊斯兰社会也用奴隶士兵参加战斗和维持国内控制。这些奴隶通常来自伊斯兰世界的边缘地区，而且他们一旦获得训练，就对王朝特别有用，因为这些王朝需要没有地方根基的士兵，这些士兵绝对忠诚于统治者。他们经常通向相对特权的生活，一个主要事例是马穆鲁克(Mamluks)，他们统治繁荣的埃及行省达几个世纪之久(1250—1517)。马穆鲁克之所以受到嘉奖，是因为他们被训练为超级战士，对他们的奥斯曼帝国的主人绝对服从。然而，到15世纪为止，他们更多地忠诚于自己，而非奥斯曼帝国。奥斯曼人于14世纪以安纳托利亚为核心建立了帝国以后，在利用奴隶做士兵方面是最成功的。这些奴隶当中的很多源自奥斯曼帝国掌控的东欧地区的基督徒男孩，获得了战争技能的训练。他们被称为禁卫军，被视作该地区最优秀的部队。

日本和欧洲的农奴制

在其他地区，另一种劳动制度——农奴制——出现了。农奴制与封建主义关系密切，在公元第1个千年的西欧和日本常见。在这两个地区，农奴制出现的原因是相同的：在权力真空期，政治非常动荡，农民放弃了土地和自由，作为回报而从战士-贵族那里获得保护。农民的产品为他们的家庭提供基本生活物资，也供养拥有土地的地主。这种制度在15世纪的西欧衰落 1479
了，因为城市化出现了，而且农奴获得了逃跑或向地主购买土地的能力。在日本，农奴制直到19世纪才消失。东欧和俄罗斯则在17世纪经历了农奴制的兴起，因为贵族利用强大的国家迫使以前的自由农民变成农奴，生产小麦和其他用于出售的谷物。

> 一个自由的种族不可能源自奴隶母亲。
>
> ——玛格丽特·桑格(Margaret Sanger，1879—1966)

新世界强制劳动的延展

西欧向世界其他地区的扩张始于“地理大发现”和人口向美洲迁移，这极大地改变了世界很多地区的劳动制度，尤其是环大西洋地区。强制劳动作为这种扩张的结果而增加。西班牙殖民当局将那些从印第安文明继承来的强制劳役制度转变为义务劳动制度，这很可能比征服前存在的劳动制度更繁重。首先，征服者采用监护征税制，这是一种要求所有被征服印第安人劳动的方案。但是，西班牙王室不想在大西洋的另一面复兴农奴制(这是封建主义的经济基础)，因此它从最初的征服者那里夺取了对当地劳动力的控制。在 16 世纪 80 年代，西班牙在南美洲领地的总督弗朗西斯科·托莱多(Francisco Toledo，1515—1582)彻底修改了强制劳役制度，为印第安人可以按个人意愿在玻利维亚安第斯山脉高处的波托西(Potosí)银矿提供工作。印第安村民被建议派遣 1/7 的健全劳动力到矿山去，但海拔 4 500 多米的高山上炎热而危险、矿井中恐怖的条件和低报酬使很多印第安人逃回村庄以避免被派遣。尽管银矿生产得以大大提升，但这种劳动制度几个世纪以后崩溃了，随着 19 世纪早期国家的独立而被废除。

非洲奴隶制已经存在了几千年，不但没有衰退，反而强化了，尤其在沿海地区。最早的非洲奴隶与探险者和征服者一起来到美洲。到 17 世纪，葡萄牙奴隶贸易者与其他欧洲人结合起来，从西非、安哥拉的贸易站购买非洲内陆的奴隶，并通过“中间通道”，跨越大西洋，运送到加勒比海和巴西东北部的糖料种植园。在较小的程度上，北美烟草和 18 世纪晚期至 19 世纪的棉花种植园，也促进了以非洲奴隶制为基础的出口经济的发展。

大约 1 000 万～1 200 万非洲人被带到美洲做奴隶。这些非洲人当中大约 40%留在巴西；另外大约 40%分布在英属北美殖民地和西班牙殖民地。其余的分布在法国、荷兰和丹麦的殖民地。据估计，800 多万非洲人在到美洲做奴隶的转运途中、在到达新世界之前就死掉了。

大多数奴隶在种植园工作，种植园的条件很恶劣，大多数人在踏上美洲之后的几年里便死掉。城市奴隶则一如既往地有较好的环境。经济上最活跃的地区，例如巴西和加勒比海地区，拥有最高的死亡率。在经济上更落后的地区，例如后来成为美国的地区，实际上在没有持续进口动产奴隶的情况下，非裔人口增加而非减少了。18 至 19 世纪早期是美洲奴隶制的高峰期，加勒比海诸岛屿、巴西和美国成为最重要的奴隶地区。

19 世纪奴隶制的废除

到 19 世纪早期，奴隶制在美洲逐渐衰落。反对奴隶制的情绪开始高涨；到 1807 年英国禁止了非洲和其领地之间的奴隶贸易，美国在 1808 年也跟着这样做。英国 1833 年在其领地里废除了奴隶制，并开始在世界其他地区反对奴隶贸易。大多数讲西班牙语的美洲国家到 19 世纪 50 年代已经废除了奴隶制。奴隶制是美国 1480 最具分裂性的问题。蓄奴的南方与工业化的北方之间的政治冲突在 1861 年随着美国内战的爆发而达到紧急关头。总统亚伯拉罕·林肯(Abraham Lincoln)1862 年的《解放黑奴宣言》和 1865 年的联邦胜利，使美国成功地将奴隶制从北美洲消除。在西半球的其他地区，尽管奴隶制像在美国一样发挥了巨大作用，但奴隶制的废除并没有经历流血事件。古巴在 1886 年废除奴隶制。巴西在 1850 年结束奴隶贸易，并在 1888 年解放了所有奴隶。

工业化在 19 世纪开始加速发展，完全不支持奴隶劳动。奴隶们最感兴趣的是破坏精巧的机器，这样他们可以不用工作；出于这个原因，雇佣自由劳动力是更容易和更便宜的，因为自由劳动者依靠工资维持生活。总体来说，奴隶也不是经济消费者，而工业制度需要消费者，消费者赚取工资后才有钱消费在工业生产的商品上。

奴隶制的结束并不意味着强制劳动的消失。其他形式，例如债务奴役代替了奴隶制。债务奴役存在于世界很多地区，尤其在19和20世纪。债务工人在非洲和印度尼西亚的咖啡种植园劳动，在印度采摘茶叶，在巴西亚马孙提取橡胶。仅仅在20世纪中叶，当现代国家宣传控制和禁止对农村劳动力的剥削时，债务奴役才开始退却。

世界体系与强制劳动

强制劳动制度为什么和怎样存在？世界经济模式的提出者社会学家伊曼纽尔·沃勒斯坦(Immanuel Wallerstein)提供了一个答案。沃勒斯坦指出，至少从16世纪以来，强制劳动制度是西欧经济扩张强加给世界资本主义制度的结果。尤其是那些欧洲列强在经济或政治上占主导地位的地区，例如西半球和非洲，发展出了强制劳动制度。这些“边缘”地区(之所以这样称呼，是因为它们位于占主导地位的列强的外围)主要输出原材料，例如银、糖和棉花。考虑到它们仅仅输出便宜的原材料，而需要购买昂贵的欧洲制造的商品，边缘地区的精英们不得不剥削当地劳动力，或进口奴隶以降低出口商品的生产成本。否则，边缘地区的精英们便不能维持他们的生活方式。在沃勒斯坦看来，这种模式直到20世纪还在继续，强制劳动实践变得温和了，但没有消失。

今日的强制劳动

强制劳动一直存在到今日，尽管主要目标 1481
似乎是妇女和儿童，而非成年男性了。中东和南亚的儿童被迫在血汗工厂工作，制作诸如东方地毯这样的物品。犯罪团伙引诱年轻女性从苏联和东欧到西方，向她们许诺好工作，然后当她们不能支付其旅费的时候便强迫她们卖淫。

另一种强制劳动是童兵的使用，这尤其在那些存在内战的地区常见。仅仅10岁(尽管大多数在15至18岁之间)的儿童被迫到诸如塞拉利昂和哥伦比亚这样的一些地方充当民兵。他们也充当瞭望员和搬运工。大约1/3的童兵是女孩，她们经常被强暴，被分配给成年士兵做“妻子”。因此，强制劳动仍然伴随在我们左右，尽管人权机构和很多政府正尽力消除这种剥削。

进一步阅读书目：

Curto, J.C., & Lovejoy, P.E. (Eds.). (2004). *Enslaving Connections: Changing Cultures of Africa and Brazil During the Era of Slavery*. New York: Humanity Books.

David, A. R. (1996). *The Pyramid Builders of Ancient Egypt: A Modern Investigation of Pharaoh's Workforce*. New York: Routledge.

Davis, D.B. (1988). *The Problem of Slavery in Western Culture*. Oxford, U.K.: Oxford University Press.

Duus, P. (1993). *Feudalism in Japan* (3rd ed). New York: McGraw-Hill.

Gordon, M. (1987). *Slavery in the Arab World*. New York: New Amsterdam Press.

Kolchin, P. (1987). *Unfree labor: American Slavery and Russian Serfdom*. Cambridge, MA: Belknap Press.

Lovejoy, P.E. (Ed.). (2004). *Slavery on the Frontiers of Islam*. Princeton, NJ: Markus Wiener.

McCreery, D.C. (2001). *The Sweat of Their Brow: A History of Work in Latin America*. Armonk, NY: M. E. Sharpe.

Pipes, D. (1981). *Slave Soldiers and Islam: The Genesis of a Military System*. New Haven, CT: Yale University

Press.

Tawny, R. H. (1987). *Land and Labor in China*. Armonk, NY: M.E. Sharpe.

Thomas, H. (1997). *The Slave Trade: The Story of the Atlantic Slave Trade, 1440 - 1870*. New York: Simon & Schuster.

Wallerstein, I. (1980). *The Modern World-system I: Capitalist Agriculture and the Origins of the European World-economy in the Sixteenth Century*. San Diego, CA: Academic Press.

Wallerstein, I. (1980). *The Modern World-system II: Mercantilism and the Consolidation of the European World-economy, 1600 - 1750*. San Diego, CA: Academic Press.

Wallerstein, I. (1988). *The Modern World-system III: The Second Era of Great Expansion of the Capitalist World-economy, 1730 - 1840s*. San Diego, CA: Academic Press.

Wiedemann, T. (1981). *Greek and Roman Slavery*. Baltimore: Johns Hopkins University Press.

Yoshimi, Y. (2000). *Comfort Women*. New York: Columbia University Press.

埃里克·兰格(Erick D. Langer) 文
郭子林 译,毛悦 校

Labor Union Movements　工会运动

工会是由那些协力对抗工作中的剥削现象的工人组成的,用集体力量进行谈判,以获得某些雇佣和劳动权利,并获 1482
得公平报酬、安全工作环境和普通工人福利等权利。

最早的工会是18世纪晚期由在英国制造厂、车间和小工厂里面工作的男人和女人,为了保护自己并对抗低工资、长工时和艰苦工作条件而结成的。在某种程度上,它脱胎于欧洲中世纪的手工业行会:为其成员提供社会和物质利益。早期的织布工工会、砖瓦工工会和鞋匠工会建立了劳工组织的模式和方法。随着工业化在19世纪激发了工资劳工的巨大增加,这些模式及方法被采用和进一步完善。在接下来的一个世纪里,欧洲和美国的工会继续扩张,超出制造业的范围,将那些地区和世界其他地区的矿工和土地工人囊括进来。今日,数千万男人和女人——尽管从国际上看仍是所有工人中的少数人——被组织进工会。

至少在某种程度上,工会的发展与工业社会的发展和资本主义作为一种经济制度的兴起有着密切关系,甚至是对后者的响应。从15世纪开始,在长达几个世纪的时间里,人口从乡村向城市转移,欧亚大陆、非洲和美洲的几千万农民和自然经济农民被迫离开其田地,成为契约佣工、佃农或土地工人。与此同时,几百万男人、女人和儿童——越来越多地来自西非和中非——遭受奴役。在商业扩张和现存城市数量与规模增长的同时,越来越多的男人、女人和儿童成为工资劳动力。

同时,19世纪的政治和经济改革运动促使大西洋世界和后来印度洋世界废除奴隶制。与奴隶制一样,到20世纪为止,农奴制和其他准强制劳动形式在世界大多数地方成为非法行为。随着20世纪早期农业越来越机械化,城市劳动者的队伍也在壮大。越来越多的小土地所有者加入那些农村工人当中;农村工人是那些因暴力

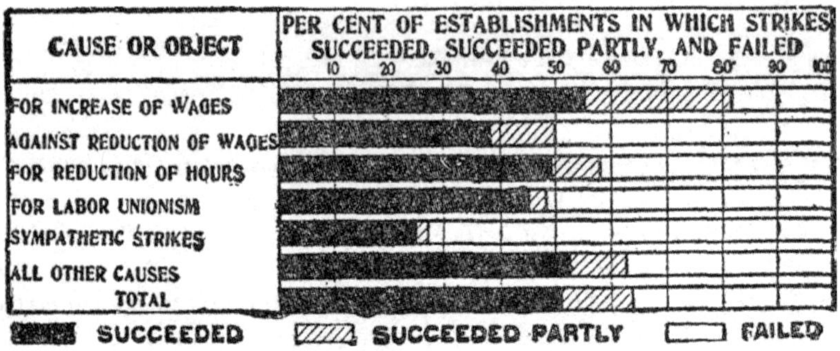

CAUSE OR OBJECT
PER CENT OF ESTABLISHMENTS IN WHICH STRIKES SUCCEEDED, SUCCEEDED PARTLY, AND FAILED
10 20 30 40 50 60 70 80 90 100
FOR INCREASE OF WAGES
AGAINST REDUCTION OF WAGES
FOR REDUCTION OF HOURS
FOR LABOR UNIONISM
SYMPATHETIC STRIKES
ALL OTHER CAUSES
TOTAL
SUCCEEDED SUCCEEDED PARTLY FAILED

这张图表展示了19世纪后期几十年里美国罢工的原因及其成功率

或无法克服的债务而被剥夺土地的人，他们迁徙到城市，寻找工作。

雇主试图通过降低工资的方式实现利益最大化。城市工人——技术工人和非技术工人——受店主雇佣，帮助其改善了国际生产和全球市场，将诸如棉花、甘蔗、铜和木材等原材料转变成消费商品、建筑材料及奢侈品成品；这些原材料是由农村工人和奴隶收割、开采或砍伐的。工人们聚集到一起，要求雇主提供较高的工资和较好的工作条件。最终，他们要求获得针对疾病、事故和与工作有关的残疾的保险。这些利益由互助社会组织提供，经常局限于宗教团体或友好组织。因此，工会含有早期手工业行会和互助社会组织的因素。

1483 在过去两个世纪里，工会呈现出多种形式。各种形式的工会在意识形态、策略和影响程度上存在本质差别。一些工会号召以合作劳动为基础进行社会重组，而另一些工会仅仅希望改善其成员的物质生活。尽管工会的要求随着时间的推移和地方环境的不同而改变，但它们的基本目的始终是相同的：通过集体交涉保护其成员的利益。一些工会也适时从事政治活动，还在一些情况下实施武装行动。今天的工会拥有组织权利，主要寻求与雇主签订协议，保证工人特殊的工资、安全的工作条件、仲裁权、医疗健康和退休福利。大体上，大多数工业化国家的工会成员比世界上工业化程度不高的地区工会成员享有更多权利、较高工资和更好的工作条件，工业欠发达地区的政府仍然不得不制定法律和实施在那些享有更多特权的工人已经认为理所当然的标准。

不管在哪里，工会的谈判力最终取决于其成员集体抵制工作的能力，以及工会组织的财政、司法和选举投票的能力。自18世纪晚期以来，工人们已经发挥了他们的力量，执行或威胁执行罢工，抵制商品，举行游行示威和向政府请愿，进行集体诉讼，动员选民，资助政党或选举活动，在一些情况下还从事武装斗争。工会也是社会支持和发展的源泉，为社会的集结活动、社会成员的教育、消息的散播和新领导层的培养提供公共论坛和私人空间。

无论是受到利己主义的引导，还是对工友和整个社会的责任感，工人受到工会成员身份的吸引。这种吸引力已经遭到雇主的反击。雇主威胁解雇或惩罚那些加入工会的雇员；或者采用身体暴力，或者采用法律措施，在国家力量的支持下阻止工会力量的发展。在19世纪和20世纪早期，美国法庭频繁地签发禁令，以便停止罢工。在秘鲁，私人工厂雇佣武装卫兵攻击罢工工人。这种现象在世界很多地方可以看到；在南非的某些时期，就像在其他地方一样，工会领袖因为动员工人罢工而被投入监狱。

欧洲

自19世纪以来，欧洲工会已经获得了大量

持久性的让步，使大量劳动力处于当今世界上最具特权的劳动力行列。尽管如此，这些工人获得的每个成就——从组织权到带薪产假——都是长期工会斗争的结果。在 19 世纪下半叶，欧洲工会进行了近 10 年的共同抵制、罢工、怠工和躯体暴力之后，才获得了最低限度的司法保护。在法国，18 世纪晚期资产阶级控制的革命政府颁布了《夏佩里埃法》(Le Chapelier Law)，宣布工人的结盟为非法活动；英国的国会加强现有法律，通过 1799 和 1800 年的《结社法》
1484 (Combination Act)以对抗组织起来的工人。不管怎样，到 19 世纪 20 年代，随着煤炭生产(用于蒸汽机)重要性的提高和大批城市人口的聚集，明显的欧洲工会运动已经出现。

1868 年，拿破仑三世用军队镇压罢工工人，但最终承认劳工协会的成立。14 年以后，法兰西第三共和国完全将工会合法化。接下来，英国国会在 1871 年将工会合法化；4 年以后，赋予英国工人以纠察权利。与英国和法国工人相比，德国工人通过相对少的斗争就获得了组织工会的权利，但直到 1890 年代才获得。在 19 世纪，几万工人被杀死或受重伤，这要么是危险的工作条件导致的，要么是由工会骚乱造成的。工人们通过停止或暂时停止生产的方式组织工会向雇主提出要求，几千人遭到暴打或被投入监狱。

19 世纪中叶，工会的政治化产生了暴力事件，最突出的是 1848 年欧洲革命。这样的动乱，无论是在工厂，还是在田地里，都为后来的改革提供了背景。改革试图安抚工人，甚至是在政府和私人企业动用武力镇压持异议者的时候。尽管很多合法和非法的措施用于阻止欧洲工会运动，但工会领导的反抗斗争持续不断地进行。

有组织的欧洲工人进行维护自身政治权利的斗争，最引人注目的事件之一发生在 1871 年。在这一年，法国工人、无政府主义者、社会主义者和共产主义者一起，临时组成新革命政府，即巴黎公社。1871 年春季，工人们控制了首都，并迅速颁发一系列法律，承认债务免除和较短工作日。尽管公社社员(人们这样称呼他们)在 2 个月内就被法国保皇派和普鲁士军队打败，但他们在短期内便接手了政府这件事情提醒人们，有组织的工会拥有强大的力量。随着越来越多的成年男性工人在 19 世纪下半叶获得公民权，欧洲各地有组织的工会开始实施更大的影响，以决定哪些候选人和党派能更好地为他们的利益服务。

到 19 世纪末期，非技术劳动力也开始成为工会的组织对象。由整个行业的工人——不考虑技术(这是与行会相对立的情况，行会只局限于技术工人)——组成的产业工会形成了。正如人们看到的那样，产业工会与工会相似，遭到了雇主和国家的强烈反对。第一次世界大战之后的 10 年里，当工会努力争取工资与通货膨胀同时发生时，欧洲发生了很多不顾后果的罢工；罢工可能持续几个月，为工人阶级社区制造了极大的困难。

尽管有很多障碍，但欧洲工会继续发展。到 1910 年为止，英国大约 300 万工人、德国 200 万工人、法国 100 万工人被组织起来。尽管如此，欧洲大多数工人仍未组织起来。随着时间的推移，工业化逐渐取代了其他形式的生产，产业工人逐渐在劳动力群体中占据主导地位；作为公民和士兵，很多人也在第一次世界大战和第二次世界大战中身先士卒。第一次世界大战见证了苏维埃共产主义的诞生。第二次世界大战见证了欧洲和日本法西斯主义的失败。

随着 1917 年的布尔什维克革命和接下来苏维埃社会主义共和国的建立，俄国工会被合并进政府组织。与此同时，欧洲的社会主义国家，包括斯堪的纳维亚的那些国家，被转变成君主立宪制国家。它们进行了彻底的社会和经济改革。当苏联在东欧扩张势力范围的时候，工联主义控制了这一地区。

> 女人不需要总是保持沉默，也不需要总是生子。
>
> ——爱玛·戈德曼(Emma Goldman，1869—1940)

20世纪30年代，在政治光谱的另一端，意大利的法西斯主义政府试图通过资助自己的工会以牵制工会运动。1933年，德国法西斯主义
1485 政府毁灭了当时欧洲组织最好的工会运动，然后试图使整个劳动力群体处于纳粹党的控制下。而随着第二次世界大战中纳粹主义的失败，随着这些国家的“公司”试图控制劳工，工会运动又在这些国家得以复兴。

20世纪下半叶，欧洲产业工会和商业工会的很多需求被转化为政府政策，以便对更广泛的人口有利，而非局限于有组织的工人。普遍医疗保健项目就是欧洲政府在工会压力下实施的最重要的改革。

美国

在美国，那些隶属于工会的工人成功地获得了大量关键性让步：最低工资、缩短工作时间、童工保护法、残疾保险和退休福利。但美国奴隶制(为国际资本主义的快速增长创造了剩余产品)对社会、政治和经济不可估量的影响，与19世纪晚期和20世纪早期大规模的欧洲移民一起，导致了技术劳动力和非技术劳动力内部的多重分裂。以种族、族群和性别为基础，工人们被划分开来，并经常彼此竞争。

美国最早的工会出现于19世纪早期，直接源于既定行会，例如铁匠、木匠、家具匠和补鞋匠等行会。到19世纪20年代，各种商业工会要求将工作时长从12小时缩减到10小时。大西洋沿岸和美国国内水路蒸汽机的使用产生了新工厂生产制度；与英国工会的发展相似，美国工会也试图结成全市性的联盟。1866年，这些联盟组成全国性的全国劳工联盟(NLU)，成功地劝服国会为联邦工人颁布法令，实施8小时工作制。但到19世纪70年代，全国劳工联盟便解散了。

劳资纠纷在这10年里以前所未有的力量再次发生。1877年，全国铁路工人总罢工使国家运输体系陷于瘫痪。马丁斯堡(Martinsburg)、西弗吉尼亚州的工人首先罢工，然后迅速扩展到圣路易、芝加哥、巴尔的摩和纽约，最终扩展到匹兹堡。在这些地方，工人们不满意雇主降低工资。而在几个地方，工人们诉诸暴力，毁坏铁路线，以抗议低工资和虐待。全国罢工被称为“1877年铁路大罢工”，获得了公众的广泛同情，国家依靠民兵力量才将其镇压下去。

在接下来的10年里，劳工骑士(Knights of Labor)变成了劳工的杰出组织，它是1869年费城布料裁剪工组成的工会。在特伦斯·包德利(Terrence V. Powderly)的领导下，劳工骑士向全国范围内扩张，将技术工人和非技术工人、男人和女人、黑人和白人都组织起来。到1886年为止，该组织已经成为由75万名各种各样的成员组成的庞大组织。该组织的南方分支已经越来越成为所有黑人的组织，因为南方的白人劳工拒绝加入跨种族的地方组织。黑人很快加入到其他非裔美国工人的行列，形成美国工人合作社和有色人种农民联盟；它们的联合会员增加到100多万，导致了美国历史上黑人土地工人和收益分成佃农的最大运动。在接下来的几年里，有组织的农村黑人劳工运动——黑人民粹主义——中的很多人，与白人农民和劳工结合起来，建立了人民党。人民党代表劳工和土地工人，并为他们的利益进行呼吁。

在19世纪80年代，当劳工骑士成为要求8小时工作制的全国性力量之时，其领导者和普通成员都成为报复的目标。1886年5月4日，劳工骑士举行了一次民众集会，抗议警察的野蛮行为。在前一天，麦考密克收割机公司罢工的雇工遭到毒打，一个雇工在与警察的冲突中被杀死。紧接着便发生了民众集会，8名无政府主义者被控告投掷炸弹杀死7名警察，而警察被指 1486
控任意向民众扫射，痛打几十名工人，在这个过程中杀死4名工人。这就是著名的“秣市惨案”

“卧车搬运工兄弟会”是第一个公认的黑人工会

(Haymarket Massacre)，劳工骑士因这一事件而受到不公正的谴责。工会北方分支迅速衰落，大多数白人成员在这之后也退出了该工会。

1886年美国劳工联合会(AFL)形成，由雪茄商人塞缪尔·刚普斯(Samuel Gompers)领导。美国劳工联合会很快就获得了劳工骑士曾经享有的卓越地位。然而，美国劳工联合会是集中组织技艺精湛的工人的行业工会，与劳工骑士不同，劳工骑士组织的是产业工人。刚普斯反对与激进政党结成任何联盟，强调经济目的，而非广义的意识形态目标。在他的引领下，美国劳工联合会引进现代化的工会组织方式，保留应急基金，以帮助罢工期间的成员，并高薪雇佣组织者去将工会成员注册在非工会的工商机构。但美国劳工联合会独一无二的姿态弥合了美国工会内部的严重分歧，其队伍随着移民的增加而壮大，大多数是非技术工人。从长远来看，以国家大多数技术工人的经济利益为焦点的组织决议——由种族主义和日益高涨的反移民情绪促发的决议——削弱了统一的工会运动的潜能。

其他工会与美国劳工联合会竞相争夺会员。1894年，由一位重要的社会主义者欧仁·德布斯(Eugene V. Debs)领导下的美国铁路工会(American Railroad Union)，在芝加哥附近的普尔曼(Pullman)制造厂组织了一次罢工，号召那些负责全国铁路卧车的公司男职工进行联合抵制。在一周之内，全国有超过12.5万名铁路工人继续进行同情罢工。在伊利诺伊州州长的请求下，美国总统格罗弗·克利夫兰(Grover Cleveland)介入，动用联邦军队镇压罢工。在军队干预和广泛禁令的威胁下，同情罢工结束了。普尔曼罢工工人被打败，很多工人因为参与罢工而被列入黑名单。

20世纪伊始又发生了一系列激烈的罢工。1902年，宾夕法尼亚东北部的煤矿矿工号召罢工。在约翰·路易(John L. Lewis)的领导下，他们的工会——矿工联合会(UMW)——动员了大约10万名矿工，关闭了自己工作的煤矿。当煤矿所有者拒绝矿工联合会要求仲裁的建议时，总统西奥多·罗斯福(Theodore Roosevelt)
与其前辈一样进行了干涉。这次，总统任命了一 1487
个协调和仲裁委员会。5个月以后，委员会决定为工人增加10%的工资并缩短工作日。但它否认矿工联合会获得正式认可的要求，这是仲裁的前提条件；如果没有正式认可，工人们面临着丧失工资甚或饿死的危险。

1908 年，纽约和宾夕法尼亚 2 万名女性服装工人停止工作，抗议艰苦的工作条件。1911 年纽约下东区三角女衬衫公司爆发一场大火，烧死了 146 名年轻的女性工人。正是在这件事情之后，政府最终采取行动，改善纽约工厂的艰苦工作环境。当大火烧起来时，三角女衬衫公司的很多妇女被迫从窗户跳出逃生，因为公司所有者坚持从外面紧锁建筑物大门，以防“商品丢失”，这使她们身陷绝境。义愤填膺的公众为工业安全改革法令的颁发开辟了道路，最初是针对制衣业的血汗工厂条件。

有利的公众情绪在工会发展中发挥了重要作用。1912 年，世界产业工人协会——一个好战的多民族行会，领导了马萨诸塞州劳伦斯纺织厂 5 万工人的大罢工。当罢工妇女和儿童受到警察攻击时，大规模公众抗议接踵而至；纺织工人的报酬最终被恢复，并获得提高。较广泛的美国工会运动的一次重要胜利是在劳伦斯罢工 2 年以后获得的，国会通过了《克莱顿法案》(Clayton Act)，使罢工、集体抗议以及和平纠察合法化。《克莱顿法案》又被称为工会“大宪章”，也限制了那些旨在阻止罢工活动的禁令的施行。但是，工会要想获得完全认可，还需要一代人的时间。

在大萧条时代，当劳资纠纷达到新高潮时，联邦政府最终承认了工会的司法权利。劳资纠纷包括国际女服装工人联盟施加的压力，这个联盟的成员主要是犹太和意大利移民。压力也来自菲利普·伦道夫(A. Philip Randolph)为首的黑人领导的卧车搬运工兄弟会。除了政府认可，工会在 20 世纪 30 年代取得的其他重要诉求包括最低工资、减少工时、童工保护法和一些福利项目，这些都是经过长期奋斗取得的。那 10 年的工会纠纷上升潮以产业工会联合会(CIO)的形成达到高潮，该联合会将几百万橡胶、钢铁和其他基础工业的非技术工人置于统一保护伞下。

1935 年，该联合会通过了《社会保障法案》(Social Security Act)和《瓦格纳劳工关系法案》(Wagner Labor Relations Act)，创立了美国全国劳资关系委员会。尽管工会借此获得了越来越多的权利，但联邦政府的让步为总统富兰克林·罗斯福(Franklin D. Roosevelt)新政统治下的选举运动和领导奠定了基础。

第二次世界大战的到来见证了工会组织的发展，伴随以有组织的工会与民主党的深度联盟。美国工会运动政治独立的废除(通过选区内支持工会的第三方的支持)，表面上将国家统一起来，共同面对海外法西斯势力，实际上一旦战争结束，工会运动就很容易受到攻击。战争快结束的时候，参议院在约瑟夫·麦卡锡(Joseph McCarthy)的领导下，开始清洗左翼工会领袖。《塔夫脱-哈特利法案》(Taft-Hartley Act)也在这个时代颁发，这使“封闭式工厂”(只有工会成员才被允许工作)成为非法，并宣布间接抵制(工会成员获得其他人的同情以共同抵制某个公司的商品)为非法行为。法律也允许各州通过工作权利法，借以在工会组织的道路上进一步设置障碍。

随着激进领导有效地禁止工会运动，美国劳工联合会和产业工会联合会在 1955 年合并。一个结果是，到 1970 年为止制造业工人的周工资增加了 3 倍；然而，低工资次级劳动力市场 1488
与有组织的工会之间的切割成果不太明显。工会组织从未超过美国劳动力的 1/3。结果，大多数技术精湛的工人逐渐从有组织的工会优势中受益，而他们与其他工人之间的距离继续拉大。

拉丁美洲、非洲和亚洲

与世界大多数工业化区域澳大利亚、欧洲、美国、加拿大和日本的工人一样，拉丁美洲、非洲

> 所有语言当中最具英雄主义色彩的词语是革命。
>
> ——欧仁·德布斯(Eugene Debs，1855—1926)

和亚洲某些地区的城市技术工人也比农村工人和非技术工人取得的收获重要。在这些大陆工会运动中，最重要的现象是它们与共产主义者或社会主义者领导的政治力量关系密切。

在拉丁美洲，工人阶级政党与工会密切合作，支持工会运动。在20世纪最初的10年里，阿根廷的无政府主义者在工会组织中获得了领导权，促进反政府政策，促使政府越来越压制有组织的工会。劳工领袖被放逐，此起彼伏的大罢工遭遇了国家对暴力的制裁。为了消除激进主义，并获得越来越多的本土劳动力和混血劳动力的支持，整个拉丁美洲的政府都采取立法方式，为其公民提供至少最低水平的社会福利。这种方法首先在20世纪初由乌拉圭实施，随后由墨西哥在20世纪20年代、巴西在30年代实施。拉丁美洲的很多工会秘密地发展，同时支持亲工会的政党及其候选人；玻利维亚的民族革命运动就是这种情况，这个政党与矿工联盟关系密切。今日，拉丁美洲的少数工人集中在大城市，被组织进工会。

很多非洲国家的经济继续依赖于自给自足的农业，只有相对少的工业化。在一个具有丰富矿藏的大陆上，采矿工业是非洲产业劳动力的主要聚集行业，也是具有生产力的工会的产业。从欧洲殖民主义获得独立之后，非洲大陆上的很多国家被置于国家控制之下。但很多行业实际上也处于欧洲公司的控制下，或欧洲公司保有了大部分所有权。然而，1973年，南非德班(Durban)的罢工浪潮标志着非洲工会的新战斗状态，这是自无政府主义者领导的非洲产业工人协会形成以来首次发生的事情，该协会是南非黑人工人的第一个工会。该工会在更激进的方向上影响到非洲国民大会，最终导致了1994年种族隔离政策的瓦解。在20世纪下半叶，南非通过立法规范工业活动，给予工会组织新合法性。尽管有这样的立法，并伴以种族隔离政策的终结，但与世界更工业化地区的工人一样，南非大多数劳动力尚未组织起来。

与南非的情况一样，埃及的武装工人运动有力地削弱了英国殖民势力和埃及君主制。1947—1953年，纺织业、烟草业和制糖业的迅速发展使埃及工会成员成倍增加。1956年建立的阿拉伯商业工会国际联盟在接下来的一段时间里使埃及政府对阿拉伯语地区隶属于工会的工人信守承诺，把国家积极的商业工会整合进国 1489
家体系中。

展望

工会运动的历史表明了某些共同的思路，也基本表明了世界各地隶属于工会的工人的多样性。尽管大多数工人尚未被组织进工会(在美国仅大约15%的工人目前被组织起来了；从20世纪50年代的30%下降到了15%)，尽管现在世界各地的国家内部比19世纪初存在的财富差距更大了，但某些国际劳动力获得了司法权利，这为他们提供了对抗产业资本主义剥削倾向和实践的某种保护。

进一步阅读书目：

Alexander, R. (2009). *International Labor Organizations and Organized Labor in Latin America: A History*. Santa Barbara, CA: Praeger.

Campbell, J. (Ed.). (1992). *European Labor Unions*. Westport, CT: Greenwood Press.

Foner, P.S. (1982). *Organized Labor and the Black Worker* (2nd ed.). New York: International Publishers.

Goswami, D. (1983). *Trade Union Movement in India: Its Growth and Development*. New Delhi, India: People's Publishing House.

Greenfield, G.M., & Maram, S.L. (Eds.). (1987). *Latin American Labor Organizations*. New York: Greenwood

Press.

Posusney, M.P.(1997). *Labor and the State in Egypt: Workers, Unions, and Economic Restructuring*. New York: Columbia University Press.

Schiavone, M.(2008). *Unions in Crisis? The Future of Organized Labor in America*. Westport, CT: Praeger.

Thompson, E.P.(1963). *The Making of the English Working Class.* New York: Vintage Books.

Yates, M.D.(2009). *Why Unions Matter*. New York: Monthly Review Press.

奥马尔·阿里(Omar H. Ali) 文
郭子林 译,毛悦 校

Language 语言

1490 人类在进化,我们的讲话能力也在发展,但语言是怎样出现的,什么时候出现的,始终是个谜。研究语言性质的语言学家观察相关语系的语言表达方式,发现一些语系扩展了,一些语系消亡了。尽管语言从未固定下来,但语言运用中的几个共性方面能让我们的祖先表达他们关于隐形神灵和神祇的思想,也能让他们构想规则、提前计划;而当计划失败的时候,能够对一些事情展开讨论。

语言在人类中间普及,因为语言的使用可以带来如此大的优势,以至于只有那些学着使用语言的人才能够生存下来。人类语言是怎样出现的,是从什么时候出现的,仍不为人所知。在人类语言中使用的全频声音能够发出来之前,我们的喉咙和音带形状的变化是必要的;而且当我们软组织中的那些变化发生的时候,只有骨骼保留下来了。人类大脑的新联系也是必要的,因为孩子的大脑从遗传学上来说时刻准备着学习一门语言;当人们看到小孩子毫不费力地学着讲话时,就会意识到这点。但是,这种资质在年龄较大的人那里便消失了,他们在试着学习第二门语言时,使用的是完全不同的大脑细胞。

如果我们问语言的使用带给我们的祖先什么优势,那么第一个和最明显的答案是,诉诸语言可以使更大量的人群进行比以前更可预测和更有效的合作。接下来,这使得较大群体的狩猎者和采集者比任何(甚至所有)未掌握语言的邻居能够更有效地保卫他们的狩猎场地,因此,很快地,只有那些能够讲话的人生存下来了。

但语言从来就不是固定不变的。它总是通过对那些根据语法顺序发出的声音进行转变,向人类传递一种不稳定的含义方式。多种多样的、相互之间无法理解的语言或许很快在不同人群中间形成,从未停止变化。这个变化过程直至今日仍在继续:一些语言扩展了,一些语言消失了,所有语言都变化了,这部分是人们为新事物创造新词汇时故意制造的,或者是由源自另一种语言的词汇造成的。但这种变化常常是无意识地进行的,语法、重音和语调在地方讲话者之间改变,有时在地方上积累起来,加上足够的隔离状态,最终一种方言成为与众不同的新语言。

语言学家研究语言的性质及其演化。他们已经甄别出很多相关语言的语系,这些语系在过去广泛传播,在今日被几百万讲话者使用。今日仍存在几千种其他语言,一些语言只有几百人

中国云南省的纳西族人掌握着世界上唯一现存的图画文字。纳西东巴文字的使用者仅限于祭司和萨满道士，他们在主持宗教典礼和仪式时朗读东巴文字。美国国会图书馆

使用，并可能因这几百人与外界的联系增加而彻底消失——迫使这些小群体用另一种语言（而非他们自己的语言）与外来者交往。

谈论神灵和神祇

但是，在所有变化当中，语言的一些方面在世界范围内保持了下来，它们是值得注意的。最基本的一个方面是我们的祖先使用语言传播人类经验的方式，这种方式将人类经验扩展到隐形神灵世界。神灵的力量是如此强大，以至于处理与神灵（后来与神祇）的关系成为整个人类社会越来越重要的问题。

1491 关于隐形神灵的最初概念几乎想当然地来自人们对人类呼吸和如下事实的关注，即当呼吸停止时，死亡便发生了。尽管看不见，但呼吸显然很重要。它使我们保持生命力，允许我们活动、谈话和思考，是我们的“精神”。呼吸怎么能够做这么多事情，怎样能够在人的一生当中无形地出入身体，然后消失。这种好奇表明，人类经验的其他重要方面，尤其是梦、昏迷、发烧和疾病，可能是由我们的呼吸或其他某种隐形神灵——或友好或敌意地——侵入或离开我们身体导致的。从这种理解开始，人们容易做出这样的假设，即一切运动的事物，尤其是动物、空气、水、风暴以及日月星辰，都是这样的，因为神灵也访问它们。简言之，整个世界似乎也有隐形神灵居住着，他们彼此交往，还与他们选择居住或放弃的所有不同的身体交往。接下来，所有人类的希望和恐惧都依赖于神灵世界的行为，他们或帮助我们，或阻碍我们，他们无处不在。

这种世界观很早就形成了，或许是在语言本身投入使用之后不久。当狩猎者从大约4万年前开始在他们居住的星球上向四周扩散的时候，他们随身携带着这些思想。大多数或所有狩猎人群依赖于那些能够与神灵交流的专业人士。后者变成了最早的专家，因为通过仪式、祈祷和献祭以确保人民与神灵的友好关系，显然对于确保所有人类行为的成功是必要的。现代人类学家称这种世界观为“泛灵论”。当我们谈论“灵感”的时候，这种世界观仍然潜藏在我们的话语中。

当文字书写被发明出来的时候，语言和宗教成为更强大、更持久的存在，控制着人类的思想。预言家、牧师和立法者通过写下他们的信息创造出那些被认为由上帝直接启发的文本，或是如此聪明及善于游说，以至于后来的几代人应该崇敬地服从他们的领导。但是，后来的宗教和大多数哲学家维持一些强大的隐形神灵（后来是单一全能的上帝）的中心思想；这些神灵要求服从，并惩罚那些不服从的人。

对于早期文明的详尽阐释来说，宗教思想

是关键，因为农业村庄在几个非同寻常的肥沃地区取代狩猎和采集公社以后，严酷的现实成功地劝导普通农民付出一部分收获物。严酷的现实指的是他们需要保护，以便抵制自然灾害和人类入侵者。在苏美尔地区（今日伊拉克），最早的城市兴起，祭司们专门为隐形神祇服务。他们声称，要想确保神祇在场和令神祇怀有美好愿望，就必须建筑巨大神庙，在神庙中树立神祇雕像，使其生活在里面，并通过为男神或女神提供食物、音乐、香和舞蹈的方式劝说其待在神庙里。只有当神祇受到众人的崇敬时，人们才认为神祇授予祭司以权力，代替所有人祈祷。

为了吸引那些强大的神祇居住在每个城市里，为越来越大的神庙提供辉煌壮观的珍稀装饰物便是必要的，因此祭司们将大部分收获物收集起来，用于支付那些从远方运来的珍稀物品和他们自己的生活费。这是诉诸远程贸易的原因之一。远程贸易在陆路用驴商队，沿波斯湾和印度洋海岸用船只。在短时间内，苏美尔神庙就像蜘蛛网中的蜘蛛一样，消费着无数的珍稀进口物，并用剩余谷物供养大量纺织工。纺织工制作毛料衣服，出口到遥远地区，用于交换。

1492 一种新型的人类交往和交流随之产生，倾向于扩展城市疆域和其他以城市为基础的专业人士——工匠、商人和战士的活动范围，这种范围达几百英里。其他早期文明也把领导角色赋予祭司，他们通过仪式和神学以及他们讲的语言为不同的神祇服务。但是，当城市和神庙变得明显富有的时候，那些来自边缘地区的武装袭击者就一再地试图抢夺这些财富。鉴于此，军事领袖便组织军队保护城市，使其免于受到袭击，最终职业性的战士作为文明民族的统治者超越了祭司。然而，宗教思想和领导者始终保持强大力量；关于那个控制着人类事务的隐形上帝之力量的信仰，在今日的一些神教社会仍保持着深刻影响。

规范行为或提前计划

语言在我们祖先那里的第二个重要效果是允许他们规范日常行为，用话语来表达每个人在平常情况下应该干什么。当这些规则保留下来以后，就变成了习俗；服从几乎无处不在，消除了个人决定，使人际间的冲突更可预测。首要的是，如果行为的习惯密码由人们在孩童时代习得，减少摩擦，稳定人类生活（在可能的范围内），并在大多数情况下保证代与代之间的连续性，那么合作便越来越有效。

但是，连续从来就没有排除变化，因为语言也有相反的效果，即当人类希望落空的时候，语言能激发新行为。我们确信，语言在我们的祖先中间发展时，失望就出现了。与其他不太聪明的物种相比，人类和早期原始人总是倾向于改变他们的行为。但当语言运用时态——过去时、现在时和将来时——和其他方式描述时间流的时候，人类意识范围便极大地扩展了；扩展到这样的程度，以至于如果没有语言将我们的感官捕捉到的每一个瞬间与过去和未来发生的事情联系起来，我们真不知道我们生活在感官环境中将会是什么样子。动物是这样生活的，大多数想当然是有记忆的；但它们不能像我们那样用不确定、危险和成就设想未来。

然而，似乎可以确定的是，当时间差别控制了人类意识的时候，两件事情发生了。首先，提前规划变得有可能。人们通过在一起讨论，提前达成协议。例如，为了确保狩猎成功，或为了确保完成希望成功的其他任何任务时，每个人应该做什么都可以通过提前讨论并达成协议。更顺利、更精准的合作以及更经常的成功已经出现了。这是语言最初带给我们祖先的最伟大的优势。

但永久的成功从来就不存在，当计划失败的时候，人们不禁要问“为什么”？通过对这件事情的讨论，他们可能达成协议，确定下次做一些不同的事情。祈祷者平息神灵的怒火，尤其是主管狩猎动物的神灵，这或许是他们能够考虑到的最常见的补救办法。这几乎不能产生任何不同，尽管有时可能使个人在猎杀动物的时候更勇敢、更精力充沛。但是，偶尔不同的策略、不同的工具或某种其他发明会带来更可靠的成功。我们确信，在这种情况下，新方法迅速地变成标准，只要在模仿后变得有效的时候就会传播到邻人当中。

大约4万年前，石头工具的制作类型开始在欧洲比以前更迅速地发生变化，这个事实或许表明语言之于工具制造的效果。无论如何，这是最容易了解的促进技术变化的例子，这种变化在接下来的时代变得更明显、更迅速，也增强了我们对其他生活方式和整个生态系统的影响。

然而，语言也能够允许我们像以前那样讨论一些事情，并足够快地改变我们的行为，通过减少最近我们对生态系统的污染造成的灾难性效果而生存下去。这是乐观主义的观点，因为我们也能够设想毁灭生命的灾难的可能性——原子弹、全球农业饥荒或致命疾病——它们伴随着巨响或哭泣结束我们在地球上的生涯。

无论哪一种方式，我们的未来，就像我们的
过去那样，将通过语言的运用来塑造。这要感 1493
谢那些用于在人们中间创造一致意义的语言所激发的行为。

进一步阅读书目：

Anthony, D.W.(2007). *The Horse, the Wheel, and Language: How Bronze-Age Riders from the Eurasian Steppes Shaped the Modern World*. Princeton, NJ: Princeton University Press.

Cavalli-Sforza, L.L.(2001). *Genes, Peoples, and Languages*. Berkeley: University of California Press.

Deutscher, G.(2006). *The Unfolding of Language: An Evolutionary Tour of Mankind's Greatest Invention*. New York: Holt Paperbacks.

Fischer, S.R.(2003). *A History of Language*. London: Reaktion Books.

McWhorter, J.(2003). *The Power of Babel: A Natural History of Language*. New York: Harper Perennial.

Ostler, N.(2006). *Empires of the World: A Language History of the World*. New York: Harper Collins.

Ruhlen, M.(1996). *The Origin of Language: Tracing the Evolution of the Mother Tongue*. New York: Wiley

Stevenson, V.(1999). *World of Words: An Illustrated History of Western Languages*. Darby, PA: Diane Publishing.

威廉·麦克尼尔(William H. McNeill) 文

郭子林 译，毛悦 校

Language, Classification of 语言分类

语言分类是对那些正在使用的语言和不再口说的(但仍存在于书面文字记录中的)语言进行分类，以语言学(根据 1494
语言结构研究语言的学科)的原则、语言在世界上的地理分布以及语言在语系中的遗传关系为根据。

人类语言的分类是一种科学行为，旨在将人类大约6 000种活语言(和几百种不再口说但

存在于文字记录中的语言，其中一些有 5 000 年的历史）分成具有历史意义的子集。在整个语言学——对语言的科学研究——的历史上，各种原则用于划分这样的子集，但有三个原则最重要，即类型学原则、语言区域原则和遗传关系原则。

语言类型学

语言类型学根据语言的结构研究人类语言可能的和实际的变异。因而，语言因其使用的声音（音素）的数量和类型而不同。例如，一些语言可能有很高数量的辅音，高加索地区的很多语言就是这样的；其他一些语言可能只有很少的辅音，很多波利尼西亚语言便是这种情况。单词的结构也可能各种各样。一些语言用很少的单词，任何单词形式的变化都会改变单词的含义（词法），越南语和东南亚很多语言就是这样；而其他语言（例如很多美洲当地语言）却有着非常复杂的词法体系。几乎语言的任何结构特征都可能被语言学家用于比较语言，将它们归入以类似方式进行表达的语群。

关于人类语言变异的类型学研究在 19 世纪早期达到第一个高峰。最初的假设是，语言的结构、类型相似性、一致性也是语言具有共同起源（“关系”）的明证。然而，当人们越来越意识到语言可能丢失或获得很多结构特征（以前人们认为随着时间的推移，语言的变异是十分不同的）的时候，这种假设便被逐渐放弃了。这样，一种语言可能发展出一套系统的语调比较方式，以区别单词的含义（这可能变成一种“语调语言”，就像汉语那样）；或另一方面，它可能会丢失这种特征（因为事实上任何其他语言特征都可以用类型学词汇描述）。尽管经过一段相对忽略的时期之后，语言类型学再度发展成为语言学最成功的主要分支学科之一（自从 20 世纪 60 年代以来，在美国语言学家、人类学家格林伯格（J. H. Greenberg）对后世影响巨大的著作的推动下），但它不再被视作探查语言（可能的）共同起源的首要工具。

区域语言学

区域语言学从语言在地球上地理（区域）分布的角度研究语言。尽管这种现象对于学习语言的学生来说已经存在了数个世纪，但对语言相互关系进行系统研究的区域语言学是从 20 世纪 30 年代山德菲尔德（K. Sandfeld）的著作中获得巨大动力的，其著作引起了人们对巴尔干 1495
很多语言突出相似性的特别关注，而这种相似性只能解释为讲这些语言的人（希腊人、塞尔维亚人、克罗地亚人、阿尔巴尼亚人、罗马尼亚人）在很多世纪里长期密集交往的结果。区域语言学并非仅仅琐碎地陈述语言的地理位置，其目的是阐明在相邻地区口说的语言之间相互影响的方式。众所周知，词汇经常从一个语言游走到另一个语言（在英语当中，这些外来词包括源自法语的 beef，源自德语的 gestalt，源自拉丁语的 habitat，源自波利尼西亚语的 taboo，源自苏语的 tipi），但语言也在结构上互相影响。如果两种或更多种语言在一个特定地区相互接触非常长的时间，那么人们会发现这些语言的结构特征通常在很大的程度上趋于相同。在一些情况下，一个（政治上或文化上）占主导的语言会“吸引”其地域范围内的其他语言；而在其他情况下，一个特定区域（可能以大陆为计量规模）的很多语言表现出很大程度的共同结构特征，这最好用区域的趋同来解释，但没有一个单一明显占主导地位的语言用于说明这种局面的形成。关于语言的结构趋同（广泛用于表达这种现象的德语词是 Sprachbund，直译为“语言联盟”），得到最好研究的区域是巴尔干、印度次大陆和新几内亚，但这种现象更经常在世界各地发现。

在一些情况下，关于语言区域交往的研究

如果谨慎使用的话，可以揭示某些有关历史进程的信息，而这些历史进程有时甚至在相关社会进入有文字可考的历史阶段之前就已发生了。斯堪的纳维亚人和后来的诺曼法国人在英格兰历史上的作用是众所周知的，是被记录下来的，这些历史联系时期使他们在英语中留下了痕迹；但在某些情况下，语言只是向学者指出历史早期发生的联系。例如，俄语的某些特征表明了这样的事实，即在东斯拉夫人/俄罗斯人向莫斯科以东（在 15 至 16 世纪）扩张以前，一些讲类似于芬兰语的部落曾经定居在今日中欧的俄罗斯地区。后来，这些部落被同化或驱逐出那些地区，仅仅在其边缘地区生存下来。另一个值得提及的是“卡塔声”（click）在祖鲁语（和南非班图语系的其他语言）中的出现，这种声音是所谓的布须曼语（克瓦桑语族）的一个或更多早期变异语言的特征，今天在距离祖鲁地区很远的地方的语言里仍被使用；但这些语言一定在关于这个地区的历史记录开始之前的某些时候就出现在那里了。

遗传语言学

把混乱的人类语言分成有意义的子集的第三种方法是遗传或历史比较语言学的方法，其目的是划分语系（语言群组）；语系当中的各个语言分享一个共同的祖先语言，而这种祖先语言已不再讲了，甚至在任何文字记录中都找不到了。尽管区域语言学和类型语言学有时能够引领研究者观察世界某些地区的整个历史，但遗传语言学使历史信息成为首要关注点。数个世纪以来，人们一直在将“类似”的语言划分为“语系”。这样，罗曼语（拉丁语的后裔）或闪语系的基本统一性源自中世纪就是很普通的事情了。所有讲俄罗斯语的旅行者都能注意到，波兰语更类似于俄语，而并非更类似于德语，因此早在语言学方法出现之前，斯拉夫语系的概念就形成了。我们可以称这样的语系为“无意义”的语系，因为这些语系的统一性通常可以被未受过训练的观察者识别出来；或者换言之，太容易被鉴别出来。最早在 18 世纪末，语言学家提出了一些方法，允许我们探查语言之间“较深层 1496
次”“有意义”的关系。

在很多众所周知的事例中，语言的遗传分类法有时只能为关于史前大规模人口迁移的学术研究提供信息，这种人口迁移用其他方法无法识别。一些案例是十分令人惊奇的：18 世纪末期，关于印欧语系的探查揭示出了当时未曾料想到的事实，即欧洲大多数语言（事实上，除了芬兰语、爱沙尼亚语、匈牙利语和几个与之相关的语言——乌拉尔语——和巴斯克语，它们不适合归入任何语系）与很多亚洲语言（包括亚美尼亚语、伊朗的很多语言、梵语及其亲属语言）有明显的关系。

语言的遗传关系暗示人类的祖先一定分享了大部分早期历史，而这是其他史料无法揭示的。换言之，这些语言必定是曾经存在的“原始语言”的延续。或者，我们可以引用威廉・琼斯（William Jones）的话。威廉・琼斯在印度威廉斯堡（今加尔各答）出任法官的时候，用几年时间研究梵语。他著名的言论开辟了一个全新的学术领域：

> 无论其古代形式怎样，梵语拥有令人惊异的结构，比希腊语更完善，比拉丁语更丰富，比希腊语和拉丁语更精炼。然而，无论从词根还是从语法形式上看，梵语都与希腊语和拉丁语有着更强的联系。这绝非偶然。实际上，三者之间的联系如此强烈，以至于如果不承认三者有共同的起源，那么任何语言学家都不能考察这三种语言，这个共同的起源或许不再存在了。（威廉・琼斯，转引自 Cannon 1991）

在你与一个人讲话时，如果你用他能够理解的语言讲，那么他能够理解。如果你用他的母语与他讲话，那么他能够心领神会。

——纳尔逊·曼德拉

这三种语言的确是一个已然遗失了的语言——最普通的称呼是原始语言，在这里是原始印欧语言——的后裔，这个事实在今日获得了普遍认可。但关于这个原始语言的时间、地点和讲话者等都存有争议。目前大多数学者都认为，这个假设的原始印欧语言的持有者人群的分散和最终瓦解时间一定是新石器时代晚期（大约前8000至前4000年之间）。关于这种原始语言的起源地，仍然有很多种观点，但俄罗斯南部和乌克兰、安纳托利亚或者黑海-里海大草原地区最常被视作可能的起源地。

对语言关系进行方法学研究的另一个让人称奇的结果是，马达加斯加岛的主导语言马拉加什语（Malagasy）尽管从地理上来看位于非洲，但与遥远的印度尼西亚的一些语言，更准确一些说是与婆罗洲（加里曼丹）岛的一些语言关系最为密切，这表明马拉加什人的祖先在史前时代曾进行过非常远距离的海上扩张。

另一个事例是，北美阿帕奇部落（主要居住在美国西南部）的一些语言与阿萨巴斯卡语族（Athabaskan）关系最为密切，后者的持有者主要居住在北极圈附近、加拿大靠近北极地区和阿拉斯加州。这表明这些文化各异的美洲本土人在历史上属于同一个族群。

然而，这里应该提及的是，历史语言学并不总是如此成功。人们跨越白令海峡来到美洲是一个史前史的既成事实，这主要是通过考古学方法发现的。这样，人们猜测，一些美洲本土语言至少在遗传上与旧世界的一些语言（例如某些西伯利亚语言）有关系。尽管语言学家和业余人士经常提出“跨白令海峡语系”的思想，但从方法论上来看这种联系仍然缺乏令人满意的证据（可能的例外是爱斯基摩-阿留申语系与某些西伯利亚语群有关，或许后者是乌拉尔语族）。

孤立语言

一些语言否定了语言分类的所有努力，是语言科学的剩余物，通常被称为孤立语言。较著名的一些事例是比利牛斯山脉的巴斯克语、喀 1497
喇昆仑山脉的布鲁沙斯基语（Burushaski）、古代伊特鲁里亚托斯卡纳语、日本的阿伊努语以及最早形成书写文字的今日伊拉克南部的苏美尔语。东亚的两个主要语言——日语和朝鲜语常常被归入所谓的阿尔泰语系（阿尔泰语系也是由土耳其语、蒙古语和通古斯满族语构成的），但很多学者现在对阿尔泰语系作为一个遗传语群的有效性提出了质疑，尽管一些专家仍然认为至少日语和朝鲜语之间关系密切。因而，这些重要语言不得不加入孤立语言的行列。

广为接受的语系

人们广泛接受的、毫无争议的语系包括闪语系（由阿拉伯语和希伯来语以及其他语言构成）和较大的亚非语系（由闪语、古代埃及语和北非的其他语群组成）、达罗毗荼语系（Dravidian，泰米尔语和印度南部的其他语言）、汉藏语系（汉语、藏语、缅甸语以及喜马拉雅山和东南亚的其他语言）、南太平洋群岛语系（马来语、塔加路语[Tagalog]、马尔加什语和大洋洲的诸语言）、南亚语系（柬埔寨语、越南语及其他南亚和东南亚的语言）。在非洲，大尼日尔-刚果语系（拥有巨大的班图语群）是目前最被大家接受的语系；新世界的重要语系是爱斯基摩-阿留申语系、阿尔贡金语系、苏语系、乌图-阿兹特克语系、玛雅语系、加勒比语系和戈语系（Ge）以及其他语系。一些专家把澳大利亚所有土著居民的语言合并成一个语系，即“澳大利亚语系”；其他专家则将澳洲大陆上的一个大语系与大量的主要位于该大陆北部和西北部的其他语系定义为帕马-恩永甘（Pama-Nyungan）语系。从遗传语言学的角度看，在所有主要地区当中，新几内亚是语言极为多样的岛屿，容纳了非常多的语系，到目前为止几乎没有几个语系可以缩减。总之，所有大陆都容纳着大量更小规模的语系，这里不一一详细列举了。

探查语系

探查一个有效语系或把多个既定语系合并成较大语系（有时称为语群）的方法是复杂的工作，有时是持续学术讨论的对象。然而，所有人都认为一些语系是如此显而易见，以至于无须用任何特殊事例作为其成员共同起源的说明。例如，罗曼语系当中的各个语言之间就几乎没有区别，其原始语言——拉丁语——可以得到明确验证。其他事例是斯拉夫语、日耳曼语、印度语、土耳其语和闪语。这些容易识别的语系在相对晚近的时候分化为若干单独的语言（亚系、语支、亚支）。

关于其他语系，未经训练的观察者不可能总是容易地看到其关系存在，研究人员不得不用一组复杂的方法展示语言关系。现在人们通常拒绝单一地用语言之间结构或类型的相似作为有效语系的证据，因为众所周知而且可资证明的是，语言的类型构成方式随着时间的推移可以变化，有时会非常剧烈地变化。语言分类也不能以人类学或所谓种族标准为基础，因为很多既定语系是跨越这种界限的（例如亚非语系）。整个类别的相似性——更经常在语言的专有词汇中看到——有时仅仅是机会的结果；而在其他情况下，它们可能是所提各种语言区域趋同的结果。

人们广泛认为，两个或多个语言（或语系）之间的遗传关系要想令人信服地展示出来，必须具备高水平的有规律的一致性。换言之，如果构成词汇的实际声音（音素）和相比较的语言的词缀（词素）不能以正规的和可预测的方式彼此对应，即使有大量类似的词汇，也不足以展示语言之间的遗传关系。专家经常进一步要求的必要条件是一个语系内形态学的语言体系明显
1498 地彼此匹配，因此专门词汇中出现的规律性的程度也应该置于形态学的范畴内严格考察。

其他学者有时提倡用不太严格的原则证明语言的遗传关系，但他们的建议始终是非常有争议的，不断引起热烈讨论，甚至直到今天。语言分类领域也有一种现象，即非常多的业余研究者逐渐成长起来，并经常发表很多特别异类的想法，而这些想法有时还会获得广大公众的注意。不用多说，前面提到的孤立语言吸引了业余语言学家的注意力，他们的假设经常在流行出版物上广泛发表，他们的假设常常带着极大的热情提出来，在很多情况下用于支持某种政治的或民族主义动机。与此同时，人类语言分类的科学进程仍在继续，仍然有望得出重要的甚至令人惊异的结果，即使某些问题仍是热议的焦点。一场这样的争论围绕着一些已经做了并将继续做下去的努力展开，即将已经识别出来的语系的数量减少到相当少的程度，或许甚至可以减少到只有一个，以便表明所有语言都共享一个十分遥远的祖先。

语言分类的唯一挑战

语言分类工作当中的很多词汇和某些更一般的原则及模式，都归功于生物学当中对现存生物的分类。尽管两个学科之间的确存在很多类似之处，但它们各自的研究对象却极为不同。生物学分类与语言学分类之间更重要的差别之一是，尽管在生物学领域现存生物王国的统一性——它们最终的相关性——是毫无疑问的，但生物学分类更多是建立在物种之间更密切的关系，而在语言学领域这样的根本统一性得不到广泛认可。与生物学家不同，语言学分类学者仍然面临着一个重要任务，那就是首先确定一些语言——对于一些语言来说，可供选择的状态是孤立的、不相关的——之间的关系；而且，一些较小语群仍未能被分类，很有可能这种状况始终得不到改善。

进一步阅读书目:

Baldi, P. (Ed.). (1990). *Linguistic Change and Reconstruction Methodology* (Trends in Linguistics: Studies and Monographs 45). New York: Mouton de Gruyter.

Campbell, L. (1997). *American Indian Languages: The Historical Linguistics of Native America*. Oxford, U.K.: Oxford University Press.

Cannon, G. (1991). Jones's "Sprung from Some Common Source": 1786 - 1986. In S. M. Lamb & E. D. Mitchell (Eds.), *Sprung from Some Common Source. Investigations into the Prehistory of Languages* (pp. 23 - 47). Stanford, CA: Stanford University Press.

Michalove, P., Georg, S., & Ramer, A. M. (1998). Current Issues in Linguistic Taxonomy. *Annual Review of Anthropology*, *27*, 451 - 472.

Sandfeld, K. (1930). *Linguistique Balkanique: Problèmes et Ré-sultats* [Balkan linguistics: Problems and results]. Paris: Klincksieck

Trask, R. L. (2000). *The Dictionary of Historical and Comparative Linguistics*. Edinburgh, U. K.: Edinburgh University Press.

史蒂芬·格奥尔格(Stefan Georg) 文
郭子林 译,毛悦 校

Language, Standardization of 语言的标准化

1499 语言的标准化是创造某种形式的语言的过程。这种形式是讲这种语言的人们喜欢的形式(通常是书面形式)。这个过程与世界历史紧密交织在一起。例如,在一个地区占据特定地位的语言拥有一种潜能,使一些人边缘化,并使其他人享有特权。征服者经常贬低被征服者的语言,而恰恰是这个被贬低的语言,能够成为民族运动的聚焦点。

语言的标准化常常是有意识地实施的,有时是详细规划的过程,旨在创建一种语言——通常是书面形式——使其成为讲这种语言的人们接受和喜欢的交流方式,这些成员在日常生活中一般使用这种标准语言或多或少变形了的语言。典型的语言标准化机构在政治社会(通常是国家)的范围内及其支持下运作,但也有一些有意识的语言标准化活动在没有这种支持,甚至反对国家权威政治愿望的情况下进行。

语言变体的本质

人类语言持久性的基本特征之一是变体。语言在历史上不断变化,很多人讲的语言经常表现出很大程度的相异性,这有时会妨碍生活在不同地区但讲同一种语言的人进行有效交流。没有两个人使用完全相同的语言,这或许是安全的说法。社会语言学家(在社会语境中研究语言的人)讨论不同的个体方言,即单独的个人使用的语言。为了将语言作为有效的交流工具,大量个人使用或能够使用一种具有相当高的一

致性的语言(或一个变异语言,更中立的称呼是语言密码),这当然是必要的。这种一致性能够使讲话者与其他讲这种语言的人进行有效交流,足够理想的状态是,讲同一种语言的人在初次见面时就能够毫无障碍地交流。一群使用这样一种语言变体(任何群体成员获得的并将其作为第一或本土语言的语言)的人可以称为语言集团,而他们的语言变体可以不太严格地被称为一种语言。大区域内的大语言集团使用的语言常常表现出某种程度的区域变体。区域变体(其特征可能是所有语言分系统中存在语言差异,例如语音、构词、句法和专门词汇)通常被视作方言。大多数语言集团是足够大的,人们从中可以识别出某种程度的社会差异或社会分层。这些语言的变体依靠社会边界划分,从而这些变体被称为社会方言。一个较大的语言集团的普通成员是一个方言的典型本土人,在适当的地方也能够使用社会方言。正常情况下,很多个人能够使用或至少能够理解较大语言集团的其他方言或社会方言变体,尤其对于那些具有高度地理或社会流动性(或两者都具备)的个人来说。

1500 把方言与语言区别开来并非易事,而且区分结果常常是根据非语言标准做出的。例如,冰岛语言边界的确定根本没有问题。它是冰岛人口唯一的本土语言;它的内部方言差别是很小的,冰岛以外的任何本土人都不能用这种语言。然而,欧洲大陆的一些语言并不能这样直接界定。一个恰当的例子是由低地德语和荷兰语形成的语言对比:分布在从佛兰德斯地区到德国东北部的欧洲西北部广大地区,这个地区两端的讲话者很少或几乎不能用自己的语言彼此进行交流;当各自向荷兰和德国边境移动的时候,实际的语言差别大大消失了;而在边境地区,两边的人讲的方言足够接近,以至于他们可以毫无障碍地交流。这样的区域通常被称为方言连续区:随着地理距离的增加,语言差别逐渐增大。边界一方国家讲的语言变体被视作荷兰语的方言,而边界另一方讲的那些语言变体被称作(低地)德语的变体,这种事实不是以语言学的理由为判断标准的,而是政治考虑或语言标准化的结果。有时因为历史和政治原因而将非常大的方言连续区划分为不同的语言区,这种情况在欧洲和其他地方都很普遍。欧洲的事例还包括这样一些连续区:西罗曼语连续区,由法语、普罗旺斯语、意大利语、加泰罗尼亚语、西班牙语和葡萄牙语构成;斯堪的纳维亚语连续区,由挪威语、瑞典语和丹麦语构成;南斯拉夫语连续区,包括斯洛文尼亚语、塞尔维亚-克罗地亚语、马其顿语和保加利亚语。在欧洲之外,人们还会提到这样一些民族语言,例如印地语和乌尔都语(Urdu)、泰国语和老挝语、土耳其语和阿塞拜疆语、祖鲁语和科萨语(Xhosa)。所有这些变体通常被视作或被官方认作语言,这个事实归因于民族认同的标准语言的存在;这种标准语言可能更接近、但常常极为不同于很多讲话者认为的原初语言的语言变体(或方言)。

文字书写的重要性

尽管在非文字语言当中有时可以看到相当多的方言提升的现象(例如,这种提升始于人们普遍感到有必要模仿占优势的语言变体,比如政治上或文化上占优势的子群体、占统治地位的小群体或贸易和商业中心的语言变体),但狭义的语言标准化只能始于文字书写的采用。当然,可辨别的个体语言的形成和脱离大的方言连续区,常常发生在任何有目的的标准化干预之前;因此,当法国东北部的人开始用他们的本土话(而不是用拉丁语)在 842 年写作《斯特拉斯堡誓言》(该誓言将东法兰克和西法兰克统一起来)的时候,它标志着法语作为文字语言的开始,这就像所谓的《维罗纳之谜》(*Riddle of Verona*,一篇短文,或许是第一次验证了口语意大利语的存在，是 9 世纪的文本）标志着意大利语作为文字语言的开始。但大多数文字语言的早期阶段经常持续数个世纪，是以同时使用几个区域（有时是社会）语言变体为特征的。这样，文字英语的前现代阶段（尤其在中古英语时期）的文本是用北翁布里亚语、南翁布里亚语、莫西亚方言（Mercian）、肯特方言和其他语言变体写作的。今日我们熟知的标准（不列颠）英语的形成经历了一个很长的历史过程，是以一系列事件为标志的，例如伦敦及其贵族政治的兴起、乔叟（Geoffrey Chaucer）的作品、威克里夫（John Wycliffe）和赫里福德（Nicholas Hereford）在 14 世纪翻译的《圣经》（该文本建立了一种语言学标准，多被模仿，在接下来的很多时代被视作权威文本）、塞缪尔·约翰逊（Samuel Johnson）的词典（1755）中英语正字法的编纂以及其他重要事件。

在文学传统开始的时候，书吏和作家会尽力写下他们特有的方言，以一种当时存在的正
1501 字法标准为基础（例如，拉丁语的正字法标准被那些以罗曼语方言写作的作家采用）。统一标准的原因各异。例如，统治者或政府可能希望为其王国掌握统一的文字媒介，这将允许他们对行政事务进行中央集权的控制。在现代，宣传统一国家思想的希望可能促使人们努力创造一种国家标准的语言，而这种语言被视作一个（或许新的）民族国家的象征。学者和学术团体也可能希望确定规则，他们考虑的是应该怎样生产文学，并常常以“古典”作家的用法为基础，这些古典作家被视作所有未来文学的模型，既是内容上的，也是审美形式上的。当然，较大国家范围内的地方主义运动和民族主义运动可能用语言和其标准化形式来宣传，以便获得一个区域群体的广泛接受，而这个区域群体的人掌握着分裂国家的力量。在一些情况下，跨越国界的标准语言获得认可，并被积极使用：所有讲德语的国家都认可德国曼海姆的杜登（Duden）出版社编纂的词典确立的标准；在所有讲阿拉伯语的国家，《古兰经》确立的古典阿拉伯语的形态学和句法（以及为了公共广播目的而确立的音韵学）模式，被所有公开使用这种语言的国家视作毋庸置疑的标准。只有在信奉基督教的马耳他，伊斯兰教不起作用，但马耳他的方言是各种阿拉伯语方言，这些方言采用土生土长的文字标准，以拉丁字母为基础并得到发展。

为了反映这些动机，语言标准化可能受到各种机构的推动，包括个人（例如于 1492 年创作西班牙语描绘性语法的作者安东尼奥·内布里哈[Antonio de Nebrija]）、自主社团（例如自 1893 年就活跃于爱尔兰的盖尔人同盟[Caelic League]）、半官方性质的正式组织（例如 1951 年建立的挪威语委员会）或者官方政府团体（苏联针对混乱的官方区域语言进行的标准化活动就是这样的事例）。尤其对于后两个事例来说，正是由于政府有目的地指导国家或民族官方语言的标准化，词汇语言规划才被广泛使用。

正字法的改革

语言规划或语言标准化最普遍、最众所周知的事例是正字法的改革。它们可能是由简化现行正字法的激励促动的，因为人们感到现行正字法太复杂了（20 世纪 50 年代开始的中华人民共和国汉字简化活动、1948 年的丹麦正字法改革、1917 年的俄罗斯正字法改革都是这样的事例）。另一种可能的动机来自于政治领域，希望使（有时非常人为地）一种语言不同于邻国所讲的密切相关的口语。有时一种不同的字母会被用于实现这个目的。一个恰当的事例就是“摩尔达维亚”语的字母。这是罗曼语的一个变体，从语言学上来说它与罗马尼亚的民族语言没什么差别，但在前摩尔多瓦苏维埃共和国的版图内却用斯拉夫字母书写，直到 1991 年苏联解体时（之后，摩尔达维亚语不仅恢复了拉丁字母的

一般来讲，简短的语言是最好的，而古老的语言则是最佳的。

——温斯顿·丘吉尔（1874—1965）

使用，甚至放弃了摩尔达维亚语这个名称，改称罗马尼亚语）。塔吉克语的事例也与之类似。从语言学上看塔吉克语是波斯语的一个变体，用斯拉夫字母书写，而不是用阿拉伯字母书写（波斯语是用阿拉伯字母书写的），因为当时塔吉克地区是苏联的一部分，在今日的塔吉克斯坦斯拉夫字母继续使用。最后，塞尔维亚语和克罗地亚语情况值得一提。这两个语言主要因分别使用斯拉夫字母和拉丁字母而不同（塞尔维亚-克罗地亚语的这两个变体之间的确存在语言学上的差异，但它们的界限并不是以天主教克罗地亚和正教塞尔维亚的文化边界为依据）。

然而，标准化活动并不局限于正字法，所有语言学分支都可能是语言规划活动的焦点。当
1502 标准化活动发生在语言的形态学和句法上的时候，采用高度人为标准的可能性自然是有限的，因为这些人为的标准在各种实际的口语语言中没有任何基础。这些标准可能以语言较古老的口语和文字语言变体为基础；它们可能是人为地作为文字标准保留下来，有时扩展某些用法超出了口语中实际使用的范围。因此，有人认为，某些过去时态的使用是古老语言保留在标准文字德语中的内容，而这些形式实际上在大多数口语变体中已经消失了。

专门词汇的不断改革

除了正字法需要改革外，标准语言的专门词汇也是语言标准化活动最经常针对的有争议的领域。这里可以列举出两个不同的倾向，作为最典型的倾向。第一个是，语言规划或标准化机构可能感到，一种语言使用大量从另一种不同的语言借用来的外来因素（外来词）是不可接受的，应该用“本土”词语代替它们；这样的态度和活动通常被视作语言纯正主义。提供词汇的语言可能是之前在政治上占主导地位的语言，而政治独立以后，规划者可能试图减少这种语言的影响（拉脱维亚语中的俄罗斯因素和前苏维埃共和国的其他语言就是这种情况）；它也可能是一个相邻文化、或国家、或民族的语言，某些民族主义活动家敌视这种语言，或者成为种族仇恨的目标（这解释了第一次世界大战之前德国反对法语因素的运动）；最后，在一些语言社区里，一种广泛的舆论可能盛行，至少在文化精英中盛行，即语言应该或多或少消除外来因素；制度上的语言纯正主义有很多众所周知的事例，例如法国科学院规范法语的活动，或雷克雅来克大学规范冰岛语言的活动，后者在铸造和宣传表达现代概念的新词语方面始终非常成功，其现代概念以较古老的冰岛文学当中的语言史料为基础。

标准化专门词汇的第二个倾向是，有计划地扩展一门语言的专门词汇。当一种语言被一个新独立的民族用作标准文字媒介的时候，这种倾向被认为是必要的；但苏联针对那些处于官方地位的少数民族语言的语言政治也是以这种倾向为特征的。在一些情况下，被采用的语言不可能在之前（或仅仅为了有限的目的）被广泛用于文字书写，而且众所周知的、可用的、适于大量目的（技术、司法、科学、政治）的专门词条可能是缺乏的；在这样的情况下，语言规划者常常采用从另一种语言借用来的外来因素；而如果民族主义意识形态不干预，那么前殖民政权的语言可能是这些词汇增加的源泉（例如英语在印度大多数文字语言的现代术语来源中所起的作用，或法语在西非很多语言中所起的作用）。

有时语言标准化或规划活动可能导致不寻常的结果。在这种语境下，我们应该提及使用两种语言（diglossia）的现象。“使用两种语言”是指一种语言的两种不同的文字标准出现在同一个社会里。一个例子是现代希腊，进入20世纪以后，两种文字标准互相竞争，争取为广大民众接受；一个标准以古代希腊文为基础，被认为

更“纯正”,另一个标准以当代本土希腊语为基础(随着20世纪的逝去,这种标准获得了很多支持者)。第二个众所周知的事例是挪威语,同一个语言的两个标准并行不悖,一个以城市为基础,很像丹麦语,而另一个以乡村为基础,是“改革之后的”标准语言(主要消除了丹麦语的特征)。

语言规划者可能选择一个语言作为民族标准,即使这种语言在其国家里根本就没有任何人讲,巴基斯坦将乌尔都语作为民族语言就是这样的情况。乌尔都语是印度斯坦语的(文字)变体,印度斯坦语在印度的很多地方使用,包括旧德里市。人们感到有必要将其作为巴基斯坦
1503 新伊斯兰国家的象征,从而将其视作巴基斯坦的国家语言,尽管只有卡拉奇周围相对少量的人口将其用作本土语言(信德语、旁遮普语、俾路支语和普什图语作为第一语言广泛分布在乡下)。

最后,还有一种情况,即一种语言实际上已经死亡了,群体通过共同努力将其提升到国家标准语言的地位,同时群体强烈地恪守民族认同和遗产,这就是以色列希伯来语。在长达几个世纪的时间里,希伯来语已经不再是任何人的第一语言,它在20世纪早期被居住在中东的犹太人有意识地复活,并在1948年被宣布为以色列的民族语言,目前据说有300万当地人讲这种语言。

语言的标准化和世界历史

正如本文提到的所有事例表明的那样,语言和语言的标准化与世界历史密切地交织在一起。语言在一个地区被赋予的地位影响着该地区人们的生活,潜在地将一些人边缘化,同时确保其他人的幸运。征服者尽力践踏或贬低被征服者的语言,这不值得惊奇;这种语言也会成为民族主义革命运动的聚焦点,这同样不值得惊奇。在那些讲多种主要语言的民族国家,语言问题能够得到友善解决的程度经常是国家稳定的强有力的标志。作为政治工具,语言标准化既具有创造统一的潜力,也具有埋下分歧种子的潜能。

进一步阅读书目:

Fasold, R. (1984). *The Sociolinguistics of Society*. Oxford, U.K.: Basil Blackwell.

Fishman, J.A. (Ed.). (1974). *Advances in Language Planning*. The Hague, The Netherlands: Mouton.

Haarmann, H. (1993). *Die Sprachenwelt Europas. Geschichte und zukunft der Sprachnationen zwischen Atlantik und Ural* [The Language World of Europe. History and Future of the Language Nations between Atlantic and the Urals]. Darmstadt, Germany.

Haugen, E. (1966). *Language Conflict and Language Planning: The Case of Modern Norwegian*. Cambridge, MA: Harvard University Press.

史蒂芬·格奥尔格(Stefan Georg) 文
郭子林 译,张瑾 校

Laozi 老子

《老子》，又称《道德经》(《行为方式及其力量》)，或称《五千字经书》(因为它恰恰用大约5 000个中国汉字写成)，指 1504
的是一部用81首诗详尽解释道教哲学和宗教基本原则的文本。据说，《老子》的作者亦称老子。

一般来说，老子(前6世纪)撰写了道教经典著作《道德经》，是中国历史上最有影响力的人物之一；即使不能与思想家孔子齐名，也仅次于他。《道德经》的思想尽管看似神秘且自相矛盾，但敏锐而深刻，并影响了中国文明的各个方面(政府、哲学、宗教、科学、医学、艺术和战争艺术)。

“老子”这个名字的意思是“老主人”。几乎没有关于这个人的信息。关于老子的最早记录见于《史记》。《史记》是汉朝的司马迁(前145—约前87)撰写的。在老子的列传中，司马迁称老子的名字为李耳，也称其为李聃，后者是周朝(前1046—前256)帝国守藏室的史官。老子修行学问，但未展露其知识和能力。当周朝衰落时，老子决定离开。在城门口，应守门人的要求，他写了两本书，即《道》和《德》，总共约5 000字。没人知道他之后去了哪里。根据司马迁的记载，一些人说老子活到大约160岁或200岁，将其长长的寿命用于修炼“道”。

司马迁关于老子生平的记载包括孔子对老子的一次访问。司马迁将孔子作为媒介，把老子视作一条龙，以便说明老子语言的广度、深度和动感，而龙是中国文明最吉祥伟大的象征物。司马迁还提到了另一个人，即老莱子，后者也写作道教经典文献，是孔子的同时代人；但司马迁未将老子与老莱子视作同一人。一些学者认为老子不是孔子的同时代人，认为老子生活在战国时代(前475—前221)的公元前3世纪。其他学者认可司马迁关于老子生卒年代的记载。

2世纪汉朝结束的时候，民间信仰与道教思想混合起来，发展出了道教。这之后老子就被尊奉为道教的始祖，《道德经》对于道教几个派别的信徒来说变成了一部具有魔法和保护力的文本。当佛教在中国流行的时候，传说宣称老子去了西方，并转世化身为佛陀。在唐朝(618—907)，老子被尊为帝国祖先，以便提升帝国皇族的威望，帝国皇族与老子有相同的姓氏。唐朝时期，崇拜老子的神庙建筑起来，道教寺院分布在全国各地。此外，《道德经》作为一部关于哲学和统治方法的著作，与孔子的经典著作一起，被用作帝国政府文职考核的文本，持续了66年。从3至10世纪，“老子”是中国知识分子和宗教信徒熟知的名字。

《道德经》由81首简短的哲学诗歌构成，经 1505
常是自相矛盾的；因此，关于其文本的评注便十分重要。汉朝河上公的评注和5世纪王弼的评注成为标准版本。最近的考古发掘中发现了这个文本的早期版本，与目前的版本略有不同。一些学者相信《道德经》是多个学者的选集。然而，书中的思想是一致的。

《道德经》认为超自然的、无所不包的、有机的道是宇宙万物的起源和支点，它不可能被描述出来。就像《道德经》陈述的那样：“道可道，非常道。”然而，这个道是根据自然形塑的，也能够在普通事物中被辨别出来，甚或慢慢地在普通事物中被辨别出来。

《道德经》从对自然的观察中获得灵感，对自然有着深切的偏爱。它提倡节俭、知足、宁静、禁

> 我有三宝，持而保之：一曰慈，二曰俭，三曰不敢为天下先。慈，故能勇；俭，故能广；不敢为天下先，故能成器长。
> ——老子

欲。而且，与普通想法相反，它宣称“以弱制强，以柔克刚”。《道德经》认为，“上善若水，水善利万物而不争”。一些学者认为《道德经》教给人们在乱世中自我保护的方式。《道德经》也为贤达的统治者建议了一些治国之道。它提倡的理想社会是一个简单而原初的社会，人们对这样的社会心满意足。《道德经》指出“我无为而民自化，我好静而民自正。”但是，《道德经》不仅仅是简朴和满意的信条，它也接受和理解变化，这使它看似简单，实则很深奥。

《道德经》中的思想已经被应用在中国政治中，尤其在汉朝早期，在文帝和景帝统治时期（前 180—前 141）。在“黄-老”（神话传说中的黄帝与“老子”的名字结合起来）的名字下，汉朝早期政府是节俭而无为的，征收轻税，允许人们从之前秦王朝的沉重税务和战争中摆脱出来休养生息。在汉王朝接近结束的时候和接下来的几个世纪，道教兴盛起来。人们把老子崇奉为神；哲学家们从《道德经》中吸收思想，最终写出了一大本道教经文文集。道教也影响了中国艺术。《道德经》与战国时期另一部道教经典文本《庄子》一起激发文人创作风景画，尤其在宋朝。其画面通常是一个或两个学者漫步在山野或林间。道教思想也为中国很多最宝贵的诗歌提供了灵感。人们常常把李白（701—762）视作中国最伟大的诗人，而李白是唐朝的一个道教徒。

在秦代早期，道教也激发了中国的原始科学和战争艺术，影响到了中国的医学理论和实践。道教徒对长生不老药的求索促进了炼金术的发展（一种化学和思辨哲学，其首要目的是寻找一种无限期延长生命的方式）。

老子的《道德经》从根本上改变了中国文明。《道德经》用个人自由的感觉平衡了目标明确、伦理上进、义不容辞的儒家学说，这种感觉源于它对自然美的欣赏和对变化无常之运气的理解。自从 18 世纪晚期以来，《道德经》也吸引了很多西方思想家的注意。今日，它是那些英文译本最多的汉语著作之一。学者和外行从不同的角度 1506
探索与理解它的思想，将它与基督教比较，欣赏它的宁静和对自然的热爱，从高度结构化的现代社会中寻找个人的自由，或简单地研究道教的仪式和实践。西方知识分子在一个高度标准化和官僚化的世界里寻找空间的时候，去自由地阐释和考察该文本。《道德经》无论是老子个人创作的，还是多人写作的，它已经极大地影响了中国文明，而且其影响也已经超出中国国境，传播到了世界各地。

进一步阅读书目：

Ames, R., & Hall, D. (2003). *Dao De Jing: A Philosophical Translation*. New York: Ballantine Books.

Chan, A. (1991). *Two Visions of the Way: A Study of the Wang Pi and the Ho Shang-kung Commentaries on the Lao-tzu*. Albany: State University of New York Press.

Chan, W. (1963). The Natural Way of Lao Tzu. In W. Chan (Ed.), *A Source Book in Chinese Philosophy* (pp. 136–176). Princeton, NJ: Princeton University Press.

Fung, Y. (1966). *A Short History of Chinese Philosophy*. New York: Free Press.

Graham, A. (1989). *Disputers of the Tao: Philosophical Argument in Ancient China*. LaSalle, IL: Open Court.

Kohn, L., & LaFargue, M. (Eds.). (1998). *Lao Tzu and the Tao-te-ching*. Albany: State University of New York Press.

Lau, D. (1963). *Lao Tzu: Tao Te Ching*. New York: Penguin Books.

Needham, J. (1956). *Science and Civilization in China: Vol. II. History of Scientific Thought*. Cambridge, U.K.: Cambridge University Press.

Nienhauser, W., et al. (2002). *The Grand Scribe's Records: Vol II. (Ssu-ma Ch'ien, Trans.)*. Bloomington: Indiana University Press.

Schwartz, B. (1985). *The World of Thought in Ancient China*. Cambridge, MA: Harvard University Press.

莉莉·赫瓦(Lily Hwa) 文
郭子林 译,张瑾 校

Latter-Day Saints 后期圣徒

后期圣徒的耶稣基督教会(LDS),又称耶稣基督教会,是美国第五大基督教教派。该教会常常被称为"摩门教",因 1507
为其成员坚持信仰除《圣经》之外的另一部经文——《摩尔门经:耶稣基督之另一部约书》。

后期圣徒的耶稣基督教会将总部设在美国犹他州的盐湖城,到 2010 年其会员分布在 160 多个国家,已经迅速地成为一个重要的世界性教派。学者们称其为"新宗教传统"(Shipps, 1985),已经在其发展过程中看到了"一个新世界性信仰的兴起"(Stark, 1984)。

创立与会员

耶稣基督教会于 1830 年 4 月 6 日在纽约菲也特建立,创始人是小约瑟夫·史密斯(Joseph Smith Jr., 1805—1844)。作为一个 14 岁的男孩,他寻求他应该加入的很多竞争性基督教教派的答案。他证明上帝和耶稣基督访问了他,并指示他不要加入任何教派。其教会成员相信小约瑟夫·史密斯称得上是先知,获得了神的启示,很多神启在《教义与圣约》中出版,这本书详细阐述了史密斯获得的启示。它现在是后期圣徒信奉的《圣经》的一部分。

自从小约瑟夫·史密斯时代以来,耶稣基督教会经历了迅速发展。到 2009 年末,该教会已经在世界范围内拥有大约 1 380 万会员。有不到一半的后期圣徒生活在美国和加拿大。南太平洋的一些国家以及很多拉丁美洲国家和地区也有相对庞大的后期圣徒人口,包括墨西哥、加勒比地区、中美洲和南美洲。在亚洲、非洲和欧洲,该教会仍是一个少数派,但已经获得了重大发展。

基本信仰与实践

教会的核心教义包括信仰小约瑟夫·史密斯为现代先知,信仰教会是对耶稣基督有生之年创立的最初纯基督教的恢复,接受《摩尔门经:耶稣基督之另一部约书》为美洲古代先知记录的翻译,同《圣经》一道,为神圣经文。教会成员信奉基督,视其为教会的领袖,但教会不属于天主教、新教,也不属于东正教教会家族。教会的很多基本信仰在《信仰契约》中表达出来。关键教义包括：神圣祭司集团权威的恢复；对教会成员和现代先知的持续启示；关于诚实的高度道德标准，结婚之前保持贞洁，结婚之后保持忠诚；禁止饮用酒精、茶叶和咖啡，禁止任何形式的物质陋习，这是健康密码。教会成员将其收入的 1/
1508 10 作为十一税交给教会，并被鼓励每个月进行斋戒，把他们应该消费在食物上的钱或更多的金钱给予基金会，帮助那些生活困难的人。教会还有大量福利项目，旨在满足那些不能为自己或其家庭提供给养的教会成员的临时需求。

到 2009 年，耶稣基督教会在全世界有 130 家运营的神庙，用于执行诸如婚礼这样的活动，但并不用于举行每周普通的崇拜活动。后期圣徒教义教导说，那些在后期圣徒神庙隆重举行（“盖印”）的婚礼至死不渝，而且这样的家庭是教会和社会的核心单位。教会也鼓励教育，为那些在发展中国家寻求较高教育的成员提供资助性的贷款基金。教会还有广泛的教育体系，包括犹他州的杨百翰大学，后者是美国最大的私立大学之一。

很多大学阶段的单身男士和女士以及退休已婚夫妇在世界各地的教会里作为全职传教士工作一至两年。到 2009 年结束的时候，有 5 万多名传教士在教会总部派遣他们去的那个世界地区自费工作；在很多情况下，他们学习外国语言，以便服务。教会的地方领导者不是领薪水的管理者。与大多数兼职教师、领导者和地方集会的年轻领导者一样，他们是志愿者，在继续正式职业的同时，还需用几年时间在指定的教会岗位上工作。

历史演进

耶稣基督教会的早些年是以被迫害和西进运动为特征的。在教会产生之后的最初 20 年里，其成员被驱逐到俄亥俄州、密苏里州的独立城、密苏里州的远西区，在成为密苏里州政府消灭令的目标以后，又被驱逐到伊利诺伊州的挪弗。在小约瑟夫·史密斯 1844 年殉难于愤怒的暴民手中之后，后期圣徒最终在教会第二任主席杨百翰（Brigham Young，1801—1877）的领导下，向西迁徙 2 000 千米，进入盐湖河谷，正是今日犹他州的一部分。后期圣徒迁徙到犹他州之后，从 1857 至 1860 年一直在面对占领军；占领军是美国总统詹姆斯·布坎南（James Buchanan）派遣的，他因为得悉有关后期圣徒叛乱的虚假谣言而派遣了这支军队。

针对后期圣徒的早期官方迫害和暴民暴力是美国历史上最苛刻的宗教迫害事例之一。摩擦起因于后期圣徒与边境人们的宗教、文化和政治差别，尤其是关于奴隶制问题和对后期圣徒政治统治的恐惧，因为奴隶制在密苏里州是合法的。

先知小约瑟夫·史密斯的彩绘像。美国杨百翰大学哈罗德·李图书馆（Harold B. Lee Library）汤姆·佩里特殊收藏室（L. Tom Perry Special Collections）提供

盐湖城的摩门教神庙。美国杨百翰大学哈罗德·李图书馆汤姆·佩里特殊收藏室提供

另一个争论点是后期圣徒的一夫多妻制实践和后期圣徒建立经济上自给自足社区的努力。一夫多妻制实践从 1843 年被公开传播，直
1509 到 1890 年被废止。对后期圣徒实践的恐惧导致美国联邦法律从 1849 至 1896 年攻击一夫多妻制，拒绝给予教会一夫多妻之人和一夫多妻论者以公民权，并解散后期圣徒耶稣基督教会的公司。后期圣徒对反一夫多妻制法律的司法挑战导致美国最高法院颁布了一些法案，成为第一批解释美国宪法自由实践条款的法案：《雷诺兹诉美国》(*Reynolds v. United States*, 1878)和《戴维斯诉比森》(*Davis v. Beason*, 1890)。这些案例的解释支持联邦法律，反对一夫多妻制和耶稣基督教会。

尽管教会早些年经历了迫害，但传教士的工作继续促进其发展。在 19 世纪 40 年代，由于传教士的努力，尤其在英国，几千人加入耶稣基督教会，并移民到美洲。早在 19 世纪 50 年代，传教士在智利、法国、德国、直布罗陀海峡、夏威夷、印度、意大利、马耳他、斯堪的纳维亚、南非、南太平洋和瑞士展开工作。自此之后，国际传教工作已经增加，但到 20 世纪 20 年代，教会政策不再鼓励会员集中在一个中心地区。

近些年，教会在国际上的发展越来越多地在耶稣基督教会人口统计中反映出来。到 1996 年，有更多的教会会员居住在美国之外，而非美国国内；仅仅 30％的会员居住在美国西部，不足 20％的会员居住在犹他州。自 2009 年起，教会会员属于 28 424 个地方单位；教会史料涉及 166 种语言。自从 20 世纪 60 年代晚期以来，教会已经以每 10 年约 50％的比率发展。以这种发展率为基础，社会学家罗德尼·史塔克(Rodney Stark)认为，“相较于伊斯兰教、佛教、基督教、印度教和其他主要世界信仰”，后期圣徒“将很快获得世界范围内的追随者”。

进一步阅读书目：

Allen, J.B., & Leonard, G.M.(1976). *The Story of the Latter-day Saints*. Salt Lake City, UT: Deseret Books.

Arrington, L.J., & Bitton, D.(1992). *The Mormon Experience: A History of the Latter-day Saints* (2nd ed.). Chicago: University of Illinois Press.

Bushman, C.L., & Bushman, R.L.(1999). *Building the Kingdom: A History of Mormons in America*. Oxford, U.K.: Oxford University Press.

Bushman, R.L.(1984). *Joseph Smith and the Beginnings of Mormonism*. Urbana: University of Illinois Press.

Daynes, K.M.(2001). *More Wives Than One: The Transformation of the Mormon Marriage System*. Urbana:
1510 University of Illinois Press.

Gaustad, E.S., & Barlow, P.L.(2001). *New Historical Atlas of Religion in America*. Oxford, U.K.: Oxford University Press.

Givens, T.(2002). *By the Hand of Mormon: The Ancient Scripture that Launched a New World Religion*. New York: Oxford University Press.

Ludlow, V.H.(Ed.).(1992). *The Encyclopedia of Mormonism*. New York: Macmillan.

Shipps, J.(1985). *Mormonism: The Story of a New Religious Tradition*. Urbana: University of Illinois Press.

Smith, J.(1908). *History of the Church*. Salt Lake City, UT: Deseret News.

Stark, R.(1984). The Rise of a New World Faith. *Review of Religious Research*, 26(1), 18-27.

伊丽莎白·休厄尔(Elizabeth A. Sewell) 文
郭子林 译，张瑾 校

Law, Civil 民法

1511 罗马帝国的一个主要成就是民法体系的发展，包括元老院立法、司法程序、司法裁决、帝国敕令、元老院法令、法学家的观点、对其庞大疆域内一些地方习俗的吸收。到了现代，民法适用于世界大多数地方，但英国及其领地除外。

民法从罗马法开始，后来变成了一种帝国的、大陆的、然后全球的组织原则。罗马法最初是一套约束原则，旨在通过面对挑战、适应变化、创建制度、拥抱各种司法观念的方式，用文字铭记口头习俗，确保和谐，促进商业发展。民法通常不适用于奴隶，其目的是充分规范公民的生活和关系。

民法有各种各样的、越来越多的来源，包括元老院立法、司法程序、司法裁决、帝国敕令、元老院法令、法学家的观点、对一些地方习俗的吸收，有助于加强对人口和地域复杂之帝国的管理。遍布欧洲、中东和北非整个帝国庞大疆域内的统一法的发展，是罗马帝国最突出的成就之一。到了现代，民法应用于世界大多数地区，但英国及其领地除外。

古代罗马

公元前450年，罗马领导人(执政官)颁行《十二铜表法》，把公共起诉和犯罪惩罚组织起

> 良法源自对恶行的惩治。
>
> ——查理·麦克林(Charles Macklin，约 1697—1797)

来，同时对公民争端进行仲裁。普通人(平民)将受到特权阶级(贵族)优势地位的保护。家族(父权制)男性首领对其家族成员实施决定权。

从公元前 336 年开始，监察官(地方法官，源自那些管理司法的社会精英)审查理论与实践中的冲突。他们也颁布一些司法原则，并根据这些原则解释法律条款。法律精神是特别保守的，旨在保护公民的生命、财产和名誉。纠正错误和改变非正义是附加条款。享有罗马司法权(或部分享有)的外国人与罗马人的关系越来越重要，使民法的形成成为必要。民法的应用不是以公民身份为基础区别不同的人。这个具体框架与自然法结合起来，是一套更哲学性的原则，促进了一种更普遍性的法律概念的发展。

盖尤斯(Gaius，活跃于 130—180)在大约 130 年写作了《法学阶梯》，这部著作分析了罗马法，成为民法的主要来源。《法学阶梯》描述了个人拥有的不同地位；财产及其所有权的获得，包括遗嘱；无遗嘱继承(一个人死后没有留下遗嘱，应该做些什么)和义务；各种形式的行为(怎样正确地执行司法裁决)。

查士丁尼的贡献

民法主要源自罗马法，被传递到后来几代
1512 人那里，由拜占庭皇帝查士丁尼一世任命的法学专家保留和规范起来。他想将几个世纪模糊混乱的判决案例整理成一套系统的帝国法律。而较深层次的原因是用拉丁语强调罗马传统作为基督教社会正当基础的合法性和虔诚性，并在这个过程中将他自己树立为一位开明、富有改革思想的领导者，从而巩固其政治权威。

结果是 529 年颁行的《查士丁尼法典》(*Codex Justinianus*)。之后，查士丁尼又任命 16 位法学家整理和编纂罗马法学专家们的法律观点。他们在 533 年发布了《罗马法理学摘编》(*Digest of Roman jurisprudence*，很多内容逐字逐句地转引自盖尤斯的《法学阶梯》)。在同一年，查士丁尼的团队还出版了一本民法手册，成为法学学生的教科书。通过其名字《民法原理》，我们可以发现，他们显然是在尽力构建、重复 400 年以前盖尤斯作品的声誉。

《查士丁尼法典》的权威版本通过前面提到的劳动加以更新，在 534 年出版。查士丁尼禁止对“摘编”做任何评论，或许也禁止对其他法律工具书做任何评论，使这部“民法大全”成为以后一千年的规范性标准。最后，尽管这个项目在他死后才完成，但查士丁尼鼓励了《新编民法大全》(*Novels*)的编纂，即根据“民法大全”编辑新法律，主要用希腊语，这象征着政治权力向拜占庭的转移。

总之，这些编纂活动非常准确地反映了当时的罗马法。在司法继承(这是查士丁尼的遗产)方面，查士丁尼流露出了对他自己理解的上帝指引(即他支持什么类型的基督教)的信心，但也展示了他对其他任何形式的基督教很少有宽容，对犹太人或异教徒的宽容更少。或许是受到他有争议的妻子狄奥多拉(Theodora，约 497—548)的影响，查士丁尼改善了妇女的地位。他也特别注重对各个行省的平衡管理。

中世纪

查士丁尼的几卷书与越来越多的法理学结合在一起，包括司法判决，司法学者的观点，公众对刑法、商法和海事法新标准的遵从，持续不断的习俗的证据。这些得到了教会法的补充。这些法律结合起来，成为现代民法的源泉。

大约 500 年，罗马帝国逐渐瓦解，随之发生的是世界秩序的崩溃。之后，民法被很多后继君主国和政治实体运用。这样，它变成了欧洲大陆有组织的司法原则。查理曼(Charlemagne，Charles the Great，768—814 年在位)为了获得

> 习俗使生活美好，而法律破坏我们的生活。
>
> ——乔治·赫伯特(George Herbert，1593—1633)

合法性，也为了实践的原因，依赖于罗马传统。在教皇利奥三世(Leo III，795—816年在位)的祝福下，查理曼在800年的圣诞节建立了神圣罗马帝国，此时帝国的民法原则被用于处理司法事务，与法兰克人的地方习俗和基督教司法观念共同发挥作用。

现代

从16世纪开始，民法体系扩散到欧洲国家(包括法国、比利时、葡萄牙和西班牙)在拉丁美洲、亚洲和非洲的殖民地。其他国家受到与欧洲列强联系的影响，例如日本和中国，也采用了民法。社会主义国家，从苏联开始，亦采用民法作为法律体系。民法也成为国际法原则的基础。罗马时期的民法是对那种用于处理多个主权中心的司法体系的最初称呼。

现代民法大全最重要的事例是1804年的拿破仑的民法典。它成为其他法典的主要模式，应归功于其相对全面和进步的精神，尤其是对诸如犹太人这样的宗教少数派的解放。拿破仑·波拿巴(Napoleon Bonaparte，1769—1821)巩固了法国对英法战争及法国与联盟之间的战
1513 争时期世界大多数地区的影响，也巩固了他自己作为皇帝的统治地位。他的法典有三个部分(有统治权力的个人地位、财产和财产的获得)，基本上与《查士丁尼法典》的结构一致。

与习惯法的关系

民法与习惯法的关系可以从英国习惯法传统中区分出来，英国习惯法是在1066年征服者威廉一世成功入侵英国以后建立起来的。从历史上来看，二者存在本质区别。习惯法依赖于非文字习俗，然后依赖于司法观点长期以来对判例的支持或拒绝。民法以有约束力的法典或其他法令中详细明确的条款为基础，也以简短的判例为基础，解释和应用那些具有约束力的法律证明的标准。此外，正如其名字所表明的那样，习惯法仅仅应用于帝国——英国和其他地方的较低阶级，至少最初是这样的，而不是应用于君主和有头衔的贵族。相比较而言，民法的司法权意味着更复杂的行为，把所有公民都包括在内。然而，在现实中，这些区别当中的很多点主要是语义学上的，而非实质性的。

一些地方，例如加拿大魁北克省和新布伦瑞克省以及美国路易斯安那州，因为有大量法国遗产，从而具有强大的民法传统(在1774年英国议会通过了魁北克法令，允许这个地区遵守法国民法典；而路易斯安那州在1821年采用自己的法典)。因为它们是联邦框架的一部分，所以这些司法权的最终权威落在了最高法院身上，大多数法院人员不可避免地来自习惯法统治的地区；加拿大传统上将最高法院9个席位中的3个分配给魁北克省。

未来

第二次世界大战以后，判例法迅速增加，大多数有趣的法理学家和制度成为学术研究的对象，其结果是习惯法和民法更多地趋同而非趋向分野，尽管仍存在语言及文化上的差别。随着全球化不断地使法律的和谐一致成为必要，民法可能逐渐被视作过去的一种遗产，而非一个独特的组织原则。甚至在欧洲大陆，民法的遗产也不可能被抹掉。民法的首要性将像国际法一样，作为引导者扩展到很多几乎未知的领域，或直到20世纪才得以实践的领域，例如提高人权和保护环境。

进一步阅读书目:

Aubert, J. J., & Sirks, B. (Eds.). (2002). *Speculum Juris: Roman Law as a Reflection of Social and Economic Life in Antiquity.* Ann Arbor: University of Michigan Press.

Gall, G. L. (1990). *The Canadian Legal System.* Toronto, Canada: Carswell.

Glenn, P. H. (2000). *Legal Traditions of the World: Sustainable Diversity in Law.* Oxford, U. K.: Oxford University Press.

Harris, S. F. (1994). *The Elements of Roman Law Summarized: A Concise Digest of the Matter Contained in the Institutes of Gaius and Justinian.* Holmes Beach, FL: Wm. W. Gaunt.

Johnston, D. (1999). *Roman Law in Context.* Cambridge, U. K.: Cambridge University Press.

Merryman, J. H. (1969). *The Civil Law Tradition: An Introduction to the Legal Systems of Western Europe and Latin America.* Stanford, CA: Stanford University Press.

Palmer, V. V. (Ed.). (1999). *Louisiana: Microcosm of a Mixed Jurisdiction.* Durham, NC: Carolina Academic Press.

Pit t man, P. B. (2001). *The Chinese Legal System: Globalization and Local Legal Culture.* London: Routledge.

Stein, P. (1999). *Roman Law in European History.* Cambridge, U. K.: Cambridge University Press.

Watson, A. (1998). *Ancient Law and Modern Understanding: At the Edges.* Athens: University of Georgia Press.

伊泰·斯内(Itai Sneh) 文
郭子林 译,张瑾 校

Law, Contract 合同法

合同法是主体法律,规范和强迫两个或更多立约方立即或在将来执行诺言和交易。如果立约一方或更多方破坏协 1514
议,那么合同法也提供司法救助。

合同法履行道德、社会和经济职能。合同法的道德职能以这样的前提为基础,即所立诺言应得到遵守;这几乎在习惯法中被普遍认可,在制定法中也不同程度地被认可。从社会职能来看,合同法是规范和确定社会关系的一种方式,例如在婚姻合同、不同社会等级或社会团体之间的合同这样的事例中。就经济职能而言,合同法通过为补救被破坏的合同提供一种司法保证,促进商业发展,也促进远程贸易的发展和诸如信用证与提货单这样的流通工具的使用。

合同法的道德职能

法律学者哈罗德·伯曼(Harold J. Berman)写道,西方人理想的合同法以这样的理论开始,即"诺言创造出对上帝的一种义务"。不仅犹太教、伊斯兰教和基督教信徒的圣典肯定这种思想,几乎所有文化都有一种以道德观念为基础订立的合同,这种道德观念就是诺言应该得到遵守。在印度和中国的传统社会中,合同经常根据道德原则(印度教教法,儒家思想的礼)进行裁定；一个合同如果冒犯了一般道德或公平原则，那么就被裁决无效，即使该行为在其他方面是合法的。罗马法强制要求合同应该是“有内容的”，也就是说，立约者必须有切实的目的或理由才能订立合同。因此，罗马法强调立约方之间做出的诺言的约束性。那些坚持罗马法律传统的法学家认为，在决定一个合同的合法性时，订立合同的目的或原因比合同得以订立的手段更重要。中世纪圣典学者把基督教道德因素加入合同法中，认为合同的最终目的必须遵从道德原则，而不考虑起中介作用的立约方的期望。拿破仑的民法典(1804)强调，一个有效的合同是立约方自愿约定的，是为了合法目的制定的，而合同的形式没有目的重要。在英裔美国人的习惯法中，公平原则也是适用的，而且不公平致富的信条意味着法庭可以调节准合同行为，即法庭下令调整合同以便恢复订约双方之间的公平，并代替原告从不公平致富的立约方恢复收入总额。

合同法的社会职能

对于中国和日本传统社会的大部分历史时期而言，没有正式的合同法，尽管其他法律，例如帝国法或封建制法律能用于司法保护和调节合同纠纷。另外，中国和日本的习惯法也具有真正合同法的目的。这种习惯法与每个社会的社会结构息息相关，即中国的儒家家族和氏族
1515 等级制度，日本传统社会的封建制度。在中国，儒家关于家庭的思想赋予个体家庭成员之间、家庭与家庭之间、家庭与整个社会之间的严格义务关系，超过了任何个体的合同关系。换言之，合同关系首先是用儒家思想体系约束的，个体契约仅仅具有次要约束力。在中国传统社会，求助法庭被视作合同纠纷的最后方式；仲裁几乎总是最可取的，因为一个不能解决的纠纷意味着是对传统儒家秩序的小小破坏。类似地，在日本，合同纠纷也几乎总是通过仲裁的方式解决。不同之处在于，在中国，家庭或氏族是仲裁的基础；在日本，封建村庄是比家庭更有效的单位。在西方，合同法构成广义债务法的一部分，债务法也具有确定社会关系的类似职能。罗马赞助制度的复杂性意味着罗马法将“类似”合同——例如礼物赠与——视作从法律上约束各种关系的源泉。甚至在现代商务实践中，就像斯图亚特·麦考莱(Stewart Macaulay)观察到的那样，合同与其说是规范交易的方式，倒不如说是一种构建各种关系的方式；对合同的违背是一种严重的失信，这“经常导致一种‘离异’，结束两个商业伙伴之间的‘密切合作’，因为合同行为至少能够约束坏声誉的传播”。

合同法的经济职能

英国法律学者亨利·梅因(Henry Maine)写道，从“地位到合同”的转变对于现代社会和经济体系的创造来说是根本性的。换言之，现代(即西方)司法体系、合同关系和经济制度依赖于各方之间的社会公平、进行自由交易的能力以及相信法律将强制这些交易的完成。相比较而言，在古代希腊，尽管雅典合同法允许缔结合同的绝对自由，但在实践中这仅仅适用于城邦公民。在17世纪，英国法学家开始强调“原因”和“讨价还价”的概念，尽管这类似于罗马人的原因概念，但有所不同；英国习惯法通常既不考虑合同的目的，也不考虑立约方的地位。相反，英国法律集中在立约方之间的讨价还价上：一种原因、行为或诺言——据此立约一方根据互惠行动而行动——创造一种有约束力的合同。英国合同法也发展了“严格责任”信条，把绝对约束力的义务放在立约方身上，而不考虑不履行义务的原因。在“帕拉丁诉简案”(Paradine v. Jane, 1467)中，承租人仍然必须为他的房东支付租金，尽管被告的土地和庄稼在英国内战期间被毁掉

了，因为法庭裁决的合同是由涉案双方自由缔结的。然而，不可否认，这种看似严厉的措施在商业和贸易发展中是重要的，这样的商业和贸易通过运用流通工具进行，例如信用证、支票和提货单（它们从本质上说都是许诺在未来支付的合同）。这是转移大笔资金的更有效方式，不管有多少个立约方，流通工具一旦通过，那么接收者就能够期望获得支付，因为"严格责任"仍然将最初的发行人与最初的合同捆绑在一起。

历史学家与合同法

合同与合同法的复杂性和形式多样性经常得到高度强调，以至于很多历史学家已经不把合同法视作研究主题了。然而，合同法甚至在其最正式的表述中，也反映了法律被创造或合同纠纷被裁定的历史语境。就像美国法律学者富勒（Lon L. Fuller）观察到的那样，它不仅仅是制定合同法，还是习惯法的表达，这样"合同法……首要的不是指合同的或关于合同的法律，而是指一个合同本身导致存在的'法律'"（Fuller, 1969）。因此，对于历史学家来说，合同
法能够产生关于文化、意识形态、社会和经济的 1516
重要信息，是在探究历史问题过程中有价值的参考系。

进一步阅读书目：

Atiyah, P. S. (1995). *An Introduction to the Law of Contract*. Oxford, U.K.: Clarendon Press.

Berman, H. J. (1986). The Religious Sources of General Contract Law: An Historical Perspective. *The Journal of Law and Religion*, *4*(1), 103 - 124.

Berman, H. J. (2003). *Law and Revolution: Vol. 2. The Impact of the Protestant Reformations on the Western Legal Tradition*. Cambridge, MA: Harvard University Press.

Fuller, L. L. (1969). Human Interaction and the Law. *The American Journal of Jurisprudence*, *14*(1), 1 - 36.

Gordley, J. (1991). *The Philosophical Origins of Modern Contract Doctrine*. Oxford, U.K.: Clarendon Press.

Hansen, V. (1995). *Negotiating Daily Life in Traditional China: How Ordinary People Used Contracts, 600 - 1400*. New Haven, CT: Yale University Press.

Macaulay, S. (1963). Non-contractual Relations in Business: A Preliminary Study. *The American Sociological Review*, *28*(1), 55 - 67.

Maine, H. (1917). *Ancient Law*. London: J. M. Dent.

Versteeg, R. (2002). *Law in the Ancient World*. Durham, NC: Carolina Academic Press.

Watson, A. (1995). *The Spirit of Roman Law*. Athens: University of Georgia Press.

Zweigert, K., & Kötz, H. (1987). *Introduction to Comparative Law: Vol. 2. The Institutions of Private Law*. Oxford, U.K.: Clarendon Press.

道格拉斯·帕尔默（Douglas Palmer） 文
郭子林 译，张瑾 校

Law, International 国际法

1517 国际法已经演进了数个世纪，为国际和跨国活动提供了框架。与其他法律领域相似，国际法的目的是允许参与者以某种程度的预测能力对待彼此，从而减少误解、避免冲突和对抗。

国际法的首要目的是为国际和跨国政府之间的交往提供一种结构，它是一种比先进国家的国内法律体系更原始的法律体系。它没有立法机关，以便颁发对多个国家具有约束力的法律；它也没有行政部门或军队、警察机关，以便强制那些的确存在的法律得以实施；它没有拥有广泛司法权的裁判庭，没有颁发在很多环境下具有约束力和强制力的法令的权力。尽管这些机构的早期版本可以在美国和一些新兴区域组织中发现，但构建一些享有广泛支持和能够面对深刻分化世界带来的诸多挑战的机构的过程刚刚开始。

一些人认为国际法不是真正的法律，因为没有上级团体能够实施国际法。但大多数评论主张国际法应该被视作一种法律体系，既因为大多数国家在大多数时候遵守国际法，也因为那些违反其规范的国家的确经常遭受恶果。

国际法没有像其他法律体系那样获得发展，因为较大的和更强大的国家并不总是接受这样的规条：使它们的自我利益隶属于国际或跨国规则是符合其利益的。尽管较小的国家认为一个保护弱者、对抗强者的国家组织是有益的，但较强大的国家并不总是认为这样的组织是有意义的。国际法的基础始终是互惠主义和明确的利己主义。

国际法的源泉

国际法的主要来源是条约（双边条约与多边条约）和“国际习惯法”，后者源自很多国家的实践，其执行是以这样的认识为基础的，即这些实践是法律必需的。很多国家的“实践”通常是以国家名义进行的活动，但有时也出现于外交官或领导者签发的声明之中，或出现于他们在国际组织或外交会议上的倡议中。一种实践要变成“习惯”，必须获得那些涉及相关问题的国家的广泛（但不一定是全球性的）支持，通常必须经过足够长久的持续不断地获得理解和认可。如果世界某个部分的一些国家根据某种方式安排其事务，那么一个区域性的习俗也会偶尔出现。

近些年，人们已经接受了一种观点，即国际习惯法的某些原则是如此重要的，以至于它们被称为“强制性规范”或“强制性法规”（强制法），以至于没有任何国家能够摆脱它们。其中一些规范是对侵略、种族灭绝、反人类罪、奴隶制、法外谋杀、长期任意扣押、酷刑、种族歧视的禁止。

尽管大多数关于国际法发展的历史概述都 1518
聚焦于其在欧洲和西方的发展，但实际情况更加复杂。规范国家间和民族之间交流的实践也在亚洲和其他地方发展起来，而且这些规范与那些在西方获得认可的规范融合起来。群体和个人拥有受国际法保护的人权，这种日渐增长的共识是非西方规范对国际法做出贡献的一个事例。

现代国际法的出现

大多数学者认为“现代”国际法在文艺复兴

和启蒙运动时代通过《威斯特伐利亚和约》(*Peace of Westphalia*)出现在欧洲。《威斯特发利亚和约》结束了“三十年战争”(1618—1648),并正式承认了主权国家制度。这种以和约为基础的制度被设计出来,部分是为了允许天主教国家与新教国家在欧洲共存。国际法成为这些国家确认边境的必要法律依据,为这些国家处理相互关系提供了一种秩序。这些国家接受了“有约必守”的信条,目前这个信条是国际法的基本规则,并为解决争端确立了某种机制。在接下来的一些年里,公民参与政府管理在英国兴起,然后通过法国大革命在法国兴起。随着君主制的崩溃,个人、协会、非政府组织和国际组织变成了国际司法体系的组成部分。

奥地利、法国、英国、葡萄牙、普鲁士、俄国和瑞典签署了《维也纳会议决议案》(1815),正式结束了拿破仑战争;这是另一个意义重大的事件,因为它在欧洲创造了一种政治和经济协作制度,也阐明了国际法的管理规范。这次会议形成的原则包括系列外交礼仪规则、对奴隶贸易的谴责、欧洲主要水路的自由航行原则(不是仅仅适用于水滨国家,而是适用于所有国家)和瑞士的中立。条约(双边和多边)开始涵盖广泛主题,补充或有时代替习惯,习惯是国际法的来源之一。

在19世纪下半叶发生的殖民扩张时期,西方列强将那些在欧洲和西方使用的国际法概念引介到亚洲。当时的西方国际法比今日的西方国际法更原始。不存在全球制度,只有几个特殊的区域组织被创造出来。一些主题——例如外交豁免权——界定的相当明确,人们就结束海盗和奴隶制度等重要目标达成一致意见。

武装冲突的法律

尽管很多人仍然将战争视作外交政策当中可接受的手段,但工业革命造就的毁灭性武器的急剧增加,使很多人意识到有必要对武力的使用进行某些限制。很多重要国际会议得以召开,其中最重要的是1899和1907年召开的海牙会议;这两次会议的目的是编纂有关武装冲突的法典,并确立对某些类型的军事活动的限制条件。工业化国家传媒的发展有效地使普通公民更充分地参与政策决定,并在很多国家引发了国际政治的民主化。

25个国家出席了1899年的由俄国沙皇尼古拉二世(Nicholas II)召集的海牙会议。会议通过和批准了大量文件,包括控制战争行为与和平解决争端的约定。尽管欧洲国家控制着这些谈判,但19个拉丁美洲国家签署或通过了一个或多个文件,中国、日本、朝鲜、波斯、暹罗(Siam)和土耳其也是如此。

在美国总统西奥多·罗斯福(Theodore 1519
Roosevelt)的敦促下,1907年的海牙会议也是由俄国沙皇尼古拉二世召集的,通过了一些旨在限制战争危害的补充约定。欧洲国家再次操纵谈判,但18个拉丁美洲国家签订或通过了一个或更多的约定(洪都拉斯没有加入),中国、日本、波斯、暹罗和土耳其(朝鲜没有加入,因为它变成了日本的被保护国)也是如此。利比里亚也拥护很多约定。

自然法与制定法

很多人将不断发展的国际司法体系的本质描述为同意或“制定法”,只有那些国家同意的规范才能够用于反对这些国家。但是,或许因为神权政体在过去几个世纪统治着欧洲很多地区,所以在那个时期发展起来的教会法和其他很多国家仍在熊熊燃烧的宗教热情认为,某些内在原则也对很多国家有约束力。这种作为国际法基础的“自然法”准则和其他人提出的“制定法”观点之间出现了紧张关系,这种紧张关系今日仍然存在。

荷兰外交家雨果·德·格鲁特(Hugo de Groot)在400年前以拉丁名字格劳秀斯

> 一部非正义的法律本身就是一种暴力。对那些违反这种法律的人实施逮捕就更是一种暴力了。
>
> ——莫汉达斯·甘地

(Grotius)写作,常常被称为国际法之父或创建者,因为他试图调和自然法与制定法。他对战争法、海洋法和外交官保护法的分析为现代人对这些主题的思考设定了框架。他认为"自然法"应该通过逻辑推理得出,而非求助于神祇,这样形成的法律才能够被所有人接受,甚至被"异教徒"心悦诚服地接受。

另一个持续性的问题是,国际法是否应该成为国际司法体系的一部分,从而成为国际法庭实施的法律的组成部分("一元论");或国际法是否应该成为一种对很多国家有约束力的独立而独特的司法体系,但在国内法庭争论中不被正常公民接受("二元论")。

一个分裂的世界的持续挑战

第一次世界大战之后,国际联盟建立起来,旨在推动对话和谈判,但它中止一些国家持续不断的帝国主义活动的努力没有取得成功,世界在第二次世界大战时再次陷入大规模屠杀之中。1928 年的《凯洛格-白里安公约》(Kellogg-Briand Pact)宣布战争为非法行为,没能阻止战争,但它至少要求国家为其武装冲突提供某种理由,而"自卫"是最普通的借口。

联合国于 1945 年建立,世界上很多国家自此以后针对很多主题签署了大量补充性双边和多边条约,其主题范围非常广泛,从经济事务到海洋法,从人权到军备控制。联合国安全理事会有 15 个成员国,包括 5 个常任理事国(中国、法国、俄罗斯、英国和美国)。5 个常任理事国可以对任何决定投票。联合国安全理事会负责处理扰乱和平和妨害治安的事件。联合国大会目前有 190 个成员国,充当论坛的角色,每年颁布大量解决全球问题的决议。联合国国际法院设在荷兰的海牙,决定多国政府提交的案件。大量专业化的法庭也创建起来。

区域组织几乎在世界所有地区都建立起来,其中欧洲联盟和其他欧洲组织在解决区域问题和降低国家间紧张关系方面特别有效。很多发展中国家和非以欧洲为中心的地区仍认为国际法由西方和富有而强大的国家操控着,不断努力寻找解构联合国的方式,以便更公平地反映世界的多样性,使联合国更有效地运作。

国际司法体系仍是一项未竟事业。随着世 1520
界变得越来越相互依赖,国际法将变得越来越重要、越来越复杂。很多国家始终不愿意放弃主权和自治的本质因素。但当跨国问题呈现在它们面前时,跨国解决方案就将持续发明出来。国际法将通过这种增量过程持续发展。

进一步阅读书目:

Anand, R.P. (1982). *Origin and Development of the Law of the Sea—History of International Law Revisited*. The Hague: Mar-tinus Nijhoff.

Buergenthal, T., & Murphy, S.D. (2002). *Public International Law*. St. Paul, MN: West Group.

Henkin, L. (1979). *How Nations Behave*. New York: Columbia University Press.

Janis, M.W. (2003). *An Introduction to International Law*. New York: Aspen Publishers.

Lawrence, T.J. (1895). *The Principles of International Law*. London: MacMillan.

Levi, W. (1991). *Contemporary International Law: A Concise Introduction*. Boulder, CO: Westview Press.

Moore, J.B. (1924). *International Law and other Current Illusions and other Essays*. New York: MacMillan.

Nussbaum, A. (1954). *A Concise History of the Law of Nations*. New York: MacMillan.

Paust, J.J., Fitzpatrick, J.M., & Van Dyke, J.M. (2000). *International Law and Litigation in the U.S.* St. Paul: West Group.

Woolsey, T. D. (1874). *Introduction to the Study of International Law*. New York: Scribner, Armstrong & Co.

乔恩·凡·戴克(Jon van Dyke) 文
郭子林 译,张瑾 校

Law, Natural 自然法

自然法的最基本意义涉及规范个人和政治团体适当行为的普遍客观而必要的道德观念,起源于古代希腊和古代罗 1521
马,并作为关于人类行为之理论可供选择的理论,而在西方文明史上不断演进。

一般而言,自然法由普遍客观而必要的道德真理构成,规定正确的个人行为或政治团体的基本原理。但不可避免,这是一种简单化的陈述,因为自然法的含义在整个西方文明史上不断演进,从其在古代希腊和古代罗马产生,到现代、后现代和相对主义的20世纪。作为主观主义、愤世嫉俗或怀疑主义理论的一种可供选择的理论,自然法弥漫于西方哲学传统中。

古代希腊和古代罗马的自然法

作为人为设计之物的法律与存在和独立于人类社会之外的法律之间,是一种基本的二分法。尽管很多文化都认可了这种划分,但古代希腊文化是第一个提出这种区别并将其作为纯粹哲学问题的文化。怎样获得幸福和康乐(eudaimonia源于daimon和eu,daimon是主宰人类幸福或不幸的神祇,eu的意思是“健康的”)?这个问题使古代希腊人着迷。关于自然法的哲学结论是“eudaimonia”(斯多葛派后来称其为“美好生活”)具有“与自然和谐共存”的含义。用哲学术语明确定义之前,自然法在希腊文化中是非常含糊的。公元前5世纪,索福克勒斯(Sophoclēs,约前496—前406)的悲剧作品《俄狄浦斯王》(通过思考俄狄浦斯命运的性质、来源和结果)揭示了这点。前苏格拉底时代关于宇宙是静止的还是运动的这一形而上学问题的争论,也揭示了这点。它在亚里士多德关于自然正义与法律正义的区分中也是含糊不清的。希腊人自始至终一再将普遍真理与主观信仰进行比较,普遍真理以客观永恒的现实为基础,主观信仰以易变的事实或因情况而异的社会习俗为基础。

在希腊化时代(前323—前31),季蒂昂的芝诺(Zeno of Citium,约前334—约前262)明确地将自然法设想为斯多葛哲学学派的核心观念。斯多葛派坚持认为宇宙是根据理性法律构建和组织的,人们可以通过人类的能力理解这种理性法律,人的能力是对这种普遍理性即理性思维的分享。这些普遍的、绝对的、永恒的法律构成了自然法,与自然(按照自然法构建的自然)和谐共存是美好生活。

尽管斯多葛派学者发明了正式概念(和短语)——“自然法”,但使自然法在接下来的2000年里对伦理和政治哲学产生持久影响的却不是他们。原因在于最初的斯多葛派学者都是决定论者。这样,他们相信与自然和谐共存是调节人类内在思维状态和外部世界事件之间关系的唯

1522 一问题，外部世界的事件必定由自然法决定。斯多葛派的理想是个人的幸福宁静（无欲心境），人们只要接受世界的本来状态便是。在这种世界观里，社会或政治哲学不能扮演任何角色。

罗马人受斯多葛派思想的影响很大，西方一些最突出的斯多葛派哲学家都是罗马人，例如塞涅卡（Lucius Annaeus Seneca，前 4—公元 65）、爱比克泰德（Epictetus，55—约 135）和罗马皇帝马克·奥勒留（Marcus Aurelius Antoninus，161—180 年在位）。最卓越的罗马斯多葛派学者是法学家和哲学家西塞罗（Marcus Tullius Cicero，前 106—前 43）。

作为法学家，西塞罗拒绝斯多葛派的决定论，但发现斯多葛派的自然法观念对实用性的道德和政治极其重要。因为自然法是由西塞罗所说的“正确理性”构成的，所以它适用于（并易于）所有地方所有时代所有人（理解）。这样，自然法便成为在道德理论内构建政治理论的关键，道德理论以普遍人类属性为基础：人类思维，或更准确的说法是人类理性思维能力。

这种自然法概念很快便在罗马人发展起来的关于社会-政治法则的独特而革命性的三分法中扮演一定角色。在政治和司法实践中，罗马人已经将两种类型的法律概念化：万民法（国际法的胚胎）和市民法（每个主权帝国或王国拥有的特殊法律）。西塞罗关于自然法的概念被整合进这个结构，成为万民法和市民法的普遍而绝对的道德基础。一种普遍而绝对的道德法律被应用于所有政治制度和法律，这在西方思想史上是第一次。

关于自然法的现代理论

早期教会的教父们，例如米兰的圣安布罗斯（St. Ambrose，约 340—397），用西塞罗的自然法为新兴的基督教罗马帝国辩护。尽管如此，这种概念在中世纪大多数时间的哲学和神学作品中大部分消失了，被基督教的神圣法概念取代。自然法在公元 1 千纪之后再次出现在主教格拉蒂安（Johannes Gratian）的作品中（约 12 世纪），最重要的是出现在圣托马斯·阿奎那（Saint Thomas Aquinas，约 1225—1274）的作品中。托马斯·阿奎那用新发现的古文物文献合成了基督教神学，包括斯多葛派学者和罗马法学家的文献。结果是把自然法再次明确引入西方哲学，但在某种程度上进行了调整以便适应当时占主导地位的神圣法道德概念。

托马斯·阿奎那重新将终极普遍法则定义为永恒法律，神圣法和自然法都是从这个永恒法律中衍生出来的。神圣法与自然法的分离对于现代政治理论的发展产生了深远影响。一方面，神圣法是个人救赎的普遍道德基础，以《摩西十诫》提出的规则和《新约全书》中的诫命为指导。在托马斯·阿奎那看来，神圣法适用于人造法律，但前提是政治和司法规则有影响人类登上天国的能力。这样，自然法和神圣法在内容上有某种重叠。

另一方面，自然法是由抽象的道德原则构成的，这些原则必定是世俗世界的本质，可以通过理性查明，而且人们从这些理性规则中推理出正确的社会-政治法则。自然法是人造法律的普遍道德基础。正如托马斯·阿奎那阐明、圣奥古斯丁（St. Augustine，354—430）引用的那样，“不公正的法律根本就不是法律”。

神圣法与自然法之间的这种区分在 17 世纪格劳秀斯、塞缪尔·普芬道夫（Samuel von Pufendorf，1632—1694）和约翰·洛克（John Locke，1632—1704）的作品中臻于成熟。当时，在不依赖于特殊而最可能有争议的宗教教义的情况下，为政治制度和法律的标准要求提供理性分析是可能的。格劳秀斯被视作“现代权利之父”，他认为自然法需要尊重每个个体的生命、自由和财产，而这些被定义为“自然权利”。

1523 普芬道夫把格劳秀斯的观点系统化，提出了新颖复杂的自然法/自然权利哲学。他的杰作《论自然法与万民法》解释了自然权利怎样为公民社会及其种种司法规则进行辩护；这本书成为欧洲重要司法专著，并经常被19世纪晚期的英国和美国法官引用。

最后，洛克的《再论公民政府》将自然法/自然权利理论确定为有限民主制政府的标准基础和法律原则。洛克的政治哲学是美国开国元勋们的思想源泉。

19和20世纪的挑战

在19世纪，随着功利主义和相关实用主义信条的兴起，自然法哲学衰落了。杰里米·边沁(Jeremy Bentham，1748—1832)发表了著名宣言：自然权利是“夸张做作的废话”。法律实证主义尤其直接挑战自然法的核心前提条件——道德规则与社会-政治法则之间的必要联系。对于法律实证主义者，例如约翰·奥斯丁(John Austin)来说，法律规定可以被分析和评估，无须关注或依赖道德原则。唯一的法律是人造法，人造法在概念上不同于道德理论。

这提出了问题，即是否有可能对不同的政治制度或统治形成普遍道德判断；随着20世纪集权主义政体的兴起，这个问题变得特别受人关注。随着第二次世界大战的爆发，自然法被用于谴责纳粹暴行。这样，在20世纪下半叶，学术界重新对自然法产生兴趣。罗纳德·德沃金(Ronald A. Dworkin)提出了一种主张，即司法判决无法避免道德理论。约翰·M. 菲尼斯(John Mitchell Finnis)提出了一种自然法，使之与天主教教会的道德法令更密切地联系起来，但其他同时代的自然法学者就这些问题反对他的观点。自从西塞罗时代以来，自然法就始终为评估政治制度和人造法提供普遍绝对的道德规则。

进一步阅读书目：

Aquinas, T. (1988). *On Law, Morality, and Politics* (W. P. Baumgarth & R. J. Regan, Eds.). Indianapolis, IN: Hackett.

Aristotle. (1941). *Nicomachean Ethics. In the Basic Works of Aristotle* (R. McKeon, Ed., & W. D. Ross, Trans.). New York: Random House. (Original work written 350 BCE)

Buckle, S. (1991). *Natural Law and the Theory of Property*. Oxford, U.K.: Clarendon Press.

Burns, J. H. (Ed.). (1988). *The Cambridge History of Medieval Political Thought*. Cambridge, U.K.: Cambridge University Press.

Burns, J. H. (Ed.). (1991). *The Cambridge History of Political Thought, 1450 - 1700*. Cambridge, U.K.: Cambridge University Press.

Cicero, M. T. (1976). *On the Commonwealth* (G. H. Sabine & S. B. Sabine, Eds. & Trans.). New York: Macmillan. (Original work written 54 BCE).

Dworkin, R. A. (1977). *Taking Rights Seriously*. Cambridge, MA: Harvard University Press.

Dworkin, R. A. (1982). "Natural" Law Revisited. *University of Florida Law Review, 34*(2), 165 - 188.

Farquharson, A. S. L. (Trans.). (1998). *The Meditations of Marcus Aurelius*. Oxford, U.K.: Oxford University Press.

Finnis, J. (1980). *Natural Law and Natural Rights*. Oxford, U.K.: Clarendon Press.

Gratian. (1993). *The Treatise on Laws (Decretum DD. 1 - 20) with the Ordinary Glos.* (A. Thompson & J. Gordley, Trans.). Washington, DC: Catholic University of America Press.

Grotius, H. (1925). *The Law of War and Peace* (F. W. Kelsey, Trans.). Oxford, U. K.: Clarendon Press. (Original work published 1625)

Grotius, H. (2004). *The Free Sea* (D. Armitage, Ed., & R. Hak-luyt, Trans.). Indianapolis, IN: Liberty Fund. (Original work published 1633)

Haakonssen, K. (1996). *Natural Law and Moral Philosophy: From Grotius to the Scottish Enlightenment*.
1524 Cambridge, U.K.: Cambridge University Press.

Johnson, H.J. (Ed.). (1987). *The Medieval Tradition of Natural Law*. Kalamazoo: Western Michigan University Press.

Kretzmann, N., Kenny, A., & Pinborg, J. (Eds.). (1982). *The Cambridge History of Later Medieval Philosophy*. Cambridge, U.K.: Cambridge University Press.

Locke, J. (1988). *Two Treatises of Government* (P. Laslett, Ed.). Cambridge, U.K.: Cambridge University Press. (Original work published 1690)

Locke, J. (1990). *Questions Concerning the Law of Nature* (R. Horowitz, J. S. Clay, & D. Clay, Eds. & Trans.). Ithaca, NY: Cornell University Press. (Original work published 1664)

Long, A.A., & Sedley, D. N. (Eds. & Trans.). (1987). *The Hellenistic Philosophers* (Vol. 1). Cambridge, U.K.: Cambridge University Press.

Pufendorf, S. (1934). *On the Law of Nature and Nations* (C.H. Old-father & W.A. Oldfather, Trans.). Oxford, U.K.: Clarendon Press. (Original work published 1672)

Pufendorf, S. (1991). *On the Duty of Man and Citizen* (J. Tully, Ed., & M. Silverthorne, Trans.). Cambridge, U.K.: Cambridge University Press. (Original work published 1673)

Pufendorf, S. (1994). *The Political Writings of Samuel Pufendorf* (C. L. Carr, Ed., & M. J. Seidler, Trans.). Oxford, U.K.: Oxford University Press.

Rommen, H.A. (1998). *The Natural Law*. Indianapolis, IN: Liberty Fund.

Seneca. (1995). *Moral and Political Essays* (J.M. Cooper & J.F. Procopé, Eds. & Trans.). Cambridge, U.K.: Cambridge University Press.

Sophocles. (1996). Antigone. In *The Oedipus Plays of Sophocles* (P. Roche, Trans.). New York: Meridian. (Original work written 442 BCE)

Sophocles. (1996). Oedipus the King. In *The Oedipus Plays of Sophocles* (P. Roche, Trans.). New York: Meridian. (Original work written 442 BCE)

Strauss, L. (1953). *Natural Right and History*. Chicago: University of Chicago Press.

Striker, G. (1987). Origins of the Concept of Natural Law. In J.J. Cleary (Ed.), *Proceedings of the Boston Area Colloquium in Ancient Philosophy* (Vol.2). Lanham, MD: University Press of America.

Tuck, R. (1979). *Natural Rights Theories: Their Origin and Development*. Cambridge, U.K.: Cambridge University Press.

White, N.P. (Trans.). (1983). *The Handbook of Epictetus*. Indianapolis, IN: Hackett.

亚当·莫索夫(Adam Mossoff) 文
郭子林 译,张瑾 校

Law, Sacred 神圣法

1525 一般来说,"神圣法"一词指代一个法律团体,一群获得神启的信徒可以理解这个法律团体。大多数宗教——但不是所有宗教——都有这样的法律面貌。例如,印度教将其神圣法律的起源追溯到《吠陀经》记录的口头传说,而犹太教神圣法律最早源自《托拉》(《摩西五经》)。

神法通常指的是神创造的自然法或关于道德的非文字普遍规则,但神圣法旨在根据神圣的、常常表现以正规成文和口头或习俗的法律管理现世社会的人类行为。因此,神圣法为人类解释和裁决神圣法的执行和违背留下了空间，这种解释和裁决通常是由祭司等级执行的。尽管大多数宗教——如果不是全部宗教的话——具有法律面貌，但本文集中阐述了几个主要宗教的神圣法：印度教（和扩展开来的佛教）、犹太教、伊斯兰教和基督教。在这些宗教里，法律被认为受到神的启发或启示，按照不同的成文或口头的法典编排起来，对现世社会的人类行为有约束力。

印度教神圣法与佛教神圣法

印度教是世界上几大主要宗教当中最古老的一个，将其神圣法的起源追溯到最早的成文文献——《吠陀经》。《吠陀经》大约是公元前2000年书写下来的口头传说。尽管《吠陀经》主要集中于阐述那些专用于万神的仪式，而非法律，但达摩的概念，即道德原则，遍布于整部经书。达摩指导人类行为，人类行为与业力（人的活动产生的力量，这种力量引起转世，决定人来生的本性）有关。达摩也促成了印度教种姓制度的发展，这样形成了古代印度关于社会责任的习惯法。

到吠陀时代末期，大约公元前500年，很多从口头传说发展起来的仪式和规则被收集起来而形成文本，被称为佛经。《达摩经》（*Dharmasutras*）是日常生活的规则，成为第一部印度教法典。根据达摩生活也成为佛教的“珠宝”，因此根据神圣法生活成为佛教和印度教共同的起源之一。然而，在佛教里，达摩的概念从美学的角度向前演进，个人力图获得内在的安宁。达摩的概念在日本对佛教圣僧日莲（Nichiren，1222—1282）的崇拜和莲花教（Lotus school）中获得最充分表达。在印度，印度教达摩法变成了综合性的属人法典，管理婚姻、家庭、继承和社会责任。1772年，英国下令将《达摩经》作为英属印度法庭属人法的依据，与英国刑法和民法规则一道起作用，《达摩经》成为现代世俗社会的有效法典。

犹太教神圣法

《托拉》（*Torah*），也称《摩西五经》（*Pentateuch*），是犹太传统的最早神圣法来源；它是一部成文实体法，管理犹太宗教、社会和家庭义务， 1526
被认为是神在摩西（Moses）出埃及时启示给他的。在公元前5世纪，波斯国王居鲁士大帝（Cyrus the Great）征服巴比伦之后，允许犹太人返回巴勒斯坦，之后大量犹太书吏对《托拉》进行评论；最重要的一些评注发现于《以斯拉记》，为犹太综合法律体系奠定了基础。除了《托拉》，犹太传统坚持认为神圣法也包括神启示的口传法（halakha）。口传法包括口传制定法（《密西拿》[*Mishna*]）的陈述、这些法律的评注（《格马拉》[*Gemara*]）和大量道德伦理训诫（《哈加达》[*Haggadah*]）。它们在公元前3至前6世纪被记录下来，成为巴勒斯坦和巴比伦《塔木德》（*Talmud*）。《密西拿》按类编排，涵盖了各种法律事件，从宗教惯例到饮食规则、契约和侵权行为、刑事法、家庭法、财产和司法程序。在公元前最后几个世纪里，法律问题变成了高级祭司与书吏和平信徒之间的教派之争。高级祭司是撒都该教派（Sadducees），认为《托拉》是唯一的权威法律。书吏和平信徒是法利赛教派（Pharisees），认为口传法与神圣法地位平等。法利赛教派的行为在犹太历史上占据着极其重要的地位，因为他们提出了一种针对以希伯来语传说和学术团体为中心的法律的司法研究方法，这构成了犹太教的持久特征。犹太历史上后来的运动不断地严重挑战犹太法律对犹太人公共和私人生活进行规范的权威地位。这些运动包括18世纪的哈西德运动（Hasidic movement）、18和19世纪的犹太启蒙运动（哈斯卡拉运动[haskalah]）和世俗化改革运动。

伊斯兰教神圣法

伊斯兰法源于神的启示录。穆斯林传统认为《古兰经》是神启发的，通常认为《古兰经》是由穆罕默德记录下来的。《古兰经》包含伊斯兰法律的创建原则，而且大部分内容是对信徒神圣义务的定义。《古兰经》几乎没有直接的法律陈述，这限制了对阿拉伯习惯法的修改。然而，穆罕默德于公元622年在麦地那建立起伊斯兰社区，立刻开始将伊斯兰教的一般伦理道德原则应用于世俗法律事件，从而形成了特殊的伊斯兰教习惯法的基础。《古兰经》伦理道德原则在世俗事件的应用发展出了一种伊斯兰法律体系，其目的是发现安拉(Allah)法律在世俗事件中的实际意义和应用。第一个伊斯兰教王朝国家——伍麦叶王朝于661年在大马士革建立起来，使伊斯兰法律的注意力向公民、商业和行政管理法等领域扩展。9世纪沙斐仪派创建了一套综合的伊斯兰法律体系，将制定法、习惯法和自然法的因素结合起来。法学家首先愿意参照《古兰经》和穆罕默德在处理法律事件时树立的先例。在那些不能直接应用《古兰经》的制定法的案件中，法官将当前案件的因素与既定先例(习惯法)进行比较，最后考虑公共舆论和公平问题(自然法)。伊斯兰法律体系的沙斐仪派变成了伊斯兰法律的主导派别，尤其在逊尼派教徒社区里，而且它确定了法律和法律程序的可利用资料。然而，什叶派传统认为世俗统治者是受到神启发的穆罕默德的后代，因此他们的法律决定建立了更宽泛的判例法，以至于法官应该在引用相关先例时须参考这些决定。

基督教神圣法

基督教的早期发展使它必须与犹太教和犹太法决裂。基督徒的信仰认为耶稣基督(Jesus Christ)是犹太先知所预言的救世主。犹太先知的预言是弥赛亚(救世主)将到来。保罗(Paul，1世纪)出使罗马世界的非犹太人社区，他坚持认 1527
为皈依基督教者不必遵守犹太律法，使基督教与犹太教之间的决裂成为必要。在公元1至3世纪里，罗马对基督教断断续续的迫害使基督教从本质上成为私人崇拜，这使该宗教在统治公共生活的法律方面几乎没有什么发展。罗马皇帝君士坦丁(Constantine，约274—337)改宗基督教以及接下来基督教被采信为罗马帝国的官方宗教崇拜，意味着在世俗法律事件中基督教教会要听从世俗权势。西罗马帝国的崩溃使基督教教会成为西欧很少的中央权威之一，然而它在法律和法律事件中始终受到世俗国王的控制。神圣罗马帝国皇帝亨利四世(Henry IV)、亨利五世与教皇格列高利七世(Pope Gregory VII)之间的主教叙任权之争(1075—1122)是关于国家是否对教会事务有审判权的冲突，这是主教任命冲突的开始。冲突的结果明显有利于教会，教会变成了独立的机构，成为一个虚拟的国家，拥有自己的等级制度和统治法则。教会创造了教会法制度，教会法大部分源自拜占庭皇帝查士丁尼的《民法大全》，这是在西方国家最新发现的。僧侣约翰内斯·格拉蒂安(Johannes Gratian，约卒于1160年)在1140年起草整部教会法典——《不和谐的教会法典的一致性》；尽管它不是正式的神圣法，因为它不被认为是神启示的，但在罗马帝国崩溃以后，基督教教会法成为西方第一部广泛使用的法典。

神圣法与综合法律体系

在一些社会里，法律被视作立法者出于世俗和理性的考量而建立起来的一套固定的规则。在其他社会里，人们继续依据神圣性理解法律。这种现代趋势导致塞缪尔·亨廷顿(Samuel P. Huntington, 1927—2008)于1996年提出了“文明的冲突”。尽管如此,各种神圣法传统还是包含很多法律体系因素,是现代世俗法律传统认可的。换言之,尽管事实上神圣法被信徒认为受到神的启发,但这些神圣法传统都包含法律学者哈罗德·伯曼(Harold J. Berman, 1993)所说的综合法律体系的某些因素,而综合法律体系由制定法(立法者制定的规则)、习惯法(历史和社会层面的法律)和自然法(伦理道德原则)构成的。这样,人们在考虑综合法律体系的共同因素时,很可能将各种宗教法律传统或宗教法与世俗法之间表面上的不和谐夸大了。

进一步阅读书目:

Berman, H. J. (1993). *Faith and Order: The Reconciliation of Law and Religion*. Grand Rapids, MI: William B. Eerdmans.

Derret, J. D. M. (1963). *Introduction to Modern Hindu Law*. Oxford, U.K.: Oxford University Press.

Edge, I. (1996). *Islamic Law and Legal Theory*. New York: New York University Press.

Hecht, N. S. et al. (Eds.). (1996). *An Introduction to the History and Sources of Jewish Law*. Oxford, U.K.: Clarendon Press.

Helmholz, R. H. (1996). *The Spirit of Classical Canon Law*. Athens: University of Georgia Press.

Huntington, S. P. (1996). *The Clash of Civilizations and the Remaking of the World Order*. New York: Simon and Schuster.

Kamali, M. (1989). *Principles of Islamic Jurisprudence*. Cambridge, U.K.: Islamic Texts Society.

Nanda, V., & Sinha, S. (1996). *Hindu Law and Legal Theory*. New York: New York University Press.

Neusner, J. (2002). *The Halakah: Historical and Religious Perspectives*. Leiden, The Netherlands: Brill.

Winroth, A. (2000). *The Making of Gratian's Decretum*. Cambridge, U.K.: Cambridge University Press.

道格拉斯·帕尔默(Douglas Palmer) 文
郭子林 译,张瑾 校

League of Nations 国际联盟

国际联盟是第一次世界大战结束后不久成立的。它正式存在的时期为1920年1月10日到1946年,位于日内瓦 1528
(在中立的瑞士)。尽管国际联盟未能实现阻止另一次世界大战爆发的目标,但它与第一次世界大战的战后破坏以及“结束所有战争的战争”概念的出现却有着密切关系。

巴黎和会很大程度上受控于托马斯·伍德罗·威尔逊(Thomas Woodrow Wilson)主导的“十四点原则”(1918年1月8日上交给美国国会)。在这个会议上,法国、英国和美国的领导人乔治·克列孟梭(Georges Clemenceau)、大卫·劳合·乔治(David Lloyd George)和伍德罗·威尔逊签署了最终草案。该草案成为《凡尔赛和约》(1919年6月28日)的一部分。第14点指出,“必须根据特定契约组建国际联盟,其目标是大小国家之间相互保障政治独立和领土完整”。

在瑞士日内瓦召开的国际联盟会议，1936。加拿大国家档案馆

欧洲知识分子在战前就已经提出一个想法，希望建立一个维持国际和平的组织，并于1915年在英国成立"各国联盟协会"。他们的提议和做法后来被威尔逊总统发扬光大。

欧洲的两大胜利者，法国总理克列孟梭和英国首相劳合·乔治，基于不同的考虑，对此持保留意见。法国赞成成立这样一个组织，为的仅仅是在德国重建后对法国发动攻击时，该组织能够保障法国的安全。在讨论过程中，威尔逊劝说克列孟梭，如果克列孟梭同意加入国际联盟的创建，那么美国将保证法国的神圣不可侵犯；劳合·乔治也同意了这一提案。在英国，保守党又称"帝国党"，他们喜欢这样称呼自己。他们怀疑美国的这一提案，因为这很可能是一个策略，旨在颠覆英国的世界地位。最重要的是，劳合·乔治对后来被称为集体安全的建议条款有所顾虑，建议条款的主旨是规定当一个成员国受到攻击时，其他联盟成员国将如何对攻击者进行制裁。经济制裁将惩罚出口国家，例如英国。如果要想经济制裁发挥效能，军事干预是必要的，而这将依赖于大国的参与。这种军事干预也将是英国负有的义务，因为它拥有世界上最强大的海军。因此，英国将失去做出自己判断的自由，并很可能自动地委托其他国家来决定这些高代价的政策。但是，对于威尔逊总统来说，这一条款是联盟的精髓，后续事件的确反复证明了这点。劳合·乔治发了慈悲，因为他知道这是他可以从威尔逊那里获得互惠的唯一办法。

很多美国人认为其他国家（是对较小国家的含蓄说法）会因为国际联盟的成立而丧失主权。据说，在美国，尤其在共和党圈子里，人们出于传统的孤立主义意愿，试图避免参与纠缠不清的联盟。尽管威尔逊不情愿地支持克列孟梭和劳合·乔治，但他拒绝听从这些警告。然而，1919年11月29日的投票结果（得票率为49票支持，35票反对）表明，他还是无法说服美国参议院而获得必要的三分之二多数票，无法使该条

> 在他对万物伸出同情之手前，人类是不能自己找到和平的。
>
> ——阿尔伯特·史怀哲(Albert Schweitzer, 1875—1965)

1529 约获得批准。联盟受到致命打击，因为它作为一支国际维和力量的可信度和可行性被严重削弱，更何况，布尔什维克的俄国没有受邀参加联盟。经过第一次世界大战，英国和法国都被严重削弱；作为这个组织的领导力量，它们从来没能真正地把自己打造成无可争议的道德权威，更未能成为受人尊敬的军事仲裁力量。

20世纪20年代，国际联盟在解决保加利亚和希腊以及伊拉克与土耳其之间的边界纠纷上取得一些小成功。1931年9月，日本入侵中国东北地区。这是自国际联盟成立以来第一次涉及两大成员国的重大危机。当国际联盟不得不面对这一危机时，无论是在南亚和东南亚地区有着广阔势力范围但无防御能力的英国，还是渴望在该地区作为西方主要大国取代英国的美国，都没有准备好疏远日本，而是任由日本保留依靠武力征服得来的领土。须知，防止这一现象的发生正是联盟存在的理由。当联盟拒绝承认伪满洲国的傀儡政权时，日本退出国际联盟以示抗议(1933年3月)。这成为其他肆无忌惮的国家效法的模式：侵略只会受到纯粹的口头谴责，也是退出国际联盟的借口。

就在几个星期前，希特勒成为德国总理，这是1926年就获得承认的事实。由国际联盟主办的世界裁军会议为1933年10月纳粹德国的退出创造了最早时机。1937年12月，意大利入侵埃塞俄比亚后，藐视国际联盟所施加的制裁，立即效仿了纳粹德国的做法。苏联1934年加入国际联盟，因为它对纳粹德国有所畏惧；但在1939年12月其入侵芬兰后，被国际联盟除名。事实上，到1940年，国际联盟已经名存实亡，即使它在法律上仍然存在。1946年4月19日，国际联盟仅剩的经济和人道主义活动也正式被新成立的联合国接管。

进一步阅读书目： 1530

The Avalon Project at Yale Law School (League of Nations Covenant, complete text). (1996). Retrieved April 9, 2010, from http://avalon.law.yale.edu/20th_century/leagcov.asp

Cooper, J. M. (2001). *Breaking the Heart of the World: Woodrow Wilson and the Fight for the League of Nations*. Cambridge, U.K.: Cambridge University Press.

Kuehl, W. F., & Dunn, L. (1997). *Keeping the Covenant: American Internationalists and the League of Nations, 1920 - 1939*. Kent, OH: Kent State University Press.

League of Nations Photo Archive. (2004). Retrieved April 20, 2004, from http://www.indiana.edu/~league/

League of Nations Union. (1919). *The League of Nations Covenant: The Full Text of the Revised Covenant—Presented to and Accepted by the Plenary inter-allied Conference on April 28, 1919*. London: League of Nations Union.

Miller, D. H. (2002). *The Drafting of the Covenant*. Buffalo, NY: William S. Hein. (Original work published 1928)

United Nations. (1996). *The League of Nations, 1920 - 1946, Organization and Accomplishments: A Retrospective of the First International Organization for the Establishment of World Peace*. New York: United Nations.

安托万·卡佩(Antoine Capet) 文

张瑾 译，郭子林 校

Leisure 闲暇

1531 随着文化和技术的巨大改变，人们很难在整个历史中准确描述闲暇的含义，但常常在三个范畴内对其进行定义：拥有“自由的”或未指定用途的时间，参与以各种不同的休息和户外休闲为目的的活动，作为精神状态而非体力活动的闲暇。

闲暇在许多人的生活中占据着重要地位。与大多数其他事情、活动或概念一样，闲暇的历史取决于人们如何定义它。然而，由于种种原因，为闲暇下定义特别困难。其一，人们已经不可能创造出一个既具有包容性（即包括各种形式的闲暇）又具有专属性（即把一切不是闲暇的定义排除在外）的定义。其二，世界各地其他语言当中，几乎没有任何词语可以与英文单词闲暇的含义相对应，这种不对应性使人们对跨文化概念的理解产生不确定性。在北美和欧洲关于闲暇的研究中，人们已经用最常见的三种方法定义闲暇一词：首先，人们将闲暇定义为“自由的”或未指定用途的时间；其次，人们将其定义为举办或参与“闲暇活动”；最后，人们将闲暇定义为对一种精神状态的体验，或认为“身在其中的状态”是闲暇最关键的内涵。

作为自由时间的闲暇

闲暇是空闲时间，这一观念对文明的发展做出了贡献。这主要是指学者们在20世纪中叶提出的有关文化演进的“剩余理论”。美国人类学家弗朗茨·博厄斯（Franz Boas，1858—1942）对这一观点阐释得最为清晰：

> 食物供给的盈余容易导致闲暇的增加，这样的闲暇为一些职业提供了发展机会，这些职业不是纯粹为了生活需求而存在。反过来，人口增加和闲暇增多可能会促进新的发明，导致生产更多的食物供给和增加更多的闲暇，这样便形成了累积效应。

自20世纪50年代末以来，对非洲西南部卡拉哈里沙漠布须曼人（Bushmen）的研究表明，农学家的观点站不住脚，他们认为食品采集者只有很少或根本没有空闲时间。人类学家埃尔曼·塞维斯（Elman Service）认为，诸如阿兰达人（Arandas）这样的澳大利亚原住民是狩猎-采集群体，拥有丰富的空闲时间，并声称“阿兰达人……从字面意义上来看，是世界上最闲暇的人群之一”。

随着文明的发展，在男人和女人以及不同社会阶层之间，空闲时间的数量以及对这些时间的使用情况存在着本质区别。在古代雅典，上层阶级男性的闲暇是由妇女、奴隶和劳工阶层的劳动提供的。在古代罗马，公共游戏被称为ludi（玩），始于公元前3世纪。到公元前1世纪，假期的数量迅速增加到76个，都是庆祝日。到4世纪，有175个假日，专门用于戏剧表演、战车比赛和角斗。

在罗马帝国分裂之后的欧洲，农业周期和罗马天主教会很大程度上左右了平民的空闲时 1532
间。周日和圣徒日给人们提供了自由时间的机会。人们试图调整工作时间，但其结果好坏参半。英国1495年的一个法律规定上午5点至下午7点为工作日时间，但10或10个半小时的工作日仍然常见。店主往往把星期一作为非正式

16 世纪的德国舞者在去往婚礼盛宴的路上

假日，因为原材料在那一天很晚的时候或第二天早晨才送达，这种做法后来被称为“圣星期一”。

自农业社会产生以来，就一直存在劳动时间和闲暇时间的分配问题。18 世纪中叶始于英国的工业革命对这种时间的分配产生了最重要影响。它通过强加“钟点”，将工作日分成工作时间和剩余时间这样的特定周期。与此同时，工厂的工作也分割了家庭。男子（常常是男孩）离开家庭去工厂和矿井工作，把妇女和女童留在家里。宗教领袖常常认为工厂的工作提供了纪律，长时间工作可以抑制娱乐和玩耍。

直到 1847 年，在大部分欧洲国家，早期工厂时期每周多达 80 小时的工作时间才慢慢下降至每周 50 小时。到第二次世界大战后，每天 8 小时工作制才广泛流传。虽然每周工作 40 小时在北美是法定标准，但 1998 年法国已经通过了每周工作 35 小时的立法，而且在欧洲其他地方，行业雇员协商的 35 小时工作周极为常见。假期是作为“自由的”或未指定用途之时间的闲暇的另一种形式，基本上也是工业革命的产物。每年两个星期的假期在美国是很典型的。目前，日本工人每年有 25 天带薪休假时间，而欧洲人每年则有 4 至 6 周的带薪休假时间。

工业化和技术变革如何影响了空闲时间的可用度？这是一个悬而未决的问题。在 1991 年出版的《过度工作的美国人》一书中，经济学家朱莉娅・肖尔（Juliet Schor）称，自 1960 年以来美国人的工作时间越来越长了，这是因为雇主的需求与员工对更多收入而非更多自由时间的偏好相吻合。在 1997 年出版的《一生的时间》中，约翰・C. 罗宾逊（John C. Robinson）和杰弗里・戈德（Geoffrey Godbey）则认为，美国人比以往任何时候都有更多的自由时间，与 20 世纪 60 年代相比每周约多出 5 个小时。肖尔与罗宾逊和戈德的研究结果之间的差异，至少部分取决于他们以何种方式收集数据。肖尔用的数据是美国政府和民意调查机构概算的合计工作时间，而罗宾逊和戈德的数据是受访者留下的时间日志。

作为活动的闲暇

无论是过去还是现在，对于人类来说最常见的闲暇活动无疑是休息或睡眠。人类学家洛里斯顿・夏普（Lauriston Sharp）表示，一个叫伊

这一日本画卷描绘了京都街道上的一次文乐(bunraku,木偶)表演。其书法和笔法风格显示出此次表演发生在日本江户时代(1600—1867)早期

尔·伊洛特(Yir Yiront)的澳大利亚原住民部落把大部分闲暇时间用于休息:

> 伊尔·伊洛特部落通过使用钢轴或其
> 1533 他西方工具获得闲暇时间。他们既不是将闲暇时间用于"改善生活条件",也肯定不是将其用于发展审美活动,而是将其用于睡眠。睡眠是他们最精通的艺术。

与家人和朋友的社交必然占据了早期食物采集社会成员的大部分空闲时间。无论过去还是现在,在已知人类文化中,游戏无处不在。古代希腊的闲暇活动尽管只针对男性公民,但其包括了奥林匹克运动会、比赛、叙事、戏剧、美术、辩论和冥想。罗马人在希腊人实践活动的基础上增加了一些内容,例如角斗、公共浴池和马戏团。许多现代游戏和运动最初是在亚洲中部、南部和东部地区发展起来的,如国际象棋(印度)、纸牌(中国)、马球(中亚)。音乐、艺术和诗歌在中国精英阶层当中是颇为盛行的消遣方式,兴盛于汉代和唐代。随着游戏、音乐、艺术和叙事形式的发展,无论是从技术上来看的简单社会,还是复杂社会,节庆活动都为个人提供了消遣。在人类历史上,娱乐性药物(尤其酒精)的使用和娱乐性的性服务(包括卖淫和各种色情文学)已是司空见惯的现象。

在罗马帝国分裂之后的欧洲,约公元1000到1400年之间,贵族、神职人员、市民、农奴和奴隶的闲暇活动,都由世俗和教会的权威所规定和禁止。狩猎活动在贵族中流行,但当农民这么做时却经常被视为偷猎而严格禁止。诸如象棋、西洋棋(国际跳棋)和西洋双陆棋这样的棋类游戏很受欢迎,但由于它们(包括骰子和纸牌游戏)是赌博性质的游戏,所以经常被禁止。程式化军事演习形式的比赛在上层阶级中很流行,而节日活动、球类游戏、以牛和熊为饵的游戏、斗狗和斗鸡等游戏则是平民们喜欢的。酒精对闲暇起助兴作用,尤其对于男性来说。

许多娱乐活动在18世纪上半叶走红,包括音乐、江湖卖唱节目、马戏和戏剧等;而参与性和职业性的运动在18世纪下半叶蓬勃发展。19世纪下半叶,工人在金融领域的用途有所增加,

2003 年，中国北京的公园里妇女们每天都在跳集体舞锻炼

同时新的运输方式发展起来，例如火车和有轨电车。这些改变了欧洲和北美的闲暇活动，也营造出一种商业化的闲暇，把闲暇从家里或当地聚会场所（如教堂或酒吧）带到了乡村、游乐场和度假村。在 20 世纪前的 30 多年里，汽车的
1534 发展更进一步地为休闲人士提供了自由。19 世纪末和 20 世纪初报纸、书籍和杂志等大众媒体的扩张，20 世纪早期电影的引进，20 世纪 20 年代初商业电台的引进，第二次世界大战后电视的快速发展，共同促使闲暇的图景变得个性化和商业化。这种情况的持续发展得益于这样一些条件：20 世纪 70 年代末个人电脑的出现，20 世纪 80 年代中期互联网提供的公共服务，20 世纪 90 年代初万维网的应用。目前，电脑游戏和互联网都是发达国家和发展中国家城市地区的主要闲暇提供者，涉及从购物到色情活动的广阔领域。

作为一种精神状态的闲暇

从广义上讲，闲暇的含义取决于整个历史上人类群体的社会地位。在技术简单的社会，甚至在定居农业社会，男性与女性、成人与非成人之间最基本的社会分类也使闲暇在时间、活动和含义方面有所不同。在工业化和钟点制度建立之前，工作和闲暇的分离及各自的含义都没有明显差别。对于男性来说，狩猎往往是艰苦的工作，但同时也提供了兴奋，并使其能够与同龄人结成伙伴关系。对于女性来说，食物采集和家务劳动也包括与家人和朋友的交往。

欧洲社会主要根据事件和时代定义闲暇，如文艺复兴、宗教改革、工业革命以及近年物质主义和消费主义的兴起。文艺复兴起源于 14 世纪意大利佛罗伦萨，在许多方面与天主教神权政体形成对比。在文艺复兴时期，世俗人文主义的概念认为，人类及其作品都有内在价值，他们与神的关系除外。因此，艺术、音乐、文学和日常生活中的事件本身都是重要的和有意义的。

在神学家约翰·加尔文（John Calvin）的影响下，宗教改革的教义认为公义、节制、诚实、自律和辛勤工作是蒙受天恩的表现，而消费和贪图享乐则不是。因此，闲暇是一种对罪恶的诱惑

和对正义的威胁。加尔文教派试图打压节日历法、体育、赌博、跳舞、饮酒及其他欧洲文化中的传统娱乐。作为回应，16世纪的天主教还试图清除教会成员生活中的世俗元素。狂欢节的异教元素模仿了大斋节(Lent)。1562年，特伦托大公会议谴责了这些节日以及与圣徒节有关的醉酒活动。

在英国，在16世纪末到17世纪中叶的守安息日运动的影响下，圣徒节被取消，尽管周日作为休息日被保留下来。“蓝法”(“Blue Laws”)被引入英国和美国，禁止众多闲暇活动(例如戏剧)以及周日的商业行为。现在，蓝法的痕迹仍然存在，例如美国一些州的“干”(dry)镇或“干”乡村(即禁止售卖含酒精的饮料)，或禁止某些种类的商业交易(例如在一些州，周日禁止销售汽车)。虽然宗教改革和随后的宗教思想可能
1535 影响了闲暇的含义，但在很多情况下，传统闲暇活动追求的仅仅是从1920至1933年美国禁酒令推行时期在公众视线之外使用酒精。

展望21世纪

工业革命以来，受到科学技术进步、人口变化和经济变革的综合推动，闲暇有所变化。数字视频光盘(DVD)、手机(可以拍摄和发送照片)、MP3音乐播放器，甚至到空间站度假，都是科技发展对闲暇产生影响的新事例。当年轻人占据发展中国家人口的大多数时，发达国家的人口却日益老龄化。无论是各类可利用的闲暇，还是对其给予支持的经济，都可以说明这些差异。世界很多地方的闲暇娱乐也受到地位和经济实力上升的女性的影响。尽管最近有恐怖主义的威胁，但因为世界许多国家和地方的经济依赖于旅游业，所以闲暇旅游仍会增加。在过去决定闲暇时间、闲暇活动和闲暇含义的力量，将在21世纪继续发挥作用。

进一步阅读书目：

Boas, F. (1940). *Race, Language, and Culture*. New York: Macmillan.

Chick, G. (1998). Leisure and Culture: Issues for an Anthropology of Leisure. *Leisure Sciences*, *20*, 111 - 133.

Cross, G. (1990). *A Social History of Leisure since 1600*. State College, PA: Venture Publishing.

Cunningham, H. (1980). *Leisure and the Industrial Revolution*. London: Croom Helm.

Daniels, B.C. (1995). *Puritans at Play: Leisure and Recreation in Colonial New England*. New York: St. Martin's Griffin.

Dulles, F.R. (1965). *A History of Recreation: America Learns to Play* (2d ed.). New York: Appleton-Century-Crofts.

Goodale, T.L., & Godbey, G. (1988). *The Evolution of Leisure*. State College, PA: Venture Publishing.

Hunnicutt, B. (1989). *Work without End*. Philadelphia: Temple University Press.

Jackson, E.L., & Burton, T.L. (Eds.). (1999). *Leisure Studies: Prospects for the Twenty-first Century*. State College, PA: Venture Publishing.

Robinson, J.C., & Godbey, G. (1997). *Time for Life: The Surprising Ways Americans Use their Time*. University Park, PA: Penn State University Press.

Schor, J. (1991). *The Overworked American: The Unexpected Decline in Leisure*. New York: Basic Books.

Service, E.R. (1958). *A Profile of Primitive Culture*. New York: Harper.

Sharp. L. (1952). Steel Axes for Stone Age Australians. In E.H. Spicer (Ed.), *Human Problems in Technological Change: A Casebook* (pp. 69 - 90). New York: Russell Sage.

加里·奇克(Garry Chick) 文

张瑾 译，郭子林 校

Leonardo da Vinci 莱昂纳多・达・芬奇

莱昂纳多・达・芬奇(意大利文艺复兴时期的艺术家、科学家、工程师,1452—1519)是西方历史上的全能天才之 1539
一,在艺术、数学和科学领域作出了巨大贡献,这些贡献预示着未来几个世纪的思想和发明。莱昂纳多运用观察的力量,驱使他的好奇心和信念,去调查和记录推动自然宇宙运转的力量,并定义人在其中的位置,这是世界历史上最值得注目的事情。

作为真正的"文艺复兴人",达・芬奇在绘画、建筑、设计、科学和解剖方面都赢得了盛誉。他出生在托斯卡纳的乡村,是一个公证员的私生子,在安德烈・德尔・韦罗基奥(Andrea del Verrocchio,1435—1488)佛罗伦萨的工作室里学习过。1472年,他凭借自己的能力成为画家协会成员,他的名声开始越来越大。在这个早期阶段,他的作品包括《贤士来朝》(*Adoration of the Magi*,1481—1482),这是一幅未完成的画作,莱昂纳多的很多作品都是这样。

达・芬奇的《自画像》(*Self-portrait*)。意大利,都灵,国家美术馆

1482或1483年,莱昂纳多离开佛罗伦萨,到米兰大公卢多维科・斯福尔扎(Lodovico Sforza,1452—1508)的宫廷中任职。他在宫廷中的职责很多,不仅包括绘画、雕塑、建筑,也包括军事与民用工程设计、舞台设计和室内装饰。朝臣的生活让莱昂纳多有时间去追求自己对自然世界与数学的兴趣。他在贯穿其毕生的笔记本上不停地用镜像书写,这反映出了他广泛的兴趣爱好。人体解剖学、风和水、动植物、机器和光学的研究占据了他不停思考的头脑。这些笔记手稿构成的文件很大程度上说明了莱昂纳多的好奇心和其对神秘事物(例如飞行的奥秘)的独创性调查研究。

在此期间,除了创造一些最著名的画作之外,例如在圣马利亚感恩修道院(Santa Maria delle Grazie)创作的《最后的晚餐》(*The Last Supper*,1495—1497),莱昂纳多还不辜负其主人提供的佣金,如为卢多维科的父亲弗朗西斯科・斯福尔扎(Francesco Sforza)雕刻了
一尊巨型青铜马像。虽然莱昂纳多设法制作 1540
了黏土模型,但这匹马没有浇铸完成;1499年

任何人在辩论时诉诸权威，都不是在运用自己的才智，而是运用自己的记忆。

——莱昂纳多·达·芬奇

法国国王路易十二攻陷米兰，莱昂纳多逃离了该城。

1502年，他受邀出任臭名昭著的切萨雷·博吉贾（Cesare Borgia，1475—1507）的军事工程师一职，但他并未完全实现博吉贾的希望，所
1541 以之后莱昂纳多又回到了佛罗伦萨。在那里，他在《圣母、圣子与圣安妮》（*Virgin Child and St. Anne*，从1502年开始绘制，直到1516年才完成）中完善了晕涂法（sfumato）风格（在作品中融入微妙的图形），并在《安吉里之战》（*The Battle of Anghiari*，1502—1503）中尝试新的壁画技术，这是他受委托装饰市政会议大厅而创作的作品，这里是佛罗伦萨共和国的中央审议室。不幸的是，他的实验技术失败后，这一作品也随之遗失了：石膏没干均匀，而且油漆没能粘附上。

尽管莱昂纳多居住在佛罗伦萨的第二居所时没能取得丰硕成果，但他当时已经着手绘制肖像画《蒙娜丽莎》（*Mona Lisa*，1503—1506），这幅画后来成为世界上最著名的画作。1508年，莱昂纳多回到米兰，恢复了宫廷画师的职务，但当时城市的主人是法国人；直到1512年斯福尔扎王朝才重掌政权，但很短暂。历史重演，他的大多数艺术项目又未能完成（一个例外是其作品《岩间圣母》），部分原因是他对科学的兴趣与日俱增，尤其是对解剖的兴趣越来越浓厚。

1513年，莱昂纳多前往罗马。他曾服务于美第奇（Medici）家族。美第奇家族曾在1512年返回佛罗伦萨并统治该城。该家族的头领人物教皇利奥十世（Pope Leo X）是当时的统治者之一。很可能是莱昂纳多陪同利奥去博洛尼亚与法国国王弗朗西斯一世（Francis I）见面，年轻的国王十分赏识莱昂纳多的天才，并说服他在1516年底或1517年到法国，莱昂纳多被安置在克鲁（Cloux，克洛·吕斯[Clos-Lucé]）的一个小城堡，与国王在昂布瓦斯（Amboise）的住所毗邻。莱昂纳多继续理论工作，同时完成国王弗朗西斯委托的一些特定任务，包括精心设计娱

莱昂纳多·达·芬奇：《镰刀战车》（*Assault Chariot with Scythes*，未注明日期）。素描。意大利，都灵，国家美术馆

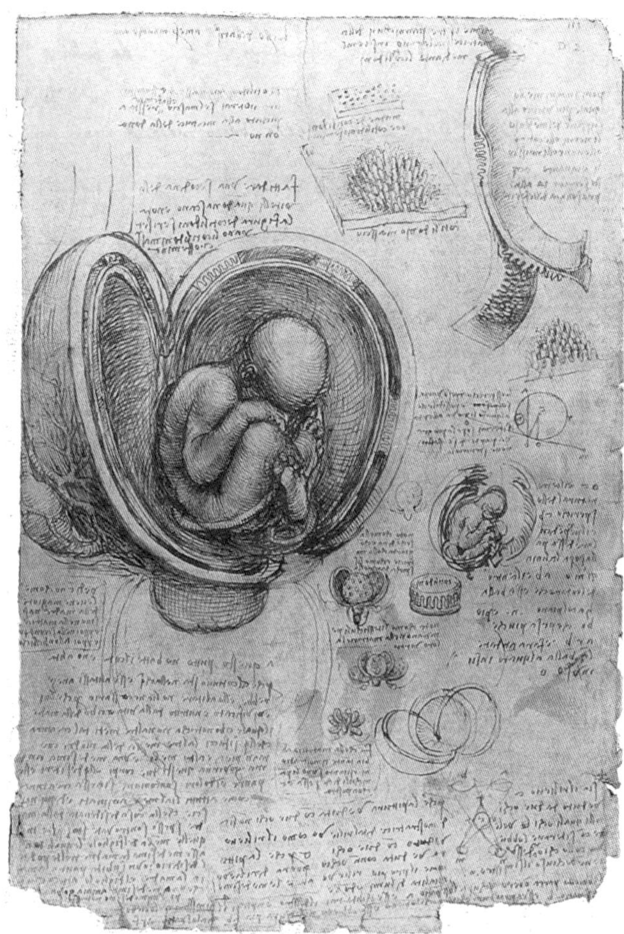

莱昂纳多对子宫内胎儿的研究(约1510)。这位艺术家的笔记手稿记录了他的好奇心,也记录了他对神秘事物(例如飞行的奥秘)的独创性调查研究。温莎城堡,皇家图书馆。笔记的照片由吕克·瓦埃杜(Luc Viatour)摄

莱昂纳多·达·芬奇的《最后的晚餐》(*Last Supper*, 1498)。壁画。多年来,"修复"莱昂纳多的壁画始终是艺术家的初衷和困难之处。在《最后的晚餐》这幅画中,有一个大浅盘子,人们曾长期认为盘子里面盛放的是面包。1997年,经过对《最后的晚餐》的科学处理,人们才发现盘子里盛有烤鳗鱼和橙片。鳗鱼是否曾是宗教盛宴的食物,犹太教和基督教的肖像学都没有提供任何证据,但这一菜肴在意大利文艺复兴时期是一道受欢迎的美味

莱昂纳多·达·芬奇的《岩间圣母》(*Virgin of the Rocks*, 1506)。木板油画。伦敦,国家美术馆

乐设施和盛大的皇家宫殿(从来没有建成)。
他还完成了一些自己带来的未完成的画作。 1542
莱昂纳莱多的健康状况每况愈下,也许是中风的结果,他于1519年8月去世,安葬在昂布瓦斯。

莱昂纳多对西方文化做出了重大贡献。他的各种才能使他在许多领域的技术和技能创新得以协调进行(如降落伞和飞行器的设计),从而使文艺复兴鼎盛时期的艺术有了一个新高度。

艺术史家乔尔乔·瓦萨里(Giorgio Vasari, 1511—1574)在莱昂纳多身上看到了古人最终被超越的那一刻。莱昂纳多相信人类观察的力量。他对于自然和世界的好奇心促使他调查和记录那些推动自然宇宙运转的力量,并定义人在其中的位置。这是世界历史上最引人注目的事情。

进一步阅读书目:

Chastel, A. (1961). *The Genius of Leonardo da Vinci: Leonardo da Vinci on Art and the Artist*. New York: Orion Press.

Clark, K. (1988). *Leonardo da Vinci: An Account of His Development as an Artist* (Rev. ed.). London: Viking. (Original work published 1939)

Kemp, M. (1981). *Leonardo da Vinci: The Marvellous Works of Nature and Man*. Cambridge, MA: Harvard University Press.

Muntz, E. (2006). *Leonardo da Vinci: Artist, Thinker, and Man of Science* (2 Vols.). New York: Parkstone Press.

Pedretti, C. (1973). *Leonardo da Vinci: A Study in Chronology and Style*. Berkeley and Los Angeles: University of California Press.

Turner, R. (1993). *Inventing Leonardo*. New York: Knopf.

肯尼斯·巴特利特(Kenneth R. Bartlett) 文

张瑾 译,郭子林 校

Letters and Corresponclence 书信与通信

公元前2千纪，类似纸张的材料使文字交流更可行，使通信得以扩散。这种材料还具有政治和社会经济功能，能够 1543
维护作者的权威，也可以令个人表达对作者的情绪和态度。随着世界借助技术越来越相互联系起来，文字交流在速度和影响上不断发生变化。

人们借助通信进行远程交流。通信与书写技术关系密切。书写技术出现于5 000到7 000年之前。当文明变得越来越复杂，对交易进行持久记录变得越来越必要的时候，文字通信标志着口头交流的转变。

政治和社会功能

文字在大约公元前3000年就存在了，但动态的文字交流在大约公元前1200年才得到实践。在大约公元前1200年，纸莎草纸、竹子、丝绸和其他类型的类似纸张的物质代替了骨头、贝壳和石头，这些书写材料中的大多数都由精英控制着。

到2世纪，中国人发明了纸。这促进了普通人的交流，尤其有利于人们传递那些祭拜家庭祖先的仪式信息。因为纸比丝绸或竹子便宜，所以更多的人能够写信，而且通信超出了经济或政治角色的范畴。在中国之外，通信继续书写在更昂贵的材料上，例如羊皮纸；羊皮纸在8世纪以后越来越多地代替了纸莎草纸。在中美洲，通信也书写在兽皮上，记载王朝谱系、权力边界和社会契约。然后，全球技术变化创造了远程交流的真正动态机制。

而在这之前，官方通信是社会文字交流的主要形式。这样，书信的政治职能先于人们通常赋予书信的社会职能；书信是领导者与其臣民交流的方式，领导者可以通过书信委派官员解决司法案件，并赋予官员其他职责。书信也是外交的一种方式，用于巩固同盟、建立经济联系或解决冲突。

通信与文化交流

通信的另一个重要职能是跨文化边界地交换思想和知识。例如，通过诸如伊本·白图泰(Ibn Battuta，1304—1368/1369)这样的旅行者的叙述，伊斯兰世界保持了与各个庞大王国间的交流。伊本·白图泰讨论了他在非洲遭遇穆斯林团体的情况。像马可·波罗到中国旅行那样，伊本·白图泰的旅行经历向读者描述了其他地区的文化，成为一个发展中的世界里文化交流的重要因素。

此外，公元1千纪，纸从中国向西南亚和欧
洲传播，进一步转变了人们之间交流的方式。随 1544
着印刷设备机械化、文本的迅速传播，使作者可以被更多的读者了解。中国唐朝雕版印刷术的出现以及后来约1450年欧洲印刷业的出现，使报纸和政治宣传册成为公共交流的形式。一旦人们得以进入公共论坛，那么书信和小册子便鼓励人们参与政治和社会对抗。例如，马丁·路德(Martin Luther，1483—1546)向德国贵族写了一些公开信，恳求他们支持其对抗宗教权威；他的书信向整个欧洲的政治和宗教同盟挑战，促使新教革命爆发。

人群和性别

然而，在这个时期，书信写作始终局限于相

> 我的死亡时刻很快到来,我的情况就是这样,我拥有你给我的温柔的爱,虽然只有寥寥数语:维持健康、保护灵魂……
>
> ——阿拉贡的凯瑟琳(Catherine of Aragon, 1485—1536)写给亨利八世的书信

对少量的人口,尽管技术变化将更多的人群结合起来了。早在11世纪,手册就出现在欧洲,向人们传授通信技术。到18世纪,自学式的手册相当普遍。这些手册培养商务和文字写作以及会计技术人员,以便促进商业业主与其客户之间的通信。在中国,类似的技术手册到明朝末期也出现了。

在通信的社会职能方面,特别重要的一点是妇女的介入。妇女作为书信作者的角色偶尔在自传中描述出来,但妇女写的书信同样描绘了政治事件,还经常列举商业契约,或者巧妙地突出其感知到的社会角色。在中国,历史学家班昭(45—116)为她的女儿们写了一本小册子,论述妇女在父权制社会的正当行为。英国女统治者玛格丽特·帕斯顿(Margaret Paston,卒于1484)的家书反映了她的信念,即她相信书信写作作为权力和规劝形式在中世纪英国具有重要意义。

19、20世纪

随着教育在全球范围内越来越可得,随着邮资、纸张和书写工具越来越便宜,通信在19世纪变得更广泛了。在所谓的半文盲社会,文字书写始终与口头传说保持密切联系,书信并不是非常私人化的事物,而是非常公开的交流方式。例如,在苏丹,进入20世纪晚期,家庭成员之间的书信常常在公共场合转录;一旦某人获得书信,那么那个能够读信的人就在公共空间里传递它的内容。通过这种方式,社会可以了解家庭问题,口头传说与文字传统保持平衡状态。另一个事例是20世纪的波利尼西亚。在这里,人们采用了文字之后,便通过书信管理家庭事务、从事商业活动。

在那些文字体系已经被借鉴或转变的地区(例如尤卡坦半岛或南亚),书信——公共的和私人的——成为社会冲突的舞台。例如,在英国人统治印度时期(1858—1947),印度人通过接触报纸上的公共通信,喊出了他们对国内事件或帝国政策的不满。这样,文字通信不仅仅为精英服务,较低层级的人群也可利用同样的技术去挑战制度。

21世纪的趋势

随着世界借助诸如电子邮件、文本信息或
传真变得越来越密切地联系起来,文字交流在
速度和影响上不断变化。一方面,随着网络在短 1545
时间内造成了全球交流,文字交流变得越来越
民主化。另一方面,它也存在潜在的危害效果,
因为看似非常个人化的书信却能够为了经济或
其他利益而被传送给大众。在这两种情况下,就
像最早的文字符号出现之后的情况那样,技术
持续不断地规范和重构人类在社会内部及社会
之间交流的方式。

进一步阅读书目:

Besnier, N. (1995). *Literacy, Emotion, and Authority: Reading and Writing on a Polynesian Atoll*. Cambridge, U.K.: Cambridge University Press.

Boone, E.H., & Mignolo, W.D. (Eds.). (1993). *Writing without Words: Alternative Literacies in Mesoamerica and the Andes*. Durham, NC: Duke University Press.

Chartier, R., Boreau, A., Dauphin, C., & Woodall, C. (1997). *Correspondence: Models of Letter-writing from the Middle Ages to the Nineteenth Century*. Princeton, NJ: Princeton University Press.

Coulmas, F. (1989). *The Writing Systems of the World*. Oxford, U.K.: Basil Blackwell.

Goody, J. (1986). *The Logic of Writing and the Organization of Society*. Cambridge, U.K.: Cambridge University Press.

Krug, R. (2002). *Reading Families: Women's Literate Practice in Late Medieval England*. Ithaca, NY: Cornell

University Press.
Tsien, T-H. (1962). *Written on Bamboo and Silk: The Beginnings of Chinese Books and Inscriptions*. Chicago: University of Chicago Press.

沙琳·萨伊格(Sharlene S. Sayegh) 文
郭子林 译,张瑾 校

Liberalism 自由主义

在整个人类历史上,自由主义一词被用在政治、文化和经济语境中,用于描述广泛并列的地位。自由主义这个词的 1546
词源(源于拉丁单词 liber,意思是"自由")使其含义更模糊。1945 年以后,自由主义这个词失去了它在历史上获得的所有内在一致的含义。到 20 世纪末,自由主义几乎变成了一个辱骂性的词语。

自由主义或许是现代世界政治哲学目录当中最难懂的概念。它被用于描述一切对立立场,从政治领域的左到中立再到右。一些人认为它主要涉及经济领域,一些人认为它主要涉及政治领域,还有人认为它主要涉及文化领域。结果,这个词没有单一正确的含义,而是有一系列含义,我们不得不历史地看待每一种含义的地位和演进过程。

从词源学上讲,自由主义源自拉丁语单词 liber,后者的意思是"自由"。但是,从什么地方获得自由,从谁那里获得自由?或者它是自由地做一些事情,那么它是做什么、为谁做?对于罗马人来说,liber(自由)是 servus(奴隶)的反义词,因此自由的含义是摆脱从属地位。作为一个具有政治含义的形容词,自由这个词似乎首先在法国指导委员会(18 世纪 90 年代晚期五人立法机关)时期使用。历史学家克鲁兹·希奥尼(Cruz Seaone)认为这个词最初很可能是由本杰明·贡斯当(Benjamin Constant)在 1796 年谈论"自由思想"时使用的。法国语言学家费迪南·布吕诺(Ferdinand Brunot)认为自由主义这个词始于共和八年(Year VIII, 1797—1798),是"宗派主义者"和"雅各宾派"的反义词。

语言学家和历史学家似乎都认为自由主义的形容词在 1810—1811 年的加的斯(Cádiz)变成名词,当时它被用于西班牙科尔特(Cortés)的一群人。科尔特的一个成员康德·托雷诺(Conde de Toreno)在 60 年以后写作了一部书,说到公众将"改革的朋友"描述为自由派。比林顿(J. H. Billington)说这导致了 1813 年自由党的创建(也参见 Cruz Seaone, 1968)。曼宁(D. J. Manning)宣称"自由这个词最初的含义主要是贬义的"。但是,这在对科尔特人的描述中表现得根本不清楚。它在 1819 年成为法国和英国政治用语(参见 Bertier de Sauvigny, 1970; Halévy, 1949)。但 25 年之后辉格党才变成自由党。

故事的下一个阶段才是自由主义的构建,这种构建将自由主义定义为保守主义的对立面,可能是以所谓的"现代意识"(Minogue, 1963)为基础。自由主义者总是将自身定位为政治舞台的中心,宣称自己为普遍主义者。自由主义者对自己和这种新的现代性世界观的真实性深信不疑,试图传播他们的观点,将自由主义的逻辑强加到所有社会制度之中，借以消除世界历史上“非理性”的残余。要想做到这一点，他们不得不与保守的思想家战斗，认为保守的思想家因为害怕“自由人”而迷惑不已，而“自由人”是指那些从传统的虚假偶像中获得自由的人。换言之，自由主义者相信进步尽管是不可避免的，但不能在没有某种人为努力和政治纲领的情况下实现。自由主义者的意识形态是这样的，即他们相信为了实现历史与其自然历程的和谐一
1547 致，必须进行自觉的、持续的、智能的改革，必须充分意识到“时间是所有人的朋友，并将更大的幸福带给更多的人”(Schapiro，1949)。

自由主义是一种意识形态，是一种与政治哲学意义上的自由主义相对的自由主义。也就是说，自由主义是一种面对世俗君主的需求做出的调整战略，是与那种关于美好社会的玄学自由主义相对立的。这样的自由主义不是从宙斯脑袋里生出的成年人。它是由多种常常对立的兴趣塑造的。至今，自由主义这个词引起了很多反响。所谓经济自由主义与政治自由主义之间存在经典的“困惑”。也有关于社会行为的自由主义，有时称为公民拥有自由权论。这种混合、“困惑”也对自由主义意识形态有利，使它获得了最大支持。自由主义在政治领域的左翼当中开展意识形态活动，或至少在中左翼当中开展意识形态活动。1815 年以后，它将自己描述为保守力量的对手，同样它也被保守主义视作“激进主义”(Rémond，1982)。但是，当自由主义作为一种意识形态获得动力、支持和权威时，它的左翼特征却削弱了；它在一些方面甚至具有右翼特征。但它的命运是确保自己处于中心位置。因而，它在 18 世纪被贡斯当构想出来。贡斯当将自由主义视作两个极端——激进主义(或“无政府状态”)和君主主义(“狂热者”)——之间“适度的”和“中心的”位置(Marichal，1956)。它也因此在 19 世纪的自由党中实现制度化，被 20 世纪的施莱辛格(Schlesinger)称作“生命中枢”。在所有这些时代，自由主义者都宣称自己处于保守者或右翼与左翼之间的位置，右翼想要尽可能多地放慢正常变化的步伐，而左翼(有各种称呼，例如民主人士、激进主义者、社会主义者或革命者)想要尽可能多地加快这种步伐。简而言之，自由主义者是一些希望控制命运变化的人，目的是变化可以按照他们认为的最佳步伐进行。

在这种调整战略的发展过程中，出现了两个象征性人物，他们是弗朗索瓦·基佐(François Guizot，1787—1874)和杰里米·边沁(Jeremy Bentham)。基佐是历史学家和作家，当然也是政治家。边沁是哲学家和具体立法活动的倡导者。两个人最终都把注意力放在了国家上。基佐将现代性定义为“政府用文化手段代替物质手段，用策略代替暴力，用意大利政治代替联邦政治”(1985，243；参见 Rosanvallon，1985)。他寻找一种方式，在不必求助国王神圣权力的情况下削弱世俗君主的权力。他通过宣称人类历史理性进程中存在“不可抵抗的手”，找到了这种方式。通过驳斥亚当·斯密提出的更具政治意义的“看不见的手”，基佐将“能力”的掌握确立为世俗君主存在合理性的首要条件，这种能力是指“理性活动的能力”(Rosenvallon)。只要参政权限制在那些拥有这种能力的人手中，那么“科学政策”和“理性政府”就可能出现。只有这样的政府才能够消除“专制政府复辟、民众激情松懈、社会分崩离析”这三重威胁(Rosanvallon，1985)。

基佐的声誉逐渐消退了，但边沁作为英国精粹自由主义者从未失去光环。法国历史学家和哲学家艾理·海利维(Elie Halévy)指出，边沁最初的学说与卢梭的观点没有太多不同，但他最终的观点不是革命而是经典自由主义：

> 每个人都是自己利益的最好法官。因此，我们应该消除传统制度在个人之间树

> 自由主义适合审慎性情的人们。保守主义不适合恐惧性情的人们。
>
> ——威廉·格莱斯顿(William E. Gladstone, 1809—1898)

> 立起来的所有人为障碍，消除所有社会强制；后者以这样的假设必要性为基础，即保护个人，使个人彼此对抗，甚至对抗所有个人。一种有利于解放的哲学在启发和原则方面完全不同于卢梭的感性哲学，但在很多实际应用方面与卢梭的感性哲学关系密切。在1848年革命期间，关于人权的哲学在旧大陆达到高峰；在同一时期，关于利益认同的哲学在战胜曼彻斯特自由贸易概念中达到高潮。(Halévy, 1900)

1548 一方面，对于边沁来说，社会是个体成员意愿的“无意识产物”，因此是“国家不参与的自由发展”。但与此同时，社会是“立法者的创造物，是制定法的后裔”，这对于边沁和自由主义来说也是关键性的。所以，“如果国家是民主制国家，并表达大多数人的意愿”，那么这个国家的行为是非常合法的(Halévy, 1950)。

我们这里接触到了问题的核心。自由主义曾经是反国家主义的调整战略吗？或者自由主义曾经是对所谓的守夜人国家的战略调整吗？我们必须将自由主义和个人权利的文本与调整战略的潜台词区分开来，前者构成了自由主义的公共理想，后者调节了现代世界的变化步伐。功利主义者和后来的自由主义者都没有发现自由主义或个人主义和国家干预个人之间的矛盾。在鲁杰罗(De Ruggiero)看来，立法改革项目是对个人主义原则的“必要补充”。

在20世纪初，家庭大学丛书委托书写三卷短篇著作，分别叙述三个大的意识形态：保守主义、自由主义和社会主义。在论述自由主义的小书里，霍布豪斯(L. T. Hobhouse)像下面这样总结了他所说的“自由主义的核心思想”：

> 自由不仅仅是法律程式，或者不仅仅是法律的限制。可能有习俗的专制、观点的专制，甚至有环境的专制，就像专制政府和更普遍的现象一样真实。
>
> 自由仅仅是社会生活的一个方面。相互协助与相互宽容一样重要，集体行动的理论与个人自由的理论一样重要。

1945年以后，自由主义这个词失去了它在历史上获得的所有内在一致的含义。在美国，它被用于强调改革主义者行动的组成部分；到20世纪末，它几乎变成了一个辱骂性的词。在英国和共和制国家，它保持其温和主义特征。在很多欧洲大陆国家，自由主义政党(却是世俗论者)强调经济保守主义。

在20世纪80年代，一个新词——新自由主义变成了通用词汇。新自由主义似乎主要意味着对自由主义的强调，与那些来自社会改革主义团体的支持者的思想具有明显距离。它似乎主要是保守主义者倡导的意识形态，尽管没有对保守主义者关于传统权威(和习俗)的重要性进行历史性的强调。

尽管自由主义在19世纪下半叶和20世纪上半叶被视作占主导地位的世界范围的意识形态，但到21世纪初，自由主义似乎已经变成了少数人的观点，甚至四面楚歌。

进一步阅读书目：

Bertier de Sauvigny, G. (1970). Liberalism, Nationalism and Socialism: The Birth of Three Words. *Review of Politics*, *XXXII* (2), 147 - 166.

Billington, J. H. (1980). *Fire in the Minds of Men: Origins of Revolutionary Faith*. New York: Basic Books.

Brunot, F. (1937). *Histoire de la Langue Française des Origines à 1900: Vol. IX. La Révolution et la France*. Deuxième partie: Les Evénements, les institutions et la langue [History of the French Language from its Origins to

1900: Vol. IX: The Revolution and France. Second Part: The Events, the Institutions, and the Language]. Paris: Lib. Armand Colin.

Cruz Seaone, M. (1968). *El primer lenguaje constitucional español (Las Cortés de Cádiz)* [The first Spanish Constitutional Language (the Cortés of Cadiz)]. Madrid, Spain: Ed. Moneda y Crédito.

1549 De Ruggiero, G. (1959). *The History of European Liberalism*. Boston: Beacon Press.

Guizot, F. (1985). *Histoire de la civilisation de l'Europe depuis la chute de l'Empire romain jusqu'à la Révolution française* [History of European Civilization from the Fall of the Roman Empire to the French Revolution]. Paris: Hachette-Pluriel. (Original work published 1846)

Halévy, E. (1900). *La révolution de la doctrine de l'utilité (1789 – 1815)* [The Revolution and the Doctrine of Utility (1789 – 1815)]. Paris: Félix Alcan.

Halévy, E. (1949). *A History of the English People in the Nineteenth Century: Vol. I. England in 1815* (2nd rev. ed.). London: Ernest Benn.

Halévy, E. (1950). *A History of the English People in the Nineteenth Century: Vol. III. The Triumph of Reform (1830 – 1841)* (2nd rev. ed.). London: Ernest Benn.

Hobhouse, L. T. (1994). *Liberalism and other Writings* (J. Meadowcroft, Ed.). New York: Cambridge University Press. (Original work published 1911)

Manning, D. J. (1955). *Liberalism*. London: J. M. Dent & Sons.

Marichal, J. (1955). España y los raíces semánticas del liberalismo [Spain and the Semantic Roots of Liberalism]. *Cuadernos*, *11*, 53 – 60.

Marichal, J. (1956). The French Revolution Background in the Spanish Semantic Change of "Liberal." *American Philosophical Society Yearbook 1955*. Philadelphia: American Philosophical Society.

Minogue, K. R. (1963). *The Liberal Mind*. London: Methuen.

Rémond, R. (1982). *Les droites en France* [The Right-wings in France]. Paris: Aubier.

Rosanvallon, P. (1985). *Le moment Guizot* [The Guizot Moment]. Paris: Gallimard.

Schapiro, J. S. (1949). *Liberalism and the Challenge of Fascism: Social Forces in England and France (1815 – 1870)*. New York: McGraw-Hill.

Schlesinger, A. M., Jr. (1962). *The Vital Center: The Politics of Freedom*. Boston: Houghton Mifflin.

伊曼纽尔·沃勒斯坦(Immanuel Wallerstein) 文
郭子林 译,张瑾 校

Libraries 图书馆

1550 图书馆对文明进步做出了重大贡献。自从人类开始为了长久保存记忆而记录思想和信息以来,这种做法在世界各地保持了5 000年,记录集由几个或几百万个条目构成,在保存社会记忆方面占有重要地位。尽管每个时期和每个地方都有所不同,但保存记录的很多方式是相同的,例如保存和分类。

图书馆是图像记录的馆藏室,以图书的可获得性为原则组织起来,为其所服务之社会个体的利益而保存图书。图书馆通常由便携式的物理实体(图书)构成,这些物理实体是用耐用材料制成的,包含合理长度的文字和艺术符号。图书馆的标准单位被称为"基因书",因为数千年来书已经使用了各种材料如骨头、兽皮、黏土、竹片、纸莎草纸、纸、磁带和塑料,并采取了很多形式如碑、卷轴、抄本、胶卷和磁盘。当收集物主要由有机联系的机构和个人的记录——也就是说这些记录分享共同的创作者、主题或目的，与孤立、任意的手工艺品相对——构成，并因为其持续价值而保持可得，它们就被称为档案室。当它们由一些叙述文化和历史主题的创造性文献构成时，它们被称为图书馆。

人类开始讲话之后，保存口头传播信息的需要便出现了。尽管任何类型的可见标志都能够记录一些思想，但为了将可靠信息从一代人传递至另一代人，最终从一种文化和时代传播到另一种文化和时代，一种制度就必须发明出来，便于那些可见标志成为足够常见的方式，可以随着时间的推移传达复杂的思想。也就是说，为了被其他人理解，那些标志需要在一定程度上标准化。用图画文字符号和多种形状的符号及其表现符号做了数个世纪的实验以后，大约公元前3000年之前的某个时候，文字出现在美索不达米亚和埃及。

古代图书馆

几块泥板或几幅纸莎草纸卷的早期收集处很像档案储存室，但在几个世纪里，包含宗教、历史、文学和科学文本的书籍出现了，真正的图书馆开始了，并常常与档案室关系密切。很多早期图书馆的馆藏室建在神庙里，书吏在这里制作和保存书籍。这些神庙图书馆在整个肥沃新月地带、埃及、印度和中国建立起来。这些馆藏室的管理人员负责书籍的保存、分类以及书架安排等。

埃勃拉的馆藏室是最古老的图书馆档案室。埃勃拉是叙利亚西北部的一座城市，至少可以追溯到公元前3千纪中期。这个馆藏室收藏15 000多块泥板，包含各种档案记录和语言学工具书、年代学报告、地名词典、叙述物质世界的手册、宗教教义以及文学作品。类似的储藏室存在于伊拉克西北的马里（Mari）和现代土耳其的波格斯凯（Boghazkoy）。尽管埃及的物质证据不是很丰富，但其神庙墙壁 1551
上的铭文和保存下来的书卷显示，埃及在这一时期也出现了档案馆藏室。尽管小馆藏室出现在肥沃新月地带各地，但亚述人阿舒尔巴尼拔（Assurbanipal）的图书馆在公元前7世纪伊拉克北部的尼尼微达到顶峰。该图书馆在公元前612年巴比伦城的毁灭中被埋葬在废墟下，英国人在19世纪将其挖掘出来，很多馆藏品目前保存在大英博物馆。

证据表明公元前2千纪晚期的迈锡尼文明是图书馆发展及技术的继承者，但实际上，大约公元前600年之后希腊图书馆和档案储藏室才普及起来。到公元前6世纪，从以较早期创作的史诗为焦点向更广范围的阅读和收藏转变的运动已经在顺利进行。公元前4世纪晚期，希腊文明促进了对书面文字更广泛的探查和使用，这促使学术著作和通俗作品的大量增加。埃及的亚历山大里亚大图书馆成为整个已知世界原材料的储藏地，成为学问和原创性研究的中心。它与帕迦马和雅典的小图书馆一起，使图书馆的这些职能持续了几个世纪，到公元4世纪至7世纪开始衰落。

作为希腊传统的继承者，罗马人认识到了图书馆的价值，他们通过没收书籍和重新复制图书的方式开始创建自己的图书馆。罗马皇帝奥古斯都（Augustus）、提比略（Tiberius）、韦斯帕芗（Vespasian）、图拉真（Trajan）和哈德良（Hadrian）都于1至2世纪在罗马建立图书馆。罗马城的这些收藏室是典型的，希腊语书籍和拉丁语书籍放置在不同的房间里；行省也有一些类似的收藏室。这些收藏室都建在类似神庙的建筑物里，后来建在公共浴室。它们被广泛使用，并被视作文明的象征。

在公元纪元最初的几个世纪里，书籍的形态从卷轴（或书卷）变成了古抄本，后者是我们今天所知道的书籍形态。这种形态上的变化能够把更长的文本结合在一起，形成一个单位，提高了书籍的便捷性和易用性。在这一时期，文字收集物发展起来了，包括神话、历史、哲学和宗教方面的主要书籍。（例如，基督教的《圣经》，大约由 66 卷书组成，在 1 000 多年的时间里写成。这本身就是一种图书馆）基督徒的图书馆为神学和历史学作品提供了主要储藏室，例如巴勒斯坦的恺撒利亚（Caesarea）图书馆（约 200—约 800）。

帝国中央权威的削弱和野蛮人的威胁以及有组织的基督教的兴起和早期修道院运动，都为晚期罗马帝国的文化环境带来了挑战和变化。控制和影响的分散鼓励了地方政府与教会机构，包括图书馆的登场，它们都向帝国更远的边缘地区扩散。大约 600 年以后，当教会在罗马帝国西部掌握了很多稳定的社会机构之时，学术的中心内容是保存老旧文本，并通过写作以保持当时的学术活跃状态。图书馆继续以家长制和学术性图书馆的方式在君士坦丁堡繁荣发展，直到 15 世纪。

在亚洲，书籍和图书馆获得大发展。雅利安人大约在公元前 1500 年将吠陀传统带到南亚，代替已经在印度河谷建立起来的哈拉帕文明。他们接下来为公元前 6 世纪耆那教和佛教的兴起提供了环境，这两个宗教传统都发展出了自己的宗教经典。与犹太教和基督教相像，在公元前后的几个世纪里生根发芽，耆那教和犹太教也有了重要书面记录。它们的大量文献把一个正在发展的档案体系结合起来，产生了图书收藏室，由单个社会集体维持。中国汉朝面对佛教扩张所经历之事，在某些方面与晚期罗马帝国在面对基督教扩张时为了巩固政府权威和保存文化遗产而经历的挑战类似。其特别之处在于，汉

朝经历了佛教文献的扩散，而这种扩散有时是 1552
在没有官方认可的情况下进行的。与此同时，汉朝皇帝鼓励对儒家书籍和其他各种文本的编纂和编辑，包括那些艺术和科学类书籍，并鼓励对这些文集进行保存。这一时期纸的发明和雕版印刷术的广泛使用也扩大了书籍的生产，提高了政府和文化机构以及个人可得图书文集的数量。这些作品经常被复制，文集被保存在寺院和其他受保护的场所。中国甘肃敦煌附近的莫高窟大约在 1035 年发展起来，1900 年被发现。这个著名的储藏处的文献是在洞穴于大约 1035 年被封闭之前几年里收集的，当时的入侵者威胁着这个洞穴。英国考古学家奥里尔·斯坦因（Aurel Stein）发现了这个洞穴。洞穴中的文献被盗往亚洲和欧洲的几个储藏室里。最终，中国皇室为了读取和保存而再生产了这些作品中的

西班牙殖民时代在墨西哥瓜达拉拉哈拉（Guadalajara）建筑的公共图书馆

大多数。有两个重要手抄本百科全书生产出来，一个是在1403和1408年之间生产出来的（超过11 000卷），另一个是在1736和1795年之间生产出来的（36 000卷）。后者产生了7个抄本，其中两个抄本的大部分仍然存在（没有包括在内的作品留给后代去整理）。孔子、佛陀和他们的追随者的作品在公元6和7世纪被带到日本和朝鲜，学校、书籍和图书馆很快也接踵而至。

中世纪图书馆

当出版艺术在亚洲繁荣发展，僧侣和宫廷官员尽可能好地在欧洲保存文字材料时，伊斯兰教在7世纪兴起，通过其蒸蒸日上的学术和商业活动，为东西方之间架起了一座桥梁。这一时期的图书馆学家和目录学家开始促进文化、语言和传统的交流。

当穆斯林将希腊文和拉丁文翻译为阿拉伯语并生产出自己的文学时，他们也开始通过自身所控制的（西班牙）安达卢西亚地区从中国引进造纸术。到9和10世纪，诸如巴格达和开罗这样的主要城市中心都拥有大量图书馆，其中很多是对公众开放的。这些图书馆支持诸如学校、清真寺和宫殿这样的学习文化的机构。通过研究当时现存收藏书籍、雇佣抄写员和粘书工，哈里发哈基姆二世（Caliph al-Hakim II，961—976）在（西班牙）科尔多瓦建筑了一座豪华的图书馆，藏书大约40万卷，其中目录本身就达44卷。一些学者认为，科尔多瓦大清真寺的文化活动吸引了近东和西欧的学者及学生，成为新型大学建立和重要知识从东向西传播的催化剂——例如造纸术的传播。在12和13世纪及之后的时期里，伊斯兰地区内部和外部的战争
1553 导致了很多大图书收藏室的衰落和丧失。在很多情况下，只有个人的图书收藏室保存下来了。5和6世纪，蛮族对罗马帝国（包括罗马城本身）的入侵在东方和西方产生了不同的结果。在君士坦丁堡（今伊斯坦布尔）统治地区，国家和教会的机构以希腊文化为基础建立，相对完整地继续发展，直到公元1千纪中期波斯与伊斯兰冲突的到来。大图书馆始终在首都保持开放，小图书馆始终在主要城市保持开放，直到第4次十字军运动（1204）和1453年向土耳其人投降。尽管图书馆在东罗马帝国早期具有重要意义，但它们到东罗马帝国末期急剧衰落。相比较而言，在中世纪早期（600—800），西欧的图书馆遭受了因罗马帝国分裂而带来的混乱和动荡。

在西方，修道院图书馆整个受到本笃会发展和爱尔兰与盎格鲁-撒克逊修道士传教活动的刺激，开始广泛繁荣发展，因此到查理曼时代，对现存古典抄本和当前作品的保存得以确保。这些图书馆中的大多数藏书不超过700卷。教堂图书馆支持学校和缮写室，缓慢发展，开始为那些与修道院无关的神职人员和行政官员服务。这些学校中的一些，例如巴黎的学校，是20世纪大学的前身；其他的学校，例如沙特尔（Chartres）和约克郡的学校，则不是这样的。后来，其他力量也加入复制图书的活动中。

第一批西欧大学的出现导致了这样一些图书馆的形成，它们比修道院图书馆和档案储藏室拥有更广泛的职责。从帕多瓦、萨勒诺、博洛尼亚、巴黎、牛津和剑桥等早期模式开始，大学在欧洲迅速增加，到16世纪时它们变成了地区引以为豪的标志。这些机构中的大多数拥有中心图书馆，一般是由大主教赞助和监督建筑的（牛津大学的博德利图书馆和都柏林的三一学院图书馆在17世纪早期建立）。在牛津、剑桥和其他地方，单个学院也有独立的馆藏室，只是后来才合并进中心图书馆。

15世纪活字印刷术出现之前，书籍和档案很难区分开来，并总是放在一起。约翰内斯·古腾堡（Johannes Gutenberg）在大约1450年发明了活字印刷术。在活字印刷术出现的50年里，欧洲的出版业增加了产量，从涓涓细流汇聚成

了惊涛骇浪，新的学术和原创性作品以及古代中世纪时期的经典著作更易于获得的版本大量出版。这些出版物到1550年或许多达10万种，其中既有学术性著作，也有通俗性作品，这些都有助于文艺复兴新思想的创作和保存。尽管精英收集者仍喜欢手抄本和配有大量插图的书卷，但不太昂贵和便于携带的印刷书籍受到了图书馆的青睐，也获得了一些收藏者的喜欢，这些人最终成为图书馆的捐助者。

近代早期的图书馆

这类新图书收集者建立了个人图书馆。这些收集者包括贵族和上流社会的人；既包括世袭贵族，也包括那些通过商业、制造业和银行业积累财富的人。他们代表了人类精神对新知识和新思想的热情反应，新思想和新知识也鼓励了图书馆的构建。图书馆不仅仅是社会特权阶级掌握的机构，最终也变成了中产阶级的财产。 1554

早期的王室图书馆如匈牙利国王马提亚·科尔维努斯（Matthias Corvinus，1440—1490）的图书馆，马提亚的重要收藏品在16世纪早期被入侵的土耳其人散布开来。佛罗伦萨的美第奇家族是商人阶层的典范；美第奇家族的建筑工程之一是大图书馆的修建，这就是现在的洛伦佐图书馆（Laurentian Library），是世界上第一批拥有独立建筑的现代图书馆之一（1571）。其他那些拥有图书馆和艺术收藏室的富有家族也为自己赢得了尊重。梵蒂冈的教廷图书馆是另一个很好的事例，其现代建筑是尼古拉五世（Nicholas V）和希斯特四世（Sixtus IV）在15世纪建造的。当书籍成为收集者更青睐的物品时，绅士的图书馆成为社会等级的标志。这些收藏室中的一些变成了独立的机构，而其他一

传教任务经常包括为本土居民构建图书馆。这幅照片展示了传教士在印度塞来坡（Serampore）构建的令人印象深刻的图书馆建筑。克劳斯·克罗斯特迈尔摄

> 书籍不是生活，那什么是生活呢？
>
> ——马文·马德里克(Marvin Mudrick, 1921—1986)

些收藏室通过售卖或遗赠的方式融入别的收藏室。

在16世纪，由于普通印刷读物的增加，中产阶级可以更多地利用图书馆。书籍变得更便宜了，也更容易得到，书籍被更多的人所收藏，这个趋势到目前一直在增强。政治、宗教和社会群体都尽力利用书籍的潜力来传播它们的信息；改革和随之而来的国内冲突使政治宣传册和书籍的力量得以展现。路德教会的改革者将教育和阅读提升为公共事业，而后者要求公共支持，也使图书馆变得更重要了。耶稣会士也认为严肃的教育和必要的书籍以及图书馆对于天主教信仰的传播具有重要意义。从18世纪早期开始，基督教知识普及协会(SPCK)和对外传播福音协会(SPG)在英帝国范围内出版并分发新教徒的宗教及教育材料，并借助教士托马斯·布瑞(Thomas Bray, 1656—1730)的影响，建立了几种供民众和神职人员使用的图书馆，尤其是在英国和英属美洲殖民地。

从16到19世纪，民族主义与殖民主义的发展支持了书籍和图书馆的传播。葡萄牙、西班牙、法国和英国探险者的航行产生了杂志、地图和样本，促进了研究及记录新思想的新书的出版。皇家和国家图书馆以及社会和其他机构的
1555 图书馆都收集这种文字材料，来丰富它们的博物馆、实验室和图书馆。与民族主义者一样，殖民者也为那些对书籍和图书馆感兴趣的人提供机会，出版译著、文学、教育和文化综合类图书。在亚洲、拉丁美洲和非洲，殖民化国家的代理机构在它们的殖民地建立学校和图书馆，作为抚慰被殖民者心灵的机构。就像对外传播福音协会(SPG)那样，耶稣会士为他们在中国、日本、印度、墨西哥、秘鲁和其他地方建立的学院提供图书和图书馆。

当王室和贵族从海外殖民活动中获利时，他们便开始搜集图书，建立珍稀图书馆。除了地方贵族和诸侯，君主也开始增加其图书收藏体量，甚至把很多图书馆合并起来。欧洲王室和公爵的图书馆就是这样出现的，它们后来合并为民族国家的王室图书馆，最终成为国家图书馆。这些图书馆，例如法国、普鲁士、奥地利、西班牙和瑞典的图书馆，注定成为18世纪及之后的大型国家图书馆。后来又出现了可以与这些图书馆相媲美的图书馆，例如1753年成立的大英博物馆-图书馆(现在的大英图书馆)、1800年成立的美国国会图书馆、20世纪成立的俄罗斯国家图书馆和中国国家图书馆。与其他民族国家的图书馆相似，这些图书馆始终是民族文化的储藏室，因此既享有很高声誉，也承担着一定责任。它们既发挥功能性作用，也扮演象征主义角色，因为它们经常带头为它们代表的国家组织图书活动。

启蒙运动以来的图书馆

自启蒙运动以来，图书馆的发展史涉及两方面内容。一方面是国家图书馆、私人图书馆和大学图书馆越来越多；另一方面是越来越多的市民可以使用图书馆，无论是公共图书馆，还是学校图书馆。专业化——首先在欧洲学术图书馆学家中间，然后在北美的公共图书馆学家中间——变得越来越重要。图书馆学专业化设计的问题包括用户的多样化、史料的专业化及技术变化的管理。

在启蒙运动时期和19世纪，大学图书馆和学院图书馆在欧洲和北美继续成倍增加，其发展高峰出现在20世纪晚期，当时几乎没有完全新型的学术机构。当教育民主运动促使更多的学生向着更高的教育发展时，大学机构中的图书馆不得不与新主题事件、新课程重点、新教学模式、新技术和新挑战保持同步。19世纪中叶，印刷的机械化进一步提高了书籍和各种杂志的产量。研究生和职业教育项目始于德国，并向北大西洋社会和其他社会扩展，高学历激发了人

们对研究材料更广泛的收集，而这接下来刺激书籍、报告和杂志的出版越来越多。庞大的美国大学研究图书馆，例如哈佛大学、耶鲁大学、哥伦比亚大学的图书馆，以及密歇根州、伊利诺伊州、加利福尼亚州伯克利以及其他地方的公共图书馆，在 19 世纪末和 20 世纪高歌前进，到目前仍在持续发展。19 世纪资本主义的兴起扩大了积累财富的可能性。一些企业家建造并支持私人图书馆和艺术收藏室，它们中的很多最终变成了大型研究图书馆的组成单位。一些图书馆如美国的大多数图书馆，都保持着独立的地位，例如纽约的摩尔根图书馆、华盛顿特区的莎士比亚图书馆、加利福尼亚州圣马力诺的亨廷顿图书馆。这些独特的研究图书馆是个人努力和资料的纪念物。

与国家图书馆一起，私人图书馆、大学图书
1556 馆和社会图书馆都出现在 18 世纪。在北欧和北美，这些图书馆聚焦仔细选择的藏书，服务于相同水平的读者群有目的的休闲阅读。这些图书馆经常要求会员资格和会费，并只对那些满足某些条件的人开放。如费城图书馆公司(1731)，它允许有限数量的个人分享图书馆，这些人签字支持图书馆藏室，所有成员都可以使用图书馆藏室。19 世纪中叶，它们在数量和流行程度上达到顶峰，成为精英图书馆与接踵而至的公共图书馆运动之间的过渡形式。图书馆有很多形式，如阅览室、学会、文学协会和商业图书馆。商业图书馆主要为了利润而进行商业操作。

尽管早期存在公共基金用于社区图书馆，但公共图书馆——税务支持的服务于广大民众的图书馆——出现在 19 世纪中叶，最早出现在英国和美国。教育机会的增加、阅读史料的扩展、民主机构的压力、地方文化机构和慈善事业，都在 19 世纪中叶发挥了作用。在英国，1850 年的公共图书馆法令要求地方市政当局获得纳税者的认可之后，为图书馆提供支持(图书馆供应在 1964 年变成了义务)；主要公共图书馆在伯明翰、利物浦和曼彻斯特创建起来。在美国，从 1849 至 1854 年，从新汉普郡州和其他新英格兰州开始，允许建立公共图书馆的税收当局一个州接一个州地获得认可。波士顿公共图书馆于 1854 年根据这个法令向公众开放变成了一个模型，在接下来的几个世纪里，这种思想从新英格兰扩展到整个美国。大城市公共图书馆，例如波士顿图书馆、纽约图书馆、克利夫兰图书馆和底特律图书馆，把关于市政信息图书馆的较老思想(这在北欧很常见)与社会图书馆的公共阅读空间结合起来。

随着 1876 年美国图书馆协会和 1877 年英国图书馆协会的建立，新的公共图书馆开始以国家和州为基础组织起来，并以法律的形式确立下来，以便地方税务、州和国家为它们提供支持。这种思想传遍整个欧洲和那些接触欧洲文化的国家。在大多数国家，公共图书馆变成了国家、省或州政府的代理机构。然而，在美国它们由地方机构授权和维持，享有某些州或联邦的支持，经常处于州图书馆委员会或州图书馆的总体监督下。北美和西欧的现代图书馆运动包含各种类型的图书馆，将其注意力转向了图书馆学家的教育和图书馆学家在管理他们越来越多的收藏品时面对的问题，例如图书编目和分类以及与材料处理相关的其他问题、通过提供参考书为公共服务的问题、其他信息服务问题。梅尔维尔・杜威(Melvil Dewey，1851—1931)是这个格式化程序中有影响的美国图书馆学家。

公共图书馆经常与公共学校体系协调运作，可以说它们是为公民提供持续教育的机构。因为公共图书馆用公共基金服务于社会，所以它们的作用在过去 2 个世纪备受争议。一些人已经看到了它们的收集物和服务对社会发展和文化改善的推动作用；而其他人将公共图书馆视作一致性的实施者，这种一致性倾向于将资源限制在那些代表主流文化的人身上。

1557 学校图书馆尽管作为一个独特的实体相对来说是后来者，但在小规模学校收藏室扎根发芽。它们最早在中等(或高等)学校找到空间，在19世纪晚期的北美和欧洲变成普遍现象。

公共图书馆中的儿童服务和学校图书馆之间的合作已经引起了很多讨论，一些人认为学校图书馆应该以与课程相关的材料为焦点，而公共图书馆应该以一般休闲性读物为核心。对阅读和阅读带来的智力刺激的价值的强调，既有利于对孩子的理解，也有利于对年轻人的理解。政府团体采用的学校图书馆标准(或缺乏这点)已经决定了学校图书馆的收藏内容，结果它们在一些地区比在其他地区更严肃地对待这个问题。

最后，有“特殊的”馆藏室，包括政府的、商业的、协会的、博物馆的和特殊主题的图书馆。尽管这些类型的馆藏室都有古代事例，经常与档案储藏室合并起来，但它们自从20世纪初以来就增多了(华盛顿特区的国家医学图书馆就是一个事例)。这些图书馆运用最新的信息格式和技术越来越多地彼此结成网络。在美国，网络得到特殊图书馆协会的支持，后者创建于1909年；类似的团体也存在于其他工业化国家。

图书馆的全球化

从19世纪中叶开始，统一图书馆职业的努力在美国和英国发起，然后向斯堪的纳维亚和欧洲其他地方以及它们文化影响下的社会扩展。国家图书馆协会形成，一些协会代表所有类型的图书馆，另一些协会聚焦于特殊类型的图书馆。在这一时期(1875—1925)，大西洋两侧的世界性赛会和集会都为来自各个国家的图书馆学家提供机会，使他们聚集起来讨论共同的实践、问题和挑战，包括合作和新技术的使用。1927年的国际图书馆协会联合会(IFLA)是这种机会的开始，随后是在罗马举行的国际会议。这次会议把图书馆领导者聚集到一起，促使他们就互相关心的问题许诺合作，例如图书编目标准、国际图书借阅、材料存取、灾难救助和图书馆发展刺激机制。

当第二次世界大战、冷战、20世纪60年代的独立斗争和后苏联时代的紧张局势遮掩了全球性的国家和地方问题时，国际联系和网络化在保持全世界图书馆学家之间的交流中是意义重大的。与联合国教科文组织的合作，世界上的主要国家图书馆、主要图书馆协会，使国际图书馆协会联合会能够变成全球图书馆学术的有效论坛。今日几乎每个国家都出现在几千个协会和机构中，它们的成员出席世界各地召开的年会。主要国家图书馆与其他主要研究图书馆一起，为国际合作行动提供重要资料和领导层建议。

大约从第二次世界大战开始，新的信息科学学科变得对图书馆和图书馆学有重要意义了。这个领域试图研究信息内容的创造、组织、使用、保护和效果。在20世纪的最后几十年里，信息技术——包括数字图书目录、数字图书馆和网络——变成了工业化世界图书馆司空见惯的事物。

这样，随着21世纪的开始，世界各地的图书馆学家通过协会和电子技术比以前更密切地联系起来，更能够为他们的赞助者提供全球服务。图书馆作为物质材料储藏处的角色已经扩展了，将用户与各种信息格式联系起来。尽管图书馆为世界各地几百万赞助者提供广泛材料——从最大的国家机构到最小的村庄收藏处，从专业化研究资料到最通俗读物、视频或听力材 1558
料——但它们仍然是信息和思想的创作者与消费者之间的中介。

进一步阅读书目：

Anghelescu, H.G.B., & Poulain, M. (Eds.). (2001). *Books, Libraries, Reading, and Publishing in the Cold War*. Washington, DC: Library of Congress, Center for the Book.

Benge, R.C. (1970). *Libraries and Cultural Change*. Hamden, CT: Archon Books.

Casson, L. (2001). *Libraries in the Ancient World*. New Haven, CT: Yale University Press.

Esdaile, A. (1957). *National Libraries of the World: Their History, Administration and Public Services* (2nd ed.). London: The Library Association.

Kilgore, F.G. (1998). *The Evolution of the Book*. New York: Oxford University Press.

Krzys, R., & Litton, G. (1983). *World Librarianship: A Comparative Study*. New York: Marcel Dekker.

Lerner, F. (1998). *The Story of Libraries: From the Invention of Writing to the Computer*. New York: Continuum.

Marshall, D.N. (1983). *History of Libraries, Ancient and Mediaeval*. New Delhi: Oxford & IBH.

Rubin, R.E. (1998). *Foundations of Library and Information Science*. New York: Neal-Schuman.

Schottenloher, K. (1989). *Books and the Western World* (W.D. Boyd & I.H. Wolfe, Trans.). Jefferson, NC: McFarland.

Staikos, K.S. (2000). *The Great Libraries: From Antiquity to the Renaissance*. (T. Cullen, Trans.). New Castle, DE: Oak Knoll Press.

Steele, C. (1976). *Major Libraries of the World: A Selective Guide*. London: Bowker.

Wiegand, W.A., & Davis, D.G., Jr. (Eds.). (1994). *Encyclopedia of Library History*. New York: Garland.

唐纳德·戴维斯爵士(Donald G. Davis Jr.) 文

郭子林 译,张瑾 校

Lincoln, Abraham 亚伯拉罕·林肯

1559 亚伯拉罕·林肯(1809—1865)是美国内战时期的总统,而律师和政治家的身份早就表明了他的正直和优雅言辞。他享有维护国家统一和解放奴隶的美誉。1865 年,他被暗杀。之后,他的作用被神化。但是,一些人认为林肯的《解放黑人奴隶宣言》没有取得成功,并对林肯支持重新安置非洲奴隶的做法进行批评。对于这些人来说,林肯的作用始终是一个值得讨论的问题。

亚伯拉罕·林肯是美国内战时期的总统,他的功绩在于解放奴隶和维护国家统一。1809 年 2 月 12 日,他出生于肯塔基州的一间小木屋里。他的家庭几经搬迁,最终在伊利诺伊州定居。林肯没有受过正规教育,仅仅受到其继母的教育。他爱读书,攻读律师资格,并最终成为一名成功的律师。他因正直诚实而声名远扬。他与玛丽·托德(Mary Todd)结婚,她是肯塔基州一个奴隶主的女儿。

到 1832 年,林肯对政治产生兴趣,在州立法机构和美国国会任职。他加盟辉格党,该党派不相信南方日益发展的奴隶势力能破坏民主事业。1854 年共和党成立,不久林肯便加入了该党。他因律师工作和个人的正直诚实而享有盛誉,这使他拥有挑战史蒂芬·道格拉斯(Stephen A. Douglas)的资本;道格拉斯来自伊利诺伊州,

> 我坚定地相信人民。如果我们将事实告诉他们，那么我们完全可以依靠他们来度过任何国家危机。最重要的是让他们了解事实和真相。
>
> ——亚伯拉罕·林肯

时任民主党参议员。他们的竞选集中在一系列关于奴隶制扩张范围的辩论，引起整个国家的关注。当时的报纸一字不差地印刷了这些言论。最后，民主党主导的伊利诺伊州参议院让道格拉斯连任；当时参议员是由国家立法机关选出，而非由民众投票选出。

参议院竞选的失利驱使林肯在1860年成为共和党总统候选人。虽然只在北方一些州获得普选多数票，但林肯在大选中获胜。很多人认为共和党太过激进。与林肯一样，共和党中的大多数人都不是废奴主义者，但都反对奴隶制的蔓延。然而，在南方许多地方，林肯被视作危险分子，这促使南方一些州在1860年12月开始脱离联邦。尽管有人呼吁他对此进行干预，但林肯保持沉默，认为在翌年3月就职之前干预此
1560 事是一种轻率的行为。然而，到翌年3月，11个州已经脱离联邦，并联合通过新宪法，建立了一个新的邦联政府。

加尔文·约翰逊(Calvin Johnson)在伊利诺伊州皮茨菲尔德(Pittsfield)给亚伯拉罕·林肯拍摄的玻璃干板相片。拍摄于1858年10月1日，也就是林肯-道格拉斯最后辩论的两个星期前，林肯未能成功竞选参议员。美国国家档案馆

1861年4月12日内战爆发，南方联盟向联邦军队开火，以阻止联邦军队再次向查理顿港萨姆特堡(Fort Sumter)驻军运送给养物资。学者们认为林肯不应该为这两个事件负责，即下令为堡垒驻军运送给养物资和南方军队的开火。

双方都认为战争是短暂的。在战争初期，林肯享有广泛的民众支持。但他最初很难找到一位能打胜战的将军。将领们缺乏进攻动力和战术知识，这使林肯感到沮丧，所以他尽其所能地阅读各种有关军事战术的书籍。最终，他选定了尤利西斯·格兰特(Ulysses S. Grant)。

随着战争的拖延，他面对着国内越来越多的批评，甚至遭到内阁成员的反对。作为回应，他宣布中止人身保护令，逮捕和监禁危险人物，关停那些批评战事的民主党报纸。林肯之所以采取这些行动，是因为这些措施可以维护国家统一。

在国际上，欧洲国家似乎摆出了准备介入美国南方的姿态。为了在一定程度上回应欧洲国家的态度，在北方取得安蒂特姆河(Antietam)战役的胜利以后，林肯公布了《解放黑人奴隶宣言》(*Emancipation Proclamation*)，宣布1863年1月1日叛乱诸州的奴隶获得自由。批评者注意到，实际上没有人被解放。但宣言为战争提出了新目标，那就是阻止外国干预，并给予那些遭受奴役的人以希望。

随着战争的继续，林肯的支持者担心林肯不能连任。民主党提名乔治·麦克莱伦(George McClellan)将军，后者曾被林肯解除职务。1864年9月，亚特兰大的攻陷使人们对国家重拾信心，给林肯带来了第二个任期。随着选举的成功，林肯施加压力要求通过第13部宪法修正案，该法案将切实解放奴隶。林肯也开始转向重建的问题。林肯建议对南方采取宽大处理态度，但他的建议在国会遭到强烈反对。1864年，他对《韦德-戴维斯法案》采取了搁置否决措施，这是之后困难来临的先兆。

这是柯里尔和艾夫斯(Currier and Ives)石版画，描绘的是亚伯拉罕·林肯和其家人，是在这位总统被暗杀两年后绘制的，是林肯纪念品的一部分。美国国家档案馆

1863 年 11 月 19 日，林肯在葛底斯堡国家公墓(Gettysburg National Cemetery)向公众致辞。舍伍德版画有限公司，约 1905。美国国家档案馆

1865年4月战争结束的时候，林肯访问南方联盟前首都弗吉尼亚州的里士满(Richmond)。在那里，人们见证了他的地位正蒸蒸日上，新近
1561 被释放的奴隶们与他紧紧握手。然而，几天后，约翰·威尔克斯·布斯(John Wilkes Booth)便在华盛顿特区的福特剧院刺杀了林肯。在接下来的全国哀悼中，那些不久前还激烈反对林肯的政治对手也开始赞颂林肯。

林肯在遇刺后被神化了，这使人们很难区分事实与虚构。“诚实的亚伯”和“父亲亚伯拉罕”成为耳熟能详的称谓。然而，“伟大的解放者”这一称呼却引起了争议。修正主义者提醒说，《解放黑人奴隶宣言》没有解放任何人。其他人则指责林肯的种族主义，指的是他积极支持对非洲的殖民。然而，林肯优雅的言辞和政治敏锐性确实维持了国家的统一。他言辞中透露出的对自由的希望，最终变成了现实。

林肯是“伟大的解放者”这一神话响彻世界，始终是林肯的身份标志。这在非洲和拉丁美洲尤为明显。俄国文献不仅提到了林肯反对奴隶制的立场，还提到了林肯的革命形象。与很多神话人物一样，林肯是高于现实的；人们从自己的世界观出发，以自认为重要的方式表述林肯的功绩。

进一步阅读书目：

Bennett, L., Jr. (2000). *Forced into Glory: Abraham Lincoln's White Dream*. Chicago: Johnson Publishing Company.

Donald, D. H. (1995). *Lincoln*. New York: Simon and Schuster.

Donald, D. H. (2001). *The Lincoln Enigma*. New York: Oxford University Press.

Gienapp, W. (2002). *Abraham Lincoln and Civil War America*. New York: Oxford University Press.

Oates, S. B. (1984). *Abraham Lincoln: The Man behind the Myths*. New York: Harper and Row.

Sandberg, C. (1939). *Abraham Lincoln* (Vols. 1－4). New York: Harcourt Brace and Company.

桃乐西·普拉特(Dorothy Pratt) 文
张瑾 译，郭子林 校

Locke, John 约翰·洛克

约翰·洛克(英国哲学家，1632—1704)是17世纪晚期英国先进知识分子，他关于哲学、政治理论、教育和神学的著 1562
作在塑造18世纪思想中发挥了重要作用。

约翰·洛克出生在英国萨默塞特(Somerset)，曾就读于威斯敏斯特学校和牛津大学基督堂学院，1656年在基督堂学院获得学士学位。虽然接受的是传统艺术课程的教育，但他对医学和科学产生了兴趣，并于1675年从牛津大学获得医学学位。他与内科医生托马斯·西德纳姆(Thomas Sydenham)和物理学家罗伯特·波义耳(Robert Boyle)的交往，使他接触到当时一些领先的科学思想。1668年，洛克成为新成立的英国皇家学会的成员。他随后在其他学科的研

> 每个人都有自己的私有财产。没有人有权利去触碰它，除了他自己。
>
> ——约翰·洛克

究对 18 世纪的思想做出了巨大贡献，例如哲学、政治理论、教育和神学。

洛克积极参与公共事务，最初通过与阿什利勋爵（Lord Ashley）的交往，后来通过与第一伯爵沙夫茨伯里（Shaftsbury）的交往，后者是当时最有力的领导人之一。1667—1683 年，在与阿什利勋爵家族交往中，洛克的政治命运表现得跌宕起伏。1673—1675 年，洛克担任新成立的贸易和种植园商会秘书，参与各种商业事务的政策辩论。由于健康状况不佳，他从 1675 年底至 1679 年春季在国外生活，在排斥法案危机时期返回沙夫茨伯里家族；当时以沙夫茨伯里为首的新教贵族试图阻止詹姆斯继承王位，詹姆斯是天主教国王查理二世（Charles Ⅱ）的兄弟。1681 年，沙夫茨伯里的势力倒台后，洛克留在了英国，直到黑麦房阴谋（Rye house Polt，刺杀国王查理二世和其弟弟詹姆斯的阴谋）被发现。他于 1683 年逃到荷兰。1688 年威廉和玛丽登基之前，洛克一直在荷兰流亡。

威廉和玛丽继承王位之后，洛克回到英国，他发表了涉及很多领域的著作，这些著作是他在 17 世纪 80 年代写作的。1689 年，他匿名发表了《一封关于宽容的书信》和《两篇关于政府的论文》。后来，他又发表了 4 个版本的《人类理解论》（1690、1694、1695、1700）、另外两封关于宽容的书信（1690、1692）、关于利息和货币的节选论文（1692、1695）、《教育漫话》（1693）、《基督教的合理性》（1695）以及《二证合理性》（1695、1697）。

1696—1700 年，洛克担任贸易和种植园商会的专员。后来，洛克由于健康不佳而退休，在其生命的最后几年修改了《人类理解论》，并为圣保罗（Saint Paul）的信件撰写评论。其哲学著作《理解的引导》与这些神学著作在他死后才出版。

《人类理解论》是对英国经验主义（一种认为一切知识都起源于经验的理论）的开创性贡献之一。他的主要目标是掌握人类认识的局限性。他批评人天生就拥有有关世界的思想的观

约翰·洛克关于政治理论、教育和神学的跨学科研究对 18 世纪的思想做出了巨大贡献

念。人类通过简单思想和复杂思想获得有关世
界的知识，这些思想源于感觉和沉思。洛克还探 1563
讨了语言在人类知识中的作用，并试图识别出理性和信仰之间的关系。洛克关于物质、物质第一性和物质第二性、个人身份认同以及自由问题的思想理论和分析，开启了人们关于弗朗西斯·哈奇森（Francis Hutcheson）、乔治·贝克莱（George Berkeley）和大卫·休谟的哲学著作的系列辩论。

洛克的《两篇关于政府的论文》虽然写于 17 世纪 80 年代初排斥法案危机的时期，但它是作为威廉和玛丽继承英国王位的防御措施而出版的。洛克反对英国政治作家罗伯特·菲尔默（Robert Filmer）的君权神授理论，他认为政治权力直接来自人民。如果自然界受上帝自然法则的支配，那么人就是自由和平等的生物，拥有某些不可剥夺的权利。为了保护自己的生命、自由和财产，人们加入政治共同体。因此，政治权力的产生是为了完成有限的目标。如果政治领导人过多地扩大他们的权力，人民就有权反抗他们。洛克的社会契约论成为整个 18 世纪英国辉格党意识形态

的标志,并且对美国的创建发挥了重要作用。

就像其哲学和政治思想一样,洛克的教育和神学著作也是基于对个人和理性力量的尊重来处理人类事务的。对于经验在青年教育和个人品德培养中发挥的作用,他是极为敏感的。他认为教会是一个自愿性质的组织,是一群拥有相同信仰的人结成的组织。他支持新教教派的容忍性——新教教派潜在地愿意容忍其他教派的宗教观点。他的目标在于向新教团体证明,各个新教团体之间愿意互相容忍。重要的是,这种宽容不会延伸到罗马天主教徒。洛克认为,罗马天主教徒委身于罗马教皇的世俗权威。英国、法国和美国启蒙运动中的很多内容(18 世纪哲学运动的标志是拒绝传统社会、宗教和政治思想,并强调理性主义)都可以视作对洛克最初提出的很多思想的践行。

进一步阅读书目:

Aaron, R.I.(1971). *John Locke* (3rd ed.). Oxford, U.K.: Clarendon Press.

Ashcraft, R.(1986). *Revolutionary Politics & Locke's Two Treatises of Government*. Princeton, NJ: Princeton University Press.

Dunn, J.(1984). *Locke*. Oxford, U.K.: Oxford University Press.

Fieser, J., & Dowden, B. (Eds.). John Locke (1632 - 1704). *The Internet Encyclopedia of Philosophy*. Retrieved April 11,2010, from http://www.iep.utm.edu/locke/

Locke, J.(1954). *Essays on the Law of Nature* (W. Von Leyden, Ed.). Oxford, U.K.: Clarendon Press. 1564

Locke, J.(1975). *An Essay Concerning Human Understanding* (P.H. Nidditch, Ed.). Oxford, U.K.: Clarendon Press.

Locke, J.(1983). *A Letter Concerning Toleration*. Indianapolis, IN: Hackett Publishing.

Locke, J.(1988). *Two Treatises of Government* (P. Laslett, Ed.). Cambridge, U.K.: Cambridge University Press.

Locke, J.(1991). *Locke on Money* (P.H. Kelly, Ed.). Oxford, U.K.: Clarendon Press.

Locke, J.(1997). *Political Essays* (M. Goldie, Ed.). Cambridge, U.K.: Cambridge University Press.

Locke, J. (1999). *The Reasonableness of Christianity as Delivered in the Scriptures* (J. C. Higgins-Biddle, Ed.). Oxford, U.K.: Clarendon Press.

Woolhouse, R.(2007). *Locke: A Biography*. Cambridge, U.K.: Cambridge University Press.

爱德华·哈珀姆(Edward J. Harpham) 文
张瑾 译,郭子林 校

Long Cycles 长周期

自 19 世纪以来,"进步"观念才逐渐说服很多人相信他们生活在一个单向发展的世界里。在整个历史上,长周 1565
期——无论是生物的、社会文化的、政治的,还是经济的——都遵从一种上升—下降—再上升的模式,这是由很多内部因素促成的。周期概念本身也是循环的;当事情看似高涨的时候,周期概念却不再流行了。

在整个人类历史上,社会文化和政治长周期已经获得很多关注。中国人(至少马克思主义史学在中国兴起之前）和古代埃及人都根据王朝周期概念化他们的历史，研究中国和古代埃及的他国学者也这样做。两个14世纪的事例表明了这点。中国的罗贯中在小说《三国演义》中写道："天下大势，分久必合，合久必分。"在摩洛哥，历史学家伊本·赫勒敦（Ibn Khaldun，1332—1406）发现了王朝的世代周期：王朝创建者的成就被第三代人葬送，从而产生新王朝。关于这种世代周期的信息出现在古代希腊悲剧里，其特点是主人公从事悲剧性的活动，而这种活动是以前几代人悲剧性活动的结果。关于这种世代周期的信息也出现在进步与保守交替的美国政治思想和政策中，历史学家亚瑟·施莱辛格（Arthur M. Schlesinger）和小亚瑟·施莱辛格（Arthur M. Schlesinger Jr.）识别出了这点。

但是，长周期概念提出了一个问题：长究竟是多长？例如，既然人们一直在出生，那么什么时候是一代的结束，什么时候是另一代的开始？在气候周期的事例中，社会学家 Sing Chew 认为，周期延伸几千年，会产生重要社会影响，例如那些几乎令文明消失的时代。气候学家运用生物学影响和因此造成的社会影响区别出了更长的周期。因此，长究竟是多长？亚里士多德发现人们很难识别他们经历的长周期，因为一个周期——甚或它的上升或下降阶段——能持续多于人一生的时间。我们也能够识别那些嵌入较长周期和长周期中的较短周期。

周期与进步

自19世纪以来，"进步"观念才逐渐说服很多人相信他们生活在一个单向发展的世界里；正是在那个时候，周期概念不再流行了。周期被很多阶段或一系列连续的步骤代替，这些步骤从"传统"社会最终导向天堂。这是哲学家黑格尔的观点，他提出了关于主题、对立和（改进的）系统论的辩证法思想。它也是政治理论家卡尔·马克思的观点，他用黑格尔的辩证法解释政治制度是怎样发展的和怎样被取代的。后来的欧美历史学家们、哲学家们和社会学家们沿着他们的道路前进，一直到弗朗西斯·福山（Francis Fukuyama），他在1992年提出了历史的终结。

但当欧洲中心论兴起，将世界大部分地区
排除（或落伍或推迟）在历史发展阶段之外时，周 1566
期概念再次成为时尚。当事物向着糟糕的方向演变时，这才能发生。当时代变得糟糕，人们希望自己只是暂时处于一个周期的低谷，并将再度向高峰攀升时，周期概念才再次出现。相反，当事物向好的方向发展时，人们希望好运将永远持续下去，那么周期概念就再次隐退。因此，人们对周期的兴趣本身也是周期性的。自从1967年以来，世界经济已经处于长周期衰落中（就像以前的情况那样），一些国家——最近尤其是近东——能够以那些受长经济周期危机打击最重的国家为代价，利用这种长周期衰落的机会提高自己在世界经济中的地位，而对长经济周期的兴趣也迅速兴起。诸如经济学家和社会学家约瑟夫·熊彼特（Joseph Alois Schumpeter，1883—1950）这样的一些人相信，周期是政治生活中真实的和无法摆脱的特征。在整个世界历史上，长周期已经为社会和政治活动在上升阶段创造了机会，而它们也为这样的活动在衰落阶段设置了限制。

将经济长周期与其他周期联系起来

20世纪初期，荷兰经济学家范·格德伦（J. van Gelderen，1891—1940）和塞缪尔·沃尔夫（Samuel de Wolff，1878—1960）以及后来的俄罗斯人列夫·托洛茨基（Leon Trotsky，1879—1940）和尼古拉·康德拉捷夫（Nikolai Kondratieff，1892—约1938）识别出了经济长周

期现象。长周期有时被称为“康德拉捷夫曲线”，以康德拉捷夫的名字命名；他看到了长为50至60年的周期，其中大约一半的时间是上升的，而其余时间是下降的。严格讲，康德拉捷夫看到的仅仅是价格方面的上升与下降，而且主要是单个国家的经济领域的情况。这些周期得到了长为20年的周期的补充，后者最初由经济学家西蒙·库兹涅茨（Simon Kuznets，1901—1985）识别出来，并以他的名字命名。从20世纪30年代熊彼特开始，技术发明和（更重要的是）应用在经济改革中已经被视作推动周期变化的引擎。此外，关于两种类型的长周期的研究已经从价格扩展到生产和收入，也扩展到更广阔的世界政治经济领域。

在当前衰退期——始于第二次世界大战之后繁荣的终结，康德拉捷夫长周期已经被追溯到更远的过去：先被经济学家和历史学家安德烈·弗兰克（Andre Gunder Frank）追溯到1700年代，然后在中国被政治科学家乔治·莫德斯基（George Modelski）和威廉·汤普森（William Thompson）追溯到1930年。社会科学家约舒亚·戈德斯坦（Joshua Goldstein）将主要战争与长经济周期联系起来。社会学家阿尔伯特·伯格森（Albert Bergesen）将长经济周期与殖民主义周期联系起来。伊曼纽尔·沃勒斯坦（Immanuel Wallerstein）将长经济周期与世界霸权的兴衰联系起来。社会学家贝弗里·西尔弗（Beverly Silver）把长周期与工会运动结合起来。玛塔·富恩特斯（Marta Fuentes）和安德烈·弗兰克一起撰文，将长经济周期与其他社会运动结合起来。阿姆斯特丹大学的学生们将长经济周期与很多社会现象联系起来，例如殖民主义和哲学。伯格森也把艺术风格和后殖民主义时尚与长霸权和经济周期联系起来。然而，莫德斯基和汤普森为每个长霸权周期找到了两个康德拉捷夫经济周期。然而，所有长周期仍是少数，尽管越来越多。一些经济学家，尤其索罗莫斯·索洛莫（Solomos Solomou）反对以经验为基础测量这种长周期的可能性，尽管事实上它们的确存在。彼得·格兰姆斯（Peter Grimes）用10年时间研究和设计独创性的测量方法与指数，以识别世界范围内的康德拉捷夫周期，甚或康德拉捷夫曲线，而不能凭借经验寻找它们。

非常长的周期

几个学者已经确定了更长的政治经济社会周期，一些周期具有200年或300年的上升和下降阶段，甚或更长。而且，这些长周期目前正在被践行、确定和追溯到公元前4千纪，几乎与人 1567
类向亚非欧大陆大部分地区的扩张同期；这表明这个大陆的人们是单一世界体系的一部分。扩张之后是后来的长危机期，例如公元前1200与前1000年之间的“黑暗时代”，当时安纳托利亚、中亚和北非的文明大部分消失了，摩西带领他的子民离开了危机虚弱的埃及。这些也是帝国崩溃、较小政治体之间近乎持续的战争及在它们内部强化独裁主义的时期。问题是，关于这些较早期周期的研究是否能有助于我们在目前和未来的理解与行动。

进一步阅读书目：

Bergesen, A.(1983). *Crises in the World-System*. Beverly Hills, CA: Sage.

Fran k, A.G.(1981). *Reflections on the World Economic Crisis*. New York: Monthly Review Press.

Fukuyama, F.(1992). *The End of History and the Last Man*. New York: Free Press.

Kleinknecht, A.(1987). *Innovation Patterns in Crisis and Prosperity: Schumpeter's Long Cycle Reconsidered*. New York: St. Martins Press.

Kleinknecht, A., Mandel, E., & Wallerstein, I. (Eds.). (1992). *New Findings in Long-wave Research*. New York: St. Martins Press.

Van Duijn, J. J. (1983). *The Long Wave in Economic Life*. London: George Allen and Unwin.

安德烈・弗兰克(Andre Gunder Frank) 文

郭子林 译,张瑾 校

Luther, Martin 马丁・路德

1568 马丁・路德(1483—1546)是16世纪宗教改革的领导者,是德国修道士。他反对天主教教会的教义和实践,尤其认为赎罪券不具有合法性,反对作为基督牺牲之表现的弥撒,更反对教士必须誓言独身。马丁・路德引发了一场批判运动,远远超出了其改革的范围,这在启蒙运动期间表现得尤为明显。

马丁・路德是德国修道士、教师和布道者。他的功绩在于引领了宗教改革。路德出生于德国萨克森州艾斯莱本(Eisleben)镇。1501至1505年,他在埃尔福特大学攻读学位。学业完成之后,他父亲希望他去从事法律研究。但路德受到埃尔福特奥古斯丁隐士会(Augustinian Hermits)的强烈吸引,于1505年7月2日直接违背其父亲的意愿而加入该会。1507年,路德被授予神职,举行弥撒,弥撒被认为是基督牺牲的表现。1510年,路德搬到维滕贝格的奥古斯丁之家,受教于其上司约翰内斯・冯・施德比茨(Johannes von Staupitz)。1512年,路德成为神学博士,并开始讲授经文。

从1515年开始,由于意识到自己罪恶的感情,路德开始体验到良知上的恐惧,这使他觉得自己处于神的震怒之下。路德称这些经验为"灵里的吸引"(Anfechtung,审判或攻击),这个词采用了诸如翰内斯・陶勒尔(Johannes Tauler)这样的德国神秘主义者的话语体系。路德最初认为他的审判经验意味着他将从与基督
1569 一致的自私中释放出来,所以他可能受到谴责,并像基督一样遭受折磨。因为基督徒应该为了赎罪而甘愿受罚下地狱,所以路德反对关于赎罪券的布道;赎罪券是一种基督徒借以减轻惩罚的方式,基督徒可以通过给教会提供资金的方式来减轻他们因罪孽而应承受的处罚。1517年,路德把他的《九十五条论纲》发送给其他大学和主教,批驳赎罪券的合法性。这一论纲被迅速出版和传播,使路德成为国际知名人物。教皇开始在罗马举行听证会,基于路德在《九十五条论纲》中质疑教皇权威的方式,要把路德逐出教会。

随着他与罗马的争论日渐增多,加上自己良心的威慑,路德继续发展其教义。路德尤其被施德比茨的告解所触动,后者声称基督的死犯了罪,这令路德感到恐惧;施德比茨希望将自己的正义给予路德,并称一个关于信仰的事件为"忠诚的婚姻"。路德接受了施德比茨的想法,并使其成为一个新信念的中心。这个新信念大约形成于1519年的某个时候,但其他人认为它早在1515年就形成了。1519年后,路德开始宣扬一切都不能令人释放道德上的罪恶感和愤怒。只有基督能够通过自己死在十字架上来做到这点,基督就是这样给罪人们宣讲福音的。对福音的信仰和对基督贡献的信任可以给恐惧的良知

哪里有激烈的战斗，哪里就有士兵的忠诚；只要士兵稍有迟疑，他面对的只能是逃跑和耻辱，这是所有战场颠扑不破的事实。

——马丁・路德

1546 年的马丁・路德，他于这一年去世

1570 带来和平。弥撒不代表基督的牺牲，只提供宽恕的承诺。路德认为，当人们相信福音，他们就能够自发地出于爱而为其邻里分忧，但这些并不能使他们从罪恶中解放出来，或使他们在上帝面前表现为正义者。路德在 1520 年写作的几篇论文中概述了这一教义。

1521 年以前，路德拒绝放弃自己的教义，这使他被教皇逐出教会，并被置于神圣罗马帝国皇帝查理五世(Charles V)颁发的禁令之下。路德自己的统治者是智者腓特烈(Frederick the Wise)，也是萨克森选侯。腓特烈认为路德没有得到公正的审判，因此使其免于教皇和皇帝的伤害。同年，路德认为修士誓言与真正的基督教信仰相互矛盾。1525 年路德与之前的修女凯瑟琳・冯・宝来(Katherine von Bora)结婚。路德按照选侯的指导，逐渐改革萨克森州的教会。这使他与那些想要更迅速地实施改革的人发生冲突。路德也与哲学家伊拉斯谟(Erasmus)就意志的自由选择问题，与瑞士改革者就圣餐(Lord's Supper)意义理解问题发生冲突，这导致路德教会与归正教会(Reformed churches)之间的永久破裂。路德在维滕贝格继续讲授经文，直到 1546 年去世；他希望能教授下一代人以真正意义上的福音。

路德认为隐修誓言不是基督教信仰的合法表达；他认为真正的精神财富是婚姻和家庭，并通过他的德文《圣经》译本和《小教义问答书》使婚姻和家庭成为信仰教育的基点。因为路德在 1521 年以后接受萨克森选侯的保护，开启了一个时代。在这个时代，世俗统治者在教会里被给予之前授予主教们的权力。随着时间的推移，这种制度本身出现了一些问题。通过用《圣经》中上帝一词的唯一标准验证整个既定传统，马丁・路德发起了一场批判运动，远远超出了其改革范围。宗教改革与再洗礼派运动用同样的标准来批判罗马教会和路德。启蒙运动时期，理性对《圣经》和传统都加以批判，这可以视作路德发起的对传统进行全面批判之运动的进一步发展。

这是布罗伊尔(H. Breul)的版画,原作的画家是布鲁克纳(H. Brückner)。版画的内容是路德正在烧掉将其开除出教会的教皇诏书。路德的一些生活片段和改革者的肖像环绕着主画面,改革者包括扬·胡斯(Jan Hus)、萨沃纳罗拉(Savonarola)、约翰·威克里夫(John Wycliffe)。美国国会图书馆

进一步阅读书目:

Brecht, M. (1993). *Martin Luther: His Road to Reformation 1483 – 1521*. Minneapolis, MN: Fortress Press.

Brecht, M. (1994). *Martin Luther: Shaping and Defining the Reformation 1521 – 1532*. Minneapolis, MN: Fortress Press.

Brecht, M. (1999). *Martin Luther: The Preservation of the Church 1532 – 1546*. Minneapolis, MN: Fortress Press.

Lull, T. (1989). *Martin Luther: Basic Theological Writings*. Minneapolis, MN: Fortress Press.

Oberman, H. (1992). *Luther: Man between God and the Devil*. New York: Doubleday.

兰德尔·扎克曼(Randall Zachman) 文

张瑾 译,郭子林 校

M

Macedonian Empire　马其顿帝国

1573 公元前 4 世纪，马其顿变成了一个庞大帝国。这是世界历史上的一个重大事件。马其顿帝国将文化和政治中心转向了那些它所征服的希腊人。然而，马其顿人建立的几个王国的终止，并不意味着希腊人对其之前占领地之影响的终结。马其顿人的征服已经从文化和商业上有效地将印度到地中海的整个庞大地域联系起来了。

在公元前 4 世纪近 50 年的时间里，古代西南亚的重心从美索不达米亚（底格里斯河与幼发拉底河之间的地区）和伊朗西南部转移到东地中海盆地。波斯帝国消失了，它曾控制从印度到安纳托利亚的庞大地区达两个多世纪。它先后被几个马其顿人建立的王国代替。社会和文化变化同样很深刻。希腊人变成了新的精英，希腊语言和文化知识变成了社会与政治影响的关键。学习具有几千年悠久历史的象形文字和楔形文字以及以这些文字为载体的文化的动力急剧变弱，使这些文字和文化在公元初的几个世纪最终消失。

历史

巴尔干人（将巴尔干半岛上的一些国家联系起来，包括马其顿王国）的民族主义已经使马其顿人的民族认同成为有争议的问题。然而，最近的发现表明马其顿人的语言实际上是某种形式的希腊语，与北部希腊人讲的方言有关。尽管马其顿人的语言或许是一种希腊语方言，但这种语言关系却因为马其顿人与希腊人之间在文化上的明显差异而显得不那么重要了。这些差异当中有一点是最重要的：马其顿是一个由国王统治的地域国家，而希腊则是一个分裂为很多相互独立的城市国家的国家。

在马其顿早期历史的大多数时间里，君主制并不强大。马其顿位于巴尔干半岛北部，所以马其顿国王们为了保持其王位，不得不与外部敌人和具有王室野心的强大贵族斗争。直到公元前 4 世纪中叶，这种形势才发生变化，这是国王腓力二世（Philip II，前 360—前 336 年在位）实施的政治和军事改革的结果。腓力二世的改革把马其顿变成了东地中海世界最强大的军事国家和一个从南希腊延伸到多瑙河的帝国的监督者。公元前 336 年，腓力二世被刺杀，其事业受到被毁掉的威胁。他的儿子亚历山大三世（Alexander III，马其顿的亚历山大，通常的称呼是亚历山大大帝，前 336—前 323 年在位）即位，挽救了他的事业。亚历山大三世执行其父亲的计划，入侵波斯帝国。

亚历山大 20 岁登基为王。公元前 323 年他在巴比伦去世时只有 33 岁，但他却改变了希腊人所知道的世界。在从地中海到西印度的远征中，他的军队一再打败波斯帝国的军队，将埃及和古代西南亚的所有地区都置于马其顿人的统治之下。然而，不管亚历山大关于其帝国的计划
是什么，这个计划都因为他过早的死亡而夭折 1574
了，留给他的继承者的任务是在前波斯帝国的领土上创建新的国家制度。

40 年的惨烈斗争是那种国家制度形成的必要条件。保持亚历山大帝国完整的努力因他的将军们的野心而受挫，他们想瓜分帝国。当亚历山大继承者们的战争在公元前 281 年结束的时候，亚历山大帝国被一种由三个大王国主导的国家制度所代替，分别是马其顿的安提柯王国、亚洲的塞琉古王国和埃及的托勒密王国。然而，新的王国从一开始就一再受到来自内部和外部

我不怕绵羊率领的狮子军队，我怕的是狮子率领的绵羊军队。

——亚历山大大帝(前356—前323)

的威胁。

塞琉古王国是最脆弱的。国王塞琉古一世(Seleucus I,前311—前281年在位)将印度让给孔雀王朝的建立者旃陀罗笈多(Chandra Gupta，约前324—前300年在位)，他的继承者们把亚历山大在中亚征服的很多领土丢给了帕提亚人(讲伊朗语的游牧民族)和叛乱的希腊移民，这些人在伊朗东部和巴克特里亚(现代阿富汗)建立了一些王国。与此同时，为了保持在叙利亚南部和巴勒斯坦的统治而与塞琉古王国进行的战斗，以及埃及南部当地人的叛乱，都削弱了托勒密国王对埃及的控制。国王安提奥克三世(Antiochus III,前242—前187)和国王托勒密五世(Ptolemy V,前204—前180)在公元前2世纪早期试图恢复王室权威，但受到罗马的威胁。大约一个世纪以后，亚历山大征服地的最后一部分也消失了，都被吸收进西南亚新主人建立的帝国里，这些人是罗马人和帕提亚人。

这个胜利大奖章(niketerion)上面铭刻着马其顿国王腓力二世的侧面像，或许是在最后一位罗马皇帝亚历山大·塞维鲁(Alexander Severus)统治时期铸造的

马其顿人建立的几个王国

马其顿人建立的几个王国为希腊人创造了一个新世界。当希腊人的城市在衰落时，国王们在他们的王国里建造了很多新希腊城市。尽管希腊文学几乎未包含涉及马其顿王国运作的证据，但以铭文和纸草形式存在的考古学证据已经弥补了这种不足，并清楚地表明这些王国是一些征服国家，是以两个原则为基础建立起来的。首先，王国属于国王；其次，国王的事业比其他任何事业都重要。尽管这两个原则是所有王国的共性，但它们在埃及的实际应用最明显，因为埃及丰富的纸草学(与纸莎草纸有关)证据展现了政府的运作。

埃及的财富在于其丰富的农业土地，托勒密王朝将这些土地分成两类：王田，用于基本的农业生产；“出租田”，用于供养士兵、政府官员，甚至埃及的大量神庙。主要非农业经济部门例如纺织、纸莎草纸和油的生产由国家专营，旨在增加王室税收。大规模行政管理部门位于首都亚历山大城，但在整个埃及设有代理人——希腊人是上层阶级，埃及人是下层阶级，监督整个制度的运行。国王凌驾于整个制度之上，作为独裁统治者进行统治，他的话就是法律。对在世统治者和其祖先的崇拜的建立，提高了国王独裁统治的合法性，为臣民提供了展示其爱国主义、忠诚和感激的方式，臣民感激其统治者提供给他们的保护和其他利益。

生活与文化

尽管亚历山大可能希望在那些接受了其统 1575
治的当地精英的帮助下管理其帝国，但他的继承者们拒绝这种希望，而是依赖于希腊人，将希腊人安置到关键行政岗位上。结果，在大约一个多世纪的时间里，希腊人向东迁移，向国王们建立的新城市移民。希腊人和其他旅行者第一次确信，希腊语将发现自己在从地中海到印度边境的任何地方都是受欢迎的。

这些新城市当中最大的是埃及的亚历山大

城，它最终发展为规模庞大的城市，其人口达到了 50 万，拥有壮丽的公共建筑物和设施，而这是古老的希腊城市所不曾具备的。这些设施之中最大的是被称为“法罗斯”(Pharos)的灯塔，是一个高达 121 米的多边形塔，其灯火将船只指引到亚历山大港。

亚历山大城是亚历山大三世建立的第一个城市，也是他的坟墓所在地，但托勒密国王使其成为埃及的首都和希腊化世界最重要的城市。亚历山大城建筑在埃及城镇“拉考提斯”(Rhakotis)的遗址上，拥有多个种族的人口，包括马其顿人、希腊人、埃及人和庞大的犹太人社区。尽管人口各异，但亚历山大城仍被组织为一个希腊城市国家，而且只有希腊人和马其顿人享有完全公民权。

在新的王国里，文化变成了提高国王权威的工具。与亚历山大三世相似，托勒密国王鼓励杰出的希腊知识分子移民亚历山大城。他们依靠埃及丰富的财富从事艺术和科学工作，建立新型文化机构，即博学院和图书馆。博学院是一个研究中心，学者们可以在这里依靠政府津贴从事研究。图书馆旨在收藏用希腊文书写的所有书的复本，最终它收藏的纸草书据说多达 70 万卷。

托勒密国王们热衷于扩大国王图书馆的藏书。犹太人的传说宣称，国王托勒密二世(Ptolemy II)下令准备《七十子译本》(Septuagint)，即希伯来圣经的希腊文译本；国王托勒密三世(Ptolemy III)窃取了希腊三大悲剧作家埃斯库罗斯(Aeschylus)、索福克勒斯(Sophocles)和欧里庇得斯(Euripides)的作品的雅典官方复本。无论亚历山大里亚图书馆的书 1576
是怎样获得的，图书馆为每个领域知识分子的学术研究提供了前所未有的史料。然而，医生和作家在获得政府津贴的同时，不得不为了继续获得政府津贴而充当王室成员的医生和家庭教师，并为国王的成就歌功颂德。诗人卡里马库斯(Callimachus)在图书馆里完成了 120 本书的巨幅图书目录，同时还要撰写歌颂王室家族的赞美诗。类似地，诗人提奥克利图斯(Theocritus)也用诗歌夸张地颂扬托勒密二世的成就。

然而，希腊化时代的知识分子取得的最大成就是在学术和应用科学方面，他们在这些领

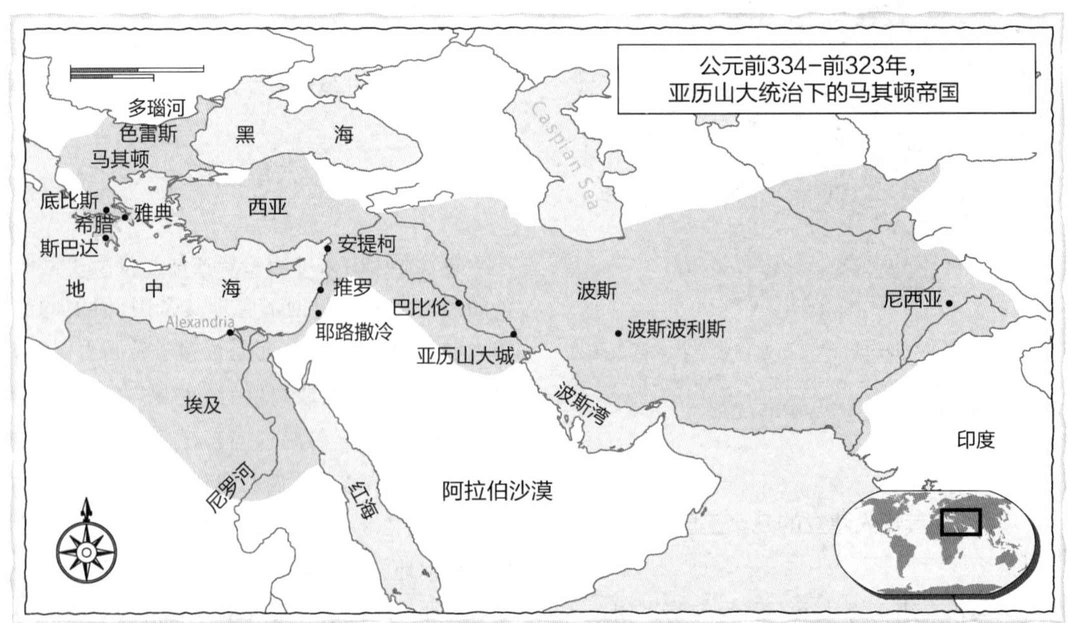

域的作品始终是古代其他时期的标准作品。加利马尔库斯和诸如芝诺多图斯(Zenodotus)和阿里斯塔库斯(Aristarchus)这样的其他学者建立了对希腊语言和文学的批评研究,准备了希腊诗人荷马(Homer)和其他诗人的标准文本,这些文本是我们仍在使用的文本的原型。数学家欧几里得(Euclid)在他的《几何原本》中概括了3个世纪以来希腊数学的研究成果,直到20世纪初《几何原本》仍被用于教授平面几何。地理学家埃拉托色尼(Eratosthenes)建立了科学制图学的原则,以希腊化时代的探险家搜集的证据为基础异常精确地估算出了地球的周长。物理学家克泰西比乌斯(Ctesibius)最先研究弹道学,并将压缩空气作为能源;而其他科学家则实验着用蒸汽推动简单机器。医学也获得很大进步。医生赫洛菲鲁斯(Herophilus)和埃拉西斯特拉图斯(Erasistratus)通过解剖尸体,甚至活体解剖那些政府为了科学进步而提供的犯人,在解剖和人体神经系统、视觉系统、生殖系统、消化系统的功能等方面都有重大发现。

亚历山大城是亚历山大及其继承者们建立的新城市当中最重要的,但它却不是一个典型。其他王国的统治者们与托勒密国王们在自己的城市规划中追逐一样的目标。与亚历山大城相似,塞琉古王国的首都——叙利亚的安提柯和美索不达米亚的塞琉西亚(Seleucia)——是规模庞大的、有规划的、多族群的都市中心,有壮丽的纪念物。甚至在遥远的巴克特里亚(Bacteria),考古学家也在奥克苏斯河(Oxus River)附近的阿伊哈努姆(Ai Khanum)发现了一座希腊城市,该城有宽阔的街道、特殊的政府中心、讲究的神庙和住宅。这些城市也是文化中心。因而,安提柯也有一个图书馆,类似于亚历山大里亚图书馆,尽管规模较小。安纳托利亚的帕迦马(Pergamon)城也是这样。人们还在阿伊哈努姆王室国库中发现了进口希腊书籍的遗存。国王们也鼓励当地精英把他们的城市转变成希腊城市,完全配备首都可以发现的同样的设施,并奖励这些精英以公民身份和税收特惠。

马其顿时代的终结

尽管马其顿王国取得了很多成就,但它们有严重的弱点,最重要的是非希腊臣民对他们的支持有限。在这些王国之中,族群与特权是联系在一起的,希腊人是占据重要地位的族群,尽管希腊人和马其顿人不到王国总人口的10%。这样,尽管非希腊人精英通过教育获取了希腊人的地位,但几乎没有希腊人能够对埃及和亚洲的语言文化获得正确认识。新希腊城市从本质上是外国人控制的岛屿,是广阔非希腊风景中的文化。结果,当地人的动乱和分离主义使托勒密王国和塞琉古王国末期的国王们难以有效地抵制罗马人和帕提亚人的进攻。

然而,马其顿王国时代的结束并不意味着希腊人在其之前占领地的影响的终结。马其顿人的征服从文化和商业上有效地将从印度到地
中海的整个庞大地区联系起来,而且这种联系 1577
在罗马人和帕提亚人统治下不仅幸存下来,还向西延展到大西洋,向东北延长到中国。与此同时,希腊文化和希腊语言也作为普通的精英文化和语言在罗马人统治的西方继续起作用;而希腊艺术和希腊字母在中亚获得新发展,并用图像(传统肖像或与主题相关的象征物,尤其是与宗教或传说主题相关的象征物)为佛教提供了表达佛陀人性的手段,使塞人(Saka)和该地区的其他人能够开始书写自己的语言。

进一步阅读书目：

Borza, E. N. (1992). *In the Shadow of Olympus: The Emergence of Macedon* (2nd ed.). Princeton, NJ: Princeton University Press.

Bosworth, A. B. (1988). *Conquest and Empire: The Reign of Alexander the Great*. Cambridge, U. K.: Cambridge University Press.

Bosworth, A. B. (1996). *Alexander and the East: The Tragedy of Triumph*. Oxford, U. K.: Clarendon Press.

Bosworth, A. B. (2002). *The Legacy of Alexander: Politics, Warfare, and Propaganda under the Successors*. Oxford, U. K.: Oxford University Press.

Bugh, G. R. (2000). *The Cambridge Companion to the Hellenistic World*. Cambridge, U. K.: Cambridge University Press.

Burstein, S. M. (1985). *The Hellenistic Age from the Battle of Ipsos to the Death of Kleopatra VII*. Cambridge, U. K.: Cambridge University Press.

Casson, L. (2001). *Libraries in the Ancient World*. New Haven, CT: Yale University Press.

Erskine, A. (Ed.). (2003). *A Companion to the Hellenistic World*. Oxford, U. K.: Blackwell Publishing.

Fraser, P. M. (1972). *Ptolemaic Alexandria*. Oxford, U. K.: Clarendon Press.

Green, P. (1990). *Alexander to Actium: The Historical Evolution of the Hellenistic Age*. Berkeley and Los Angeles: University of California Press.

Gruen, E. S. (1984). *The Hellenistic World and the Coming of Rome*. Berkeley and Los Angeles: University of California Press.

Holt, F. (1999). *Thundering Zeus: The Making of Hellenistic Bactria*. Berkeley and Los Angeles: University of California Press.

Irby-Massie, G. L., & Keyser, P. T. (2002). *Greek Science of the Hellenistic Era: A Sourcebook*. London: Routledge.

Lewis, N. (1986). *Greeks in Ptolemaic Egypt*. Oxford, U. K.: Clarendon Press.

Lloyd, G. E. R. (1973). *Greek Science after Aristotle*. New York: W. W. Norton.

Momigliano, A. (1975). *Alien Wisdom: The Limits of Hellenization*. Cambridge, U. K.: Cambridge University Press.

Pomeroy, S. B. (1990). *Women in Hellenistic Egypt* (2nd ed.). Detroit, MI: Wayne State University Press.

Sherwin-White, S., & Kuhrt, A. (1993). *From Samarkand to Sardis: A New Approach to the Seleucid Empire*. London: Duckworth.

Walbank, F. W. (1992). *The Hellenistic World* (2nd ed.). Cambridge, MA: Harvard University Press.

斯坦利·伯斯坦(Stanley M. Burstein) 文
郭子林 译,张瑾 校

Machiavelli, Niccolò 尼科洛·马基雅维利

1578 尼科洛·马基雅维利(意大利政治哲学家,1469—1527)对整个世界的现代思想和实践产生了极大影响。学者们对他的作品和职业生涯给出了各种不同的阐释,但最常见的阐释是一个可以从大多数语言中找到的词,即马基雅维利主义(Machiavellianism)。这个词意味着阴谋、暴政和一句格言,即为了正当目的可以不择手段。

1469 年,尼科洛·马基雅维利生于佛罗伦萨,是一个穷困律师伯纳多·马基雅维利

评估统治者智能的第一个方法是观察他周围的人。

——尼科洛·马基雅维利(1469—1527)

(Bernardo Machiavelli)的4个孩子之一。伯纳多的祖先们在美第奇王朝兴起之前享有重要政治地位。尼科洛获得的教育普普通通,但他父亲丰富的藏书弥补了一些不足。马基雅维利自己的作品最终在西方作品库中占据突出地位,并因此出现在世界各地图书馆的书架上。但他最重要的著作《君主论》(*The Prince*)出版之后很快就被天主教会禁止发行,因为马基雅维利在《君主论》这本手册中坚持认为人本质上是邪恶的,并因此建议统治者时刻保持警觉。

马基雅维利在成年早期目睹了一次重大事件,这有助于塑造他的性格和职业。在1494年,法国国王查理八世(Charles VIII)入侵意大利,声称占据了那不勒斯王国。4个主要城市国家——佛罗伦萨、威尼斯、米兰和教皇国——陷入混乱。在佛罗伦萨,无敌统治者皮耶罗·美第奇(Piero de' Medici)被迫流亡,一个新的共和国建立起来。1498年6月19日,马基雅维利被选举为第二大法官法庭的秘书,这是一个重要职位。第二大法官法庭是一个政府组织,负责处理国内和国外事务。

马基雅维利屡次执行外交任务,他在出使过程中的主要职责是观察,并向佛罗伦萨报告观察结果。他是一位机敏的观察家。他访问的主要政治人物包括法国国王路易十二世(Louis XII),神圣罗马帝国皇帝马克西米利安一世(Maximilian I),教皇尤里乌斯二世(Julius II),教皇亚历山大六世(Alexander VI)勇敢的儿子,也是罗马涅(Romagna)教皇国的统治者切萨雷·博吉贾(Cesare Borgia)。其中,切萨雷·博吉贾给他留下的印象最深刻。

1512年,那不勒斯王国的西班牙军队进入托斯卡纳地区(Tuscany),恢复了美第奇家族对佛罗伦萨的统治。马基雅维利即刻被赶出政府,并被监禁了很短的时间。他失去工作以后,带领妻儿告老还乡,回到位于佛罗伦萨郊区的圣安德烈村(Sant' Andrea)。1513年之后,他的大部分时间都用在了写作上;他用意大利文写作,这促使意大利文成为一种重要的文学语言。

马基雅维利最重要的著作是《君主论》。这是一本为统治者撰写的手册。他在1513年12月完成这本书的写作。他在开始写作的时候,坚信自己正在写作一部现实主义的指南用书,是以他自己的经验为基础的。他坚持认为人本质上是邪恶的,建议统治者时刻保持警觉。君主必须被感觉为正义的、有同情心的、虔诚的和值得信赖的人,但即使他们真正拥有这样的美德,他们也必须准备为了自己的利益而放弃它们。君主应该希望人们恐惧他,而非热爱他。他不应该拒绝自己被视作守财奴,因为过于慷慨将导致高税务,进而使人们疏远自己。马基雅维利也迫 1579
使统治者利用机会,而非假设机会或"运气"是事件的决定因素。在马基雅维利看来,最值得仿效的统治者是切萨雷·博吉贾,因为后者知道怎样将法律和秩序与诡计、政治谋杀、秘密等结合起来。《君主论》以对洛伦佐·美第奇(Lorenzo de' Medici)充满激情的呼吁而结束,呼吁他组建国家军队,将外国人驱逐出意大利。这本书就是为他写的,是向他献媚的。因为《君主论》中表达的思想与基督教伦理道德背道而驰,所以这本书随后便受到谴责,并被放进天主教会的禁书目录当中。

《君主论》出版以后,马基雅维利继续他早年开始写作的作品,即《论李维的前十卷》(*The Discourses on the First Ten Books of Livy*)。与在《君主论》中对专制的支持相反,他在这本书里倡导罗马共和国时期的政府类型。他在罗马共和国中发现了贵族利益与普通人利益之间的平衡。他赞扬罗马的异教,认为它是国家的必要基础,不同于他那个时代的罗马天主教。他认为后者是意大利腐化软弱的根源。

在被迫退休的这段时间里,马基雅维利将写作兴趣转向了其他文学形式,例如诗歌、戏剧和自传。他最成功的艺术是戏剧,他的《曼德拉

桑蒂·提托(Santi di Tito)的《尼科洛·马基雅维利》(16 世纪晚期)。布面油画。这幅遗像悬挂在佛罗伦萨韦奇奥王宫(Palazzo Vecchio)

草根》(*The Mandrake Root*)是一部有趣的反教权的喜剧作品，吸引了广大观众。与他的中篇小说《贝拉格的故事》(*Tale of Belagor*)和《魔鬼娶妻》(*Devil That Took a Wife*)一样，《曼德拉草根》也反映了对妇女的蔑视，近乎厌恶。

1519 年，洛伦佐·美第奇去世以后，马基雅维利与美第奇家族的关系有所改善。红衣主教朱利奥·美第奇(Cardinal Giulio de' Medici)和佛罗伦萨大学任命马基雅维利撰写《佛罗伦萨史》。他从罗马的陷落开始，将佛罗伦萨的历史叙述到 1492 年。他在描述美第奇家族统治时，更像是一位献媚讨好的政治家，而非一位历史学家在写作。

1525 年，当马基雅维利准备将他撰写的《佛罗伦萨史》(*Florentine Histories*)呈递给教皇克莱门特七世(Clement VII，前述红衣主教朱利奥·美第奇)时，意大利半岛受到了神圣罗马帝国皇帝和西班牙国王查理五世(Charles V)的威胁。两年以后，查理五世的西班牙步兵和德意志路德教徒军队攻陷罗马，导致美第奇家族的教皇克莱门特七世到圣安格罗(Sant'Angelo)城堡寻求庇护，佛罗伦萨的美第奇政府也崩溃了。

又一个共和国在佛罗伦萨迅速建立起来，但因为马基雅维利与美第奇家族联系密切，他被驱逐出政府，这令他非常窘迫。他死于 1527 年 6 月 21 日，埋葬在圣十字圣殿(Santa Croce)的教堂里。马基雅维利在自己的时代就是个矛盾的人物，在 21 世纪继续受到谴责和赞扬，但他对政治思想的影响是不容否认的。

1580 进一步阅读书目：

Butterfield, H. (1956). *The Statecraft of Machiavelli*. New York: Macmillan.

Ledeen, M. (1999). *Machiavelli on Modern Leadership: Why Machiavelli's Iron Rules are as Timely and Important Today as Five Centuries Ago*. New York: Truman Talley Books.

Machiavelli, N. (1979). *The Portable Machiavelli* (P. Bondanella & M. Musa, Trans. & Eds.). New York: Viking Penguin.

Mansfield, H. C. (1998). *Machiavelli's Virtue*. Chicago: University of Chicago Press.

Pitkin, H. F. (1984). *Fortune is a Woman: Gender and Politics in the Thought of Machiavelli*. Berkeley and Los Angeles: University of California Press.

Ridolfi, R. (1965). *The Life of Niccolò Machiavelli* (C. Grayson, Trans.). Chicago: University of Chicago Press.

Viroli, M. (2000). *Niccolò's Smile* (A. Shugaar, Trans.). New York: Farrar, Straus, and Giroux.

埃利萨·卡里罗(Elisa A. Carrillo) 文

郭子林 译，张瑾 校

Magellan，Ferdinand 费迪南・麦哲伦

16 世纪初葡萄牙探险家费迪南・麦哲伦(约 1480—1521)的环球航行第一次证实了地球是圆的。麦哲伦也以发现 1581
南美洲南端的海峡而闻名，这一地点现在以他的名字命名。

葡萄牙海员费迪南・麦哲伦 1519—1522 年率领一组船员开始远航，其中幸存的船员完成了绕地球一周的航行。16 世纪，大多数人认为地球是一个球体，尽管长久以来的信念是相反的。早在公元前 3 世纪，希腊数学家和地理学家埃拉托色尼(Eratosthenēs)就通过几何学证明了这个事实。然而，麦哲伦的环球航行第一次证实了地球是圆的。麦哲伦也证明美洲与欧洲和亚洲之间不一定存在屏障，商人们可以经麦哲伦发现的海峡从一个大陆航行到另一个大陆。该海峡位于南美洲南端，被命名为麦哲伦海峡。

费迪南・麦哲伦约出生于 1480 年，其出生地或者是葡萄牙的萨布罗萨，或者是葡萄牙的波尔图。他是鲁伊・德・麦哲伦(Rui de Magalhaes)和阿尔达・马斯奎塔(Alda de Masquita)的儿子，父母亲都是贵族。在麦哲伦还是小男孩的时候，葡萄牙莱昂诺尔女王(Queen Leonor)就把他带到里斯本。他在里斯本担任女王的侍童。1505 年，他加入葡萄牙舰队并航行到印度洋，他在那里工作到 1512 年。麦哲伦在一次战斗中受伤，在另一次战斗中因

南美洲南端的麦哲伦海峡

表现英勇而被授予勋章，在1512年晋升为船长，暂时回到里斯本。次年，他在地中海与阿拉伯人或摩尔人的一次战斗中再次受伤。尽管麦哲伦受过伤而且有着英雄的事迹，但葡萄牙国王曼纽尔(Manuel)却怀疑麦哲伦曾与摩尔人私下交易，所以两次拒绝提高他的薪水。麦哲伦否认这一指控，并在1517年宣誓效忠葡萄牙的对手——西班牙。

西班牙和葡萄牙之间的竞争在于，哪个国家能首先规避从印度到伊比利亚半岛这条运送香料的商道。热那亚水手克里斯托弗·哥伦布认为自己在1492年从西班牙向西航行时已经做到了这点，他的航行代表的是西班牙的利益。但是，在1506年哥伦布去世的时候，欧洲的君主和商人了解到，哥伦布发现的不是印度，而是一块全新的土地。在此期间，葡萄牙水手瓦斯科·达·伽马(Vasco da Gama)于1498年到达印度卡利卡特(Calicut)，声称到达了印度洋，并开始了香料贸易。葡萄牙在到达印度的海上竞争中击败了西班牙。

因此，西班牙人认为他们发现的新大陆仅仅是通往亚洲道路上的一个障碍物，而没有把它看成发展自身经济的机会。西班牙探险家瓦斯科·努涅斯·德·巴波亚(Vasco Nuñez de Balboa)点燃了发现新海洋的希望，麦哲伦在后来的1513年将其命名为太平洋。如果可以在大西洋和太平洋之间找到一个海峡，那么西班牙将能够向西航行到亚洲，与葡萄牙竞争香料的贸易控制权。

这个任务就落到了麦哲伦身上。麦哲伦是一个品格高尚的人，在印度洋从事航海工作，他还具有英雄主义色彩，这一切都鼓舞了西班牙国王查理五世(Charles V)的信心。查理五世在1518年3月授予麦哲伦5艘船只，派遣其进行远洋航行。做好了粮食补给工作，招募了近270名船员，麦哲伦于1519年9月20日启航，向大西洋西南进发，去寻找可以借以通过南美洲的海峡。

他从一开始就遇到了麻烦。每次通往南美 1582
洲河流的旅途都是死胡同。1520年3月正是南半球的冬季，麦哲伦被迫在南美洲东部海岸的圣朱利安港口(Port San Julian)停止前行，船员给养短缺。由于不满麦哲伦拒绝退回北部温暖水域的决定，3艘船的船长发动叛乱。麦哲伦恢复了秩序，结果是把一艘船搁浅。更糟糕的是，麦哲伦在港口发现，他的供应商欺骗了他，只给了6个月的供给品，而不是他预订的18个月的供给品。船员别无选择，为了充饥，只好吃他们可以找到的任何东西：蠕虫、昆虫、老鼠或锯屑。

在仅剩4艘船只和食品短缺的情况下，麦哲伦于1520年8月再次远航。1520年10月，他进入了一个海峡，这个海峡将他带入太平洋，后来以他的名字命名。面对如此迂回的航道，麦哲伦不得不将他的船分开来，以便侦察海峡各个部分的情况。他最大的船只丢弃了麦哲伦，航回了西班牙。一个多月后，麦哲伦最终带领剩下的3艘船渡过海峡，进入太平洋。

现在通往印度洋的航路已经打开，但麦哲伦却根本没有机会欣喜。1521年4月，在菲律宾宿务岛(Cebu)抛锚后，麦哲伦和他最忠实的船员们登岸。在那里，宿务岛的首领希望麦哲伦帮助他们摆脱岛上的异教徒，假称麦哲伦是基督徒。当地人攻击麦哲伦时，麦哲伦掩护他的手下撤退，自己却多处受伤，最终因失血过多而死亡。3艘船只中的2艘情况很糟糕，船员只能抛弃它们。最后，只有18名幸存者于1522年9月8日驾驶仅剩的一艘船返回西班牙的塞维利亚(Seville)，完成了由麦哲伦开启的为期近3年的环游世界的航行。

进一步阅读书目：

Bastable, T. (2004). *Ferdinand Magellan*. Milwaukee, WI: World Almanac.

Kaufman, M. D. (2004). *Ferdinand Magellan*. Mankato, MN: Capstone Press.

Kratoville, B. L. (2001). *Ferdinand Magellan*. Novato, CA: High Noon Press.

Molzahn, A. B. (2003). *Ferdinand Magellan: The First Explorer around the World*. Berkeley Heights, NJ: Enslow Publishers.

Thomas, H. (2004). *Rivers of Gold: The Rise of the Spanish Empire from Columbus to Magellan*. New York: Random House.

克里斯托弗·库摩(Christopher M. Cumo) 文
张瑾 译，郭子林 校

Mahavira 摩诃毗罗

印度宗教领袖摩诃毗罗(约前 599—约前 527)的历史意义在于他关于众生平等与和谐的革命性世界观。他生活在 1583
公元前 6 世纪。在这个时代，印度社会以不平等的种姓制度为基础，其幸福建立在奴隶制和大规模动物牺牲的广泛应用之上。他的学说成为世界最古老宗教之一的耆那教的基础。

印度宗教领袖摩诃毗罗生活在公元前 6 世纪。他的两个核心学说是非暴力(ahimsa)原则和多边现实(anekanta)哲学，具有普遍意义，与当代关于和平建筑、生态学、生物伦理学和动物权利的研究相关。他的学说也是耆那教皇教经典《阿含经》(*Agama*)的基础。《阿含经》不仅在宗教范围内起到了重要作用，也被视作理解古代印度史的首要史料。

耆那教将摩诃毗罗视作第 24 位蒂尔丹加拉(tirthankara)或耆那(jina，精神征服者)。他已经克服了爱与恨，获得了全知，宣讲克服世间痛苦和获得解脱(moksa，从生死轮回中解脱出来)的方式。耆那教教徒(耆那的追随者们)用绰号"摩诃毗罗"(大雄)代替他的本名筏驮摩那(Vardhamana)，并在艰难环境中从思想、语言和行动上坚持非暴力。

筏驮摩那的母亲是特里沙拉(Trishala)，父亲是悉达多(Siddhartha)，都是刚陀罗摩(Kundagrama)的古王国吠舍离(Vaishali)的一个王室家族的成员；刚陀罗摩位于现代东印度巴特那城(Patna)。他的父母亲是第 32 位蒂尔丹加拉巴湿伐那陀(Parshvanatha)的追随者，后者据说生活在公元前 9 世纪。筏驮摩那在 30 岁时宣布放弃王国的统治权，变成一位托钵僧，进行苦修，历时 13 载寻求启示。在这段时期，他经常禁食，常常滴水不沾。在第 13 年的时候，摩诃毗罗获得了无限知识(kevalajnana)，变成了无所不知者。在接下来的 30 年里，摩诃毗罗教授非暴力和同情的学说，并在公元前 527 年获得解脱。

尽管非暴力在《吠陀经》(印度教圣经)中被视作美德，但这样的认识仅仅是经文层面的。在
现实中，摩诃毗罗时代的吠陀社会以根本不平 1584
等的方式运作，这种不平等根源于种姓制度，其

不杀生，便无痛苦。

——摩诃毗罗

摩诃毗罗的肖像画(1900)。他的学说成为耆那教的基础。耆那教徒朱尔(Jules)绘制

幸福以奴隶制和大规模动物牺牲的广泛应用为基础。在这种环境下，摩诃毗罗的学说是革命性的。他教授非暴力和同情的真实意义。在他看来，实践非暴力的前提条件是对各种生命形式的了解：土、水、火、风、蔬菜和具有两种或更多感觉的活动物体。另一个重要条件是人们意识到所有生物在本质上都是平等的，无论其生命形式如何；所有生物都经历快乐和痛苦；所有生物都渴望生存。他认为，暴力是在对抗别人，但也是在对抗自己。摩诃毗罗解释说，在关于暴力这一点上我们与其他生物具有相同的感觉，这种感觉是同情和非暴力的核心。因此他宣讲普遍友好的原则。根据摩诃毗罗的观点，自我拯救与其对所有生物的关心紧密联系在一起。每种思想、言辞和行动都有结果，都为自己和他人制造快乐或痛苦。

除了非暴力这种美德，摩诃毗罗还强调讲真话、不偷盗、禁欲和非占有等美德。他将这些美德描述为托钵僧的大誓；世俗耆那教教徒可以以有限的方式对待这些誓言，称为小誓。

摩诃毗罗提出的根据情况理解现实的哲学变成了耆那教多边现实哲学的基础。耆那教教徒不仅在形而上学和本体论(关于存在本质的形而上学的一个分支)的环境中形成自己的知识理论，更重要的是他们还关心这样的问题，即“什么是有效的知识？这样的知识是怎样获得的?”就后者而言，多边现实哲学为关于现实的多种观点留出了空间，减少了通常起源于有关现实的绝对主义观点的冲突。耆那教教徒以摩诃毗罗的非暴力和多边现实学说为基础，贯彻素食主义，拒绝人类为了消费而屠杀动物，并在世界宗教环境中倡导和谐与和平，承认所有精神传统的平等性。很多人将摩诃毗罗对节俭和非占有的强调视作应对目前在全球范围内兴起的消费主义文化的一剂良药。

进一步阅读书目：

Dundas, P. (2002). *The Jains*. New York: Routledge.

Jaini, P.S. (1979). *The Jaina Path of Purification*. Berkeley and Los Angeles: University of California Press.

Mahapragya, A. (1974). *Sramana Mahavira*. Ladnun, India: Jain Vishva Bharti.

Schubring, W. (2004). *Mahavira's Words by Walther Schubring* (W. Bollee & J. Soni, Trans.). Ahmadabad, India: L.D. Institute of Indology.

Sethia, T. (Ed.). (2004). *Ahimsa, Anekanta and Jainism*. Delhi, India: Motilal Banarsidass.

Soni, J. (2000). Basic Jaina Epistemology. *Philosophy East and West*, *50*, 367 - 377.

塔拉·塞蒂亚(Tara Sethia) 文

郭子林 译，张瑾 校

Malaria　疟疾

自从 10 万年前疟疾与移民一起出现在非洲以来，疟疾始终是亚非欧大陆有人居住地区人类的苦难根源。疾病史 1585
学家的看法是，疟疾或许比其他任何疾病杀死的人都多。

疟疾是那些使人类遭受痛苦的最古老疾病之一，是一种通过血液传播的寄生感染，引起高烧和乏力。它首先出现在非洲，大约 10 万年前当人类向非洲之外迁移时，随身携带了这种疟疾传染病。

在最后一次冰期末期，穿越大陆桥从亚洲进入北美洲的早期居民，显然没有维持病毒传染的链条。人们通常认为疟疾是随着欧洲人在 15 世纪晚期和 16 世纪早期与新世界接触以后才在西半球扎根。疟疾变成了第一个真正的全球性传染病，由一种带菌者（带有病原体的有机体）携带；在这个事例中，这种带菌者是蚊子。今日这种寄生传染病可以在广阔的热带地区发现，热带地区环绕着地球。

国际联盟印度疟疾调查委员会。一个英国医生在印度抓着一个年轻的孩子，后者的脾脏因为疟疾而大幅度膨胀（约 1929）。美国国会图书馆

有 4 种单细胞微生物（恶性疟原虫、间日疟原虫、瘴气疟原虫、卵圆形疟原虫）既生存在疟蚊身上，也生存在人类身体内，导致人类之间的疟疾传染。间日疟原虫是在热带非洲之外最普通的形式，也是分布最广的。恶性疟原虫是热带非洲最普通的形式，也是最致命的。4 种寄生虫都通过雌性疟蚊的叮咬传播到人类身体上。寄生虫生命当中的一部分发生在雌性蚊子身体内；另一部分发生在人类身体内。因为有不同的疟原虫和很多不同的疟蚊亚种，所以支持疟疾感染的生态环境从一个微生态环境到另一个微生态环境是不同的。因此，疟疾感染的全球图景可以描述为局部感染的马赛克。

大多数疟蚊在死水中进行繁殖。低洼的沼 1586
泽地区和溪流与河流边缘是疟蚊危害人类健康的主要地区。疟疾或许是大河文明最早的苦难根源之一，例如尼罗河、底格里斯河-幼发拉底河、印度河谷和黄河。疟疾也与环境转化有着密切关系。为了创造可耕地而对森林的砍伐也为疟蚊的繁殖提供了适合的栖息地。受到感染的人或动物，即使时间很短，也能够将寄生虫引入新环境和制造疾病。疟疾从大河文明向其他早期农业社会传播是很可能的。

欧洲移民和非洲移民将疟疾传播到美洲，这种疾病变成了西半球最严肃的公共健康问题之一。然而，在 20 世纪，北美洲和西欧中纬度地

> 奎宁是医学药物之一，是最强烈的药物之一。4克奎宁就可以使一个人耳鸣、头晕、呼吸急促；它就像阿托品对视觉组织所起的功效那样有效……它就像酒精那样令人兴奋；奎宁工厂的工人会因奎宁而眼睛红肿、嘴唇肿胀，并遭受皮肤感染的痛苦。
>
> ——托马斯·曼(Thomas Mann, 1875—1955)，摘选自《魔山》(*Magic Mountain*)

区的疟疾发病率明显降低了。在北美洲，这是通过公共健康干预获得的，例如窗户和门帘的安装，化学药物治疗(用奎宁，后来用综合抗疟疾药物)，灭蚊虫剂的使用，蚊虫栖息地的排干。在西欧，混合耕作制度的扩展主要归功于疾病感染的减少。在这些地区，疟蚊开始主要从驯养家畜摄取血粉，这些牲畜不易受这种疾病感染。疟疾在南美洲、中美洲、南亚、西南亚、西太平洋和非洲仍是重要问题。在整个20世纪，疟疾每年引起的死亡数量在非洲上升，非洲成为目前全球疟疾感染的中心。

第一次世界大战期间传染性疟疾爆发之后，国际联盟建立了一个委员会，调查这种疾病在全球的状况。疟疾学家热心于希望接触疟疾患者并为他们提供奎宁，以减轻他们的症状，破坏寄生虫的生命周期。然而，随着全球各地对奎宁的需求大大超过供给量，疟疾学专家的希望很难实现。

第二次世界大战以后，疟疾学家将注意力转向带菌蚊虫的毁灭；世界健康组织的一个主要倡议得以实施，即喷洒DDT以消除疟蚊的威胁。这在最初是成功的，全球感染率骤然下降，直到DDT的过度使用使蚊虫群体产生了抵抗力。

自从20世纪70年代以来，疟原虫对综合抗疟疾药物的抵抗力越来越强。综合抗疟疾药与青蒿素结合起来，后者是在中国使用的一种自然产品，是当前医学群体打败疾病的最好希
望。很多人也把注意力放在杀虫剂浸泡过的蚊 1587
帐的功效上，蚊帐是为了抵抗蚊虫的叮咬而制作的。

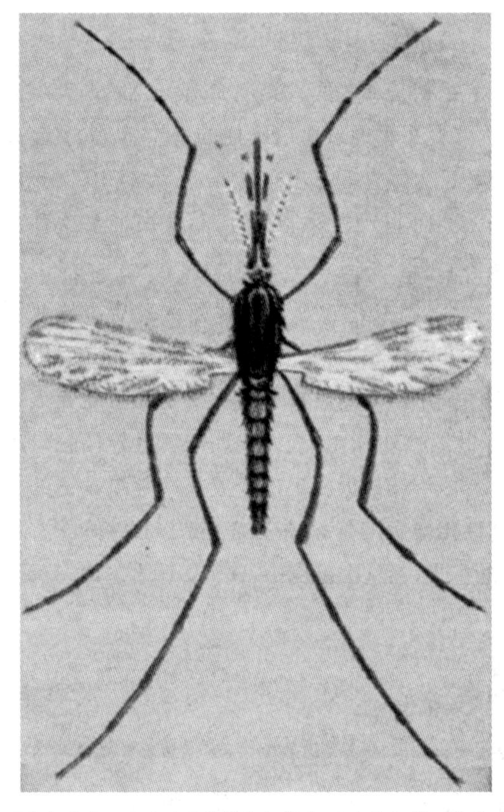

疟蚊栖息在一个庞大的热带气候带中，这个气候带环绕全球

进一步阅读书目：

Carter, R., & Mendis, K. N. (2002). Evolutionary and Historical Aspects of the Burden of Malaria. *Clinical Microbiology Reviews*, *15*(4), 564-594.

De Zulueta, J. (1987). Changes in the Geographical Distribution of Malaria throughout History. *Parassitologia*, *29*, 193-205.

Harrison, G. (1978). *Mosquitoes, Malaria, and Man*. New York: E.P. Dutton.

Humphreys, M. (2001). *Malaria: Poverty, Race, and Public Health in the United States*. Baltimore: Johns Hopkins University Press.

Litsios, S. (1996). *The Tomorrow of Malaria*. Wellington, New Zealand: Pacific Press.

Poser, C.M., & Bruyn, G.W. (1999). *An Illustrated History of Malaria*. New York: CRC Press-Parthenon.

Sallares, R. (2002). *Malaria and Rome: A History of Malaria in Ancient Italy.* New York: Oxford University Press.

Warrell, D. A., & Gilles, H. M. (Eds.). (2002) *Essential Malariology* (4th ed). London: Edward Arnold.

Webb, J. L. A., Jr. (2009). *Humanity's Burden: A Global History of Malaria*. New York: Cambridge University Press.

詹姆斯·韦伯爵士(James L.A. Webb Jr.) 文
郭子林 译,张瑾 校

Mali 马里

马里起源的故事通过口头史传递下来,其中很多故事是由北非学者伊本·赫勒敦在大约14世纪50年代转录下来 1588
的。作为一个帝国,马里在非洲从13世纪上半叶到15世纪早期繁荣起来,控制着从塞内加尔河进入大西洋的入海口到撒哈拉塔德麦卡(Tadmekka)盐矿的地区。

在马里之前是加纳帝国,之后是桑海帝国(Songhay Empire)。马里是西苏丹三个早期大帝国中的第二个,是撒哈拉沙漠中的一个主要强国。帝国的古代中心地带占据了尼日尔河及其支流之间一个相对紧凑的地区,包括现在的东北几内亚和南部马里。但学者们认为,在14世纪其势力最强大的时候,马里帝国控制了从大西洋沿岸塞内加尔河入海口往东到加奥王国(Gao)和撒哈拉塔德麦卡盐矿的地区。

起点

到11世纪末期,加纳帝国的衰落留下了真空,使索索人(Soso)的兴起成为可能。索索人是索宁克人(Soninke)的南部群体。根据口头传说,索索人的统治者属于坎特(Kante)部落。在他们的领导下,索索人向其邻人扩张领土,并在13世纪早期苏马沃罗·坎特(Sumaworo Kante)统治时期达到鼎盛。苏马沃罗统治了加纳帝国之前在沙漠边缘的领土和曼德人(Mande)酋长在南至尼日尔河上游地区的领土。到13世纪中叶,一场反抗索索人占领地的成功起义之后,曼德人的酋长们统一在桑介塔·凯塔(Sunjata Keita)的领导下,建立了王国,后来逐渐发展为马里帝国。霸权(影响)从加纳到索索人再到马里的转移,标志着政治重心从撒哈拉边缘往南向更肥沃的热带草原和尼日尔河上游水域转移。除了获得对那些从南往北、从西往东的重要远程贸易路线的控制,马里还在南方获得了大量铁和金资源,在北非获得了撒哈拉的盐矿。

口头传说和马里的历史

关于马里起源的历史由14至16世纪的穆斯林学者撰写,但很多进入文学领域的故事却源自口头传说。没有独立的信息证明口头传说的正确性,因此从西方历史编纂学术标准来看是存在问题的。在曼德人口头传说中,关于中心英雄桑介塔和其同代人的史诗叙述表明了曼德人自己对光辉历史的看法。它赋予他们的祖先以荣誉,即他们建立了中世纪世界的大帝国之一,但特殊历史细节的准确性难以衡量。

曼德人主要部落在构建其身份认同时,称自己为建国祖先的后裔。职业吟游诗人讲述口

1589 头传说，使人们回忆起建国祖先。人们认为桑介塔建立了帝国基础。关于桑介塔，人们提出来一个详细家谱。这个家谱追溯到桑介塔的父亲，后者是科纳特（Konate）部落成员。马里和几内亚知识渊博的信息提供者的一致意见是，将桑介塔视作康法拉（Konfara）的统治者。据说，作为康法拉的国王，他从法拉考洛（Farakoro）城镇开始统治，法拉考洛出现在他的全名中，即“Farako Manko Farankonken”。康法拉可能位于今日几内亚边境和马里附近的科科罗河周围，这个优越的地理位置使其控制了布里（Bure）金矿区，也说明了它在前帝国时期众多曼德人酋邦当中占据特别重要的地位。学者们并不确定马里是否曾经有一个通常意义上的首都。或许存在几个主要商栈（贸易运输和货物转运的中转站），政府所在地是国王居住之地。或许在13世纪30年代，曼德人打败其索索人压迫者时，一个被称为“达卡迦兰”（Dakajalan）的地方是桑介塔的统治中心。在更晚的时候，或许在14世纪，桑卡兰河上的尼亚尼（Niani）镇显然变为一个重要行政或商业中心。

在曼德人的传统故事中，吟游诗人在讲述故事时，使用一些插曲。这些插曲讲述的是，英雄的母亲索格龙·康德（Sogolon Conde）和其父亲康法拉的马干·科纳特（Maghan Konate）结合在一起，生出了天命之子桑介塔。索格龙与一位怀有嫉妒心的妻子（她的儿子丹卡兰·图曼［Dankaran Tuman］是桑介塔的同父异母兄弟和对手）之间发生了致命的冲突，结果索格龙与桑介塔及其兄弟姐妹被迫流亡。随后，所有曼德人酋长都落入索索人国王苏马沃罗的残暴统治之下。曼德人渴望强大而有效的领袖，派遣一个代表团将桑介塔从流亡途中接回来。借助仍可视作重要祖先的各种传奇人物，桑介塔组织了一场起义，打败了苏马沃罗及其索索人军队，把古老的曼德人酋邦统一起来，建立了帝国基础。北非学者伊本·赫勒敦在14世纪写作时，熟悉索索人的存在，将其视作加纳王国和马里王国之间的中间王国。他把桑介塔称作“马里·贾塔”（Mari Jata），这是传统游吟诗人用来赞美英雄的几个名字之一。伊本·赫勒敦引用他那个时代口头信息讲述者的资料写道，马里·贾塔征服了索索人，统治了25年。

桑介塔的继承者

桑介塔的继承者的品质并不一致。马里在能干的继承者的统治下，出现了几个繁荣和扩张的时代，但也周期性地遭受凄凉的统治和政治动荡。根据伊本·赫勒敦的记载，马里·贾塔（桑介塔）的继承者是他的儿子曼萨·乌利（Mansa Uli）。后者被描述为大王，曾到埃及马穆鲁克苏丹扎希尔·拜巴尔（al-Zahir Baybars，1260—1277年在位）统治下的沙特阿拉伯的麦加进行朝觐。而一位后来的

1984年马里廷巴克图的桑科清真寺（Sankoré Mosque），据说是在14世纪建造的

统治者，即疯狂的哈里发(Khalifa)被谋杀，因为他为了取乐而向他的人民射箭，并将他们杀死。到13世纪晚期，凯塔王室家系变得如此衰弱，以至于王权被奴隶出身的“萨库拉”(Sakura)篡夺；他恢复了马里之前的势力，但在大约1298年从朝觐返回时死亡。在萨库拉之后，王位连续回到桑介塔的两个后裔手中，然后传递到桑介塔兄弟的后裔穆萨(Musa)手中。

人们将曼萨·穆萨统治的25
1590 年描述为马里帝国的黄金时代。他巩固了对有利可图的贸易路线的控制，在北非建立了大使馆。他也扩张帝国领土，将尼日尔河东岸的加奥王国和撒哈拉有价值的盐储藏地囊括在内。穆萨通过1324至1325年著名的麦加朝觐给马里带来了广泛认可。在他的妻子伊纳里·卡努特(Inari Kanute)和1 000多位臣民的陪同下，穆萨在1324年7月到达开罗，向埃及苏丹慷慨馈赠包括5万第纳尔(金币)在内的黄金以宣布自己的到达，从而制造了轰动效应。穆萨完成了到麦加的朝觐之后，返回马里。随行的有一位西班牙籍的建筑师，这位建筑师居住在马里的廷巴克图(Timbuktu)。随行的还有4个穆斯林显要人士，他们来自古莱氏族(Quraysh)，与自己的家人永久居住在马里。

当曼萨·穆萨在1337年去世时，他的儿子曼萨·摩伽(Mansa Magha)继承了其王位，但摩伽统治4年之后就去世了，被穆萨的弟弟曼萨·苏莱曼(Sulayman)代替。曼萨·苏莱曼是一位强大的统治者，将他兄弟已经巩固的庞大帝国聚合在一起。北非旅行者伊本·白图泰在1352至1353年苏莱曼统治时期访问马里，说在这个国家的旅行是安全的，但苏莱曼的臣民不喜欢他。伊本·白图泰拜见了苏莱曼，后来详细描绘了马里宫廷的壮丽。伊本·白图泰见证了一个故事，即国王的原配妻子卡萨(Kasa)与曼萨·摩伽(曼萨·穆萨的儿子)的儿子贾塔密谋，推翻她丈夫的统治。曼萨·苏莱曼避免了政变，在7年之后的1360年去世。

帝国的衰落

马里帝国在曼萨·穆萨和曼萨·苏莱曼统治时期达到顶峰，但在1360年苏莱曼去世时，苏莱曼家族与其已故兄弟穆萨的家族之间爆发内战。在很多流血斗争之后，曼萨·穆萨的孙子贾塔战胜其对手，继承王位，称为马里·贾塔二世(1360—1373年在位)。贾塔曾与苏莱曼的妻子卡萨密谋政变。贾塔是一位僭主，他的专制统治严重地毁坏了帝国，导致了30年的政府紊乱时期。在这一时期，宫廷官员有时试图通过控制王室家族软弱成员来恢复秩序。1390年，权力最终回到王朝创建者桑介塔最初家系的后裔手中，但到当时马里帝国的强大时日已经逝去。15世纪早期，马里丧失了对撒哈拉盐矿、杰内(Jenne)和廷巴克图重要贸易和文化中心的控制，这些地方到15世纪中叶落到了正在扩张的桑海帝国的控制之下。

1591 进一步阅读书目：

Austen, R. A. (Ed.). (1999). *In Search of Sunjata: The Mande Epic as History, Literature, and Performance*. Bloomington: Indiana University Press.

Conrad, D. C. (1994). A Town Called Dakajalan: The Sunjata Tradition and the Question of Ancient Mali's Capital. *Journal of African History*, *35*, 355 - 377.

Conrad, D. C. (2004). *Sunjata: A West African Epic of the Mande People*. Indianapolis, IN: Hackett Publishing.

Hunwick, J. O. (1973). The Mid-fourteenth Century Capital of Mali. *Journal of African History*, *14*, 195 - 208.

Levtzion, N. (1973). *Ancient Ghana and Mali*. London: Methuen & Co.

Levtzion, N., & Hopkins, J. F. P. (Eds.). (1981). *Corpus of Early Arabic Sources for West African History*. Cambridge, U. K.: Cambridge University Press.

Suso, B. (2000). *Sunjata*. New York: Penguin Books.

大卫·康拉德(David Conrad) 文
郭子林 译，张瑾 校

Malthus, Thomas 托马斯·马尔萨斯

1592 18世纪晚期和19世纪早期，英国学者托马斯·马尔萨斯(英国政治经济学家，1766—1834)提出了有关国家经济状况与人口增长之危险的理论，反驳了欧洲盛行的改善社会观点。他的思想不断激发着人们在生态学和环境研究中进行深入思考，例如“环境承载力”和“全球共有”概念。

托马斯·罗伯特·马尔萨斯是英国学者，是最早提出人口过剩之危险的学者之一，把“悲观的情绪”投入政治经济学的“悲观科学”中。马尔萨斯在1798年发表了《人口论》。在文中，他给出了过分简化的数学模型和常识性的观察，预测将出现一个拥挤而贫穷的世界。他的这种极端预测令几代民众感到恐惧。

马尔萨斯的父母是富有的人。他在剑桥大学耶稣学院学习数学，获得圣职，最终成为英国东印度学院的第一位政治经济学教授。为了回答那个摆在人口控制之“父”面前的不可避免的问题，他生了3个孩子，其中2个有幸成长到成年。

具有讽刺意味的是，马尔萨斯因其匿名发表的《论影响社会未来改进的人口原理，兼评戈德温先生、孔多塞和其他作家的推测》而声名鹊起。我们最好将马尔萨斯的论文理解为是对他父亲、威廉·戈德温和孔多塞发布的关于进步的法国启蒙思想的批评。这些启蒙思想家认为不可避免的进步的东西，马尔萨斯却认为是恶习、不幸和饥饿。在对动植物的繁殖力与生活资

> 人口的力量不一定大于人们在田地里为人类生产生活资料所付出的力量。
>
> ——托马斯·马尔萨斯

料的相对匮乏之间的对比关系进行一般性的观察之后，马尔萨斯为自己关于人口过剩的思想给出了数学式的说明。马尔萨斯宣称，人口能够按照几何级数增长（例如1、2、4、8、16……），而农业却以算术的方式增长（例如1、2、3、4、5……）这些不同的数学极限的结果是，不加限制的人口将不可避免地超过食物供给。《人口论》的第一版的确是一份残忍的文献，是对启蒙乐观主义晴天霹雳般的打击；它，认为人类本性和农业生产力的铁律将使人类陷入饥饿的恶性循环。到1803年马尔萨斯出版论文第二版时，提供了微薄的希望，即或许人类能够通过晚婚塑造他们的命运，这是他能够设想出来阻止怀孕的唯一安全的（道德和身体的）方式。然而，总体上来看，马尔萨斯的人口训诫始终是相同的：要想限制人类所具有的动物激情、恶习和失望的自然倾向，道德约束是唯一可能的抑制措施。

尽管马尔萨斯的学说长期以来是经济学说的中流砥柱，但马尔萨斯对生命科学的影响更明显，如果两者有什么差别的话。查理·达尔文和阿尔弗雷德·罗素·华莱士都称赞马尔萨斯为他们几乎同时发现的自然选择进化规律提供了机制。马尔萨斯宣称的多产父母和有限自然资源似乎是驱动自然选择的理想引擎。马尔萨斯关于社会阶级与过度人口繁殖之间的联系的观点，也是后来社会达尔文主义者的中流砥柱，他们分享了马尔萨斯关于社会下层阶级的偏见和援助穷人的观点。

1593 在环境科学中，马尔萨斯也有影响力。他的人口思想似乎直接与后来的“环境承载力”思想有关。从更普遍的派别来看，马尔萨斯为冷战时期的“新马尔萨斯主义者”提供了精神动力，后者把人口的增长视作世界末日的前兆。加勒特·哈丁（Garrett Hardin）是马尔萨斯主义者派别中严格而无情的愤世嫉俗者，他的经典论文《公地悲剧》（1968）注意到了不加抑制的人口增长的生态陷阱，给20世纪60年代自由主义的乐观主义以迎头一击，就像马尔萨斯揭露启蒙运动的真面目那样痛快。保罗·埃尔利希（Paul Ehrlich）的《人口大爆炸》（1968）给出了惊人的数学式预测，向人们展示了一个越来越动荡和婴儿数量大爆炸的世界，享有着马尔萨斯原版论文的流行力。尽管他制造了如此多的麻烦，其开启的争论始终有争议，在21世纪，地球人口比马尔萨斯去世时的10亿人口多了6倍。具有讽刺意义的是，对于这种最有影响力的人口控制论来说，它的精神后裔却非常多。

约翰·林内尔（John Linnell）的《政治经济学家托马斯·罗伯特·马尔萨斯的肖像》（*Portrait of Thomas Robert Malthus, Political Economist*）（原作局部细节，1833）

进一步阅读书目：

Appleman, P. (Ed.). (1976). *An Essay on the Principle of Population: A Norton Critical Edition*. New York, NY: W. W. Norton & Company Inc.

Ehrlich, P. (1968). *The Population Bomb*. New York: Ballantine Books.

Hardin, G. (1968). *The Tragedy of the Commons*. Science, *162*, 1243 - 1248.

Malthus, T. R. (1798). *An Essay on the Principle of Population*. London: J. Johnson.

Vorzimmer, P. (1969). Darwin, Malthus, and the Theory of Natural Selection. *Journal of the History of Ideas*, *30*, 527 - 542.

马克·麦迪逊(Mark Madison) 文

郭子林 译,张瑾 校

Manioc 树薯

1597 树薯是一种多年生灌木,其块茎因丰富的碳水化合物含量而具有很高的价值。它的叶子是维生素A和维生素B的优良来源,也含有丰富的蛋白质,从而在蛋白质原料有限的地方具有较高价值。树薯也被用作食物、纺织品、纸张和其他工业原料,以便生产葡萄糖、味精、黏合剂、胶合板和单板。

权威人士认为树薯有两个不同的种类：苦树薯和甜树薯。联合国粮农组织(FAO)对此进行了驳斥,认为苦的程度因地理环境而各不相同,苦与毒性有关。树薯属于大戟科,是一种多年生灌木,它的块茎因为碳水化合物的含量较大而具有很高价值。树薯也在农业系统中生长,范围很广,从生活资料(仅仅为农民及其家人提供食物或纤维)的轮垦农业到发展中国家的持久经济作物。它既可以在海拔2 000米以上的地方生长,也可以在雨量少和土壤贫瘠的地方生长。在消费之前,苦树薯必须煮熟和压榨,以便将那些对人体有害的氰化物清除掉。块茎被用于制作面粉、饭、薄片和淀粉,也可用于酿造含酒精的饮品。叶子可以当作蔬菜消费,是维生素A和维生素B的优良原材料。它们也富含蛋白质,从而在那些蛋白质原材料有限的地方具有较高价值。树薯干燥以后生产出薯片,压缩成小球被用于喂养动物。树薯被用作食品、纺织品、纸张和其他工业的淀粉原料,以便生产葡萄糖、味精、黏合剂、胶合板和单板。

树薯块茎为人类食物提供碳水化合物和纺织品生产所需的淀粉、黏合剂和胶合板

> 在这个星球上人类最终可以不依靠食物而生存,据我所知,还没有哪个著述家曾提出过这样的观点。
>
> ——托马斯·马尔萨斯

我们对树薯的栽培和传播过程了解得并不多。树薯的栽培究竟在哪里、在什么时候发生的,尚不清楚。人们为什么要栽培树薯?这仍是
1598 特别神秘的事情,因为它具有毒性。5 种羊肚菌植物已经被视作家养树薯的野生近亲植物,其中羊肚菌格兰茨(Crantz)亚种密罗木(flabellifolia)和羊肚菌格兰茨亚种秘鲁亚兰(Allem)最可能是树薯的祖先物种。这 5 种植物都是巴西本地植物,都出现在西亚马孙和南亚马孙丛林及农耕地区,而农耕地区代替了潮湿的森林。这种环境可能是树薯栽培的主要地点。确定这种植物来源地的一个障碍是根(块茎)易于腐烂,尤其在潮湿的热带环境下,这是相对于其他植物的根(块茎)而言的。这样的残留物不能很好地保存在土壤、沉积物或考古环境中。此外,树薯可能是出于其他目的而非食物的目的被选择出来栽培的。因为它含有的氰化物可以用作钓鱼的毒素,从而很有价值,而其残余的糊状物可能被视作碳水化合物的来源。

根据葡萄牙入侵者在 16 世纪的记录,树薯是巴西本土居民的主要作物。它被从南美洲引种到非洲西海岸;然后传播到潮湿的非洲内陆,大约 1700 年到达刚果河流域。到 1800 年,这种作物已经传播到东非、马达加斯加岛,然后传播到亚洲。树薯在 21 世纪的重要性由联合国粮农组织给出的数据反映出来:2000 年,树薯的种植面积是 17 × 106 公顷,产量是 177 × 106 吨。最大的生产国是巴西、尼日利亚、刚果民主共和国、印度尼西亚和泰国。树薯的种植和消费可能在未来的商业和生活物资中增加,生活物资将随着人口的增长而在非洲占据主导地位,尽管城市也会越来越多地使用树薯。

进一步阅读书目:

Hillocks, R. J.; Thresh, J. M.; & Bellotti, A. C. (Eds.). (2002). *Cassava: Biology, Production and Utilization*. Wallingford, U.K.: CABI.

Lebot, V. (2008). *Tropical Root and Tuber Crops: Cassava, Sweet Potato, Yams and Aroids*. Wallingford, U.K.: CABI.

U.N. Food and Agriculture Organization (FAO). (2002). FAOSTAT. Retrieved July 17, 2002, from http://www.fao.org

曼尼恩(A.M. Mannion) 文

郭子林 译,张瑾 校

Manorialism 庄园制度

在 21 世纪大多数历史学家偏爱的基本词汇中,庄园制度界定了世界历史上普遍存在的地主-农民关系的一个变 1599
体,并仅限于用在中世纪欧洲这样的时空范围内。它最普遍的意思是指非自由农民或农奴的司法隶属关系,他们被束缚在其耕种的土地上,为地主提供劳役。

庄园制度是农村经济生产中的组织,也是社会政治关系,是中世纪西欧和中欧大多数地

区的特征，或许从 7 世纪早期一直延续到 15 世纪，而这种组织的一些重要方面一直延续到法国大革命时期。这个词语来源于农村土地划分成庄园、地方法定管辖权受制于地主（法国的领主），因此略等同于庄园（seigneurialism）这个词。地主对那些居住在其庄园范围内的农民的劳力和产品实施司法和经济权力。作为一种现象、一种理想的类型或一个发展阶段，庄园制度是否存在于世界其他地区？这是世界历史作品中一个令人烦恼的问题，使关于世界历史上庄园制度的评估复杂化。

庄园制度的特征

庄园制度的基础是地主与农民的司法关系，这表现为两种基本形式。第一种形式是与这个词最密切相关的，是非自由农民或农奴的司法臣服关系，他们被束缚在其耕种的土地上，为地主提供劳役。第二种是自由农民的形式，他们从地主那里租种土地，然而通常至少构成大多数庄园人口的组成部分。

这两种形式的人都与三种类型的土地密切联系起来，这些土地构成了庄园。第一种是领地，是直接由地主控制的庄园的一部分。它的产品供给地主和其家属，直接或间接地在市场上销售。第二种是依附田产，使占有者有义务为领地提供一些劳役和部分产品，或给地主一些现金，其特殊的义务根据田产的习俗而各种各样。第三种是自由农田产，支付货币租金，而非劳役或其他义务，尽管田产拥有者仍然臣服于庄园地主的司法管辖权。并非每个庄园都有这三种类型的土地，例如一些地主不保留任何领地，而是将所有土地都分给佃农。人口类型与土地类型之间的配合也并非总是完美的。人身自由的农民可能拥有依附田产，这样就需要提供劳役，而农奴也能出租无须劳役的土地。庄园土地类型也可以按用途划分，这可能会与个体田产交叉。种植谷物和豆类的土地占据大多数庄园的大部分，但也有小块土地用作菜园，休耕田用于饲养动物（通常是猪），动物在林地和更广阔的牧场里吃草，地主在林地里狩猎。

地主除了从领地和出租地获得收入外，还 1600
对大规模投资，例如磨坊、面包店、酿酒作坊和鱼塘收税，也有权在树林里饲养猪，甚至征收领主的费用。这些费用也包括农民佃户因死亡（有些情况下因买卖）而使田产每次易手时需要向地主交纳的费用，首要的是收入来自地主的法庭。农民拥有诉讼权利，但向法庭提起诉讼的时候要交钱，经常要支付罚金。

庄园边界的人为性质是其与法定管辖保持一致，而与农村的人缘地理不一致；这可以从事实上看出来，即一个庄园可能包含几个村庄或几个村庄的几部分，而一个村庄可能被分到两个（甚或更多的）庄园里。庄园边界也不与地方教区边界匹配。事实上，变化在于庄园组织的持续性，因为自由土地与非自由土地以及私有地的比例、自由农民与非自由农民的比例及因此经济开发模式的比例在不同的地方各不相同，从长期来看在同一个地方也各不相同。尽管“典型”的庄园被认为属于非法律贵族，他们居住在庄园房舍甚至城堡里，但很多庄园直接为国家的国王所有，并由国王监督管理（事实上，很多非法律贵族拥有很多分散的庄园，也雇佣专业管理者），还有大量庄园归一些机构尤其是教会所有。教会庄园可能归集体所有，例如修道院或归个人所有，或属于主教。庄园管理也随着经济的广泛变化而千差万别。11 和 12 世纪，货币经济更明显的兴起，通常激发了向租金和货币支付的转变，但有时起到了相反的效果：在中欧和东欧的很多地方，当地主将私有地的产品转变成经济作物并在西欧销售的时候，劳务随着时间的推移而变得更繁重了，这种倾向很好地延伸到现代早期。所以，任何对庄园制度的概括都是非常合适的。

《九月》是《贝里公爵的豪华时祷书》的一部分，由林堡兄弟（Limbourg Brothers）在1413和1416年之间绘制。收获葡萄的农民为索米尔城堡（Château de Saumur）的地主（庄园主）工作，城堡是这幅画的背景

庄园制度的起源与历史

庄园组织是在不安全和分权的情况下兴起的，这种情况从4世纪开始困扰西罗马帝国。在这种情况下，小自由农民更愿意把他们自己和其土地委托给强大的地主，而地主承诺保护他的受委托农民，条件是受保护农民要把部分产
1601 品和劳动力交给地主。在一个人口减少的时代，这样的安排适合强大的地主，地主也因此能够为自己的地产保证安全的劳动供给，巩固对特定区域的土地占有。当西欧经济在5至9世纪之间进一步萎缩的时候，庄园组织至少提供了一种地方自给自足的理想方式，尽管几乎没有庄园曾经彻底自给自足，因为在条件允许的时候，庄园便为了短缺的必需品进行贸易，例如盐和金属。

欧洲经济在10世纪开始复苏，引起了庄园组织的转变。货币大量增加，贸易和市场越来越多地向乡村渗透，因此大多数庄园越来越结合到一个分层的交换网络里，这个交换网络延伸到整个西欧及其之外的地区。对新经济提供的挑战和机遇的反应各式各样。但从长远来看，这种情况在西欧的表现是，农奴和劳务越来越少，而一个自由的农民租赁人阶级逐渐形成，尽管这种减少是靠中欧和东欧农奴负担的增加来平衡的，较早期更是这样。事实上，两个地区的变化是靠那种将它们联系起来的市场经济保持联系的。到1348年，市场关系在西欧的影响程度由当年发生的黑死病的效应展示出来：黑死病引起的劳动力短缺没有降低农民的自由（这一般发生在政治上由一个有凝聚力的精英群体控制的传统社会里，而这事实上也的确发生在诸如埃及这样的一些地方，也发生在4世纪的罗马，正如我们所见），而是提高了工资、增加了农民的自由。农奴制在黑死病之后的英国结束了，而它的负担也在大陆其他那些没有彻底结束农奴制的地区普遍下降了。货币化的土地和劳力市场越来越在各地代替了严格经济学术语中的庄园组织。

庄园制度在中世纪以领主权利和费用的微弱形式保留下来。换言之，庄园制度保留下来的不是经济核心，而是司法上的特权结构和政治收入，这些最初曾推动经济运转，但现在则成为维持庄园自身生活的方式了。这种司法结构和相应的贵族税务特权在启蒙运动时期（这是18世纪的哲学运动，其标志是对传统社会、宗教和政治思想的拒绝和对理性主义的强调)受到法国启蒙运动者的攻击,后者称其为“封建主义”;这是一个具有误导性的名字,并因此被法国大革命消除。这种启蒙运动时期将庄园制度与封建主义混合起来的做法,在19世纪被德国政治哲学家卡尔·马克思再次混合起来。卡尔·马克思把这些词汇结合起来,分析欧洲(和世界其他地区)古典时代结束以后、前工业时代的经济,即罗马消亡与16世纪商业资本主义和资产阶级兴起之间这个时期的经济。他称其为“封建模式的生产”。然而,除非一个人使用的是(非常有问题的)马克思主义分类,否则庄园制度与封建主义还是不同的(如果封建主义有任何凝聚性的意义的话)。我们可以简洁地概括这种不同:自由地主与大多数非自由农民之间的司法和经济关系是庄园制度;自由地主与自由诸侯之间的司法和政治关系是封建主义。两个组织之间通常假定一种关系,即庄园制度是经济组织,支持封建主义的政治体系,两者一起构成“封建社会”。一般而言,在这种混合中,庄园制度作为一个有用的词汇,没有封建主义受到的损害大,仍是目前中世纪欧洲史研究中的一个分析类别。

欧洲以外存在庄园制度吗?

然而,对于世界历史学家来说,问题始终存在:这个词在中世纪欧洲范围之外是怎样使用的?毫无疑问,在前工业社会,某种形式的司法和经济关系始终把农民与精英阶级捆绑在一起。但任何这样的纽带都构成庄园制度吗?或者,一种形式为了取得资格而需要分享欧洲现
1602 象的某些特征吗?“封建的”政治结构是形成庄园制度的必要特征之一吗?在研究世界历史的过程中,这些问题提出的哲学和方法论问题都是困难的和核心性的。

庄园制度向非欧洲社会传播的一个经典实例发现于日本镰仓幕府时代(Kamakura Japan,1180—1333)的历史中,它被密切地与日本封建主义的概念捆绑在一起。在这个事例中,日本武士阶级的成员之间的政治关系以舍恩(shoen)或农村地产为经济基础,这些地产生产那些分配给武士的收入,这或许与庄园为了获得武士支持而分配给欧洲武士以收入类似。但通过严格审视,我们发现,庄园制度和舍恩制度几乎没有共性(也不是日本镰仓幕府定义的“封建”),因此该词汇的使用不仅不利于分析,还制造了更多的困惑。其他那些时常宣称存在庄园制度的事例也是同样的情况,例如在拜占庭、沙皇俄国和印度的一些地方;从根本上看,在欧洲之外“发现”庄园制度的整个知识分析方法都是可疑的。一个政治精英群体从臣属农民阶级处将剩余财富榨取出来的方式各式各样,为什么唯独中世纪欧洲的制度在比较分析中享有特权呢?答案通常(对于庄园制度乃至封建主义)是简单的:欧洲的案例首先最仔细地获得研究,有时以此为基础将欧洲事例视作整个世界的范例(例如马克思主义对前工业社会全球经济组织的分析、对“封建主义”重要性的分析,历史编纂学对其假定的生产模式的分析,都是这种情况)。一种答案,或者另一种答案,甚或将两种答案结合起来,便是欧洲中心论;这是那种历史编纂学疾病中最糟糕的事例。首先参考欧洲容易导致“削足适履”,即为了保持比较而将非欧洲事例与欧洲模式匹配;坦白来讲,把欧洲作为范例在哲学上是站不住脚的。

因此,大多数研究世界史的历史学家宁愿限制庄园制度的用法,仅仅将其用作世界历史范围内地主-农民关系的一种变形,并仅仅在中世纪欧洲的时空范围内使用这个词。在这方面,庄园制度为比较研究和关于地主-农民关系的概括提供了有价值的参考资料,但既没有为这样的研究提供模式,也没有提供框架。

进一步阅读书目：

Campbell, B. (2000). *English Seigniorial Agriculture, 1250 - 1450* (Cambridge Studies in Historical Geography 31). Cambridge, U.K.: Cambridge University Press.

Cipolla, C. (1994). *Before the Industrial Revolution: European Society and Economy, 1000 - 1700* (3rd ed.). New York: Norton.

Grigg, D. (1992). *The Transformation of Agriculture in the West*. Oxford, U.K.: Blackwell.

Hall, J. (1999). *Government and Local Power in Japan, 500 to 1700: A Study Based on Bizen Province* (Rev. ed.). Ann Arbor: University of Michigan Press.

Hopcroft, R. (2000). *Regions, Institutions, and Agrarian Change in European History*. Ann Arbor: University of Michigan Press.

Masschaele, J. (1997). *Peasants, Merchants and Markets: Inland Trade in Medieval England, 1150 - 1350*. New York: Palgrave Macmillan.

Nicholas, D. (1999). *The Transformation of Europe, 1300 - 1600*. New York: Oxford University Press.

Platt, C. (1996). *King Death: The Black Death and its Aftermath in Late-medieval England*. London: University College London Press.

Postan, M. (Ed.). (1966). *The Cambridge Economic History of Europe: Vol. 1. The Agrarian Life of the Middle Ages* (2nd rev. ed.). Cambridge, U.K.: Cambridge University Press.

Pounds, N. (1990). *An Historical Geography of Europe, 450 BC-AD 1330* (Rev. ed.). Cambridge, U.K.: Cambridge University Press.

史蒂芬·莫里洛(Stephen Morillo) 文
郭子林 译,张瑾 校

Mansa Musa 曼萨·穆萨

曼萨·穆萨,也称坎坎·穆萨(Kankan Musa,约 1312—1337 年在位),统治处于鼎盛时期的西非马里帝国。在他统 1603
治时期,马里拓疆辟土,加强了对西非盐和金贸易的控制。

尽管曼萨·穆萨作为马里的统治者在扩张帝国领土和贸易方面取得了成就,但人们对他记忆最深的是他在 1324 年奢侈的麦加朝觐之行;这次麦加朝觐使马里与北非伊斯兰世界建立起更强大的外交、文化和学术联系。结果,曼萨·穆萨拥有强大权力和丰富财富的故事在整个伊斯兰世界与欧洲传播开来,将马里王国提升到世界舞台。

曼萨·穆萨的马里源自较早期的加纳帝国(Wagadu 或 Ghana, 300—1240)。大约 1050 年,加纳遭到穆拉比特人(Almoravids,柏柏尔穆斯林)的入侵,他们横扫整个毛里塔尼亚撒哈拉、摩洛哥和安达卢斯(al-Andalus,穆斯林西班牙)。穆拉比特人入侵(1054—1076)之后,加纳帝国四分五裂。大约 1240 年,曼萨·穆萨传说中的曼德人(Mandinka)祖先松迪亚特(Sundiata)打败一个地区强国和加纳的前附属国苏曼古鲁(Sumanguru)的索索人军队,这使马里成为加纳帝国的继承者。

当曼萨·穆萨在 1312 年开始其统治时,马里也控制了北部塔哈扎（Taghaza）的盐池和南部万佳拉（Wangara，位于南部大草原和西非森林地区）的产金地区。在他统治时期，马里通过掌握附近的加奥和廷巴克图城（尼日尔河上的两个城市）以及瓦拉塔（Walata，位于今日毛里塔尼亚），加强了对贸易路线的控制。他的军队向西往大西洋沿岸的塔库鲁（Takrur，位于今日塞内加尔），向东往中部尼日尔河之外的地方扩张。

曼萨·穆萨将西苏丹置于统一的经济和司法体系下。马里法律和秩序的成功扩张是伊斯兰教的赞助者曼萨·穆萨提供的统一体的结果。管理者、贸易者和马里城市居民当中的很多人都是穆斯林。伊斯兰教提供了一种共享的价值体系，这促动了安全旅行；尤其对于万佳拉金贸易者，他们自由运作，尽管存在部族差异或区域差异。在曼萨·穆萨实施统治之后不久，摩洛哥大旅行者伊本·白图泰便到马里旅行，他对马里极高的安全程度感到惊奇。

然而，曼萨·穆萨统治的仍然主要是非穆斯林人口。在伊本·白图泰的旅行中，他曾抱怨本土曼德人的风俗未能融合进宫廷仪式、节日和日常生活中。事实上，曼萨·穆萨在曼德人眼中的合法性主要在于他是马里建国者松迪亚特的后裔，后者始终在马里口头传说中占据主导地位。类似的是，乌玛里（al-'Umari，1301—1349）是开罗的大年代史编者，注意到当曼萨·穆萨从他的帝国里生产金的非穆斯林征收贡税时，他不愿意迫使他们皈依伊斯兰教，唯恐毁坏其帝国的经济。

尽管宗教和文化传统的混合发生在马里，但人们丝毫不怀疑曼萨·穆萨对伊斯兰教的虔诚和恪守，这一点由他在1324年的朝觐证明了，关于这次朝觐的
1604 记载很多。根据北非历史学家伊本·赫勒敦的记载，曼萨·穆萨在一支队伍的陪伴下到达开罗，包括1200名仆人和80匹骆驼，骆驼驮着大量金粉。乌玛里解释说曼萨·穆萨奢侈的开销降低了接下来12年间开罗的金价。

曼萨·穆萨在开罗时，被劝服去访问马穆鲁克苏丹马利克·纳西尔（al-Malik al-Nasir，1309—1340年在位）。几份阿拉伯史料记录了他们的会面轶事。当曼萨·穆萨被要求亲吻苏丹面前的地面时，他断然拒绝了。然而，他向他的造物主安拉（Allah）行匍匐礼。这种聪明的折中方式使他获得了马利克·纳西尔的尊重。苏丹称曼萨·穆萨为平等者，允许他坐在自己身边，并为他提供荣誉礼服，为他到麦加的旅行提供必要物资。

曼萨·穆萨对财富、权力和虔诚耸人听闻的展示，有利于马里将影响扩张到西非之外。在曼萨·穆萨的统治下，马里在埃及和摩洛哥建立了使馆。曼萨·穆萨也将埃及学者带到马里。在诸如安达卢西亚诗人和建筑师阿布-伊沙克·易卜拉欣（Abu-Ishaq Ibrahim-es-Saheli，约卒于1346）这样的博学人士的帮助下，曼萨·穆萨在廷巴克图和加奥城建筑了宫殿和新清真寺，这些建筑采用了西苏丹可以发现的各种泥砖与木头建筑风格。

北非学者也促使曼萨·穆萨建立伊斯兰学校。曼萨·穆萨将学生送到非斯（Fez）和开罗学

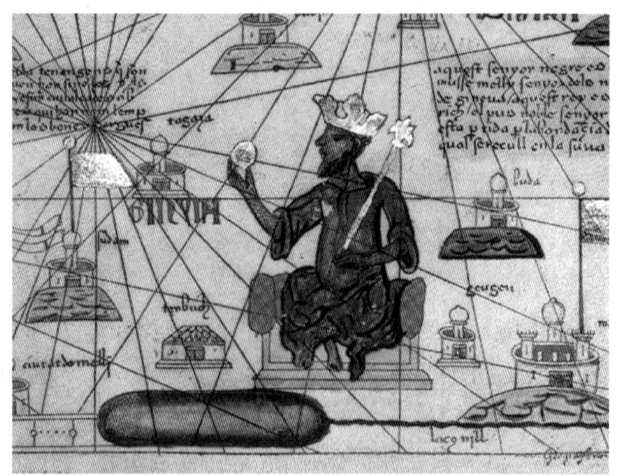

这个图片是1375年加泰罗尼亚世界地图（Catalan Atlas）的一部分，是马略卡岛（Mallorca）的亚伯拉罕·克瑞斯奎绘制的，描绘了14世纪早期马里帝国的统治者曼萨·穆萨，后者手里拿着金块，头戴欧洲风格的王冠

习逊尼马立克派的伊斯兰法，北非学者也来到尼亚尼(Niani)、廷巴克图和杰内(Djenne)。这种学者的交换为廷巴克图大桑科雷大学的创建奠定了基础，它在桑海帝国(1450—1591 年繁荣)时代变成整个伊斯兰世界的著名大学。因此，曼萨·穆萨的统治和朝觐对于西非伊斯兰学术发展至关重要。

甚至在欧洲，曼萨·穆萨的朝觐也引起了很多人的兴趣。亚伯拉罕·克瑞斯奎(Abraham Cresques)绘制的著名的加泰罗尼亚世界地图描绘了坐在御座上的曼萨·穆萨，后者手持金块。加泰罗尼亚世界地图宣布了曼萨·穆萨的财富，展现了非洲内陆的一个富有国家和在西非可得的商业机会。

曼萨·穆萨的统治为西非的马里帝国带来了繁荣和安全。他巧妙地管理着 14 世纪最大的帝国之一。他培育了马里与伊斯兰世界的跨文化交流，同时仍保持着很多马里传统宗教和文化实践。他不仅使马里建立了与北非的贸易、外交和学术联系，还使撒哈拉之外的世界了解了西非。因此，曼萨·穆萨被视作非洲历史上最伟大的前殖民时代政治家之一。

进一步阅读书目：

Bentley, J. H. (1993). *Old World Encounters: Cross-cultural Contacts and Exchanges in Pre-modern Times*. New
1605 York: Oxford University Press.

Bovill, E. W. (1958). *The Golden Trade of the Moors*. London: Oxford University Press.

Clarke, P. B. (1982). *West Africa and Islam: A Study of Religious Development from the 8th to the 20th Century*. London: Edward Arnold.

Davidson, B. (1998). *West Africa before the Colonial Era*. London: Longman.

Fage, J. D. (1978). *A History of Africa*. London: Routledge.

Levtzion, N. (1973). *Ancient Ghana and Mali*. New York: Africana Publishing Co.

Levtzion, N., & Hopkins, J. F. P. (Eds.). (1981). *Corpus of Early Arabic Sources for West African History*. Cambridge, UK: Cambridge University Press.

Levtzion, N., & Spaulding, J. (Eds.). (2003). *Medieval West Africa: Views from Arab Scholars and Merchants*. Princeton, NJ: Markus Wiener Publishers.

McKissack, P., & Mckissack, F. (1994). *The Royal Kingdoms of Ghana, Mali, and Songhay: Life in Medieval Africa*. New York: Henry Holt and Co.

迈克尔·洛(Michael C. Low) 文
郭子林 译，张瑾 校

Mass Media 大众传媒

大众传媒是各种旨在影响大量民众的通信模式的总和，在世界历史上发挥了重要作用，激励各个时代和地方的人 1618
维护自己的合法权益。

通信传媒旨在影响民众，称为大众传媒，在整个历史上都是社会、政治和文化变化的一股力量。毫不奇怪，在很多国家，统治者拒绝给予人民出版自由，记者甚至因为其言谈而被杀死。在一些国家，传媒仅仅是掌权者的官方喉舌；而在其他国家，传媒是抵制甚或革命的喉舌。

最早的印刷媒介

或许第一份报纸是古代罗马的《日报》(*Acta Diurna*)。尤里乌斯·恺撒决定让公民了解政府的会议记录，所以从公元前59年开始，在公共空间将这些会议记录公布出来。后来的版本被称为《城市报》(*Acta Urbana*)或《元老院报》(*Acta Senatus*)。这些报纸是书吏手工复制的，或许复制在纸莎草纸上，它们无疑受到政府监督和控制。关于罗马帝国的好新闻比坏新闻更可能出现在文字报纸上。除了当权者的日常活动，报纸还刊登生日和婚礼公告以及关于新奉献之建筑物的信息。后来的皇帝们扩大了报纸的作用，用它们传播对自己有利的故事或对特殊敌人不利的故事。报纸似乎非常流行，并影响到了广大受众；那些不能阅读的人站在那里等候，直到有人(专业城市传唤官或有文化的路人)大声阅读新闻。演说家和历史学家塔西佗(Tacitus，约56—约120)在他的《编年史》中写道，各种各样的人渴望阅读各种报纸，政治领袖发现报纸是非常重要的资料。

另一个使用某种类似于报纸的事物的古代帝国是中国的唐朝。唐朝的邸报包含统治精英中的各个成员搜集的消息。最初邸报仅限于帝国朝廷人员阅读，后来扩展到知识分子；但与罗马的报纸不同，它不在普通民众可以读到的地方公布。到了明朝，报纸得到更广泛的传播，但精英仍然希望信息仅限于部分人阅读，希望控制普通民众的阅读内容。直到19世纪，中国的报纸产业才开始繁荣发展。

早期欧洲新闻史料

尽管中国发明家毕昇在大约1041年发明了活字印刷术，但欧洲直到大约1438年约翰内斯·古腾堡发明了印刷机才使用活字印刷。

19世纪中叶之前，报告新闻事件的欧洲出版物有各种名称。保留下来的最古老的出版形式之一是“库朗特”(coranto)；第一份库朗特于 1619
1620年12月在阿姆斯特丹出版，更像是一份宣传手册，而非我们今日所说的报纸。大多数库朗特用荷兰语出版。它们集中报道商业新闻和那些可能会影响到商业的政治新闻。阿姆斯特丹是一个很庞大的世界城市，拥有在已知世界各地旅行的商人。他们想知道他们可能会从事商业活动的其他国家正在发生什么样的事情。结果，库朗特变得十分流行；在17世纪中叶的一个时期，有很多八周刊或双周刊，带来了非洲、亚洲、意大利、德国和其他地方的新闻。

在意大利，有一种报纸，名为“宪报”(gazette)，是一种周报，似乎起源于16世纪初的威尼斯(尽管一些历史学家对这个时间提出质疑，因为他们也质疑这种报纸是否真的由于硬币宪令而得名，据说人们购买该报纸需要支付硬币宪令)。宪报与库朗特很相似，包含商业和政治新闻，普通民众和很多来到意大利的商人都可以阅读。

在德国，早在1615年就有了周报，而日报《莱比锡报》开始于1660年。这些报纸涵盖政治、文化和科学等内容，提供了30年战争时期的重要信息。但德国出版业经常受到政府的限制。

在巴黎，早在1488年就有大约4页篇幅的政府传单。它们主要在里昂和巴黎出版，主要是对政府活动的简单综合。从大约1529年开始，也有“传闻报”(canards)，这些是更具轰动效应、有时引起争论的出版物。法国流亡者居住在阿姆斯特丹，出版阔幅报纸，批评国王路易十四(Louis XIV)的不宽容；这些出版物被称为嘲讽出版物，而流亡者(大多数是胡格诺派)在17世纪90年代将这些出版物走私到法国。早在1777年，巴黎便出现了第一份日报，即《巴黎日报》(*Journal de Paris*),但政府始终严格控制报纸的内容。一家地下出版社为了发表不同意见而存在。也有一些妇女参与到报纸事业当中,出版月报,称为《妇女报》(*Journal des Dames*),最早出现在1759年。它的编辑们信仰"女性有权利和义务获知有争议的事件"(Landes,1988)。不幸的是,与那个时代的其他报纸一样,它经常遭到政府的审查,也因它号召女性更多地参与公共生活而受到抵制。它于1778年停止出版。

在西班牙国王斐迪南(Ferdinand)和女王伊莎贝拉(Isabella)统治时期,所有印刷厂必须经过许可。第一份西班牙报纸或许是《法国、弗兰德斯和德国新闻》(*Correos de Francia, Flandres y Alemania*),是安德烈斯·阿尔曼萨·门多萨(Andres de Almansa y Mendoza)于1621年创办的。在墨西哥的西班牙殖民地,《墨西哥宪报和新西班牙新闻》(*Gaceta de Mexico y Noticias de Nueva España*)被一些人视作墨西哥第一份报纸,1722年1月首发,由胡安·伊格纳齐奥·玛丽亚·卡萨多累那·乌尔苏亚(Juan Ignacio María de Castorena y Ursúa)出版,此人后来成为尤卡坦半岛的主教。

在英国,现在尚存最早的报纸出现于1621年9月,是《来自意大利、德国、匈牙利、波兰、波希米亚、法国和低地国家的每周新闻》(*Weekely Newes from Italy, Germany, Hungary, Poland, Bohemia, France and the Low Countreys*)。它采取荷兰库朗特的形式,最初主要报道商业新闻,后来逐渐扩版,刊登自然灾难、战争等新闻。1641年,国会的报告首次刊登在报纸上。第一份日报是《日报》(*Daily Courant*),由塞缪尔·巴克利(Samuel Buckley)在1702年3月创办。诸如《闲谈者》这样的杂志也在这个时候开始增多;它们刊发关于当前事件的观点。随着对报纸和新闻出版的需求不断增加,政府的限制也逐渐增加,有时采取间接方式,例如对印刷厂征收过多的税费,有时采取直接措施,例如彻底关停持不同意见的报社。17世纪40年代,记者甚至可以批评国王,成百上千的小册子和报纸出现在伦敦;而在这个相对自由的简短时期之后,奥利弗·克伦威尔(Oliver Cromwell)在1655年重新强制实施出版审查制度。相同类型的控制也发生在英国的各个殖民 1620
地。北美的第一份报纸《公共事件》(*Publick Occurences*)在1690年9月出版,并立即被关停。接下来的美洲殖民地报纸是《波士顿新闻报》(*Boston News-Letter*),创刊于1704年,为了继续出版而不得不接受英国检查员的审查。它在接下来的72年里存活下来,其生存之道是避免争论和不批评君主制。还有几种报纸在殖民时代创办,今日仍在出版:《新罕布什尔宪报》(*New Hampshire Gazette*)于1756年在朴茨茅斯创办,《哈特福特(康涅狄格州)报》(*Hartford [Connecticut] Courant*)创办于1764年。来自其他欧洲国家的北美移民也创办了报纸。第一份是《费城报》(*Philadelphische Zeitung*),是一份德文报纸,创刊于1732年。

英帝国的印刷媒介

在整个英帝国,英语是记者的优选语言,因为大多数报纸是由英帝国的企业家创办的。这把每一个只能用本土语言阅读的人排除在外了,但它的确有助于那些能够熟练应用英语的当地记者得到雇佣。在印度的加尔各答,詹姆斯·奥古斯都·希基(James Augustus Hickey)于1780年1月创办了《孟加拉宪报》(*Bengal Gazette*)。为了有助于解决出版费用问题,他开始在报纸上做广告,但报纸仍仅仅维持了2年,主要原因是希基对总督进行有争议的报道。甚至在遥远的地方,英国政府也不允许报刊对其进行批评。尽管《孟加拉宪报》被一些人视作第一份印度报纸,但其他史料表明在1777年帕西人(Parsi)社区一个名叫鲁斯多米提・卡莎斯帕提(Rustomji Kashaspathi)的成员创办了一份报纸，名为《孟买快讯》(*Bombay Courier*)。几种用当地语言出版的报纸在 1800 年代开始出现，但最有影响的报纸是英语报纸。其中最著名的是《孟买时代和商务日报》(*Bombay Times and Journal of Commerce*)，是在 1838 年创办的；今日它被称为《印度时报》(*Times of India*)，从 1851 年开始使用这个名字。

在加拿大，第一份报纸出现在 1752 年 3 月；《哈利法克斯(新斯科舍)宪报》(*Halifax* [*Nova Scotia*] *Gazette*)开始出版时是一份两页篇幅的小报，其新闻来自英国、欧洲和其他英国殖民地。它的创办者是印刷工约翰・布谢尔(John Bushell)。尽管它在加拿大出版，但直到大约 1769 年才涵盖当地的生死或婚嫁信息；它最初印刷的大多数报纸新闻都是针对政府官员、商人和军队的材料。更关注地方事务的报纸是《多伦多环球报》(*Toronto Globe*，现在的《环球邮报》*the Globe and Mail*)，是 1844 年苏格兰移民乔治・布朗(George Brown)创办的。《多伦多环球报》把通讯员派到加拿大东部各地搜集新闻。在蒙特利尔，《宪报》(*Gazette*)作为一家法文报纸而在 1778 年创刊，逐渐转变为双语模式，最终在 1822 年完全改版为英文报纸。

这个 1930 年的小册子将早期机械化电视推向市场，称其为神奇、惊人和浪漫的事物，尽管它的屏幕只有 2 英寸到 3 英寸大小(约 5～8 厘米)

在澳大利亚，最早的报纸之一是《悉尼和新南威尔士报》(*Sydney Gazette and New South Wales Advertiser*)，1803 年创刊。3 个英国人在悉尼工作，于 1831 年创办了《悉尼先驱报》 1621
(*Sydney Herald*)，即现在的《悉尼先驱晨报》(*the Sydney Morning Herald*)。这 3 个英国人是阿尔弗雷德・史蒂芬斯(Alfred Stephens)、弗里德里克・斯托克斯(Frederick Stokes)和威廉・麦克加威(William McGarvie)。《悉尼先驱报》最初是周刊，只有 4 页长的篇幅，于 1840 年扩版，并改为日报。

南非开普敦早在 1800 年就有了报纸。《开普敦宪报》(*Cape Town Gazette*)，创建者是亚历山大・沃克(Alexander Walker)和约翰・罗伯逊(John Robertson)，用英语和南非荷兰语发表文章。1884 年，南非出现了第一张为黑人服务的报纸《原住民的民意》(*Imvo Zabantsundu*，科萨语)，它由黑人记者约翰・滕戈・贾巴弗(John Tengo Jabavu)创办，用科萨语和英语出版，其独特之处是从黑人的视角观察时事和政治，并给黑人诗人和随笔作家提供了发表其思想的途径。

历史上关于印刷媒介的审查制度

政府对报刊审查的借口常常是记者不可靠，而在报纸形成期，这种借口确实是事实，因为一些报纸充满了没有事实根据的谣言，一些作者用轰动效应吸引读者。但统治阶级真正关心

> 出版自由是我们所有自由和自由所致之进步的母亲。
>
> ——阿德莱·史蒂文森(Adlai E. Stevenson, 1835—1914)

的是报刊涉及的政治问题。很多读者将报纸视作了解那些与官方观点不同的观点的方式,官方观点是由掌权者给出的。那时,就像现在这样,掌权者赞助“官方”出版物。统治者经常希望他们的出版物是唯一版本,但在英国,其他出版物发展起来,其中一些对政府提出质疑,这是一个好的事例。统治者与出版者之间始终存在紧张关系:统治者不打算在报纸上进行某种积极宣传。1622年,英国国王詹姆斯一世(James I)在出版物上解释他为什么决定解散国会,这是统治者借助报纸进行积极宣传的一个事例。但君主们经常努力关停报纸,他们认为这些报纸太具批评力。在法国,印刷者和出版者有时被逮捕和鞭笞,因为他们的出版物被认为具有煽动性或诽谤性。至少有一个事例提供了证据:在1584年的英国,一个天主教印刷者威廉·卡特(William Carter)被判处死刑,因为人们认为他在其广泛传播的书里写的讽刺故事是对女王新教信仰的攻击。

尽管各个欧洲君主都尽最大努力使报刊保持沉默,但记者们继续使他们的观点为人知晓。随着时间的流逝,记者和专栏作家展示出了他们塑造公共舆论的能力。在英国,报刊的影响发展如此迅速,以至于到1800年代早期,英国记者就被视作“第四等级”,而社会的其他三个等级分别是贵族、神职人员和普通人。人们认为除了最初的三个等级外,还应该再加上第四个等级,他们就是记者。记者在某些方面最有影响力,因为他们讲述的故事能够引起成千上万人的支持与否定。

出版自由与追求轰动效应

出版自由的思想是学者和诗人倡导的,至少诗人约翰·弥尔顿(John Milton)著名的《论出版自由》(*Areopagitica: A Speech for the Liberty of Unlicensed Printing*)就是这样的——这是1644年针对英国国会否决印刷自由而进行的演讲。但直到1700年代中晚期,一些国家才制定法律,正式保护记者。斯堪的纳维亚半岛在1766年首先通过了法律,瑞典是第一个废除审查制度并采用法律以确保出版自由的国家,1770年丹麦和挪威也接踵行之。出版自由成为新独立的美国《人权法案》(美国宪法的前十个修正案)的一部分,该法案于1791年获得批准。

较早的几个世纪已经出现了一些出版物,偶尔发表没有根据的谣言或具有轰动效应的故事;但在19世纪,当报纸增加的时候,那些多余的出版物也是这样的。或许最令人不安的是“黄色新闻”(yellow journalism)。黄色新闻以美国连环画《黄色小子》中的一个人物命名。《黄色小子》较温和的形式仅仅关注丑闻、谣言和轰动效 1622
应。加拿大记者詹姆斯·克里曼(James Creelman)在19世纪晚期因为其极具夸张性的作品而闻名。作为一名为几家纽约报纸工作的通讯员,他从危险的地方报道,访问他那个时代一些最具争议的新闻制造者,以“你在这里”的语言风格写作。其写作风格是非常夸张的,充满了危险性的词语,这些词语令人感到作者似乎因为写作故事而处于致命危险中。克里曼是他那个时代令人感到震惊的人物,例如当他写作中日甲午战争期间日军的暴行时,他的叙述是如此生动,以至于人们不敢相信这样的暴行是事实。他是那个时代最著名的通讯员之一,将自己视作讲述事实者。在英国,威廉·斯特德(William T. Stead)是《伦敦帕尔摩街宪报》的出版者。作为英国报刊界的温和者,他对自己看到的事情做出反应,通过策略吸引工人阶级,而非受教育的精英。他开始使用耸人听闻的大标题和更多插图,也积极讨伐各种影响穷人的社会问题。例如,在1880年代中期,该报纸出版了一系列关于儿童卖淫的文章,儿童卖淫在那个时代被称为“逼良为娼”,表明剥削贫穷儿童是多么容易。在那个时代，标准是非常不同的，甚至关于妓女的作品都被认为是有问题的品位。该报纸的版面使斯特德能够倡导很多事业，包括妇女的选举权和他那个时代的反战运动。记者们开始彼此竞相发表更轰动和更生动的内容，这也受当时的时代限制，但无论如何，脏话不被允许。黄色新闻最终被公众视作负面事物。

轰动性报道使报纸大卖，但黄色新闻也能产生严重后果。在客观报道铭记于记者词汇之前的一个时代，很多报纸是厚颜无耻的党派报。这可能是一个好坏参半之事。例如，在匈牙利，1848 年革命悬而未决，因为很多匈牙利人想从奥地利获得独立。正是报刊引领了革命行动，主要是因为拉约什·科苏特(Lajos Kossuth)；他是一位法学家，他的观点被当权者视作激进思想。科苏特是一位激进的演说者和作家。他以地下报纸《害虫报》(*Pesti Hirlap*)主编的身份，提倡民族主义，领导独立运动。尽管令人鼓舞的民族主义在这个事例中产生了积极结果，但在其他情况下，熊熊燃烧的民族主义热情却造成了更多的伤害，而非产生好的结果。1898 年，美西战争主要归因于报纸所有者威廉·伦道夫·赫斯特(William Randolph Hearst)，他鼓励记者们去燃起美国公众的热情，使他们支持战争，大多数现代历史学家认为这场战争根本不必发生。

电报与电话

1800 年代中期至晚期是新闻业在全世界进一步扩张的时期。技术是部分原因：蒸汽动力火车更快地将人们运输到其他城市，这对于那些试图安排一次采访的记者来说是好消息。更好的消息是电报的发明，这使远距离通信极其迅速。在欧洲和北美洲，新公司被建设起来，用于聚集新闻。第一家新闻公司由查理-路易·哈瓦斯(Charles-Louis Havas)于 1832 年创建，名为哈瓦斯通讯社；它最初翻译来自外国的报纸，但到 1835 年扩版涵盖了全球的事件。政府不断检查它，但哈瓦斯通讯社变成了法语报纸的可靠来源。它以法新社的名字幸存到今日。在 1848 年 5 月，美联社(AP)在纽约创建，创建者是大卫·哈勒(David Hale)和詹姆斯·戈登·贝内特(James Gordon Bennett)；它为其美国加盟报纸提供北美各地的新闻。1858 年，美联社第一次通过跨洋电缆从欧洲获取新闻。

当电报的使用扩展开来以后，报纸在同一天收发新闻成为可能，甚至从遥远的殖民站点。 1623
这促使有冲力的报纸越来越寻找更多关于世界事件的信息。在欧洲，1851 年 10 月，一个在伦敦工作的德国移民保罗·尤里乌斯·冯·路透

流行的《无线广播新闻》(*Radio News*)，即“百分百无线电杂志”(the 100 % wireless magazine)，在 1923 年的售价是 25 美分

(Paul Julius von Reuter)开始通过电缆在伦敦和巴黎之间传递股市信息。在电报发明之前，他使用的是所谓的信鸽通信，即通过信鸽传递信息。他的新公司路透社迅速扩大，提供新闻搜集服务，与美联社的新闻相似。英国报刊界的成员是其最早的顾客，但很快路透社就在整个欧洲有了加盟者。1865 年，路透社成为第一家掌握了总统林肯被刺杀消息的欧洲新闻公司。其他欧洲国家也建立了自己的新闻搜集组织，经常是因为获取全球商业信息的需要而创建，这些信息会影响到它们。在欧洲之外，新技术缓慢到达，因此诸如澳大利亚《悉尼先驱报》这样的报纸仍然依赖于船只运来的新闻。直到 1858 年和 1870 年代中期，成功铺设跨洋电缆后，澳大利亚主要城市之间才建立起电报联系。

现代电报技术的缺乏也是中国面临的问题。清政府在 19 世纪 70 年代与俄国战争之前似乎没有发现电报电缆的必要性。快速通讯的缺乏阻碍了条约谈判，并导致中国签订了几个令人不快的条约。公众义愤填膺，这提供了电缆扩张的动力：从 1884 至 1899 年，27 500 千米的电缆得以铺设。其他国家对中国主权和领土的侵犯导致了民族主义情感，从 19 世纪 60 年代到 80 年代很多报纸和杂志的创办体现了这点。在世界其他地区，某些拉丁美洲国家在 19 世纪 50 年代铺设了电报电缆，奥斯曼帝国也这样做了，而且电缆也被铺设在欧洲殖民地地区。

无线电广播和电视

20 世纪还带来了新闻业的另一个巨大变化，这是另一个技术进步的结果。发明家古列尔莫·马可尼(Guglielmo Marconi)和尼古拉·特斯拉(Nikola Tesla)都在做无线电通信的实验，或者在做后来所谓的无线电广播的实验。人们通常认为第一个广播是由加拿大工程师雷金纳德·费森登(Reginald Fessenden)在马萨诸塞州做的实验，但确切年代不能确定。这事实上是很多争论的主题：一些史料说它发生在 1906 年圣诞前夜，而其他史料认为它发生在更早的时候。

一些最早的世界范围的商业无线电台是由企业操作的，它们希望售卖商品或无线电装备。在北美，最早的无线电台是蒙特利尔的 XWA(后来的 CFCF)，归马可尼无线电报公司所有。它在 1919 年 12 月开始广播。另一个早期无线电台是宾夕法尼亚州匹兹堡的 KDKA，归西屋电器所有，该公司制作电子设备。另一个电台是美国密歇根州底特律市的 8MK(后来的 WWJ)，归报纸《底特律新闻报》(*Detroit News*)所有。至少有一个早期北美电台——爱荷华州文顿市的 WIAE——在 1922 年归一个妇女所有，她是 1624 玛丽·齐默尔曼(Marie Zimmerman)。墨西哥在 1923 年 12 月获得第一个电台，CYL 在此时开播，两个商人和墨西哥城市报纸《宇宙报》(*El Universal*)联合创办，这两个商人是劳尔(Raul)和路易·阿兹卡拉加(Luis Azcarraga)。波多黎各的第一家商业电台 WKAQ 在 1922 年从圣胡安开播，由华金·阿古提(Joaquin Agusty)开播，他也因为与业余无线电台的合作而著称。古巴的第一个电台是 PWX，归哈瓦那的古巴电话公司所有；美国的无线电粉丝称他们在 1922 年听到了它的强大信号。

新闻在 1921 和 1922 年的几个电台广播，实况体育节目也在这个时间转播。但美洲电台节目的主题是音乐。最初，因为很多电台的拥有者都来自上层社会，他们感到自己的责任是教育和提供“优质”音乐(歌剧和古典音乐，以抵制爵士乐，他们认为爵士乐是粗俗的)，但公众逐渐对舞蹈和流行音乐的需求在大多数电台获得胜利。无线电广播是独特的，因为它是第一个将正在发生之事告诉人们的大众传媒，它也使穷人和有色皮肤的人可以进入一些他们常常被排除在外的地方。通过无线电广播，人们能够聆听到最伟大的音乐家，能够向最著名的教授学习，或者只是在自己家里享受涤荡心灵的歌曲。当某些歌曲或某些演奏者在全国变得流行时，无线电广播有助于创造一种共同文化。

早期无线电广播也在其他方面突破边界。其信号可以覆盖很大范围，听众竞赛看谁能够接收到最遥远的电台。1921 年，马萨诸塞州的第一个女播音员尤尼斯·兰德尔（Eunice Randall）告诉一家报纸，她收到了一个“粉丝”的邮件，这个“粉丝”在伦敦收听她的播音。诸如《无线电广播新闻》（*Radio News*）这样的无线电广播杂志开始印刷外国电台列表，以便听众能够将他们听到的电台写下来。正是在北美，无线电广播改变了人们的生活。《无线电广播新闻》在 1925 年 9 月报道了无线电广播正在怎样影响着贫穷的俄国村庄的农民。无线电广播电台和扬声器在一个公共播音屋里建立起来，结果人们能够聚在一起，听取世界新闻；群众热切地等待这些广播，结果他们能够发现他们村庄范围之外正在发生的事情。与此同时，政府开始允许私人在莫斯科拥有电台，已经超过 5 万个接收者在使用私人电台。到 20 世纪 20 年代中期，很多欧洲城市举办无线电广播博览会，公众能够在博览会上会见无线电播音员，并观看最新的无线电接收设备。

到 1926 年晚期，美国第一个国内广播开播，即全国广播公司，或 NBC。它能够为其加盟者提供那些拥有著名广播员的极好的节目，因为广播完全由广告商支持，他们经常选择有才能的人并决定广播什么，这种特权导致妇女在语音广播中的作用被忽略，而少数民族人员也很少被雇佣。到 20 世纪 20 年代末期，没有几家曾建立起最早电台的小企业能够维持电台的运营。

在很多国家，正是政府运作电台，这些电台依靠向听众收取费用的方式来维持运转，听众为了拥有无线电接收设备而不得不支付接收费。英国是一个这样的国家。英国广播公司（BBC）创建于 1922 年，它的第一个电台 2LO 在当年的 11 月份开播。从一开始，政府的兴趣就是尽力限制新闻广播的数量，唯恐无线电广播能够影响公众的政治主张。报纸也游说政府去限制无线电广播从事新闻广播，因为报刊记者将无线电广播视作竞争者。

就像在英国那样，在法国、丹麦和德国，政府在 1920 年代早期迅速建立起对广播的控制。至少在一个地方，无线电广播完全被天主教会控制了：梵蒂冈城的第一个电台建立于 1930 年代晚期，该电台使人们把其信息传播到全世界。

在阿根廷，一个商业电台——阿根廷无线电广播——在 1923 年 11 月获得批准，布宜诺斯 1625
艾利斯的一家高功率电台 LPZ 在 1924 年开播。阿根廷也是美国制造的无线电接收器的杰出市场。在秘鲁，早在 1921 年 7 月，利马的官办短波电台按照总统奥古斯都·莱吉纳（Augusto Leguia）的要求开播；它主要广播天气预报和其他对军事和政治有用的信息。秘鲁的第一家商业电台或许是利马的 OAX，它在 1925 年 6 月开播，广播娱乐和教育节目。拉丁美洲的很多电台都由私人公司运作，尽管它们有时受到政府的审查，但整体上它们可以自由广播。

无线电广播缓慢地来到亚洲。事实上，在 1927 年，整个亚洲的电台不到 30 个，而北美则有几百个。在中国，美国和英国商人似乎已经建立起了最早的电台，其中之一是 1922 年在上海建立起来的。但政府不允许无线电广播的广泛传播；到 1931 年，整个国家只有 80 个电台。中国香港当时被英国实行殖民统治，政府同样谨慎：业余无线电爱好者早在 1923 年就建议建立无线电台，但直到 1928 年才获批准。直到 20 世纪 30 年代，香港只有一个电台。相较而言，无线电台在日本受到欢迎，自从 20 世纪 20 年代日本无线电业余爱好者就要求建立电台。日本的东京放送局（JOAK）是第一家商业电台，在 1925 年 3 月开播；大阪和名古屋的电台也紧跟着开播。日本广播协会(NHK)在 1926 年作为日本官方国家广播公司成立。它以英国 BBC 为模式建立,控制了 3 家在广播中的电台,并继续将其范围扩大到全国。

在 20 世纪 30 年代,NHK 也涉足早期电视的实验,就像苏联当时做的那样,苏联早在 1931 年就进行了电视实验。荷兰在 1935 年有了电视广播,英国在 1936 年 10 月开始国家电视服务:第一家英国电视广播以一首歌曲为特征,即"魔幻光线",肯定地表达了那些观看了电视的人必定感到的惊讶。甚至在电子电视出现之前,英国就有很多非常原始的机械电台,在 20 世纪 20 年代晚期零星地广播。苏格兰籍发明家约翰·罗杰·贝尔德(John Logie Baird)被视作英国机械电视之父;尽管他的方法产生的图像质量非常差,但他还是赢得了大量观众。在美国,发明家查理·弗朗西斯·詹金斯(Charles Francis Jenkins)是机械电视之父,他也在 20 世纪 20 年代晚期指导一些电台。但正是一个相当优越的技术的发展,最终导致美国电视产业取得成功,这个技术便是电子电视(美国有时将这个殊荣赋予自由的西海岸发明家斐洛·法恩斯沃斯[Philo Farnsworth],有时授予一个为 RCA 工作的合作发明家弗拉基米尔·兹沃里金[Vladimir Zworykin])。

殖民主义在国际广播史上发挥了重要作用。殖民政府建立无线电台(和后来的电视台)并控制其内容,就像他们曾对报纸做的那样。即使那些出于商业目的建立起来的电台也是由法人操作的,并经常有利于法人的利益。早在 1922 年,英国马可尼公司想售卖信号接收设备,试图在印度孟买和加尔各答开设电台。印度的一个业余组织——孟买无线广播俱乐部——在 1923 年开始做一些节目,但最早的商业电台直到 1927 年才开始。当第二次世界大战即将爆发这件事情变得明显时,扩建无线电广播以给处于困难时期的公众提供更多新闻和娱乐就显得很必要了。但国家电台(全印度无线电)直到印度在 1947 年获得独立才繁荣发展起来。在中美洲,联合水果公司对广播内容有重大影响,确保新闻报道是受人欢迎的、无人挑战公司对香蕉产业的控制。即使在殖民政府管理下,民族主义
也能够导致广播内容的冲突。在巴勒斯坦的英 1626
国托管区(今日以色列),英国于 1936 年 3 月建立起巴勒斯坦广播电台。尽管 BBC 广播员训练这个电台的职员,节目是以希伯来语、阿拉伯语和英语广播的,但犹太人和阿拉伯人都对广播内容不满意。同样的问题也发生在很多其他存在种族划分的国家。在这些国家,种族紧张关系在争夺对国家无线电广播电台的控制中展开。

媒介划分:对富裕国家和贫穷国家的情况进行比较

一直在引导国际媒介发展趋势的组织是联合国教科文组织(UNESCO),它于 1974 年在哥斯达黎加针对通信政策举行了第一次国际会议。在这次会议上,发布了一份宣言,鼓励国家在起草其通信政策时,应该考虑国家现实,也应该促进思想的自由表达,尊重个人和社会权利。在接下来的会议中,发布的很多宣言都是关于保护记者权利,给所有人——而非仅仅是富人和强大者——提供信息的。一个国际委员会由 15 个国家的成员组成,在 1977 年召集,开始发布关于媒介状态的报告。他们的第一份报告《一个世界,多种声音》(*Many Voices, One World*)于 1980 年发布,是第一份对富裕国家和贫穷国家传媒的深入研究。它区分了媒介使用渠道的差异。例如,在非洲,1976 年的统计表明仅仅 3%的人拥有无线电广播;这是麻烦事,因为"无线电广播对于发展中国家是至关重要的,因为发展中国家的报纸向农村地区的渗入率较低……"(MacBride, 1980)。委员会也鉴别了那些能够跟得上通信技术进步的国家。例如,根据

1979年的研究成果，日本拥有亚洲5%的人口，然而它却拥有“66%的报刊发行量、46%的无线电接收者、63%的电视设备和89%的电话”(MacBride, 1980)。研究发现，在印度拥有835种不同的报纸的同时，还有8个非洲国家根本没有日报，而其他国家只有周报或双周报，这些报纸还集中在主要人口中心。甚至在那些拥有无线电广播或报纸或电视的发达国家，大多数覆盖范围基本上是在最大的城市。尽管媒介合并在1980年还是与今天不一样的问题，但有证据表明少量精英控制着很多国家的通信。正如委员会注意到的，签发一份关于出版自由或公平接入的宣言，并不意味着那些目的会得以实现，或者政府将合作。

自从联合国教科文组织发布第一份报告以来，更多的国家现在拥有了技术，越来越多的国家有了互联网报纸。或许非洲第一份互联网报纸是《邮政卫报在线》(*Mail and Guardian Online*)，在南非始于1994年。沙特阿拉伯大约在1998年开始英文互联网报纸业务——《阿拉伯新闻在线》(*ArabNews Online*)；它是英文日报《阿拉伯新闻》(*Arab News*)的分支，后者在1975年创办。普通沙特阿拉伯人可以获得的新闻还是受到限制。用英语交流的能力主要归精英拥有，他们在私人学校受到语言教育，因此他们能够与西方进行商业活动。普通人主要去宗教学校，但受教育的精英在当时和现在都获得英语教育。在线阿拉伯新闻用英语出版，这使它能够被受过教育的沙特阿拉伯外派人员和美国以及英国外交官阅读。沙特阿拉伯的统治阶级和牧师首先反对诸如无线电广播这样的现代化，据说这样的现代化直到20世纪30年代才开始，在国王阿卜杜勒·阿齐兹(Abd al Aziz)将无线电广播与宗教目的联系起来，进行空中宗教教义课程和教授文盲更多关于其宗教的内容时，牧师才接受了无线电广播。对于那些可以接触网络的人来说，互联网能够提供一种抵制暴政的方式。阿富汗的妇女人权积极分子建立了阿富汗妇女革命协会(RAWA)，并在20世纪 1627
90年代利用在线通信和网络动员全世界的支持者。甚至在那些普通公民不容易接触互联网的国家，流亡者常常能够用互联网将他们国家正在发生的事情传播开来。实施镇压的政权要想控制信息或阻止信息传播，已经变得更难了，但它仍能够进行：在缅甸，专制政府成功地使人们不能听到异议；在伊朗，当反对派要求在2009年享有选举合法性的时候，政府禁止西方电视和无线电记者，关掉大多数网站，并限制人们接触社会网站。

大众传媒与暴力

记者可能是危险的职业。维也纳国际报业协会报道，在2003年有64名记者被杀害，其中19位死在伊拉克，9位死在哥伦比亚。也是在2003年，保护记者委员会提名伊拉克、古巴、津巴布韦、土库曼斯坦和孟加拉国为记者最不安全的地方。根据保护记者委员会(CPJ)的报道，尽管当伊拉克是战争区时，任何关于战争区的报道都是危险的；但其他国家则有实施镇压的政府，它们将那些持有这些政府不喜欢的观点的记者关押起来，甚至在一些情况下拷打记者。到2008年，记者的环境始终没有变化，再次有64位记者被杀害，伊拉克和巴基斯坦拥有最高的记者死亡率。在一些国家，记者恰恰在报道了一个政府不喜欢的故事或揭发了有组织的犯罪活动以后便消失了。2007年的墨西哥就提供了这样一个案例，调查记者鲁道夫·里肯·塔拉森纳(Rodolfo Rincón Taracena)在报道了地方毒品走私以后便人间蒸发了。那些揭发拉丁美洲与毒品有关的犯罪的记者也经常处于危险之中：在2006年的秘鲁，40名记者受到攻击；在哥伦比亚，3名记者被杀害，其他很多记者不得不躲藏起来。在海地，新闻仍然依靠口口相传，文盲甚嚣尘上，无线电广播始终是最重要的大众传媒。根据一些报道，大约92%的海地人拥有收音机，国家拥有300多个电台。因为这个原因，政府有时尽力压制国家的无线电台：一家俗语电台的主任让·多米尼克(Jean Dominique)谴责政府，控诉其在选举中舞弊，结果他在2000年4月被枪杀。有一些报道称，海地电台自从那时以来逐渐获得了更多自由，尽管记者获得许可实施自我审查。在一些国家，媒介也被掌权者利用，煽动人们暴动。一个特别臭名昭著的例子是1994年的卢旺达种族大屠杀，政府电台RTML鼓励胡图族人(Hutus)去谋杀少数民族图西族人(Tutsi)的成员。无线电广播称图西族人为“寄生虫”和“蟑螂”，并反复妖魔化他们。一些播音员甚至指出图西族人住在哪里，并鼓励胡图族人去杀死他们。

展望未来

在伊斯兰世界，有线新闻电视台阿拉伯半岛电视台在1996年的出现是引人注目的。批评者称卡塔尔电台是感觉论的和有偏见的，并谴责它激起了阿拉伯世界的反犹和反美情绪。但很多穆斯林反击说它是第一个从亲阿拉伯的视角进行报道的广播网。与美国有线电视新闻网(CNN)或福克斯新闻网(Fox)等显然具有美国和西方观点的美国有线电视网络不同，阿拉伯半岛电视台称伊拉克的美国军队为“占领者”，称那些对抗美国人的人为“抵抗战士”或“殉道者”，而非“激进分子”。阿拉伯半岛电视台自从建立以来的数年间已经在规模和影响上获得发展；自从2003年以来，它与迪拜的阿拉伯电视台竞争，后者也从亲阿拉伯的视角提供新闻，但受
1628 到西方观察者的监督，覆盖范围更小一些。观察这些电台在接下来这些年的走向是有意义的。在21世纪前10年，有线电视已经越来越多地出现在更多的阿拉伯国家。尽管很多拥有无线电广播和电视的阿拉伯国家在本质上是宗教的，但也有一些国家广播更宽泛的节目，包括流行电影。一个事例是阿拉伯无线电和电视广播公司(ART)，它在1993年之前就在沙特阿拉伯建立起来了。

当全球化影响到商业在世界范围内运行方式的时候，它也影响到了大众传媒。在美国，广播媒介的撤销管制规定开始于20世纪80年代的罗纳德·里根(Ronald Reagan)总统时期，随着比尔·克林顿(Bill Clinton)总统签发1996年电信法案而达到高潮。电信法案提高了一个公司可以同时拥有多少个电台的限制条件。并非像支持者宣传的那样它将鼓励竞争，最终的结果是它将权力巩固到几个巨大的传媒集团的手中，其中几个巨大的传媒集团(清晰频道传播公司一度拥有1 000多家无线电电台，是一个主要关心促销的公司；新闻集团是有线频道福克斯新闻和大量报纸以及杂志的所有者)依赖于保守政策和共和党。批评者谴责称，在逐步确定对伊拉克入侵的过程中，这些传媒集团压制不同观点，仅仅播出支持战争的观点。

类似的传媒合并发生在加拿大，在1985至2000年间，合并以引人注目的方式发生。2000年，68%的电视台受5家大公司控制，而且一个企业集团霍林格公司很快拥有或掌握了80%加拿大日报的财政利润。最终，财政问题导致霍林格公司卖掉了很多报纸，但它们被另一家企业集团加西新闻社(CanWest)收购。

传媒合并在欧洲很多地区也是活生生的事实。在英国，越来越多的压力要求政府放宽传媒所有权法。取消限制的一个主要支持者是鲁伯特·默多克(Rupert Murdoch)。除了拥有美国企业集团新闻集团外，他还拥有几家英国报纸(包括伦敦《泰晤士报》和小型报纸《太阳报》)和一家名为英国天空电视台(BSkyB)的卫星电台以及澳大利亚的传媒产业。批评者指控默多克对那些不符合其政治观点的新闻故事进行删

改。与此同时，在意大利，有争议的总理西尔维奥·贝卢斯科尼(Silvio Berlusconi)也依赖传媒所有权。他的家族拥有的公司控制着意大利电视台，他试图通过立法允许他的企业集团扩张其对报纸的所有权。他也用他的影响确保国家运营的广播公司RAI处于那个支持他的董事会的控制下。批评已经谴责他运用其财富操纵媒体报道，以避免他那有问题的财务往来受到审查。

在其他国家，一种类似的传媒合并倾向也出现了。在媒体一度由政府管理的专营组织构成的地方，新关系是商业传媒集团正以国家管理的传媒曾经做的方式压制反对声音。

在那些压制常常是生活一部分的国家里，出现了一些有前途的传媒迹象。1991年苏联解体以后，一个相对自由的报刊时代开始在俄罗斯出现。弗拉基米尔·普京(Vladimir Putin)时期比苏联统治时期自由多了。但是，在俄罗斯做记者仍是有风险的。在海地，自从2004年总统阿里斯蒂德(Jean-Bertrand Aristide)被罢黜以来，政府关停的无线电台已经静悄悄地再次开业了。在卢旺达，一个新电台促进的是友谊和娱乐，而非仇恨。与美国的流行音乐无线电台相似，基加利(Kigali)的卢旺达无线电台有机会召集听众，有清晨脱口秀、现代流行音乐、甚 1629
至儿童琐事竞赛等节目，在竞赛节目中获胜者可以进行广播。年轻而口齿清晰的播音员为听众提供有关健康的有用信息，他们也教授宽容。在那些无线电广播曾经是部分问题的地方，它正尽力成为治愈过程的一部分。

进一步阅读书目：

Berg, J.S.(1999). *On the Short Waves, 1923 - 1945: Broadcast Listening in the Pioneer Days of Radio*. Jefferson, NC: McFarland & Co.

Ginsborg, P.(2004). *Silvio Berlusconi: Television, Power & Patrimony*. London: Verso.

Glaister, Dan.(2006, February 13). Media: Shooting the Messengers: Journalists in Latin America Face Increasingly Violent Intimidation from Drug Gangs Who Do not Want to See Their Activities in Print. *Guardian*, p.1.

Hayes, J. E. (2000). *Radio Nation: Communication, Popular Culture and Nationalism in Mexico*. Tucson: University of Arizona Press.

Hilliard, R.L., & Keith, M.(1996). *Global Broadcasting Systems*. Boston: Focal Press.

Landes, J. B. (1988). *Women and the Public Sphere in the Age of the French Revolution*. Ithaca, NY: Cornell University Press.

MacBride, S. (Ed.).(1980). *The MacBride Report: Many Voices, One World*. Paris: UNESCO publications.

McChesney, R.(2000). *Rich Media, Poor Democracy*. New York: New Press.

O'Sullivan, T., Dutton, B., & Raynor, P. (1994). *Studying the Media: An Introduction*. New York: Routledge. Read, D.(1992). *The Power of News: The History of Reuters*. Oxford, U.K.: Oxford University Press.

Scannell, P., & Cardiff, D.(1991). *A Social History of British Broadcasting*. London: Basil Blackwell.

Stevens, M.(1997). *A History of News*. Boston: Harcourt Brace.

Vipond, M.(1992). *Listening in: The First Decade of Broadcasting in Canada, 1922 - 1932*. Montreal, Canada: McGill Queen's University Press.

唐娜·哈尔波(Donna L. Halper) 文

郭子林 译，张瑾 校

Mathematics 数学

21世纪关于数学史的理解可以追溯到过去的传统欧洲中心论，后者认为希腊人在数学上获得了最大的发展；它现 1630
在从全球史的角度看待各个时代的数学成就和数学领域的跨文化交流。

传统数学史形成于20世纪初，反映了欧洲人对那个时代的影响。根据这个传统历史，最早值得提及的数学在古代希腊兴起，并一直导向今日西方大学里的现代数学，而中世纪时代除外。自从20世纪中叶以来，数学史家已经将他们的学科范围扩大了。新的历史证据和对其他文化态度的转变也使这种数学史更复杂、更全球化了。同样重要的是关于什么是数学的看法的变化。真正全球性数学史研究中的关键是数学本身定义方面的弹性。民族数学指的是一个特殊社会的数学实践，包括超越狭义学术性的数学运算，例如娱乐、艺术、计算和其他领域。一个在概念上更广义的数学定义已经直接导向了地理范围更广阔的数学史。通过比较世界各地的计数体系，例如印加人的结绳计数(用绳结来记录数字)，我们可以看到数学实践中最大的多样性。

向着希腊化综合发展

数百块保存完好的泥版(大多数是大约公元前1700年的)揭示了古代美索不达米亚计数体系中的六十进位制，这个体系对于古代代数的发展是足够的。关于早期埃及数学的史料非常少。最早的史料是“阿默士纸草”(Ahmes Papyrus)，是大约公元前1900年一个较早版本的抄写本。埃及人不仅发明了以分数(1/4、1/3、1/2，等等)为基础的特殊算术，还详细阐述了实用性的计算几何学，用一些方法计算角锥体金字塔的容积，并得出了非常近似的圆周面积。

最近历史学家们才开始积极地重新评估美索不达米亚和埃及的成就，因为它们最早的数学都没有采用希腊人的演绎和理论方法，而这个方法是现代数学定义的核心。然而，希腊人本身明确表达了埃及人对他们的数学知识的贡献。而且，马其顿的亚历山大征服之后，将希腊思想传播到整个西南亚，一种共享的希腊化文化将新世界的数学家们统一起来，希腊几何学大家欧几里得(Euclid，公元前3世纪早期)在埃及首都亚历山大城教书。希腊化世界见证了希腊演绎几何学与相邻民族代数学和经验主义数学的极大综合。

印度数学 1631

最早的印度数学是出于宗教目的而清楚地表达出来的。几何学在《绳法经》(从技术上讲，它是约公元前3000年印度教圣典《吠陀经》的附属品)中发展起来，采用了复杂的技术，包括毕达哥拉斯定理，为的是指明正确的方向和有效地构建祭坛。《阿闼婆吠陀》(*Atharavaveda*)描述了复杂的重叠三角形图案，用于沉思。

或许在吠陀时代，也许是7世纪(或许受到中国旅行者带来的算盘的启发)，一个十进位制的计数体系出现了，原则上与我们自己的计数体系相像：不同的数字符号代表0到9的数字，每个数字符号的实体都与一个十进位制相关，并以它在数字中的位置为基础(然而，这种计数体系最早的、时间明确的铭文于683年发现于柬埔寨)。最早的数学知识在口头诗歌里保存下来。

大约公元前500年,吠陀献祭的衰落转移了印度数学的焦点。发展中的佛教和耆那教的传说涉及大量数字(耆那教于公元前6世纪起源于印度,教授灵魂的解放)。例如,佛教文献集《相应尼迦耶》(*Samyutta Nikáya*)把劫(kalpa)定义为时间单位,这个时间比一个世纪用丝绸擦拭1 000立方米的岩石一次并最终将其侵蚀掉所用的时间还长。耆那教教徒用级数和排列工作,他们的理论认为并非所有无穷数都是平等的;这种见识直到19世纪才引起西方数学的注意。随着巴克沙利(Bakhshali)手稿实际商业代数的出现,印度数学才失去了其主要应用于宗教的传统。

后来,印度数学在不定方程组和三角学及其应用到天文学领域等方面取得突破。几何学著作用表达颜色的梵语词语的缩写字母代表未知数,就像现代的x和y。直到现代,字母表中代表数字的字母的应用加强了印度数学的诗意。到15和16世纪,印度喀拉拉邦(Kerala)的数学家们研究圆周率和三角函数的幂级数(级数为系列术语的概括,这些术语后面是某种方程式,是无限的),预示了英国物理学家和数学家艾萨克·牛顿(Isaac Newton)以及德国哲学家和数学家莱布尼茨(G. W. Leibniz)在17世纪(独立地或通过葡萄牙人)获得的很多结果。公式的证明和派生在整个印度数学传统中是十分罕见的。

中国数学

现存最早的数字出现在中国商代用于占卜的龟甲上,用一些符号表示1到10、20到100、100到1 000、1 000以上等。最古老的论述是《周髀算经》(关于日晷和天空圆周路径的算术经典著作,前500—前200),是一份古老的天文学文本,包括一个关于毕达哥拉斯定理的演示。在中国,至少到秦朝,计数棒就被用在初级算术运算中了。中国也夸耀自己发现了目前所知最早的纵横图,这是数字的矩阵。在这里面,每一行、列和主对角线都产生相同的数。纵横图具有护身符的意义,这使它们传播到了蒙古和西藏,尽管直到13世纪,在杨辉的著作中它们还都在规模上限于3乘以3。

主要经典史料是《九章算术》,创作于汉朝。该书具有突出的实用性,其9章中包括246个处理土地测量、小米与大米的比例、三维立方体的容积和税收估计等问题。一些结果是超前的,如 1632
联立线性方程的方法与后来德国数学家和天文学家高斯(C. F. Gauss, 1777—1855)提出的方法非常接近。这本著作的杰出性鼓舞着后来几个世纪里大量评注者去阐明模糊的解释。如果对于一些人来说评注抑制了创造性工作,那么其他人习惯于用评注去介绍原初研究。

尽管几何学主要停滞在《九章算术》的水平,但中国学者在代数学和算术方面取得了重大进步。在5世纪,祖冲之计算出圆周率小数点后7位数,这个成就到大约1400年才被印度数学家摩陀婆(Madhava)首先超越。1247年,用于表达零的符号"0"首先出现。在这个世纪晚期,郭守敬成为中国第一个解决球面三角学的数学家。这两大进步可能是在阿拉伯和印度影响下发生的。中国数学家朱世杰提到了法国科学家和哲学家布莱茨·帕斯卡尔(Blaise Pascal)的三角形和代数方法,用于解决联立方程和高度方程。直到18世纪,欧洲代数才赶上中国代数。

伊斯兰数学

伊斯兰阿拔斯哈里发(伊斯兰精神领袖的职权或领域,750—1258)赞助代表团从各种文化中搜集天文学文献(和学者)。伊斯兰数学有两

> 不懂几何学的人不得入内。
>
> ——柏拉图(约前 427—约前 347)学园门上的铭文

套主要史料。第一套主要史料由波斯史料和印度史料构成，主要特征是天文学表格和代数方法。第二套主要史料是希腊化史料，有时通过叙利亚中间人和翻译传播开来。在第二套史料的著作中，有一些演绎和抽象方法；希腊化史料表明这些方法起源于希腊。

在最早的伊斯兰数学传统中，最著名的发明者是花剌子米。他的论文《完整与平衡计算》给我们提供了单词代数学和印度按位计数系统，或许已经随着景教(与 431 年之后从拜占庭基督教分出来的一个教会有关)基督徒迁出印度了；这些基督徒发现它在计算东方日期方面有用。在第二个数学传统中，泰比特·伊本·昆拉(Thabit ibn Qurra，约 836—901)证明了毕达哥拉斯定理，试图证明欧几里得的平行公理，并在求积法(应用于从假定尺寸规格或角度对长度、面积或体积进行计算的几何学)和球面三角学方面有所发现。

除了保留阿拉伯翻译中这些较早的文本和在这两个传统中进一步发展，伊斯兰世界的几个数学家试图对希腊演绎几何学和印度代数进行综合。两条进路的融合最好地表现于几何学应用于代数学，而这显然发生在用几何学解决二次方程式和三次方程式的问题中，后者是花剌子米与波斯诗人和数学家奥玛·开阳(Omar Khayyam，约 1040—1123)追求的。除了追求在平行公理方面取得进一步发展，奥玛·开阳追求历法改革和比例理论，后者对解决伊斯兰法中的继承问题有用。埃尔·喀什(Jemshid Al-Kashi，1380—1429)依赖于一个由 805 306 368 个面构成的近乎圆周的多边形物体，得出圆周率的近似值到小数点后 16 位。在 10 世纪，阿拉伯数学家通过将一个小竖线放在单位的上面，起到与现代小数点一样的作用，提高了印度数字体系。纳西尔·埃尔-丁·埃尔-图斯(Nasir al-Din al-Tusi，1201—1274)参与了波兰天文学家尼古拉·哥白尼(Nicolaus Copernicus，1473—1543)提出的宇宙模式的数学改进。

向着欧洲综合发展

10 世纪，印度数字到达欧洲，依靠意大利数
学家莱昂纳多·斐波纳契(Leonardo Fibonacci，
1170—1250)的《算书》普及开来，慢慢克服了各
个政府(假设这种制度有助于行骗)的禁令；这些 1633
禁令一直持续到瑞典国王查理十二世(Charles
XII，1682—1718 年在位)时期。我们现代数字
的印度-阿拉伯体系以其易于计算吸引着商人，
并以其易于变化的数字吸引着骗子。在欧洲，对
数学的抵制并不局限于新的数字体系。德国宗
教改革者马丁·路德(Martin Luther)认为数学
与神学敌对；英国牛津大学几何学萨维里
(Savilian)教席的建立，促使一些持有上述认识
的父母将其孩子们从学校接走，唯恐他们受到
恶魔般的数学的影响。

13 世纪早期，意大利数学家莱昂纳多·斐波纳契在欧洲传播印度-阿拉伯数字体系

在现代早期，随着欧洲人对全球各地造成越来越多的影响，他们也开始控制数学传统，后者本身正在从其他文化中吸收可兼容的因素。单个数学潮流或许由很多文化支流构成，它的优势是现代数学的特征。

欧洲与中国的数学交流表明全球联系是怎样创造了这个单独的潮流。1607 年，耶稣会士利玛窦（Matteo Ricci）和基督教皈依者徐光启（1562—1633）把欧几里得的《几何原理》翻译成中文。尽管欧几里得的演绎与《九章算术》的归纳法形成鲜明对比，但这个译本在后来的中国数学中产生了很大影响。徐光启杜撰的很多技术几何学词汇今日仍在使用。其他跨文化数学交流则不是那么确定。喀拉拉邦的数学已经传播到中国，《几何原理》可能已经由阿拉伯人引入。在其他方向，耶稣会士可能将中国一些先进的代数学报告回意大利。

在中国政府赞助下出版的文本《数理精蕴》（《数学基本原理辑录》，1723）标志着西方科技与中国数学整合的结束。在接下来的皇帝统治时期，一个新的闭关政策限制了西方研究成果进入中国。一些中国人对古代数学文献版本进行批判研究，而其他人则在孤立于西方学术的情况下进行研究。在 1859 年，戴煦（1805—1860）证明二项式定理与牛顿无关，牛顿自己 1676 年的证据还没有到达中国。

印度奇才斯里尼瓦瑟・拉马努金（Srinivasa Ramanujan，1887—1920）和他在数字理论方面的发现处于西方数学主流之外。尽管他的天赋没有同时代匹敌者，但他关于数学的知识是有限的。因而，他的一些原理（例如关于素数的理论）虽被描述为天才的，但是错误的。他对证据漫不经心的态度促成了这种背景，尽管这在事实上符合印度教育传统，即把证明和评论留给学生们。

20 世纪已经带来了突出的数学学术的国际传统，后者常常超越地理政治分类。在 1897 年，208 位数学家在瑞士苏黎世聚会，这是第一届国际数学大会（ICM）。他们代表 16 个国家，其中有 12 位来自俄罗斯，7 位来自美国，还有 4 位妇女。1912 年的剑桥国际数学大会有 574 位参会者，其中 82 位是非欧洲人。第一次世界大战以后，国际数学联盟（IMU）建立起来，将战败的德国排除在外，直到 20 世纪 20 年代国际数学联盟 1634 采取了有原则的中立立场，这个政策采取容忍态度，尽管受到第二次世界大战和冷战的挑战。主流确实多少划分为共产主义数学家和西方数学家，经常以不同的方法得出同样先进的结果，或者在不同的方向上得出落后的结果。发展和交换委员会（1978 年以前被视作"数学家交换委员会"）在 1959 年建立起来，旨在促进工业化国家之外国家的数学发展。非洲数学联盟在 1976 年成立，尽管很多数学家从不发达国家向西方研究机构逃离不断引起某些观察员的注意。

展望未来

随着历史学家发现新史料和对旧态度提出问题，全球数学史将不断扩展。数学的本性或许使它更可能实现完整的跨文化边界移动，而且对数学思想在全球范围内传播的严肃调研才刚刚开始。不幸的是，因为如此多的数学已经在传统中演进了，以至于不能估计史料的引用，所以准确地传递线索将难以重构。

进一步阅读书目：

Ascher, M. (1991). *Ethnomathematics: A Multicultural View of Mathematical Ideas*. Pacific Grove, CA: Brooks/Cole Publishing.

Ascher, M. (2004). *Mathematics Elsewhere: An Exploration of Ideas Across Cultures*. Princeton, NJ: Princeton

University Press.

Cohen, P.C. (1982). *A Calculating People: The Spread of Numeracy in Early America*. Chicago: University of Chicago Press.

D'Ambrosio, U. (2006). *Ethnomathematics: Link between Traditions and Modernity* (A. Keppel, Trans.). Rotterdam, The Netherlands: Sense Publishers. (Original work published 2001)

Ifrah, G. (2000). *The Universal History of Numbers: From Prehistory to the Invention of the Computer* (D. Bellos, Trans.). New York: J. Wiley.

Joseph, G.G. (2000). *The Crest of the Peacock: Non-European Roots of Mathematics*. Princeton, NJ: Princeton University Press.

Kanigal, R. (1991). *The Man Who Knew Infinity: A Life of the Genius Ramanujan*. New York: Charles Scribner's Sons.

Katz, V. J. (1998). *A History of Mathematics: An Introduction* (2nd ed.). Reading, MA: Addison-Wesley Longman.

Lehto, O. (1998). *Mathematics without Borders: A History of the International Mathematical Union*. New York: Springer.

Li, Y. (1987). *Chinese Mathematics: A Concise History* (J.N. Crossley & W-C.L. Anthony, Trans.). Oxford, U.K.: Clarendon Press.

Powell, A.B., & Frankenstein, M. (Eds.). (1997). *Ethnomathematics: Challenging Eurocentrism in Mathematics Education*. Albany: State University of New York Press.

Selin, H. (Ed.). (2000). *Mathematics across Cultures: The History of Non-Western Mathematics*. Boston: Kluwer Academic Publishers.

Zaslavsky, C. (1973). *Africa Counts: Number and Pattern in African Culture*. Boston: Prindle, Weber & Schmidt.

卢克·克罗西(Luke Clossey) 文
郭子林 译,张瑾 校

Matriarchy and Patriarchy 母权制与父权制

父权制(Patriarchy,直译为"父亲实施的统治")和它的对立面母权制(Matriarchy)是用于解释男女之间系统的社会 1635
关系之历史发展的词语,尤其在关注男性优势和妇女儿童所受压制等问题的女权主义和性别研究领域。

父权制作为当代女权主义理论化和研究中的一个重要解释性概念出现,旨在说明在男性占优势的社会里如何发展和保持系统的性别平等。男性占优势的社会压制妇女和儿童。与其他在女权主义研究和理论中广泛应用的词汇(例如女权主义和性别)相似,父权制及其作为解释性概念在理解妇女压制问题中的应用,也引出了不同的观点。

作为女权主义关于男女之间社会关系之历史演变的理论化和解释性概念,母权制还没有获得相应的广泛认可。母权制是学界争论比较集中的问题,涉及人类社会形成过程中是否存在过母权社会。学界的争论以如下见解为中心,即前母权制存在于采集和新石器时代父权制社会出现之前。这种争论也出现在女权主义宗教研究中,尤其涉及两方面的内容,一是寻找当代女权主义女神崇拜的历史先例，二是记录女权主义运动的神圣历史。有一个相似的事件：美国历史学家最近在试图解释非裔美国人不平等的经济和政治地位时，认为这是“黑人女家长”神话造成的后果。

通过对解释性概念母权制和父权制的讨论，这篇论文将强调一些模式。在这些模式中，这两个概念成为人们讨论社会和相关情况以及制度化环境中的权力的媒介。本文将突出母权制和父权制这两个词语的动态解释模式，并简略叙述这两个概念的相关含义。

什么是父权制？

就最简单的措辞而言，父权制这个词源于希腊语（pater = 父亲，arch = 统治；直译为“父亲的统治”。父权制也具有泛指的含义，即男人的统治；有时更狭义一些，意思是一个由父亲统治妻子和孩子——通常不是成年人——及家庭雇佣者的社会）。但是，父权制这个词语的概念有更多内涵，并非仅仅涉及家庭和家族内部的组织与社会权力关系。它也指代不平等权力的系统歧视性实践，这些实践与相伴而生的宗教和司法框架内的意识形态的认可一起，使男性的优势在社会、文化、经济和政治生活中制度化，而意识形态的认可使这种权力变动制度化和自然化。

社会学家邦妮·福克斯（Bonnie Fox）在论述女权主义理论化和研究作为解释性原则的父权制的过程中，就父权制的局限性和洞察力提出了 4 个主要理论，分别是：(1)作为“集体男
1636 性统治”的父权制；(2)作为“独立制度”的父权制；(3)作为生殖系统的父权制；(4)作为性别系统的父权制。

在第一种情况下，“作为集体男性统治”的父权制这种观点用普遍性词汇定义父权制。这种观点存在很多问题，因为它主张因果关系和非历史主义，缺乏精粹主义，断言所有时代的所有男人都试图控制女人。对于福克斯而言，通过对社会关系的关注而注意因果关系，具有重要意义。

第二个观点，即“作为独立制度”的父权制，提到了因果关系问题，认为父权制的物质基础是男女之间的家庭关系和家族关系。从此观点来看，父权制的基础是妇女对男人的经济依赖和男人通过异性婚姻对性的控制。理论家海蒂·哈特曼（Heidi Hartmann）所说的劳动力的性别划分，允许男人从女人的家内劳动中获益，是男人统治女人的基础。学界对这个观点的批评针对的是动机问题：在这个观点当中，那个渴望统治妇女的男性机构是父权制建立的动机。

弗朗茨·泽维尔（Franz Xavier）的《亚马孙人的女王彭忒西勒亚》（*Penthesilea*, *Queen of the Amazons*，约 18 世纪晚期）。木版画。今日女权主义“斗士”努力斗争，旨在结束性别不平等和对女性的压制

在第三种模式里，即“作为生殖系统”的父权制，动机在于人类的再生产。在他看来，父权制的基础是资本主义环境中社会对人类生殖的控制和管理。这里的焦点在于对妇女性和资本主义生育能力的控制，父权制被视作“双重系统”。

从第四个角度看，即“作为性别系统”的父权制，重点在于传统意义上的性别化个体的生产。从这个观点来看，父权制密切关注“以性别分类的主体”和“以性别分类的主体本身”。前者指的是根据文化定义的“男人”和“女人”的生产，后者是指两种不同性别的生产。这样，父权制是一种“涉及两种不同性别生产的体系，不同的性别受到相互的身体吸引，依赖于劳动关系，确保生物学的再生产，一个有效的经济单位由男人和女人构成”(Fox, 2001)。性别体系是人类社会得以发展的模式的基本部分，在历史上是可变化的。

福克斯强调的综合是这样的，即从性别体系来看的父权制涉及人的生产与再生产，也涉及基本样式的社会的社会组织。在将父权制定义为一种涉及性别分类的主体生产的性别体系时，三个相互关联的领域非常重要：物质资料的生产、人的生产和性别的生产；后者既是社会结构层面的整体，也是个人层面的整体，包括个人之间的关系和主观性。

抵制父权制

既然父权制是人类主观性和社会组织得以组织起来的一个基本方面，并考虑到它持续的
1637 不平等，人们怎样才能抵制它呢？那种旨在结束性别不平等和妇女受压制的斗争以什么为基础？这个问题的答案是女权主义理论家和各个政治阶层的活动家最为关心的，涉及个人之间关系的转换，也涉及较广阔的社会结构。有一个思想已经获得了特别关注，即消除父权制是对那些在资本主义生产中生产男性与女性的标准主观定义的挑战。

这样，理论家阿德列尼・里奇(Adrienne Rich)将女同性恋关系视作对父权制的政治抵制，主要因为它通过使妇女摆脱在异性婚姻和性中的历史从属地位，挑战性别再生产体系。从这个观点来看，“义务异性性行为”是男性统治得以保持下来的根本方式。义务异性性行为指向一种形势。在这种形势下，妇女被迫通过男人强加的文化标准进入异性性行为和婚姻系统，这种性行为和婚姻最终不利于她们，始终保持她们的从属状态。因此，女同性恋关系成为抵制异性性行为的一种方式。但与里奇的观点一样引人注目和有影响力的是义务异性性行为的概念，后者的基础受到挑战，妇女受压制的所在地不是以婚姻或异性性行为为基础，而是以对男性的高度评价和男性对女性性行为的渴求为基础。

挑战父权制，将其作为解说概念

作为解释所有妇女受压制的概念，父权制受到的主要挑战源自黑人妇女和其他有色妇女的理论化。这些妇女批评精粹主义，并把解释的倾向普遍化。这种解释没考虑种族、肤色和作为社会权力关系的阶级的重要性。她们在批评中提出了这样的观点，即所有妇女的经历都是以性别压制为基础的，认为应该考虑以种族、阶级和性别为基础的权力的相互联系。在不同历史时期，在世界不同地区，妇女的生活受到不同程度的影响，关键在于她们与种族、阶级的关系和性别权力关系。

从这个角度看，在美洲蓄奴的美国南部和其他地方的社会里，白人妇女嫁给了那些拥有非裔奴隶的男人，并没有经历受奴役的黑人妇女所经历的性别压抑，这种性别压抑是由父权制造成的。事实上，在一个动产奴隶与种族和肤

中世纪关于《圣经》中父亲和男性统治的描述：亚伦神杖（Aaron's Rod），摩西将红海分开，埃及人被淹死，摩西颂歌

色等级密切联系在一起的社会里，白人妇女的性别、等级和种族地位使她们享有很多特权，这将她们与受奴役的黑人妇女区分开来。这样，1638 黑人妇女经历的奴隶制、种族主义和性剥削的历史可以用于理解黑人妇女的压抑。不加批判地将个别女性的经历应用于父权制这个概念，不考虑妇女多种多样的经历，女权主义者的分析冒险重复以种族和阶级为基础的不平等。因为标准的女性经历必然是按照等级和种族为基础的假设来划分层次的，所以白皮肤的中产阶级西方妇女的经验就成为女权主义分析和理论化的核心内容。

面对这样的理论化，父权制的概念继续被使用，同时关注历史性。例如，理论家伊丽莎白·舒斯乐·菲奥伦扎（Elisabeth Schüssler Fiorenza）将父权制定义为一个相互关联的控制领域的金字塔。她用一个源自希腊语 kyrios（领主或主人）的词语 kyriarchy 去描述父权制的权力，这种权力的运转以相互关联的压制体系为基础，这些压制体系以性别、种族、阶级、文化和宗教为基础。

父权制与神话

尽管用以解释妇女受压制的父权制这个概念已经在当代女权主义理论化中获得了通用地位，但它的对立面——母权制（源自希腊文，直译为“母亲的统治”，但通常更多地被理解为妇女的统治）——尚未被广泛接受，甚至一些人质疑它描述的历史。有一种争论出现在女权主义宗教研究范围内，涉及前父权制文化的现实。在前父权制文化中，妇女的生活和利益受到高度重视。这个女性原则尚未贬值的人类历史时代的证据与宗教实践和形象化的证据直接相关，后者以大母女神的形式表达女性原则（这与父权制文化中的父亲神相对立）。

诸如卡罗尔·克莱斯特（Carol P. Christ）、默林·斯通（Merlin Stone）和金普塔斯（Marija Gimbutas）这样的学者的作品重构和重新解释了历史记录。例如，历史学家伊利亚德（Mircea Eliade）将宗教发展解释为男性占主导地位或以男性为中心的过程，而克莱斯特挑战他的观点，

> 稍多一些的母权制是世界需要的东西，我了解这点。
>
> ——桃乐西·汤普森(Dorothy Thompson，1893—1961)

重构妇女在狩猎-采集时代和新石器时代的作用，认为妇女发挥了非常重要的作用。她用“采集者妇女”这个概念去挑战伊利亚德的主张，即“狩猎者男人”是人类社会的社会再生产的中心。但是，这些重新解释基本上被认为证据不足和一厢情愿而不予考虑，它们的基础主要是创建神圣历史的渴望，而非可靠的考古学解释。事实上，用考古证据加深当代女权主义者的史前史观念已经受到严肃质疑。从这种优势观点出发，为了支持那些关于妇女在这些早期社会中发挥作用的推测，狩猎-采集社会的复杂性基本上被抹杀掉了。但为了获得关于宗教体系和象征的准确结论，根据考古证据重构采集时代或新石器时代的社会结构是非常困难的，一个重构的宗教角色不可能真正体现妇女的地位或她们的社会作用。

事实上，以从妇居社会和母系氏族社会的存在为基础的母权制假设已经遭到质疑(从妇居指的是这样一些情况，即丈夫与妻子的家人一起居住在妻子家人的土地上。母系氏族社会的后代通过母亲的世系追溯其血统)。然而，从妇居和母系氏族社会与母权制不同，因为它们的存在不是以妇女掌握统治男人的政治权力和社会权力为基础。最后，对女神尤其是通过女性身体体现出来的女神、生命周期和再生产潜能的强大关注，可能产生一种关于妇女经历的精粹主义；具有讽刺意味的是，这种精粹主义可能强化父权对女性统治的观念。但当这些批评开始攻击那种关于前父权制社会当中女神历史的研究时，它们没有否定历史重新解释为女性从精神上创造神圣历史的重要性。实际上，从这种观点开始的历史重构在当代女性精神中发挥了强大的意识形态作用。

母权制、父权制争论的一个方面是女性权力的重要性和关于很多最早人口当中母权社会秩序的主张。这些社会中的一些无论过去是、
1639 还是现在是母权制社会，那种认为妇女在这些社会中拥有很多权力和权威的主张，那种认为它们现在是、过去也是母系氏族社会的主张，都是女权主义者族群认同的重要方面。母权制或至少非父权制社会组织发挥作用，将这些社会与那些占据其领土的父权制社会区分开来。

在另一个当代神话创造事例中，母权制的概念被援引，用于表明黑人妇女对黑人男人的柔弱控制是20世纪60年代美国黑人人口中不平等的社会和经济状况的直接原因。在1965年的一份研究中，参议员丹尼尔·莫伊尼汉(Daniel P. Moynihan)认为母权制的黑人家庭结构是黑人妇女和男人面临的不平等待遇的直接原因。要想在较广泛的社会里纠正社会和经济差异，黑人男性的父权制权威是必要的。换言之，莫伊尼汉不是引证从奴隶制到种族隔离时代黑人的社会生活各个领域系统的不平等，而是把黑人社会差异的责任归于黑人妇女。政治哲学家安吉拉·戴维斯(Angela Y. Davis)批评这篇研究论文，认为它是一种思路的延续：这种思路认为黑人家庭的生活在奴隶制时期堕落，并一直持续到后奴隶制时代。戴维斯强调说，恰恰相反，黑人妇女在奴隶制时期的经历以及抵抗斗争和对自己及其家庭的保护，为她们的后代创造了一种新的女人遗产。

不间断的争论

对有关父权制观点的概述表明，父权制产生了一种性/性别体系，后者导致了依据性别分类的主观性。另一方面，母权制并未被广泛地接受为一种理解男人与女人之间关系的发展历史和依据性别分类的主观性的方式。关于前父权制、以女神为基础的社会的真实性和关联性持续不断的争论表明，尽管这种学术的准确性可能遭到质疑，但它有助于为当代女权主义精神运动创造神圣历史。此外，莫伊尼汉1965年的研究成果所支持的黑人母权制神话，可能被视

> 女性在整个历史上都臣服于男性这样的教条，必须被视作人类思维曾经创作出来的最异想天开的神话之一。
> ——玛丽·里特·比尔德(Mary Ritter Beard, 1876—1958)

作另一个简单事例。在这个事例中，母权制概念被用于强调长期存在的种族刻板印象，即黑人妇女弱化了黑人男人，她们禁止父权制权力在黑人家庭内的实施。这种特殊的黑人母权制家庭结构的构建，支持父权制作为美国社会的标准制度。

莫伊尼汉的研究和关于采集时代以及新石器时代人类社会的重新解释，为女权主义精神创造了神圣历史，挑战了宗教史中男性占主导地位的记述，指出了母权制和父权制是作为一些概念而得到使用的，这些概念是对男人与女人之间的历史性关系的解释，也是关于当代性别关系和理论化以及知识生产的本质的。这些概念显然不是中立性的，将它们用于表达依据性别分类的主观性的发展和人类社会的性别关系，会不断地受到争议。

进一步阅读书目：

Blackwood, E., & Wieringa, S.E.(2001). Sapphic Shadows: Challenging the Silence in the Study of Sexuality. In D.M. Juschka (Ed.). *Feminism in the Study of Religion*. New York and London: Continuum.

Christ, C.P.(1987). *The Laughter of Aphrodite: Reflections on a Journey to the Goddess*. San Franciso: Harper and Row.

Christ, C.P.(2001). Mircea Eliade and the Feminist Paradigm Shift. In D.M. Juschka (Ed.), *Feminism in the Study of Religion*. New York and London: Continuum.

Davis, A.Y.(1983). *Women, Race and Class*. New York: Vintage Books.

Fiorenza, E.S.(1992). *But She Said: Feminist Practices of Biblical Interpretation*. Boston: Beacon Press.

Foley, H.P.(2001). A Question of Origins: Goddess Cults Greek and Modern. In E.A. Castelli (Ed.), *Women, Gender, Religion: A Reader*. New York: Palgrave.

1640 Fox, B.J. (2001). Conceptualizing "patriarchy." In D. M. Juschka (Ed.), *Feminism in the Study of Religion*. New York and London: Continuum.

Franzmann, M. (2000). *Women and Religion*. New York and Oxford: Oxford University Press.

Gimbutas, M. (1982). *The Gods and Goddesses of Old Europe, 6500–3500 B.C.* (2nd Ed.). London: Thames and Hudson.

Gimbutas, M. (1989). *The Language of the Goddess*. San Francisco: Harper and Row.

Hooks, B. (1981). *Ain't I a Woman?* Boston: South End Press.

Mohanty, C. T. (1991). Under Western Eyes: Feminist Scholarship and Colonial Discourses. In C. Talpade, A. R. Mohanty, & L. Torres (Eds.), *Third World Women and the Politics of Feminism*. Bloomington and Indianapolis: Indiana University Press.

Moynihan, D. P. (1967). The Negro Family: The Case for National Action. Reprinted in L. Rainwater & W. L. Yancey, *The Moynihan Report and the Politics of Controversy*. Cambridge, MA: MIT Press.

Rich, A. (1980). Compulsory Heterosexuality and Lesbian Existence. *Signs* 5(4), 631–660.

Stone, M. (1976). *When God Was a Woman*. San Diego, New York, and London: Harcourt, Brace.

Walker, A. (1983). *In Search of Our Mother's Gardens*. New York: Harcourt, Brace.

卡罗尔·邓肯(Carol B. Duncan) 文
郭子林 译,张瑾 校

Mehmed II 穆罕默德二世

穆罕默德二世(1432—1481)是在 15 世纪中叶至晚期两次统治奥斯曼帝国的苏丹,他制定了新法典,作为奥斯曼帝国 1641
司法体系的核心沿用到 17 世纪。在他统治期间,有才能的人被吸收进来,为他服务,而不考虑他们的民族和宗教信仰。

穆罕默德二世作为苏丹两次统治奥斯曼帝国(1444—1446 和 1451—1481),并经常被视作将奥斯曼国家变成一个真正帝国的统治者。他是苏丹穆拉德二世(Murad II)的第四个儿子。他在 12 岁时第一次成为苏丹;当年是 1444 年,他父亲放弃了王位。然而,穆罕默德二世的年轻使他无法对一些宫廷部门施用权力;这样,国家不能有效地应对国内起义和外来入侵。

结果,穆拉德二世放弃私人生活,回来帮助儿子率领帝国军队,于 1444 年在瓦尔纳(Varna,黑海的一个城市)打败了十字军的一支军队。穆拉德二世的出现提出了一个问题,即穆罕默德是否仍是苏丹。苏丹亲兵军团——奥斯曼的精英步兵——的一次起义使穆拉德二世在 1446 年再次掌权,尽管很多官员认为他在这之前就是实际的统治者。

尽管被罢黜了,但穆罕默德二世始终积极参与国家事务,因为穆拉德二世把穆罕默德二世视作他的继承人。同样地,穆罕默德二世几次伴随他父亲在巴尔干参加战斗,并于 1451 年 2 月 18 日他父亲去世时第二次登上王位。

奥斯曼帝国与塞尔维亚和拜占庭帝国的关系,与它在君士坦丁堡(现代土耳其的伊斯坦布尔)城市的首都的关系,几乎总是对抗性的。从穆拉德二世至较年轻的穆罕默德二世领导权的转变,似乎阻止了奥斯曼人的敌人的一个机会。当卡拉曼尼(Karamanid,奥斯曼控制之外的一个独立酋长国)的苏丹易卜拉欣(Ibrahim)入侵奥斯曼帝国在安纳托利亚(现代土耳其)的统治区域时,塞尔维亚和拜占庭帝国几乎立即威胁到了该地区的稳定。穆罕默德二世通过暴力和外交手段处理与塞尔维亚和拜占庭帝国的关系。之后,穆罕默德二世开始计划毁灭拜占庭帝国。他面对一个困难的决定,因为长期围攻拜占庭会把威尼斯和匈牙利拖入与奥斯曼人的战争,也会把一支十字军从西方拉回。另一方面,拜占庭帝国(到这时基本上把城市和几个周围的地区结合起来)继续利用每一种机会,干涉奥斯曼帝国的政治。考虑了顾问们的建议以后,穆罕默德二世继续以围攻方式,他对奥斯曼重型火炮兵的能力很自信。的确,对拜占庭的围攻持续了不到两个月,于 1453 年 5 月 29 日结束。

尽管城市在围困期间遭受了巨大毁坏,但穆罕默德二世花费大量时间和财富重建城市,并使人口重新进入城市。对城市的占领和拜占庭帝国的衰落提高了穆罕默德二世作为神圣勇士的威望。事实上,神圣勇士的概念变成了奥斯曼帝国苏丹的主题,他们甚至用这种主题将自己对其他穆斯林统治者的统治合法化,例如埃及和叙利亚的马穆鲁克苏丹和土库曼人统治者挑战苏丹的权威。此外,穆罕默德二世还拥有
“恺撒”的头衔,因此把自己视作罗马帝国和拜占 1642
庭帝国的继承人,并合法地宣称他对帝国以前在巴尔干和地中海的领地拥有所有权。

穆罕默德二世试图通过将他在伊斯兰地区和欧洲的权威合法化,而把在巴尔干和安纳托利亚的权力集中在自己手中。1453 年拜占庭陷落之后,穆罕默德二世把他的努力方向集中在西方。他实现了奥斯曼帝国对巴尔干大多数地区的控制,包括塞尔维亚和波斯尼亚以及希腊。

乔瓦尼·贝里尼(Giovanni Bellini)的《苏丹穆罕默德二世》(*Sultan Mehmet II*, 1480)。布面油画

然而,他的活动直接与匈牙利和威尼斯的利益发生冲突,并导致了所谓的远程战争(1463—1479),战争的目的是对抗两个欧洲强国。

与匈牙利的敌对斗争不断超越战争范畴。直到穆罕默德二世去世,威尼斯因战争遭受了极大痛苦,不仅丧失了领土,还在贸易方面受损。穆罕默德二世同时扩张帝国领土,征服安纳托利亚北海岸的特拉比松(Trebizond),几乎把黑海变成奥斯曼帝国的湖泊。

穆罕穆德二世在欧洲和中东的行动导致黎凡特(Levant)地区的一些国家(东地中海边界的一些国家)与威尼斯联合起来,结成一个对抗奥斯曼帝国的松散同盟。尽管穆罕默德二世打败了卡拉曼尼并吞并了它的领土,但这次行动使他与白羊王朝的土库曼人同盟以及叙利亚和埃及的马穆鲁克苏丹发生冲突。

在世界历史上,穆罕默德二世最著名的活动是以巴尔干和安纳托利亚为中心建立了奥斯曼帝国。该事业的实现以"他是神圣勇士"这样的意识形态为基础,并成为后来奥斯曼帝国的特色。苏丹不再是对抗非穆斯林的战争领袖,这种转变降低了边境首领(领主——主要是拥有军事职能的贵族)的影响,后者以前作为神圣勇士而拥有极大威望。与此同时,通过权力集中,穆罕默德二世削弱了地方贵族的权力,使国家可以直接掌控更多的领土。

穆罕默德二世也把出身于各种不同民族和信奉各种宗教的人吸收进来,为自己服务,更注重功绩和才能而非其他特质。他还以苏丹的身份构建新法典,这种法典成为奥斯曼帝国的法律,一直沿用到 17 世纪。

进一步阅读书目:

Babinger, F. (1992). *Mehmed the Conqueror and His Times* (R. Manheim, Trans.). Princeton, NJ: Princeton University Press.

Kafadar, C. (1996). *Between Two Worlds: The Construction of the Ottoman State*. Berkeley and Los Angeles: University of California Press.

Riggs, C. T. (Trans.). (1954). *History of Mehmed the Conqueror by Kritovoulos*. Princeton, NJ: Princeton University Press.

Tursun, B. (1978). *The History of Mehmed the Conqueror* (H. Inalcik & R. Murphy, Trans.). Minneapolis, MN: Bibliotheca Islamica.

提摩太·梅(Timothy May) 文
郭子林 译,张瑾 校

Mencius 孟子

中国哲学家孟子(约前372—约前289)是孔子的追随者,倡导以人类自然美德为基础的仁政。东亚文化受这两个 1643
人的思想的影响非常大。

Meng Ke(孟轲)通常在西方被称为Mencius(孟子),Mencius是他的称呼Mengzi(“孟大师”[Master Meng])的拉丁化形式。孟子是中国混乱的战国时代的哲学家、巡游列国的士、教师。与孔子的情况一样,作为行政官和宫廷顾问,孟子取得的成绩很有限。但他是成功的教师,他的思想记录在以他名字命名的书里,后来在儒家思想的发展中发挥了核心作用。儒家思想是一种哲学,始终是东亚文化的重要组成部分。

孟子出生在邹国。邹国是一个小国,以中国东部的山东半岛为基地。据说,孟子师从孔伋(即孔子的孙子子思)的门徒,接受启蒙教育。年轻的孟子在地方统治者齐宣王的宫廷里获得了一个职位。在这里,年轻的哲学家引用先贤统治者尧和舜以及古代夏、商、周时代道德和行为善良正直的事例,向国王进谏。考虑到这是一个以战争、阴谋和政治联盟更迭为特征的时代,孟子对人道、仁慈和正义等思想的强调未能在齐国宫廷找到共鸣,也就不是什么令人惊奇的事情了。其他哲学家和谋士,例如战略家孙子鼓励好战的国王加强其行政管理,寻找对手的弱点,利用各种可能的战术以保护和扩张王国领土;而孟子却力劝统治者寻求和平,依靠道德榜样领导国家,努力重建过去的黄金时代。尽管孟子是一位受尊重的哲学家,并且一生当中获得了几个国家、几位统治者的欢迎,但只有魏国的梁惠王接受了他的建议。当梁惠王去世的时候,孟子已经40多岁了,从公共生活中隐退,与他的几个门徒一起编撰其作品,并对较早期的文献做评注。

在他的作品中,他强调了恢复社会秩序与社会和谐的两个关键原则。第一个是仁(人道,仁慈)。第二个是孝,这个概念源自他对较大原则“义”(正义,义务)的信仰。孟子比孔子更强调孝的重要性,或许是为了努力对抗墨子的信奉者的信仰。墨子是孟子的对手,也是一位哲学家,主张博爱。仁和孝的概念不仅仅是为了规范个人直接的家庭关系,还是为了规范统治者与其臣民之间的关系。国王应该是贵族,应该视其

1644

孟子的学说强调仁和义

> 行之而不著焉，习矣而不察焉，终身由之而不知其道者，众也。
>
> ——孟子(约前372—约前289)

臣民如子并为其提供保护、指导和温和的训诫。反过来，臣民应该对其统治者顺从和忠诚。尽管孟子在社会方面是保守哲学家，但他为儒家哲学加入了新元素，导致一些人认为他和他的思想是危险的。他更激进的思想是关于天道的概念，即统治者的家族进行统治是由神圣力量认可的。如果统治者是能干和仁慈的管理者，能很好地管理其臣民，那么他将保有天道。但如果统治者是无能或更糟糕的、道德上堕落的人或暴君，那么天道能被取消，他的臣民便可自由地推翻他和他的家族。

作为儒家学派的哲学家，孟子反对战国时代的其他竞争性学派。他的信仰在那本以他的名字命名的书中被详细地表达了出来，在中国后来历史上儒家哲学思想的发展中发挥了关键作用。宋朝学者朱熹(1130—1200)将孔子的著作《论语》与孟子的著作《孟子》以及《大学》和《中庸》合并起来，形成“四书”。这个合集与中国古代文学的“五经”一起构成传统儒家教育体系的基础，是中国700多年学者背诵的系列书籍。中国宋朝、明朝和清朝在对文职官员进行考核时，受孟子及其追随者思想的影响很大。

进一步阅读书目：

Chan W. (1963). *A Source Book in Chinese Philosophy*. Princeton, NJ: Princeton University Press.

Creele, H.G. (1953). *Chinese Thought from Confucius to Mao Tse-tung*. Chicago: University of Chicago Press.

de Bary, W.T., Chan, W., & Watson, B. (Eds.). (1960). *Sources of Chinese Tradition* (Vol. 1). New York: Columbia University Press.

Lau, D.C. (Trans.). (1970). *Mencius*. Baltimore: Penguin Books.

Legge, J. (Trans.). (1895). *The Chinese Classics, with a Translation, Critical and Exegetical Notes, Prolegomena, and Copious Indexes: Vol. 2. The Works of Mencius*. Oxford, U.K.: The Clarendon Press.

Munro, D.J. (1969). *The Concept of Man in Early China*. Stanford, CA: Stanford University Press.

Richards, I. (1932). *Mencius on the Mind*. London: Kegan Paul, Trench, Trubner and Co.

Schwartz, B. (1985). *The World of Thought in Ancient China*. Cambridge, MA: Belknap Press.

Waley, A. (1939). *Three Ways of Thought in Ancient China*. London: G. Allen and Unwin.

罗伯特·约翰·白仁思(Robert John Perrins) 文

郭子林 译，张瑾 校

Mercantilism 重商主义

1645 重商主义描述了16至18世纪主要欧洲国家的经济政策。在这一时期，新君主制国家中的对手们越来越与欧洲在世界贸易中的作用结合起来。16和17世纪的各种思想家定义了重商主义经济原则。

16和17世纪，在一些受敌对君主制和越来越发展的贸易影响的欧洲国家，思想家们规范了重商主义的概念及其引发的一些经济政策。他们认为世界财富数量是固定的，每个国家应该通过积极的政治政策限制进口，并寻求促进出口之道，以便获得这笔财富当中尽可能多的份额。高关税应该是重商主义战略的重要组成部分。开拓殖民地也发挥了作用。重商主义者认为国家应该尽可能地将殖民地作为原材料来源地（这些原材料将不再必须从国家体制之外进口）。重商主义者的思想也促使英国人努力减少从诸如印度这样的地区进口手工制品，以支持自己的生产。重商主义政策促使一些政府尽力建立新的加工场，既能满足国家需要，也能提供可能的出口物资。在17世纪晚期绝对主义的法国，国家直接管理一些企业。重商主义也影响到一些隶属国的大商业企业的创建，例如英国、荷兰和法国的东印度公司，开办的目的是推动殖民地的开发和确保资源供给。

很多国家为了军事目的而参与重商主义：成功获取较多的世界财富将提高其税收基数，同时削弱竞争者。其他那些不太具有侵略意图的国家为了经济利益而追逐重商主义，就像18世纪的瑞典那样：瑞典积极鼓励出口，建立殖民地商业公司，与非洲和西印度群岛开展贸易。18世纪的瑞士对重商主义做了调整，政府尽量鼓励绵羊饲养业，减少对羊毛进口的依赖。换言之，这种方法在现代早期欧洲有广泛的适应性和信任度。重商主义也与一些政府的努力有关，例如鼓励人口增长（更大量的劳力将有助于国家经济成就的取得）、引进技术熟练的外国工人和商人。

最系统应用重商主义的无疑是17世纪柯尔贝尔（Jean-Baptist Colbert）时期的法国。重商

乔治・韦伯斯特（George Webster）的《驶离荷兰海岸的商船和渔船》（*Merchant Ship and Fishing Vessels off the Dutch Coast*，18世纪早期）。布面油画

主义导致法国提高税收、提升国内工业、减少国内贸易的障碍。英国也受到了重商主义思想的影响,但很少进行国家干预。与英国的经济活力相比,法国的经济活力开始放缓了。很多历史学家认为,重商主义负担有助于揭示这种现象背后的原因。重商主义界定了腓特烈大帝(Frederick the Great)的主要政策,也影响到了18世纪的奥地利。在这两个地区,重商主义的基本原则表现于所谓官房经济学派的相关活动中。1763年以后,英国试图在北美殖民地更充
1646 分地实施重商主义政策,增加了英国与殖民地居民的紧张关系。在拿破仑构建其大陆经济封锁政策的时候,重商主义思想再次上演,拿破仑采用这种政策的目的是用关税攻击英国的经济和军事力量。

经济理论家们在18世纪中叶开始攻击重商主义者的设想,认为太多的国家干预将伤害而非帮助经济;而且世界财富数量固定不变的思想是错误的。关于重商主义的争论刺激了自由主义或自由经济思想的兴起。但重商主义者的冲击继续影响着欧洲政策,因为重商主义追求高关税,继续推动殖民主义。一些历史学家打击了在19世纪维持了几十年的帝国主义"新重商主义"政策,因为这些政策与较古老的假设存在密切关系;较古老的假设涉及国家干涉以及军队与经济竞争之间的关系。

进一步阅读书目:

Cole, C. (1971). *French Mercantilism*. New York: Octagon.

Crowley, J. F. (1993). *The Privileges of Independence: Neomercantilism and the American Revolution*. Baltimore: Johns Hopkins University Press.

Koehn, N. (1994). *The Power of Commerce: Economy and Governance in the First British Empire*. Ithaca, NY: Cornell University Press.

Heckscher, E. (1962). *Mercantilism*. London: Allen and Unwin.

Wallerstein, I. (1980). *The Modern World System: Vol. 2. Mercantilism and the Consolidation of the European World Economy*. New York: Academic Press.

彼得·斯特恩斯(Peter N. Stearns) 文
郭子林 译,张瑾 校

Meroë 麦罗埃

1647 从公元前3世纪开始,在之后大约700年的时间里,麦罗埃是东北非最重要的城市,促进了次撒哈拉非洲与希腊、罗马人统治时期的埃及之间广泛的文化和经济交往。其都市生活传统和国家层面的社会政治组织在城市衰落之后保留下来,影响了中世纪那些在埃及南部尼罗河河谷实施统治的基督教王国。

麦罗埃是库什王国最后的首都。库什王国是目前所知非洲内陆最早的帝国。麦罗埃位于尼罗河第五瀑布南面的尼罗河东岸,处于尼罗河与阿特巴拉河交汇处附近,坐落在两条重要贸易路线的相交处:一条从尼罗河河谷通向红海,另一条从南苏丹通向埃及。尽管大熔渣堆散

布在麦罗埃遗址各地的情况向早些年研究古代非洲的史学家表明，麦罗埃是作为铁器制造业的中心而繁荣发展起来的；但更近些时候的研究表明，麦罗埃的繁荣是以控制非洲货物向埃及供给的能力为基础的，这些非洲货物包括金子、象牙、黑檀木、奇异动物和奴隶等。

麦罗埃的历史

尽管麦罗埃是古代希腊地理学家所知最南部的文明城市，但关于其准确地理位置的知识却遗失了。直到1772年，苏格兰探险家詹姆斯·布鲁斯(James Bruce)才确定了麦罗埃的地理位置。7位希腊作家曾撰写了关于埃塞俄比亚的著作，“Aithiopia”是用于指代库什的希腊语词汇。这些著作只保留下少量残篇，而麦罗埃遗址上发现的少量铭文是用尚未解读成功的麦罗埃语言书写的。因此，麦罗埃历史的重建主要依赖于考古证据。不幸的是，到目前为止，在麦罗埃进行的仅有的一些重要考古发掘——1909—1914年之间约翰·加斯坦(John Garstang)为利物浦大学进行的考古发掘——没有被很好地管理和记录。

关于麦罗埃早期历史的史料特别贫乏。考古证据表明早在公元前8世纪麦罗埃就已经存在聚落了；但在公元前6世纪麦罗埃才变成主要王室居所。库什在公元前593年遭到埃及国王普萨美提克二世(Psamtek II)的入侵，在公元前520年代又遭到波斯人的入侵。然而，尽管库什的确认可波斯为宗主国，这些攻击都没有到达麦罗埃。虽然有这些事件，但库什的政治和宗教中心始终位于尼罗河第四瀑布附近的纳帕塔城(Napata)。

公元前3世纪，麦罗埃的地位发生剧烈变化。库什在公元前270年遭到托勒密埃及的攻击，失去了对一个重要地区的控制；这个地区被称为多德卡舒诺斯(Dodekaschoinos)，就位于尼罗河第一瀑布南面，拥有东部沙漠中的一些无价金矿。库什国王阿卡玛尼(Arqamani，约前218—前200年在位)领导了一场对抗纳帕塔地区的反叛，导致政治首都和王室丧葬地向南转移到麦罗埃。作为这些变化的结果，强大的托勒密政治和文化影响在公元前3世纪的其余时间里渗透到库什地区。

在公元前30年罗马征服托勒密埃及之前，
麦罗埃与埃及之间的关系始终很紧张，但也很 1648
稳定。罗马在公元前20年的入侵暂时使库什向罗马纳贡，然而，库什的强烈抵抗导致罗马的撤退和库什与罗马之间实际上的和平，这种和平一直持续到3世纪中叶。

公元后最初的几个世纪是麦罗埃的黄金时代。库什王国的领土从努比亚北部(今日苏丹北部和埃及南部构成的尼罗河河谷地区，最远到达阿斯旺大坝)扩展到现代苏丹喀土穆附近。库什王国与罗马埃及的贸易繁荣发展。大规模的神庙建筑和农业发展，包括蓄水设施的构建，发生在库什王国各地。然而，到3世纪，库什王国和麦罗埃都衰落了。主要贸易路线转向埃及和红海，从经济上削弱了库什王国。同时，来自西部沙漠和东部沙漠的游牧民族努巴人(Noba)和布莱米人(Blemmyes)，以及相邻王国阿克苏姆(Aksum)的攻击，削弱了库什王国的势力。最后，阿克苏姆国王埃扎纳(Ezana)在4世纪中叶征服和洗劫了麦罗埃。尽管有证据表明麦罗埃后来出现了基督徒的定居点，但它作为主要政治中心的历史结束了。

麦罗埃的政府与文化

麦罗埃的政府与文化是当地和埃及传统的混合体。麦罗埃文化中存在埃及因素的最明显证据是库什国王们的雕像和金字塔、巨大的埃及风格的阿蒙神庙、尼罗河边城墙围绕的庭院；而这个庭院形成了城市的核心，包括国王的宫殿

麦罗埃的努比亚人金字塔航拍图。照片所有者是弗朗西斯·盖乌斯代表团(Francis Geius-Mission SFDAS, 2001)。沙尼(B. N. Chagny)摄

和其他政府建筑物。库什国王们宣称自己是阿蒙神的儿子,他们的王权标志物也反映了埃及人的影响;但库什王国独有的特征是国王妹妹的儿子可以继承王位,王后尤其国王的母亲发挥了突出作用,她们具有“甘达刻”的头衔。公元前1世纪晚期和公元1世纪,一些“甘达刻”甚至以她们自己的名义进行统治。当地传统也影响了麦罗埃的宗教,尤其是狮子头战神阿佩德马克(Apedemak)的主导地位,战神的职责是充当国王的保护神,在一个独特的神庙里受到拜祭,而埃及没有这种神庙。

麦罗埃精英文化可以用文字表现出来。它的独特字母符号在公元前3世纪晚期和公元前2世纪早期发展起来。这种文字由23个改编自埃及象形文字的符号构成,用于政府、宗教及丧葬文献,书写在包括石头、木头、陶片和纸莎草纸等在内的各种介质上。对麦罗埃语的解读将 1649
为我们理解其历史和文化提供有价值的洞见。

在大约700年的时间里,麦罗埃是东北非最重要的城市。在这一时期,麦罗埃促进了次撒哈拉非洲与希腊、罗马人统治时期的埃及之间广泛的文化和经济交往。它也建立了一种都市生活传统和国家层面的社会政治组织,并在其城市衰落之后保留下来,继续影响中世纪那些在埃及南部尼罗河河谷实施统治的基督教王国。

进一步阅读书目:

Adams, W. Y. (1977). *Nubia: Corridor to Africa*. Princeton, NJ: Princeton University Press.

Burstein, S. (2009). *Ancient African Civilizations: Kush and Axum* (2nd ed.). Princeton, NJ: Markus Wiener

Publishers.
Collins, R. (2002). *The Nile*. New Haven, CT: Yale University Press.
Connah, G. (2001). *African Civilizations: An Archaeological Perspective* (2nd ed.). Cambridge, U.K.: Cambridge University Press.
Säve-Söderbergh, T. (Ed.). (1987). *Temples and Tombs of Ancient Nubia*. London: Thames & Hudson.
Shinnie, P.L. (1967). *Meroe: A Civilization of the Sudan*. London: Thames & Hudson.
Taylor, J.H. (1991). *Egypt and Nubia*. London: British Museum Press.
Török, L. (1997). *Meroe City: An Ancient African Capital*. London: Egyptian Exploration Society.
Wellsby, D.A. (1996). *The Kingdom of Kush: The Napatan and Meroitic Empires*. London: British Museum Press.
Wildung, D. (Ed.). (1997). *Sudan: Ancient Kingdoms of the Nile*. Paris: Flammarion.
Yamauchi, E.M. (Ed.). (2001). *Africa and Africans in Antiquity*. East Lansing: Michigan State University Press.
Zabkar, L.V. (1975). *Apedemak: Lion God of Meroe*. Warminster, U.K.: Aris & Phillips.

斯坦利・伯斯坦(Stanley M. Burstein) 文
郭子林 译,张瑾 校

Mesoamerica 中美洲

中美洲(今日墨西哥的大部分,伯利兹、危地马拉以及洪都拉斯的部分地区)是美洲两个地区之一(另一个地区是安 1650
第斯山脉地区)。在这两个地区,复杂国家社会早在西班牙人16世纪早期到达之前就发展起来了。这个地区的人们与国家之间长期而广泛的交往,影响到了南方和北方其他地区的社会政治、文化和宗教思想。

中美洲是指西班牙征服之前中美洲的一个文化区域。这个名字由人类学家保罗・吉尔霍夫(Paul Kirchoff, 1900—1972)在1943年提出,自那以后逐渐成为常用名称。从地理上讲,中美洲几乎包括了整个墨西哥和今日伯利兹、危地马拉以及洪都拉斯等国家的部分地区。作为一个文化区域,中美洲国家有一系列特征(不同国家也有自己的区域特性),使它们与中美洲北部和南部地区的社会区别开来。这些特征包括一个在城市国家掌权的国家层面的政治组织、神权统治、纪念性建筑物和雕塑、建立在通过税收和战争获取食物基础上的经济。典型的中美洲国家的社会结构是等级制的,有贵族和平民两个主要等级,平民主要是农民;第三个等级是职业性的专业人员,包括祭司、书吏、陶工、战士和雕刻家,他们都为国家服务。中美洲最著名的国家是奥尔梅克、玛雅和阿兹特克。这些古代国家及其纪念性艺术与建筑已经成为现代墨西哥国家认同的一部分,而它们的城市和建筑物遗迹是重要旅游资源。

从世界历史的角度来看,中美洲之所以重要,不是因为它是一个独特的文化区域,而更多的是因为它是美洲两个区域之一(另一个区域是安第斯山脉地区)。这两个地区复杂的国家社会发展起来,是由于中美洲地区内部人口和国家之间长期广泛的交往,也是由于中美洲地区对南部和北部其他地区的影响。中美洲国家不同于世界其他地区的早期国家,因为它们还没有

大量驯养动物,尽管已经开始栽培植物。另外,大多数中美洲国家对领土扩张不感兴趣,更喜欢对降服公社保持经济控制。

在 3 000 多年的时间里,中美洲国家经历了形成、扩张、萎缩和消失的过程。在此期间,巨大而复杂的贸易网络发展起来,在中美洲形成纵横交错的网络,有时往南延伸到今日萨尔瓦多,往北延伸到北美五大湖地区。这些网状系统在创造跨区域的文化统一体中发挥了首要作用,这个文化统一体历经沧桑,在帝国衰落以后保留下来。墨西哥的交换系统在大约公元前 2000 年出现,当时几个地方的酋邦开始交换珍稀金属、黑曜石刀、陶器以及诸如贝壳饰品和龟壳这样的仪式用品。仪式用品的交换在古典时期(约 250—900)增加了,当时的玛雅统治者积累羽毛、珍稀石头、食物、黑曜石物件,作为其财富和权力的象征物。

1651 在墨西哥中部强大的城市国家特奥蒂瓦坎,重点是生产和贸易,有大量手工作坊;这些手工作坊负责制作黑曜石物件和陶器,以便在整个中美洲进行贸易活动。职业商人也出现了,他们协调不同城市国家之间的贸易。在后古典时期(900—1521),中美洲很多地区之间的交换急剧增加。跨区域传播的不仅仅是货物,还有思想,例如艺术风格、宗教信仰、政府形态。在西班牙征服之前的几百年里,职业商人、市场和货币都在运转了。

历史分期

考古学家通常将中美洲史前史划分为 4 个时期:古风时期(约距今 15 000 年前—约公元前 1600 年),前古典时期或国家形成时期(约前 1600—约公元 250),古典时期和后古典时期。与这些时期相交叉的是地理划分,即将中美洲社会划分为低地社会和高地社会。

大约公元前 13000 年开始有人定居在中美洲。到大约公元前 7000 年,人们已经广泛居住在这个地区。这些最初的定居者是觅食者,他们的日常饮食有丰富的动物蛋白。在古风时期,人们首先栽培葫芦,然后是玉米和豆子。到古风时期末期,人们已经生活在小村庄里,采取就地埋葬的方式,这种埋葬方式具有祖先崇拜的痕迹。

前古典时期和古典时期的国家

在前古典时期,随着更大、更多持久定居点的发展,政治领袖和以财富与权力为基础的社会分化的兴起,农业栽培的更广泛发展,交换网络的出现,社会规模大大增加。最重要的前古典社会是南墨西哥湾海岸的奥尔梅克文化(前 1200—前 400)。奥尔梅克的主要中心位于圣洛

拉格·帕次瓜罗(Lago de Patzcuaro)的哈尼齐奥岛(Janitzio)现在是主要度假胜地。帕次瓜罗曾经是后古典时期晚期中墨西哥普利皮查(Purepecha)国家的首都

伦佐(San Lorenzo)和拉文塔(La Venta),考古学家们在这里发现了纪念性建筑遗迹、复杂宗教体系和公共仪式中使用的奢侈品广泛交换的痕迹、特别庞大的雕刻石质头像。到这个时期结束的时候,中美洲已经有很多城市国家,其周围环绕着农业公社,彼此进行贸易活动。瓦哈卡河谷的萨波特克人(Zapotec)在他们的宗教中心阿尔班山发明了最早的文字和历法。

特奥蒂瓦坎是中墨西哥的大城市国家,经历了前古典时期和古典时期。它是公元第1个千年美洲最大的城市和世界最大的城市之一。它在大约公元前200年发展为一个人口中心,从大约150年至750年繁荣发展,在750年城市中心被大火烧掉。从那以后,特奥蒂瓦坎就不再是主要都市中心了。它有时居住着20万人,其居民依赖于灌溉和梯田农业提供的食物。其城市建筑在一个网格平面上,有一条南北走向的主街。城市中心的大多数建筑物是居民的公寓区,公寓区或许以血缘关系为基础划分范围。也有大量手工作坊、商业设施、公共的和仪式建筑物。统治者从未控制大的领土,但特奥蒂瓦坎通过贸易网络传播的文化影响是巨大的。它的 1652
独特审美类型通过陶器、雕塑、壁画和雕刻品展现出来,传播到整个中美洲,而其都市规划和宗教成为后来阿兹特克帝国的模型。

当特奥蒂瓦坎在中墨西哥出现并繁荣发展时,那个逐渐被称为古典玛雅文明的文明也在墨西哥低地和危地马拉出现并繁荣发展起来。最早的玛雅公社出现在公元前1000至前400年之间。这些小村庄发展为较大的仪式地点,依靠利润丰厚的货币和食盐贸易发展起来。玛雅文明在大约300至900年之间繁荣昌盛,其主要城市中心是科班(Cobán)、蒂卡尔(Tikal)、帕伦克(Palenque)、卡拉克幕(Calakmul)和科潘(Copán)。由一个世袭精英家族统治这些城市国家,以婚姻联盟、贸易和战争等方式维持不稳定的权力平衡。80%或更多的人口都是农民,他们依靠集约农业支撑城市和仪式中心。玛雅在美洲的人类历史上值得注意,因为其发明了复杂而准确的历法,在石头和树皮上记录事件的文字体系;以及大球场——一种类似足球和篮球混合起来的游戏在大球场上演,有时游戏决定

中墨西哥塔拉斯卡仪式中心遗迹

生死。不幸的是，西班牙人试图毁灭玛雅宗教，他们几乎毁掉了所有的玛雅文字文献。

玛雅城市国家在8世纪开始消失，南部那些最初自行发展的政治组织也崩溃了，而北部低地的那些城市国家持续到大约公元1000年或更晚。它们的消失，标志着古典时期的终结。为什么这些城市国家会突然而广泛地消失了？这个问题曾在几十年里激发着考古学家的兴趣。现在大多数人认为，这不是由某一个原因造成的，环境变化、人口压力、政治动荡、战争和人口减少等都发挥了作用，也影响到了略微不同的南部和北部低地地区。

后古典时期的国家

后古典时期的早期阶段以几个地域城市国家的出现为标志，分别是托尔特克（Toltec，以中墨西哥的图拉为中心）、米斯特克（Mixtecs，位于瓦哈卡[Oaxaca]）、塔拉斯卡（Tarascans，位于麦克阿坎[Michoacán]）和北部玛雅中心奇琴·伊察（Chichen Itza）。西班牙人征服之前最后和最大的国家是阿兹特克帝国，以墨西哥河谷为中心，发展成为美洲最大的、以纳贡为基础的帝国。从1430至1521年，阿兹特克帝国统治着墨西哥中部和南部的很多地区。它的首都城市特诺克提特兰是以特奥蒂瓦坎为模型的，它的宗教也与较早期的城市国家的宗教相似，而其政治制度是以图拉的托尔特克制度为基础的。

西班牙征服以后的中美洲

在西班牙征服的时代，大多数中美洲人都是小农。西班牙统治者建立监护征税制（encomienda），殖民者依靠这种制度控制各个地区，剥削在农田和矿山里工作的本土劳动者。天主教传教士发挥作用，使当地人口皈依罗马天

1653 主教，尽管一些传教士也试图保护他们以结束其残酷劳动。本土居民遭到疾病和残酷殖民条件的严重摧残，一些人到与世隔绝的村庄避难。在19世纪80年代，监护征税制让位于庄园制，后者将当时尚存的良好的印第安土地转移到政府手里，政府接下来出于商业目的而将其出售。本土居民在农村公社里变得更与世隔绝，一些人作为自给农民在贫瘠的土地上谋求生存，而其他很多人则在庄园土地上劳动。

20世纪早期的墨西哥革命将一些土地归还给本地人，更多的土地是在20世纪30年代的土地改革中归还给本地人的。不管怎样，大多数农村本土居民仍是贫穷的农民，大多数土地被混血儿(混合着欧洲人和印第安人血统的人)用于商业性农业，混血儿将印第安人视作下等人。自20世纪70年代以来，发生了一系列农民争取土地权利的起义，包括墨西哥农村的印第安人。也有大量人口迁移到城市、中美洲其他地区和美国。

21世纪，本土美洲人构成墨西哥总人口的9%，构成危地马拉总人口的44%。在农村，本土身份认同以讲当地语言为基础；自给自足的农业以玉米、豆子和南瓜为基础；每周举办户外市场交易活动；传统服装式样依然存在；人们用传统技术生产传统工艺品；人们信奉一种将本土宗教与罗马天主教因素结合起来的宗教。大多数本土人与其说属于一个地区或较大的族群或语言群体，还不如说属于他们的村庄。

西班牙征服时代的很多中美洲本土人群还活着，尽管更多的是作为语言群体，而非独特统一的文化实体。这些主要人群与阿兹特克帝国息息相关，分别是那华人(Nahua，墨西哥诺斯Mexicanos)、奥拓米人(Otomi)和墨西哥城附近的马扎华人(Mazahua)。其他幸存下来的人群包括中墨西哥的塔拉斯卡人(生活在普利皮查)、萨波特克人、米斯特克人和瓦哈克通的马萨特克人(Mazatec)，以及尤卡坦半岛、伯利兹城和危地马拉的21支玛雅人群。

进一步阅读书目： 1654

Coe, M. (1999). *The Maya* (6th ed.). London: Thames & Hudson.

Dow, J.W., & Kemper, R.V. (Eds.). (1995). *Encyclopedia of World Cultures: Vol. 8. Middle America and the Caribbean*. Boston: G.K. Hall & Co.

Fagan, B.M. (2001). *People of the Earth* (10th ed.). Upper Saddle River, NJ: Prentice Hall.

Harrison, P.D. (1999). *The Lords of Tikal: Rulers of an Ancient Maya City*. London: Thames & Hudson.

Kirchhoff, P. (1943). Mesoamerica. *Acta Americana, 1*, 92 - 107.

Lockhart, J. (1992). *The Nahuas after the Conquest: A Social and Cultural History of the Indians of Central Mexico, Sixteenth through Eighteenth Centuries*. Stanford, CA: Stanford University Press.

Marcus, J., & Flannery, K. (1996). *Zapotec Civilization*. London: Thames & Hudson.

Redfield, R. (1941). *Tepotzlan: A Mexican Village*. Chicago: University of Chicago Press.

Sabloff, J.A. (1989). *The Cities of Ancient Mexico*. London: Thames & Hudson.

Sharer, R. (1995). *The Ancient Maya*. Stanford, CA: Stanford University Press.

Watanabe, J.M. (1992). *Maya Saints and Souls in a Changing World*. Austin: University of Texas Press.

大卫·莱文森(David Levinson) 文

郭子林 译，张瑾 校

Mesopotamia 美索不达米亚

1655 古代美索不达米亚（今日伊拉克）是世界上最古老（近 3 000 年的历史）、有影响的文明之一，拥有世界上最集中的考古遗址；这个事实在 1991 年初激起了学者们的强烈兴趣，考古活动在波斯湾爆发，被称为沙漠考古风暴。在美索不达米亚的整个历史上，人们与其邻居进行着充满活力的交流，包括战争、贸易、移民和思想共享。

美索不达米亚是今日伊拉克这块土地的古老名字，作为一个文明整体在近 3 000 年的时间里繁荣发展，始于公元前 3200 年，结束于公元前 330 年。在公元前 3200 年，美索不达米亚的人们发明了文字，最早的城市兴起了。在公元前 330 年，希腊人征服了波斯的阿契美尼德帝国。在这几千年里，美索不达米亚的人们使用相同的文字，崇拜相同的神祇，生活在相同的城市里，买卖相同类型的商品。美索不达米亚是人类历史上最重要的发明首先出现的地方：城市、车轮、犁、成文法、灌溉农业、数学和帝国政府。尽管世界其他地方的人们在其他时候也创造出了这些发明中的一些，但美索不达米亚为欧洲和西亚历史留下了令人印象深刻的遗产。

美索不达米亚也是贸易和文化交流的中心。史前遗址中发现的人工制品反映了一个事实，即远程贸易早在人类能够记载商业贸易之前就发生了。在美索不达米亚的整个历史上，人们与其邻居进行着充满活力的交流，包括战争、贸易、移民和思想共享。

美索不达米亚在其文明鼎盛时期有很多名字，而美索不达米亚这个名字便是其中之一。古代希腊人称幼发拉底河和底格里斯河河谷为“两河之间的土地”（meso = 之间，potamia = 两条河流），而且这个名字已经固定下来。在公元前 3 千纪和公元前 2 千纪早期，没有用于称呼这整个地区的名称。最南的部分，即靠近波斯湾的地区，称为苏美尔。苏美尔稍北的地区是阿卡德的土地，是幼发拉底河与底格里斯河靠得最近的地方。后来，当这两块土地被统一在一个政府之下时，它们逐渐被视作一个国家，我们称其为巴比伦尼亚。巴比伦尼亚的北部位于底格里斯河上，是一块与巴比伦有着深刻历史联系的土地。它被称为阿舒尔或者亚述，后面这个称呼是我们现代术语的表达方式。但是，在古代历史上，美索不达米亚的土地几乎并不是一个政治整体。

史前史

北部美索不达米亚，即后来被称为亚述的那个地区，是一块布满了绵延起伏的小山的土地，春季绿色盎然、野花丛生，夏季气候干燥、满眼灰色。南部美索不达米亚——巴比伦尼亚——地势平坦，但气候炎热干燥。如果不是因为有两条河流流经这里，那么这里必定是不适宜居住的沙漠。底格里斯河是两条河流当中东边的一条，流速较快，常常很危险；而幼发拉底河则较为缓和，两岸是富饶的沉积土。南美索不达米亚最早的居民在大约公元前 5000 年到达，选择生活在幼发拉底河两岸，与古代生活在南方 1656 的大多数人一样。

早期公社很小，其居民或许依靠捕鱼、猎取瞪羚和鸟、采集植物以及小规模农业等维持生活。农业已经在美索不达米亚西北——叙利亚——的山脚下发展起来，并被定居者带到南方；他们栽培谷物，如小麦和大麦，驯养动物，如山羊、绵羊、牛和猪。村庄土地可能位于古老的沼泽地，不需要浇水就足以维持农业所需的湿度；或者村民可能已经通过简单的灌溉沟渠，浇灌农田。

随着时间的推移，公社开始发展，为了供养人口，需要较大的灌溉沟渠和家庭之间更多的合作。从最早的时候开始，定居在这些公社里面的美索不达米亚人似乎已经理解了灌溉技术的重要性。他们不允许幼发拉底河水漫过河岸，唯恐河流会移动到不同的地区；当洪水退去以后，河流或许已经移到距离他们的城镇数英里的地方。每年的洪水会在农业历法中危险的时候来到，如果放任其淹没田地，那么可能会损坏新植物。因此，南美索不达米亚人沿着河岸建造了人工堤岸，他们挖掘水渠和水库，以应对洪水。尽管考古学家们发现的证据表明美索不达米亚史前时代有过几次灾难性的洪水，但到历史时代，每年的洪水似乎已经得到控制，几乎很少给人们或他们的公社带来危险。

城市革命

到公元前3200年，南美索不达米亚的场景已经发生了显著变化。幼发拉底河两岸的上上下下都是大城市，每个大城市容纳1万～2.5万人，是世界上最早的城市。每个城市在市中心都有一个大神庙复合建筑，周围是沿着狭窄的街道成排建筑的泥砖房屋。城市周围有水渠和灌溉沟渠，把河水引到长长的长方形小麦田和大麦田里。棕榈树花园沿着河流堤岸延展。大多数城市居民是农民，他们白天到自己的田地上劳作；但一些居民从事专门的职业，包括金匠、陶工、纺织工、祭司和商人。这是一个部分人开始变得富有而其他人陷入债务和贫穷的时代。

这个时期被称为乌鲁克时期，也是车轮、犁 1657
和用于标记财富的滚筒印章的发明期。随着金属冶炼的发明，铜碗以及后来的青铜武器和工具都被锻造出来。

某个人必定掌控了一些城市，尽管考古学家们无法确定这个人是谁。乌鲁克时期的一些雕塑塑造了这样一些人：他们蓄着长胡子，系着宽大的腰带。这些人一定是重要人物，可以使自己的肖像被雕刻下来。既然神庙控制着城市，那么这些人很可能是祭司-统治者。

南方的一些城市想当然地彼此交往，但它们

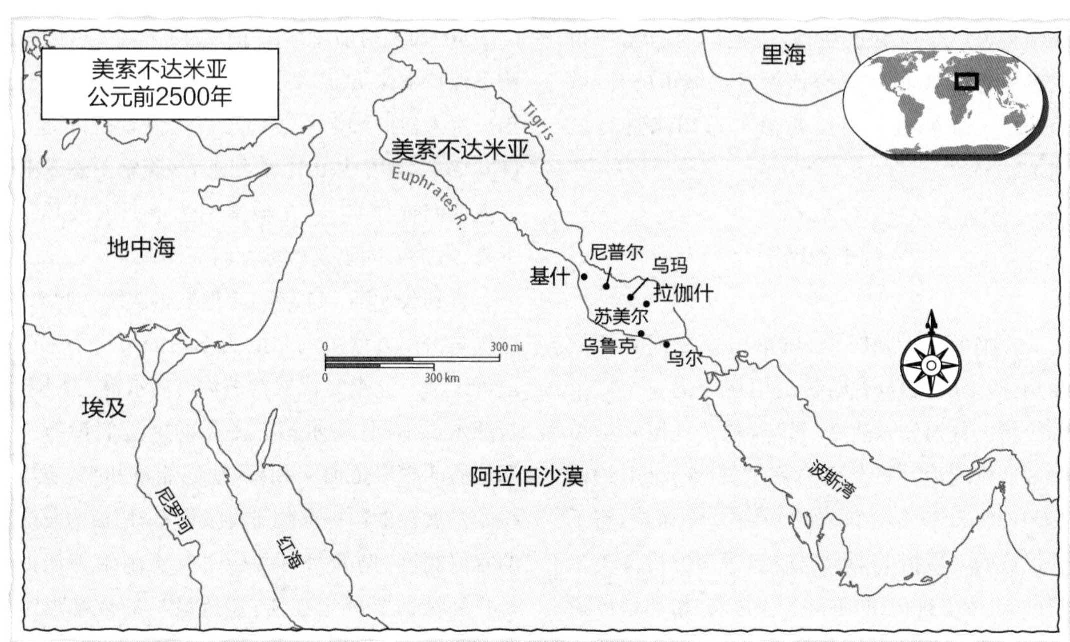

也与很远地方的其他城市往来：在西北与叙利亚的城市往来，在北方与亚述的城市往来。事实上，乌鲁克时期的居民点似乎是南方城市建立的殖民地，它们将这些殖民地作为广泛贸易网络的中心。殖民地的建筑和陶器类型几乎与南方的建筑和陶器类型一致，而与周围城镇和村庄的物质文化形成鲜明对照。

乌鲁克时期最重要的一项发明是文字的发明。最早的符号是图画；仔细地在泥板上刻画，但图画很快变得更简单了，不同于客观事物。符号用直线来刻画，用一个带有独特末端的笔尖按压，在每条直线的末端形成小楔形物。这些楔形物使这种文字符号有了现代名字，即楔形文字，来源于拉丁语单词 cuneus，意思是“楔形物”。某些楔形符号组合在一起形成整个单词；但大多数符号是声音符号，表达语言的读音。

大约公元前 2900 年，最早的国王在苏美尔和北方的阿卡德掌握了权力，标志着美索不达米亚历史上早王朝时代的开始。每个主要城市都有自己的国王，每个城市国家都崇拜一个神。每个城市的主要神庙都位于城市神和其配偶生活的地方。例如，尼普尔城是众神之王恩利尔的住处。乌尔城崇拜月亮神娜娜。苏美尔人和阿卡德人信奉所有这些神，但他们与自己城市的神有着特殊关系；只有依靠自己城市的神，城市的国王才能宣称自己是由神选出来进行统治的。

阿卡德帝国

在整个早王朝时期，城市国家之间互相战斗，有时组成联盟，有时被迫臣服于另一个城市的统治。直到公元前 24 世纪，整个地区才被单一政府所统治。阿卡德的萨尔贡（Sargon，约前 2334—前 2279 年在位）建立了第一个帝国，将不同民族的人囊括进来。他控制了南方讲苏美尔语的人、中心地区讲阿卡德语的人、西北地区讲埃卜拉语（Eblaite）和胡里安语（Hurrian）的人。他宣称自己从上海（地中海）征服到了下海（波斯湾）。萨尔贡还自吹他支持大规模贸易，欢迎遥远的迪尔穆恩（Dilmun，巴林）、马干（Magan，阿曼）和麦鲁哈（Meluhha，印度河谷）的船只到他的港口来。考古证据支持这种说法，因为人们确实在美索不达米亚发现了来自这些地区的物件，而美索不达米亚的人工制品也发现于波斯湾沿岸和印度河谷的一些地区。

萨尔贡的宗教发明包括任命他的女儿恩赫杜安娜（Enheduanna）为乌尔城情绪神的高级女祭司。她是很多拥有这种强有力地位的王室女性中的第一位，也是很多神祇赞美诗的作者。

萨尔贡第一次将阿卡德的当地语言用在文字档案中，但人们早就在整个美索不达米亚地区讲这种语言了；它逐渐代替苏美尔语成为人们的口语，在南方也是如此。阿卡德语是一种闪米特语言，与现代希伯来语和阿拉伯语关系密切。

乌尔第三王朝

萨尔贡的大帝国在他的孙子纳拉姆辛（Naram-Sin，约前 2254—前 2218 年在位）的统治下保持下来并扩大了，但它在约公元前 2150 1658
年一次入侵的影响下崩溃了。入侵者是古提人（Gutians），他们从山上来到东方，美索不达米亚人把他们视作半人；在美索不达米亚人的耳朵听来，古提人的语言就像狗叫一样。

直到公元前 2112 年，土地被再次统一起来，这次是由南方城市乌尔的国王们的第三个王朝进行统治。这个时代通常被称为乌尔第三王朝。与萨尔贡不同，乌尔第三王朝的国王们没有强调他们的军事征服。相反，他们注重和平、有组织的发展。他们标准化了度量衡；采用极为复杂的官僚制度，例如每月甚至每日奉献给神庙的每只动物都要登记在册；建造最早的金字形神塔(阶梯型的纪念塔,与神庙联系在一起);试图将苏美尔语恢复为文学和行政管理的语言。幸赖于他们的书吏,很多苏美尔讲故事者的经典故事才被记录下来,并为后来数代人保留下来。

舒尔吉(Shulgi)是乌尔第三王朝的国王,他的长期统治从公元前 2094 年持续到公元前 2047 年,并创造了最早的成文法典。这个成就过去通常被归功于他的父亲,即国王乌尔纳姆(Ur-Nammu,前 2112—前 2095 年在位),但现在舒尔吉被认为是法典的创造者。仅仅 37 条法律保存下来,但这足以表明大多数犯罪是通过罚金来惩罚的,而且一种法庭制度已经在发挥作用了。

乌尔第三王朝的国王们与马干和麦鲁哈等地区的联系似乎没有阿卡德王国的国王们多,但他们与埃兰的国王们有外交联系。埃兰位于今日伊拉克东部和伊朗西部。事实上,乌尔的几个公主嫁给了埃兰的国王和王子,这种王朝联姻旨在加强两国之间的联系。

古巴比伦时期

美索不达米亚经常受到移民的干扰;其周围地区的人们向河谷移动并定居下来,接受美索不达米亚的生活方式。河谷从一开始就没有任何自然屏障的保护,甚或没有任何清晰的边界,其农业财富对于那些来自土壤较为贫瘠的地区的人一定具有极大吸引力。有一个这样的民族是阿摩利人,他们从某个地方来到美索不达米亚西部;尽管历史学家们无法确定他们来自哪里。他们开始的时候是移民,但在大约公元前 2000 年以入侵者的身份结束,并从乌尔第三王朝软弱的国王那里获得了对美索不达米亚的控制。阿摩利王朝征服然后统治了一些主要城市和一些不太知名的城市。其中一个不太知名的城市是巴比伦,它在阿摩利国王的统治下才变成一个重要地方。巴比伦的国王(汉谟拉比或许是最突出的)拥有特别稳定的王朝,儿子继承父亲的王位至少持续了 7 代,或许多达 11 代。

晚期青铜时代

在公元前 1595 年,巴比伦受到来自哈提(Hatti,现代土耳其)的一支军队的攻击和洗劫。赫梯人是哈提的一个民族,是相对新的权力掌握者,2 个世纪以后他们才变成一支主要的国际力量;他们对美索不达米亚的袭击给巴比伦人造成了灾难性的影响。美索不达米亚地区陷入了黑暗时代,几乎没有再书写楔形文字文献。到公元前 1500 年为止,一个新的移民王朝登上王位,即喀西特王朝。与之前的阿摩利人相似,他们采信美索不达米亚人的神祇,穿着美索不达米亚人的服装。他们在行政管理和铭文中采用美索不达米亚人的语言(苏美尔语和阿卡德语),而只用他们的本土语言书写自己的名字(尽管他们可能仍在讲喀西特语)。喀西特王朝在晚期青铜时代见证了 4 个世纪的和平与发展,当时巴比伦尼亚与该地区的其他大国保持着密切的外交和经济联系:埃及、哈提和米坦尼(这个国家囊括了叙利亚和美索不达米亚北部,后者后来变为亚述)。

这些地区的国王嫁娶彼此的女儿,彼此赠送奢侈品礼物,频繁地派遣大使和信使——他 1659
们花费几个月时间将彼此宫廷的信件和消息传递给对方。这些地区也不时地进行战争,尽管巴比伦尼亚在大多数时候置身于军事冲突之外。

当米坦尼的东半部,即亚述在公元前 14 世纪宣布独立的时候,米坦尼遭受了重创。到公元前 1250 年,它消失了,被其邻居的帝国野心所吞并。到大约公元前 1100 年,所有大国都衰落了,甚至新兴起的亚述也衰落了。人们提出了很多理论,用于解释青铜时代晚期的这场灾难,包括气候变化、外部入侵、内部起义,甚至流行病;但

> 狐狸不会建造自己的房舍，因此它作为征服者占据其朋友的房舍。
>
> ——苏美尔谚语

无论原因是什么，结果都是近东地区政治和经济结构的巨大变化。小王国变成了当时的统治者，在大约一个多世纪的时间里书吏们什么都没有写（尽管有人一直在某个地方保持楔形文字传统的活跃状态，因为几个世纪以后楔形文字史料再次出现），因此我们几乎没有任何线索去了解当时发生了什么。

亚述在其鼎盛时期，与巴比伦尼亚分享共同的文化、共同的书面语言（阿卡德语，尽管阿拉姆语越来越成为两个地区的口语）、单一的文字和相同的信仰。它们的经济交织在一起，但彼此还具有矛盾情感：它们有时战争，有时亚述控制巴比伦尼亚；有时它们设法制造脆弱的、在独立政府控制下的和平。

新亚述帝国

在公元前9世纪，亚述开始重申它对北美索不达米亚的控制。国王们致力于他们的国家神阿舒尔，非常看重军事才能。他们组建军队，支持新军事技术的发展（例如围城机械和攻城锤），使他们得以将其王国的疆界向东、北和南扩张。

与较早期的美索不达米亚国王相似，亚述的国王们是组织的主人。他们将自己的帝国划分为若干行省，每个行省都由一个省长统治；他们把卫戍部队分配到这些行省里准备镇压地方反叛；他们甚至与帝国最远的地方保持密切联系。考古学家们从亚述国王的宫殿里挖掘出几百封书信，是亚述国王与地方官员往来的书信。它们表明国王甚至对帝国各地的琐碎事务都了如指掌。

亚述国王毫不犹豫地运用暴力从反叛的城市索取贡金，或者惩罚反叛的领导者。为了结束可能存在的反叛，他们驱逐了帝国范围内的所有人，并将缴纳税收的臣民安排在具有农业生产潜力的地区。巨额财富通过税收和贡金流入亚述，被用于建筑雄伟的宫殿，宫殿装饰着描绘国王胜利的石浮雕。亚述巴尼拔（Ashurbanipal，前668—前627年在位）创造了大量楔形文字文献、大量从原版复制的文学作品，而原版作品是他令书吏们在亚述和巴比伦尼亚的城市里搜寻出来的。天文学、数学和其他科学研究也在亚述国王们的赞助下繁荣发展。

新巴比伦帝国

在公元前612年，亚述帝国被其南方和东方的邻居巴比伦人与米底人的联合军队打败。它的城市被洗劫和焚烧。亚述再也没能变成世界舞台上的重要表演者。在大约75年的时间里，美索不达米亚的文化中心返回巴比伦。尼布甲尼撒二世（Nebuchadnezzar II，前605—前562年在位）扩建和美化其城市，建造了巨大宫殿，马尔杜克神的华丽金字形神塔，巨大城墙以及几层楼高的、装饰着精美釉面砖的狮子和龙雕像。后来的古典史家甚至称他建筑了巴比伦空中花园，尽管没有证据表明他在统治时期做过这些事情。

与他们的亚述祖先相似，新巴比伦王国的
国王们从他们的帝国抽取税收和贡金，甚至试 1660
图（不成功地）征服埃及。正是在尼布甲尼撒二世统治时期，巴比伦征服了犹太（Judah）王国，很多犹太人包括国王被作为俘虏带到巴比伦。但新巴比伦王国的国王们在居鲁士二世（Cyrus II，前559—约前529年在位）统治时期，变成了邻居波斯人的牺牲品，波斯位于今日的伊朗。波斯帝国从印度河谷延伸到埃及，一直持续到公元前330年，当时它被马其顿的亚历山大征服。

遗产

阿卡德语和苏美尔语在波斯人和希腊人统

治时期逐渐消失。尽管其文明被忘记了多个世纪，但它的伟大发明生存下来。迦南人和以色列人从《汉谟拉比法典》和其他美索不达米亚法典中获得了很多法律思想。这些在《圣经》法典中反映出来。这些法典一旦编纂出来，就不会被遗忘。希腊人从美索不达米亚人那里学习数学和天文学，进一步详细阐释科学。他们也采用了美索不达米亚人的天文学思想、军事策略与艺术风格。正是从美索不达米亚人那里，我们学得了 24 小时、每小时 60 分钟、每分钟 60 秒以及一圈 360 度（他们的数字采用 60 进位制）。我们的文字并不是直接源于楔形文字，但记录声音的思想是楔形文字和古代埃及圣书体文字共有的概念，这激发了字母的创造。甚至都市生活的思想首先在幼发拉底河两岸发展起来，很多关于如何统治的早期思想也是在这里发展起来的。美索不达米亚文明是人类历史上持续时间最长、影响最深远的文明之一。

进一步阅读书目：

Aruz, J.(2003). *Art of the First Cities*. New Haven, CT: Yale University Press.

Bienkowski, P., & Millard, A.(2000). *Dictionary of the Ancient Near East*. Philadelphia: University of Pennsylvania Press.

Black, J., & Green, A.(1992). *Gods, Demons and Symbols of Ancient Mesopotamia: An Illustrated Dictionary*. London: British Museum Press.

Bryce, T.(1998). *Kingdom of the Hittites*. Oxford, U.K.: Clarendon Press.

Cook, J.M.(1983). *The Persian Empire*. New York: Schocken Books.

Crawford, H.(1991). *Sumer and the Sumerians*. Cambridge, U.K.: Cambridge University Press.

Dalley, S.(1989). *Myths from Mesopotamia: Creation, the Flood, Gilgamesh and Others*. Oxford, U.K.: Oxford University Press.

Foster, B.(1996). *Before the Muses: An Anthology of Akkadian Literature* (2nd ed., Vols. 1–2). Bethesda, MD: CDL Press.

George, A.(1999). *The Epic of Gilgamesh: A New Translation*. New York: Penguin Books.

Hallo, W.W., & Simpson, W.K.(1998). *The Ancient Near East: A History* (2nd ed). New York: Harcourt Brace College Publishers.

Kramer, S.N.(1963). *The Sumerians*. Chicago: University of Chicago Press.

Kuhrt, A.(1995). *The Ancient Near East*. London: Routledge.

Leick, G.(1999). *Who's Who in the Ancient Near East*. London: Routledge.

Meyers, E.M. (Ed.).(1997). *The Oxford Encyclopedia of Archaeology in the Near East*. Oxford, U.K.: Oxford University Press.

Nemet-Nejat, K.R.(1998). *Daily Life in Ancient Mesopotamia*. Westport, CT: Greenwood Publishing.

Oppenheim, A.L.(1967). *Letters from Mesopotamia*. Chicago: University of Chicago Press.

Pollock, S.(1999). *Ancient Mesopotamia: The Eden that Never Was*. Cambridge, U.K.: Cambridge University Press.

Postgate, J.N.(1994). *Early Mesopotamia: Society and Economy at the Dawn of History*. London: Routledge.

Pritchard, J.B.(1969). *Ancient Near Eastern Texts* (3rd ed). Princeton, NJ: Princeton University Press.

Roaf, M.(1990). *The Cultural Atlas of Mesopotamia and the Ancient Near East*. Checkmark Books.

1661 Roth, M.T.(1997). *Law Collections from Mesopotamia and Asia Minor* (2nd ed). Atlanta, GA: Scholars Press.

Roux, G.(1980). *Ancient Iraq* (2nd ed). Baltimore: Johns Hopkins Press.

Sasson, J.M. (Ed.).(1995). *Civilizations of the Ancient Near East* (Vols. 1–4). New York: Charles Scribner's Sons.

Snell, D.C.(1997). *Life in the Ancient Near East*. New Haven, CT: Yale University Press.

Stiebing, W.H., Jr.(2003). *Ancient Near Eastern History and Culture*. New York: Longman.

Van de Mieroop, M.(1997). *The Ancient Mesopotamian City*. Oxford, U.K.: Clarendon Press.

Van de Mieroop, M. (2004). *A History of the Ancient Near East, ca. 3000 – 323 BC*. Oxford, U.K.: Blackwell.

Woolley, L., & Moorey, P.R.S. (1982). *Ur "of the Chaldees."* Ithaca, NY: Cornell University Press.

阿曼达·普多尼(Amanda H. Podany) 文

郭子林 译,张瑾 校

Metallurgy 冶金术

1662 尽管冶金术作为一门科学是相对晚近的事情,但关于金属的知识,关于金属使用和成分、金属获取和锻造方法的知识则可以追溯到文明的起源。在 21 世纪,技术变化的复杂性与速度以及最近科学和工程的进步,都促使新材料和加工技术不断发展。

考古学证据表明,人类所知最早的金属是那些经常以其自然或含金属状态出现在自然界中的金属,即金、铜、银和陨铁。或许正是在安纳托利亚,金属首先得到使用,大约是在公元前 7000 至前 6500 年。不管怎样,金属首先独立地在各个地区使用的时间,甚至比那些传统上接受的时间要早很多。

史前冶金术

在早期阶段,人们对天然金属的兴趣可能更多地与金属的审美特征(亮度、颜色、重量)有关,而不是与其实用性有关。它们的外部特征使其具有吸引力,并容易被识别出来。它们被用于艺术、装饰或魔法(宗教)目的。在这一时期,当人类仍处于史前阶段时,人类通过机械方法将天然金属提炼出来,相应的技术和能力与原始人用于制造石头、骨骼或木头用品的技术和能力类似。然而,与这些传统史料不同,金属特有的可锻造性使其可以塑造出更多样、精确和高效的物体,包括工具和武器。在一个更先进的时代(约公元前 4000 年),火的使用使某些已知金属(铜和金)的锻造、铸造和模塑成为可能,这代表了冶金术发展中的新步伐,也表明了人类可以富有成效地使用金属。

然而,一旦获取金属成为可能,那么决定性进步就会发生。最初的金属是铜。大约公元前 3500 年,近东地区的人们通过火法冶金法分解出相应的金属成分。从这以后,冶金术就将最初的机械程序与复杂的化学工艺结合起来了。化学工艺发生在还原炉里,这种工艺是难以观察和控制的。但这种方法奠定了现代冶金术的技术基础,其高产潜能得以提高,直到后来才受到当地金属储量短缺的限制。

我们难以确定早期冶金术以什么方式和在什么时候向不同的文化区域和地理区域传播。无论如何,就目前所知,在公元前 3000 至前 2500 年,铜冶金术已经遍布广阔区域,从西欧的伊比利亚半岛延伸到亚洲大陆的中国。后来,它渗入不列颠群岛、斯堪的纳维亚(大约公元前 2000 年)和日本(约公元前 800 年)。在美洲大陆,有考古证据表明到公元前 3000 年北美印第安人已使用当地铜。然而,前哥伦布时代美洲诸文明直到很晚的时候(大约 8 世纪)才逐渐掌握了正确的冶金术。

新的冶金工艺几乎总是以偶然的和实验性
1663 的方式发展起来，并涉及火的使用。这不仅允许金属生产和消费的增加，也为金属质量的改善开启了新的可能性，使金属质量可以在不同的情况下为了应用或最后的使用而进行调整。例如，纯铜制造的物件质地松软；然而，将纯铜与其他金属混合以后制造出来的物件在抗性和硬度上都有所增加。通过将铜和锡混合起来，我们可以获得一种合金，即青铜；青铜更适于制造生产工具和武器。这种合金替代了石头、陶制品和其他物质。这种合金的传播是小亚细亚和东地中海区域早期文明和帝国取得发展的决定性因素，这个时代被称为青铜时代（约前3000—约前1000）。这之后，人们还发现了其他类型的合金，其准确成分只能通过直觉和近似的方式获知。

继青铜发明之后，另一种金属对文明的发展产生了重要影响，这就是铁。尽管铁是自然界最丰富的元素（世界上第四最丰富的元素），但它几乎不以纯粹的状态存在。除了源自陨石
的少量铁（事实上它们是铁和镍的天然合金）而 1664
外，一旦人们获得了矿石提炼和处理技术，那么冶铁术就必然获得发展。冶铁术或许最早出现于公元前1500年黑海南部的赫梯帝国，但我们不能忽视它在不同地区和时代的独立发现。

相较于当时所知的金属，铁不可能在最高温度只有1 000摄氏度的熔炉里熔化和浇铸。由于这个因素，铁的生产不可能借助青铜时代已知的技术进行。铁匠没有获得液态金属，却获得了一种松软的物质，其金属成分分散开来，与不纯净的金属和燃烧用的木炭残留物混合在一

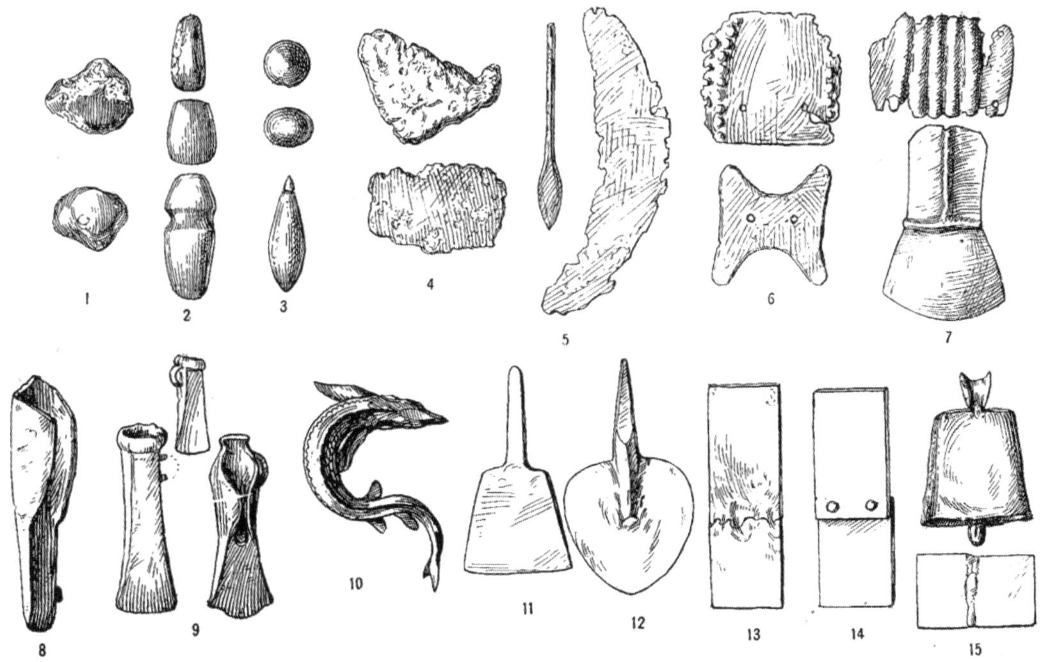

这一系列绘画展示了不同年代和不同文化区的各种金属加工过程和产品：(1)抛光铁矿砂金砖（密西西比文化，肯塔基州）；(2)薄片和打磨铁矿砂金砖（密西西比文化）；(3)抛光铁矿砂金砖（密西西比文化）；(4)冷锻铜片（美国大湖地区）；(5)铜箭头和冷锻铜片（密西西比文化，俄亥俄州和密歇根州）；(6)冷锻打孔铜片（密西西比文化，威斯康星州）；(7)锻造卷曲褶皱铜片（北美西北海岸）；(8)半孔斧或锛子的铜铸器（威斯康星州）；(9)青铜短柄小斧片（欧洲）；(10)铸铁鱼（欧洲）；(11)锻造金属（西非）；(12)在铁钻上打磨的金属（西非）；(13)焊铸到一起的金属片；(14)铆钉到一起的金属片；(15)用锡或铜焊接的钟上的金属片

起。要想最终获得铁，必须发明一种新工艺，以便锤炼这种松软物质。人们采用这种工艺，可以消除矿渣，使金属成分紧凑地组合在一起。通过这种方法获得的产品，实际上就是纯铁。纯铁仍然太软，没有青铜更占优势。必要的步骤是把纯铁再加热，然后铸造它，直到纯铁表面吸收了相当比例的碳；这个工艺被称为渗碳作用或黏固。人们在对通过这种方式获得的钢加温时，倒入冷水，结果钢变得更加坚硬。这些新技术是由复杂而艰难的工艺构成的，其发明和扩散是非常缓慢的。在欧洲，它们在整个地中海区域的传播始于公元前 1000 年，直到公元前 300 年才到达英格兰。在东方，我们知道，冶铁术在大约公元前 800 年引入印度，在大约公元前 600 年传入中国。然而，在中国，由于鼓风炉的发明，技术演进更加迅速，到大约公元前 200 年的时候就生产出了铸铁；这些技术直到 15 世纪才在欧洲使用。

经济和社会发展与原始冶金术的进步及金属的应用密切相关。随着时间的推移，金属的开采和初步处理将变成独立的行为。铸造或许是最早专业化的职业之一。古代民族的神话和传说经常反映出这样的认识，即原始社会总是将铸造视作神秘和魔幻的职业，这种职业能够将石头转变为金属和有用的工具。另一方面，金属的使用，尤其是铁的使用，决定性地促进了农业的进步，促进了那些与农耕文化密切相关的活动的发展，促进了最早的城市中心（因金属在建筑、运输等领域的应用）的扩大，当然也对战争做出了贡献。

古代和中世纪的冶金术

一旦古代锻造者掌握了生产铁的技术，那么他们便拥有了比青铜更便宜、更丰富的金属。铁是一种“民主化的金属”，用途非常广泛。古典希腊和罗马文明（前 600—公元 400）没有在冶金技术方面取得重大进步。他们扩展了铁的使用，既将其用于武器，也用于制造工匠和农民使用的工具。然而，冶铁术的传播和铁作为有用金属的主导地位并没有阻碍非铁金属的发展。金、银和青铜除了用于装饰和家居用品外，还与货币生产有着密切关系，货币越来越多地应用于贸易扩张。黄铜是铜和锌的合金，早在古典时代之前就出现了，被罗马帝国广泛用于货币。铅最初是银产品的副产品，通过灰吹法将其从银中提炼出来，被罗马人广泛用于水管和蓄水池。汞通过对硫化汞的提纯获得，在希腊和罗马时代用于镀金，与各种金属的恢复和精炼有着密切关系，通过各种混合技术才能做到。

罗马帝国衰落以后，西欧的很多疆域进入 1665
了一个很长的经济萧条和技术停滞时期，包括冶金生产的停滞。然而，从 9 世纪开始，人造金属再次融入欧洲社会的日常生活。非铁冶金术集中于中欧和东欧拥有丰富矿藏的地方，尤其被德国采矿者和冶金者集中使用。复杂系统被用于开采越来越深处的矿石，尤其是含银的矿石。然而，铸造厂的技术始终与古代使用的技术十分类似。

正是在冶铁术中，进步更重要。水力推动风箱和锤子（在 12、13 世纪）技术的采用和熔炉规模的逐渐增加，使规模生产得以显著增加，也使“产量更高、费用更低”成为现实。间接法在 15 世纪传播开来，它以鼓风炉和铸铁生产等新技术为基础。由于能获取较高的温度，新熔炉允许人们获得液态金属，使模子用于生产非常不同的物件成为可能，尤其使模子可以用于生产大炮及其零件，后者产生了决定性的社会和政治后果。无论如何，大多数产自鼓风炉的铸铁注定要转换成熟铁。

文艺复兴时期冶金术的进步

尽管欧洲在铁和钢工业中取得了进步，但

东方和中东始终在这个领域的技术上处于领先地位。源自印度和日本的钢可以制造刀剑，这些刀剑远远优越于欧洲使用的那些刀剑。在中国，铸铁的生产早在公元前 200 年就出现了，并以极大的速率发展。到 13 世纪，与国家和军事需求有关的大型工业复合体已经组成了铸造厂，用煤炭和水轮推动活塞鼓风炉工作，这比欧洲使用的系统更有效率。然而，从 15 世纪开始，中国冶金术（与中国曾领先于西方的其他重要技术领域一样）明显停滞了，而欧洲则进入了技术进步和世界霸权的新阶段。

在文艺复兴时期的欧洲，金属器具在日常生活中变得越来越普遍。人口增长、生产活动及贸易的扩大、城市发展、海洋旅行和海外发现以及殖民扩张，都需要越来越多的消费金属。铁始终是最经常和广泛使用的金属。鼓风箱的维度和生产力逐渐增加，借助切割机实现铁制造的机械化成为可能，而切割机依靠水力即可工作。

继铁之后，最广泛使用的金属始终是铜及其主要合金（青铜和黄铜）。通货必需品和青铜炮的需求使这种消费金属越来越成为必要之物。日本是亚洲主要的铜生产者，从大约 17 世纪中叶开始向欧洲出口了大量铜。在欧洲，铜工业最初在匈牙利和中欧发展起来，而在瑞典到 16 世纪末期、在英格兰到 17 世纪末期才发展起来。珍稀金属的需求始终主要与越来越商业化的世界经济对货币的需求密切相关。由于西班牙在新世界（墨西哥、秘鲁）殖民地发现和开发矿藏，珍稀金属的生产扩大了。从 16 世纪开始，世界银供给主要源自这些殖民地。

尽管非铁金属生产技术演进更缓慢，但在文艺复兴时期新工艺得以采用，这改善了一些已知金属的制作工艺。在这些发明当中，反射熔炉得到广泛应用。煤炭在某些情况下被用作
1666 燃料，焊接技术得以改善。大多数银是通过新灰吹法和混合工艺从铅和铜矿石中提取出来的。在萨克森，人们为了通过铜矿石的熔解获得银，采用了一种新的复杂方法。在新世界，西班牙征服者允许人们获取大量金和银；这些金银由原住民积累起来，主要从当地金属中提取。从大约 16 世纪中叶开始，当劫掠潜力已经耗竭的时候，积极的冶金生产被执行，以一种所谓“混汞法”的混合工艺为基础，这使银生产和贸易获得极大发展。

在这一点上，移民和专业化劳动力越来越多地流动是新技术传播的主要途径，这早就发生在德国籍采矿者和冶金者身上，他们形成了欧洲冶金术最活跃的核心。另一方面，各种小册子得以出版，详细而实用地描述了当时采用的新技术，为冶金术的进步注入了新元素。毕林古邱（V. Biringuccio）、鲍尔（G. Bauer）和厄尔克（L. Ercker）出版的作品系统地介绍了主要冶金工艺，积累了大量容易传播的知识。

第一次工业革命（1760—1830）促成了铁生产领域新技术的飞跃，也促进了冶金术其他分支领域的新技术飞跃。到 18 世纪末，煤炭逐渐被用作燃料，蒸汽机被用作产生推进力的机械装置，搅炼熔炉与辊轧机结合起来。在这个基础上，英国钢铁工业克服了很多阻碍行业发展的重要技术障碍。低成本生产的铁被大量用于新工业经济的关键部门（例如铁路、造船和机械工业），代替了木材和其他传统材料。非铁金属的生产增长更缓慢了，没有重大技术变化；当然也有一些例外情况，例如 1738 年以后应用于锌生产的蒸馏法。然而，人们对科学研究和应用化学越来越重视，使新金属的发现和离析成为可能，尤其是像钴、镍、锰和钨这样的金属。

1850 年以来的当代冶金术

第二次工业革命的技术进步使冶铁术的主导权更强大。18 世纪，英国一些地方允许铸铁和熟铁生产实现工业化。19 世纪下半叶，英国

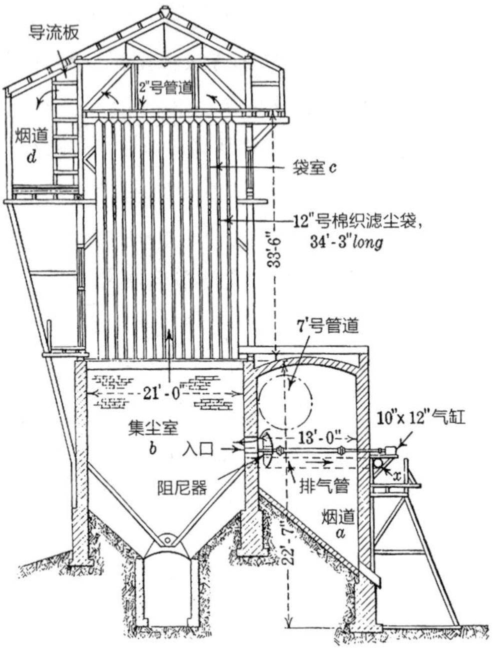

袋滤捕尘室的一部分，参见布瑞（J. L. Bray）的《冶金术的原理》(*The Principles of Metallurgy*, New York: Ginn & Co., 1929)。用袋子过滤熔解后的铅气体和细粉尘。美国国会图书馆

钢铁工业出现了决定性的技术变化。借助贝塞麦（Bessemer）、西门子-马丁（Siemens-Martin）和托马斯-吉尔克里斯特（Thomas-Gilchrist）发
1667 明的转换器，价格更低的钢得以大量生产。这样，钢代替熟铁和其他材料成为更广泛使用的金属。钢坚硬而富有弹性，从而尤其能够用于建筑、铁路、造船和机械工业，决定性地推动了工业社会的进步。

非铁金属的消费也受到工业进步的影响。新产品和新需求部门，例如那些与现代军备工业相关的部门，电子化、汽车和航空部门，某些为了国内消费而生产货物的部门，增加了对金属与合金的需求，对技术精密程度的要求也越来越高。新殖民主义、经济的国际化和现代运输手段的发展，导致了新矿藏的发现及开采在世界范围内的扩张。在某些情况下，钢铁工业中使用的工艺也能够成功地应用于其他金属。而且，随着新的电冶金方法的发展，传统冶金术造成的限制被克服了。这些新方法将电力的潜能用作热源，把电解质方法用于提取和冶炼工艺。新工艺使人们能够改善已经获得的金属的纯度，并在工业上生产新金属与合金。

尽管工业化学在19世纪初已经取得进步，但只有在可以使用丰富而便宜的电力时，电冶金术的潜能才有可能得到充分发挥。事实上，铜的纯度是其被用作电导体的决定性特征。铜是人们借助电解作用获得的最早工业化精炼金属（1865），并决定性地促进了电气工业的发展。有赖于电冶金术的技术及经济可能性，铝、镁、特殊钢和其他各种合金才能够在商业上获得发展。此外，电炉为工业提供了更大的地理位置弹性，极大地减少了污染排放。

当代冶金术的发展与工业管理和组织的重要进步关系密切。单一工厂将各种不同工艺合并起来的必要性、高昂的设备、生产与市场的集中，转变了工业结构，为庞大的现代厂商和大规模生产铺平了道路，尤其是钢铁工业。尽管在一些情况下试验和实践始终是重要的，但当代冶金术中的技术发展越来越多地依赖于科学和研究的进步。

在20世纪，金属的提取和冶炼继续演进，没有中断，而且发展速度越来越快。当代冶金术的进步以新工业和需求部门为基础，例如原子工程、电子工业、电信业、航天航空工业和军事工业。终端产品质量的改善，费用的降低，新合金的寻找，诸如钛、铍、锆、硅这样的新金属的工业生产，都要求持续不断的技术变化；这些变化在生产工序和后整理工序中与在生产工序的控制与分析方法中一样多。20世纪发展起来的其他技术包括钢制造工业中的连续浇铸和碱性氧气转炉钢工艺，珍稀金属和高价矿物质（铀、镍、钴）冶炼中使用的湿法冶金术，为了获得某些工业使用的零部件和具有混合成分的特殊合金（含金属，但不是金属元素本身）而使用的粉末冶金术。

1668 在发达社会，技术变化的复杂性和速度使得冶金术的未来难以预料。最近，科学和物质工程的进步使新材料和工艺得以不断发明。尽管在一些事例中新的塑料、陶瓷和混合材料能够与某些用途的金属竞争并最终代替后者，但在跨学科技术研究的大环境下，冶金工程的发展将不断成为未来技术进步和工业体系的决定性因素。

进一步阅读书目：

Darling, A.S. (1990). Non-ferrous Metals. In I. McNeil (Ed.), *An Encyclopaedia of the History of Technology* (pp.47 – 145). London: Routledge.

Day, J., & Tylecote, R.F. (Eds.). (1991). *The Industrial Revolution in Metals*. London: Institute of Materials, Minerals and Mining.

Evans, C., and Rydén, G. (Eds.). (2004). *The Industrial Revolution in Iron: The Impact of British Coal Technology in nineteenth Century Europe*. Aldershot, U.K.: Ashgate.

Forbes, R.J. (1956). Metallurgy. In C. Singer, E.J. Holmyard, A.R. Hall, and T.I. Williams. (Vol. Eds.), *The Mediterranean Civilizations and the Middle Ages, 700 b. c. to a. d. 1500: Vol. 2. A History of Technology* (pp.41 – 80). New York: Oxford University Press.

Gale, W.K.V. (1967). *The British Iron and Steel Industry: A Technical History*. Newton Abbot, U.K.: David & Charles.

Gale, W. K. V. (1990). Ferrous Metals. In I. McNeil (Ed.), *An Encyclopaedia of the History of Technology* (pp.146 – 185). London: Routledge.

Gibbs, F.W. (1958). Extraction and Production of Metals. In C. Singer, E.J. Holmyard, A.R. Hall, and T.I. Williams (Vol. Eds.), *The Mediterranean Civilizations and the Middle Ages, 700 b. c. to a. d. 1500: Vol. 4. The Industrial Revolution, 1750 – 1850* (pp.118 – 147). New York: Oxford University Press

Gille, B. (1966). *Histoire de la métallurgie* [History of Metallurgy]. Paris: Presses Universitaires de France.

Gille, B. (1979). The Evolution of Metallurgy. In M. Daumas (Ed.), *A History of Technology and Invention: Vol. 3. The Expansion of Mechanization, 1725 – 1860* (pp.527 – 553). New York: Crown.

Healy, J.F. (1978). *Mining and Metallurgy in the Greek and Roman World*. London: Thames and Hudson.

Lombard, M. (1974). *Les métaux dans l'Ancien Monde du V au XI siècle* [Metals in the Old World in the Fifth to Eleventh Centuries]. Paris: Mouton.

Mohen, J. P. (1990). *Métallurgie préhistorique: Introduction à la paléométallurgie* [Prehistoric Metallurgy: Introduction to Paleometallurgy]. Paris: Masson.

Pounds, N.J.G., & Parker, W.N. (1957). *Coal and Steel in Western Europe*. Bloomington: Indiana University Press.

Schubert, H.R. (1957). *History of the British Iron and Steel Industry from c. 450 b. c. to a. d. 1775*. London: Routledge & Kegan Paul.

Smith, C.S. (1967). Metallurgy: Science and Practice before 1900. In M. Kranzberg and C.W. Pursell (Eds), *Technology in Western Civilization* (Vol.1, pp.592 – 602). New York: Oxford University Press.

Smith, C.S., & Forbes, R.J. (1957). Metallurgy and Assaying. In C. Singer, E.J. Holmyard, A.R. Hall, and T.I. Williams. (Vol. Eds.), *The Mediterranean Civilizations and the Middle Ages, 700 b. c. to a. d. 1500: Vol. 3. From the Renaissance to the Industrial Revolution, 1500 – 1750* (pp.27 – 71). New York: Oxford University Press.

Temin, P. (1964). *Iron and Steel in Nineteenth-century America*. Cambridge, MA: MIT Press.

Tylecote, R.F. (1987). *The Early History of Metallurgy in Europe*. London: Longman.

Tylecote, R.F. (1988). *A History of Metallurgy*. London: The Metals Society.

Wertime, T.A., & Muhly, J.D. (Eds.). (1980). *The Coming of the Age of Iron*. New Haven, CT: Yale University Press.

乌利阿特·阿约(R. Uriarte Ayo) 文
郭子林 译，张瑾 校

Migration—Overview 移民概述

1669 早期人类通过很多方式分散到世界各地，这些方式是我们仍然没有弄清楚的，但我们的确知道移民（Migration）是人类历史的恒定特征。随着农业和定居国家的兴起，殖民、贸易、军事活动与奴隶制成为移民的重要驱动因素。在过去的两个世纪里，远程劳力移民已经急剧增加，并出现了一些试图规范人类迁移的法律。

人类是一个移动的物种。直立人在大约400万至100万年前从东非向外扩散，接下来智人至少在距今10万年前开始在非洲内部扩散，到距今6万年前离开非洲，这些是人类移动性的最明显事例。我们迁移和适应新环境的能力与我们作为地球上一种占主导地位的生命形式的兴起密不可分。关于这些早期移民的知识是概略性的。它依赖于考古学、语言学和遗传学的艰辛研究。很多研究结果仍是尝试性的，因如下事实而显得非常复杂，即语言、基因和物质文化可能向一起移动，也可能不向一起移动。

早期人类

学者们提出了几个理论，用于解释人类从非洲迁出。关于人类从非洲迁出的早期记录指出，人类跟随大群食草动物直接经由陆路进入欧洲，并穿越了中亚。但人类在大约距今5万年前到达新几内亚和大洋洲，这个事实表明了另一次跨越热带的迁移运动，这次迁移运动或许是借助木筏沿着海岸线进行的。这种假设能够在水下考古的帮助下得到进一步研究，因为海平面已经升高，而5万年前的海岸线的大部分现在都位于水面以下。类似地，唯一清楚的考古证据表明人类向美洲迁移始于距今1.4万年前，这种证据发现于现在的智利。人类大概是从同样遥远的地方进入美洲，可能是经由西伯利亚与阿拉斯加之间的大陆桥进入的。大多数学者不愿意认为人类到达美洲的时间比这个物质证据证明的时间更早。但一些语言学家和遗传学家认为移民可能早在3.5万年前就开始了。无论最早的到达时间是何时，合情合理的假设似乎是移民通过几次而非仅仅一次移民潮到达美洲，而在最近几次穿越大西洋的移民潮代表了移民高峰，即在过去500年里从非洲和欧洲跨越大西洋来到美洲的移民潮，在过去150多年里从亚洲来到美洲的移民潮。

随着知识的增加，我们似乎越来越可以确定的是，早期移民不是一次便缓慢地遍布全球的，而是一种多方向、逆流和代替补充的复杂模式。当我们观察分散在世界各地的独立人群时，这表现得最为明显：这些独立人群的语言与他们同时代或已知历史上的邻居的语言没有共同起源。这样的事例包括西班牙北部的巴斯克人、西伯利亚东北部的叶尼塞人、黑海和里海之间讲北高加索语和南高加索语的民族。这些民族可能是早期人口的后裔，在3.5万年前至1万年前之间新移民到达之前，早期人口就居住在这
些地区。毫不惊奇的是，这些最早人口的起源非 1670
常模糊。他们可能直接从非洲出来，穿越亚欧大陆。他们可能是在高加索山脉和东安纳托利亚的一个早期人类中心向四周扩散。一些学者甚至推断，他们讲的孤立语言是德纳-高加索语群（Dene-Caucasian）的组成部分，这个语群包括汉语和藏语。这将把他们语言的起源推到东南亚高原地区，而随后的人口散布接踵而至，跨越欧亚大陆向北移动。类似地，后来的移民取代了这些较早的人口，但不可能直接来自非洲，而是来

自今日朝鲜和中国东北地区，欧亚很多语言可能在3.5万年前起源于这两个地区。在诸如皮筏这样的技术的帮助下，讲欧亚语言的人向北纬地区迁徙，从加拿大北部一路向爱尔兰前进。这些移民包括讲印欧语的人，这是一个亚语群，并最终引起了更多的全球移民浪潮；这些移民经常代替较早到来的讲欧亚语言和印欧语言的人。

那些早期移民运动的原因和组织也不清楚。同时代的狩猎-采集者过着流动的生活，但主要被限定在特殊而相对类似的区域里，部分原因是他们周围的定居国家对其施加压力。在相对无人居住的边境地区，什么引领人类向新土地扩散？他们为了在那些土地上生存而学习必要的新技术。一些整体社会是为了寻找食物、空间或精神上仁慈的环境而迁移吗？或者，独立的个人或散开的人群离开他们的家园，最终按照他们自己的社会或通过与其他这样的个人结合起来创造新社会吗？如果是这样的话，这样的个人是被迫离开家乡的年轻人，还是寻找财富和奇迹的年轻人？财富和奇迹是有文字记载的历史上很多时期内移民的主要原因。他们最初打算返回故里，却发现这个目标不可能实现吗？这是很多更近期移民的事例。这些新社会是在那些因婚姻、俘虏和自愿迁移而来自其他社会的移民的帮助下发展起来的吗？在多次移民潮模式的情况下，当人们迁入那些已经有人居住的地方时，他们是代替了、与之并肩生活、还是臣服于之前就存在的社会？或许所有这些可能性的特殊混合发生在不同的时代和地方。

这是一幅浪漫主义的绘画，发现于一本叙述波利尼西亚人神话的著作里，描绘了人们乘一艘桨叉架独木舟出发去旅行。那些居住在太平洋岛屿上的人可能就是乘坐这样的独木舟旅行的

驯养、国家和移民

植物和动物在过去1.3万年中的栽培和驯养已经改变了人类活动的模式。变化不是突然发生的：流动的狩猎-采集群体直到今日仍然存在，而且很多民族随着寻找食物和狩猎远足而混合居住进农业村庄，这样的远足可能在任何地方持续数日至数月。但到公元前3000年时，新的人类 1671
政权已经出现。畜牧业和农业与它们自己的运动模式息息相关。动物驯养在世界很多地方与游牧生活息息相关；在这些地方，人群跟随和引领畜群按照季节周期的变换寻找牧场。另一方面，农业越来越强地将人们结合进单独的居住地，但它通过军事活动、殖民、贸易和劳动力迁移，促进了大规模国家和新迁徙形式的兴起。

这些技术的传播经常与语言学群体的扩散密切相关，即使不一定与所有那些语

言的持有者有关。印欧语言在公元前3000年之后的3 000年里从其家乡黑海以北，向一个从爱尔兰到北印度的广阔地区扩散；这经常与马的驯养有关，可能也与四轮马车有关。公元前3000年至公元500年，班图语言从今天的尼日利亚开始，往非洲南部和东部扩散，经常与新农业技术有关。南岛语言在公元前3000年从中国东南地区开始，经过东南亚很多沿海地区往外扩散；它是伴随着诸如稻米农业、支柱房屋和陶器这样的技术的兴起进行的。这些移民到达夏威夷、新西兰和马达加斯加这些最遥远的目的地的时间不早于1 000年前。然而，很多技术都已经失传了，但值得注意的例外是那令人敬畏的、以舷外支架独木舟为基础的航海技术。在所有这些事例中，除了波利尼西亚岛屿，我们始终不能确定的是：人口迁移是一种向相对无人居住地区的扩张，还是对以前人口的征服和代替，甚或是在经过当时存在的社会时对一些混合人口、技术和语言的代替？

这些技术也促进了军事形态的兴起。军事对移民的影响呈现出很多形式：士兵的雇佣、俘虏、用于服军役和公共工程的劳动者；管理者、工匠和占领军向被征服地区的迁移与再定居；军事殖民地和边境要塞的建立；避难所的创建；村庄和人口的被迫转换；将俘虏转运到重要人口中心以令其提供公共娱乐。过去2 000年里更众所周知的移民与军事征服和殖民密切相关。这些包括公元前4世纪亚历山大征服带来的希腊人向远及阿富汗地区的扩散；7至8世纪阿拉伯人的扩张，带来了伊斯兰教的兴起，从西班牙传播到中国边境；维京人从9至11世纪在欧洲的征服；蒙古人在13世纪对亚洲很多地区的征服。尽管在所有这些事例（或许除了蒙古人的事例）中征服者都留下了巨大的文化和语言遗产，但不一定是人口占大多数的移民的文化和语言。大批移动的人群实际上是士兵、工匠、商人和其他族群的避难者；这些是被迫迁移的人，或是在新扩张的政治空间里寻找机会的人。历史记录经常忽视这些被征服者和应征入伍者的迁移，尽管犹太人流亡埃及和巴比伦以及他们后来从这些地方和他们的家园向全球扩散或许是所有移民当中最众所周知的。

国家、帝国和游牧民族的兴起也促进了那种为了远程贸易而进行的人口移动的兴起。强大的国家能够控制贸易路线，创造一个需要奢侈品的精英群体，动员必要的资源用于贸易远征。中亚、阿拉伯和撒哈拉游牧民族在航行巨大区域时的技术和知识，是这些贸易路线的关键部分。远程贸易也导致贸易集散地的创建，人们通过家庭、族群和共同商业利益结合起来，管理这些跨越远程的货物的购买、筹资、运输和零售。重要世界宗教的传播和艺术形式的交换也随着这些路线发生。同时，日渐增长的商业和贸易鼓励短途移民，尤其鼓励人们向蒸蒸日上的城市、 1672
定期市场移动，从事季节性农业劳动。运输路线本身也变成了移民的重要原因，因为它们需要大量搬运工、赶动物者、导游、卫兵和海员。对于更需要技能的行业来说，有时整个村庄或流动城堡和人群专门从事某种工艺训练，例如石头加工、演戏或建筑。他们从市场到领地循环往复地流动，以实践其手艺。

国家也可能害怕没有规划的人口迁移。从1500年至21世纪，游牧民族制造的越来越大的压力就是一个这样的例子。但这些国家也尽力管理定居在其国境内的人们的迁移。这很少以我们现在知道的移民法和边境控制的形式发生。然而，国家更关心控制国内人口移动和停止外迁，并认为大批人固着在农业、手工业和居住在易于征兵服役的地方是一种财富和权力的源泉。实际上，个体城镇和村庄比国家更多地设计和实施了这些规则。地方社会知道谁是或不是外来者，能够更有效地管理歧视性税收、居留许可、流浪和贫穷法、检疫隔离、归化程序和其他规则。这些东西用于区分臣民和外来人，用于区分

> 人们大规模向外迁移必然暗含了被遗弃之地存在某种不悦或其他什么事情。
>
> ——托马斯·马尔萨斯(Thomas Malthus, 1766—1834)

不同群体拥有的不同类型的权利。

直到19世纪晚期,这些权力和移动过程在奴隶制兴起中转变成人类移动的主要形式之一。那些经常被袭击和占领的军事基地的兴起,农业国家的财富,定居农业家庭的形成,财产法和远程市场的兴起,都促使世界范围内奴隶制的兴起,而奴隶制被视作强制人类迁移和用财政支持人类迁移的手段。奴隶制的形式是极为不同的,从事实上的收养入族到在种植和采矿中残忍剥削劳力。但奴隶制、市场、军队和国家的关系是很严格的。

所有这些人口流动形式汇聚成人类历史上最大的移民之一,即美洲的征服和移民;这也提供了关于移民的各种各样效果的便利说明。从16至19世纪,1 000多万非洲奴隶的迁移是迄今为止最大的人类迁移。这些移民对美国人口的基因影响是不可否认的,然而其语言和文化影响是分散和弥漫的。19世纪20年代之前到达美洲的300万欧洲人的文化和语言则产生了更明显的影响效果。但这也不能一概而论。在今日拉丁美洲的很多地区,欧洲人的基因通过麦士蒂索人(*Mestizaje*)与本地美洲人和非洲人混合起来。尽管欧洲语言和文化明显占据统治地位,但非洲和本土美洲人的影响也在很多地区占据主导地位。1820年之前迁移到北美洲和阿根廷南锥的总人口少于向美洲其他地区迁移的总人口。当地人口的损毁更彻底,大多数文化、语言和基因都来自欧洲。这当然主要受到19世纪开始的新的大规模移民潮的影响,这个主题在下一部分阐述。

1840至1940年间的大规模移民

全球移民在1840年以后爆发。这尤其是远程移民的事实,是由火车、轮船、飞机和其他便宜而迅捷的运输技术促动的。但较近距离的移民也发展起来,与前所未有的城市化和商业化联系在一起。这些发展与工业化、全球市场的扩张及同时发生的生产、移民和消费的大众化密不可分。人们被迫在工厂、种植园、矿山、城市以及遥远的边疆工作,提供食物和资源,为越来越大的工业中心提供补给。西伯利亚和北美洲的田地、南非和中国东北的矿山、泰国和夏威夷的 1673
稻田、马来西亚和亚马孙的橡胶园、芝加哥和曼彻斯特的工厂、巴拿马和苏伊士运河、新加坡和上海的贸易中心、纽约和孟买的服务工作、卡塔尔和委内瑞拉的油田,都作为正在扩张的全球经济的关键节点而吸引着移民。

这种流动的很大部分是那些已经持续进行了数个世纪的实践的延续和扩张:为了贸易和商务而旅行,农业土地的殖民,士兵和海员的移动,劳力被迫或自由地向种植园、矿山、工厂的不断流动,在国内远处和近处服务。但数量的激增也是质量的转变。这些移民越来越自由,很少与军事活动有关,占主导地位的是寻找工作的劳动力移民。很多移民也旨在进行为了赚取金钱和资源的临时旅行,这些金钱和资源能够在他回家以后用于支持家庭开支;尽管这些目的经常随着时间而变化。随着20世纪的推移,移民的特征也越来越表现为对全国人口的管理和净 1674
化,以边境控制和难民迁移的形式进行。

1840年代以后,具体化地看待移民的方向和数量变得更容易了。从1840年代至1930年代,远程迁徙比世界人口增加的速度更快,只有简短的波动,这归因于1870年代至1890年代的大萧条和第一次世界大战。从1906至1914年,平均每年有320万移民,跨大西洋的移民在1913年达到了210多万的峰值。第一次世界大战以后,移民在1920年代晚期达到了每年330万的新峰值,1927年迁入东南亚的移民达到了125万的峰值,而在1929年迁入北亚的移民达到了150万的峰值。大萧条停止了很多移民,重要的例外是日本和苏联的指令性经济。在这些地区,强制、政府促进和相对强大的经济产生了

20世纪30年代晚期每年向北亚迁移180万人口的比率。直到20世纪90年代，相比于世界人口，远程移民没有再次恢复上述这些年度比率。

关于第二次世界大战之前依靠船只旅行的移民数量，我们依靠港口和船只记录来计算，这样可以为跨洋移民的估计提供极好的数据。政府边境殖民账目，例如俄罗斯人向西伯利亚的迁移，也留下了一些极好的数据。虽然这样的证据通常模糊了人口的返回和重复迁移。但它们无论如何允许我们对重要的远程和跨洋移民潮流进行合情合理的估计。

至少1.7亿人的远程(跨洋和跨西伯利亚)旅行发生在1840至1940年间。这些移民可以分成3个主系统：1)5 500万～5 800万人从欧洲和中东迁移到美洲；2)4 800万～5 200万印度人和华南人迁移到东南亚和印度海接壤地区；3)4 600万～5 100万华北人、俄罗斯人、朝鲜人和日本人迁入中亚与北亚，尤其是进入中国东北和西伯利亚南部。除此而外，大约250万东亚人和印度人迁移到美洲，大约800万欧洲人迁移到非洲、亚洲和大洋洲。

超过65%的跨洋移民去了美国，其他大批人口分别去了加拿大、阿根廷(拥有最大比例的国外出生的居民)、巴西，还有很少一部分去了古巴。1870年代以前，一半以上的对外移民来自不列颠群岛，其他很多人则来自西北欧。1880年代以后，高度向外移民的地区向南和向东扩展到远及葡萄牙、俄罗斯和叙利亚。多达250万东南亚移民也迁移到美洲，大多数去了北美洲西部边境地区，或加勒比海、秘鲁和巴西的种植园。这样的移民一半发生在1885年之前，之后契约劳工招聘的衰落和反亚洲移民法的兴起开始发挥作用。

向东南亚和环印度洋以及南太平洋的移民是由2 900多万印度人和1 900多万中国人构成的，还包括很少数量的日本人、欧洲人和西亚人。大多数从印度来的移民去往整个英帝国的殖民地。这种移民当中不足10%是签订契约的，尽管很多是在殖民当局，或者在康甘尼制劳动雇佣制度(kangani labor recruitment systems)中某种形式的债务帮助下进行的。200多万印度人也作为商人或其他旅行者往外迁移，而非旨在作为劳工去寻找工作。1908年以后印度越来越限制劳工契约，1920年废弃了劳工契约制度，移民在这种情况下膨胀。近400万印度人迁移到马来西亚，800多万印度人迁移到锡兰(Ceylon，现在的斯里兰卡)，1 500万印度人迁移到缅甸，大约100万印度人迁移到非洲、东南亚的部分地区，以及印度洋和太平洋的很多岛屿上。

大多数中国移民来自华南一些省份，例如广东和福建。100万中国人当中的3/4与欧洲雇佣者签订了劳工契约，包括1874年以前去了 1675
拉丁美洲和加勒比海地区的25万人。从19世纪80年代至21世纪的头10年去了苏门答腊岛，少量中国人去了矿山、种植园和那些分散在太平洋及印度洋上的岛屿。更多的中国人依据各种形式的契约和债务、雇佣劳动和利润分享为中国雇主工作。多达1 100万中国人从中国迁移到英属海峡殖民地，其中的1/3又转运到荷属西印度群岛、婆罗洲、缅甸和往西更远的地方。近400万人直接从中国迁移到泰国，200万～300万中国人直接迁移到法属印度支那，100多万中国人直接到达荷属西印度群岛(如果包括从新加坡转运而来的中国人，总数达400多万)，不到100万中国人直接到达菲律宾，50多万中国人直接到达澳大利亚、新西兰、夏威夷和太平洋与印度洋上的其他岛屿。

在亚洲北部，清朝政府自1860年以后逐渐放松了对“东北地区”移民的限制；俄国1861年释放农奴，为大规模移民搭建了舞台。在1880年代，清朝政府和俄国政府都积极地用田产政策鼓励殖民，每一方在部分上都渴望抢先阻止对方占领领土。1890年代的铁路构建进一步加强了移民潮。2 800万至3 300万之间的中国人迁入东北地区和西伯利亚东部，同时迁入这里的还有近 200 万朝鲜人和 50 多万日本人。另外，250 万朝鲜人迁入日本，尤其是在 1930 年代。在这段时间，至少 1 300 万俄罗斯人迁入中亚和西伯利亚。除此之外，多达 100 万中国华北人、朝鲜人和日本人向其他各个方向迁移，包括美洲很多地方、夏威夷、东南亚、南非和欧洲。

这些远程迁移造成了世界人口分布的重大转变。3 个主要目的区域经历了巨大人口增长，其人口从 1850—1950 年增长了 4～5. 5 倍(参见表 1)。这些比率是整个世界人口增长比率的 2 倍。送出人口区域的增长率比世界人口增长率低，比接收人口区域比率的一半还少。加在一起，3 个主要目的区域在 1850 年和 1950 年分别占世界人口总数的 10%和 24%。

表 1　1850 至 1950 年世界各地区的人口增长情况（单位：百万）

	接收		
	1850 年的人口	1950 年的人口	年平均增长率
美洲	59	325	1. 72%
北亚	22	104	1. 57%
东南亚	42	177	1. 45%
	送出		
	1850 年的人口	1950 年的人口	年平均增长率
欧洲	265	515	0. 67%
南亚	230	445	0. 66%
中国	420	520	0. 21%
世界	1 200	2 500	0. 74%

G. 麦克伊韦迪、R. 琼斯：《世界人口史地图册》，伦敦：企鹅出版社，1978 年版

外迁移民比率在特殊区域是不均衡的：一些村庄或城镇送出大量移民，而其他村庄或城镇则几乎根本就没送出任何移民。无论如何，在所有这些系统中的平均外迁移民比率是可以广泛比较的。初看上去，与诸如意大利、挪威、爱尔兰和英格兰这样的小国家几百万的海外移民相比较，1 900 万从中国或 2 900 万从印度向海 1676
外迁移的移民似乎是微不足道的。但如果我们考察那些规模相当的区域，那么比率是很相似的。关于外迁移民比率的一些峰值记录是 1845 至 1855 年饥馑时期爱尔兰每年平均 22‰，或者 1880 年代冰岛每年平均 18‰。一些南太平洋和加勒比岛屿或许经历了类似的比率。高度外迁移民时期更典型的比率是在 20 世纪前 10 年意大利 10. 8‰，挪威 8. 3‰，爱尔兰 7‰。相比较而言，中国华南广东省年平均海外移民率在 1920 年代高峰年份至少是 9. 6‰，广东省的面积比意大利稍大，但人口比意大利少一些。河北省和山东省(东北移民主要来自这两个省份)在这同一个 10 年有 10‰的比率。

这 3 种体系仍然只是冰山之一角。很多移民也穿过非洲和西亚，穿梭在一些主要的送出和接收区域。全球移民中的大多数或许迁移到附近城市、城镇和农业区域，这常常是临时性的。这种移民是难以计算的，但所有方式可以辨认出来。

非洲经历了入境移民净数，但数量比其他主要目的地少很多，而且人口来源比较广泛。移民包括 300 多万迁入北非的法国人和意大利人，以及 100 多万散布在非洲大陆的其他欧洲人、叙利亚人、黎巴嫩人、阿拉伯人、印度人和中国人。跨大西洋奴隶贸易的终结，导致越来越多的奴隶在 19 世纪晚期向西苏丹、中东和印度洋沿岸地区迁移。劳力向南非和中非种植园及矿山的迁移在整个 19 世纪晚期和 20 世纪增加，向西非与东非农业区和沿海城市的移民也是如此。几百万人参与这些迁移，他们当中的一些是被迫的，而且很多人去为欧洲企业工作，但很多人也寻找独立的职业。诸如苏伊士运河这样的项目和埃及棉花栽培这样的基础建设的发展吸引了大量地方移民，而黎巴嫩和叙利亚经历了世界上最高的海外迁移率。在一种不同类型的移民中，有 300 多万人参与了从 1879 至 1938 年到麦

加的朝觐。

西亚和东欧是因暴力与政治导致大移民的区域，这是所有类型的移民的先兆，并将在 20 世纪逐渐占据主导地位。奥斯曼帝国的解体以及与俄国的战争导致 400 万至 600 万人的交换：穆斯林从巴尔干、希腊和俄国向南迁入土耳其，而基督徒在其他方向上迁移。20 世纪早期，大约 100 万亚美尼亚人被迫从土耳其向世界各地迁移，有近 40 万犹太人前往巴勒斯坦。作为第一次世界大战和俄国革命的结果，难民的大规模迁移向欧洲其他地区扩张，包括 300 万俄罗斯人、波兰人和德国人从苏联迁出。

移民也发生在远程体系的接收区域。跨大西洋移民可能延伸至包括 1 300 万迁移到北美洲西部边境地区的人。在 20 世纪早期，这个过程也促使大量当地美洲人的迁移和 250 多万墨西哥人向美国西南部的迁移。美国东北部的工业中心在 20 世纪早期也吸引了 250 多万加拿大人，甚至 100 多万非裔美国人和墨西哥人。在美洲的其他地区，大量安第斯山人迁移到沿海种植园和城市，30 多万加勒比人迁移到中美洲及古巴的种植园、巴拿马运河区域和美国。在东南亚和南太平洋，多达 50 万爪哇人迁移到苏门答腊岛的种植园和东南亚大陆，40 多万美拉尼西 1677
亚人和密克罗尼西亚人在种植园和整个地区充当海员。

在欧洲，爱尔兰的移民为了工作进入英格兰；东欧和南欧的那些移民进入北欧的工业区，尤其是法国和德国。在俄国，移民迁入正在发展的城市和南部农业区。在印度，移民迁入南部和东南部的茶叶种植园，进入孟加拉的矿山和纺织物生产区，进入整个次大陆的新灌溉区和城市区。在中国，移民迁入蒸蒸日上的沿海城市，迁入因太平天国运动的灾难性人员伤亡而造成的人烟稀少的长江地区，进入西北和西南边陲地区，包括从陆路迁入缅甸的人。

里约热内卢(Rio de Janeiro)的卡诺阿斯(Vila Canoas)棚户区。棚户区最初是 1900 年代早期的非法聚居区，吸引了大量到巴西各个城市寻找就业机会的移民。政府目前为这些地区提供基本公共事业建设经费

这些大规模移民潮导致了以更严格的移民法形式进行的坚决抵制。19世纪中叶是一个前所未有的自由迁移时代。到1860年代，大多数外迁控制和那些规范国内迁移的法律被废除了。然而，到1880年代，一些表现为检疫形式的新规则和那些使亚洲移民离开白人居住的国家的法律生效了。到1920年代为止，这些法律已经扩展成为配额制，发展为多种准许和禁止移民政策的复兴，甚至演变为外迁控制的复兴。很多人开始认为，如果一个国家不能控制其边境、抵制外来移民，那么它就不能拥有主权和独立。那些导致全球移民蓬勃发展的力量和技术，也使这样的情况成为可能，即越来越多地控制这种流动，使那些仅仅因没有得到文件允许便迁移的人成为“非法移民”。

第二次世界大战以后的移民

第二次世界大战结束之后的几十年里，国
1678 际移民始终相对较少，例外的情况是欧洲和南亚的大批难民流，后者是由第二次世界大战以后新的欧洲政治地图、以色列的创建和印巴分治造成的。直到今日，难民始终是移民的主要来源，尤其在非洲、中美洲和东南亚。在20世纪下半叶，城乡移民也逐渐成为亚洲、非洲和拉丁美洲一些国家的重要方式。20世纪60年代以后，向工业化国家的国际移民逐渐扩张，这归因于那些为客籍工人、家庭重组和来自前殖民地的移民提供的移民法。主要移民潮流包括，从西亚和南亚以及北非到欧洲的移民，从拉丁美洲和东亚到北美洲的移民，从亚洲到大洋洲的移民。自从20世纪70年代以来，向经济蒸蒸日上的日本、东南亚、阿根廷、南非，尤其是中东石油储量丰富地区的移民也已经越来越多。

第二次世界大战以来，由于用于计算移民数量的行政管理部门极为不同，我们比之前的世纪更难以估计全球移民。20世纪90年代年度移民潮流的粗略估计可能以每年120万向欧洲联盟迁移的合法移民和40万～50万非正规移民的数字开始。迁入美国的移民平均每年有86万合法移民和30万非法移民（仍比1912—1913年的最高数字低）。迁入加拿大、澳大利亚和新西兰的移民大约各自是30万。多于100万的移民每年迁入波斯湾国家和以色列。每年全球有50多万避难申请者，常常不计入移民统计数字。其他主要目的地包括阿根廷、委内瑞拉、南非和日本，而且大批移民在非洲和东南亚一些国家以及一些苏维埃共和国之间流动。一个关于这些其他目的地每年200万～300万移民的宽松估计将构成一个每年650万～750万的年度移民。一个40%～45%的假定的返回率能够说明在1990—2000年移民统计中发现的4 000万移民增长情况。大多数证据说明21世纪第一个10年的移民率保持稳定。

这个数字与20世纪早期移民峰值的比较表明，绝对数字比早期的移民多达3倍，但与世界人口的比例很相似。1990年代8 000万移民的总数构成世界人口的1.5%，而从1906—1915年的3 200万移民构成了世界人口的1.8%。很可能这两个时期远程移民的影响是十分可比的。但这不可能是对全球移民的最好估算。据估算，游客记录数量从1990年的4.8亿和1980年的3亿上升到2000年的约7亿，这种增长比之前的移民潮大几倍。尽管这种移民不可能产生全球人口的重要转变，但它对全球经济、社会和文化秩序产生了重大影响。

考虑到计算移民数量的困难，大多数国际组织现在喜欢将人口普查中的“移民血统”作为量化移民效果的一种方式（参见表2）。这也是一个很不完善的测量形式，因为某些人口普查计算在国外出生的人，而其他人口普查仅仅计算那些没有变成公民的外国居住者，还有一些人口统计仅仅注意种族或族群差别。这种方法也可能将那些终其一生从未迁移的人计算在内，而国际边境已经围绕着他们移动了。例如，印巴分治造成的2 000万难民构成了整个20世纪70年代世界“移民血统”的近15%～25%，即使南亚作为移民生产区比作为移民接收区更重要。类似地，20世纪90年代早期苏联解体导致了那个地区移民血统比例的急剧增加，因为很多生活在新创建国家的人选择保留俄罗斯或相邻国家的公民权。

表2 具有移民血统的人占世界人口的百分比（单位：百万）

年份	在国外出生的人口	占世界人口的百分比
1910	35.7	2.0
1930	42.9	2.1
1965	75.2	2.3
1975	84.5	2.1
1985	105.2	2.2
1990	155.5	2.9
2000	195.2	302
2005	213.9	3.1

国际劳工组织：《世界外来人口统计》，日内瓦：国际劳工组织，1936年；联合国人口署：《国际移民存量》，2008年，2010年4月12日检索，网址 http://esa.un.org/migration；美国人口统计局：《国际数据库》，2010年，2010年4月检索，网址 http://www.census.gov/ipc/www/idb/worldpop.php；H.兹洛特尼克：《国际移民：1956—1996》，载于《人口与发展评论》第24期，第429—468页

1679 这种移民血统当中有大约20%的移民发现于美国，另外22%发现于西欧。大约所有移民中的7%发现于加拿大、澳大利亚和日本。综合起来，所有国际移民的一半可以在发达国家发现，这标志着目前的移民已经从早期那些向边境地区移民的趋势转移开来。其余大约12%的移民发现于东欧，7%的移民发现于波斯湾国家，其他32%的移民分布在世界其他国家。尽管美国的迁入人口总数占世界第一位，但总人口中仅仅12.8%是移民，这使美国远远落后于诸如科威特、卡塔尔和阿拉伯联合酋长国这样的小国家，这些小国家人口中的60%～80%都是外来移民。

20世纪下半叶的其他趋势包括妇女移民和职业移民的兴起。在大众移民的第一个浪潮中，男人占移民的大多数，而诸如爱尔兰人和犹太人这样的一些移民潮是例外。在20世纪20年代，尤其是30年代，妇女在移民中的比例越来越高。目前，大多数目的地大约一半的国际移民是妇女。类似地，移民不再主要由劳工和前农民构成了。自从60年代以来，专业人士已经构成了迁入北美洲和欧洲的移民数量的20%强，而且在迁入石油王国的移民中占据重要比例。美国的几个迁入群体及迁入阿根廷和尼日利亚的印度人与菲律宾人，比土生土长的白人拥有更高的教育水平和家庭收入。那种偏爱富有者和受过教育的人的移民法在这种潮流中发挥了重要作用，而很多较贫穷国家智力和财政上具有吸引力的工作的缺乏也发挥了重要作用。然而，随着时间的推移，那些曾经受过教育的专业人士占主导地位的移民流，向那些利用家庭重组机会但缺乏技术的移民的兴起敞开了大门，而且比例向着缺乏技术的移民倾斜。

移民法的扩张及其种类的不断增生，也规范了移民的数量和方向。在21世纪，我们在谈论移民的时候，不得不同时讨论旅行者、移民、永久居民、商业游客、假期工人、客籍工人、家庭重组、投资者、学生、非法移民和黑户的地位。对流动人口的控制是今天世界上制度性歧视最集中的领域；在这个领域里，出身和财富决定着谁可以自由迁移、谁会因为迁移而犯法。在一个流动性越来越强的世界里，在不考虑国家强加的控制和定义的情况下去理解这种流动，是不可能的。

1680 进一步阅读书目：

Castles, S., & Miller, M. (1993). *The Age of Migration: International Population Movements in the Modern*

World. New York: Guilford Press.

Clark, R.P. (1997). *The Global Imperative: An Interpretive History of the Spread of Humankind*. Boulder, CO: Westview Press.

Cohen, R. (1997). *Global Diasporas: An Introduction*. Seattle: University of Washington Press.

Curtin, P. (2008). *Cross-Cultural Trade in World History*. Cambridge, U.K.: Cambridge University Press.

Curtin, P. (1995). *Why People Move: Migration in African History*. Baylor, TX: Baylor University Press.

Cvalli-Sforza, L.L. (1995). *The Great Human Diasporas: The History of Diversity and Evolution*. Reading, MA: Addison-Wesley Longman Publishing.

Diamond, J. (1997). *Guns, Germs and Steel: The Fates of Human Societies*. New York: W.W. Norton.

Ferenczi, I., & Willcox, W. (Eds.). (1929). *International Migrations: Vol. 1, Statistics*. New York: National Bureau of Economic Research.

Ferenczi, I., & Willcox, W. (Eds.). (1931). *International Migrations: Vol. 2, Interpretations*. New York: National Bureau of Economic Research.

Gottschang, T., & Lary, D. (2000). *Swallows and Settlers: The Great Migration from North China to Manchuria*. Ann Arbor: University of Michigan, Center for Chinese Studies.

Harzig, C., Hoerder, D., & Gabaccia, D. (2009). *What is Migration History?* Cambridge, U.K.: Polity.

Hatton, T., & Williamson, J. (1998). *The Age of Mass Migration: Causes and Economic Impact*. New York: Oxford University Press.

Hoerder, D. (2002). *Cultures in Contact: World Migrations in the Second Millennium*. Durham, NC: Duke University Press.

International Labour Office. (1936). *World Statistics of Aliens: A Comparative Study of Census Returns, 1910 – 1920 – 1930*. Geneva: International Labour Office.

International Organization of Migration. (2003). *World Migration 2003: Migration—Challenges and Responses for People on the Move*. New York: United Nations Publications.

United Nations Population Division. (2008). *International Migrant Stock*. Retrieved April 12, 2010, from http://esa.un.org/migration.

Manning, P. (2005). *Migration in World History*. New York: Routledge.

Markovits, C. (1999). Indian Merchant Networks Outside India in the Nineteenth and Twentieth Centuries: A preliminary Survey. *Modern Asian Studies*, *33*, 883 – 911.

Marrus, M. (2002). *The Unwanted: European Refugees from the First World War through the Cold War*. Philadelphia, PA: Tem-ple University Press.

Massey, D., Arango, J., Kouaouci, G., Pellegrino, A., & Taylor, J.E. (1998). *Worlds in Motion: Understanding International Migration at the End of the Millennium*. Oxford, U.K.: Clarendon Press.

McEvedy, C., & Jones R., (1978). *Atlas of World Population History*. London: Penguin.

McKeown, A. (2004). Global Migration, 1846 – 1940. *Journal of World History*, *15*, 155 – 189.

Moch, L.P. (2003). *Moving Europeans: Migration in Western Europe since 1650*. Bloomington: Indiana University Press.

Northrup, D. (1995). *Indentured Labor in the Age of Imperialism, 1834 – 1922*. Cambridge, U.K.: Cambridge University Press.

Nugent, W. (1992). *Crossings: The Great Transatlantic Migrations, 1870 – 1914*. Bloomington: Indiana University Press.

Olson, S. (2002). *Mapping Human History: Discovering the Past through Our Genes*. New York: Houghton Mifflin Harcourt.

Potts, L. (1990). *The World Labour Market: A History of Migration*. London: Zed Books.

Sandhu, K.S. (1969). *Indians in Malaysia: Some Aspects of Their Immigration and Settlement*. Cambridge, U.K.: Cambridge University Press.

United States Census Bureau. (2010). *International Database*. Retrieved April 12, 2010, from http://www.census.gov/ipc/www/idb/worldpop.php.

Tinker, H. (1974). *New System of Slavery: The Export of Indian Labour Overseas, 1830 – 1920*. London: Oxford University Press.

Treadgold, D. (1957). *The Great Siberian Migration: Government and Peasant in Resettlement from Emancipation to the First World War*. Princeton, NJ: Princeton University Press.

Zlotnik, H.(1998). International Migration *1965 - 96*: An Overview. *Population and Development Review*, *24*, 429 - 68.

亚当·麦基翁(Adam M. McKeown) 文
郭子林 译,张瑾 校

Migration, Asian 亚洲移民

1681 亚洲民族处于那些在公元前 4000 至前 1000 年间常常参与远距离大规模移民的民族之列。在过去几个世纪里,东亚和南亚百万人的迁移,成为很多国家人口和世界经济中至关重要的因素。

人类迁移是世界历史上的中心主题,可以追溯到史前时代。1500 年以后的一些迁移运动是众所周知的,例如数以百万计的欧洲人迁移到美洲、大洋洲和南非,很多非洲奴隶被跨大西洋转移。亚洲民族不太著名的移民也早就开始了,并持续到现代。在过去几个世纪,东亚和南亚数以百万人迁移,成为世界经济和很多国家人口中至关重要的因素。

亚洲移民的悠久历史

大规模、远距离移民是几千年来的显著模式。各个亚洲民族处于公元前 4000 至前 1000 年间的移民行列之中。中国人从华北往华南迁移。流动的中亚游牧民经常迁移,他们中的一些人迁入中国、西亚或欧洲。西亚和中亚的各个民族跨越高山进入印度西北部,他们在那里与当地人口混合起来。很多日本人是朝鲜人的后裔,这些朝鲜人几千年前跨越多岛的海域到达日本。南太平洋群岛人从中国台湾地区往菲律宾、印度尼西亚和马来西亚迁移。从这里开始,一些南太平洋群岛人利用先进的航海和航运技术向东驶入大西洋,定居在遥远的岛屿上,形成波利尼西亚人和密克罗尼西亚人社会。这些亚洲人的后裔包括夏威夷人、毛利人、萨摩亚人和塔希提人。其他南太平洋群岛人向其他方向航行,客居东非,占据马达加斯加岛。由于移民,南岛语言今日在从西印度洋到东太平洋的广大区域内使用。关系密切的泰国人和老挝人的祖先在公元 1000 年前从中国东南迁移到东南亚,最终形成了他们自己的国家。

在 18 世纪,另一次大规模的移民从东亚和南亚开始,大多数远离海滨,进行海上迁移。欧洲资本主义的出现和一个真正的世界经济的出现发挥了作用。在探寻资源和开发市场的过程中,西方国家在亚洲、非洲和美洲建立了大量殖民社会。在较大、更快的船只和后来空运的帮助下,现代运输网的发展加速了这种迁移运动。殖民列强占据人口稠密的亚洲社会,为其种植园和矿山提供劳动力。在最近几十年里,很多亚洲人已经合法或非法地迁入西方国家,他们当中的一些人是难民,其他人是寻求低工资的贫穷工人。

今日或许有 4 000 万～4 500 万的亚洲人居 1682
住在外地,经常居住在距离其祖籍几千英里的地方。中国人和印度人构成了亚洲移民的大多

数。很多亚洲人定居在东南亚，但这两群人也在美洲、太平洋诸岛屿、欧洲和非洲一些地区建立了庞大社区。日本人、韩国人、菲律宾人和印度尼西亚人迁移到太平洋诸岛屿和美洲。在 20 世纪最后 30 年里，几百万越南人、老挝人与柬埔寨人躲避战争和压制而逃到其他地方建立新家园，尤其在北美洲。这些各异的离散亚洲人构成了现代世界历史上较为重要的社会和经济现象。

中国移民

中国人占 1750 至 1940 年间远距离亚洲移民的约 2/3。3 000 多万具有华人血统或族群身份的人定居在今日中国之外，经常被称为海外华人。其中，2 000 多万海外华人居住在东南亚。结果，所有东南亚人当中 7％或 8％的人具有某种华人血统。新加坡人口中有 3/4 的人从族群上看是华人，文莱人口中的 1/4、马来西亚人口中的 1/3、泰国人口中的 1/13 也都是华人。在这 3 个国家（印度尼西亚、马来西亚和泰国）中，每个国家包含至少 400 万华人后裔。超过 100 万中国血统的人生活在美国。东南亚之外的数十个国家或地区也有大规模的华人社区。这些国家和地区包括日本、加拿大、墨西哥、古巴、牙买加、特立尼达和多巴哥、圭亚那、苏里南、巴拿马、哥斯达黎加、秘鲁、巴西、社会群岛（包括塔希提岛）、斐济、巴布亚新几内亚、澳大利亚、新西兰、印度、南非、马达加斯加、毛里求斯、英国、荷兰、德国、葡萄牙、法国和俄罗斯。但世界上大多数国家都有至少几家中国人经营的饭店或其他业务，这或许使中国人成为世界上分布最广的民族。

这种移民出境具有悠久历史。大约几千年的时间里，中国商人航行到东南亚进行贸易活动。到 15 世纪，中国贸易网将东南亚贸易港口与中国东南海岸连接起来。从 1500 年代晚期开始，中国移居者成为东南亚几个西方殖民地商业部门中占主导地位的人，包括西班牙统治的菲律宾和荷兰统治的爪哇。1750 至 1850 年间，很多中国人定居在泰国、马来半岛和诸如婆罗洲这样的印度尼西亚群岛，进行贸易或开采锡矿和金矿，有时建立起自己的自治社区。

在 19 世纪晚期和 20 世纪早期，在中国，与西方国家和日本的战争、叛乱、腐败、人口爆炸、越来越多地丧失土地以及自然灾害，促使数以百万的人向外迁移，大多数迁往西方殖民主义和资本主义正在创造新经济机会的地方。约 90％的移民来自两个贫穷而人口稠密的沿海省份——福建和广东，它们尤其遭到西方军事和经济入侵的沉重打击。1880 和 1920 年之间，每 1683

穿着当地服装的呼啦舞女孩。夏威夷原住民是南太平洋群岛人的后裔，也是毛利人、萨摩亚人和塔希提人的祖先。纽约公共图书馆

年有几十万人从香港、广州、厦门和汕头的港口逃往国外。

很多人被雇佣到声名狼藉的“苦力贸易”中，这种贸易从 19 世纪 20 年代运作到 20 世纪 20 年代。在这种贸易体系下，绝望的农民在遥远的地方变成了工人（被轻蔑地称为苦力），尤其是在东南亚、南太平洋和印度洋各个岛屿、夏威夷、澳大利亚、秘鲁、古巴、加利福尼亚和南非。为了偿还路费，中国人签订契约，作为种植园劳工、采矿工或铁路建筑工人工作一个固定的期限，通常为 5 或 10 年。这种体系招致陌生环境下的剥削，而那些在拥挤的船只里经历艰难航行幸存下来的劳工，还得在陌生环境下面对歧视和恶劣的工作条件。

并非所有中国人都作为这种贸易的一部分向外迁移。一些中国人自己支付船票，通常加入商业公司。大多数移民梦想着荣归故里，而一些人确实做到了。但很多人永远待在海外了：一些人是因为他们未能实现梦想；其他人是因为他们用自己的储蓄建立了小企业，与当地女人结婚，或者将家庭从中国迁到那里。甚至那些定居在海外的人也经常往其家乡汇款，或者在中国投资。今日，海外华人是中国资金的重要来源。

海外华人社区

随着时间的推移，海外华人从旅居者转变为定居者。通过企业、组织和合作，东南亚的很多华人变成了富有的城市中产阶级的成员，控制着零售贸易。一些华人成为极为富有的商人或企业家。华人销售网点延伸到最小的城镇。例如，马来半岛和婆罗洲小城镇的很多华人商店被较大城镇的公司联合为新加坡的大公司。新加坡居住着最多的海外华人，成为东南亚华人经济和社会网络的主要中心；尽管曼谷（泰国）、

1900 年代早期纽约城一家中国饭店的内景。中国人已经在美洲、太平洋诸岛屿、欧洲和非洲部分地区建立了大规模的海外社区。纽约公共图书馆

雅加达（印度尼西亚）和西贡（越南）也发挥了重要作用。但一些华人始终很穷困，作为商业渔夫、小农场橡胶种植者或散工而勉强维持生活。1684 例如，那些在新加坡和马来半岛潮湿炎热环境下拉黄包车的人，面临着艰苦的生活，经常很年轻的时候就去世了，其中有的是自杀。

目前，东南亚、南太平洋和印度洋诸岛屿、加勒比海地区和拉丁美洲的大多数中国人都从事商业。华裔人士已经以其金钱和首创精神在东南亚建立了最动态的经济部门，是近期新加坡、马来西亚、泰国、印度尼西亚和菲律宾动态经济发展的基础。在北美洲和欧洲，很多华裔人士也开办企业，经常是家庭经营的饭店，但他们的很多孩子都趋向于成为专业人士和开办高技术企业。在20世纪后半期，很多新移民到北美洲、澳大利亚、加拿大或欧洲开始新生活。大多数人，尤其是受过良好教育的人，在新家园获得成功，将中国人转变为这些国家最富裕的族群之一。但囊中羞涩的人也存在，例如拥挤地居住在城市唐人街小纺织厂受到残酷剥削的移民工人。

因为华人的企业、经济实力、保持其语言和文化的渴望、与中国的家庭或家乡保持持续的联系，东南亚和南太平洋的很多非华人仇视华人。20世纪30年代以前，马来半岛和柬埔寨等殖民地的大多数中国人由他们自己的领导者管理，通常是强大的商人、种植园主或矿山主，使他们与当地社会永久性地隔离开来。华人移民后裔和当地人之间的冲突是印度尼西亚、马来西亚和菲律宾群岛几个世纪的平常现象，偶尔会导致反华暴力冲突。一些政府已经限制华人的政治权利，或者其经济活动。在70年代晚期，很多华人离开或被驱逐出越南；他们当中的很多人加入东南亚华人向北美洲或大洋洲迁移的稳定潮流中。但华人领导者管理着新加坡，并在马来西亚政治中发挥积极作用。华裔政治家在各个时代领导了泰国和菲律宾群岛、巴布新几内亚、圭亚那及苏里南。

华人已经以各种方式适应当地环境。很多人用几代人的时间融入当地环境中。一些人将当地和中国的风俗、信仰及语言混合起来。这些人形成了独特的亚群，例如爪哇的土生华人、马来半岛的海峡华人和曼谷的中泰混血人；他们将华人与当地人联系起来，在两个世界之间穿行。但大多数华人保持其语言、风俗、宗教与单独身份，很多这样的人居住在城市的唐人街里面或附近，例如在吉隆坡（马来西亚）、马尼拉（菲律宾）、悉尼（澳大利亚）、温哥华（加拿大）、旧金山和纽约（美国）、利马（秘鲁）和利物浦（英国）。大多数华人移民能讲6种十分不同的方言之一。无论定居在哪里，华人都组织自己的学校、教堂、商业协会和社会组织。

印度移民

19和20世纪早期，印度的形势也刺激了向外移民，产生了今日近千万海外离散人员，大约占亚洲向外移民人口的1/4。英国殖民地化刺激了印度人口增长，但也增加了很多贫穷的农民，而没有工业革命去吸收过剩人口。作为这些逐渐增加的问题的结果，数百万绝望的贫穷印度人受雇佣迁移到其他国土上，这些人通常是无地的印度人，其中大多数是印度教徒，也有一些穆斯林和锡克教徒。他们当中很多人源自南部印度；东南沿海的泰米尔人变成了东南亚和斯里兰卡最大的印度人群。其他人则来源于北部印度。

美洲奴隶制的废除和热带殖民地糖或橡胶种植园的需要，为签订契约的印度劳力创造了市场。斯里兰卡、马来半岛、斐济、毛里求斯、南非的政府，以及特立尼达拉岛、圭亚那和苏里南 1685
的加勒比海社会，以一种与中国苦力贸易类似的体系雇佣印度人。其他印度人在英属东非修建铁路。印度商人、放债者和劳工也涌入英属缅甸(今日缅甸)、新加坡和东非。一些印度人在加拿大的太平洋沿岸和美国定居下来。在1880至1930年间,每年大约有25万人离开印度,既有男人也有女人。死亡率是如此之高,契约期限是如此难以忍受,以至于批评者将这种体系视作另一种形式的奴隶制。20世纪晚期,数百万南亚人迁往英国,在大多数工业城市建立蓬勃发展的社区;或迁入北美洲和西欧,或在海湾国家变成商人、服务行业人员和体力劳动者。

海外印度人社区

作为结果的离散,使印度人成为世界很多国家一个可辨别的群体。印度贸易网络延伸到印度洋和太平洋沿岸地区,将也门亚丁海港、坦桑尼亚、马达加斯加、南非与中国香港、日本、加利福尼亚和不列颠哥伦比亚(British Columbia)联系起来。离散反映在今日从内罗毕(肯尼亚)到新加坡再到特立尼达拉岛的"小印度"中。伟大的印度民族主义领袖莫汉达斯·甘地(Mohandas Gandhi, 1869—1948)尝试以非暴力抵制高压政权,同时与南非德班的大印度社区合作。

今日,印度籍的人构成了毛里求斯人口的大多数,并至少构成了特立尼达拉岛、圭亚那、苏里南和斐济总人口的一半,斯里兰卡人口的1/5,马来西亚和新加坡人口的1/10,肯尼亚和南非人口的5%。大约150万印度籍的人生活在英国,大约100万生活在美国和加拿大,大约200万生活在中东。相当大规模的南亚人口主要从事商业活动,也存在于几十个非洲国家、东南亚和西欧的大多数国家、很多加勒比海岛屿、澳大利亚和新西兰。

印度人的离散经历是各种各样的。东南亚、斐济和加勒比海地区的一些人在商业或职业方面取得了很好的成绩,而大多数仍然在种植园劳动,尽管条件通常比殖民时代稍好一些。北美洲的大多数印度人已经变成了富有的商人和专业人才。印度企业家和科学家是高技术领域的领导者。美国的印度人享有所有族群当中最高的教育水平。在英国,很多人作为企业家和专业人才获得了财富,其他人作为小零售商取得发展。但一些南亚人在英国和其他西方国家也遭遇歧视与敌视。

与华人相似,海外印度人面临很多挑战,这些挑战促使他们适应环境。印度人为了政治权利而与圭亚那、苏里南和特立尼达拉岛的非洲人后裔、与斐济的美拉尼西亚斐济人展开激烈争斗。在这些国家,印度人形成了自己的政治党派,它们有时在选举中获胜,使其领导者成为总理。但种族敌对有时导致冲突,尤其在斐济。而在斯里兰卡,一些大泰米尔人少数派通过暴力寻求自治和更多权利,挑起内战,使国家在几十年里处于骚乱状态。对印度商业社区的敌意导致印度商人在20世纪70年代被从乌干达驱逐;那些被驱逐的人当中很多迁移到英国或北美洲。印度人在肯尼亚和坦桑尼亚则面临着经济限制。

大多数印度人已经适应了新国家的政治和经济现实,获得了当地公民权,永久居留下来。一些人已经放弃了他们祖先的传统,但大多数人仍保持文化传统。尽管种姓身份认同和限制经常在离散人口中变得越来越淡,但大多数海外印度人始终保持其习俗和宗教,一般在自己 1686
的群体里结婚。那些更近期迁到外地的人与其在印度的家族和祖籍村庄有着持续不断的联系,促进了人口的往返流动。

日本和韩国移民

通常受到贫穷、人口过剩、战争或压制的推动,很多人从东北亚向外迁移,在新土地上形成有结合力的社区。1850至1940年间,很多日本人离开他们的岛屿。一些日本人定居在夏威夷,很多人在种植园或罐头工厂中工作。今日，他们的后裔是夏威夷最大的族群。其他日本人迁移到美国和加拿大的太平洋沿海地区，一些人在加利福尼亚从事农业种植。当美国和加拿大在 1907 和 1908 年加强对日本人的移民限制时，日本的向外移民潮转向了拉丁美洲，尤其是秘鲁、巴西、巴拉圭和阿根廷。很多日本人加入农业殖民地或采矿行业。后来，他们结成的文化网络允许很多日本人为了商业和农场所有权而离开雇佣劳动。朝鲜人因为动荡而迁移，也加入海外移民潮中，尤其在 1903 至 1905 年间向夏威夷迁移。在第二次世界大战期间，美国和加拿大的很多日本人被拘留在集中营里，常常丧失其财产。

到 20 世纪中叶，移民再次从东北亚流向美洲。今日，大约 150 万日本籍的人生活在拉丁美洲，另外 100 万日本籍的人生活在美国。日美混血已经成为最富有和受过良好教育的族群。在一次反向移民中，几千巴西籍日本人开始返回其祖先的国土。朝鲜人从 20 世纪 60 年代开始大规模地向北美洲迁移，很多移民家庭在诸如纽约和洛杉矶这样的大城市开食品商店。新来者将朝美混血人口总数增加到 30 多万。

东南亚移民

在过去的 150 年里，东南亚移民也是重要移民，因殖民化、战争和政治骚乱而迅速发展。在 1875 至 1940 年之间，印度尼西亚人——大多数是爪哇人——受雇佣在马来半岛和北婆罗洲附近的种植园里工作，同时也在苏里南种植园里工作，还有较小规模的人们在新喀里多尼亚的太

印度人的大规模海外社区已经在非洲、欧洲和美国以及其他亚洲国家蓬勃发展起来；这里描绘出的是伊利诺伊州芝加哥一个这种社区的主街道

平洋岛屿上工作。今日大约5万爪哇人生活在
1687 苏里南。1900年代早期,法国人将几千越南人转移到他们控制的南太平洋岛屿上,其中大多数充当种植园劳动者。美国于1902年在菲律宾群岛建立殖民地以后,菲律宾人开始迁移到夏威夷和美国的太平洋沿岸,充当劳工或农场工人。从那时到现在,移民持续不断。目前250万菲律宾人生活在美国,他们当中的很多人获得了很大发展。很多菲律宾人也在波斯湾工作,大多数在服务行业。

20世纪六七十年代,越南、老挝和柬埔寨的灾难性战争造成了另一次重要移民,这次主要是难民。在1970至1985年间,200多万人逃离这些国家,大多数逃往美国、加拿大、澳大利亚或法国。根据2000年美国人口统计数字,美国大约有130万越南人、40万老挝人和20万柬埔寨人,以及15万泰国人、6.3万印度尼西亚人、2万来自马来西亚和新加坡的移民。东南亚人是美国近800万亚洲人口的组成部分,自从1940年以来增加了30倍。

从东亚、东南亚和南亚向美洲、大洋洲、欧洲和中东迁移的移民潮今日仍在继续,因为人们始终寻求更好的经济机会、政治稳定或个人安全,不断地进行那种具有悠久历史的人类行为——迁移。

进一步阅读书目:

Brown, J.M.(2006). *Global South Asians: Introducing the Modern Diaspora.* New York: Cambridge University Press.

Brown, J.M., & Foot, R. (Eds.).(1994). *Migration: The Asian Experience.* New York: St. Martin's Press.

Chan, S.(1991). *Asian Americans: An Interpretive History.* Boston: Twayne.

Cheng, L., & Bonacich, E. (Eds.).(1984). *Labor Immigration under Capitalism: Asian Workers in the United States before World War II.* Berkeley and Los Angeles: University of California Press.

Cohen, R.(1997). *Global Diasporas: An Introduction.* Seattle: University of Washington Press.

Daniels, R.(1988). *Asian America: Chinese and Japanese in the United States since 1850.* Seattle: University of Washington Press.

Heidhues, M.F.S.(1974). *Southeast Asia's Chinese Minorities.* Victoria, Australia: Longman.

Hein, J.(1995). *From Vietnam, Laos, and Cambodia: A Refugee Experience in the United States.* New York: Twayne.

Kitano, H.H.L., & Daniels, R.(1988). *Asian Americans: Emerging Minorities.* Englewood Cliffs, NJ: Prentice-Hall.

Lee, K.H., & Tan, C.B. (Eds.).(2000). *The Chinese in Malaysia.* New York: Oxford University Press.

Masterson, D.M., & Funada-Classen, S.(2004). *The Japanese in Latin America.* Urbana: University of Illinois Press.

McKeown, A.(2001). *Chinese Migrant Networks and Cultural Change: Peru, Chicago, Hawaii, 1900 - 1936.* Chicago: University of Chicago Press.

Pan, L.(1999). (Ed.). *The Encyclopedia of the Chinese Overseas.* Cambridge, MA: Harvard University Press.

Sandhu, K. S., & Mani, A. (Eds.). (1993). *Indian Communities in Southeast Asia.* Singapore: Institute of Southeast Asian Studies.

Tinker, H.(1973). *The Banyan Tree: Overseas Emigrants from India, Pakistan, and Bangladesh.* New York: Oxford University Press.

Yano, A. K. (2002). *Encyclopedia of Japanese Descendants in the Americas.* Lanham, MD: Rowman & Littlefield.

克雷格·罗卡德(Craig Lockard) 文
郭子林 译,张瑾 校

Migration, Indo-European 印欧人的移民

在公元前最初几个世纪之前，从大西洋沿岸到东印度和中国最西部省份的人们都讲印欧语言。今日，世界上超过 1688
一半的人口讲的语言属于这个语系。学者们已经就印欧人的起源、最早迁移方式以及他们源自同一个家乡的可能性展开了讨论。

欧洲大多数人口、西亚古代人以及现代西亚大部分人讲的语言间的关系非常密切，都属于印欧语系。欧洲殖民扩张和欧美文化的传播如此成功，以至于地球上近一半的人口现在讲印欧语言。然而，这个语系起源的地方及其最早的迁移过程都是 2 个多世纪以来热烈但无结果的争论的主题。

早期印欧人

印欧语系可以划分为 13 个语族，这里按照从西往东的顺序进行简短概述。

凯尔特语族

从约前 500 年至约前 1 年，凯尔特人占据了西欧和中欧很多地区，袭扰意大利，往东到达希腊和安纳托利亚（今日土耳其半岛）这样遥远的地方。今日，凯尔特语仅在大西洋欧洲的边缘地区作为盖尔语（爱尔兰语和苏格兰语）、威尔士语和布列塔尼语幸存下来。

意大利语族

拉丁语是古代意大利到目前为止一组密切相关的语言当中最成功的一种语言。拉丁语在大约公元 100 年的某个时候成为意大利半岛独一无二的语言，然后被罗马人扩张到欧洲很多地区。意大利语支今日以法语、西班牙语、葡萄牙语、意大利语、罗马尼亚语等现代罗曼语以及加泰罗尼亚语、普罗旺斯语等形式保存下来。

日耳曼语族

这些讲北欧和中欧语言的人，例如哥特人在公元第 1 个千年期间从北方扩张，占据了以前由凯尔特人和其他人群控制的土地。现代日耳曼语包括英语、荷兰语、德语和斯堪的纳维亚语言。

波罗的海语族

波罗的海地区的居民曾经占据从波罗的海到北俄罗斯的广阔领域，但从西方来的讲日耳曼语的人和从南方来的讲斯拉夫语的人仅仅留下两种现代波罗的海语言：立陶宛语和拉脱维亚语。

斯拉夫语族

在公元前 1 千纪，斯拉夫人在中欧和东南欧开始其历史性的扩张。主要斯拉夫语言包括俄罗斯语、白俄罗斯语、乌克兰语、波兰语、捷克语、斯洛伐克语、斯洛文尼亚语、塞尔维亚-克罗地亚语、马其顿语和保加利亚语。

巴尔干语族

古代巴尔干地区的印欧语非常难以从铭文 1689
及相邻古典语言中记载的地名和人名中得到验证。其主要人群是大夏人和色雷斯人，分别占据相当于现代罗马尼亚和保加利亚国家所在的地区，还包括西巴尔干地区的伊利里亚人。唯一幸存下来的巴尔干语言是阿尔巴尼亚语，很多人认为它源于较早的伊利里亚语。

希腊语

古代希腊人的语言至少可以从公元前13世纪青铜时代晚期希腊和克里特的线形文字B铭文中得到验证。在公元第1个千年，希腊人进行了广泛殖民，在西方远达西班牙，在东方远及黑海北岸。

安纳托利亚语

到大约公元前1900年，安纳托利亚的档案表明了讲安纳托利亚语支语言的印欧人的存在。最著名、研究最好的早期语言是赫梯语。一些安纳托利亚语言一直保留到公元第1个千年初期，但到目前为止，这个语支的所有语言已经灭绝很久了。

弗里吉亚语

随着赫梯帝国的崩溃（约公元前1380年），弗里吉亚人在中部安纳托利亚建立政权，他们的语言几乎完全可以在铭文中得到见证，并幸存到公元第1个千年。

亚美尼亚语

诸如胡里安人和相关的乌拉尔图人建立的早期非印欧人国家崩溃以后，亚美尼亚语在公元前1千纪出现在东部安纳托利亚。尽管它的很多词汇是从其相邻的语言借用来的，但亚美尼亚语始终有直接源自其印欧语系祖先的核心词汇。

伊朗语

伊朗语从公元前700年开始形成了一个巨大的讲这种语言的群体，从黑海的西赛亚人到中国西部的塞人。大多数中亚语言（例如大夏语）都源自伊朗语。证明讲伊朗语的人们存在的最丰富证据源自古代波斯（波斯语），伊朗语在现代伊朗和阿富汗占据主导地位。

印度-雅利安语

与伊朗语关系密切的是印度-雅利安语，为印度北部2/3地区的最大语群，现在印度很多语言都源自这个语群，例如北印度语、乌尔都语和古吉拉特语。这个语群在梵文文学中被大量验证，梵文文学至少到公元前第2个千年末期就出现了。印度也包括了两个非印欧语系的语言：达罗毗荼语和蒙达语。

吐火罗语

极端例外的情况是，在今日中国最西部省份新疆丝绸之路沿途的绿洲城镇的人们讲两种吐火罗语。它们到大约1000年时就已消失了。

欧洲也有几个非印欧语群，包括巴斯克语和乌拉尔语族，前者是北部西班牙和南部法国人讲的语言，后者占据了欧洲东北部广大的森林地区。芬兰语、萨米语（拉布兰语）、爱沙尼亚语和匈牙利语属于现代更著名的乌拉尔语。

原始印欧人

一个语系中的成员身份指的是一种在过去某时某地讲的祖先语言在很大程度上扩张了，以至于讲这种语言的人逐渐讲各种方言，而这些方言彼此之间越来越不同，尽管它们仍是相关的。罗马帝国晚期的拉丁语分裂为一系列越
来越不同的罗曼语言，是一个语言如何分化为 1690
大量不同语言的熟悉事例。为各种印欧语言的语法和词汇的比较提供了证据，证明它们曾经在基因上是相互关联的。也就是说，它们都有一个共同的源泉。例如，单词“mother、father、brother、sister”在拉丁语中表达为“mater、pater、frater、soror”，在希腊语中表达为“mεtεr、patεr、phrε′tεr、éor”，在梵语中表达为“matár、pitár、bha-′tar、svásar”。

这些对应关系反映了一个事实，即曾经有一个共同的语言，我们称其为原始印欧语言，所

有女儿语言都源自这个语言。印欧语言共同词汇的比较，允许语言学家重构原始印欧语词汇当中 1 200～1 800 个单词的顺序（显然，原始语言有更多的单词，但我们只能安全地重构其中的一部分）。

重构出来的原始印欧语词汇提供了我们从任何语言中发现的单词的所有语义分类，包括身体的各个部分、动词、代词和数词等。那些与自然世界和原始印欧人的经济、物质文化、亲属关系、社会结构和宗教信仰有关的单词蕴含着大量文化信息。我们知道，讲原始印欧语的人们驯养动物（语言学家们已经重构了原始印欧语中表达牛、绵羊、山羊、猪和狗的单词；讲原始印欧语的人也知道马，但这里的马是野马还是驯养的马仍是热烈争论的主题）。他们从事谷类农业（有一些原始印欧词汇表达了谷物、大麦、牛轭、犁、收获、扬谷器和粮食磨石）；他们在陶器里储存和烹饪食物；他们用刀子、矛枪及弓箭狩猎和打仗；他们有一些熟悉的金属（有一些表达铜、金和银的词语）；他们利用有轮子的运输工具（车轮、车棚和支撑杆）。此外，我们至少能复原原始印欧人了解的野生植物和动物的名称。一般来说，树木证据表明了温带气候（树木单词包括原始印欧语中的橡树、桦树、柳树和白蜡树的对应词）和森林以及河流动物（从表达熊、狼、狐狸、马鹿、水獭和海狸判断出来）。

大体上，语言学家们已经估计出人们在大约公元前 4000 至前 2500 年的时间里讲原始印欧语言，但这主要还是一种建立在信息基础上的猜测。无论如何，这些年代的确与用于表达物质文化的词汇的分析表明的年代大体一致，因为诸如车轮这样的词大约公元前 4000 年之前在世界各地都没有出现。

关于起源地的问题

在大约 2 个世纪的时间里，语言学家和考古学家试图确定原始印欧语的位置或故乡及其接下来的迁移路线。在大量学术和非学术作品中，印欧语系的故乡被定位在从北极到南极、从大西洋到太平洋的空间里。这些作品将印欧语系的起源定位在从尼安德特人（公元前 10 万年以前）直到四轮马车使用的传播（公元前 2000 年以后）的时间里。（原始）印欧人的范围很广泛，从那种使欧洲文明化的高度文化带来者到欧洲（原始）文明的毁灭者，从和平的农民到好战的野蛮骑兵，而这依赖于学者们选择怎样解释有限的材料，有时受到各种国家或意识形态的影响。

从学术观点来看，整个事业的困难在于寻找史前语言字符实体的性质：尽管所寻找的目标是严格语言学的——一种原始母语，但没有纯粹的语言学技术产生令人信服的答案。这不是说没有大量技术得到应用，而是说它们在被应用于世界上最大的语系时，的确没有给出令人信服的结果。例如，一个技术应用“重心”的概念搜寻语系的起源地。逻辑是，我们发现最大量 1691
不同（换言之，不同语言、方言等最集中）的地方应该就是语言的起源地，因为正是在这个地区语系存在的时间最长，有最大量的时间用于变化。但尽管语言不可避免地随着时间的推移而变化，时间并不是语言变化的唯一因素。地理位置、社会结构和与各种外来介质（比任何单个语言都更多样、更包罗万象）的联系，也可能影响语言的发散。

一些语言学家承认这点，将印欧语系的起源地定位在他们发现保留着最大量原始印欧语词汇的地方（假设词汇的保留表明了外来介质的缺乏和没有过多地远离起源地）或有最少非印欧语外来词证据的地方。但这些技术都不令人满意。因为各种印欧语言在各种不同的时代得到验证（梵语出现在公元前 1000 年以前，立陶宛语的证据出现在 2 000 或 1 500 年之后），所以人们很难对那些拥有最古老词汇或最大量外来词的语言进行公正的测验。事实上，每一种印欧

> 语言规范着我们思考问题的方式，决定着我们能够思考的事情。
>
> ——本杰明·李·沃尔夫(Benjamin Lee Whorf，1897—1941)

语言都有大量不能表明其源自印欧语的词汇。没有证据表明任何印欧语言在过去 4 000 或 5 000 年里保持完全的纯净。这些纯粹的语言方法不恰当地测量能够在这样的事实中看到，即重心原则通常支持东南欧(希腊和巴尔干)为印欧语的起源地，而保留原则最经常举例说明其起源地或在印度或在波罗的海海滨(因为立陶宛语的保留性)。

模式

无论人们将印欧语的起源地置于何地，都有一种期望，即它的位置至少应该与考古记录的证据保持一致；也就是说，应该有一些具体的证据表明语言的扩散。印欧语起源于北极的观点显然是得不到证明的，因为那里没有任何人讲任何语言。其他解决方案已经将原始印欧语定位在只有考古证据的区域，这些证据可能表明了与印欧语言历史性分散保持一致的运动，例如斯堪的纳维亚和波罗的海地区、不列颠和爱尔兰、伊比利亚半岛、意大利、伊朗、印度和中国新疆。所有这些区域不仅是印欧语群整体分布的次要地区，它们也缺乏可以证明曾经存在一次等同于印欧语扩散的重要向外移民的证据。

更具讽刺性的是，尽管每个印欧语人群所到达的历史位置(凯尔特人在爱尔兰、拉丁人在意大利、印度-雅利安人在印度)可能成为追溯印欧语起源地的良好出发点，但这些到达当中还没有任何年代得到确定。相反，考古学家面临着一系列可能的侵入体，后者的时间跨度长达 4 000 年，因为每一个新陶器类型、工具或丧葬的范围都与讲印欧语的人的侵入有着密切关系(通常不令人信服)。没有任何区域有确凿的考古学证据可以表明出现过如此大规模的入侵，以至于其与讲印欧语的人的到达有关。凯尔特人出现在爱尔兰，这可能发生在公元前 4000 至前 250 年之间的任何时候；而关于印度-雅利安人到达印度的证据也是如此模糊，以至于很多印度学者已经提出印度-欧洲人始终在这里(尽管这些学者没有解释他们怎样从印度扩散到其他地方)。一种追溯印欧语迁移的方法(也就是说，一种从当前的位置开始，按逆时针方向追溯的方式)抛出了太多的死胡同；目前大多数人宁愿从一个假定的起源地开始，追溯假定的外迁路线。有两个关于印欧语起源的流行模式，在地理位置、时间和扩散方式等方面都不同。

新石器时代模式 1692

一些人将印欧语的扩散与农业传播联系起来，这种语言扩散的机制也用于支持其他主要语系的扩散，包括南岛语系、汉藏语系、亚非语系和班图语系。大约公元前 7000 年，农业从安纳托利亚进入欧洲，并往北穿过希腊和巴尔干半岛、往西穿越欧洲，到大约公元前 4000 年到达大西洋和波罗的海。这种模式支持人的扩散概念，也就是说，拥有更具生产能力的经济的人们大规模但逐渐地移动到拥有较低生产能力的经济(即狩猎-采集)的人们较早占据的地区，而新来者从文化和语言上吸收了原住民。一些人认为巨大的语系只能用这样巨大的文化变化来解释。这个过程要花费很多代人的时间，重点在于人口的替代——通常是被和平的农民代替，至少对于东南欧和中欧是这样的。这种模式吸引人的地方在于，它引入十分有力的机制，可以解释一个语系怎样在如此广阔的区域扩散，并消除所有以前的语言。

但这种模式也遭到了批评。很多人不认为人口移动可以说明北欧和西欧的农业到达；他们假定了一个文化渗入的过程，当地狩猎-采集者从邻居那里采用农业，因此语言扩散的机制对于欧洲边缘地区并不是如此引人注目。当它逐渐解释亚洲的印欧人(占据至少相当于欧洲的一个区域)时，农业较早地出现在那里似乎与农业在安纳托利亚的起源无关，迫使新石器时代假说的提出者放弃其模式，而采用了第二种模式的部分内容：欧亚大草原骑兵的青铜时代迁移(大约公元前2000年)。新石器时代模式似乎也需要移民，而这些移民比与原始印欧语词汇关系密切的近期技术项目早几千年。换言之，它把希腊和意大利的印欧语人置于几千年前。考古学家们认为他们可能已经熟悉马匹或轮式车辆，这些项目被重构到原始印欧语中，它们的名字在这些地区的词汇中留存下来。最终，新石器时代印欧语在欧洲假定的扩散路径没有很好地与不同印欧人群的关系关联起来。

大草原模式

第二个模式认为印欧人起源于欧洲(俄罗斯南部与乌克兰)的大草原和森林草原。这个模式的提出者认为扩散约开始于公元前4500年，并一波接一波地往西进入欧洲、往东进入亚洲。新石器时代模式中的农民在这里被视作非印欧人，他们在印欧语人扩散之前占据了欧洲很多地方。大草原模式不需要人口替代，而需要本土人口中间的大规模语言转变；这是由少数入侵的印欧人引起的，印欧人掌握着驯养的马匹和牛拉货车，为他们提供了较大的流动性，他们的经济(游牧经济和某种程度的农业)和社会体系比欧洲农民的经济和社会体系更具攻击性。语言转变的机制或者在于入侵的印欧人精英的政治主导地位，或者在于印欧人的社会制度的传播，当地人采用了与新秩序关系密切的语言。这里关键——就任何语言的传播来说—— 1693
是确定什么促使人们最初采用双语言，然后放弃其本土语言。一旦这个过程开始了，随着最低人口移动，印欧语言能够从一个地区传播到另一个地区，在大约公元前3000年或更晚近的时候到达欧洲北部和西部。大草原模式将亚洲的印欧人解释为青铜时代动态士兵的进一步扩张。大草原模式的问题是，尽管人口迁移的证据可以在多瑙河下游地区的大草原发现，尤其是在特殊的坟堆丧葬中(俄罗斯坟堆；这个词也给予大草原模式另一个名字，即坟堆模式)，但在匈牙利和巴尔干半岛以外追寻这样的运动是更困难的。类似地，尽管有明显的证据表明人们从欧洲迁入亚洲大草原、部分进入中亚，但只有非常少的证据表明人们曾进一步往南迁入古代伊朗和印度主要文明所在地。此外，诸如较大流动性、越来越多的武器和等级墓葬的发展等出现在具有很多所谓大草原扩散特征的区域，已经被归因于内部社会的发展，而非入侵的印欧人的影响。

印欧语言起源和迁移的问题始终是史前史家面临的主要挑战，他们未能提出一个完全令人信服的模式，从而为那些愿意从考古记录中追寻语言传播路径的人提供有益的警示。如果增强了的怀疑是追寻印欧语根源引起的激烈讨论的结果，那么这对于其他很多远未经过仔细审核的假设性迁移不是好兆头。

进一步阅读书目：

Anthony, D. (1991). The Archaeology of Indo-European Origins. *Journal of Indo-European Studies*, *19*(3-4), 193-222.

Blench, R., & Spriggs, M. (Eds.). (1997). *Archaeology and Language I: Theoretical and Methodological Orientations*. London and New York: Routledge.

Diakonoff, I. (1985). On the Original Home of the Speakers of Indo-European. *Journal of Indo-European Studies*, *13*(1-2), 92-174.

Dolgopolsky, A. (1987). The Indo-European Homeland and Lexical Contacts of Proto-Indo-European with other Languages. *Mediterranean Language Review*, *3*, 7-31.

Drews, R. (1988). *The Coming of the Greeks*. Princeton, NJ: Princeton University Press.

Gamkrelidze, T., & Ivanov, V. (1995). *Indo-European and the Indo-Europeans*. Berlin and New York: Mouton de Gruyter.

Gimbutas, M. (1991). *The Civilization of the Goddess*. San Francisco: Harper.

Gimbutas, M. (1997). The Kurgan Culture and the Indo-Europeanization of Europe (M. R. Dexter & K. Jones-Bley, Eds.), *Journal of Indo-European Studies Monograph No. 18: Papers by Marija Gimbutas*. Washington, DC: Institute for the Study of Man.

Mallory, J. P. (1989). *In Search of the Indo-Europeans*. London: Thames and Hudson.

Mallory, J. P. (2002). Indo-Europeans and the Steppelands: The Model of Language Shift. In K. Jones-Bley, M. Huld, A. D. Volpe, & M. R. Dexter (Eds.), *Journal of Indo-European Studies Monograph No. 44: Proceedings of the Thirteenth Annual UCLA Indo-European Conference* (pp. 1 – 27). Washington, DC: Institute for the Study of Man.

Mallory, J. P., & Adams, D. Q. (1997). *Encyclopedia of Indo-European Culture*. London and Chicago: Fitzroy Dearborn.

Renfrew, C. (1987). *Archaeology and Language*. London: Jonathan Cape.

Renfrew, C. (1996). Language Families and the Spread of Farming. In D. R. Harris (Ed.), *The Origins and Spread of Agriculture and Pastoralism in Eurasia* (pp. 70 – 92). London: University College.

Renfrew, C. (1999). Time Depth, Convergence Theory, and Innovation in Proto-Indo-European: 'Old Europe' as a PIE linguistic Area. *Journal of Indo-European Studies*, *27*(3 – 4). 257 – 293.

Sherratt, A., & Sherratt, S. (1988). The Archaeology of Indo-European: An Alternative View. *Antiquity*, *62*, 584 – 595.

Zvelebil, M., & Zvelebil, K. (1988). Agricultural Transition and Indo-European Dispersals. *Antiquity*, *62*, 574 – 583.

詹姆斯·马洛里(James P. Mallory) 文
郭子林 译,张瑾 校

Military Engineering 军事工程

1694 军事工程关注的是战争过程中攻击、防御和后勤建筑物的设计、构建及操作。建筑物包括堡垒、障碍物、桥梁和战壕。军事工程师的工作就是设计和构建这样的建筑物,或者找出破坏它们的方式。军事工程师从古至今始终是武装冲突的重要参与者。

军事工程涉及构建,也涉及破坏。它参与辅助军队在战场上移动,毁坏敌人的野战工事,保护领土以免敌人进攻,提供防卫性物质工事。随着年代的推移,军事工程师越来越重要,并始终是军队的重要部分。

早期军事工程

罗马人是最早有目的地将军事工程师纳入军队的人。古代军事工程中最令人印象深刻的成就之一是尤里乌斯·恺撒建筑的跨莱茵河大桥。罗马工程师在德国科布伦茨构建了一座横跨莱茵河的大桥，莱茵河在这里的宽度是366米，深度从2米到8米不等。据说，该桥梁从建筑开始到结束仅仅用了10天时间。

然而，现代读者没必要因大桥在这样短的时间里取得成功而感到震惊。虽然军事工程非常复杂，但古代世界在用木材和石头建筑方面有大量经验，金字塔和整个欧洲的罗马建筑物见证了这点。中东、远东以及中美洲和南美洲的古代遗迹非常明确地表明，古代建筑者不仅知道怎样建筑，还知道怎样使建筑物长久保存下来。

中国的长城始终是军事工程的纪念物。从2 000多年前开始，中国各个王朝相继设计、建筑、重建和保护长城，旨在保护中国北部边境，使其免受劫掠性入侵者的侵袭。类似复杂的建筑物不可能仅仅出于军事目的而建造，例如阿兹特克堤道系统或印加公路网；但当这些文明或帝国受到攻击时，它们的确突显了其军事价值。据说，在整个古代，木材都用于防守墙，而且军事工程师很快便学会了将其建造得足够结实，以阻挡最专业的军队；自然而然地，任何人为建造的建筑物也都能够被推倒，敌对方的军事工程师很快就发明了火烧木质墙的方法，以便为进攻中的军队开辟攻入点。大炮必定是破坏力的附加来源，被用于突破防御墙。

亚述人掌握了防御技术，这种技术在公元前1000年以前就出现在中东。但他们也擅长毁坏建筑物。他们发明了攻城塔和攻城锤。攻城塔控制敌人的城墙，允许军队爬上防御墙，进入敌人领地；攻城锤为了同样的目的在城门或城墙上开洞。日本人也建造和依赖一种用木头和
1695 石头构建的大范围堡垒，很多16世纪著名的堡垒都是从较早期的木结构建筑物演变而来的。古代和中世纪军队有时在战场上战斗，但当一方坚决隐藏在城市或城堡的防御墙里面时，他们经常处于彼此对抗状态。恺撒在阿莱西亚（现在的阿莱西-斯特-莱茵，位于法国塞纳河源头附近）使用军事工程，发挥了巨大作用：他绕着设防的城镇建造了一道内防卫墙，以便把阿莱西亚人包围在里面；然后又绕着他的军队建筑了另一道防卫墙，把任何救援军队都挡在了外面。所有建筑物都是用木头建造的，这些防卫墙成为有效防御的模型，甚至今日仍是构建防御墙的范例。

围攻为两群专业军队提供工作机会。炮兵用大炮（早期拉力炮和重力炮以及后来的枪炮）捣碎城墙和防御工事；工程师受雇佣在军队内部构建和维护防御工事，到军队外面毁坏敌方防御工事。隧道挖掘和矿山开采变成了军事工程的一部分；隧道在塔下挖掘，用大木材支撑隧道以免其塌方。隧道修建完成便填充上木材，然后点火。结果，以前安装的用于支撑的木材燃烧倒塌，导致防御工事倒塌；这种情况今日可以在欧洲很多堡垒里看到。

在平原，军事工程在公开战斗中也发挥了重要作用。有人认为早在公元前4000年欧亚大陆的人们就能骑马了。马匹装上挽具用于战争的准确时间尚不清楚，但人们认为至少4 000至5 000年前马力就被用作毁灭性攻击手段，以对抗步兵。用两匹马牵引两轮战车，战车上配备一位驭者和一个弓箭手或剑客。军事工程发展过程中尤为重要的是大约公元前2000年辐条车轮战车的发明。

军事工程演进过程中另一个特别重要的事件是火药革命（从大约13世纪开始），既包括利用火药的爆破力，也涉及对火药爆破力的防御。

战壕与桥梁

另一类军事工程是对战壕或坑道的构建。为了接近一个防卫精良的城镇或堡垒，进攻军队需要掩护，而掩护工程经常被防卫者清理掉。因此战壕被挖掘，战壕越来越接近目标，直到墙和防御工事处于弓箭或大炮的射程范围内。城

2 世纪，罗马人在威尔士瑟贡(Segontium)建立的防御工事。克里斯·豪威尔摄

墙也需要防卫，以阻止军队进入；一旦工程师到达城墙脚下，他们便能够破坏城墙。

河流桥渡对于军队自由穿行于战场是重要工程。当军队行动时，他们必须能够穿越河流。桥接工程是修缮现存桥梁，或在现存桥梁被毁掉的情况下重建桥梁；这是今日和古代军事工程师的一项重要任务。速度是最重要的因素，因为一座迅速建起的横渡桥梁经常能够为军队赢得时间，并能够为攻击军队提供必要的突击因素，甚至为撤退军队提供保障。第二次世界大战期间，莱茵桥的重要性就是一个恰当的事
1696 例。盟军借助未受破坏的桥梁迅速进军；没有这些桥梁，他们就必须在战火中修建新桥。

俄罗斯人发明了一种建桥技术而挫败了德国人。俄罗斯人的装甲部队和车辆常常被认为能够渡过没有桥梁的河流。仔细地观察便会发现：俄罗斯人在夜幕的掩护下构建桥梁，这种桥梁位于水下 0.15 米。这令他们得以移动其坦克穿过河流，令德国人十分震惊。工程师偶尔能够想出令人惊奇的解决方案。

沃邦防御工事

一旦枪炮出现在战场上，军事防御工程就显得特别重要了。法国人掌握了防御技术，塞巴斯蒂安·勒普雷斯特雷·沃邦元帅(Sébastien Le Prestre, Marshal Vauban, 1633—1707)是围城和防御技术领域的大师。从人类建造城墙和瞭望塔伊始，围攻就是军事活动的一部分，但沃邦将以前的技术变成了科学。沃邦体系描述了攻击中一种借助系列战壕接近防御工事的方法。首先把围城大炮带到射程范围内，然后把骑兵、弓箭手和工程师带到城墙脚下。之后，工程师准备柴笼(成束的木头)，用其填充壕沟和护城河，攻击或挖掘塔楼，以便攻克外墙的防御工事。当防卫者在主墙内设有第二道防御工事的时候，进一步的围攻常常是必要的。

沃邦也花时间构建防御体系：这是以城墙为基础的，城墙按照一定的角度建筑，结果炮弹发挥不了太大作用；并建造宽墙基和反地道系统，以阻止敌人的挖掘兵。在防御攻击步兵的时候，沃邦的城墙布满通透的火枪眼(穿过墙体的缝形掏槽，外面狭窄，内部足够宽阔，允许枪手移动和使用其武器)；建造陷阱，迫使攻击步兵掉进去，然后他们就会遭到那些安置在防御内墙上的大炮的射击。

第一次世界大战

第一次世界大战期间，人们在几个月之后

便躲在战壕里战斗。用3年多的时间证明了一件事情,即机枪、大炮和刺铁网阻止不了坚定的攻击。

当时的骑兵受过良好的挖掘训练,就像自古以来骑兵所受的训练那样。当行军受阻时,他们就转变为军事工程兵。德国人超过了他们的供给线,因早期战斗和惩罚行军而精疲力竭。防卫者主要是法国人和英国人,走投无路,决定挖战壕,在巴黎前面长期抵抗下去。德国人也挖战壕,尽力在大规模攻击之前稍作休息。这就是战争持续近4年的原因。

战壕体系难以置信的复杂。有三个平行的战壕线(与沃邦的体系非常相似),它们之间是交流战壕。然而,在炮轰最经常发生的前线,战壕经常有没膝深的水和泥,还需要不断加固以免塌方。英国人和法国人的战壕建筑方式没有德国人的持久,因为法国人和英国人总是计划着从当前的位置前进。德国人更有条不紊地,建筑更深、更好的地下生活空间,上面有防弹屋顶。

第一次世界大战是用更现代的武器战斗的围攻技术事例。来福枪没有机枪和炮火有效,防御工事直到1918年春季战术变化时都占有优势。耀武扬威的坦克也不能进行必要突破,因为工程师不能填充战场上的每个弹坑,也不能使每座现存桥梁支撑一辆坦克。

1697

第二次世界大战

第二次世界大战表明军事工程进一步发展了全部项目,而且这场战争的很多技术今日仍在使用;也就是说,人们今日仍在使用更复杂的军事工程装备。由于建筑了很多混凝土贮仓(法国的马其诺防线和德国的西城墙是两个非常昂贵而庞大的静态防御体系),人们考虑了很多方式去保护它们。人们设计了很多轻便的桥梁,能够迅速地在那些桥梁已经被毁掉的河道上面建筑起来(英国的活动便桥是这种桥的主要事例)。工程师也开始变成专业攻击军队:在战前,德国军队里有战斗士兵(或战场工程兵),他们的成就记录包括对沃邦型堡垒的很多次攻击;这种堡垒在拆除设置和投火器面前失去了风采。在第一次世界大战时期,沃邦城堡经受住了几个月的炮轰,凡尔登战斗表明了这点。

专业工程师在第二次世界大战期间参与行动的事例是德国滑翔导弹对比利时城堡埃本·埃迈尔(Eben Emael)的攻击。当西方入侵在1940年5月10日开始时,该城堡阻止了德国人穿越比利时的进程。

德国工程师登上城堡屋顶,用锥形弹解除炮位,锥形弹有良好的破坏混凝土能力。工程师出现在第二次世界大战的所有前线,包括对抗日本的太平洋战争。在这里,专业工程设备(例如推土机)经常被用于补充喷火器和拆除设备,以解除防御沙坑或"掩体"。在整个战争中,工程师既摧毁也建造障碍物,他们还在前线后面建造了很多飞机场。

更专业的工程设备被设计并在1944年6月6日的诺曼底登陆日得到应用,当时盟军在德怀特·艾森豪威尔(Dwight D. Eisenhower)将军的率领下登上诺曼底海滩,开始向德国推进。潜水坦克、抗沙坑坦克和喷火坦克都与步兵同时到达滩头,它们保障了英国和加拿大军队突破第一道防线并向内陆进军。令人惊奇的是,美国可以得到很多这种装备,但美国军队并没有使用它们,在某种程度上美国因未使用这些装备而损失惨重。

当下

军事工程兵是军队的特殊形式,也是最重要军种之一。步兵无法携带必要的工程设备去执行工程兵的任务,他们也没有经历这种专业训练。现代工程兵军队是完全动态的,经常在

> 造每一支枪、发动每一场战争、发射每一枚火箭,从根本上来说都是对那些饥寒交迫、衣不蔽体之人的掠夺。
>
> ——德怀特·艾森豪威尔(1890—1969)

装甲运兵车上与其专业设备一起行动。今日的战场工程兵掌握着大量动力,从砍树动力锯到全履带推土机和清障坦克。他们仍然既能建造建筑物,也能将其推倒,但现在只需越来越少的人就能够完成60年前几千人才能完成的工作。

工程兵因其任务性质而几乎得不到关注,但这个任务却需要所有人的尊敬,那就是清理陷阱和地雷阵。在非洲、波斯尼亚、阿富汗、伊拉克和世界很多其他地区的冲突中,不易察觉的塑料、木材或硬纸板杀伤性地雷被不考虑后果地散布在乡村。这些地雷现在正致残和杀死数以千计的无辜者,而恰恰是战地工程兵正在做着缓慢而极度危险的工作:清理这些地区。

进一步阅读书目:

Beeler, J. (1971). *Warfare in Feudal Europe, 730 - 1200*. Ithaca, NY: Cornell University Press.

Caesar, G. J. (1966). *The Gallic War*. (T. E. Page Ed.); H. J. Edwards Trans.). London/Cambridge, MA:
1698 Heinemann/Harvard University Press.

Delbrueck, H. (1900 - 1936). *Geschichte der Kriegskunst im Rahmen der Politischen Geschichte* [The Role of Military Science in Political History]. Berlin, Germany: E.S. Mittler und Sohn.

Duffy, C. (1975). *Fire and Stone: The Science of Fortress Warfare 1660 - 1860*. Newton, U.K.: Abbot.

Duffy, C. (1979). *Siege Warfare: The Fortress in the Early Modern World, 1494 - 1660*. London: Routledge and Keegan Paul.

Hutchinson, H.D. (2004). *Field Fortification*. Buxton, U.K.: Military Library Research Service.

Oman, C. (1924). *A History of the Art of War in the Middle Ages*. London: Blackwell.

Parker, G. (1988). *The Military Revolution: Military Innovation and the Rise of the West, 1500 - 1800*. Cambridge, U.K.: Cambridge University Press.

Military Library Research Service. (2004). *Engineer Field Manual*. Buxton, U. K.: Military Library Research Service. (Original work published 1917)

Military Library Research Service. (2004). *Engineers in the Italian Campaign, 1943 - 1945*. Buxton, U.K.: Military Library Research Service. (Original work published 1945)

Military Library Research Service (2004). *Manual of Field Engineering 1911*. Buxton, U. K.: Military Library Research Service. (Original work published 1914)

大卫·韦斯特伍德(David Westwood) 文

郭子林 译,张瑾 校

Military Strategy and Tactics 军事战略和战术

1699 军事战略指的是国家和其他有组织的群体用武力或武力威胁实现其目的的方式。军事战略在视角上比军事战术更广泛一些。战术设计包括对彼此相关的军队、敌人和地形的管理与调遣,所有这些都以在战斗中获得胜利为目标。

战略和战术是个广义词汇,区分了应用全部力量解决冲突的技术的两个层次或方面。在与敌对力量直接或即将来临的接触中应用力量以确保获得想得到的结果，这属于战术的范围。战略是在与敌对力量不进行接触的情况下，应用力量以获得一种想获得的结果，这也很可能涉及这样的决定，即在战术层面与敌人直接接触。尽管两个概念是一个事物的两极而非真正不同的方法，但它们证明其在理解很多形式的冲突方面是有用的。但战略和战术最直接地源自(并首先被理解为)管理政治和军事斗争的概念。

古老的起源

最早的著名战略学之一仍是今日广泛研究的。学者们不断争论的是孙子什么时候写作《孙子兵法》的，以及这位中国战略家的真正身份是什么。《孙子兵法》在西方广为人知的名字是《战争艺术》。无论它是由历史上的孙武在大约公元前 512 年写作的，还是由其他不知名的作家在 3 个世纪以后写作的，第一本关于战略的伟大理论著作都受益于中国几个世纪的经验，并用历史事例支撑其结论。在孙子看来，军队是政府力量的第二要素。一旦统治者决定诉诸武力，那么他的聪明做法是先确定一个想得到的结果，并让职业军队领袖去追逐这个结果。战争仅仅是政治力量的一个方面，军事力量的应用不仅要求实际的战斗技术，还需要专业知识，而这些双重认同已经被大多数复杂的人类社会分享了。

孙子主张，诉诸战争的决定是领导者面对的最重要问题之一，而且战争的执行需要仔细规划。战争的目的是迫使敌人臣服，最好不用诉诸武力就能达到这样的目标。外交、敌人自我努力的否定、有限的毁坏和危机、以最小的代价获得最大的结果，都是战略的方面。战略是政治和军事领袖不得不铭记于心的。欺诈、刺探、军备和战斗力都是战略的组成部分，最终被用于调遣军队到这样一种战术优势地位，以至于任何实际的战斗都是迅速而一边倒的。这样一种不可避免地战胜的威胁可能迫使敌人服从，这是战略技术的最高目标。

当战略使敌对力量彼此靠近而双方决心冲突时，战术便登场了。尽管其持续焦点在于通过直接运用武力而战胜敌人，但特殊的战术是各种各样的，而且始终是不同的，广泛涉及文化、技 1700
术和战略形势。部落文化可能依赖于个人的战斗和即兴作战，而更复杂的社会逐渐发展出集体参与形式的战斗程序。这种比较在希腊文学中被广泛描述出来，荷马的《伊利亚特》中的战斗以特洛伊战争(约前 1000 年)为背景，是一系列松散的个人合作式的战斗及纪律严明的群体方法和希罗多德在《历史》中描述的波斯战争(前 490—前 479)的调遣军队的方法非常不同。罗马帝国的军队是骑兵、步兵、原始炮兵和其他特种军队的复合体，并将这种倾向发展到古代世界的极致。弗拉维斯·维盖提乌斯·雷纳特斯(Flavius Vegitius Renatus)在《论军事》第 3 卷中通过一系列军事箴言描述了罗马军团复杂的战术，这本书始终是学习军事技术的学生感兴趣的。

欧洲中心论

对公元第 1 个千年末期以后的战略和战术发展的粗略解释经常聚焦于西方或应用西方概念，这使所有潜在易受攻击的文化的军事学者受欧洲中心论的掌控。1000 年以后，世界其他地区想当然地继续发展其战略和战术。例如，宫本武藏(Miyamoto Musashi，1584—1654)在《五轮书》中描述了日本武士的击剑战术。他通过击剑战术提供的课程发展出战略和禅哲学，经常在现代商业技术语境中得到讨论。但公元前 2 千纪欧洲的发展将其政治、外交和军事活动扩展到全球范围内，也建立了其战略和战术概念

14 世纪中国的大炮。中国人发明火药并将其用作军需品，改变了军事战略和战术。克里斯·豪威尔摄

的主导地位。

对于这种事实的一种解释在于西方民族国家的起源。到公元 2 千纪末期，民族国家这种社会和政治实体逐渐在欧洲事务、最终在全球事务中占据主导地位。1648 年的《威斯特伐利亚和约》之后，民族国家的出现和发展主要依赖于中央权威在面对内外压力（威胁）时表现出的聚集军队及在外交和经济实力方面的能力。作为斗争的结果，欧洲人对战略和战术的理解变得越来越复杂了。同样的压力和复杂的社会变化又一起促进了协同作战过程中军事和民用技术的发展，协同作战过程驱动着新的管理冲突方法的持续发展。

随着欧洲王朝斗争转变成为国家竞争，军队逐渐放弃了封建结构，变成了装备着坦克和枪炮的职业组织。这种发展导致了 17 和 18 世纪一个相对有限战争的年代，当时耗资巨大的 1701
职业军队采取了严格的战术体系和一种以布军和演习而非直接交战为基础的战略。结果，欧洲的战争不知不觉地与 2 000 年前中国的孙子提出的战略相似，即军事和政治领袖尽力以最小的生命和财产代价在军事竞争中获胜。伟大的法国军事工程师塞巴斯蒂安·勒·普雷斯特雷·沃邦元帅的作品证明了这个时代。

沃邦设计了一个复杂完善的工程防御体系以保护法国，这种体系为呆板的战争演习提供了背景，战术在战争演习中成为机械性的演练。纪律高度严明的战士在敌人的战火中按照既定模式移动。军事战斗以关键地点的征服为焦点，而非以敌人的征服或毁灭为焦点，因此摧毁军事防御点成为后勤兵和工程兵的工作，这与他们设防的目标没有什么不同。最近发明的装备着重型炮弹的航海战舰根据周密计划开展军事演习，由英国 1691 年的战斗法令法制化；然而海军战斗的效力受到限制，因为这些法令限制了战术选择。

欧洲战术和战略的很多限制条件是由那个时代的技术强加的，但当西方国家在其他地区扩张其影响的时候，这些限制条件并没有阻止欧洲国家成功地应用其武装部队的力量和纪律以对付技术不发达的对手。欧洲军队和技术（包括国家政治组织）的有效性促使其最终被殖民地臣民和对手采用或吸收，并以类似的形式满足当地需求。

欧洲人的扩张不可避免地导致被侵略者的抵制。在大多数情况下，抵制来自人数较少、火力不足的战斗者；他们不希望与列强正面对抗，因此他们采取游击战术。游击战是一种不正规的或非对称的战争形式，战斗者采取非常机动的打了就跑的军事战术，对较大规模和装备较好但运动拘谨的军队进行伏击和袭击。反过来，游击战遭遇了反暴乱技术和战争。这是一种战争和反战争的形式，已经在敌对双方处于对称歌川小国政(Utagawa Kokunimasa)的《我方军队在平壤的伟大胜利》(*Our Army's Great Victory at P'yongyang Castle*, 1894)。日本军官看着地图,评论着发生在平壤城外的战斗进程。美国国会图书馆

1702 状态的各个地方采用。欧洲人和其他人也从成功与失败中了解到如何应对这样的战术,这增加了他们对战略和战术研究的幅度;他们的成功与失败是由其制度化的军队和战术体系的应用而导致的。

法国大革命以后真正民族战争的出现扩大了欧洲战略的范围,并将流动性交还给陆地和海上战术体系,这主要归功于法国拿破仑·波拿巴和英国霍雷肖·纳尔逊勋爵(Horatio Nelson, 1758—1805)的影响。工业化扩大了陆军和海军的杀伤力,陆军和海军装备着工业革命提升的新技术,世界各地的武装部队努力适应着战争的快速变化。美国人阿尔弗雷德·塞耶·马汉(Alfred Thayer Mahan, 1840—1914)开始以英国经验为基础构建制海权理论。日本变成最早一批据此理论构建海军的国家之一,表明西方对战略和战术的理解越来越占主导地位了。但是20世纪令所有未做准备的国家深受影响。

20世纪

19世纪和20世纪早期,工业化集约战争的恐怖潜能被极大地忽视;第一次世界大战的灾难令世界震惊,武器效力及后勤部队能力的增加使西欧国家丧失了有效的攻击战术。打破西方前线的努力加速了诸如飞机、坦克、潜水艇和毒气这样的武器的发明。战争的后果是产生了一系列武器控制条约和国际联盟,因为世界领导者们试图扩大外交选择权以对军事能力进行限制。但同一时期,战略轰炸和无限制潜艇战争的新概念也发展了,这些战争通过毁灭平民人口来达到毁灭敌人的意志和抵抗能力的目的;这个时期还产生了机动而联合武装的战争,这种战争将被德国人使用。战争已经变得如此复杂,以至于战略与战术之间的一个层次,即操作,逐渐进入军事词典。操作层次的冲突追求战略定义的目标和方法,通过精心策划势力因素以获得战术成功,它将战略—战术连续的两个极端联系起来。

第二次世界大战展示了这种连续,当时国家既追求个人战略,也追求集体战略,物质化于世界各地的操作中,产生了战术层次的无数战斗。作为一场所有人介入的综合战争,民族国家的每个方面都变成了可操控的战略工具。这种

> 像蝴蝶一样飞舞，像蜜蜂一样刺痛。
>
> ——穆罕默德·阿里(Muhammad Ali, 1942—)

民族权力概念继续定义着很多国家对接踵而至的冷战(1945—1991)的理解。

核武器与射程范围越来越大、越来越准确的导弹尤其是洲际导弹的采用，为战争带来了新的潜能，核大国提出的战略引出了战略轰炸学说。相互摧毁的威慑变成了一些国家策略的规定目标。一些国家发展核武器以为战术之用，但核裂变的极大破坏力和后来的核聚变炸弹以及区分其战略作用和战术作用的困难已经阻止将其用于战术，除了在二战结束时核武器被用于日本。从传统的非核战争向战术、再向战略核战争发展的威胁在限制冷战中发挥了重要作用；冷战是苏联和美国领导的两大集团之间以间接军事行动和其他形式冲突进行的战争。

21世纪展望

21世纪对那些出自西方传统的占主导地位的战略和战术体系提出了值得注意的挑战，强 1703
调了国家角色、职业军队、合法目标与非法目标之间的区别。冷战结束产生了多极世界，后者遭到经济全球化的受益人和对手之间的缝隙的操纵；而且，诸如游击战这样在军事和外交冲突边缘地带长期实施的战术和战略，正变得更突出。人们不应该惊奇的是，弱势群体在与强势力量冲突中使用的很多技术会被他们的目标视为犯罪或不文明行为。罪犯、反叛者和一些弱势群体传统上用这些战略战术迫使较强的敌人改进行为，或确保获得良好的结果。

结果，强者与弱者之间的冲突被定义为非对等战争。尽管恐怖行动和威胁、任意破坏、绑架和自杀性攻击的使用都是古代的战术和战略方式，但它们对保安部队和外交体系提出了严肃挑战。人们设计外交体系是为了追求不同的战略。世界领导力量将调整其战略和战术以应对这种越来越突出的前边缘威胁，同时，他们将继续面对解决冲突的传统方式。

进一步阅读书目：

Baylis, J., Wirtz, J., Cohen, E., & Gray, C. (Eds.). (2007). *Strategy in the Contemporary World: An Introduction to Strategic Studies* (2nd ed.). Oxford, U.K. and New York: Oxford University Press.

Kilcullen, D.(2009). *The Accidental Guerrilla: Fighting Small Wars in the Midst of a Big One*. New York: Oxford University Press.

Mahnken, T.G., and Maiolo, J.A. (Eds.).(2008). *Strategic Studies: A Reader*. New York: Routledge.

Paret, P., & Craig, G. (Eds.). (1986). *Makers of Modern Strategy from Machiavelli to the Nuclear age*. Princeton, NJ: Princeton University Press.

Sawyer, R.D. (Ed.). (1993). *The Seven Military Classics of Ancient China* (M.-C. Sawyer, Trans.). Boulder, CO: Westview Press.

Taber, R.(1965). *The War of the Flea: a Study of Guerrilla Warfare Theory and Practise*. New York: L. Stuart.

Williamson, M., Knox, M., & Bernstein, A. (Eds.). (1994). *The Making of Strategy: Rulers, States, and War*. Cambridge, U.K.: Cambridge University.

杰弗里·查理顿(Jeffery A. Charlston) 文

郭子林 译，张瑾 校

Military Training and Discipline 军事训练和纪律

普通人民群众，无论怎样装备精良，都根本无法与训练有素和纪律高度严明的军队相匹敌。而因为民族国家的诞 1704
生，军队已经成为国家组织的一部分，但军队始终不是国家内部的持久特征。

在早期历史上，训练有素的军队通常与危机时期分不开，一旦危机过去，军队便被解散。同时，某些受过良好的训练、拥有军事经验以及严明纪律的国家和部族，开始受雇佣而充当雇佣军。在这两种情况下，训练和纪律齐头并进地将武装群体转变为富有活力的军队。

训练与惩罚

从古代开始，所有军队领袖都试图将纪律灌输进其军队，而做这种事情的最好方法是训练，并以军队纪律为支撑。最初的训练将人们分为群体，他们在这些群体中执行步兵训练和基本任务。这教导男人们一起为了群体的利益而工作。随着训练的进步，群体被扩大，纪律常常变得更严格。受训士兵的教官始终不得不平衡奖励与惩罚，以确保斗志得以保持；尽管惩罚可能对男人的良好感觉产生短期否定效果。训练和与之相伴的纪律的目的是，创造出一个能够与武装部队其他成员配合起来进行有效操作和战斗的士兵。他应该能够同时实施自我约束并很好地组织自己，因为这对于所有人的完善都是有利的。

军队的纪律始终是非军队人们关心的事情；这最好被表达为另一种训练方法。那些没有自律的士兵易犯错误，并可能易于粗心大意，而这些可能会导致错误和死亡。通过比较，一个战士群体里有黏合力的纪律会带来较高的士气，并因此带来较高的战斗力。在训练期间和之后，错误可能会造成生命伤亡，所以惩罚要根据错误的严重性区别对待，就像在公民生活中那样。德国军队长期使用“汗水挽救鲜血”的口号，这个口号捕捉到了军事训练和纪律的精髓。对士兵的最大惩罚是死刑，这直到最近都用于惩罚诸如临阵退缩这样的行为。

早期军队

亚述人是最早创建军队的民族之一，而军队是对其生活方式的自然表达。亚述人都是能量充沛的勇敢的男子，善于狩猎大猎物，而军事活动是这种狩猎活动的自然进步。当时（大约公元前 700 年）的亚述军队在国家内构建起来，国家的主要任务是战争。亚述军队按步兵和骑兵演习，进行战场攻城和围城训练，并以一个能够支持战场上 10 万人的后勤体系为支撑。他们的战术包括恐怖手段的使用：将所有人口或者当场处死，或者变卖为奴。这种军队的纪律是严苛的。

在公元前 7 世纪，希腊城市国家确定了一种 1705
被称为方阵的战术模式，这首先是由苏美尔人提出来的。方阵是由一些男子组成的方形阵营，纵向为 80 人。方阵以固定的队列进军，具有令敌人胆寒的视觉效果。

古代希腊城市国家斯巴达在历史上以军队之勇猛而著称，于大约公元前 1000 年建立起来，最初在军事上与希腊其他城市国家没有什么差别。然而，在吕库古统治时期（公元前 9 世纪），斯巴达变成希腊卓越的军事国家，其军队的训练和纪律具有传奇色彩。

希腊化世界和罗马

随着文明的发展，军队成为所有国家的标准组成部分，与雇佣军体系平行发展。雇佣军具有特殊的价值，因为他们是领取报酬的职业士兵；那些非雇佣兵士兵常常是农民，是在必要的时候由其国家内的首长召集起来服军役的人。雇佣军是训练有素并总是可得的人。只要他们获得报酬，那么他们就会很好地打仗，并经常依靠其职业精神在战斗中起决定作用。

公元前5世纪一个戴头盔的希腊重装步兵的大理石雕像。重装步兵或公民士兵在很多古代希腊城市国家服役，以方阵形式获得基本军事训练，但要自己负责置办和维持自己的盔甲及长矛。希腊斯巴达考古博物馆

但随着战争的发展，训练不得不变得更复杂，因为在有限的操练演习的情况下训练出来的军队将很快被击败。马其顿的腓力二世(Philip II，前382—前336)建立起一支国家军队，并通过训练和纪律以及认真组织将其转变为强大的作战机器。其重装步兵是如此训练有素，以至于他们比希腊方阵更有机动性；而希腊方阵曾是职业化军队的真正标志。重装步兵源自更富有的中产阶级，受到更好的教育，有更好的装备(他们自己置办武器和装备)。他们在训练过程中，通过运用忠诚和智慧，形成一些有黏合力、高效和灵活的战斗部队。

在罗马军队里，训练和纪律结合起来产生了一支军队。这支军队很难被打败，因为它是如此训练有素，以至于能够对多种情况做出反应；它能够在非常困难的形势下发挥战斗力，经常令对手仓皇逃跑。罗马军队的军官经常是这样的人，即他们最初以士兵的身份战斗，在战斗中证明自己既勇敢又具有指挥能力。罗马军队的 1706
男子由那些具有战斗经验的长者训练，强调保持队形、团结战斗以及始终忠诚于军队和国家的重要性。普通罗马士兵的最大动机是：当他们服役期满退役后，将获得公民权和土地。

早期中国军事训练和纪律

汉朝建立起了一支由步兵、骑兵、战车兵和弓箭兵组成的野战军。这样一支军队的有效使用需要复杂训练，但从留存下来的史料来看几乎没有任何条例规范当时的士兵。这似乎表明，军队至少部分地提升了考核系统(和资历)，而且人民大众是通过征兵制度被吸收进半正规的民兵组织，这种民兵组织易于在必要的时候服务。17岁和60岁之间的男子不得不长期服役。孙武的《孙子兵法》，或许是关于兵法的最早著作。当时有很多将领与相关人员阅读它。直到今日

> 当你的敌人在做错误的事情时，千万不要干扰他。
>
> ——拿破仑·波拿巴(1769—1821)

也有学者在研究它。

蒙古人和骑兵

在农业国家，骑兵最初是从那些能够饲养马匹的男子中招募。骑兵比步兵对敌方步兵的威胁更大，因为骑兵能够更迅速地移动(和转向侧翼)，人们在看到骑马的士兵迅速接近的时候自然会感到惊恐。在匈奴(3—8世纪兴盛)或蒙古这样的游牧民中，骑兵战斗自然而然地兴起，因为游牧民依靠骑马照看他们的畜群。

蒙古人在13世纪控制着欧亚大陆东部地区，经常被描绘为游牧部落，依靠人数、速度和突然袭击获得战斗胜利。事实上，蒙古人的数量常常少于他们的对手，只是他们从多个方向进攻敌人的军事战术让人感觉其人数比实际上多很多。蒙古人是特殊的骑兵，熟悉武器。他们习惯于运动生活，不为天气和艰难处境所烦恼，几乎很少生病。

每个部队都按简洁操练进行训练，都能够极迅速地做出反应。战斗之前的练习旨在使蒙古军队的各个部分之间进行有效的合作，这正是大量训练的结果。在训练中找出错误并将其消除，这样可以产生平稳的战术。训练方法首先以重复为基础，结果最初的错误都被消除，人们在战斗中协调一致地做出反应，这是所有优秀军队的首要条件。

中世纪：武器体系的演进

中世纪欧洲使用的武器几乎没对古代使用的那些武器进行改变：步兵装备着长矛、斧头、棍棒或剑，骑兵装备着军刀。然而，长弓是新式武器，在克雷西战役(Crécy，1346)、普瓦提埃战役(Poitiers，1356)和阿金库尔战役(Agincourt，1415)中发挥了决定性作用，这是百年战争期间英国战胜法国的3次战役，阿金库尔战役决定了英国在整个战争中的胜利。马背上的武装骑士和装备着短程弓弩的重装步兵被英国(更准确地说是威尔士)弓箭手的集中火力打垮。在阿金库尔战役中，法国骑兵依仗人数众多而来到英国前线，英国弓箭手凭借弓箭、斧头和短剑，攻击那些几乎精疲力竭地、穿过溃败不堪的战争前线的法国贵族，使法军陷入了可怕的灾难中。

火器也开始出现，欧洲人在14世纪开始使用大炮。他们使用两种类型的大炮。一种是铜或青铜合金制造的大炮，用于发射火药弹。另一种是锻铁大炮，用于发射铁球、石头或榴霰弹。 1707
他们在围城时使用大炮，这是中世纪战役的共同特征。火绳枪——一种燃烧火药的设备——在15世纪被发明出来，使后来步枪的发展(在16世纪)成为可能。因为步枪装弹药需要很长时间，所以火枪手出现在战场后的很长时间里都受到枪兵的保护。训练包括按照严格步骤安装步枪；这些步骤不得不按顺序执行，否则武器无法开火，或者因安装不正确而伤害或杀死使用者。步枪训练本质上致力于使那些受到攻击的人保持稳定并装卸他们的步枪，每分钟向敌人发射两三枚炮弹。火枪手也不得不接受训练，以便队伍在50步范围内整齐地前进(这个范围通常是步枪能够射击的范围)；无论发生什么事情，他们都能保持自己在队列中的位置。

在整个战争时期，军队以大规模士兵的方式战斗。在早期，这表现为一群士兵手持剑或长矛与敌人对抗，使敌人不能靠近自己，从而免遭敌人的大屠杀；后来，表现为用大量的箭集中射击目标，或用大批骑兵集中进攻敌军的特殊部分。

土耳其禁卫军最早在14世纪末培养起来，
由孩童时期被逮捕的前基督徒构成，并将其作 1708
为狂热的穆斯林进行培养。他们在之后500多年的时间里是一支非常著名的军队。他们的纪律源自穆斯林宗教的严苛性，他们的残忍和勇气受到尊敬。禁卫军从来不是庞大的军队，但他们是熟练步兵。他们还建筑城堡，使其作为根据地，以便不太高效的土耳其骑兵能够施展威力。

1192—1868年日本的军事训练

在大约500年的黄金时期里，日本列岛由各个武装政权统治，武士精英从孩童时期开始接受军事艺术和军事技能训练。家庭准则规范着他们恰当的行为，支持武士理想。

尽管在几个世纪的军事统治期间有一些值得注意的叛变案例，但绝对忠诚的道德精神是非常真实的，武士在其领主去世时实施自杀便是很好的例证。在江户时代（1600/1603—1868），有特殊的军事训练学校，武士阶层（具有讽刺意味的是，这个阶层在大多数时期都没有参与战争，因为没有战争）在这些学校学习。

为了现代战争训练个人

首先在15世纪发展起来的步枪增加了子弹射击的射程和准确性，但它们难以制作，直到18世纪仍只是神枪手的武器。19世纪又有了进一步的发明：机枪。机枪每分钟能够射出几百发子弹。与这种新武器相对应，需要训练男子分散在战场上，让他们不会成为密集射击的目标。在不到50年的时间里（从美国内战到布尔战争），士兵以个人身份出现。这种个人始终不得不作为他的团队、部队和编队的一部分而进行工作，但他在战场上的移动倾向于能使他战斗并保证活命。因此，以改善个人在战场上的技能为目的的训练变得更重要了。

在士兵按命令射击的年代，训练的主要目的是使士兵站在一条线上，一致射击。然而，现代战争需要士兵经常随意射击，并按照个人路径向敌人移动。这种类型的训练承认今天的士兵远离了2个世纪以前的“炮灰”身份，士兵是重要资产，因此要对其训练以避免在其靠近敌人时受伤。然而，德国人和日本人在面对失败时，他们将较少受训的个人投入战场，对此，所涉各方都认为，这是一种借助自杀操作以便延迟失败的绝望企图。日本人曾借助“神风特工队”将这种企图推进了一步：神风特工队不顾死亡地驾驶飞机冲入敌营。

现代训练方法仍然基于协调行动和与其他方面步调一致的需要。然而，野战训练方法则是通过野外作业、地图阅读、通讯联络、伪装技巧、生存考验、武器训练和现代行军等很多方面进行个体教育。

进一步阅读书目：

Chandler, D.G. (1973). *The Campaigns of Napoleon*. New York: Scribner.

Chandler, D. (1990). *The Art of Warfare in the Age of Marlborough*. Staplehurst, U.K.: Spellmount Publishers.

Commager, H.S. (1973). *The Blue and the Gray* (2nd ed.). New York: Bobbs-Merrill Company.

Duffy, C. (1974). *The Army of Frederick the Great*. London: David & Charles.

Dupuy, R.E., & Dupuy, T.N. (1993). *The Collins Encyclopedia of Military History* (4th ed.) New York: Harper Collins.

1709 Engels, D.W. (1980). *Alexander the Great and the Logistics of the Macedonian Army*. Berkeley and Los Angeles: University of California Press.

Friday, K. (1996). *Hired Swords: The Rise of Private Warrior Power in Early Japan*. Honolulu: University of Hawaii Press.

Friday, K. (2004). *Samurai, Warfare, and the State in Early Medieval Japan*. New York: Routledge.

Graff, D. (2002). *Medieval Chinese Warfare, 300–900*. New York: Routledge.

Hadas, M. (Trans.) (1957). *The Gallic War and other Writings by Julius Caesar*. New York: The Modern Library.

Lamb, H. (1986). *Genghis Khan, or the Emperor of all Men*. Mattituck, NY: Amereon.

Liddell Hart, B. H. (1991). *Strategy* (2nd rev. ed.). London: Penguin. (Originally titled The decisive wars of history, a study in strategy)

Mallett, M. (1974). *Mercenaries and Their Masters: Warfare in Renaissance Italy*. London: Bodley Head.

Nicolle, D. (1995) *The Janissary* (Elite No. 58). London: Osprey Books.

Oman, C. (1999). *A History of the Art of War in the Middle Ages: 378 – 1278 ad*. London: Greenhill Books.

Parker, G. (1996). *The Military Revolution: Military Innovation and the Rise of the West, 1500 – 1800* (2nd ed). Cambridge, U.K.: Cambridge University Press.

Sawyer, R. (Trans.). (1994). *Sun Tzu: The Art of War*. Boulder, CO: Westview Press.

Wedgwood, C. V. (1957). *The Thirty Years' War*. Harmondsworth, U.K.: Penguin.

Young, P. (Ed.). (1984). *The Marshall Cavendish Illustrated Encyclopedia of World War I*. New York: Marshall Cavendish.

大卫·韦斯特伍德(David Westwood) 文

郭子林 译,张瑾 校

Miranda, Francisco de　弗朗西斯科·德·米兰达

南美革命者弗朗西斯科·德·米兰达(1750—1816)并不是特殊的军事天才、天才的外交家或创新性的思想家。他 1715
只是一种思想的主要传播者和孜孜不倦的推动者,这种思想使他的整个生命充满生机。这种思想就是将美洲从西班牙统治下独立出来。因为他在4个大陆的不懈努力,他的同胞赋予他先驱者的称号。

弗朗西斯科·德·米兰达生于委内瑞拉加拉加斯的一个商业企业家家庭,这个家庭是来自加那利群岛的移民。他在一个大家庭里长大,在加拉加斯读大学。米兰达的父亲为他在西班牙军队里购买了一个船长的职位。1771年,野心勃勃的年轻人出发去了马德里。这开启了一个男人的冒险之旅,他有朝一日将成为一位痴迷于解放南美的革命者。

米兰达近40年没回委内瑞拉。米兰达曾经在西班牙开始享受欧洲提供的生活。他开始了一种占据他整个人生的生活方式,他利用他的极大魅力确保富有的男人和女人的赞助;他们支付他费用,并邀请他参加他们的沙龙。米兰达成为现役军人,并在北美的西班牙卫戍部队服役。然而,他是一位极为执拗的士兵,公开赞扬他的摩尔人敌人,并与他们将外国军队赶出自己国土的渴望达成一致。米兰达开始梦想着解放自己的同胞,并因为其傲慢和坚决不服从而几次遭到训斥,甚至被监禁。他三番五次地要求到古巴的西班牙要塞服役,最终得到允许,并于1780年起航前往加勒比海。

他在这里再次受到重要人物的保护。古巴总督胡安·曼纽尔·卡加尔(Juan Manuel Cagigal)喜欢这个傲慢的年轻人,邀请他参与远征,目的是将彭萨科拉从英国人手中夺回来。米兰达后来协助某些古巴人努力帮助北美洲爱国者,为切萨皮克海湾的格拉斯海军提供重要的财政援助。在1783年,他奉命执行重要任务,到

牙买加就囚犯交换的事情谈判;但他在那里的时候可能还有一些个人的秘密事务。当米兰达返回古巴的时候,谣言四起,说他已经被征召为英国间谍。尽管指控从未得到证实,但米兰达已经对解放思想深信不疑,开始远离他已决定叛离的西班牙帝国。在夜幕的掩护下,米兰达偷渡来到美国。

刘易斯·亚当斯(Lewis B. Adams)的《弗朗西斯科·德·米兰达的肖像》(*Portrait of Francisco de Miranda*,约1844)。有一个理想使弗朗西斯科的整个生活充满生机,那就是解放美洲

米兰达几乎用了两年时间(即1783和1784年)游遍整个美国,其间在查尔斯顿、费城、纽约、波士顿和很多较小的城镇停留。在长期旅行期间,他参观了很多重要战斗遗址,并与新国家的很多重要军事和政治领导者谈话。米兰达尤其与亚历山大·汉密尔顿(Alexander Hamilton)、亨利·诺克斯(Henry Knox)和约翰·亚当斯(John Adams)的大家庭形成特别密切的关系,他的女婿威廉·史密斯(William Smith)成为他经常的旅伴。米兰达还遇到了乔治·华盛顿(George Washington)和拉法耶特侯爵(Marquis de Lafayette),但他们都未对他留下深刻印象。在整个旅程中,米兰达探
1716 寻历史经验,以帮助他理解发生在他周围的巨大政治变革。

1784年,米兰达乘船到了英国,继续进行对其政治上有用的旅行。他冒险往北到了苏格兰,努力想会见亚当·史密斯,未能成功;但无论如何,他成功地在爱丁堡和牛津大学遇到了重要的学者和发明家。西班牙大使密切监视这个叛逃者,频繁向西班牙汇报,报告米兰达的行程和会见情况。1785年,米兰达和威廉·史密斯决定到欧洲旅行。他们乘船到荷兰,从那里继续旅行到普鲁士;在那里,见证了腓特烈大帝的军队举行的军事演习。与史密斯分别后,米兰达继续往南旅行到达意大利,他在这里与流亡的西班牙-美洲耶稣会士秘密聚会。米兰达的教育旅行继续到达希腊和土耳其,他在这些地方虔诚地访问了所有古代的遗址,并研究了当时的军事实践和武器情况。

米兰达向北前进,到达克里米亚,及时赶到并会见了1786年赶往乌克兰的波特金(Potemkin)王子和叶卡捷琳娜大帝(Catherine the Great)。在国王的支持下,他在俄罗斯与叶卡捷琳娜大帝度过了一年,叶卡捷琳娜后来授予他伯爵的贵族头衔,并许诺在她的大使馆里给予他永久保护。之后,米兰达在斯堪的纳维亚半岛旅行,并返回中欧,在法国结束他的旅程。他恰当地选择了时机,恰好在1789年5月这个极重要的月份到达巴黎,当时革命刚刚发生。

米兰达同情整个大西洋世界的解放事业,在1793年加入法国大革命的军队里。他在比利时指挥法国革命军的北方军队,但当法国的物

资供给未能按时到达时,他失去了之前夺得的土地。米兰达是一位有能力的军队领导者,但很快就成为雅各宾派政治阴谋的牺牲品。马克西米利安·罗伯斯比尔(Maximilien Robespierre)尤其鄙视米兰达,因为后者坚持吉伦特派(温和共和主义党人群体)提倡的立场。1794年,米兰达被捕,并因叛国罪而被投入监狱监禁了近2年的时间;当他被释放后,他返回英国,尽力说服首相威廉·彼得(William Pitt),使其参与解放南美洲的计划。米兰达始终倡导早期法国大革命的理想,尽管最终他在委内瑞拉建立了一个雅各宾派俱乐部。

米兰达厌倦了无休止地等待威廉·彼得和英国国会对其远征的批复,他决定向美国的老朋友们寻求帮助。他在1805年返回美国,迅速地使总统托马斯·杰斐逊(Thomas Jefferson)和副总统詹姆斯·麦迪逊(James Madison)成为他的听众;他们表达了自己的兴趣,甚至表达了他们的默许,但拒绝给予他任何官方支持。米兰达在纽约的朋友更热心,成功地为他装备了一艘船,他以小儿子的名字命名其为利安德(Leander)。几十位理想主义的年轻人自愿加入他的远征,志愿军于1806年在委内瑞拉北部的
1717 科罗登陆。尽管米兰达浮夸地声明自由与平等,但他的军队几乎没有得到当地居民的支持。他控制该城镇大约一周的时间之后,便把它(和他的几个幻想破灭的雇佣军)留给了凯歌前进的西班牙忠诚卫士。米兰达返回他年轻时候的家,并在伦敦获得英雄一样的欢迎;而他的很多追随者死在西班牙监狱里。这个事件后来在美国引起了一场激烈的政治辩论,杰斐逊和麦迪逊的政敌试图将这次非法而失败的入侵与前者的管理结合在一起。

米兰达在伦敦花费3年多时间为了他的事业游说政治家们,学着如何操纵公共舆论,通过媒体宣传他的观点。他与哲学家詹姆斯·密尔(James Mill)和杰里米·边沁形成了密切的工作伙伴关系,他们都对西班牙美洲的解放极为感兴趣。米兰达愿意充当各种西班牙的美洲小集团代表们的主人,后者在1810年夏季来到伦敦。他本人也在1810年末返回委内瑞拉。拿破仑在1808年入侵西班牙造成了西班牙帝国的制度危机;权力在地方市议会的层面合法地发展,直到中央君主制得以恢复。最初,爱国的美洲人对西班牙国王宣誓效忠;但到1811年,布宜诺斯艾利斯(Buenos Aires)和加拉加斯的某些激进分子开始支持独立及共和政府。当制宪会议举行、第一共和国在1811年7月宣布成立时,米兰达被选举为遥远省份保(Pao)的代表。米兰达是一个颇有争议的人物,尽管被很多人视作老朽而脱离当地实际的人。当西班牙保皇党人反攻时,米兰达再次承担起熟悉的角色,担任将军和首席司令。1812年早期,在围攻瓦伦西亚的时候,米兰达掌握了紧急情况下的独裁权力,这引起了较年轻的爱国者们的不满。

弗朗西斯科·德·米兰达被戴上镣铐带到西班牙的港口城市加的斯,他在拉加拉加监狱里悲惨地度过余生。他不断地与他的朋友和家人联系,不断地恳求他们为他争取释放。他的健康状况急剧恶化,最终于1816年7月去世。米兰达既不是一个特殊的军事天才,也不是天才的外交家,更不是创新性的思想家。他是一种思想的主要传播者和孜孜不倦的推动者。这种思想使他的整个生命充满生机,那就是将美洲从西班牙统治下独立出来。因为他在4个大陆的不懈努力,他的同胞赋予他先驱者的头衔。

进一步阅读书目:

Halpine, S. (1999). *The Altar of Venus: A Biography of Francisco de Miranda*. Bloomington, IN: 1st Books.

Lynch, J. (1986). *The Spanish American Revolutions 1808 – 1826*. New York: Norton.
Nicolson, I. (1969). *The Liberators: A Study of Independence in Spanish America*. New York: Frederick A. Praeger.
Racine, K. (2003). *Francisco de Miranda: A Transatlantic Life in the Age of Revolution*. Wilmington, DE: Scholarly Resources.
Robertson, W. S. (1965). *Rise of the Spanish American Republics*. New York: Free Press.
Robertson, W. S. (1969). *The Life of Miranda*. Chapel Hill: University of North Carolina Press. (Original work published 1929)
Thorning, J. (1952). *Miranda: World Citizen*. Gainesville: University of Florida Press.

卡伦·拉辛(Karen Racine) 文
郭子林 译,张瑾 校

Missionaries 传教士

1718 大约数个世纪的时间里,那些致力于特定宗教的信奉者已经尽力使那些拥有不同信仰的人皈依,并因此在很大程度上影响到了世界的变化。历史上的三个主要"传教"宗教是佛教、基督教和伊斯兰教。

传教士是这样一些男人和女人,他们传播特殊的宗教信仰,试图使那些持有不同信仰的人皈依,并建立新的人口社区以便实践其信仰。在至少 2 500 年的时间里,传教士属于世界历史上最重要的变化促进因素。传教士以多种方式对我们今日生活的世界产生了并继续产生着重要的规范作用。

传教士的定义以几个条件为前提。第一,传教士的宗教与特殊的村庄或地区没有关系。也就是说,其宗教必须是可传播的,没有地理边界。例如,它不能绝对地与居住在一个非洲村庄附近神圣树林中的一个圣人关系密切。第二,有某个上级机关派遣传教士去"执行传教任务"。例如,基督教传教士可能从一个特定的传教士社团获得其权威,但最终他们相信他们的权威来自上帝。第三,传教士有意识地着手尽力使其他人皈依他们的信仰。第四,传教士必须相信他的或她的宗教信仰处处都是"真实的",而其他所有宗教都是错误的。这种启示需要与所有非信奉者分享,因而后者可以被从邪恶和虚假中"解放"出来。第五,传教士感觉自己是被独特地"号召"去传教的,相信他或她已经获得了特殊使命,或被授权将宗教美景和益处带给非信奉者。

这在区分"国内"传教与"国外"传教中也是重要的,尽管两者的区别越来越模糊不清。国内传教工作的事例包括青年项目、避难所和食物供给、挨家挨户地传播福音、宗教文献的派发、公共证人、向宗教和政治领袖抗议或施加压力以使其更多地与特定信仰保持一致,例如反堕胎。显然,很多这样的活动也由执行"国外"传教任务的传教士实施;"国外"传教士将宗教带到其起源地之外的地方。但那些在一个世纪以前被视作"异端"的外国领土,例如非洲的很多地方,现在派遣基督教传教士到美国和欧洲以使欧洲人皈依基督教或使叛教者恢复其原来的信仰。世界主要传教性宗教至少在过去两三个世纪里已经将其活动集中于那些实践地方宗教的非信奉者，例如美国的美洲原住民，但也集中于彼此。基督教福音派信徒的运动将中美洲和南美洲作为很多传教任务的目标，但不是针对非基督徒，而是要使大多数罗马天主教基督徒皈依基督教新教。但尽管认识到了国内与国外、“我们”与“他们”之间的区别越来越模糊，这篇文章仍将主要集中阐述那些为主要世界传播性宗教执行“国外”传教任务的传教士。

1719 通过普遍性概念，传教士认为他们的宗教信仰是跨文化的和超然的。这些信仰掌握的最高权力或真理，无视非信奉者与他或她的直系亲属、宗族、族群认同、政治组织及当地宗教信仰的个人关系。然而，传教士本人却很少能够完全将自己与其社会文化遗产和传统分离开来。有一些核心信念构成了信仰的本质，并因此需要所有文化的所有信仰者相信。一些其他宗教实践是传教士自己国家或地区（例如苏格兰、中东）文化和遗产所独有的，当宗教传播到新地区时，这些独特的实践将被修改和调节。然而，传教士经常将他们自己的社会、文化、经济和政治风俗与普世的核心宗教信仰联系起来，然后，这些信仰经常变为同一个信仰。世界各地的伊斯兰教都有明显的阿拉伯特征，这绝对是因为伊斯兰教要求信奉者阅读阿拉伯语的《古兰经》。佛教无论在哪里得到实践，都以印度哲学和文化为根基。中国儒家学说和道教观念被密切地结合进朝鲜与日本的禅宗佛教体系中。关于人权和理性思维的西方启蒙思想以及科学方法，则伴随着很多基督教传教士。尽管核心的宗教启示是普世的，但诸如穿着某种类型的服装、只有一个配偶、做有“男子汉气概”的工作或者吃饭姿势等文化表述，对于一个被视作新信仰的优秀皈依者来说也常常是必要的。因为这一点，传教士有时被视作文化帝国主义者，例如那些在过去500多年里伴随着欧洲帝国主义扩张到来的基督教传教士。

这种指控文化帝国主义的一个原因是，基督教传教士与任何其他宗教的传教士不同，他们更经常参与一些活动，而这些活动远不只是在一棵树下简单地宣讲福音或建筑教堂那么简单。在16、17世纪，耶稣会士作为参谋为中国皇帝和日本幕府首领服务。方济各会修士、多米尼安会士和其他天主教传教士在美洲拥有奴隶，新教和天主教传教士协会都在海外拥有大规模种植园及土地。而除了他们的组织，有时代替他们组织的基督教传教士参与很多世俗活动，包括建立学校和学院，创建医院和诊所，充当医生、护士、翻译、口译员、政府特工人员、商人与军事顾问。这种对地方经济、政府和文化的涉入，对世界各地的社会和人们都产生了巨大影响。这里引用一个恰当事例：20世纪后半期很多新独

为了使潜在的皈依者感觉舒服，两位新教传教士在中国穿上了中国传统服装

立国家——尤其在非洲——由那些在基督教传教士学校获得初等和（经常）较高教育的人领导，这使这些国家在思考和态度方面非常“西化”。

对文化帝国主义的含糊指控是这样的思想，即传教士已经对皈依者实施某种暴力、强制
1720 或欺骗，说服其放弃传统生活方式而接受新生活方式。但事实是，在过去的某个时候，每个传教性的宗教都通过暴力取得进步：伊斯兰教依靠征服，佛教依靠热情的封建军阀，基督教通过宗教法庭。还有一个事实是：这些宗教中的每个都认识到，强迫改宗只是一种虚伪的改宗，而改宗者必须怀着一种自由而公开的心开始其新的信仰。例如，《古兰经》宣称：“宗教没有强迫（暴力）。”（2：256）

皈依本身是主要的研究主题，但它太复杂了，以至于在这里难以详细讨论。但因为每个人都有自己的生活文化，所以皈依新宗教可能需要个人放弃自身文化的所有或大部分内容。在很多社会里，宗教和文化以及日常生活都是如此密切地联系在一起，以至于在不改变全部的情况下而只改变其中之一是不可能的事情。传教士绝对相信他或她自己从宗教中获得的美景和益处（例如永恒救赎）的正确性，并认为每个人都应该自由地聆听引人注目的和令人信服的启示。如果传教士拥有了强大的帝国军队和经济力量的支持，并可以在必要的时候集结这些力量，那么，问题便出现了。例如，当欧洲国家和美国迫使日本在 19 世纪中叶签署“门户开放系列”条约时，几乎每个条约里面都有一个条款，即允许基督教传教士在这个国家的任何地方旅行，并毫无限制地自由劝诱人们改宗。而很多国家支持自己的唯一宗教，当他们察觉到传教士对其传统文化和宗教造成威胁时，便禁止

墨西哥中部的一个西班牙人传教所

信仰其他宗教的传教士在其疆域内劝诱人们改
1721 宗。例如，南美洲和中美洲很多罗马天主教占主导地位的国家限制新教福音派教会传教士的活动；俄罗斯也对新教徒设置了类似的限制条件，其将新教徒视作对俄罗斯东正教的威胁。而在很多伊斯兰教国家，所有非伊斯兰教传教士的活动都被严格禁止。

另一方面，皈依者也经常利用传教士与更广阔的世界建立联系。例如，就像一些学术研究列举出的欧洲帝国主义时代基督教传教士的活动那样，很多非信奉者之所以皈依，更多的是出于经济、政治或社会原因，而非精神原因。传教士为首领提供火器，为孩子提供教育。传教士也为妇女提供卫生保健帮助，并将其从家长的控制中解放出来。传教士还为较贫穷的公民提供明显提高的地位，其表现形式是穿着西装、讲西方语言、变成政府职员或其他某种公务员。这些自私自利的皈依动机意味着传教士的成功常常是非常脆弱的，有大量关于回归者的记录，甚至整个村庄或酋邦在变为基督徒后，其物质或政治优势发生变化以后又回归传统信仰。批评传教士的人认为，甚至在那些当地精英主动邀请外国传教士并请其自由传播启示的事例中，也总是存在基本的经济或政治动机，而非希望在精神上真正遵循传教士所信奉之宗教。然而，我们也不得不承认，有很多非常忠实的传教士是非凡的、无私的人，他们的确真正关心他们为之工作的人们。其中一些人曾对抗外来力量

Statistics of Protestant Missions in China—December, 1888.

FROM THE CHINESE RECORDER.

	Name of Society	Date of Mission	Foreign Missionaries. Men.	Wives.	Single Women	Total.	Native Ordained Ministers	Unordained Native Helpers.	Communicants.	Pupils in Schools.	Contributions by Native Churches.
1	London Missionary Society... ...	1807	31	21	13	65	8	72	3,695	1,927	(?) 14,420.00
2	A. B. C. F. M.	1830	16	13	6	35	4	105	816	443	425.07
3	American Baptist, North	1834	11	9	10	30	6	37	1,340	244	1,077.00
4	American Protestant Episcopal ...	1835	10	8	3	21	17	3	496	1.614	568.18
5	American Presbyterian, North ...	1838	48	36	18	102	23	84	3,788	2,352	7,090.00
6	American Reformed (Dutch) ...	1842	7	6	2	15	6	16	844	163	2,870.03
7	British and Foreign Bible Society ...	1843	14	7	...	21	...	(?)114	...	...	...
8	Church Missionary Society	1844	28	17	5	50	11	81	2,832	2,041	3,469.20
9	English Baptist	1845	21	16	...	37	1	8	1,130	210	425.00
10	Methodist Episcopal, North ...	1847	32	31	17	80	43	91	3,903	1,288	4,490.91
11	Seventh Day Baptist...	1847	2	2	1	5	...	1	30	9	...
12	American Baptist, South	1847	7	6	7	20	7	18	776	292	687.70
13	Basel Mission...	1847	24	19	...	43	2	49	1,885	692	949.86
14	English Presbyterian	1847	24	16	10	50	8	89	3,428	575	5,435.10
15	Rhenish Mission	1847	4	2	...	6	1	4	154	37	50.00
16	Methodist Episcopal, South ...	1848	10	9	15	34	4	7	286	855	246.91
17	Berlin Founding Hospital	1850	1	1	4	6	...	1	27	80	...
18	Wesleyan Missionary Society ...	1852	25	12	6	43	2	33	975	552	403.00
19	Woman's Union Mission	1859	...	...	4	4	...	2	36	109	8.18
20	Methodist New Connexion	1860	7	4	1	12	...	36	1,232	180	101,00
21	Society Promotion Female Educ. ...	1864	...	...	7	7	...	...	...	...	...
22	United Presbyterian, Scotch ...	1865	7	5	1	13	...	14	773	67	(?) 150.00
23	China Inland Mission	1865	139	62	115	316	12	118	2,415	153	459.45
24	American Presbyterian, South ..	1867	10	6	3	19	...	5	82	300	92.00
25	United Methodist Free Church ...	1868	3	3	...	6	2	8	329	72	263.00
26	National Bible Society of Scotland ...	1868	4	2	...	6	...	(?)60	...	...	...
27	Irish Presbyterian	1869	3	3	...	6	...	12	68	...	...
28	Canadian Presbyterian	1871	5	4	1	10	2	50	2,650	318	491.80
29	Society Propagation of the Gospel ...	1874	(?) 5	2	4	(?)11	...	...	...	...	...
30	American Bible Society	1876	7	4	...	11	...	33	...	...	...
31	Established Church of Scotland ...	1878	1	1	...	2	...	3	30	80	...
32	Berlin Mission	1882	4	4	1	9	3	21	500	70	...
33	Allem. Ev. Prot. Miss. Gesell. ...	1884	1	...	...	1	...	...	...	...	...
34	Bible Christians	1885	4	2	...	6	...	...	3	...	...
35	Foreign Christian Mission Society ...	1886	5	2	...	7	...	...	2	32	...
36	Soc. Prop. Christ. & Gen. Knowledge	1886	1	1	...	2	...	...	...	...	...
37	Society of Friends	1886	1	1	2	4	...	...	...	...	...
38	Am. S'dinavian Congregational ...	1887	2	...	...	2	...	...	...	...	...
39	Ch. of Eng. Zenana Miss. Society ...	1888	...	...	3	3	...	...	...	...	...
40	Independent Workers		2	...	1	3	...	3	(?) 30	(?) 62	...
	Total—December, 1888		526	337	260	1123	162	1,278	34,555	14,817	$41,473.39
	Increase over Dec., 1887		37	17	39	93			2,295	1,140	$5,936.69

这张图表表明了新教 39 个传教社团和 1 123 名传教士 1888 年在中国传教活动的范围

（例如殖民移居者），甚或对抗当地政府施加给人们的残酷对待方式或不公正。在过去 30 年里，被中美洲独裁政权杀死的教士和修女仅仅是这种怜悯和牺牲的几个代表性事例而已。

无论他们怎样到达或到达了哪里，传教士总是会遇到一些抵抗，他们的成功机会经常依赖于他们能够最有效地接触到谁。在很多情况下，他们从接触边缘人物开始：妇女、儿童、身体残疾或有精神障碍之人、放逐者、穷人和文盲、寡妇。在这些事例中，传教士得到了最多的容忍。传教士有时被精英杀害，因为精英感到自己的地位受到威胁。当传教士直接挑战政权精英时，他们可能被视作政治麻烦制造者，而其皈依者被视作叛徒。在这些情况下，统治者有可能采取异常严格的措施对付传教士和皈依者，例如日本江户时代初期对基督徒的大屠杀。只有在那些大多数精英和普通人都接受新宗教的情况下，传教士才能够在社会上引起革命性变化。一般来说，在那些没有实践其他世界宗教的人们中间，传教士更能取得成功，这是事实。

肩负使命的宗教

尽管犹太教是最古老的、连续的世界宗教之一，但其失去传教工作甚至劝导皈依的勇气达数个世纪之久。在公元 66—70 年和 132—135 年犹太人反叛罗马人之前，犹太教的某些地区存在广泛的犹太传教活动，目的在于实现《哈巴谷书》（Habakkuk，2：14）的预言："因大地将被上帝荣光之知识填充，就像水充满大海一样。"然而，在第二次反叛之后，当很多人进入大流散状态时，焦点转向了维持神圣社区以等待
1722 弥赛亚。犹太传教活动停止了，甚至通过对《托拉》（犹太律法书）的严格遵守和割礼仪式使潜在的皈依者失去了勇气。

一些古代宗教，例如琐罗亚斯德教或埃及人对伊西斯和奥西里斯的崇拜，尽管也宣称普世启示，但其与特殊的社会政治环境密切联系起来。它们主要是通过移民、贸易、战争传播宗教思想，而且相邻人们的皈依并不是在任何中央传教机构的指导下进行的。还有很多综合性的宗教，例如日月神教、锡克教和巴哈伊教，也都有普世启示，并积极地推动传教活动，寻找皈依者。非洲很多独立的、本土教会也是这样，例如刚果民主共和国的钦班古会（Kimbanguist Church）。

印度教是世界上最古老、最流行的宗教之一，拥有超过 8 亿信徒，其复杂性几乎难以描述。因为印度教没有创建者，没有单一信条，似乎也没有单独的权威来源，所以它并不具备传教性宗教的某些关键特征。在过去，印度教本质上依靠《吠陀经》和实践在整个印度的不断接受而传播，它没有传教的传统。然而，从 19 世纪开始并持续到今日，一些"福音性质"的印度教教派经常以特殊的古鲁（guru）为中心组织起来，通过传教
活动积极地寻找皈依者。这些活动中最著名的 1723
是印度教导师玛赫希·瑜伽的超在禅定派运动和罗摩克利须那传道会或克利希那派教徒。

佛教传教士

"噢，僧侣们，前进吧，为了很多人的美好，为了很多人的幸福，出于对世界的怜悯，为了神祇与人类的福利、美好和幸福。你们两个不要在同一个方向上前进。教训……以书信和精神的方式解释神圣生活，解释彻底实施的完美无瑕的神圣生活。"（Vinaya，Mahavagga：I. II. I）

佛教是第一个世界性传教皇教，超越了种族、族群、语言、文化和政治的界限。历史上的佛陀（悉达多[Siddhartha Gautama]，约前 566—约前 486）生活在印度北部，他把他的门徒派往各个方向，去分享他的教义——达摩（dharma）。这是没有中心组织的传教运动，仅仅是由个体僧侣和教师在各自的路途上传播佛陀的教义。佛陀通过拒绝在获得启发以后进入涅槃的方式

展示了方向，教授他自己通过沉思和默念发现的东西。

尽管佛教传教士可能属于不同的教派，但都分享核心信仰，尤其是“四谛”和“八正道”。他们没有教授称佛陀是神，也不认可任何至高无上的神或造物主。他们认为佛陀的启示是普世的，是对人类传授的中肯的真理。因为达摩中没有罪孽的概念，所以佛教传教士没有提供救赎，而是提供了对无知的克服和解放。他们也相信没有外在的精神力量或神祇（包括佛陀）能够授予启发。在聆听了达摩教义之后，每个个体必须为自己实践和实现真理。佛教传教士并不与其他宗教的传教士竞争，这是独特的。他们从来不用强制或暴力的方法来获得皈依者，从来不促使那个对他或她的信仰感到满意的人皈依佛教，从来不蔑视地谈论其他信仰。不容忍、教条主义和宗教狂热毫无疑问是非佛教徒的行为。

佛陀去世以后，来自修道院群体的个体僧侣，即僧伽（Sangha），携带施舍钵旅行，沿着商路例如丝绸之路教授达摩，借以将佛教的传播与远程贸易的发展联系起来。大约公元前262年，孔雀王朝统治者阿育王（Asoka）使他的大帝国接受了佛教的原则。除了传播第一个成文的达摩文献，他还派遣佛教传教士（僧侣）到印度各地和印度之外的地方传教。在公元67年，受中国皇帝之邀，印度佛教僧侣把达摩带到了中国。到6世纪，佛教已经传播到了尼泊尔、斯里兰卡、越南、缅甸、泰国、中国华南、印度尼西亚和柬埔寨。禅宗佛教大约520年在中国出现，从这里向朝鲜传播。到13世纪，日本佛教徒已经发展出了自己的禅宗佛教，被称为禅宗（Zen）。817年，西藏接受了自己的第一个印度佛教传教士——莲华生大师（Guru Rimpoche [Padmasambhava]）。具有讽刺意味的是，当9至12世纪印度北部受到土耳其穆斯林的政治控制时，很多佛教僧侣被杀死，其大学、修道院被毁掉。而到16世纪，佛教在佛陀的家乡几近消亡。

经过几个世纪的相对停滞以后，佛教在19世纪开始向欧洲和美洲传播。自从第二次世界大战以来，佛教已经在西方获得了大量信徒。在20世纪五六十年代，有数十位欧洲人和美洲人旅行到亚洲，他们在这里度过了几年时间研究整个亚洲佛教世界。他们当中的很多人现在已经返回，在整个欧洲和美洲与成千上万新到达的亚洲移民一起建筑寺庙和佛教社会。亚洲佛教僧侣现在定期访问西方，去教授达摩。一些学者现在会谈论美洲佛教，这是一种将很多不同 1724
佛教实践混合在一起的独特佛教。

基督教传教士

“你们要去使万民做我的门徒，奉父、子、圣灵的名给他们施洗。凡我所吩咐你们的，都教训他们遵守。”（《马太福音》28：19－20）

马太写道，复活之后，耶稣出现在他的门徒中间，将其伟大使命给予他们。与佛陀相像，耶稣也设立了一个传教事例，当他聚集追随者的时候，许诺使他们成为“捕获人们的渔夫”（《马太福音》4：19）。耶稣去世以后，他的犹太人基督徒以耶路撒冷为根据地，将他的启示传播到犹太人社区周围的其他地区。然而，无论他们是耶稣最初的门徒，还是其教义的新皈依者，都是犹太人，都希望保持希伯来律法。塔尔苏斯的保罗被视作所有基督教传教士的原型和最伟大者。正是保罗开始向异教徒（非犹太人）讲授耶稣的故事，他和其他人携带福音书或美好启示，穿越安纳托利亚（现代土耳其）和希腊，到达罗马。正是保罗将基督教与犹太律法和其犹太背景分离开来，从而使其对所有民族的人都具有了广泛吸引力。

尽管自从耶稣传授其福音以来，基督教信仰者中已经出现了无数的分裂，但仍存在一些核心信仰是大多数基督教传教士共享的。基督徒从犹太教中吸收了这些信仰中的一些，例如对

19 世纪晚期，一个新教传教士在非洲与非洲原住民站在一起。这些非洲原住民正接受训练，以便帮助其他非洲人皈依新教

一个上帝的信仰、对一个弥赛亚或基督的信仰、对来世的信仰。基督徒的核心信仰是，通过对耶稣神圣牺牲和复活的信仰，个人在精神和肉体上免于死亡，他们的罪孽得到救赎，他们将回到天国的上帝那里。所有基督教传教士也教授上帝是三位一体的，即三个人的单一至高无上的存在。这三个人是圣父、圣子和圣灵。耶稣既是十足的人，也是十足的神，两种性质集于一体。

那些跟随保罗的传教士携带福音书穿越罗马帝国。312 年，当君士坦丁使基督教成为罗马帝国的宗教时，基督教历史上的一个关键转折点出现了。在接下来的 700 多年时间里，传教士将基督福音传播到了欧洲的大部分地区、爱尔兰、安纳托利亚（包括重要城市君士坦丁堡，即今日的伊斯坦布尔）和北非。这种传教事业当中的很多是由修道士完成的，例如涅斯托利派和西多会修士。

第 2 个千年以 1054 年的教会大分裂开始，其将基督教分裂为西欧的罗马天主教与东欧和俄罗斯的东正教。两个教派当时都派出了传教 1725
士。16 世纪 20 年代开始的欧洲宗教改革产生了大量新教教派，但与罗马天主教的冲突和不断的分裂使它们不能派遣大量传教士。与此同时，天主教控制了传教士领域，派遣多米尼安教徒、方济各会修士、耶稣会士和其他人到美洲、印度与亚洲。自从 18 世纪晚期新教徒进入传教领域以来，基督教传教士已经遍布全球，经常伴随着欧洲帝国主义扩张进行。

尽管这里的讨论已经集中于有组织的基督教对外传教活动，但每个基督徒都被希望能使公众目击他或她的信仰，并在效果上起到传教士的作用，这也是事实。《新约》里面有几篇耶稣的话语，基督徒相信这些话语号召他们以个人身份传播福音。一篇这样的话语可发现于《马可福音》里面："你们往普天下去，传福音给万民听。"（16：15）这样，尽管基督教教会往海外派遣传教士，他们的圣会成员则承担了"对内"传教的任务。

伊斯兰教传教士

“邀请（万民）至真主之途，依靠智慧和美好的讲道，并以最好、最和蔼的方式与他们辩论。因为真主知晓最善者，也知道谁背离了真主之途。”（《古兰经》16：125）

伊斯兰教总是被描述为传教性的宗教。它有一个普世的启示，是世界历史上发展最快速的宗教之一。它目前在世界范围内的成员超过了10亿。然而，伊斯兰教从没进行持续而有组织的传教努力，以传播据说是上帝给予穆罕默德（Muhammad，约570—632）并记录在《古兰经》里的启示。

在《古兰经》里，有很多章节可以被解释为对传教工作的提及。与佛陀和耶稣的早期事例相像，穆罕默德是伊斯兰教的第一个传教士。他的传教士角色在《古兰经》里被清楚地描述出来：“噢，你，先知，我们已经派遣你担任好启示的证人和传达者、警告者和某个应真主之许邀万民至其处者、指路明灯。”（33：45）但《古兰经》里也说穆罕默德仅仅是信使，他的职责仅仅是传达启示，而不是使他的听众皈依伊斯兰教：“（穆罕默德），你无需使他们踏上正确的道路，正是真主会引导他愿意引导的人们。”（2：272）穆罕默德将“用智慧和美好的布道”传递真主的启示，通过“最好、最和蔼的方式”与人们辩论。通过这些和其他诗篇，穆斯林相信他们也有义务与非信奉者分享安拉的启示。在伊斯兰教里，这一传教工作被称为达瓦宣教（dawah）；每个信奉者都被视作传教士。

就像基督教和佛教那样，尽管伊斯兰教也有很多不同的分支，但每个穆斯林都分享某些基本的信仰。在这些基本信仰当中，首要的是关于信仰的简单陈述：“除了真主，没有其他神，穆罕默德是他的信使。”要想皈依伊斯兰教，个人只需在证人面前引用这句话。事实上，人们相信，每个人出生时都是纯洁的，都是一个穆斯林，但一些人变得堕落了，因此每个新穆斯林都被视作一个“回归者”，返回其最初的信仰，而非皈依。穆罕默德被视作真主的最后一个和最伟大的先知，但绝非神。存在最终审判日和在天堂或地狱中的来生。一个虔诚的穆斯林也必须执行5种职责，包括表达关于信仰的陈述、捐献、每日祈祷5次、在斋月实施斋戒、一生中至少到麦加朝觐一次。

据说，穆罕默德在610年从真主那里获得第一个启示，启示持续不断地出现，直到20年后他去世为止。穆罕默德的妻子赫蒂彻（Khadijah）是他的第一个皈依者。到他去世的时候为止，穆罕默德已经有了70万信徒，并将伊斯兰教传播到阿拉伯半岛的很多地方。在100年的时间里，伊斯兰教已经跨越北非，往西最远传播到摩洛哥，往北传播到南欧，往东传播到印度。

尽管人们常常认为伊斯兰教是依靠剑（即 1726
暴力）传播的，但学者们通常否定这种观点。当然，在穆斯林军队征服的时候，他们也毁灭了反对者。伊斯兰教没有神职人员，只有地方祈祷领导者、学者和圣洁的人，因此，伊斯兰教在军事征服的同时传播，也通过贸易传播。商人、旅行者、圣洁的人、官僚和士兵携带着真主的启示，沿着商路穿越北非和亚洲。当他们定居在新地区时，他们建立伊斯兰教体系，并与当地人结婚。几十年之后，皈依者出现了。仅在过去的一个世纪里，当穆斯林受到基督教传教士试图改宗穆斯林的压力越来越大时，伊斯兰教协会、组织和传教社团才得以形成以对抗基督徒的努力。

展望21世纪

传教士不容易界定，前面的讨论和3个主要宗教的事例表明了这点。在现实中，每个宗教的每个成员都是他或她的信仰的见证和事例。宗教经常用很多方法以获得新成员，而这些方法很少能满足这篇文章开始时提出的条件。伊斯

> 要想使某些人皈依，那就去找到他们，并引导他们。
>
> ——圣托马斯·阿奎那(1225—1274)

兰教变成了第二大世界宗教，但直到最近也没有任何形式的传教努力。佛教则通过那些依赖于世俗信奉者的施舍才得以生存的个体僧侣才传播开来。很多宗教执行非常积极和热情的传教工作，但其皈依者却很少，因为它们的启示似乎没有广泛吸引力。

从一开始，基督教就将个人的见证和有目的的传教组织结合起来传播福音。在过去500多年的时间里，基督教传教士的努力得到了西方殖民主义和技术优势的帮助。到2004年，比世界历史上以前的任何时候都有更多的传教士。基督徒有40多万名传教士传播福音，据估计在对外传教中花掉了110亿美元。到2009年底，后期圣徒教会(摩门教会)自己就有5万多名传教士在160多个国家服务。福音派基督徒的目标是将整个世界的人口转归基督教和“为每个人提供一个教会”。

然而，伊斯兰教似乎是今日发展最快的宗教，其信徒已经从20世纪60年代的大约4亿，增加到2009年的超过15亿。这种发展的一个重要原因是亚洲和东南亚的高出生率，但伊斯兰教也在苏联、欧洲和美国通过皈依与移民获得发展。佛教也在欧洲和美国获得很多信徒。印度正在经历印度教的复兴。很多美洲原住民、非洲人和其他人群正在恢复他们的传统宗教。

随着地球村变得越来越真实，对内传教与对外传教的区别将失去所有意义。随着世界上的人们越来越容易获得交通和通信，个人将能够比人类历史上任何时候都更容易选择其宗教信仰。一份对万维网的简单研究揭示出，互联网在很多方面正变为未来的传教士。然而，最终仍是单一的信奉者将其他人带入他或她的信仰，就像佛陀、耶稣和穆罕默德所做的那样。

进一步阅读书目：

Arnold, T. W. (1986). *The Preaching of Islam: A History of the Propagation of the Muslim Faith*. Westminster, U.K.: Archibald Constable.

Baum, W., Winkler, D. W., & Winkler, D. (2003). *Apostolic Church of the East: A History of the Nestorian Church*. New York: Routledge.

Beckerlegge, G. (2001). *Ramakrishna Mission: The Making of a Modern Hindu Movement*. Oxford, U.K.: Oxford University Press.

Bernstein, R. (2002). *Ultimate Journey: Retracing the Path of an Ancient Buddhist Monk Who Crossed Asia in
1727 Search of Enlightenment*. New York: Vintage.

Bosch, D. J. (1991). *Transforming Mission: Paradigm Shifts in Theology of Mission*. Maryknoll, NY: Orbis.

Dickson, J. P. (2003). *Mission-commitment in Ancient Judaism and in the Pauline Communities*. Tubingen, Germany: J. C. B. Mohr.

Esposito, J. L. (2000). *The Oxford History of Islam*. Oxford, U.K.: Oxford University Press.

Esposito, J. L. (2004). *Islamic World: Past and Present*. Oxford, U.K.: Oxford University Press.

Geraci, R. P., & Khordarkowsky, M. (2001). *Of Religion and Empire: Missions, Conversion, and Tolerance in Tsarist Russia*. Ithaca, NY: Cornell University Press.

Goldstein, J. (2003). *One Dhama: The Emerging Western Buddhism*. New York: HarperCollins.

Goodman, M. (1994). *Mission and Conversion: Proselytizing in the Religious History of the Roman Empire*. Oxford, U.K.: Clarendon Press.

Holtrop, P. N., & McLeod, H. (Eds.). (2000). *Missions and Missionaries*. Rochester, NY: Boydell, for the Ecclesiastical History Society.

Kedar, B. Z. (1984). *Crusade and Mission: European Approaches toward the Muslims*. Princeton, NJ: Princeton University Press.

MacMullen, R. (1984). *Christianizing the Roman Empire (A. D. 100 - 400)*. New Haven, CT: Yale University

Press.

Matthews, S. (2001). *First Converts: Rich Pagan Women and the Rhetoric of Mission in Early Judaism and Christianity*. Palo Alto, CA: Stanford University Press.

Neill, S. (1987). *A History of Christian Missions* (2nd ed.). New York: Penguin.

Poston, L. (1992). *Islamic da'wah in the West: Muslim Missionary Activity and the Dynamics of Conversion to Islam*. New York: Oxford University Press.

Rambo, L. R. (1993). *Understanding Religious Conversion*. New Haven, CT: Yale University Press.

Sanneh, L. (1992). *Translating the Message: The Missionary Impact on Culture*. Maryknoll, NY: Orbis Books.

Scott, J., & Griffiths, G. (Eds.). (2004). *Mixed Messages: Materiality, Textuality, Missions*. New York: St. Martins Press.

Smith, H. (2001). *The World's Religions: Our Great Wisdom Traditions*. New York: HarperCollins.

Smith, H., & Novak, P. (2003). *Buddhism: A Concise Introduction*. New York: HarperCollins.

Stanley, B. (Ed.). (2001). *Christian Missions and the Enlightenment*. Grand Rapids, MI: Eerdmans.

Tweed, T. A. (2002). *The American Encounter with Buddhism, 1844 - 1912*. Chapel Hill: University of North Carolina Press.

Walls, A. F. (2002). *The Missionary Movement in Christian History: Studies in the Transition of Faith*. Maryknoll, NY: Orbis Books.

罗杰·贝克(Roger B. Beck) 文
郭子林 译,张瑾 校

Mississippian Culture 密西西比文化

公元第 1 个千年末期,北美密西西比河谷成为庞大社会政治变迁的场所,出现了考古学家们定义的密西西比文化, 1728
该文化堪与全球其他复杂社会相媲美。

北美洲密西西比河谷的密西西比文化期(约 1000—1600)享有盛名,因为其很多特征可以在世界各地的复杂社会中发现:大规模的人口聚集地(在密西西比文化中,一些聚集地近似都市中心)、纪念性建筑、密集的农业基地、分层的政治和社会组织、多元种族、一系列相应的政治和宗教肖像。

共性

密西西比物质文化和技术与其他新石器时代社会具有很多相似性,尽管在细节上有差异。密西西比人居住在大规模持久性的、常常设防的村庄里,这些村庄的居民从几百到数千不等。一些村庄拥有大规模仪式土丘,土丘周围是购物场所;这些村庄被视作专业化的公民仪式中心。这些中心的作用既是分布广泛的人口的仪式地点和政治集中点,也是酋长及贵族们的居所。从象征意义上讲,战争和丰产都很重要。相应的肖像也非常丰富,描绘了天空和来世的神秘特征,在密西西比宗教中发挥了重要作用。

玉米和本土栽培的植物提供了主要生活物资,但野生动物尤其鱼和鹿是重要补充品。村民狩猎、捕鱼,还使用弓箭打仗。砍削燧石锄头和挖掘棒是主要农业工具,用于耕种大面积泛滥平原土地。在陶器制作和设计中,烧制的薄贝壳陶器(用黏土和碎蛤蜊壳制造)的产量达到高峰,经常描绘或绘制着精致的动物或人物肖像。大多数原材料需求是依靠附近的材料得到满足。然而,也存在有限数量的物质(例如贝壳、铜、云母)是从遥远的地方带回来的,以供精英群体消费。

密西西比文化使用的设计元素既有简单的也有复杂的

起源

密西西比文化发展的核心地理区域是密西西比河谷及其支流周围地区,从伊利诺伊州往南到阿肯色州。随后,密西西比社会往北到达威斯康星州,向西到达俄克拉荷马州,往南到达路易安那州,往东到达佛罗里达州。19 世纪晚期,当考古学家首先开始挖掘密西西比文化遗址的时候,他们假设有一个中心区,而后来的移民将密西西比文化传播到美国东部。20 世纪 60 到 80 年代,人们将密西西比文化重新解释为局限于大泛滥平原的生态适应。根据这种解释,很多类似的社会在北美洲东部很多地方同时演进;该理论放弃了中心起源和移民外迁的概念。在某种程度上,考古学家们兜了个圈又回到了
1729 原点,提出了一个关于中心密西西比起源的新理论。这种转变是对一个最早遗址进行新挖掘和分析的结果,这个遗址就是密西西比文化给人印象最深刻、最有影响的中心之一——卡霍基亚(Cahokia)。这个中心位于圣路易附近。在卡霍基亚存在的 300 年(1050—1350)里,这个中心与其毗邻的土丘中心似乎是大陆很多地区发生变化的催化剂。

卡霍基亚的出现几乎比其他所有密西西比文化中心早一个世纪;它是一个首要中心,没有匹敌者。因此,我们认为它对人口移动、宗教和政治意识形态以及军队都有影响,所有这些对接下来的变化都是至关重要的,我们在后来的东伍德兰社会(Eastern Woodlands)发现了这些变化。这些变化与重要社会分工的出现有关。考古发掘已经表明,大规模平顶土丘是领导者的房屋和神祇的神庙所在地。当时有一个社会群体为贵族,他们与思想、政治和社会权力的关系非常密切,并与其他社会群体在空间上隔离开来;其他社会群体则构成人口的大多数。任何其他地方都没有卡霍基亚“土丘 72”的太平间更能够清楚地表明这种人群的划分:这是一个精英的埋葬地,其中几处丧葬点向我们提供了有关仪式的证据,涉及几百个随从和战俘的牺牲。“土丘 72”中有一个精英个人的中央墓,这个人身上覆盖着精致的贝壳披风。他周围是集体墓,其中几个集体墓放置了几十个年轻妇女的尸体,她们就像积木一样被叠放在一起。有一个集体墓放置了男人和女人的尸体,他们或是被箭射死的,或是被砍死的,甚或是被斩头的,然后被混乱地扔进坑里。一个合情合理的观点认为几百个年轻妇女和几十个其他人(那些被暴力残

忍杀死的人)都是牺牲,这是丧葬仪式的一部分,这些仪式与高职位个人的埋葬关系密切。物理分析表明年轻妇女都不太健康,她们比精英人口吃更多的玉米,这证明她们是较普通的人群成员。

根据考古学和民族志的记录,精英人口和他们的亲属以及随从是巨大土丘中心的居民。最高级别的个人居住在平顶土丘顶部的房屋里。普通人可能居住在这些中心的附近或四周,也分布在小农业社区的土地上。普通人通常不被允许进入土丘顶部的神庙和建筑物或内部的精英居住区,这种居住条件的物理划分在死亡时表现出来。普通人的作用似乎局限于提供劳力、建筑精英丧葬土丘,并以充当牺牲为荣,尤其是其妻子和女儿。普通人的墓地更多地分散
1730 在各地,有证据表明,一部分人的尸体暴露于荒野,是自然腐烂而非埋葬(这是北美的普遍做法)。精英丧葬也包含精致的贝壳披风、几百支箭、厚实的石头(例如石头圆盘,在仪式性游戏中使用,人们在土丘的中心广场玩这些游戏)、云母和铜。

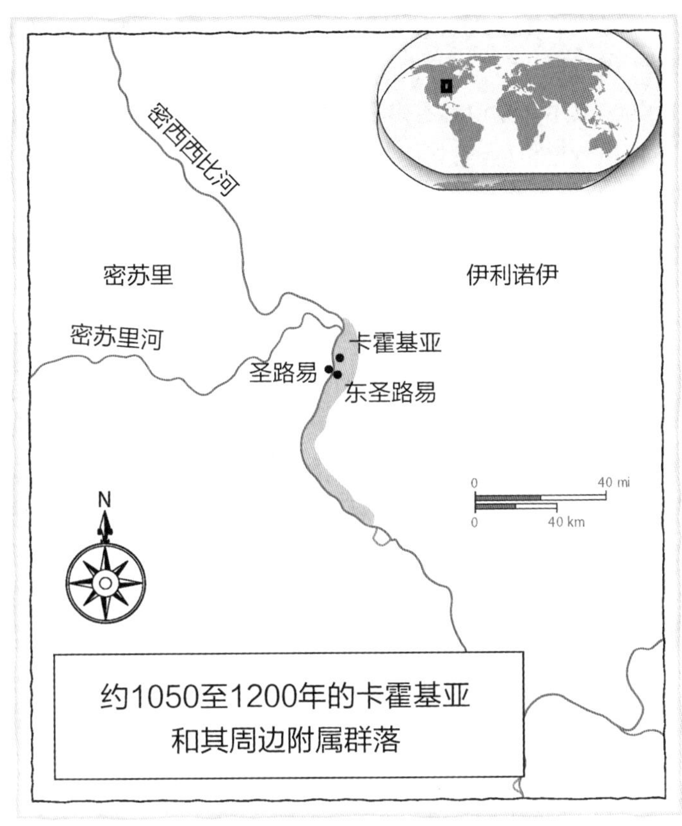

密西西比酋邦(例如卡霍基亚)的领袖负责组织大规模公共宴会,以庆祝宗教节日和政治事件,公共宴会是保持群体团结的主要因素。他们把复杂的宗教仪式制度化,这些仪式包括祭司、神庙和丰富的艺术,后者关注的内容包括生命更新、丰产和后来的战争等各个方面。艺术品包括一些最为壮观的肖像,由北美本土艺术家生产,例如卡霍基亚的红石女神像。这个贵族阶级很可能同时也是大量冲突中的战争领袖,冲突是密西西比文化时期的特征。

卡霍基亚

密西西比文化的高峰阶段是卡霍基亚社会,我们最好认为这个社会是区域体系而非殖民地。它包含 120 多个土丘(包括蒙克斯土丘 Monks Mound,这是北美洲最大的土丘)和 1.8 平方千米的居住区。它与东圣路易群体连接起来,后者包括大约 45 个土丘和居民区。它还与圣路易土丘群体连接起来,因而直接跨越了密西西比河。圣路易土丘群体由 26 个土丘构成。从更广阔的视角来看,这个 13 千米的线形地带包含东伍德兰地区 4 个最大的土丘中心中的 3 个。考古学家提摩太·宝克泰特(Timothy R. Pauketat)将这个连续的土丘、购物中心和居民区作为卡霍基亚“中心政治-管理复合体”。它形成一个走廊,环绕 14.5 平方千米、包含了几乎 200 个密西西比文化平台和丧葬土丘。此

外，在蒙克斯土丘25千米的范围内，有其他14个位于泛滥平原和高地上的土丘式密西西比文化中心，其中7个中心有多个土丘。平台和丧葬土丘、木栅栏(大圈立柱，被认为具有仪式和历法用途)、广场、取土坑和住所等都是纪念性建筑物，在11到13世纪期间建造起来。在鼎盛时期，卡霍基亚直接控制超过了9 300平方千米的内陆地区。在空间范围和纪念性建筑物方面，卡霍基亚堪与世界的其他早期中心相媲美。

密西西比的影响

卡霍基亚与其附近和遥远的邻居进行政治、社会及经济交往，这对史前文化晚期东伍德兰地区的社会结构产生了深刻而不均衡的影响。13世纪，卡霍基亚开始衰落。整个地区的主要政治组织同时兴起，战争变得更加频繁。这种新兴起的政治组织将战争成就作为男子在社会中实现地位上升的主要依据。这种现象与卡霍基亚政治和军事势力的崩溃几乎同时出现。也是在这时，新独立的密西西比文化中心出现在诸如亚拉巴马州的芒德维尔(Moundville)和乔治亚州的埃托瓦(Etowah)这样的著名遗址上。这些新中心以肖像为象征，1731
肖像主要关注战争与精英的成就。人们从地理学的角度将这些中心视作南部仪式复合体。在整个东南地区，这些政治组织和其他数百个较小政治组织的兴起，创造了一个多样而好斗的政治舞台。这个舞台持续了足够长的时间，以至于16世纪早期和17世纪的西班牙与法国探险者还目睹了这种状况。

进一步阅读书目：

Emerson, T. E. (1997). *Cahokia and the Archaeology of Power*. Tuscaloosa: The University of Alabama Press.

Emerson, T. E. (2002). An Introduction to Cahokia 2002: Diversity, Complexity, and History. *Midcontinental Journal of Archaeology*, *27*(2), 127 - 148.

Emerson, T. E., Hughes, R. E., Hynes, M. R., & Wisseman, S. U. (2003). The Sourcing and Interpretation of Cahokia-style Figurines in the Trans-Mississippi South and Southeast. *American Antiquity*, *68*(2), 287 - 313.

Emerson, T. E., & Lewis, R. B. (Eds.). (1991). *Cahokia and the Hinterlands: Middle Mississippian Cultures of the Midwest*. Urbana: University of Illinois Press.

Galloway, P. (Ed.). (1989). *The Southeastern Ceremonial Complex: Artifacts and Analysis*. Lincoln: University of Nebraska Press.

Knight, V. J., Jr., & Steponaitis, V. P. (Eds.). (1998). *Archaeology of the Moundville Chiefdom*. Washington, DC: Smithsonian Institution Press.

Milner, G. R. (1998). *The Cahokia Chiefdom: The Archaeology of a Mississippian Society*. Washington, DC: Smithsonian Institution Press.

Muller, J. (1997). *Mississippian Political Economy*. New York: Plenum Press.

Pauketat, T. R. (1994). *The Ascent of Chiefs: Cahokia and Mississippian Politics in Native North America*. Tuscaloosa: The University of Alabama Press.

Pauketat, T. R. (1998). Refiguring the Archaeology of Greater Cahokia. *Journal of Archaeological Research*, *6*(1), 45 - 89.

Pauketat, T. R., & Emerson, T. E. (Eds.). (1997). *Cahokia: Domination and Ideology in the Mississippian World*. Lincoln: The University of Nebraska Press.

Scarry, J. F. (Ed.). (1996). *Political Structure and Change in the Prehistoric Southeastern United States*. Gainesville: University Press of Florida.

Smith, B. D. (1978). *Mississippian Settlement Patterns*. New York: Academic Press.

托马斯·爱默生(Thomas E. Emerson) 文
郭子林 译，张瑾 校

Modernity 现代性

对于世界历史学家来说，现代性是一个令人烦恼的概念。它是什么意思？它是否能够或是否应该按照西欧学者的 1732
标准定义？这些争论已经使这个概念受到较广泛的讨论。尤其在与现代化这个词联系起来的时候，这样的讨论便考虑到各种人群——例如在奴隶贸易中遭受洗劫的非洲人和贩卖黑奴的殖民者——怎样经历现代性和怎样受到现代性的影响。

现代性的概念已经在世界历史领域激起了很多讨论，人们讨论其地理、文化、历史和社会起源。从历史观点说，它是一个模糊不清的词语，极难定义，既因为学界没有对“现代性这个词什么时候得到广泛使用”形成严格理解，也因为学界没有就“它究竟意在描述什么”形成清晰一致的意见。大多数人认为现代性主要是用于确定“崭新”的状态，无论是在整个社会潮流（世界观）方面，还是在创新性科技进步方面。然而，要想确定关于现代性的最典型观点，为了获得对现代性最彻底的理解，我们需要考察其历史发展过程。

“现代性究竟是怎样形成的”这个问题如此难以回答，以至于大多数关于这个概念的论文都从分析这个词的词源开始，接下来则是在较大的语境中考察其文化意义。然而，很多论文却忽视了揭示这样的事实，即追溯现代性的起源也是在描述今日我们所生活之世界最早的基础，也是在为那些构成世界的全球文化相互关系提供更准确的理解。

现代性的起源

历史争论最初提出的问题，即我们是否可以准确地确定现代性起源于西欧中世纪，这个年代范围从约500年至大约1492年（这个年代范围的开始时间和结束时间也处于争论之中，因为中世纪在不同的文化中可以根据不同的事件来理解和界定）。尽管这个年代学很不确定，这个词及其影响、原因和效果极为多样复杂，但关于现代性这个概念的传统考察都把它的起源定位在中世纪西欧。这是因为这个概念与两个首要的发展有关，马泰·卡林内斯库（Matei Calinescu）在他《现代性的五副面孔》（*Five Faces of Modernity*）的研究中描述了这点：（1）“关于线性的、不可逆转的历史时间的意识……”的兴起，这也是“不可重复的时间”，与“耶稣-基督末世论的历史观”有着深刻关系；（2）作为这种关于时间的新意识的结果，出现了一种不可避免的倾向，即对罗马或异教古代的思想与成就进行比较、对基督教中世纪的思想与成就进行比较，到12世纪的时候， 1733
这种比较达到了最广泛使用的程度。在认可西欧中世纪产生的时间意识的前提下，古代人和现代人之间的“争论”本质上是权威问题。在这种情况下，基督教无所不包的文化权威让位于异教古代辉煌文化的权威，虽然基督教文化已经使欧洲人免于罗马崩溃之后的堕落与毁灭。正是这样，在对传统权威、时代权威的直接挑战中，现代性这个概念作为某种不可避免地呈现出“新”的事物而获得了其目前的内涵。

现代性与现代化

现代性这个概念经常与一个同类词“现代化”混淆，两个词的关系非常密切。当西欧中世纪在15世纪末期结束而进入16世纪时，文化观方面的巨变预示着现代化的出现。文化观的巨

圣保罗(São Paulo)的曲线型科潘大厦，建筑于1951年，由巴西最著名的建筑师奥斯卡·迈尼耶(Oscar Niemeyer)设计，始终是巴西现代主义的纪念物

变是由这样一些因素导致的：美洲的发现，世界贸易和世界旅行的发展，帝国主义和殖民地化的兴起，科学知识的新发展，城市越来越重要，关于自我和地位的新理解。尽管现代化经常与现代性的讨论一起被提及，但现代化更是一个涵盖性术语，其涵盖了大量社会历史、政治和经济变化，而非像现代性那样仅仅是对短暂文化状态的描绘。但因为现代化与变化的关系如此密切，所以它也不可避免地展现“新”。这样，就现代化的本质而言，其为现代性的发展、识别提供了动力和基础。作为现代化的必然辅助作用，现代性包含现代化的社会-政治-历史和经济现实产生的所有经验。

因此，现代性必须被部分地理解为文化状态，后者源于现代化的巨变引起的变位与破坏，而这种文化状态也必然与传统状态相冲突。

现代性：19世纪晚期和20世纪早期

在19世纪晚期和20世纪初期，这个针对传统的现代运动在现代性状态的艺术表达中找到了重要位置，另一个密切相关的词——现代主义——表明了这一点。这个时代关于现代和现代主义的常规解释指的是一场具有明显特点的艺术运动，例如对艺术传统的拒绝，对实验形式的拥抱，对时间之意义和表现的痴迷，对现代经 1734
验的碎片化和外来的现实进行艺术描绘。这样的解释也将现代主义描述为一些跨越了大量西欧国家和美国的事物；现代主义显露在艺术媒介中，从音乐、舞蹈与文学到室内艺术、雕塑、剧院和建筑。然而，人们经常忽视的是，所谓的“现代”(在这部分，首要的是关于现代性的起源)在这一时期被分成两个独立但密切相关的部分。第一个部分是客观现代性或经济现代性，直接根源于文化的巨变，有现代化的兴起(表现为19世纪的工业革命及其对西欧文化现实的影响)为证。第二部分是美学现代性，或关于客观现代性及其艺术表现之间关系的探究。美学现代性通常与法国象征主义在19世纪晚期的兴起及其在第一次世界大战期间的发展以及这一事件引起的西欧和美国文化现实的巨变有关；到20世纪20年代的全盛时期，美学现代性也与美国开始集中涉入现代趋势，这种趋势已经席卷欧洲。然而，尽管关于美学现代性的传统解释异常多样而详细，但它们如果不是主要倾向于模糊化，便是倾向于几乎彻底地忽视非白人、殖民地人们、妇女及西欧—美洲轴线之外的人们对现代的理解做出的贡献。学术演讲才刚刚开始呈现这些耀眼的缺损，一些研究开始考察这些他者的文化贡献及他们被排除在我们关于现代的理解之外的重要意义。这样的研究已经为关于现代的思考开启了很多新途径，但这些新途径根本不是从新的视角考察其意义，这些新视角在

> 人们已经取得的所有机械发明是否已经减轻了今日人类的负担,这是一个问题。
>
> ——约翰·斯图亚特·密尔(1806—1873)

产生其关于现代主义的观点过程中,也预先构想更多关于现代性和现代化的传统观念。

现代性:全球视角

现代性与现代化之间的关系也导致了一种关于现代性概念的不太传统的理解方式,这种理解方式并不认为现代性起源于西欧中世纪。有很多理由支持一种观点,即这种地理位置的确是正确的,而且关于现代性的一种文化理解源于这种位置。但是,历史学争论越来越坚持认为这是太狭隘的观点。当从世界历史的视角考察该概念的意义时,这变得更加重要了。当从全球视角理解现代性的重要性、思考现代意味着什么的时候,需要考量众多文化,而非仅仅从西欧文化出发。例如,从原住民的视角来看,现代性意味着什么?原住民因帝国政府无休止地追求新市场或其文化发展要求而被迫搬迁。当我们试图从全球视角理解现代性概念时,需认可如下事实:西欧人对时间(并因此对时间与现代性的关系)的理解并不是唯一的,那些被视作属于现代化和现代性的发展并非在同一时刻或以同样的方式出现在所有人面前。对现代性更复杂、微妙和准确的理解必定认为,大量相互关联的现代性是可能存在的。

这是一种对西欧现代性进行更准确理解的方式,也是一种开启对其他文化语境中的现代性含义进行理解的方式。例如,15世纪开始的帝国主义的兴起和帝国的发展以及美洲的发现,导致了大西洋奴隶贸易的发展和各个欧洲国家(只举几个事例,西班牙和葡萄牙首先在16世纪介入,法国在16和17世纪介入,最终英国
1735 在18世纪介入)在不同时间点上的文化参与。这种发展的结果是几百万非洲人被分散到新世界和其他地方,他们构成了黑人流散族群,他们没有经历那些欧洲人经历的现代化和现代性,那些欧洲人是帝国扩张的执行者。对于非洲人来说,现代化和现代性既代表着自主文化发展的终结,也代表了自主文化发展过程中几乎不可克服的障碍;它并非体现了一种不可避免的前进,也并非体现了以欧洲主要国家的进步方式进行的前进。在此情况下,现代性必定首先体现了一种深刻而痛苦的文化损失,其次体现了向自主文化生活的长期攀爬。这次攀爬也必定是在各种文化语境中、在不同时间点上和以非常不同的方式发生,黑人的流散族群就是在这些文化语境中形成的。

超越"新"的现代性

在20世纪早期,长期受传统控制的文化的崩溃创造了一种危险新奇的感觉——一种以前从未看见甚或从未设想过的"新奇"。尽管其他时期(例如16世纪的意大利文艺复兴)的文化也将自己理解为新的,并因此理解为现代的,但对于很多人来说,20世纪早期的变化也标志着比之前到来的任何变化都剧烈。然而,在今日,一个世纪以前奇异的文化变化现在已经变成了平常事,曾经被认为完全"新奇"的事物也不再是惊奇的理由了。事实上,20世纪早期的"新奇"崇拜本身,现在已经变成我们文化传统的一部分。那么,在21世纪初我们应该怎样理解现代性?一旦"新"不再是新了,它怎样才算是"现代"呢?尽管这样的问题必定与其相关的主题一样复杂,但它们仍是我们需要认真思考的问题,因为关于现代性及其影响的思考的确没有结束,也不能简单地随着时代的结束而结束。关于现代性的理解是否已经结束了(很多现在的演讲已经提出了这一点),或许不是我们要关心的。与之相反,我们必须思考的问题是,一个时代被吸收进另一个时代意味着什么?因为所有关于新的理解终究会变得陈旧,而且所有关于现代性的概念也必然会被另一种概念吸收,必然会被关于现代的更新颖的阐释吸收。那些在20世纪

早期是非常新的东西，不可能在21世纪早期还是令人着迷的东西。在这个超越"新"的时代，我们最好用复数来描述现代性，复数的现代性在各种文化的融合中表现出来。目前，现代性的紧迫任务仅仅是努力解决全球社会中的文化理解和凝聚的问题。

进一步阅读书目：

Adorno, T., & Horkheimer, M. (1979). *Dialectic of Enlightenment*. London: Verso.

Berman, M. (1982). *All that is Solid Melts into Air: The Experience of Modernity.* New York: Simon & Schuster.

Bradbury, M., & McFarlane, J. (1976). *Modernism: A Guide to European Literature: 1890 – 1930*. New York: Penguin.

Cahoone, L. (1988). *The Dilemma of Modernity: Philosophy, Culture, and anti-Culture*. Albany: State University of New York Press.

Calinescu, M. (1987). *Five Faces of Modernity: Modernism, Avantgarde, Decadence, Kitsch, Postmodernism*. Durham, NC: Duke University Press.

Cronin, A. (1966). *A Question of Modernity*. London: Secker & Warburg.

Curtius, E. R. (1953). *European Literature and the Latin Middle Ages* (Willard R. Trask, Trans.). Princeton, NJ: Princeton University Press.

Felski, R. (1995). *The Gender of Modernity*. Cambridge, MA: Harvard University Press.

Frisby, D. (1986). *Fragments of Modernity*. Cambridge, MA: Massachusetts Institute of Technology Press.

Gilroy, P. (1993). *The Black Atlantic: Modernity and Double-consciousness.* Cambridge, MA: Harvard University Press.

1736 Hardy, J. D., Jr. (1974). *Prologue to Modernity: Early Modern Europe*. New York: John Wiley & Sons, Inc.

Kellner, D. (1989). *Critical Theory, Marxism, and Modernity*. Baltimore: Johns Hopkins University Press.

Kern, S. (1983). *The Culture of Time and Space: 1880 – 1918*. Cambridge, MA: Harvard University Press.

Leclerq, J. (1975). Experience and Interpretation of Time in the Early Middle Ages. *Studies in Medieval Culture*, *5*, 9 – 19.

Taylor, C. (1989). *Sources of the Self: The Making of Modern Identity*. Cambridge, MA: Harvard University Press.

Torgovnick, M. (1991). *Gone Primitive: Savage Intellects, Modern Lives*. Chicago: University of Chicago Press.

Toulmin, S. (1992). *The Hidden Agenda of Modernity*. Chicago: University of Chicago Press.

Young, R. (1990). *White Mythologies: Writing History and the West*. London: Routledge.

塞雷纳·约翰逊-鲁利耶(Cyraina Johnson-Roullier) 文
郭子林 译，张瑾 校

Mongol Empire 蒙古帝国

1737 13世纪早期，一个帝国在蒙古大草原兴起，不仅永远改变了亚洲的地图，而且加强了洲际贸易，还改变了两大宗教进程。在其鼎盛时期，蒙古帝国是历史上最大的陆地帝国，从日本海延伸到喀尔巴阡山脉。

蒙古帝国的兴起始于13世纪居住于蒙古大草原上的蒙古部落和突厥部落的统一。它对地理、贸易和宗教的直接影响不容忽视，它对后世的影响也不容低估。

成吉思汗的兴起

铁木真（约 1162—1227）最终被授予荣誉称号“成吉思汗”，他作为具有超凡魅力的领导者出现在大草原上，慢慢地获得了追随者和声誉，后来变成了另一个部落克雷茨（Kereits）的可汗托格利尔（卒于 1203 或 1204）的那克儿（nokhor，伙伴或附属侯）。在为托格利尔服务的同时，铁木真的实力越来越大，变成了蒙古诸部落当中的一个主要领导者。然而，铁木真和托格利尔发生了争执，而当两者的争执在 1203 年处于紧要关头时，铁木真胜出。

之后，铁木真为了控制蒙古大草原而继续攻打其他部落。到 1206 年，他已经将蒙古的很多部落统一在一个被称为“也可蒙古兀鲁思”（Yeke Mongol Ulus）或大蒙古国家的单个大部落之下。他重新组织蒙古社会结构，解散古老的部落族系。此外，他还以十进制原则组织他的军队（军事单位被组织成十、百、千人的群体，最大的群体是 1 万人），并将强大的纪律性灌输给这支军队（例如，军队学着在胜利得以确定之前不去阻挠和掠夺敌人的营帐；在铁木真统治时期，宣布胜利之前获得的所有战利品都被没收）。最终，在 1206 年，铁木真的追随者认可他为蒙古的唯一权威人物，授予他“成吉思汗”的头衔；成吉思汗的意思是指心胸开阔或纪律严明、行动果敢的统治者。

蒙古帝国的扩张

蒙古人扩张到蒙古之外，于 1209 年征服了西夏（包括今天中国的宁夏和甘肃等地）。1211 年，成吉思汗入侵华北女真族的金朝（1125—1234）。最初，这些都不是征服战斗，而是劫掠行为。但当其继承者长大成人以后，蒙古人开始保持他们掠夺的土地。尽管蒙古人取得了极大的胜利，到 1216 年征服了女真族金朝的大多数地区，但金朝一直抵抗蒙古人的入侵直到 1234 年，这是成吉思汗去世之后的第 7 年。

蒙古向中亚的扩张开始于 1209 年，当时蒙古人在追逐那些反对成吉思汗掌权的部落领袖。每一次胜利以后，蒙古人都获得新领土。此外，几个较小的国家试图变成其附属国。最终，蒙古人建立了一个大帝国，当时的疆域不仅包括中国，还包括伊斯兰世界。在中亚，他们当时也将花剌子模帝国划入其领域范围，后者的疆 1738
域包括中亚、阿富汗、伊朗和现代伊拉克的部分地区。

最初，成吉思汗追求和平关系，集中与花剌子模开展贸易。然而，蒙古人资助的一个商队被花剌子模城市讹答剌的行政长官屠杀，这改变了两者的和平关系。在外交手段未能解决这个问题之后，成吉思汗留下一支军队继续进行华北的军事活动，在 1218 年向花剌子模进军。

成吉思汗在占领讹答剌之后，分兵 7 路攻打花剌子模。穆罕默德 · 花剌子模 · 沙阿二世（Muhammad Khwarizm Shah II）将其军队散布到帝国各地，试图防卫其城市，但无法与在战场上更灵活的蒙古军队相抗衡。这样，他只能眼看着他的城市一个接一个地陷落，直到他不得不在蒙古大军的追逐下逃跑。最终，穆罕默德 · 花剌子模因痢疾死于里海的一个岛屿上。尽管他的儿子贾拉尔 · 丁（Jalal ad-Din）试图保卫现在的阿富汗，但成吉思汗于 1221 年在印度河附近打败他，迫使贾拉尔 · 丁逃到印度。

尽管成吉思汗毁掉了花剌子模，但他只保留了阿姆河以北的领土，以便不过分分散他的军队。与此同时，他为了处理西夏的叛乱而返回蒙古。在他的军队休息一段时间之后，他在 1227 年入侵西夏，围困了其首都中兴府。他在围攻过程中死去，但命令他的儿子和军队继续战斗，他们也的确这样做了。

成吉思汗之后的蒙古帝国

1230 年，成吉思汗的第 3 个儿子窝阔台(1185—1241)登上王位。他继续征服金朝的战争，并于 1234 年成功地征服了金朝。在窝阔台统治时期，蒙古军队也入侵伊朗、亚美尼亚和格鲁吉亚，并将这些地区纳入其控制下。与此同时，一支庞大的军队向西进军，在入侵匈牙利和波兰之前，征服了俄罗斯的一些公国。蒙古人不打算控制匈牙利和波兰，他们在离开之前将这两个地区都毁掉了，这可能是因为窝阔台于 1241 年去世。

经过漫长的继承权之争以后，1246 年窝阔台的儿子贵由(卒于 1248)登上王位。在此期间，贵由的母亲担任摄政王。贵由登上王位 2 年以后去世，然后他的妻子担任摄政王；但她在选择新可汗上几乎没有做出任何辅助工作，导致了成吉思汗第 4 个儿子拖雷的儿子蒙哥(1209—1259)在 1250 年发动政变。在蒙哥统治时期，蒙古军队再次进军。他和他的兄弟忽必烈(1215—1294)率领军队攻打南宋王朝(1127—1279)，另一个兄弟胡路古(约 1217—1265)率领军队进攻中东。

成吉思汗的孙子、蒙古帝国的创建者忽必烈可汗的肖像

1256 年，胡路古的军队成功地毁灭北部伊朗的什叶派组织伊斯玛仪派。然后，他向巴格达的阿拔斯哈里发进军。哈里发名义上是逊尼派伊斯兰教的主要宗教人物，拒绝投降，但几乎完全不能保卫其城市。蒙古人洗劫了巴格达，并在 1258 年处死哈里发，结束了哈里发几个世纪以来的地位。胡路古的军队也入侵叙利亚，成功地占领阿勒颇和大马士革。然而，胡路古得知蒙哥在攻打宋朝的战争中阵亡以后，于 1259—1260 年撤出了大批军队。与此同时，埃及的马穆鲁克苏丹袭击了蒙古人设在叙利亚的要塞，并于 1260 年在阿音札鲁(Ayn Jalut)打败蒙古人。蒙 1739
哥去世以后，蒙古帝国陷入内战漩涡，胡路古未能恢复对叙利亚的长期征服，因为他再度陷入与帝国西部敌人的斗争中。

忽必烈最终(1265)在内战中占得优势，但帝国的完整性遭受巨大的毁坏。尽管其他王子名义上接受忽必烈为帝国首领，但他在元朝版图之外几乎没有任何影响力。忽必烈和他的继承者们被称为元朝(1279—1368)，与胡路古及其后人建立了最亲密的同盟。胡路古王国被称为波斯的伊尔可汗国，控制着今日伊朗、伊拉克、土耳其、亚美尼亚、阿塞拜疆和格鲁吉亚等地区。中亚由成吉思汗的第 3 个儿子察合台(卒于 1241)的后代统治着。与此同时，在俄罗斯和俄罗斯大草原，成吉思汗的第一个儿子朮赤(卒于 1225?)的后代掌握着政权，他们的国家被称为金帐汗国。

世界历史中的蒙古帝国

蒙古帝国对世界历史的影响是无法估量

的，尤其在地理、贸易和宗教方面。

地理

就物理和人文意义上的地理学而言，蒙古扩张永久性地改变了亚洲的面貌。变化始于蒙古。在蒙古帝国之前，那个地区的居民是很多互不相干的部落的成员。在成吉思汗统治时期，所有部落都被统一成一个新集体。随着旧的部落精英被消除，以成吉思汗的家族为核心的新社会组织形成，部落认同也消失了。现代蒙古民族因为蒙古帝国的兴起而存在。成吉思汗还通过强制实行书面语言而将蒙古各部落统一起来。成吉思汗在他 1204 年打败的几个部落之一的奈曼部落中看到了文字的价值，下令构建蒙古文字。这种文字是从维吾尔语文字改编而来的；后者本身以古代叙利亚语为基础，由景教徒向东传播开来。蒙古文字始终在现代蒙古使用，直到 20 世纪才被斯拉夫文字代替；时至今日，它仍在中国的内蒙古自治区使用。

蒙古扩张也导致了其他部落的迁移，主要是突厥部落。一些人迁入匈牙利和巴尔干半岛
1740 各国以及叙利亚，很多人也迁入安纳托利亚（今日土耳其）。从 11 世纪开始就有一支强大的突厥人生活在安纳托利亚，但新迁入的突厥人最终引起了该地区的突厥化。迁入这个地区的一群人是奥斯曼人，他们在 15 世纪建立了奥斯曼帝国。

其他人群也从蒙古人中衍生出来。后来的很多突厥语族的人，例如克里米亚和喀山的鞑靼人、哈萨克人和乌兹别克人，将其族源追溯到蒙古人；这些蒙古人定居在金帐汗国控制的地域。鞑靼人是 15 世纪晚期金帐汗国崩溃以后的直接后裔。乌兹别克人也源自金帐汗国，根据黄金时代金帐汗国的一个统治者命名。哈萨克人是乌兹别克人的分支，直到 20 世纪都主要是一个游牧民族，尽管乌兹别克人在 16 世纪已定居在中亚更都市化的地区。他们在短期内建立了一个帝国，与奥斯曼土耳其帝国、萨非帝国和莫卧儿帝国处于同一时代。莫卧儿帝国本身从波斯人对蒙古人的称呼中获得名字，它的创立者巴布尔（Babur，1483—1530）是中亚征服者帖木儿（1336—1405）的后代，而帖木儿的祖先是成吉思汗。

蒙古军队形成新人群，蒙古入侵促使大量游牧部落跨欧亚大陆迁移，蒙古人同时也导致了巨大毁坏。尽管很多关于蒙古征服者杀死的人口数量的史料数据被夸大了，但这些夸张的数据的确反映了一种现实，即有成千上万的人死掉了，虽然蒙古人并不是为了减少那些适合其征服的地区的人口。

贸易

从蒙古帝国伊始，蒙古可汗就发展贸易，资助大量商队。蒙古帝国的规模鼓励了货物和思想在整个欧亚大陆更广泛地传播，因为商人和其他人当时能够更安全地从帝国的一端到另一端。

几乎整个大陆都在一个统治者的统治下，这一事实有助于很多发明从中国向西传播，例如机械印刷术、火药和鼓风炉等。除此之外，诸如丝绸这样的商品也能够以较低的价格购买到，因为旅游和安全费用降低了，这都归功于蒙古帝国提供的蒙古和平。艺术思想、诸如天文学这样的科学和医学思想也来回传播。中国因外来影响而在艺术、戏剧方面繁荣起来，在科学和医学方面也获得发展。

宗教

成吉思汗在蒙古帝国的中心地位不容忽视。当成吉思汗的后代在欧亚大陆中部很多地区建立统治权的过程中成为关键因素时，成吉思汗对统治者产生了极大影响。俄罗斯王子和中亚的类似统治者经常伪造其家谱，将他们自己与成吉思汗联系起来，这就像一些穆斯林伪造家谱而将他们自己与先知穆罕默德联系起来

一样。在蒙古，成吉思汗血统原则对宗教具有重大影响。

几乎蒙古所有的精英都把其家系追溯到成吉思汗，这使一个王子难以对其他王子实施优先权，并变成大多数蒙古人的领袖。这样，王子们不得不寻找其他方式使权力合法化。阿勒坦
1741 汗(Altan Khan, 1543—1583)通过与藏传佛教黄派领袖建立联系而做这样的事情。后者被授予达赖喇嘛的头衔，并在阿勒坦汗的帮助下变成了西藏的卓越人物。佛教人物的这种奉承也导致蒙古在16世纪转向佛教。

蒙古人对阿拔斯哈里发的毁坏也对宗教产生了重要影响。哈里发意欲成为整个伊斯兰世界的精神领袖，如果可能的话也成为政治领袖；尽管在蒙古人兴起之前，这也只是一种理想，而非现实。在蒙古人征服以后，尽管几个统治者始终是傀儡哈里发，但这种制度直到19世纪都没有因任何可靠的权威而复兴。在19世纪，奥斯曼苏丹也是哈里发。结果是在阿拔斯王朝战败以后的几个世纪里，伊斯兰权威分散了。

深入影响

蒙古帝国的建立在很多方面标志着世界历史的一个交叉路口。作为历史上最大的大陆帝国，它以一种尚未得到复制的方式将欧亚大陆统一起来。在帝国之内的行动不可避免地使亚洲和欧洲其他地区泛起涟漪，无论是通过贸易、战争还是通过宗教事件。此外，因为蒙古帝国结束了几个之前的王朝并激励了新权力中心的创建，所以我们还可以将其视作重大地理政治变化的刺激因素。

进一步阅读书目：

Allsen, T.T.(1987). *Mongol Imperialism*. Berkley and Los Angeles: University of California Press.

Allsen, T.T.(2002). The Circulation of Military Technology in the Mongolian Empire. In Di Cosmo, N. (Ed.), *Warfare in Inner Asian History, 500–1800* (pp.265–294). Leiden, The Netherlands: Brill.

Buell, P.(2003). *Historical Dictionary of the Mongol World Empire*. Lanham, MD: Scarecrow Press.

Halperin, C.(1987). *Russia and the Golden Horde*. Bloomington: Indiana University Press.

Juvaini, A.(1997). *The History of the World-Conqueror*. Seattle: University of Washington Press.

Martin, H.D.(1950). *The Rise of Chingis Khan and His Conquest of North China*. Baltimore: Johns Hopkins Press.

Morgan, D.(1986) *The Mongols*. Oxford, U.K.: Basil Blackwell.

Morgan, D.O.(1996). Mongol or Persian: The Government of Ilkanid Iran. *Harvard Middle Eastern and Islamic Review, 3*, 62–76.

Morgan, D.O.(1986). The 'Great Yasa of Chingiz Khan' and Mongol Law in the Ilkhanate. *Bulletin of the School of Oriental and African Studies, 49*(1), 163–176.

Onon, U. (Ed. & Trans.). (2001). *The Secret History of the Mongols: The Life and Times of Chinggis Khan*. Richmond, U.K.: Curzon Press.

Ostrowski, D.(1998). *Muscovy and the Mongols: Cross-Cultural Influences on the Steppe Frontier, 1304–1589*. Cambridge, U.K.: Cambridge University Press.

Polo, M.(1993). *The Travels of Marco Polo* (H. Cordier, Ed., & H. Yule, Trans.). New York: Dover Publications.

Rachewiltz, I.(2004). *The Secret History of the Mongols*. Leiden, The Netherlands: Brill.

Ratchnevsky, P.(1992). *Genghis Khan: His Life and Legacy* (T.N. Haining, Trans.). Cambridge, U.K.: Blackwell.

Rubruck, W.(1990). *The Mission of Friar William of Rubruck: His Journey to the Court of the Great Khan Mongke, 1253–1255* (D. Morgan, Ed., & P. Jackson, Trans.) (Hakluyt Society, 2nd Series, No.173). London: The Hakluyt Society.

Smith, J.M., Jr.(1996). Mongol Society and Military in the Middle East: Antecedents and Adaptations. In Y. Lev (Ed.), *War and Society in the Eastern Mediterranean, 7th and 15th Centuries* (The Medieval Mediterranean Peoples, Economies, and Cultures, 400–1453, No.9). Leiden, The Netherlands: Brill.

提摩太·梅(Timothy May) 文
郭子林 译,张瑾 校

Moses 摩西

摩西(约公元前 13 世纪)是希伯来人的先知和领导者,在关于其人民的《圣经》记录中凸显出来。希伯来人的上帝 1742
耶和华指示摩西使希伯来人摆脱埃及的奴役,率领他们到迦南去,迦南是上帝应允给他们祖先的土地。摩西还向耶和华请示,创立《摩西十诫》和《圣约法典》,这两者是以色列人文化和宗教实践创建中的主要因素。

先知摩西是希伯来人的领导者和《圣经》中最著名的人物之一,在埃及开始其生活,这正是他的人民生活困难的时期。一些学者认为当时统治埃及的法老是拉美西斯二世(Ramses II)或塞提一世(Seti I)。法老感到希伯来人口太多了,下令杀死所有刚刚生下的希伯来男孩。摩西就出生在这个强制种族灭绝时期,但在他姐姐、法老的女儿和两个胆大妄为的助产士的帮助下,他活了下来。摩西出生三个月以后,他妈妈编织了一个纸草篮子,涂上沥青,然后,她仔细地把摩西和篮子放入尼罗河;他的姐姐站在远处,观看会有什么事发生。法老的女儿看到了漂浮的篮子,命令女仆将其带到她面前。看到孩子以后,她产生了怜悯之情,下令让一位希伯来妇女作为保姆照顾他。具有讽刺意味的是,保姆正是摩西的妈妈。这样,她便在法老的王室培养摩西。

这幅摩西画是复制品,原画位于罗马城外的圣·艾格尼丝大教堂(Basilica of St. Agnes)的地下墓穴

近东和世界各地发现的故事当中,这是很常见的主题。这样的主题常常介绍这样一些人——主要是男人:他们奇迹般地在幼年躲过了死亡,或者由那些不孕不育的妇女神奇地生下来;结果,这些孩子变成了伟大的领导者。一个突出事例来自相邻地区的美索不达米亚文化,是关于萨尔贡的传说。根据阿卡德语文献,阿加德的萨尔贡的母亲也在她的儿子出生以后制作了一个涂了沥青的篮子。她把幼儿放在篮子里,让他顺着幼发拉底河向下游漂流。挑水工
阿奇(Akki)发现了婴儿萨尔贡并抚养他;女神 1743
伊什塔尔保护他,萨尔贡变成了成功的国王。

劳伦斯·阿尔玛-塔德玛爵士(Sir Lawrence Alma-Tadema)的《摩西的发现》(*The Finding of Moses*, 1904)。布面油画。阿尔玛因对古典古代进行幻想性的描绘而闻名。在这幅画作中,艺术家加入了考古学的精确细节和铭文。这幅画描绘了一队人从尼罗河上抬起装在纸草篮子中的摩西

多梅尼克·菲提(Domenico Feti)的《燃烧的灌木丛面前的摩西》(*Moses before the Burning Bush*, 1613—1614)。布面油画

多梅尼克·贝加福米(Domenico Beccafumi)的《摩西与金牛犊》(*Moses and the Golden Calf*, 1536—1537)。木板油画。佛罗伦萨大教堂(Duomo, Florence)

> 让我告诉你一件事情，我们以色列人反对摩西。他用掉我们40年的时间穿越沙漠，为了把我们带到中东一个没有石油的地方！
>
> ——戈尔达·迈尔(Golda Meir，1898—1978)

尽管摩西没有成为国王，但他的青年时期是在当时统治埃及的法老的王宫中度过的。埃及教师在这里教育他，他学习了错综复杂的埃及文化。然而，《圣经》作者解释摩西非常熟悉他的希伯来族群。例如，摩西谋杀了一个埃及人，因为他看见这个埃及人在捶打一名希伯来人。因为有人证实了摩西的罪行，为了挽救自己的生命，摩西不得不立即离开埃及。

他离开之后不久，就遇到了希伯来人的上帝耶和华，这是第一次。他当时娶了米甸祭司杰思罗的女儿西坡拉。当他在西奈山上岳父的羊群中走动的时候，看见一片灌木丛燃烧起来。耶和华从灌木丛中对摩西讲话，要求他返回埃及，解救希伯来人，带领他们到那块已经应许给其祖先们的土地上去。

在兄长亚伦的帮助下，摩西觐见法老，请求释放希伯来人。这个过程是令人心情沉重的，因为法老拒绝了他的大多数请求。摩西在耶和华的帮助下制造了10次瘟疫，其中一些瘟疫给埃及带来了黑暗、刺耳的蛙叫、蝗虫、令人苦恼的疖子和毁坏性的冰雹。第10次即最后一次瘟疫是这次心愿战争的最高峰，所有埃及人的初生子都死掉了。关于出埃及、路线和海的分开，一直有大量学术争论，但大 1744
多数学者都认为事件应该发生在红海。

希伯来人一安全地离开埃及，摩西和亚伦就开始向应许之地艰难跋涉。在这次旅程中，他们大约用了40多年，穿越了茫茫荒野。在这期间出现了很多问题，例如叛教、关于旅途条件的抱怨和领导层的分歧。然后，摩西向耶和华请示，创立《摩西十诫》和《圣约法典》，这两者是以色列人文化与宗教实践创建中的主要因素。悲哀的是，兄弟们不被允许进入应许之地。无论如何，摩西——作为先知、解救者和精神领袖——成功地带领希伯来人离开埃及，战胜各种艰难险阻，到达了迦南(今巴勒斯坦、叙利亚和黎巴嫩沿海地区)。在同时代《圣经》之外的文本中没有提到摩西或出埃及。但大多数学者认为《圣经》史料被构建得很完美，后来的作者再也没能力创造像摩西这样的人物了。

进一步阅读书目：

Auerbach, E.(1975). *Moses* (R.A. Barclay & I.O. Lehman, Trans. and eds.). Detroit, MI: Wayne State University Press.

Childs, B.(1974). *The Book of Exodus*. Philadelphia, PA: Westminster.

Coats, G.W.(1988). *Moses: Heroic Man, Man of God*. Sheffield, UK: JSOT Press.

西奥多·布尔赫(Theodore Burgh) 文
郭子林 译，张瑾 校

Motecuhzoma II 蒙特祖玛二世

蒙特祖玛二世(1467—1520)是西班牙征服墨西哥时代三国同盟(阿兹特克帝国)的皇帝。尽管蒙特祖玛二世是一 1745
个强大的国王，拥有无数的成就，但却因为软弱而无效地对抗征服者西班牙人，而承受着不该有的名声。

1519年，当西班牙征服者埃尔南·科尔特斯(Hernán Cortés)来到墨西哥的时候，蒙特祖玛二世是三国同盟(阿兹特克帝国)的皇帝。蒙特祖玛二世出生于1467年特诺奇蒂特兰的王室家族，特诺奇蒂特兰是统治帝国的联盟的主要城市。蒙特祖玛二世又被称为蒙特祖玛·瑟克尤琴(Motecuhzoma，愤怒的领主；Xocoyotzin，年轻人)，以区别于他的曾祖父国王蒙特祖玛·伊辉贾米亚(Motecuhzoma Ilhuicamina，刺破天空之剑)，后者也称蒙特祖玛一世(Motecuhzoma I)。

在特诺奇蒂特兰王朝，王位在王室家族男性成员中传递；在国王去世的时候，继承人由王室委员会选举决定。到1502年，当皇帝威佐特(Ahuitzotl)去世的时候，他的外甥蒙特祖玛二世(皇帝阿克萨雅卡托[Axayacatl]的孙子)在战斗中脱颖而出，成为显而易见的王位继承人。当地历史记录全体一致地赞扬蒙特祖玛二世的品质。例如，《门多萨古抄本》(*Codex Mendoza*，用古代风格书写的征服之后的历史)描述了他"在战争中的勇敢和领导能力"，并像下面这样描述他："蒙特祖玛天生聪明，是占星家、哲人，精通各种艺术、民事和军事。他的臣民因为他的勇敢、行为和权力而极为尊重他；相比较而言，他的前辈都未能建立起如他所建立的强大国家和威严。"(*Codex Mendoza*，folio 14 verso；Berdan and Anawalt，1992)

蒙特祖玛二世在统治期间(1502—1520)，领导征服战争，巩固帝国遥远的行省。他尽力以普通人为代价而将权力集中到上层贵族手中。尽管威佐特曾允许天才的普通人占据重要职位，但蒙特祖玛二世剥夺了这些普通人的头衔，并规定只有上层贵族成员才可以掌握高级职位。奈杰尔·戴维斯(Nigel Davies)称这是"朝着绝对君主制前进的决定性一步"(Davies，1973)。他也实施了一系列宗教和历法改革，以帮助宣称他的政治活动得到了超自然力量的支持。

1519年，埃尔南·科尔特斯和几百名西班牙人在墨西哥登陆。蒙特祖玛二世几乎没有对抗西班牙人，以至于西班牙人能够毫无抵抗地进入特诺奇蒂特兰。科尔特斯把国王作为人质，国王很快被杀死。当地史料称西班牙人杀死了蒙特祖玛二世，尽管西班牙史料称国王是被阿兹特克暴民杀死的，当国王被控制起来时，阿兹特克暴民武装冲击了宫殿。

西班牙征服阿兹特克最"神秘的问题"之一是蒙特祖玛二世未能更强有力地抵抗科尔特斯。国王拥有几万经验丰富的军队，为什么没有派遣他的军队抵抗科尔特斯？有一种解释谴责阿兹特克国王犹豫不决和踌躇不前。根据这种观点，国王对当时的形势不够敏感，因此允许科尔特斯毫无抵抗地进入特诺奇蒂特兰。然而，这种把蒙特祖玛二世视作犹豫不决和软弱的领导者的流行观点，与他在1502至1519年之间做皇帝的历史自相矛盾。

根据最近的研究，本土贵族和西班牙方济 1746
各会修士在西班牙征服之后的几十年里，协力为蒙特祖玛二世的犹豫不决寻找理由。其中一个理由建立在可疑的观念基础之上，即认为蒙特祖玛二世相信科尔特斯是回来收回其王国的羽蛇神。一个相关的理由是，在他统治期间发生了一系列征兆，可能使蒙特祖玛二世相信他即将到来的厄运。这些故事"解释"了蒙特祖玛二世的行为，也允许幸存下来的殖民时期的阿兹特克贵族弄清征服的意义。这些故事也帮助西班牙修道士坚定了这样的观念，即征服是由上帝预先注定的，目的是将基督教带到新世界。关于阿兹特克征服的很多著作——尤其是普雷斯科特(Prescott，2000年版；1843年第1版)和托马斯(Thomas，1993年版)影响巨大的著作——的作者已经从表面上接受了这些故事。然而，修正主义学者强调这些故事是16世纪发明的神话；他们还确认其他因素，以一种更令人满意的方式解释蒙特祖玛二世的行为。

安东尼奥·罗德里格斯(Antonio Rodriguez)的《蒙特祖玛二世的画像》(*Portrait of Motecuhzoma II*,约 1680)。佛罗伦萨银器博物馆

蒙特祖玛二世的行为实际上表明,他紧紧追踪西班牙人的前进步伐,并试图让其臣民沿途打败他们(最突出的是在乔卢拉[Cholula],在这里一场有计划的伏击转变成了对阿兹特克军队的屠杀)。他最终允许西班牙人进入特诺奇蒂特兰城,是在意识到西班牙人的庞大军队和技术优势之后的最后一招。在阿兹特克外交上,与那种公开对抗帝国军队的统治者相比,和平地臣服于征服军队的统治者确保了较低额度的贡金和对其臣民较温和的处理。蒙特祖玛二世未能更强硬地对抗科尔特斯,可能源于这样的企图,即确保西班牙人在统治时期能较好地对待他的臣民。然而,无论蒙特祖玛二世的行为怎样,阿兹特克最终的失败是由天花的进入及其对当地人口的致命影响导致的。

进一步阅读书目:

Berdan, F.F., & Anawalt, P.R. (Eds.). (1992). *The Codex Mendoza* (Vols. 3 & 4). Berkeley: University of California Press.

Brienen, R.P., & Jackson, M.A. (Eds.). (2007). *Invasion and Transformation: Interdisciplinary Perspectives on the Conquest of Mexico*. Boulder: University Press of Colorado.

Davies, N. (1973). *The Aztecs: A History*. Norman: University of Oklahoma.

Gillespie, S.D. (1989). *The Aztec Kings: The Constitution of Rulership in Mexica History*. Tucson: University of Arizona Press.

Graulich, M. (1994). *Montezuma, ou l'apogée et la chute de l'empire aztèque* [Montezuma, or the Height and the Fall of the Aztec Empire]. Paris: Fayard.

Hassig, R. (1988). *Aztec Warfare: Imperial Expansion and Political Control*. Norman: University of Oklahoma Press.

Prescott, W.H. (2000). *History of the Conquest of Mexico and History of the Conquest of Peru*. New York: Cooper Square Press. (Original work published 1843)

Thomas, H. (1993). *Conquest: Montezuma, Cortés, and the Fall of Old Mexico*. London: Hutchinson.

Townsend, C. (2003). Burying the White Gods: New Perspectives on the Conquest of Mexico. *American Historical Review*, *108*, 659-687.

迈克尔·E·史密斯(Michael E. Smith) 文
郭子林 译,张瑾 校

Mountains 山地

1747 山地作为生物和文化多样性的避难处发展演化而来,早就与难以毁坏、崎岖不平和人类难以征服等特征密切联系起来。联合国特别指定2002年为"国际山地年"。在这之前,环境学家一直忽视山地地区的脆弱性。贫穷的山地原住民是中央政府的牺牲品。他们常常过度开发其环境,除此之外几乎别无选择。他们还受到战争的威胁,战争是很多山地地区普遍存在的现象。

一谈到山地,很多人脑海中浮现出的可能是一幅重峦叠嶂、峰高入云、冰川雪地的景象,还可能会联想到这样一幅景象:一队人面色铁青,用绳子系在一起,冒着雪崩、滚石、暴风雪的危险艰难前进。人们可能在阿尔卑斯山或喜马拉雅山顶峰或地球其他很多引人注目的高地上看到山地。但是,这里描绘出来的场景仅仅是山地环境的一小部分。学界对如何定义山地有很多争论,尚未取得一致意见。威尔士和英格兰西北部的人们认为他们生活在山地里,然而他们的山地最高峰海拔还不到1 000米(大约3 280英尺)。西藏的游牧民或秘鲁南部的农业居民生活在海拔4 000米(13 120多英尺)的地方,被归为山地民族,然而他们当地的风景却与北美大草原一样平坦。

虽然如此,各种高纬度和斜坡的结合体导致短生长季和土壤的缓慢形成过程。年平均温度变化与高度和纬度一致是挪威北部罗弗敦群岛与瑞士阿尔卑斯山上游的情况。前者的高度接近于海平面,位于北纬70度;后者的海拔超过2 000米,位于北纬46度;类似的风景构成"高山风景"。上述两种情况都是树木生长的极限(树带界线),都是由冰川造成的。相较而言,诸如埃塞俄比亚、肯尼亚或厄瓜多尔这样接近赤道且有相当丰满地貌的高海拔(3 500~4 000米以上,或大约11 500~13 120英尺)地方,可能支持繁荣的农业。卡尔·特洛尔(Carl Troll, 1900—1975)是20世纪德国著名的山地地理学家,他认为在印度尼西亚这样海拔3 000米以上(大约9 850英尺)的地方,有高山地,但没有高山风景。

联合国尽力确保准确评估山地对人类可持续进步的重要性,在2002年"国际山地年"(IYM)的宣言中采取了一种讲求实际的说法,宣称山地占据世界地表面积的20%,为大约10%的人类提供了直接生活支持。从间接影响的角度来看,山地对于世界总人口中50%以上的人的生存至关重要,因为单就资源而言,超过50%的淡水供给、森林产品、矿物质、草地和水力资源来自山地。此外,山地仅次于沿海地区,是重要的旅游中心,是世界最大、发展最迅速的产业区。山地包含了世界上生物多样性最重要的中心和大量分享文化多样性的地区。最后,气候 1748
变化,尤其是近期预测到的全球气候变暖,在山地地区产生了某些最早和最值得关注的效果。

生活在帕米尔山脉附近的人们称之为“世界屋脊”和“太阳之脚”。杰克·艾维斯(Jack D. Ives)摄

因此，山地正变成人类关注的对象。

山地的地理分布

山地遍布各个大洲，从赤道到南北两极，只要有陆地的地方就有山地。如果把所有山地放在一起形成单个大地形类别或生态系统，那么其囊括了最广泛的已知地形、气候、植物群、动物群和人类文化多样性。从地理和技术的角度来看，其构成了最复杂的地球基底结构。

山地和高地既包括南极洲与格陵兰岛残酷、极端寒冷和贫瘠的高冰壳，也包含中亚和安第斯山脉中南部高而干旱、缺氧且几乎不适宜人类居住的地区。它们还包括湿热带和亚热带各种各样甚至肥沃的山脊与河谷系统，例如喜马拉雅山脉东部、横断山脉(中国云南)、喀麦隆山、安第斯山脉北部一些地区和新几内亚部分地区。在东非和埃塞俄比亚，高山地两翼与河谷早就被选作人类聚居地，与周围的干旱低地形成鲜明对照。山地还包括其他巨大山脉，例如加勒比和中美洲、印度尼西亚、日本以及夏威夷的高火山；如果不考虑火山爆发带来的极惨烈的灾难，人类长期从火山喷发出来的丰富土壤中获益。所谓的中等山地(德语：中等山脉)遍布从塔斯马尼亚岛到南非、从中北欧到乌拉尔山脉和西伯利亚的地区。尽管乌拉 1749
尔山脉相较于阿尔卑斯山(“高山地”的象征，德语为高山地)更容易被征服，但它们的其他山地特征获得了特殊政策的支持，以确保持续的资源利用和对其传统地形的保护。

世界上的高山地与最近或第三纪地质时代地球板块运动导致的造山活动关系密切。这一活动建立了两个大的山脉系统：环太平洋山脉系统，纵向的阿特拉斯山—庇里牛斯山—阿尔卑斯山—高加索山—兴都库什山—喜马拉雅山—印度尼西亚山峰系统。总体上看，它们构成了世界上大多数活火山和地震中心的地点。考虑到地球引力、陡峭的山坡、经常性的高空坠物、地球板块运动和火山喷发，山地对于人们的生活来说是危险之地。很多山地地区也因为人类行为而变得危险。

改变对山地的态度

人们试图描绘山地社会的经典形象：物理

特征、相对难以进入、远离主流社会。这些形象给人留下了不可磨灭、险峻和难以征服的印象。然而，这些共同特征在很长时间里导致了无与伦比的生物多样性和文化多样性。山地社会在半独立状态下演进，发展和保持地方语言、服饰、习俗，并复杂地调整农业和牧业。它们经常保持高水平的独立状态。然而，山地社会的独立状态是以很高的代价换取的：为了生存而付出艰辛的体力劳动，面临自然灾害的威胁，当人口增长耗尽了当地资源时定期向外移民。

加德满都以东的尼泊尔中部山脉的多级梯田和稻田是突出的工程壮举；其灌溉体系表明了原住民是如何证明自己是杰出的环保主义者的。杰克・艾维斯摄

1750 很多山地社区为低地强国的国家军队提供非常高效的雇佣兵，因此声名远扬。例如，瑞士山地分遣队为很多前现代欧洲军队做出了贡献，其幸存者为梵蒂冈的瑞士卫队。更近期，在两次世界大战和福克兰群岛战斗期间，尼泊尔的廓尔喀人（Gurkhas）赢得了国际声誉；他们继续在为印度军队和英国军队提供分遣队。

在20世纪早期之前，山地远离现代社会，缺乏“现代”交通联系；因低地人口密度过高，山地地区被建设为缓冲区；那些以低地为根据地的强大帝国之间管理松散的边境位于山地地区。这些帝国的冲突和妥协造就了今日很多国家；这些国家有不合理的边境，例如阿富汗的那些边境，这是英帝国与俄罗斯帝国之间19世纪敌对斗争的结果。这经常导致重要的政治和军事问题以及骚乱，今日整个世界为此付出了灾难性的代价。

在富裕的西方国家，直到20世纪的最后几十年，山地几乎始终是登山人和旅游者的保护区，尤其是冬季运动爱好者和暖季踏步者以及相对少量科学家的保护区。那些在山地居住和谋生的人们则在很大程度上被忽视了。

随着欧洲国家在19世纪的工业化和现代化，公路和铁路建筑起来，第一批富裕旅行者和登山客开始深入阿尔卑斯山，他们带来了金钱。在21世纪，我们将瑞典和奥地利视作非常富有的地区。这些国家的政府虽然承认山地农业在维持美丽景观以便吸引游客方面做出了贡献，但认为山地农业依赖于繁重的政府补贴。以这种观念为基础，工业化国家和发展中国家的山 1751
地地区被广义地划分开来，其差别在于工业化国家帮助保持山地的美丽风景，而发展中国家则集中精力于开发山地。旧世界（欧洲）和新世界（北美洲西部、新西兰和澳大利亚）的山地地区

一位年轻的傈僳族妇女，是居住在泰国北部的高山部落的成员。杰克·艾维斯(Jack D. Ives)摄

也被进一步划分。例如，欧洲阿尔卑斯山地区有很长的殖民和环境改善历史（早于罗马时期）；相较而言，新世界的山地地区仅仅在最近（大约从19世纪中叶开始）才经历了殖民地化和发展。

全球化已经将大众旅游业从工业化国家扩大到发展中国家山地地区的某些特选领域。旅游业，尤其是登山和远足，有选择地渗入发展中世界山地地区的某些地方。在这些地方，旅游业引起了巨大变化。旅游业的确带来了越来越多的财富，但非常有选择性，而且大多数商业利益作为投资利润返回到工业化国家。

旅游业能够而且已经导致了对地方文化的严重破坏（突出的事例是尼泊尔的珠穆朗玛峰地区，这里的居民是夏尔巴人，已经变得相对富有了）。20世纪七八十年代，人们越来越强烈地认识到有必要保护阿尔卑斯山，以避免（察觉到的）喜马拉雅山地区即将到来的环境灾难。在阿尔卑斯山地区，失控的两季旅游增长威胁到了传统的山地风光，尽管坚定的瑞士和奥地利民主化进程已经缓和了这种威胁。在喜马拉雅山地区，大规模的森林砍伐受到谴责，批评者认为这是对山地农民生存的“忽视”；山地农民人口在迅速增长（例如，尼泊尔以每年2.7%的速度增长），他们为了获得建筑材料、染料木材和饲料而依赖于森林，这些使人们认为（感知到的）即将到来的环境耗竭完全是由于山地斜坡地区粗放型的土地使用。此外，山崩数量增加，受到地球引力和猛烈季风雨的影响，土质腐蚀加速。人们普遍认为这导致了下游淤泥堆积和印度恒河流域（由三条大河系统的冲积储存物形成的地区，包括恒河和孟加拉国）大洪水的增加。因而，国际学界认为这是对环境的威胁。不管怎样，1992年之前，人们对山地的关心始终是有限的。

在20世纪70年代甚或80年代，当环保运动一度蓬勃高涨的时候，为什么山地未能在世界政治议程中获得更突出的地位？部分答案是山地还没有吸引积极的支持者。1972年的联合国斯德哥尔摩环境大会取得了巨大进步，认识到了世界上富有国家与贫穷国家之间的鸿沟在扩大，很多成员国建立了环境管理部门。然而，山地没有得到应有的注意。直到1992年联合国环境与发展大会（UNCED，里约热内卢全球峰会），真正的突破才成为可能。该峰会的计划是培养政府和个人的可持续行为。其21世纪议事日程中包含一个关于山地的特殊章节。21世纪议事日程第13章（《关于脆弱的生态系统和可持

> 攀登山脉，获得它们的好消息。
>
> ——约翰·缪尔(John Muir，1838—1914)

续山地发展的管理条款》)使联合国大会在10年以后将2002年定为“国际山地年”。

一位西藏妇女手中握着一束萝卜(1979)。西藏人居住在海拔4 000米以上的地方，可以被归为山地民族，然而他们的乡土风景可能与北美大草原的风景一样平坦。杰克·艾维斯摄

世界山地面临的问题

毫无疑问，山地受到自然资源——水、森林、草地和矿藏——被整体过度使用的威胁，对自然资源的过度使用可能导致水土流失、水和空气污染、下游的毁坏。这在陡坡地区是特别严峻的问题(相对于
1752 较为平缓的地区而言)。在不稳定的缓坡上任意修建公路和通常仅仅为了下游社区的利益而建立高坝，都是环境恶化的因素。无规划的大众旅游业也可能导致环境恶化、生物多样性的丧失、山地文化的破坏、贫困感和很多贫穷山地人口实际贫穷的增加。这些经常是醒目的新闻标题。但它们常常被过分夸大了。原因也经常被误解、过分简化甚或因为政治利益而被歪曲，就像我们在喜马拉雅山的事例中概述的那样。无论如何，山地地区与低地地区相比在经济上处于边缘位置，无论是在阿尔卑斯山地区，还是在喜马拉雅山地区。一大部分世界贫穷人口居住在山地地区，尤其在亚洲和南美洲。但难以做出准确的陈述，因为人口统计和相关数据通常被合并进较大的政治调查单位，结果特定的信息难以获得。

直到最近(尤其在2001年9月11日恐怖主义袭击之后)，人们都不愿意公开山地内部正在发生的最灾难性的进程(即所有形式的战争)，因此复杂的山地问题变得更复杂了。这些灾难性的进程包括传统的武装冲突、游击式的武装叛乱、缉毒战和恐怖主义。此外，山地人们遭受的虐待也导致了国内和国际难民数量的增加。联合国粮农组织(FAO)在2001年12月11日的“国际山地年”会议期间宣称，当时有27场战争影响着世界，其中23场战争发生在山地地区。山地及其人民承载的这种失衡的重担是难以预料的大规模(人类的、经济的、环境的、政治的)灾难的信号。

就全部冲突而言，山地人们经常成为中央
政府的牺牲品。在泰国北部和处于喜马拉雅山 1753
的国家，人们因灾难性的环境恶化而受到不公正和错误的谴责。真正的罪魁祸首常常是大商业利益集团和中央政府。大商业利益集团专心致志于资源开发，中央政府寻找获得资源的途径；它们以当地人口为代价，而当地人口经常被边缘化为几乎没有政治影响力的少数民族。不管怎样，贫穷经常使山地人过度开发环境，除此之外，他们几乎别无选择。规则是低地官僚机构

强加给山地人们的，例如禁止砍伐树木的条例。它们经常导致不满的解决方式，这可能进一步加大山地的贫穷，引起进一步动荡。这种严重的不满在过去10年里已经在世界很多山地地区爆发为大规模叛乱，从巴基斯坦、尼泊尔和印度东北部到哥伦比亚和玻利维亚。

未来发展方向

就内在自然现象和人类社会适应山地的大量方式而言，世界山地的巨大范围及其极端复杂性的确是对可持续发展的挑战。山地整体上是世界上人们知道最少和了解最少的。“国际山地年”为扩大学术研究与交流的快速发展提供了前所未有的机会。这已经与一种越来越强的意识结合起来，即很多关于全球变暖的预测性否定信息将对山地产生影响，而且这种影响将快速扩散。这样的关心已经导致了跨学科和国际研究合作的激增，其研究的预期结果有待进一步应用。然而，第一个任务是减少冲突带来的压力，相应地促进山地人们参与地方资源管理，促使山地人们发展自己与全社会的关系。

进一步阅读书目：

Bowman, W.D., & Seastedt, T.R. (Eds.). (2001). *Structure and Function of an Alpine Ecosystem*. Oxford & New York: Oxford University Press.

Funnell, D., & Parish, R. (2001). *Mountain Environments and Communities*. London & New York: Routledge.

Gerrard, A.J. (1990). *Mountain Environments*. Cambridge, MA & London: MIT Press.

Hofer, T., & Messerli, B. (2006): *Floods in Bangladesh: History, Dynamics and Rethinking the Role of the Himalaya*. Tokyo: United Nations University Press.

Ives, J.D. (2004). *Himalayan Perceptions: Environmental Change and the Well-being of Mountain Peoples*. London & New York: Routledge.

Ives, J.D. (2007). *Skaftafell in Iceland: A Thousand Years of Change*. Reykjavik, Iceland: Ormstunga.

Ives, J.D., & Messerli, B. (1989). *The Himalayan Dilemma: Reconciling Development and Conservation*. London and New York: Routledge and United Nations University Press.

Messerli, B., & Ives, J.D. (Eds.). (1997). *Mountains of the World: A Global Priority*. London and New York: Parthenon.

Zurick, D. & Karan, P.P. (1999). *Himalaya: Life on the Edge of the World*. Baltimore: Johns Hopkins University Press.

杰克·艾维斯(Jack D. Ives) 文
郭子林 译，张瑾 校

Mughal Empire 莫卧儿帝国

莫卧儿帝国(1526—1857)在鼎盛时期获得繁荣发展，因为它拥有强大的中央集权政府，其贸易获得发展，一些城市中心的新市场兴起，这些城市包括德里、阿格拉、拉合尔、达卡、苏拉特和默苏利珀德姆。印度-伊斯兰风格的建筑在帝国统治时期达到顶峰，表现在大量宫殿、陵墓、堡垒、清真寺和花园建筑上。 1754

莫卧儿帝国统治着今日阿富汗、巴基斯坦和印度北部很大部分的广阔区域。莫卧儿帝国从 1526 年一直统治到 1857 年。1857 年，莫卧儿帝国的最后一位统治者巴哈杜尔·沙二世(Bahādur Shāh II，1775—1862)被英国人打败。实际上，莫卧儿帝国的真正衰落始于 1707 年。在这一年，最后一位伟大的莫卧儿皇帝奥朗则布去世。在莫卧儿帝国鼎盛时期，艺术、建筑、政治和宗教等方面都获得了很大发展。

黄金时代的建立

巴卑尔(Bābur，1483—1530)是今日乌兹别克斯坦费尔干纳州的统治者，他在 1526 年的第一次帕尼帕特战役中打败了德里苏丹国(1192—1526)统治者易卜拉欣·罗迪(Ibrahim Lodi)。之后，他建立了莫卧儿帝国。巴卑尔将德里置于自己的控制之下，并继续征服中印度与北印度的拉吉普特人和阿富汗人。但巴卑尔的继承者胡马雍(Humayun，1508—1556)无法牵制孟加拉(今日孟加拉国和印度东北部)的强大阿富汗人统治者谢尔·沙(Sher Shāh，1486—1545)。在 1539 年的乔莎战役失败以后，胡马雍到波斯宫廷寻求庇护，并最终重新掌握政权，但仅仅统

这幅画描绘了莫卧儿皇帝奥朗则布大约 1700 年时在印度北部一个帐篷里举行的正式接见活动。法国艺术品鉴赏家委员会赠品，2006。旧金山，亚洲艺术博物馆

治了 1 年就去世了。他的儿子阿克巴继承了王位。阿克巴是印度最伟大的国王之一，在 1556 年登基为王。阿克巴通过婚姻联盟巩固了与拉吉普特人的关系，打败了那些顽强抵抗的统治者。他还彻底修整帝国的行政管理。他的主要贡献是宗教折中主义政策，这是一种开明的宗教宽容政策。

阿克巴传给儿子贾汗季（Jahangir，1569—1627）的是一个庞大帝国，从西北的喀布尔延伸至北方的克什米尔，东方到达孟加拉，南方越过纳玛达河。贾汗季的统治是以政治密谋为特征的。他的王后努尔汗（Nur Jahan，卒于 1645）从 1620 年开始成为王位背后的真正掌权者，她通过其男性支持者的私党活动掌权。莫卧儿帝国的黄金时代是贾汗季的儿子沙贾汗（Shah Jahan，1592—1666）统治时期。在他统治时期，诸如泰姬陵和德里大清真寺这样的世界级建筑物被构建起来。

衰落

沙贾汗的继承者是他的儿子奥朗则布，后者是一名伊斯兰清教徒，品格上是正统的。但他的统治标志着莫卧儿帝国终结的开始。他在德干高原（位于印度中部）的残酷战斗与对抗拉吉普特人、锡克人、马拉塔人和贾特人的战争耗尽了王室财富。官僚机构的危机、虚弱的继承者、行省政府官员宣称独立、1739 年波斯国王纳德·沙阿的入侵，都促成了帝国的衰落。中央权威的缺乏还导致了行省王国的兴起，欧洲贸
1755 易者开始积极干预这些行省王国的政治事务。英属东印度公司开始加强其军事地位，最终整个印度都处于英国的统治下。

成就

皇帝统治下的中央集权政府为莫卧儿帝国提供了稳定。土地收益是其主要收入来源，而精细的安排是为了税金的收集和计算。阿克巴政府的很多行政管理特征在英国人掌权之后保持下来，例如将帝国划分为很多行省、区和村。

在莫卧儿帝国统治时期，德里、阿格拉（Agra）、拉合尔（Lahore）、达卡（Dhaka）、苏拉特（Surat）和默苏利珀德姆（Masulipatnam）等城市
中心，因为贸易与新市场的兴起而繁荣发展起 1756
来。莫卧儿贵族积极参与贸易和船只建造活动，商人社区累积财富并繁荣发展起来。印度与外界的贸易关系扩展开来：印度的纺织品、靛蓝染料和硝石具有极大的市场，同时，帝国进口金银和香料。印度穆斯林教徒居住在东南亚，他们促进了印度与这一地区的贸易。尽管亚洲商人最初控制了海上贸易的主要份额，但从 18 世纪开始，欧洲船运逐渐操控了局面。

印度-伊斯兰建筑在莫卧儿帝国统治时期达到顶峰。宫殿、陵墓、堡垒、清真寺和花园反映了大莫卧儿皇帝们的审美、富有和居住条件。阿克巴建筑的纪念物是壮丽的红砂岩结构的建筑物，很多面建有立柱，都雕刻和描绘着图案。在沙贾汗统治时期，莫卧儿帝国的建筑用大理石做内里，建有片状拱形门，用珍贵的石头做马赛克，还有丰富的装饰。泰姬陵在建筑辉煌方面与众不同，是世界上最漂亮的陵墓之一。风景建筑物，尤其是花园，也在莫卧儿皇帝统治下发展起来。与阿克巴的自由宗教观保持协调一致，诸如《摩诃婆罗多》和《罗摩衍那》这样的印度古典文献的手抄本也出现了。肖像画和狩猎、战斗和宫廷生活场面画在贾汗季统治时期达到顶峰。在音乐领域，音乐家坦森（Tansen，1520—1589）值得一提，他发明的拉格（ragas）曲调仍在流行。

尽管波斯语是宫廷语言，但地区语言也发展起来。乌尔都语非常流行。著名的印度诗人杜尔西达斯（Tulsī Dās，1532—1623）和苏尔达斯（Sūrdās，1483—1563）的抒情诗直至今日仍

印度阿格拉城的泰姬陵(Taj Mahal)。贝克西·杰汗季博士(Dr. Bakshi Jehangir)摄

在印度北部被人们吟诵。历史学家阿布罗·法扎尔(Abul Fazal,1551—1602)创作了大部头作品《阿克巴本纪》,是了解阿克巴统治的重要史料。大莫卧儿皇帝们充满活力的精神生活也在巨大的帝国图书馆中反映出来,有关阿克巴时代发生的宗教争论的记录就保存在这里。自由主义与正统之间的冲突也渗透到苏非派运动中。阿克巴和一些苏非派圣徒倡导的种族统一观念,受到那些严格遵守传统伊斯兰法的人的挑战。诸如艾哈迈德·希尔辛迪(Ahmad Sirhindi,1564—1624)和阿卜杜拉·卡迪尔(Abdul Kadir,1459—1533)这样的苏非派圣徒,努力净化苏非派的自由主义实践。

莫卧儿帝国在印度次大陆历史上留下了抹 1757
不掉的印记。复合文化开始于德里苏丹国时期,在莫卧儿帝国呈现出坚实的形态,而整个印度的民族文化与莫卧儿帝国对新旧文化的融合一起继续发展下去。

进一步阅读书目:

Basham, A. L. (1992). *The Wonder that Was India* (Reprint ed.). Kolkata (Calcutta): Rupa.

Chandra, S. (1998). *Medieval India: From Sultanate to the Mughals*. part 11. Delhi: Har Anand.

Islam, R. (1999). *Sufism and its Impact on Muslim Society in South Asia*. Karachi, Pakistan: Oxford University Press.

Kulke, H., & Rothermund, D. (1994). *History of India*. Kolkata (Calcutta): Rupa.

Majumdar, R. C. (Ed.). (1984). *The History and Culture of the Indian People: Vol. 8. The Mughal Empire, 1526 - 1707* (2nd ed.). Mumbai (Bombay): Bharatiya Vidya Bhavan.

Mishra, P. P. (2002). India—medieval Period. In D. Levinson & K. Christensen (Eds.). *Encyclopedia of Modern Asia* (Vol. 3, pp. 22 - 25). New York: Charles Scribner's Sons.

Mujeeb, M. (1967). *The Indian Muslims.* London: George Allen & Unwin.

Nehru, J. (1991). *The Discovery of India* (3rd ed.). New Delhi, India: ICCR.

Sarkar, J. (1972 - 1974). *History of Aurangzib: Mainly Based on Persian Sources* (Vols. 1 - 5). Bombay (Mumbai), India: Orient Longman.

Spear, P. (1977), *A History of India: Vol. 2* (Reprint ed.). Aylesbury, U.K.: Penguin.

帕提特·帕班·米什拉(Patit Paban Mishra) 文
郭子林 译,张瑾 校

Museums 博物馆

博物馆是容纳、保存、修复和展示具有艺术、科学或历史意义的物品和收藏品的地方。这些收藏品通常由博物馆馆 1761
长选择、安排和展出,通过展览使公众可以看到这些收藏品。作为一个机构,博物馆发挥着重要作用,既保护文化遗产,又用其关心之物件教育公众。

博物馆或缪斯(诗歌女神,通常更多地是指艺术和科学女神)研究院已经存在了几千年,自古有之。雅典的柏拉图图书馆被视作最早的博物馆之一。亚历山大城的博物院,包括亚历山大城图书馆在内,则是最著名的博物馆之一。目前,博物馆的形制和规模各式各样。一些博物馆坐落于受到保护的庞大纪念性建筑物里,而其他博物馆则只能通过网络在线展出。博物馆收藏和展出各种物件与工艺品,从古代到当下,从传统到新奇。人们通常认为博物馆的任务是保护考古学、人类学和博物学,但实际上也服务于各种主题、地点和人们:从海洋到天空,从科学到时尚,从战争到体育,从歌德到猫王。

从"好奇心"到"人种志"

从19世纪下半叶开始,人类学博物馆几乎在所有欧美主要城市蓬勃发展起来。在整个20世纪20年代,这些机构成为构建全球性叙事的主要中心,而我们可以在这一时期发现这些机构的兴衰过程。这项考察也说明博物馆和全球性叙事绝不是西方独有的现象。

在西方世界,博物馆发展的动力在于对世界的理解和将世界划分为不同的类别。正是在文艺复兴时期,商业财富和人类好奇心的结合在意大利创造了第一批"珍宝库"。最初的珍宝库管理者基本没有组织原则,他们把圣徒的遗物与动植物遗存的"古玩"摆列在一起。这些珍宝库经常展出的仅仅是16和17世纪远程航行得到的纪念品。然而,在这些珍宝库中,人工制品与自然物件之间的明确划分很快便出现了。在18世纪,随着自然科学的发展,这种区别则变得更加明显了。最重要的发展是瑞典博物学家卡罗鲁斯·林奈(Carolus Linnaeus, 1707—

> 给我一个博物馆，我会填满它。
>
> ——毕加索（1881—1973）

专门展示寺庙艺术的印度蒂鲁伯蒂（Tirupati）博物馆。克劳斯·克罗斯特迈尔摄

1778）的《自然系统》（*Systema Naturae*，1735）的出版。林奈依据生殖器官将植物划分为不同的类别；他还创建了分类法，将其考察途中遇到的新植物归入不同的种类。虽然林奈的分类法在自然界很适用，但人们不能将之延展到土著工艺品上去。在接下来的一个世纪里，学者们投入了大量时间和精力将林奈系统复制到人类工艺品领域。1750 年以后，当西方人越来越多地遇到非欧洲人时，他们的努力越来越明显了。
1762 远征队从非洲大陆或太平洋水域带回成千上万件物品，这不仅刺激了欧洲人对土著人的好奇心，也促使他们努力将多样的世界划分成井然有序的认识论系统。

到 19 世纪，这种对组织原则的研究在考古学领域获得高度关注。为了补充尚存的希腊罗马文学作品，考古学提供了更多发现，这些发现扩展和重新诠释了人文主义传统。当古典考古学家在现有希腊与罗马文学框架内进行操作时，人类学家却自由地根据非洲和大洋洲所谓非文字社会的物质文化构想历史。与此同时，人们越来越关注土著工艺品的实用性。早期人类学家认为，西方扩张引起了世界各地土著文化的转变。他们认为，西方的商业、疾病和神学在很大程度上重塑了土著社会，以至于土著社会的物质文化受到西方文化的不良影响；甚至最坏的情况是，土著物质文化消失了。无论土著社会的物质文化经历了哪种情况，“抢救性的人类学”都成为必要之事；这种人类学最终要求为土著工艺品提供贮存场所，并确立其作为历史史料的价值。这种强求性人类学成为创建和维持人类学博物馆的工具，因而人类学博物馆被视作人类文化宝库。

人类学博物馆中世界历史叙事的兴起 1763

人们对土著文物的重要性提出了新观点。在这些新观点的帮助下，人类学博物馆在整个 19 世纪下半叶蓬勃发展起来。为了创建先进的人类学研究机构，娴熟的人类学家制订了抢救计划，促使公民形成对各自城市的自豪感。人类学家出于对正在消失的非西方遗产的关心，征募赞助人，并建立起收藏家网络。在接下来的几十年里，为了能在博物馆的走廊进行展出，人们把越来越大的压力强加给博物馆，要求其将征集上来的人工制品连贯有序地排列起来，并在博物馆走廊展出。对于正在消失的土著人民的关心，在美国比任何其他地方更为明显，因为美国向西往太平洋的扩张经常与美洲原住民的利益发生冲突。在19世纪40年代，美国国会紧急创建了史密森学会，为其他机构提供了处理土著人工制品的博物馆学范例。在美国国内，大量其他人类学博物馆建立起来，这种就土著人工制品展开的竞争气氛很快蔓延到德国、英国，最后又蔓延到法国。

人类学博物馆中世界历史叙事的衰落

一系列重要因素导致了人类学博物馆内部世界历史叙事的衰落。最重要的是人类学领域出现的新方式方法。到20世纪的第一个10年，博物馆从业者开始冒险进军更广阔的世界。以前依靠于诸如殖民地官员、传教士和商人这样的收集者，但博物馆人类学家认为这样收集来的人工制品缺乏土著信息。为了弥补这种疏漏，博物馆人类学家们组织起来到全球某些特殊地区进行探险活动。虽然这种探险的首要目标仍然是对土著文物的收集和研究，但许多探险参与者并不满足于仅仅肤浅地收集数据，而主张更地方化地理解文化。他们认为只有作为特定社会的成员长期居住在那里，才能真正理解当地文化。然而，这种考量很难在博物馆里展现出来。

第一次世界大战爆发前，人类学从全球转向地方或区域的方法一直在进行中。然而，这次冲突极大地促进了问题的产生。它中断了世界各地收藏家的补给线，重新调整了殖民地，摧毁了学术团体。同样地，某些从业者作为外籍人士被滞留在国外，在默认的情况下围绕特定位置调整他们的研究。最突出的例子是布罗尼斯拉夫·马林诺夫斯基（Bronislaw Malinowski）。他作为奥匈帝国的国民在澳大利亚殖民地巴布亚岛遭遇到了上述问题。他随后对特罗布里恩岛岛民进行研究，并出版了一些有影响力的专著。马林诺夫斯基虽然没有发明人类学参与观察的方法，但他的作品表明人类学开始远离物质文化。博物馆继续存在，但理论创新转移到了大学的课程设置里。人类学研究全球史的尝试开始让位于更地方化的研究。从此以后，地方化研究便主导了人类学学科的发展。

非西方博物馆及其全球叙事

到1930年，全球历史叙事已经从人类学博物馆的走廊离开。这些机构虽然仍为一代又一代的人类学家提供重要的培训和就业基地，但其他地方出现了新的理论建构。人类学博物馆是过去时代的遗物，这种类型化的形象在后现代与后殖民文学作品中很流行。然而，也存在一个有趣的副产品，那就是人们在人类学博物馆进行历史学的调查研究。人类学博物馆是否仅 1764
仅是西方机构，这个关于人类学博物馆合法性的问题出现了。虽然这篇文章很难概括这个问题，但似乎有大量证据表明，类似进程也发生在其他社会里。正如西方社会把土著物质文化占为己有并构建历史叙事，土著社会占有西方文物的事情也经常发生。在这种情况下，物质文化再次成为象征。在收集狂潮（第一次世界大战之前的30年）的顶峰时期，一些可疑的文物出现在人类学博物馆。这些物品包含了西方的材料和颜色，其生产涉及铁工具。博物馆馆长通常指示收藏家放弃这样的“污点”文物，但到20世纪，这种文物的数量开始增加。在21世纪之交，人们认为这些文物缺乏可靠性，目前正在对其进行重新研究，以揭示土著对博物馆世界历史的反叙事（或者正如一些历史学家所说的那样，反人种学的叙事）。甚至有一些关于土著博物馆的记录，其中最有名的一个记录也许发生在太平洋的塔希提岛。在塔希提岛上，在塔拉伊（Tarahoi）的一个毛利会堂（marae，宗教建筑）中，

欧洲探险家和殖民者在 17 世纪初经常把美洲土著人带到欧洲城市，将他们作为博物馆的展品或满足好奇心的对象。在 19 世纪，博物馆成为土著工艺品的存储库，使这样的物品具有了历史史料的价值

（著名的“邦迪号”）船长威廉·布莱（William Bligh）发现了一个奇怪的文物收藏室，其收藏物包括“邦迪号”——英国权力的象征——叛变者的纪念品和詹姆斯·库克（James Cook）的肖像画。通常情况下，人们将库克的肖像画带到入港船只那里，要求船长在肖像画背面签名。布莱对塔拉伊了解不多，但历史学家现在认识到这里的博物馆讲述的是关于塔希提人与外界社会相遇的故事。

争议

所有博物馆面临的重大问题是通过何种方式获取文物或展品：文物的获得途径是否合乎法律和道德？或者，是否存在关于这些获得物的争议？一系列比较近的事例提出了这些问题。最著名的事例或许是埃尔金（Elgin）或帕特农神庙的大理石雕像。自从 19 世纪早期以来一系列古典希腊大理石雕像被放进伦敦大英博物馆，但很多人希望它们能回到其故乡雅典卫城。即使在今天，文物盗窃和非法交易都是越来越普遍和严重的跨国犯罪问题。随着 2003 年美国入 1765
侵伊拉克和美伊战争的爆发，伊拉克国家博物馆被掠夺和抢劫之后，这一问题便获得了广泛的国际关注。近些年，很多著名的美国艺术博物馆都曾把很多艺术作品返还给意大利，因为它们发现这些作品是由第三方盗窃或抢劫并出售的。这些博物馆包括克利夫兰艺术博物馆(the Cleveland Museum of Art)、纽约大都会艺术博物馆(Metropolitan Museum of Art in New York)、洛杉矶保罗·盖蒂博物馆(the J. Paul Getty Museum in Los Angeles)、波士顿美术博物馆(the Museum of Fine Arts in Boston)以及普林斯顿大学艺术博物馆(the Princeton University Art Museum)。类似地,19世纪初,欧洲探险家在航行中获得了很多大洋洲原住民的骨骸,一直由苏格兰国家博物馆(National Museums Scotland)、伦敦皇家外科医生学院(the Royal College of Surgeons in London)和荷兰莱顿国立民族学博物馆(the National Museum of Ethnology in Leiden)长期持有。近期,它们已经将这些骨骸还给部落,由骨骸的后代进行迁葬。虽然文物归还工作已取得了一些成绩,特别是人类遗骸的归还,但许多博物馆的本质及其收集众多文物的手段仍意味着:只要博物馆存在,这个争议性的问题就不可能得到解决。

进一步阅读书目:

Bennett T. (1995). *Birth of the Museum: History, Theory, and Politics*. New York: Routledge.

Coombes, A. (1994). *Reinventing Africa: Museums, Material Culture, and Popular Imagination in Late Victorian and Edwardian England*. New Haven, CT: Yale University Press.

Dias, N. (1991). *Le musée d'ethnographie du Trocadero, 1878–1908: Anthropologie et museologie en France*. Paris: Editions du CNRS.

Findlen, P. (1994). *Possessing Nature: Museums, Collecting, and Scientific Culture in Early Modern Italy*. Los Angeles: University of California Press.

Foucault, M. (1970). *The Order of Things: An Archaeology of the Human Sciences*. New York: Random House.

Helms, M. (1988). *Ulysses' sail: An Ethnographic Odyssey of Power, Knowledge, and Geographical Distance*. Princeton, NJ: Princeton University Press.

Hinsley, C. (1981). *Savages and Scientists: The Smithsonian Institution and the Development of American Anthropology, 1846–1910*. Washington D.C.: Smithsonian Institution Press.

Penny, H.G. (2002). *Objects of Culture: Ethnology and Ethnographic Museums in Imperial Germany*. Chapel Hill: University of North Carolina Press.

Stocking, G. (1992). *The Ethnographer's Magic and other Essays*. Madison: University of Wisconsin Press.

Thomas, N. (1991). *Entangled Objects: Exchange, Material Culture, and Colonialism in the Pacific*. Cambridge, MA: Harvard University Press.

雷纳·布施曼(Rainer F. Buschmann) 文
张瑾 译,郭子林 校

Music—Overview 音乐概述

1766 在整个人类历史上，音乐是讲述（或记忆）故事的一种手段，也是规范或影响社会的一种力量，还是精神或宗教表述的一种模式，甚至在政治环境中或压制、或激发人们经历有限的自由。商业化音乐产业自从20世纪90年代就开始促进文化和种族认同的传播，这尤其是通过世界音乐的传播展开。

在考察音乐在历史上的作用时，我们可以认为音乐发挥了两种主要作用：它反映了社会理想与现实，具体表达历史和记忆；它影响、有时为未来创造那些理想、现实及可能性。

音乐讲述故事

音乐在人类历史上发挥了重要作用，是讲述有关过去的故事的手段，并因此将集体记忆传播到未来。在西非曼德人当中，扎里（jali）既是世代相传的职业音乐家阶层，也是口传艺人。他们是演说家、系谱学者和口传历史的承载者。从历史上来看，操纵言语的能力已经使扎里在曼德人社会中享有特权地位。与西非这些人相似，吟游诗人在欧洲中世纪时期是歌手（世俗音乐人，而在他们之前的是江湖卖艺者），他们是说故事的人和故事承载者。

墨西哥也有吟唱诗歌的传统，例如科里多（corrido）是一种叙事歌谣体，在墨西哥革命时期尤其流行。歌唱者用这种体裁写作诗歌，纪念过去和当前的事件。最近一个名为那科-科里多（narco-corridos）的亚种科里多记录了墨西哥毒枭的功业，并经常称赞他们。在地球的另一端，纲领性的音乐在中国传统音乐中兴盛起来，例如琵琶曲《十面埋伏》，它记录了公元前202年两大枭雄之间的历史性战斗。无论是记载过去事件，还是评论当下事件，音乐都帮助人们理解他们的历史和现实社会。

早期历史中的音乐与道德

音乐可以提供一种记录和记忆事件的手段，而它常常也能在规范社会方面发挥积极作用，这个事实已经引起了历史上一些最有影响力的思想家的关注。在古代中国和古代希腊，孔子和柏拉图分别就音乐对社会道德结构的影响提出了类似的思想。他们都认为国家的健康依赖于演奏正确的音乐。对孔子来说，审美理想应该追求美德："美好的"音乐有助于美好价值观的形成，"错误的"音乐导致严重后果。一个著名的故事描绘了孔子向鲁国某位国王进谏，该国王没有听取孔子的建议，纵情于宫廷的音乐歌舞娱乐，这使他不能集中精力履行其国王职责，破坏了鲁国的经济繁荣。

类似地，柏拉图也警告人们音乐对社会造成的危害。在他的著作《理想国》中，他概括了一个理想的社会，这个社会将禁止某些乐器的音
乐；而他支持多利安人的音乐调式，后者鼓舞士 1767
气（希腊人以一个音阶里面8个音符之间不均衡的音程为基础发明了7个调式，每个调式都以不同的城市命名，城市的语调最直接地体现了音阶的音调）。柏拉图认为音乐和体育能够塑造理想的公民，前提是两者的训练不能导致一者优于另一者，而是彼此补充，提供平衡的思想和体能。就像对于孔子那样，对于柏拉图来说审美是为道德服务的，他认为对于诗人来说成为好人比成为优秀音乐家更重要。孔子和柏拉图的保

> 如果作曲家能够用语言表述他不得不说的故事，那么他将毫不犹豫地试着用音乐来表达。
>
> ——古斯塔夫·马勒(Gustav Mahler, 1860—1911)

守哲学都源自他们对各自社会明显衰落的关心，而且两个思想家都认为他们那个时代音乐文化的变化，既是社会衰落的明证，也是社会衰落的原因。

利诺斯(Linos)教授伊菲克勒斯(Iphikles)怎样演奏里拉琴。这幅画源自阿提卡红色人物双耳大饮杯，皮斯克诺斯画家绘制(Pistoxenos Painter, 约前 470)。引自《古代艺术史》(*Histoire de l'art dans l'antiquité*. Paris: Hachette, 1882—1914)

音乐与精神性

世界范围内的宗教崇拜经常涉及音乐，有时音乐是崇拜活动的装饰，有时音乐是赞扬高级力量并与高级力量交流的工具。西非、古巴、巴西和特立尼达岛的约鲁巴人宗教，用音乐作为赞扬神祇和欢迎神祇进入神龛的手段。这些传统也把音乐和舞蹈用作工具以引起意识变化，神祇便可以暂时住进信奉者的体内。在伊斯兰教的一个神秘派系苏非派那里，音乐被用在塞马(sema)仪式中，为的是使参与者达到心醉神迷的状态，以便于他们可以与神交流。《圣经》中也提到了音乐，包括崇拜中使用音乐。在整个 18 世纪，基督教教会是西方古典音乐兴盛的主要支持者。

音乐与精神性之间的联系经常在传说、神话和预言中被明确表达出来，而且这种超凡脱俗的起源表明了音乐对于社会群体的重要性。古代希腊人认为音乐直接来源于神祇，是阿波罗从潘多拉盒子中拿出来给予人类的礼物。印度尼西亚口传历史中的一个传说讲述了大约公
1768 元前 300 年的一个事件：一个伟大国王获得了战斗的胜利，他控制了敌人的青铜鼓，从而利用了雷神的力量。这个事件预示着印度尼西亚古典打击乐器传统加麦兰(gamelan)的创造。更晚近的时候，有一个关于肯亚拉姆(Kenaram)的著名印度民间歌谣。这个人是 16 世纪声名狼藉的谋杀者，他在聆听了一位名叫班锡·达斯(Bangshi Das)的虔诚诗人的歌曲以后，改变了自己的生活方式。之后，他变成了班锡的学生。这个印度歌谣清楚地表达了印度教的信仰：音乐是献身；通过音乐，个人能够实现与神的最高联系。

其他一些群体倡导将音乐与精神性区分开来。在大多数穆斯林宗教活动中，音乐是被禁止的，而苏非派是个例外。在欧洲，18 世纪启蒙哲学的影响鼓励了艺术的世俗化，而西方音乐人开始较少依赖于教会赞助。到 18 世纪末，沃尔夫冈·阿玛多伊斯·莫扎特(Wolfgang Amadeus Mozart, 1756—1791)基本上能够在维也纳以不受约束的自由人身份进行创作；西方古典音乐的学生们高度赞扬莫扎特的音乐，主要是因为他个人的天赋，而非因为他的音乐与精神性有任何联系。

这里的系列图片展示了多个文化在过去使用的打击乐器：(1、2)摇响葫芦(美国亚利桑那州霍皮人使用的)，(3)装有鹅卵石的生皮袋子(苏族人使用的)，(4)用卵石串成的摇响器(南美洲)，(5)鱼鹰形状的雕刻摇响器(美国阿拉斯加州的特林吉特人使用的)，(6)有把手的飞蛾茧摇响器(美国加利福尼亚州)，(7)绑在木头环上的贝壳摇响器(加利福尼亚州)，(8)带有皮带响板的龟壳摇响器(亚利桑那州)，(9)带有熟铁盘和铃的摇响器(非洲)，(10)带有鹿蹄和珠子的布带摇响器(加利福尼亚州)，(11)带有铃铛的踝关节摇响器(印度)，(12)音乐骨头(美国)，(13)响板(中国)，(14)绵羊骨骼摇响器(西班牙)，(15)空心硬木响板(中国)，(16)战鼓(斐济)，(17)皮摇鼓(美洲印第安人)，(18)定音鼓(印度)，(19)双头鼓(日本)，(20)铜锣(中国)，(21)铙钹(中国)

音乐在殖民主义中发挥的作用及其造成的后果

欧洲殖民扩张时代大约始于16世纪。在这个时代，很多人群与他们的音乐一起受到欧洲经济、政治和文化的统治。音乐成为殖民和后殖民进程的重要组成部分。对于欧洲人来说，音乐偶尔被用作征服外国人的工具，经常被用于宗教转变。对于那些寻求摆脱欧洲霸权的社会来说，音乐也发挥了关键作用，尤其是在印度、非洲、加勒比海地区和拉丁美洲的民族主义运动与独立运动中。

欧洲殖民主义的一个重要后果是关于欧洲音乐具有优越性的思想得以形成。很显然，殖民者和被殖民者广泛认同了这种思想。几乎毫无疑问，欧洲文化优越论极大地促进了欧洲霸权。在这种意义上，音乐助推了殖民地化。例如，在18世纪晚期和19世纪早期，西班牙派遣音乐教师与传教士一起去加利福尼亚州，为的是把有音律变化的赞美诗教授给欧洲人，并让他们唱给那个地区的美洲印第安人。除了教授和劝导之外，这些王室使者也经常禁止本土音乐的表演。

对抗欧洲殖民势力的策略一般包括复兴地方音乐。例如，在印度，英国殖民主义加速了宫廷赞助的印度斯坦语和卡纳塔克语古典音乐传统的衰落。然而，民族主义的兴起使人们对传统

中国古代乐器，名为编钟（这个编钟是 1 世纪的），由各种尺寸的青铜钟构成，这些钟能发出不同的乐音

1769 艺术的兴起和支持得以复兴，印度音乐也在教育和公共表演中兴起。印度民族主义在 1948 年独立时达到顶峰。在特立尼达岛，钢鼓管弦乐在独立运动中发挥了最积极的作用。在埃里克·威廉(Eric Williams，1911—1981)和人民民族运动(PNM)的领导下，特立尼达在 1962 年获得独立。在政治运动中，威廉任命钢鼓乐队音乐人担任其个人助理，在人民民族运动的政治集会时安排钢鼓乐队表演。他大体上提倡钢鼓乐队作为非洲—特立尼达岛民族文化的象征，最终将钢鼓鼓发展为特立尼达岛的民族乐器。类似地，巴西和古巴的文化民族主义运动都通过聚焦于其非洲后裔的文化贡献来反击欧洲遗产。

那些受过西方古典音乐训练的作曲家在民族主义运动中发挥了重要作用，尤其是巴西的海托尔·维拉-罗勃斯(Heitor Villa-Lobos，1887—1959)。这样的作曲家在 19 世纪晚期和 20 世纪早期受到了欧洲作品的影响，例如伊戈尔·斯特拉文斯基(Igor Stravinsky)的芭蕾舞剧《春之祭》(*Rite of Spring*)，1913 年，该剧在巴黎的演出引起了一场骚乱。

商业化的音乐产业

从 19 世纪中叶开始，音乐世界越来越受到商业流行音乐产业兴起的冲击，尤其当后者在美国发展起来时。在 19 世纪 40 年代，美国音乐随着黑人流行音乐的兴起而开始发展。随着时间与全球流行音乐一起进入 21 世纪，商业化流行音乐在电子大众传媒的环境中被创造出来。由于通信和旅游机会以及跨国公司的发展，以前独立的人群越来越多地贯通起来。尽管一些人认为流行音乐仅仅起到了促进资本主义发展的作用(参见 Adorno 1944)；但也有人认为流行音乐在社会中的地位是更复杂的，因为它经常被个人和社会群体策略性地用作识别资本主义异化的形成和抵制的手段。

当商业化流行音乐从美国向海外市场传播的时候，美国之外的音乐文化部分地面临着一些

在北京，一个中国男人在为过往行人演奏传统乐器

抉择，即是否将这种音乐合并进他们自己的实践中。时常地，决定是将西方流行音乐的某些方面与地方音乐实践的声音和符号整合起来从而形成混合物；后者既是国际的，也是地方的。在20世纪八九十年代的津巴布韦，诸如托马斯·马普福莫（Thomas Mapfumo）这样的流行音乐人创造了以摇滚乐器如架子鼓、电吉他和键盘乐器为基础的音乐。这种音乐也包括当地修那文化的一些方面，例如修那语言和传统手动
1770 钢琴的电子版安比拉琴（mbira，Turino 2000）。马普福莫本人是世界音乐产业的改革先锋。

“世界音乐”作为一个流派标签出现在20世纪90年代，是唱片公司执行者们推行唱片市场化的产物；他们把美国之外的国家的民俗和流行音乐制成唱片。偶尔，美国本身的民俗音乐也受到世界音乐主题的影响。在某种程度上，世界音乐恰恰是商业化市场利用文化差异获取经济利益的另一个事例。从另一个角度看，个人及其社区现在具备了更大的潜能，可以接触遥远的社会人群。这种远程接触的结果是，人们与某些组织（例如民族国家）的身份认同关系变得松散了，也使人们可以与其他人群（例如离散人群）交换思想。

音乐、身份认同与展望未来

在20世纪晚期和21世纪早期，个人和社会群体经常将音乐作为一种形成集体认同的策略。从20世纪80年代开始，亚洲移民在英国的孩子们开始将传统的印度音乐与欧洲和北美电子音乐混合起来，创造出大量混合音乐，最著名的或许是《班戈拉舞曲》（*bhangra*）。这样的混合音乐对于年轻的南亚人具有极大的意义，使他们感到分散在各地的人既可以与其在印度的家园联系起来，也可以与当代西方年轻文化联系起来。与此同时，以美国为基础的乡村音乐经常清楚地表达工人阶级的态度、家庭价值观和艰苦工作的道德观念。2008年国际经济危机开始——特别严重地冲击了汽车制造商和其蓝领工人——以后，乡村歌手约翰·里奇（John Rich）唱出了民粹主义的颂歌《关掉底特律》。这首歌痛斥了公司的贪婪和政府的救援。这样的歌曲表达了21世纪北美“普通人”的心声。

如果音乐反映社会并给个人提供了创造社

会的机会，那么它也确实为我们提供了观察的机会，允许我们观察人类关于世界的设想。在这种意义上，有人认为音乐是对未来的“预言”(Attali 1985)。无论事实如何，音乐在世界历史上的作用是多方面的、重要的。这意味着我们都应该不断地聆听音乐。

进一步阅读书目：

Adorno, T. W., & Horkheimer, M. (1944). The Culture Industry: Enlightenment as Mass Deception. Retrieved January 11, 2010, from http://www.marxists.org/reference/archive/adorno/1944/culture-industry.htm 1771

Ashby, L. (2006). *With Amusement for All: A History of American Popular Culture since 1830*. Lexington: University Press of Kentucky.

Attali, J. (1985). *Noise: The Political Economy of Music*. Brian Massumi, (Trans.). Minneapolis: University of Minnesota Press.

Grout, D. J., & C. V. Palisca. (2001). *A History of Western Music, sixth ed.* New York, London: W. W. Norton & Co.

Hood, M. (1980). *Music of the Roaring Sea: The Evolution of Javanese Gamelan, Book I.* New York: Heinrichshofen Edition.

Lipsitz, G. (1994). *Time Passages: Collective Memory and American Popular Culture*. Minneapolis: University of Minnesota Press.

Maira, S. (2002). *Desis in the House: Indian American Youth Culture in New York City*. Philadelphia: Temple University Press.

Manuel, P., with Bilby, K. & Largey, M. (2006). *Caribbean Currents: Caribbean Music from Rumba to Reggae*. Philadelphia: Temple University Press.

Mingyue, L. (1985). *Music of the Billion: An Introduction to Chinese Musical Culture*. New York: Heinrichshofen Edition.

Nettl, B., et al. (2008). *Excursions in World Music, Fifth ed.* Upper Saddle River, NJ: Pearson Education.

Ross, A. (2007). *The Rest is Noise: Listening to the Twentieth Century*. New York: Farrar, Straus, and Giroux.

Stokes, M. (2004). Music and the Global Order. *Annual Review of Anthropology*, *43*, 47–72.

Stuempfle, S. (1995). *The Steelband Movement: The Forging of a National Art in Trinidad and Tobago*. Philadelphia: University of Pennsylvania Press.

Turino, T. (2000). *Nationalists, Cosmopolitans, and Popular Music in Zimbabwe*. Chicago: University of Chicago Press.

Wade, B. C. (1987). *Music in India: The Classical Traditions*. New Delhi, India: Manohar Publications.

赖安·贝金内特(Ryan Bazinet) 文
郭子林 译，毛悦 校

Music and Political Protest 音乐和政治抗议

因为音乐打动心灵、身体和思维，所以它在整个人类历史上——政治革命、宗教改革、联盟组织、民权运动和反战游 1772
行中——都是培养团结一致感情的强大力量。从经典抗议歌曲(《国际歌》)到令人惊奇的歌曲体裁(《胜利之歌》)，再到诸如托马斯·马普福莫(Thomas Mapfumo)受非洲基础音乐启发而创作的解放战争这样较新的音乐形式，音乐已经将人们整合到很多行动纲领中。

音乐是世界范围内有表现力的文化必不可少的组成部分，是数千年来个人和公众娱乐与精神修养的源泉。无论过去还是现在,大多数文化都在各种可想象的集体活动和庆典中使用音乐。集体活动和庆典既有世俗的,也有宗教的:吃饭、工作、讲故事、礼拜仪式、婚礼、表演、丧葬、治疗、批评、讽刺和普通庆典。音乐是人们日常生活中必不可少的组成部分,是一种媒介;它通过声音触动人们的思维、身体、思想、情绪和渴望。毫不奇怪,音乐力量已经被用于创造团结一致的感觉,并被用于促使人们忠诚于现代世界政治事业和运动。

革命歌曲

在 20 世纪 50 年代,社会学家泽格·登尼索夫(R. Serge Denisoff)写道,现代抗议歌曲根源于早期新教活跃的抗议歌曲,例如《强大的堡垒是我们的上帝》(约 1528),后者被视作宗教改革的战斗圣歌。一个世纪以后,新教歌曲在英国内战(1641—1651)中集结激进力量,尤其杰勒德·温斯坦莱(Gerrard Winstanley, 1609—1676)创作的《平权主义者和掘地者》(*Levellers and Diggers*, 1649)。作为激进群体真正平权主义者(1649—1651)——后来被称为掘地者,进一步将他们自己与一个在价值观上相近的所谓平权主义者群体区别开来——的领导者,温斯坦莱创作了这首抗议歌曲。结果,掘地者关于培养基督徒农业和平等共产主义社区的观点和实践能够以流行而传统的艺术形式被人民大众所了解。作为社会平权主义者,掘地者想要"平均所有地产"(也就是说废除私有财产权),允许所有人开发土地,将其作为"共有财产"。他们认为,共同所有权将确保广泛自由,结束特权;它将结束不平等的社会、经济和政治权力。

自然而然地,掘地者对共有土地的夺取和开发使地方土地所有者警觉起来;后者认为这样的行为威胁到他们的私有财产和无地劳动力的供应。结果,英国议会派遣士兵驱散掘地者社区,这些社区曾同时在国家很多地方兴起。温斯坦莱印刷和散发其歌曲,希望集结整个英国的掘地者的精神;掘地者受到地方土地所有者和牧师的迫害。他们在其社区里学习和吟唱它:"你们,高贵的掘地者,现在都站起来……他们把你从马匹上拖下来,现在站起来……但贵族们必须倒台,穷人应该戴上王冠……现在用铁锹、锄头和犁头站起来……现在我们应该去赢得我们的自由……"

非常类似地,平权主义者相信人民主权论
(政府由人民意愿创造并服从人民意愿)和代议 1773
政府、法律面前人人平等、免于任意逮捕、宗教压制和意见不一致的税收自由。18 世纪,他们在英属北美殖民地获得共鸣,导致了那里的抗议运动。纽约大陪审团发现了一首早期北美抗议歌曲《来吧,勇敢的男孩儿》(*Come On, Brave Boys*),认为其具有煽动性,下令将歌单当众焚毁,尽管没有找到任何作者或出版者。美国革命(1775—1783)之前,有一些明确表达殖民地人们的不满并激起骚乱的抗议歌曲,包括《美国税收》(*American Taxation*, 1765)、《自由之歌》(*The Liberty Song*, 1768)、《课税之茶》(*The Taxed Tea*, 1773)和《自由的呼唤》(*Liberty's Call*, 1775)。反叛的殖民主义者曾吟唱一首欢快的小曲,称为《扬基歌》(*Yankee Doodle*,约 1755—1775)。这首小曲最初是由一位英国外科医生创作的,是嘲讽美洲乡村殖民地士兵的。此时,人们重新书写了歌词,结果它的欢快旋律激励着殖民地的军队。它被称为对抗英国人傲慢自大的抗议歌曲。殖民地居民在列克星敦市和康科德吟唱这首歌,侮辱正在撤退的英国士兵。这首歌曲在美国军队中广泛流行。歌曲通过报纸、期刊和唱片四处传播,通过在酒吧和军营里吟唱而广为流传。

在这些早期印刷媒介和面对面交流的帮助下,音乐也在法国保持着暴力冲动。法国大革命

世界产业工人将他们的歌集整合起来,“激起强烈的不满情绪”

(1789—1799)产生了近 3 000 首流行歌曲,包括一首大获成功的歌曲,即 1790 年的“Ça Ira”(《一切都会好的》或《留得青山在,不怕没柴烧》)。人们在巴黎、里昂和马赛的街道上吟唱这首歌。当革命事业变得更激进的时候,受到启发的作词家改编了歌词(“我们将把贵族吊到路灯柱上……”)。在外国入侵的黑暗时期,《马赛曲》维持着革命动力。这首歌曲是由克劳德-约瑟夫·鲁热·利勒(Claude-Joseph Rouget de Lisle)在 1792 年 4 月创作的,是一首简单的进行曲。法国革命军队在去巴黎与普鲁士和奥地利军队战斗的路上吟唱这首歌曲,作为精神动力。普鲁士和奥地利军队已经入侵法国,旨在复辟旧君主政权。它最初的名称是《莱茵军队战争之歌》,因来自马赛的志愿军而变得如此流行,以至于它以马赛的名字重新命名。法国各地的革命支持者学习这首歌的曲调和歌词,结果它在 1795 年变成了法国国歌。尽管歌曲有七个诗节,但今日仅仅第一个诗节和主题乐段被经常歌唱。第四个诗节是歌曲当中典型的挑衅性的、战斗性的和活泼的声调。

唱歌提升人们的精神,使革命思想和情绪为大众所接受,促进不同社会群体之间的团结。如《卡马尼奥拉》(La Carmagnole)既是一首歌曲,也是一个舞蹈,因好斗的激进派(这个词的意思是没有短裤,应用于工人阶级)所穿的短夹克上衣而得名。歌曲首先在 1792 年 8 月被吟唱,歌曲侮辱王后玛丽·安托瓦内特(Marie Antoinette)和任何反对革命的人。

法国大革命传统为《国际歌》提供了肥沃土壤,这首歌变成了 19 和 20 世纪革命无产阶级的圣歌。受到 1871 年激进民主和平等主义巴黎公
社建立及接下来毁灭的启发,欧仁·鲍狄埃 1774
(Eugène Pottier)在巴黎公社结束之后立即写作了一首抒情诗;法国工人皮埃尔·狄盖特(Pierre Degeyter)在 1888 年为其谱曲。随着工业革命在欧洲、美国和世界范围内的传播,这首歌在国际上获得成功。社会党人、共产主义者、无政府主义者和工团主义者都喜欢这首歌,在每次会议和示威游行中吟唱这首歌。这首歌很好地吸收了普通民众、激进分子、民主人士、早期社会主义和共产主义运动的反资本主义精神。在 1890 至 1945 年之间,《国际歌》与国际流行的《奇异恩典》和《平安夜》竞争。

因为《国际歌》在每个大陆用很多种语言吟唱,所以人们将其改编为各种版本的歌词,以满足不同地区工人的需要。它在 1902 年被翻译成俄语,在 1917 年的社会主义者(孟什维克党员与布尔什维克党党员)和有组织的工人会议上吟唱,关键性地表达了十月革命(1917)和俄国内战期间(1917—1921)世界社会主义运动的平等主义、集体主义及解放理想的承诺。英语版在 1935 年的美国被记录下来,包括关于俄国革命

的信息。

一海之隔，科里多(corridos)这种流行民间歌谣从 19 世纪 80 年代至 20 世纪 30 年代在墨西哥流行，在墨西哥革命期间(1910—1920)培养了民众的独立意识和反抗意识。它们代表性地满足了一些个人的需求，这些个人的行为是一种社会模式。关于革命的民间英雄庞丘・维拉(Pancho Villa)和埃米拉诺・萨帕塔(Emilano Zapata)的摇滚乐，传递着激动人心的民族主义、阶级愤怒、抵抗和希望等信息。这样的摇滚乐不仅嘲笑上层阶级的统治和外国佬的干涉，还为维拉和萨帕塔的军队招募农民战斗者。关于庞丘・维拉的摇滚乐，通常描述特殊的战斗或他的勇猛、领导能力、反抗和勇气。关于萨帕塔的摇滚乐，同样是表扬性质的，但更多涉及土地改革和他恪守结束对农民剥削的承诺。这些摇滚乐传递反抗和武装抵抗当局的主题，极大地吸引着农民，因为当时的农民几乎没有经济和政治自由或流动性。歌手(摇滚乐家)于市场日在城镇广场上演奏音乐，并售卖新的或流行音乐的小册子。那些不能阅读的墨西哥人经常购买小册子作为纪念品，也希望摇滚乐在演奏时恢复魅力，使那些受过教育的社会成员能够得到小册子。然而，作为一种民间艺术形式，摇滚乐是非常可塑的，在革命期间从一个城镇传播到另一个城镇；大多数摇滚乐被记忆下来，但没有写下来，结果其内容因记忆的不同而变化，或者被改编以反映地方情感。

X-瑞・斯庇科斯(X-Ray Spex)的《摇滚对抗种族主义集会》(*Rock Against Racism Rally*)，东伦敦哈克尼维多利亚公园，1978 年 4 月 30 日。安迪・威尔逊(Andy Wilson)摄

1775 起团结和组织作用的音乐

为了反复灌输自己的价值观，第二次世界大战之前的社会主义和共产主义政党为其成员提供社会环境，例如足球俱乐部、游行乐队、戏剧、音乐剧、体育、野餐、夏令营、学校和消费合作社。所有这些组织和事件旨在工人阶级的团结、合作和相互支持。游行乐团处于所有大规模左翼游行队伍中。

20世纪二三十年代，德国共产主义者用音乐鼓励经常性的街道抗议，他们使用的是诸如《起来、起来，让我们战斗》这样的歌曲。贝尔托特·布莱希特（Bertolt Brecht，1898—1956）写作歌词，使用的是一个拥有30岁年龄的曲调，这个曲调广受罢黜德国皇帝支持者们的欢迎。这样富于战斗性的行军曲使共产主义者准备好战斗，经常与纳粹党人展开频繁的高危险巷战。尽管歌曲为德国流行文化打下了基础，但它鼓舞士气，宣传共产主义者的决心，即推动他们所到之地的阶级斗争。共产主义者广泛散播这些歌曲，主要通过日报和新式摄影报道的方式，例如取得惊人成功的《工人插图报》（*Arbeiter-Illustrierte-Zeitung*）。在魏玛共和国时期，人们在构建和维持广泛的无产阶级反既定社会运动时，也使用留声机、实况演奏会和无线电广播。

这里描绘出来的是1963年华盛顿特区民权运动中的歌手哈里·贝拉方特（Harry Belafonte）。他是一位用声音抗议种族歧视的人。美国国家档案管理局

美国的抗议音乐

在美国，世界产业工人组织（IWW或Wobblies）努力将所有工人——熟练工人和非熟练工人——组织起来，组建一个庞大的世界组织，而不考虑工人的行业或专业。该组织的激进劳工组织者们（包括乔·希尔[Joe Hill]）创作了一些歌曲，把组织的信息传递给那些几乎没有接受过正式学校教育的人。世界产业工人组织创建于1905年，依靠歌曲鼓励抗议和抵制，因为组织者知道，当人们唱一首歌并对其产生一点兴趣时，他们便会保留这种信息。1776 与其他国家的其他群体相似，世界产业工人组织也借用普遍知晓的旋律，并对歌词进行改编。世界产业工人组织的歌词讲出了工人的关注点，招募他们

> 音乐不会撒谎。如果这个世界上有些东西发生了变化，那么它们只能是通过音乐发生的。
>
> ——吉米·亨德里克斯(Jimi Hendrix, 1942—1970)

加入组织，并在他们中间创造共同纽带。他们最公认的歌曲之一是《永远团结起来》，这首歌为鼓舞人心的著名美国内战歌曲《共和国战争颂》提供了新歌词。拉尔夫·查普林(Ralph Chaplin)也创作了一些歌词，这些歌词强调统一体比个人更有优势。他还创作了一些具有强烈挑战性的合唱歌曲，表明世界产业工人组织也组织非熟练工人进行对抗老板的斗争。在长期罢工(1906年内华达州金矿区罢工、1912年马萨诸塞州劳伦斯罢工、1913年新泽西帕特森罢工、1916年明尼苏达州密沙比丘陵地区罢工)和第一次世界大战之前及期间的抗议游行活动中，歌曲对工人的活动有支撑作用。世界产业工人组织是没有经济来源的激进运动的典型，他们借助报纸、唱片和歌集，通过在酒馆和流动工棚里吟唱的方式传播其歌曲。

人们将流行民族音乐作为招募和组织工具，作为抗议工人恶劣工作环境的手段。这种传统在20世纪30年代的美国继续进行。一些歌曲作家，例如伍迪·格思里(Woody Guthrie)和受他启发的民族音乐家，帮助产业工会联合会(CIO)招募人员。格思里在大萧条时期通过制作留声机唱片和在工棚现场表演，将民粹主义抗议信息和希望传播到全国。然而，当工会在20世纪40年代获得集体谈判权利的时候，美国劳动歌曲失去了其革命优势，左翼分子被从工会中清洗出去。即使如此，当人们面对不公正的时候，仍然会借助歌曲来表达其希望、沮丧和疏离感，并抗议其悲惨的生活条件。

音乐支持美国民权抗议者在1960年以后的斗争。工会组织者曾用一些歌曲来培养团结一致，结果这些歌曲变成了民权运动静坐抗议和自由进军的主要产物。这些歌曲包括《我们不应动容》和《我们将获胜》。前者是一首黑人圣歌，其歌词由20世纪20年代北卡罗来纳州罢工的非裔美国纺织工人改写。后者是浸礼会教友的颂歌，最初名为《总有一天我们会获胜》(烟草工人组织者在20世纪40年代改写了其歌词)。两首歌都表达了一种信仰：未来比过去更好，他们的事业是正确的，有耐心的非暴力终将成功。20世纪60年代早期，在很多流行音乐类型中，只有民族音乐抗议种族歧视，并成为美国各地民权运动构建支持力量的中心。民族音乐究竟是由世界产业工人组织和伍迪·格思里提出、并由黑人圣歌和节奏以及蓝调规范的，还是在鲍勃·迪伦(Bob Dylan)、琼·贝兹(Joan Baez)、彼得·西格(Pete Seeger)、奥代塔(Odetta)和哈里·贝拉方特(Harry Belafonte)演唱的《自由之歌》中成型的，都无关紧要。事实上，"抗议音乐"这个词当时是 1777
用来指代社会上关键性的民族音乐的。

这种关于民乐表演者的社会意识传达出了新一代美国年轻人的观念，而且年轻的蓝调和摇滚音乐师开始把社会上熟知的歌词糅合到他们的歌曲中。从文体上来看，自从20世纪50年代以来，摇滚乐就已经被视作美国的危险音乐：它是年轻的外来人的喧嚣音乐，将非裔美国人和英裔美国人的音乐类型混合起来，由黑人和白人音乐师为种族混合型的观众演奏。当20世纪60年代中叶民权运动达到顶峰，反对越南战争的运动开始激流勇进时，民族音乐和摇滚乐与新的反正统派内容和风格一起到来。一种完全对抗性的反主流文化在20世纪60年代晚期的年轻人中间抬头。非裔美国人埃德温·斯塔尔(Edwin Starr)为了呼应传统而演唱的充满活力的抗议歌曲《战争》，清水合唱团演唱的《幸运之子》，杜尔斯(Doors)演唱的《阵亡的无名战士》，克罗斯比(Crosby)、斯蒂尔斯(Stills)、纳什(Nash)和杨格(Young)演唱的《俄亥俄州》位列流行音乐榜前10名。1969年夏季，吉米·亨德里克斯(Jimi Hendrix)在伍德斯托克音乐节(Woodstock)上无礼而迷幻地演奏《星条旗永不落》，吸引了40万名粉丝。一些商业电台(和实况转播电台)以青少年和青壮年为播讲对象，广泛播出这些歌曲，也播出其他歌曲，响应和帮助在大批青年人中间创造了反对正统的情绪，抗议歌曲在商业上获得成功。几百万份磁带售卖出去。人们使用磁带录音机和（1970年以后）盒式录音带录制音乐，容易再生产和演奏音乐，它们给几百万人带来娱乐并帮助人们参与政治。音乐使他们到大街上参与抗议越南战争的群众非暴力活动中，使人们可以咒骂执行战争的民主党（和后来的共和党）政府。

用于抗议和动员的新体裁

牙买加瑞格舞的特点是柔和而“起伏不定”。朋克音乐的特点是无政府主义、不连贯、锋芒毕露。在牙买加瑞格舞和朋克音乐的影响下，摇滚乐作为高度政治化的体裁出现在英国。商业电台、晶体管无线电和盒式录音带使年轻人很容易接触到摇滚乐，年轻人也认可了摇滚乐的社会优势和体裁创新，但摇滚乐始终在英国的牙买加和朋克飞地（enclave）之外发展。其体裁与内容结合起来：一些音乐家建立了一个名为“对抗种族主义的摇滚”（RAR）的组织。这些音乐家和左翼政客集中精力动员工人阶级的年轻人，领导他们对抗种族主义意识形态和组织，尤其是对抗新纳粹主义国民阵线党（NF），后者已经在白人工人阶级年轻人中获得了选举支持。“对抗种族主义摇滚”利用摇滚的挑衅风格进行政治陈述，并转移公众对国民阵线党的注意。其摇滚乐以那些具有多文化根源的音乐体裁为基础，在对抗种族主义中喊出的主要口号是“黑人和白人，我们并肩作战！”在1976和1978年之间，“对抗种族主义摇滚”发动了其最大的事件。当时，一些摇滚乐团在伦敦和其他地方的大游行及音乐会上演唱，例如冲突乐团、钢管脉冲乐团、僵硬的小手指乐团和透视器乐团。1979年，“对抗种族主义摇滚”也不断对地方种族主义激发的仇恨犯罪和暴力进行公开评论。到1980年为止，抗议音乐已经达到了目的：国民阵线党成为英国政治中精疲力竭的力量。

从20世纪60年代开始，英国和美国蓝调音乐及摇滚乐受到非洲音乐形式的影响，反过来也影响到了其他国家的音乐风格。作为老牌和新式帝国主义强国，它们将经济和文化延伸到世界范围内。它们也经常通过对外援助资金与新跨国传媒公司鼓励和资助大众传媒技术的传播，例如商业广播电台、乙烯基录音、便宜的盒式录音带和磁带放音机以及晶体管无线电。一旦机会合适，这些大众传媒技术就会帮助传播本土抗议。

在阿根廷，民族摇滚乐作为政治化年轻人反主流文化的一部分而发展起来。民族摇滚乐反对20世纪70年代晚期和80年代早期的军事独裁，明确批评政府，结果创造了一种对抗运动，后者促使民主得以恢复。在整个拉丁美洲，尤其在安第斯山脉地区国家，一些歌曲和运动得到极大欢迎，例如进步的新歌和政治化的新歌，以及20世纪六七十年代与南美洲社会主义者政党关系
密切的抗议音乐运动。民族摇滚乐的歌词将传统 1778
民族音乐风格与商业化英裔美国音乐风格融合起来，批评贫穷、社会不平等和帝国主义，倡导民主、社会自主和人权。智利的抗议音乐运动在1973年政变以后被镇压，但继续进行秘密抗议活动。

在20世纪90年代早期，海地有一个组织名为“布克曼的经历”（Boukman Eksperyans）。该组织创作并演唱克里奥尔人的歌曲，克里奥尔人采信伏都教信仰。该组织将克里奥尔人歌曲与外来乡土爵士摇滚及舞蹈伴奏曲融合起来（布克曼是一个受奴役的伏都教祭司的名字，他在奴隶中煽动了1791年的起义；该起义导致了杜桑·卢维图尔［Toussaint Loverture］起义，最终使海地在1804年摆脱了法国的控制而获得独立。eksperyans在克里奥尔人语言中的意思是“经历”。因此，这个组织的名字在海地获得了政治共鸣）。他们的歌曲《你不会把我吓跑》谴责军人政府的腐败和残暴，后者在1991年推翻了选举出来的总统让-贝尔特兰德·阿里斯蒂德

(Jean-Bertrand Aristide)。该军人政府引起了海地人的叛乱运动，结束了其独裁政权。

以色列和平运动长期在大规模露天集会上运用音乐对抗关于巴勒斯坦权利和主权的政府政策。在第一次武装起义期间(1987—1993)，像《射击与哭泣》这样的歌曲抗议以色列政府在巴勒斯坦人占领区的政策，因其破坏性内容而被禁止广播了几个月。以色列和平组织与那些反对以色列在西岸设置障碍物的人，将平克·弗洛伊德(Pink Floyd)在20世纪70年代晚期对英国学校制度进行批评的歌曲《墙上的另一块砖》，转变成关于以色列、巴勒斯坦形势的社会抗议歌曲。他们将这首歌最初的歌词(“我们需要教育，但我们不需要思想控制”)改写为“我们不需要占领，我们也不需要种族隔离墙”。就此而言，巴勒斯坦的政治音乐也抗议以色列，认为以色列国家是殖民列强，表达了巴勒斯坦人对主权和家园的需要。

在20世纪70年代中期，政治抗议在非洲国家津巴布韦导致了一种新音乐体裁，这种音乐体裁部分受到牙买加瑞格舞(粉丝和表演者称其为“非洲根音乐”)的影响，也受到英裔美国人摇滚乐的影响；摇滚乐在商业电台上广播并刻录在便宜而容易分发的磁带上。这种新非洲音乐由托马斯·马普福莫和其他本土歌唱家、歌曲作家发明，明确表达了黑人遭受罗得西亚(Rhodesian)白人殖民和移民制度统治(和他们进行抵抗)的经历。这个体裁被称为解放战争(斗争或解放)音乐，混合了很多内容，例如传统的修那人音乐、西方摇滚和爵士乐、富于象征意义的政治信息、传统谚语和摇滚乐的叛逆性。这些发明转变了20世纪70年代津巴布韦的流行音乐。黑色津巴布韦人聚集起来观看解放战争歌曲艺术家们的表演，随身携带乙烯基唱片，聆听商业电台播出的录音，后来白人政府禁止了这种音乐。在这种音乐被禁播以后，他们通过游击队电台和非法制造的磁带去聆听它。他们立即认可了这种音乐和修那人的歌词，马普福莫尤其成为家喻户晓的名字。乐观向上、富于鼓励精神的音乐与其社会批评性歌词以及简单而随风飘摇的节奏激励着非洲人，鼓励年轻人穿越边境到莫桑比克参加游击战争训练。在很多津巴布韦人(包括津巴布韦第一位总统)看来，正是解放战争音乐通过唤起其祖先的智慧和保护，通过强调所有津巴布韦人共同生活、患难与共、为了所有人的幸福而并肩战斗的方式，使解放战争获得胜利。马普福莫今日还是津巴布韦活的文化偶像。

影响与发展方向

音乐是人们生活当中如此不可或缺的组成部分，以至于它将不断在很多方面规范和影响着人们，例如人们关于重要政治事件的认知、人
们的个人和社会愿望以及表达这些愿望的方 1779
式。这是一个文化舞台。在这个舞台上，意识形态斗争和政治动员将不断发生，因为音乐与其他文化产品和商品一起流通，有时通过面对面地交流，有时通过印刷品和广播媒介传播，但越来越多地通过新媒体技术传播，例如MP3播放器、iPod和其他个人便携媒体播放器、音乐和录像分享网站以及社会网站(Web 2.0)。

音乐已经推动了各种政治思想和抗议运动，不同文化与群体提供和创作了适合于其目标的音乐。在20世纪60年代和更早的时候，音乐是或多或少有组织的政治运动的组成部分。在民粹主义政治运动衰落的地方，就像在20世纪八九十年代的美国和欧洲很多地方一样，政治化的音乐人在阶段性的商业化“重大事件”中起带头作用，例如生活援助、农业援助和乐队援助。在这些音乐会中，音乐本身提供了组织工具。恰恰是大众音乐才能动员人民大众。音乐的重点并不是抗议政治或社会不平等，或煽动革命，而是为非洲贫穷的受害者或美国中西部失地无产的农民提供金钱。音乐始终号召人们

行动起来。罗恩·安叶门(Ron Ayerman)和安德鲁·贾米森(Andrew Jamison)在20世纪90年代晚期创作歌曲,注意到抗议音乐始终能够动员人们运动;而且,在运动之后的很长时间里,抗议音乐都具有重要意义,仍在发挥作用;抗议音乐能够组织和体现各种形式的集体意义与记忆;它也能够培养身份和身份认同过程,这对于新政治抗议运动的出现和持续具有重要意义。

进一步阅读书目:

1969 Woodstock Festival and Concert. Retrieved August 1,2009, from http://woodstock69.com/

Ayerman, R., & Andrew, J. (1998). *Music and Social Movements: Mobilizing Tradition in the Twentieth Century*. New York: Cambridge University Press.

Brown, C. (2007). *Politics in Music: Music and Political Transformation from Beethoven to Hip Hop*. Atlanta, GA: Farsight Press.

Cooper, B. L. (1988, March-April). Social Concerns, Political Protest, and Popular Music. *Social Studies* (pp.53-63).

Crew, D. O. (2005). *American Political Music: A State-by-State Catalog of Printed and Recorded Music Related to Local, State and National Politics, 1756-2004*. Jefferson, NC: McFarland & Company.

Education and Outreach. Rock and Roll Hall of Fame and Museum. Retrieved January 8, 2010, from http://www.rockhall.com/events

Freemuse: Freedom of Musical Expression. Retrieved August 1,2009, from http://www.freemuse.org/

Garafalo, R. (Ed.). (1992). *Rockin' the Boat: Mass Music and Mass Movements*. Boston: South End Press.

History in Song. Retrieved August 1,2009, from http://www.fortunecity.com/tinpan/parton/2/history.html

The Internationale: A Film by Peter Miller. (n.d.). Retrieved August 1,2009, from http://www.frif.com/new2000/int.html

Kornbluh, J. L. (Ed.). (1988). *Rebel Voices: An IWW Anthology*. Chicago: Charles H. Kerr.

Lipsitz, G. (1994). *Dangerous Crossroads: Popular Music, post-Modernism, and the Poetics of Place*. London: Verso.

Mattern, M. (1998). *Acting in Concert: Music, Community, and Political Action*. New Brunswick, NJ: Rutgers University Press.

Peddie, I. (2006). *The Resisting Muse: Popular Music and Social Protest*. Farnham, U.K.: Ashgate Publishing.

Pongweni, A. J. C. (Ed.). (1982) *Songs that Won the Liberation War*. Harare: The College Press.

亚历山大·祖卡斯(Alexander M. Zukas) 文

郭子林 译,毛悦 校

Mysticism 神秘主义

人类可能通过不同的方式与正常的意识状态相背离,例如通过控制呼吸、共舞、吸毒或沉思。这些情况在发生时各 1780
不相同,但人们经常宣称这样的经历是与上帝或其他超自然精灵的直接邂逅。大多数宗教为这种神秘空想主义者提供空间,他们的生活经常激发新的背离,尤其是在有组织的群体兴起并一起追逐神秘幻想的时候。

神秘主义是宗教经验的一种类型,宣称直接与上帝或宇宙中某种永恒的精神因素接触。

主要世界宗教中的大多数都为神秘主义信仰提供了重要维度。然而，这样的神秘主义倾向不被视作宗教的正统特征，这种情况有时是事实。尽管神秘主义经验在一个宗教与另一个宗教之间稍有不同，但有一些共同特征。典型特征是神秘主义者认同沉思或重复神的名字的精神原则。这些原则可能经常涉及苦行主义或隐修。神秘主义者通常渴求获得一种形式的与上帝融合或精神救赎。神秘主义者经历的精神训练过程，经常受到精神高手或导师的监督。在一个特殊的宗教传统里，与神秘主义息息相关的经验可能被书写在精神文献里或口头传播。然而，既然神秘主义经验本质上是个人的和主观的，那么在将一个人的经验与另一个人的经验比较时就会遇到很多困难。

合情合理的假设似乎是，人们从远古时代开始就试图获得与他们周围世界的精神元素的直接联系。但主要信仰里面有迹可循的传统大多是更近期的。印度教有很多传统可以被正当地描述为神秘主义的实践，尤其是瑜伽这种习俗。这个神秘主义的哲学可以追溯到大约公元前500年至前400年的《奥义书》，到当下为止已经以各种形式实践了。瑜伽强调对呼吸的控制，以助于集中精神和沉思。它经常伴以放弃现实生活并有苦行主义倾向。瑜伽的目的是一个人应该获得与宇宙的精神力量婆罗门的统一，并因此摆脱再生的循环。瑜伽姿势或体位法的应用只是瑜伽神秘主义的一个因素。在最近的时代，有名望的瑜伽实践者包括罗摩克里希那（Ramakrishna，1836—1886）和维韦卡南达（Vivekananda，1863—1902）。

锡克教也信奉一种形式的神秘主义，其目的是直接经历神。其主要方式是反反复复地念读上帝的名字。这种方法与对上帝本性的沉思一起构成锡克教创始人古鲁·那纳克（Guru Nanak，1469—1539?）提倡的神秘主义方法。另一个印度宗教耆那教强调苦行主义和沉思。耆那教是由筏驮摩那（Vardhamana，大雄）创建的，

在大约几百年的时间里，神秘主义者被描绘为这样的人物，即站在从北欧各地找来的石头上，例如英格兰埃维斯伯里的这些石头

> 宗教对于神秘主义就是科普对于科学。
>
> ——亨利·柏格森(Henri Bergson，1859—1941)

印度阿迪亚尔的通神学会总部。1875年，一个俄罗斯神秘灵魂媒介者勃拉瓦茨基夫人(Madame Blavatsky)与她的朋友克罗内尔·奥尔科特(Colonel Olcott)在纽约创建了通神学会。这个组织促进了唯灵论运动。克劳斯·克罗斯特迈尔摄

他大约生活于公元前599年至前527年。耆那教神秘主义的最终目的是从生死轮回中得到解脱。

佛教是由乔达摩·悉达多建立的，被认为是一个神秘主义宗教，尽管它没有吸纳任何形式的神圣人物。乔达摩·悉达多后来被视作佛陀。佛教的实践源于佛陀经历的启示，这种启示是佛陀经过长期沉思获得的。佛教的直接目的是使人类消除痛苦感，而沉思是达到这个目的的主要方法之一。沉思最初的目的是平复思想的波动，然后获得对存在之本质的洞悉。通过这种方式，佛教徒逐渐理解到现实 1781
世界是暂时的，通过修行人们能够消除痛苦感。最终，佛教徒渴望获得一种被称为启示的最高平复和平静。佛教从印度传播到东南亚国家，例如泰国和柬埔寨，往北传播到中国和日本。日本发展起来的佛教传统被称为禅(Zen)，主要倡导者之一是道元禅师(Dogen，1200—1253)。禅对日本艺术和诗歌产生了重要影响，一个事例是诗人松尾芭蕉(Matsuo [Basho] Munefusa，1644—1694)的作品。直到今日，佛教始终影响着日本的文化生活。

中国道教传统倡导宁静的生活，在这种生活里，有抱负的人寻求实现与自然界的和谐共处。道教信 1782
奉者试图与道或自然界各处呈现出来的创造性能量和谐共存。《道德经》被视作道教的主要文献，历史上认为是大约公元前6世纪的老子撰写的。

伊斯兰教的神秘主义传统被称为苏非派，这个词可能源于“suf”这个词，是阿拉伯语，意思是羊毛。这可能指的是苏非派教徒穿戴粗糙羊毛斗篷的传统。这非常强烈地反映了苦行主义倾向。这种倾向既是苏非派的一个元素，也是其他神秘主义传统的元素之一。苏非派的目的是直接经历上帝。苏非派经常习惯于将自己与宗教社区联系起来，由酋长或精神领袖引导。苏非派在今日仍是活跃的传统。

犹太教内部对神秘主义的理解被称为卡巴拉(kabbalah)。它强调对作为整个宇宙背后的力量的上帝进行直接理解。犹太人的神秘主义利用沉思和默念，鼓励有抱负的人发展一种爱人类的感觉。

在基督教内部，神秘主义的历史在某种程度上与隐修制度的历史密切相关，隐修制度在3
1783 和4世纪的埃及逐渐形成。早期修道士过着极为简单的生活，从世俗隐退，将自己奉献给上帝。隐修传统被圣本尼迪克特（Saint Benedict，约480—547）置于既定基础上。著名的基督教修道士包括克鲁斯的圣约翰（Saint John，1542—1591）、亚维拉的圣特雷莎（Saint Teresa，1515—1582）和雅各布·波西米（Jakob Böhme，1575—1624）。

神秘主义者通常试图寻找他们特殊宗教传统的最直接精神体验。而在这样做的时候，他们恰恰被宗教正统派视作威胁。神秘主义者有时会表达主观经验，而这恰恰是与既定传统相敌对的。神秘主义已经成为人们寻找对神进行直接理解的提醒物。在这种程度上，神秘主义仍是一个重要的当代传统，尤其是对于那些寻找这种形式的宗教体验的人来说。

进一步阅读书目：

Carmody, D. L., & Carmody, J. T. (1996). *Mysticism—Holiness East and West*. Oxford, U.K.: Oxford University Press.

Eliade, M. (1967). *From Primitives to Zen*. London: Collins.

Katz, S. T. (Ed.). (2000). *Mysticism and Sacred Scripture*. Oxford, U.K.: Oxford University Press.

Merton, T. (1967). *Mystics and Zen Masters*. New York: Farrar.

Otto, R. (1960). *Mysticism, East and West*. New York: Macmillan.

Stace, W. T. (1960). *Mysticism and Philosophy*. Philadelphia: Lippincott.

Suzuki, D. T. (1957). *Mysticism, Christian and Buddhist*. New York: Ha r per.

Underhill, E. (1964). *Mystics of the Church*. New York: Schocken.

Watts, A. W. (1971). *Behold the Spirit: A Study in the Necessity of Mystical Religion*. New York: Pantheon.

Zaehner, R. C. (1957). *Mysticism, Sacred and Profane*. Oxford, U.K.: Oxford University Press.

保罗·奥利弗(Paul Oliver) 文
郭子林 译，毛悦 校

N

Napoleon 拿破仑

1785 19 世纪初,拿破仑(1769—1821)从法国军队中一个相对不起眼的位置上迅速蹿升,成为几乎整个欧洲的统治者。他之所以在世界历史上占有重要地位,原因在于他在改善平等、宗教自由、教育改革以及引入民法典《拿破仑法典》等方面的新突破。

拿破仑出生于科西嘉岛的阿雅克肖(Ajaccio),以炮兵中尉的头衔毕业于法国军事学院。1793 年,他作为法国大革命军队的一名军官赢得了他的第一场胜利,在土伦海港摧毁了 10 艘英国船只。随后被提升为准将,当时才 24 岁。1795 年 10 月 5 日,为了保护巴黎革命政府,他用火炮向保皇党暴徒开火,其著名的“一阵葡萄弹”就来源于此。这为拿破仑军队最终的胜利埋下了伏笔。他当时成了民族英雄,并被晋升为法国军队在意大利的统帅。从这一职位开始,他走上了最终几乎控制整个欧洲的道路。

1796 年,拿破仑与约瑟芬·德·博阿尔奈(Josephine de Beauharnais)结婚,不久后便离开,去率领在意大利的法国军队。法军当时正与奥地利人战斗。他很快就取得了胜利,并从意大利北部分割出部分领土,建成阿尔卑斯山南共和国。

1798 年,当入侵英国被证明是不可能的事情的时候,法国当局把拿破仑派遣到埃及,当时埃及由英国控制着。他在埃及的陆战总体上是成功的,但在尼罗河河口海战中,英国海军中将霍雷肖·纳尔逊勋爵(Horatio Lord Nelson)摧毁了他的舰队。然而,罗塞塔石碑的发现以及许多陪同拿破仑远征的学者、艺术家和制图师为现代埃及学奠定了基础,成为拿破仑不朽的学术遗产之一。

拿破仑回到法国,在雾月政变(1799 年 11 月 9—10 日)中控制了政府,在其 37 岁的时候成为法国第一执政官。由于再次面临着奥地利人在意大利北部的威胁,拿破仑率领军队穿越阿尔卑斯山,在 1800 年 6 月 14 日赢得了马伦戈战

雅克-路易·大卫(Jacques-Louis David)的《拿破仑越过圣贝尔山》(*Napoleon at the St. Bernard Pass*, 1801)。油画。拿破仑指定大卫作画。大卫是新古典主义运动的支持者和杰出艺术家,是拿破仑的官方宫廷画家。奥地利维也纳艺术史博物馆(Kunsthistorisches Museum, Vienna)

雅克-路易·大卫的《书房中的拿破仑》(*Napoleon in His Study*，1812)。油画。华盛顿国家美术馆(National Gallery of Art，Washington，D. C.)

役的胜利。

之后，在1800年，拿破仑监督他的《民法典》或者说是《拿破仑法典》的起草工作。也许这是他最重要的遗产。《拿破仑法典》包括了成千上万的保皇党法律和革命法令，废除了封建特权，建立了在法律面前人人平等的原则。该法典还确立了宗教自由和政教分离原则。1801年，他与教皇庇护七世(Pius VII)签订协约，理顺了与罗马教廷的关系；不顾教皇的反对，将天主教带回法国，维护了宗教自由。

1802年，拿破仑与英国签订《亚眠和约》，和平使拿破仑能够专注于国内改革，包括在全国范围内完善基础设施和在欧洲率先普及公共教育。

由于元老院和人民的支持，并成功阻止了保皇党对他的暗杀行动，拿破仑于1804年12月2日进一步巩固了权力，被宣称为拿破仑一世(Napoleon I)，即法兰西第一帝国的皇帝。他连续对欧洲征战，并把先进的《拿破仑法典》强加到这些地区，有效地瓦解了持续数世纪的保守的欧洲社会秩序，使所有欧洲君主制国家与他为 1786
敌，因而战争很快便重演。

1805年，拿破仑放弃了入侵英国的计划，把他于1804年组成的军队以及1812年的远征军转移到欧洲中部以应对即将迎面而来的俄奥联军。他最大的胜利是1805年12月2日的奥斯特里茨战役，虽然它的影响在一定程度上因尼尔森(Nelson)在西班牙外海的特拉法尔加战役对法国舰队的早期破坏而减弱了一些。拿破仑在奥斯特里茨采用了高超的军事和心理战术击败了大量的敌军。

1806年，普鲁士和俄国对法宣战。拿破仑征服了普鲁士，在1807年与俄国签署了一项条约，暂时结束了敌对状态。1806年，他建立大陆经济封锁体系，对英国实行历时6年的经济封锁；这对双方的经济都造成了损失，但最终也未能击败这个岛国。他使其弟弟约瑟夫(Joseph)登上西班牙王位，但后来威灵顿公爵亚瑟·韦尔斯利(Arthur Wellesley)入侵西班牙，法国军队最终从西班牙撤出。

当约瑟芬被证实不能生育的时候，拿破仑不情愿地与她离了婚，并在1810年娶了奥地利皇帝的女儿玛丽·路易丝(Marie Louise)。1811年，他们生育一子。

到1810年，英国和俄国是在法兰西帝国之外仅存的大国。沙皇亚历山大(Czar Alexander)退出大陆经济封锁体系，要求法国放弃波兰，并准备入侵波兰。拿破仑一开始有所动摇，但在1812年率领军队进入俄国。1812年9月7日，他在博罗季诺获得胜利，进入俄国丢弃的莫斯科，但这里很快就淹没在俄国游击队点燃的火焰中。拿破仑将军队撤出，这场战役耗费了他90%的军队。1813年10月，一场声势浩大的联合力量在莱比锡击败拿破仑，这场战争被称为“各民族大会战”，结束了法兰西第一帝国的命运。

1787 1814年5月，巴黎被联军攻陷。4月11日，拿破仑退位，作为皇帝被流放到厄尔巴岛(Elba)，这是意大利外海的一个小岛。次年3月1日，他返回法国，从路易十八(Louis XVIII)的波旁王朝复辟中夺回王位。3月20日，他兵不血刃地回到巴黎，开始了一段被称为百日王朝的时期。他只是想统治法国。但他的旧敌很快就行动起来反对他，最后于1815年6月18日在比利时的滑铁卢击败拿破仑。后来，拿破仑被流放到英国在大西洋南部的一个小岛屿上，这就是圣赫勒拿岛。拿破仑死于1821年5月5日。关于他的死因，官方说法是胃癌，但很可能像很多历史学家现在认为的那样是死于中毒。1840年，他的遗体被送回巴黎。

人们通常认为拿破仑是现代欧洲之父，因为他的遗产远远超出了他的军事才能。但是，关于拿破仑的遗产，有多种多样的阐释。他提倡平等观念、任人唯贤和宗教自由，并在他的帝国内实施共同法律体系；但他是一位专制统治者，压制了许多与他意见不合之人。尽管如此，《拿破仑法典》仍然是法国法律的依据，它还对整个欧洲大陆和拉丁美洲的19世纪民法典有着重要影响力。拿破仑将路易斯安那领地拍卖给美国，促进了美国的巨大发展。他也对欧洲民族主义的兴起有深刻影响：他在意大利半岛和德意志王国的努力预示了意大利和德国后来的统一之路。虽然复辟的旧制度曾一度保持影响力，但拿破仑的领导权是以功绩为基础的，这最终成为西方民族国家追求的目标。

进一步阅读书目：

Caulaincourt, A. A. L. (1935). *With Napoleon in Russia: The Memoirs of General de Caulaincourt, Duke of Vicenza*. From the original memoirs as edited by Jean Hanoteau. (G. Libaire, Ed.). New York: Morrow.

Chandler, D.G. (1996). *The Campaigns of Napoleon*. New York: Macmillan.

Chandler, D.G. (1979). *Dictionary of the Napoleonic Wars*. New York: Macmillan.

Cronin, V. (1972). *Napoleon Bonaparte: An Intimate Biography*. New York: Morrow.

Jones, P.P. (Ed.). (1992). *Napoleon: An Intimate Account of the Years of Supremacy 1800 - 1804*. San Francisco: Random House.

Markham, J.D. (2003). *Imperial Glory: The Bulletins of Napoleon's Grande Armée 1805—1814*. London: Greenhill Books.

Markham, J.D. (2003). *Napoleon's Road to Glory: Triumphs, Defeats and Immortality*. London: Brassey's.

Napoleon Bonaparte. (2002). *In the Words of Napoleon: The Emperor Day by Day* (R. M. Johnston, Ed.). London: Greenhill.

Stendhal [Beyle, M.H.]. (1956). *A Life of Napoleon*. London: Rodale Press.

Weider, B., & Forshufvud, S. (1995). *Assassination at St. Helena Revisited*. New York: Wiley.

大卫·马卡姆(J. David Markham) 文

张瑾 译，郭子林 校

Napoleonic Empire 拿破仑帝国

拿破仑帝国(1799—1815)是自罗马时代以来版图最大、政治上最为统一的欧洲国家。它为现代欧洲的许多基本制 1788
度奠定了基础。

1799年11月,当拿破仑·波拿巴(Napoleon Bonaparte)成为法国第一执政官和政府领袖的时候,法国已经自1792年以来与各欧洲列强展开了战争,并获取了邻近国家的一些领土。法兰西第一共和国在1792年8月推翻路易十六的统治之后建立起来,到1799年已经成为一个帝国。1795年,法国吞并了奥属尼德兰——现今的比利时,将其变为巴黎管辖的部门,依据的是法国的法律和制度。1797年,法国又用这样的方法统治了莱茵河左(西部)岸神圣罗马帝国的所有领土,即现今的德国。1795年,联合省(现今的荷兰)更名为巴达维亚共和国,由一个傀儡政府统治。1796年,拿破仑在意大利北部和中部创造了一个由自己任总统的"卫星共和国",即阿尔卑斯山南共和国,首都设在米兰。1798年,法国军队分别在意大利南部教皇国和那不勒斯王国大陆领土的基础上,建立了罗马共和国和帕耳忒诺珀共和国,并在今日瑞士建立了赫尔维蒂共和国(即瑞士共和国)。前两个共和国只持续了几个月,很快就被一次内部起义推翻;第三个共和国现在仍是瑞士联邦的官方名称。直到1799年的一系列军事逆转,法国才有效地控制了西欧大多数国家。

内部统一帝国的创建:1800—1805

拿破仑的第一项任务是从俄奥联军那里收复这些领土,用某种形式重建法国霸权。为此,他在1799和1800年进行了一系列精心谋划的军事战斗。到1801年,与主要大国的整体和平已经达成;1802年3月与英国签订的《亚眠和约》则将这种和平推向顶点。虽然英国和法国很快再次开战,但法国直到1805年都没有再与大陆主要大国开战,这使拿破仑有时间巩固他在法国、意大利北部和中部以及低地国家的统治。同时,拿破仑在神圣罗马帝国内部培植较大的国家,它们均位于德国西部和中部。通过许诺将较小的帝国领土和更大的统治权给予那些脱离哈布斯堡王朝的国家,拿破仑使这些国家不再效忠哈布斯堡王朝的皇帝,并成为德国内部较大的国家。

拿破仑帝国到1805年已经是一个势力集团,其对西欧和南欧大部分地区拥有霸权。拿破仑帝国通过三种不同的方式行使霸权。法国直接吞并莱茵河左岸(现今的比利时)和意大利西北部;法国在荷兰和意大利中北部重建卫星国;德国西部的其余部分是法国所保护的国家,与法国结成亲密同盟:拿骚、巴登、巴伐利亚和符腾堡州,后者是这些国家中的主要国家。法国将其核心制度深深地根植于这些地区,或者以直接强加的方式,或者通过自由但有意识的模仿。
这些制度主要包括《民法典》(《拿破仑法典》)和 1789
中央集权的国家。《民法典》保证公开审判和法律面前人人平等。中央集权的国家以地方市政长官和行政部门为基础,文职官员由中央政府任命,行政部门是他们管理的单位。卫星国接受直接以法国宪法为模型的宪法,建立了强大的行政机构和集权化的官僚体系;当地法律、度量

> 在帝国缔造者的眼中，男人不是男人，而是工具。
>
> ——拿破仑·波拿巴(1769—1821)

衡、货币和行政机构都被1789年法国大革命以来发展起来的法律、度量衡、货币和行政机构取代。这也意味着封建残余的消除、地方和贵族特权的废除以及教会财产的没收。要想成为法兰西帝国的一部分，就必须加入统一标准化的政治体系；法国控制下的各个区域的旧制度被一扫而空。综合来看，1805年之前拿破仑霸权控制下的各个地区形成了一个“内部一致的帝国”，构成了拿破仑权力的真正核心。在这些地区，法国的公共机构和司法实践以及行政管理实践很容易被吸收，至少很容易被当地精英吸收，并一般都持续到1814至1815年拿破仑军事衰落和倒台以后。这对欧洲未来的发展至关重要，因为《民法典》的植入和中央集权化国家为西欧很多国家奠定了司法与制度基础。

这些改革的目的主要是增强国家权力，宪兵队被建立起来执行这一新权力。宪兵队是致力于乡村巡逻的军事警察部队。尤其在1805年之后，当欧洲再次爆发大规模战争时，这支新军队主要负责为中央政权大规模征兵及对农民征收重税，这些中央政权在拿破仑统治之前一直是影子政权。甚至在1800至1805年更稳定的和平时期，这一新国家的到来起到了创伤性休克疗法的作用。在这些年，法国南部和西部的大部分地区处于虚拟戒严法管理之下；意大利北部和中部出现了广泛的农民起义，当然它们都是局部农民起义；当地司法部门和政府以传统的仲裁形式为基础，将这些起义农民从莱茵兰农村地区清除。从单个地区来看，德国王子在自己的领域内遇到了类似反抗。拿破仑统治的某些方面，例如宗教和解或无情的征兵政策，从来没有获得法国以外地区的真正认可，甚或没有在法国南部和西部以外的地区获得接受。

恩斯特·克罗夫茨(Ernest Crofts)的《滑铁卢之战》(*The Battle of Waterloo*, 1877)。油画。1815年6月18日的这场战斗实际上终结了拿破仑帝国

不管怎样，有产阶级，也包括许多农民，受益于这些法律和秩序，其由宪兵队带到了乡村；尤其是宪兵队扫除了乡村的匪患。与过去相比，依据《民法典》进行的法律仲裁更迅速了，其成本也更低了；法律仲裁由诚信专业的地方行政长官执行。虽然间接税在拿破仑统治下变得非常高，但精确的土地登记册(地籍簿)的编制基本上保证了财产税的公平和公正赔偿与管理。地方行政长官被证明是有能力的和诚实的地方管理人员，所有这些都给西欧精英留下了深刻而良好的印象，甚至给那些政治上反对拿破仑的精英们留下了良好印象。

然而，民主政治与拿破仑一世时期的统治 1790
无关。新拿破仑国家的西欧经验，不包括代议制政府和议会政府。拿破仑帝国有核心地区，但核心地区并不是整个法国。许多非法国地区，特别是那些德语国家、莱茵兰、低地国家和意大利北部，吸纳了法国制度，在税收、征兵和管理方面比法国西部或南部实行得更好，18世纪90年代这些非法国地区的国家对大革命的改革一直有所怨恨。1805年后，当拿破仑帝国通过战争向外

扩张时，这些非法国地区围绕新的地区向东部和南部形成了一个“内部帝国”。

到1805年，拿破仑帝国在某些意义上已经成为其他欧洲帝国的直接挑战者。它控制下的辽阔领土、物质和人力资源使它成为一个显著的军事威胁和一流的区域强国，至少在欧洲西部和中部是这样。其紧凑的领土性质和（尤其）中央集权的统一管理系统，标志着它非常不同于神圣罗马帝国和哈布斯堡王朝那种宽松、武断的帝国模式。在一个层次上，拿破仑当时选择模仿他的对手；而在另一个层次上，他们选择模仿拿破仑。1804年12月，拿破仑加冕称“法兰西皇帝”。根据新宪法准则，“法兰西共和国被委托给一个世袭王朝”（转引自加冕誓言）。本着这一精神，意大利和巴达维亚共和国成为王国，前者名义上在拿破仑统治下，但实际上由拿破仑的继子欧仁·德·博阿尔奈（Eugène de Beauharnais）统治，后者则由拿破仑的哥哥路易（Louis）统治。然而，欧洲秩序的真正改变迅速发生在帝国诞生后的几年里。由于担心头衔的变化预示着拿破仑试图成为神圣罗马帝国皇帝，哈布斯堡王朝皇帝弗朗西斯一世（Francis I）解散了这个古老机构，从那以后称自己为奥地利皇帝。而本着同样怀疑拿破仑野心的精神，奥地利很快与英国和俄国结成一个新的反拿破仑联盟。他们于1805年被法国的闪电战粉碎；当普鲁士和俄国试图继续战斗时，他们在1806到1807年被法国军队的一系列战役打败，法国军队攻入俄国境内。

大帝国：1805—1814

这轮胜利以激烈的、意想不到的方式改变了帝国和整个欧洲模式。1805年，拿破仑占领意大利南部的那不勒斯王国，让他的弟弟约瑟夫接替波旁王朝占据王位。德国西部和南部各国联合在一起成立了莱茵联盟，拿破仑是其“保护人”，这样提供了一种新的政治“保护伞”，取代了神圣罗马帝国的保护。法国将其从德国中北部的普鲁士和黑森-卡塞尔获得的领土，变成新的威斯特伐利亚王国，由拿破仑最小的弟弟杰罗姆（Jerome）统治。法国进一步向东延伸，与沙皇亚历山大一世（Czar Alexander I）签订《提尔西特条约》（Treaty of Tilsit）之后，法国创建了一个新国家，即华沙大公国（Grand Duchy of Warsaw），是在普鲁士控制下的部分波兰领土上建立的。1809年拿破仑吞并了位于意大利中部的托斯卡纳和教皇国，1811年吞并了荷兰王国和丹麦之间的德国北海沿岸。1805年后，拿破仑帝国不再是一个纯粹的西欧国家体系，而是一个泛欧洲帝国。从领土上来看，拿破仑帝国在1811年达到了顶峰。拿破仑帝国的组成部分有130多个，包括4 400万居民，由巴黎直接统治。当卫星王国和莱茵联盟加进来时，“拿破仑霸权”包含的人口超过8 000万。然而，这一表象具有迷惑性。与那些到1804年就在其控制下的地区相比，法国在第二阶段扩张后获得的领土不愿意接受拿破仑帝国的法律和行政机构，而这些法律和行政机构是拿破仑帝国的特征。封建主 1791
义在德国北部、意大利南部，尤其在波兰比欧洲其他地方更为强大，这些地区也没有做好欣然接受宗教宽容原则的准备。因此，《民法典》从未在这些领域的许多地方得到充分实施。虽然他们成为军队应征士兵和物资的重要来源，但这些地区代表的是一个外部帝国，从没有正确地吸纳拿破仑帝国的本质。华沙大公国虽然在政治上非常忠实于拿破仑，但它的目的在于恢复其独立性。西班牙从来没有真正处于拿破仑的控制下，且西班牙的反抗为英国1808年重新发动有效地反对拿破仑的战争提供了重要跳板。几年后的1812年，拿破仑的军事实力在反对俄国的战争中被粉碎。到1814年，“拿破仑的冒险”实际上结束了。

帝国的行政和法律的一致性并没有在拿破

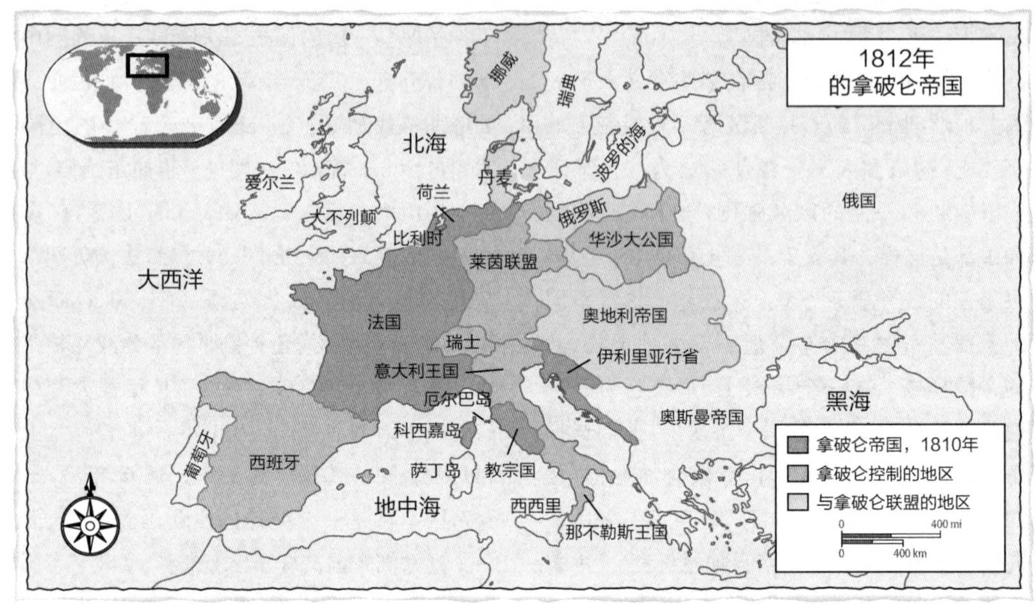

仑的经济政策上反映出来。为了用经济手段打败英国，拿破仑沿着帝国海岸线对其实行封锁，但这在很大程度上是无效的。他的“大陆经济封锁政策”由一系列条约组成，设置关税壁垒，维持法国在全欧甚至帝国内部的竞争力，创造了一个“单向共同市场”。

拿破仑的遗产

拿破仑的欧洲霸权是短暂的。在一些地区，它仅仅持续了3年。尽管如此，他的改革对今后西欧国家的管理产生了持久影响。虽然维也纳会议在拿破仑垮台后重新组织欧洲，在很大程度上划定了欧洲国家的边界，但拿破仑的行政制度，尤其是《民法典》很快而非较晚地再次出现，成为那些曾经是拿破仑帝国组成部分的王国的内政基础，后来又成为现代欧洲联盟的历史核心。拿破仑统治下建立起来的中央集权的文化统一模式成为法国海外帝国主义的指导原则，从1829年的阿尔及利亚开始，在19世纪后期遍布非洲大部分和印度支那。就拿破仑帝国在欧洲和帝国历史上的遗产而言，拿破仑的民事改革比其短暂的军事功绩影响更持久。

1792 进一步阅读书目：

Alexander, R.S. (2001). *Napoleon*. London: Arnold.

Bergeron, L. (1981). *France under Napoleon* (R.R. Palmer, Trans.). Princeton, NJ: Princeton University Press.

Broers, M. (1996). *Europe under Napoleon, 1799—1815*. London: Arnold.

Broers, M. (2001). Napoleon, Charlemagne, and Lotharingia: Acculturation and the Boundaries of Napoleonic Europe. *The Historical Journal, 44*(1), 135 - 154.

Dwyer, P. (Ed.). (2001). *Napoleon and Europe*. London: Longman.

Ellis, G. (2000). *Napoleon*. London and New York: Longman.

Ellis, G. (2003). *The Napoleonic Empire* (2nd ed.). Basingstoke and New York: Palgrave Macmillan.

Emsley, C. (1993). *The Longman Companion to Napoleonic Europe*. London: Longman.

Englund, S. (2004). *Napoleon. A Political Life*. New York: Scribner.

Esdaile, C. (1995). *The Wars of Napoleon*. London: Longman.

Geyl, P. (1949). *Napoleon: For and Against*. London: Bradford & Dickens.

Grab, A. (2003). *Napoleon and the Transformation of Europe*. New York: Palgrave Macmillan.

Laven, D., & Riall, L. (Eds.). (2000). *Napoleon's Legacy: Problems of Government in Restoration Europe*. New York: Palgrave Macmillan.

Lefebvre, G. (1969 - 1974). *Napoleon* (Vols. 1 - 2). New York: Columbia University Press.

Schroeder, P. W. (1994). *The Transformation of European Politics, 1763 - 1848*. Oxford, U.K.: Clarendon Press.

Tulard, J. (1984). *Napoleon: The Myth of the Saviour*. London: Weidenfield & Nicolson.

Woolf, S. J. (1991). *Napoleon's Integration of Europe*. New York: Routledge.

迈克尔·布劳尔斯(Michael Broers) 文

张瑾 译,郭子林 校

Nationalism - Overview 民族主义概述

在 19 和 20 世纪,就民族主义最常见、最基本的形式来讲,它是一种学说。它认为每个民族都有权利管理自己的国 1793
家,一个国家只有在代表一个民族时才是合法的。现代世界四个相互关联的特征有助于民族主义的形成:政治,经济,以文本为基础的文化传播,种族、宗教和族群排斥。

直到最近,传统学说还认为民族主义是在大约 18 世纪末登上西欧的世界舞台。它的诞生有时可以更准确地追溯到某个时间点,即 1792 年 9 月 20 日。就是在这一天,法国革命军在瓦尔米打败了普鲁士和奥地利联军,高呼"民族万岁!"这场胜利究竟是由民族主义热情导致的,还是由高效能的大炮轰击造成的结果,都没有什么实际意义。但毫无疑问,法国大革命用以对抗敌人的民众动员,共和国时期开始并在帝国时期继续发展的行政管理和文化上的中央集权化,拿破仑激发的关于法国命运的信仰,预示了后来民族主义的很多主题。法国的胜利激发的反应也是如此。对法国军队的抵抗是在民族的名义下进行的。但甚至在当时还没有相对于民族这个名字的政治实体,当时的政体都是一些国家、公国和帝国的混合政体,后来的德国就来源于这种混合政体。事实上,恰恰是德语使"民族"这个词获得了其第一个明确的哲学阐释,这出现于约翰·戈特弗里德·冯·赫尔德(Johann Gottfried von Herder)和约翰·戈特利布·费希特(Johann Gottlieb Fichte)的作品中。一旦民族主义找到了表达方式,那么关于民族主义的修辞学就在 19 世纪和 20 世纪早期获得了极大热情。战争不断,王朝被推翻,帝国受到挑战,边境以民族自决的名义被重新划定。

传统学说已经成为主要受批评者。一些历史学家认为,进入 19 世纪以后,也或许更晚的时候,民族主义才出现在普通人的意识中。欧仁·韦伯(Eugen Weber)已经阐明,19 世纪晚期的大多数法国农民几乎很少感到自己是法国人。约翰·布鲁伊利(John Breuilly)认为,民族主义最初是一个政治目标,被设计出来用于加强精英的利益，而且仅仅作为国家行政管理和教育政策的结果引起民众情绪。但如果这类批评促使我们认为民族主义的出现晚于18世纪末，那么，第二类批评则认为民族主义产生的时间更早。琳达·科利（Linda Colley）在阐释18世纪的英国时，将英国民族认同意识的发展追溯到那个时期。科利的观点与那之前英国的甚或苏格兰的民族认同感并不矛盾，事实上它假定了这种民族认同感的存在。里亚·格林菲尔德（Liah Greenfeld）和安东尼·马克斯（Anthony W. Marx）将民族主义的产生追溯到16世纪早期；而阿德里安·黑斯廷斯（Adrian Hastings）提供了一个强有力的案例，证明英国国家地位意识早在诺曼征服之前就出现了。

这里重要的是将不同的问题区分开来。一个问题关心民族主义的重要性。民族主义者以民族主义的名义进行斗争，那么民族主义在这
1794 种斗争意识中发挥了什么样的作用？另一个问题关心政治领导者、知识分子和文化人物如何在修辞学上使用民族主义。布鲁伊利的观点或许是正确的，他认为即使在19世纪，民族主义的根基也是相对肤浅的。但格林菲尔德和马克斯也可能是正确的，因为至少在400多年前，民族主义修辞就已出现在政治和文化话语中了。换言之，民族主义可能是作为一种精英现象开始其职业生涯，而到很晚的时候才成为民众的话语。

定义

在19和20世纪，就民族主义最常见、最基本的形式来讲，它是一种学说，认为每个民族都有权利管理自己的国家，一个国家只有在代表一个民族时才是合法的。然而，在最近这些年，一些民族主义运动旨在解决一些并非纯粹政治性的民族自决问题，例如英国的威尔士人运动和伊拉克的库尔德人运动。尽管这些让步是出于必要而产生的，但它们表明我们应该采用一种更适度、更具包容性的民族主义概念：民族有权利获得政治认可，或许有权利在联邦结构中获得一定程度的自治；而且，只要民族提供这种认可，那么这在一定程度上就是合法的。

但民族是什么？是什么使民族有权利享有特殊政治地位？我们只能在有限的范围内回答这些问题。然而，民族有一些普遍特征。民族主义随着这样的思想来到前台，即一群人以共享的文化认同为基础组成政治共同体，而且有足够多的人相信这种身份认同比其他因素重要。在国与国之间、在一国内部的不同时期，这种身份认同的构成要素是不同的。每个民族都有自己的故事，但场景可以变化。每个民族都寻求共同性的历史。这是一个充满胜利与灾难的故事，是一个由英雄与背叛构成的历史，民族借此逐渐将其变为事实。每个民族都认为自己有一个家乡，这个家乡在民族的仪式、文学和音乐中被描述出来并得到纪念。这为近乎文学意义的民族认同奠定了基础。典型地（尽管不是普遍地），民族文化以共同的书面语言为基础，民族的成员之间能够通过这种语言进行交流。文化也是平等主义的，正如本尼迪克特·安德森（Benedict Anderson）所说，民族“始终被视作一种纵横交错的同志关系”。这当然是与大量财富、权力和威望的不平等相一致的。民族就像是一神论宗教的上帝：所有人在民族的眼里都是平等的。因为民族被视作合法政治统治的基础，所以民族主义是平民主义学说：主权在民。

民族主义的起源

民族主义是一种学说，即一个社区在依靠土地、历史和语言统一起来之后，便宣称政治认同。19世纪较为明显的民族主义运动，如德国、

欧仁·德拉克洛瓦(Eugène Delacroix)的《自由引导人们》(*Liberty Leading the People*, 1830 年 7 月 28 日)。布面油画。这里的女性人物是以比喻的方式描绘出来的,显然是在为了国家及其事业而战斗

意大利、希腊、波兰和很多其他地区的民族主义运动,都试图重新划定政治边界,目的是他们可以与他们宣称代表的民族在愿望上保持一致。我们能够识别出较早的、不太明显的民族主义。到 16 世纪,英格兰边境或多或少已经得到保护。1706 年,它们通过合并苏格兰而得以扩展(将爱尔兰囊括进来的努力非常不成功)。英格兰这个概念开始在 16 世纪的公共话语中发挥重要作用,涉及地理环境("这个节杖之岛")、宗教(新教)、历史、神话(埃德蒙·斯宾塞的《仙女》[*The Faerie Queene*]具有重要意义)、性格铸造(英国自耕农,乡绅)、文学传统,甚至特殊战争模式(长弓)。当英格兰和苏格兰形成英国的时候,是一个不同寻常但并不独特的多民族国家(加拿大和苏联是同类事例)。英格兰和苏格兰能够继续庆祝它们各自不同的民族认同,休·特维-罗伯(Hugh Trevor-Roper,参见 Hobsbawm and Ranger, 1983)强有力地证明了苏格兰民族认同 1795
主要是在 19 世纪形成的。但它们在庆祝各自的民族认同时,其身份是英国的组成部分。君主制、共享的政治制度和共同的书面语言都是重要的统一因素。新教也是如此。新教在 19 世纪变得越来越不重要,结果它被一种共享的帝国使命代替。

迄今为止,我们的故事都集中在英格兰和后来的英国。很多学者(Greenfeld 1992; Hastings 1997)认为是英格兰引领了民族主义之路。马克斯(Marx, 2003)将西班牙放在这个序列的首位,并认为法国和英格兰是直接竞争者,但他也承认民族主义在现代早期的英格兰

比在其他地方更成功。这提出了一个问题，即其他地方是否有比欧洲更早的民族主义？黑斯廷斯提出了有趣的观点：就像《旧约》描绘的那样，以色列是英格兰早期民族主义描绘的模型。可以肯定的是，“文化、神圣选择、代表以色列人做出的政治宣言”的结合体与晚后的民族主义有很多共同之处。在修昔底德的著作中，伯罗奔尼撒战争的第一年结束之后，伯里克利在国葬典礼上代表雅典人做的宣言也是如此。因此，我们有必要简短地考察较早期——或许是非欧洲——的民族主义。

为什么会出现民族主义?

民族主义在现代世界达到了顶峰。无论是否有前现代事例，我们对此都毋庸置疑。为什么现代世界对民族主义如此热衷呢？现代世界四个相互关联的特征有助于民族主义的形成：政治，经济，文化传播，种族、宗教和族群排斥。

政治

正如布鲁伊利和马克斯强调的那样，民族主义是一个政治项目。这表明我们需要在国家权力性质变化语境中考察民族主义的出现。这些变化当中最明显的是中央集权化：现代早期国家努力确立其在越来越清晰界定的疆域内的唯一权力地位。几乎同样重要的是，国家扩大了其在社会生活中的角色，它需要很多行政管
1796 理、司法、政策、基础社会结构和越来越多的教育职责。如果国家的强制力实现了中央集权化，那么国家的行政管理权便出现在社会生活的各个领域。

经济

最重要的经济变化是资本主义市场关系的传播。这最终导致工业化。但这发生的太晚了(18 世纪晚期的英国；18 世纪的欧洲、北美洲、日本和更晚后的其他地方)，以至于难以解释民族主义的形成(Gellner 1983，反对这一点)。随着市场关系的传播，以前自给自足的农村社会发现自己依赖于更广泛的生产和分配网络。劳动力市场的出现推动了人口移动。货物和人口的运输得到改善。如果市场总是全球的，那么最集约型的发展一定发生在固定下来的国家边境内，例如英国和法国。即便市场不能有效地解释民族主义，它也确定了民族认同借以构建的社会空间。

以文本为基础的文化传播

或许最重要的发展是安德森(1991)所说的“印刷资本主义”，即文本越来越多地以本土语言进行生产和传播并得到迅猛发展。如果最初宗教文本(尤其《圣经》)是最重要的，那么其他以文本为基础的文化形式(政治宣传单、花边报纸、杂志、剧本、后来的小说)便利用新的机会扩大影响和市场。读写能力的传播使这些产品为大众所得。如果市场关系正在侵蚀以农民生活为特征的文化形式的多样性，那么，以印刷为基础的文化的发展便使丰富多彩、包罗万象的身份认同形式得到人们认可。

宗教、种族和族群排斥

很多民族主义历史学家(例如 Colley, 1992；Marx, 2003)强调了真实或想象的差异在民族身份构建中发挥的作用。对于科利来说，反对天主教和绝对主义的法国是 18 世纪英国民族认同构建中的关键因素。马克斯提供了一个更有说服力的案例：对于他来说，对其他某种身份认同的拒绝构成了民族身份认同形成过程中的一个重要因素。16 世纪早期，西班牙选择犹太教作为其身份认同的因素，大多数国家也效仿。英格兰在驱逐天主教徒的过程中，将其他异教徒统一为新教徒。毫无疑问，国内因素，例如前

> 国债如果不是太多，那么它对于我们而言就是民族的福祉……它将是强有力的黏合剂，能够将我们统一起来。
> ——亚历山大·汉密尔顿(1755—1804)

面列出的那些因素，也发挥了作用。然而，还有一种广受欢迎的观点认为，对于身份认同来说，与所谓“他者”的比较是必要的。“他者”经常被视作威胁，这种威胁必须被拒绝。不幸的是，宗教、种族和族群排斥密切潜伏在最文明的民族文化里。

当然，这四个特征并不能充分解释民族主义的兴起。历史也充满了偶然性和可能性。但它们提供了环境。在这种环境中，民族主义变得可能了；而且对于很多人来说，民族主义成为不可避免的了。

前现代民族主义?

一旦我们对民族主义有了相当清楚的理解，那么一个完全经验主义的问题便出现了，即是否存在前现代民族主义？然而，有些理由是可疑的。对于世界历史的很多时期来说，人们似乎不可能接受如下思想，即政治精英与其统治的人们共享的文化对其政治统治是合理的。这不意味着统治精英与其臣民之间没有潜在的文化类似性。约翰·阿姆斯特朗(John A. Armstrong, 1982)和安东尼·史密斯(Anthony D. Smith, 1986)认为，西欧的早期民族主义能够吸收这些文化类似性提供的文化资源(阿姆斯特朗和史密斯考虑这些族群的相似之处，这
1797 是误导性的。宗教和其他文化特征比血统更重要)。但这些文化关系似乎发挥了相对小的作用，错误观点认为它们是现代意义上的构成民族。当这些社区面对一个共同敌人的时候，与民族认同更类似的事情或许开始出现了。例如，法国民族认同感可能在“百年战争”时期甚至更早的时候出现。前现代民族国家的各种类似者都是一些小社区，例如古代以色列和希腊城市国家(将奴隶排除在外)。在这样的社区里，统治者与公民之间没有很大的鸿沟，社会生活中有大量普通活动和仪式(军事活动、宗教仪式)。在这些事例中，共享的经验铸就了共同的文化认同。但这些社会要想转变为现代世界庞大规模的民族国家，还有很长的路要走。

民族主义的传播

即使存在前现代民族主义，它最多也就是一种间歇性的事情。而在现代世界，民族主义似乎已经不可避免。谈原因很容易。一旦文化和国家权力之间的联系建立起来，那么政治统治就需要一种文化维度。这可以从革命战争与拿破仑战争中识别出来，而且19世纪是“官方民族主义”(这个词源自 Seton-Watson, 1997)时期。国家尽力用文化术语使自己合法化。作为这种民族构建实践的组成部分，公开展览、仪式和典礼得到开展，甚至被发明出来。通过比较，当国家对现代世界的挑战做出回应时，以奥匈帝国或奥斯曼帝国模式建立起来的古老多语言帝国便面临着越来越多的困难。英国在铸造包罗万象的民族认同的过程中取得了相对成功，这表明这些困难并不是不能克服的。当国家扩张其领土，增加其在日常生活中的出现频次时，少数民族的文化面临着选择：要么适应主导文化，要么抵制它。第一种选择意味着同化或边缘化；第二种选择是民族抵抗之路，因为少数民族文化也需要寻找政治具体化。正如布鲁伊利认为的(1982)那样，民族主义可能是一种修辞，而知识分子和政治领袖用这种修辞表达他们对大都会权力中心的反对。在它出现在人们的意识中之前，以人民的名义进行斗争的民族主义者被打败了。但修辞是——并始终是——一种有效的方式。

民族主义的来源存在于16至18世纪发生在西欧的大量结构变化中。但它在非西方世界被迅速据为己有。这并不意味着对欧洲模式的简单翻译，尽管非洲和亚洲的领导者及知识分

这是美国第一次世界大战时期的政府债券招贴广告，以公民和移民为宣传对象。美国国会图书馆

子无疑受到了他们从欧洲学到的内容的影响。或许最重要的是欧洲帝国主义的经历。边界根据殖民统治的紧急状况划定，对这种统治的抵
1798 制本身形成了民族认同，并以民族认同的名义实施。尽管后殖民民族能够根据地方传统和历史划定边界，但当通过斗争获得的统一被其他竞争性的忠诚压制时，民族认同经常面对困难。

民族主义有未来吗？

对于过去的两三百年，民族国家已经提供了组织原则，而很多经济、政治和文化活动也按照这种原则展开。但我们有理由认为这不再是事实。生产——不仅仅是交换，越来越以国际规模发生。运输的改善和大量交流的改善发生在普通人中间，他们可以与国界之外的人联系。经济发展的需要已经导致大多数国家使自己的某些权力附属于跨国公司和全球市场力量。民族文化已经沿着那些与政治边界没有关系的路线分裂。就像霍布斯鲍姆（E. J. Hobsbawn）评论的那样，民族主义“不再是历史发展的主要矢量”。但我们应该非常谨慎地预测民族主义的终结。前面约略阐释的解释性故事，为历史偶然性留下了大量空间。无论其起源是什么，民族主义已经变成了一种恰当的历史力量，而不仅仅是其他项目的中介。民族已经能够占用和创造令人印象深刻的文化资源。国家保持了大量剩余权力，很好地意识到了民族主义支撑国家的潜能。无论全球化最终能否带来繁荣和安全，对于很多国家来说，当代的现实是贫穷和不确定的。

进一步阅读书目：

Anderson, B. (1991). *Imagined Communities: Reflections on the Origin and Spread of Nationalism* (2nd ed.). London: Verso.

Armstrong, J. A (1982). *Nations before Nationalism*. Chapel Hill: University of North Carolina Press.

Bayly, C. A. (2004). *The Birth of the Modern World 1780 - 1914: Global Connections and Comparisons*. Malden, MA: Blackwell.

Breuilly, J. (1982). *Nationalism and the State*. New York: St. Martin's Press.

Colley, L. (1992). *Britons: Forging the Nation 1707 - 1783*. New Haven, CT: Yale University Press.

Dahbour, O., & Ishay, M. R. (Eds.). (1995). *The Nationalism Reader*. Atlantic Highlands, NJ: Humanities Press.

Gellner, E. (1983). *Nations and Nationalism*. Oxford, U.K.: Basil Blackwell

Greenfeld, L. (1992). *Nationalism: Five Roads to Modernity*. Cambridge, MA: Harvard University Press.

Hastings, A. (1997). *The Construction of Nationhood: Ethnicity, Religion and Nationalism*. Cambridge, U. K.: Cambridge University Press.

Hobsbawm, E. J. (1993). *Nations and Nationalism since 1780: Programme, Myth, Reality* (2nd ed.). Cambridge, U. K.: Cambridge University Press.

Hobsbawm, E. J., & Ranger, T. (Eds.). (1983). *The Invention of Tradition*. Cambridge, U. K.: Cambridge University Press

Hutchinson, J., & Smith, A. D. (Eds.). (1994). *Nationalism*. Oxford, U. K.: Oxford University Press.

Kedourie, E. (1962). *Nationalism*. New York: Frederick A. Praeger.

Kohn, H. (1969). *The Idea of Nationalism: A Study in its Origins and Background* (2nd ed.). Toronto, Canada: Collier-Macmillan.

Marx, A. W. (2003). *Faith in Nation: Exclusionary Origins of Nationalism*. Oxford, U. K.: Oxford University Press.

Poole, R. (1999). *Nation and Identity*. London: Routledge.

Seton-Watson, H. (1977). *Nations and States: An Enquiry into the Origins of Nations and the Politics of Nationalism*. London: Methuen.

Smith, A. D. (1986). *The Ethnic Origins of Nationalism*. Oxford, U. K.: Basil Blackwell.

Weber, E. (1976). *Peasants into Frenchmen*. Stanford, CA: Stanford University Press.

罗丝·普尔(Ross Poole) 文
郭子林 译,毛悦 校

Nationalism, Ethnic 种族民族主义

如果民族主义被定义为以民众认同的名义宣誓国家地位和区域主权的意识形态,那么种族民族主义就是其中的子 1799
集,通过虚构共同祖先而确定民众认同。这种虚构是否有事实根据并不具备实际意义,只要人们之间具有亲属关系的
感觉表现出来,并通过共同文化和传统维持下来就可以了。

种族民族主义依赖于人们对亲属关系的感知或对祖先的共享。一种共享的特殊语言是种族民族主义认同的最常见标志,但诸如宗教这样的其他文化特征也充分发挥作用。东正教塞尔维亚人、伊斯兰教波斯尼亚人和天主教克罗地亚人(他们都讲塞尔维亚-克罗地亚语)之间敌对的种族民族主义,以及北爱尔兰联合主义新教徒与爱尔兰民族主义天主教徒(他们都讲受爱尔兰语影响的英语)之间的分裂,表明了这点。

种族民族主义某种深刻的社会生物学前身可以从那些以亲属关系为基础的合作模式中识别出来,人类与其他很多脊椎动物具有相同的合作模式。共同承诺保卫一个特殊区域(作为食物来源地、动物饲养地、或躲避食肉动物的庇护地)是这种群体团结一致的特有表现形式之一。在所有已知人类社会中,类似行为方式已经被族群团结一致的大量象征性标志和文化表征的配置所定义、强化和扩展。甚至在最小的狩猎-采集者社会里,共享的仪式、风俗和交流方式都被用于强化亲属关系的社会意义,将亲属关系感觉扩展到相对狭小的人群之外,而这个狭小的人群毫无疑问分享一个共同的祖先世系。

这些文化机制允许人们将外来者吸收进神圣的亲属关系圈内,并将那些被视作违反社会标准的人赶出这个圈子。

古代起源

从大约1万年前开始,随着农业革命对中东和其他地区社会的改变,有组织的社会的规模和数量开始以指数的方式增长,维持对边界清晰的区域进行长期控制的重要性也是如此。维持社会凝聚力的困难也相应地增加了,因为正是在这个社会经济、人口和文化转变过程中,本尼迪克特·安德森(Benedict Anderson)描述的"想象共同体"现象(1991)首先出现了。也就是说,社会发展超出了大约150人的临界点。在一个社会里,成员之间可能形成相互影响和团结一致的个人关系,这种社会的最大规模是150人。当社会规模超出150人这个临界点时,社会身份就不得不依靠面对面交流之外的方式进行培养和维持。这种社会身份还必须在面对越来越多的社会经济不平等时保持生命力。

宗教和法律的系统联合依靠对暴行的慷慨处理而得到强化,是构建凌驾于想象共同体之上的社会和政治权威的核心。就那种作为古代国家占主导地位的合法化框架而出现的政治权
1800 威神圣认可而言,统治者不可能过度关注其臣民的种族认可。但国家和社会之间的接触与冲突,将种族共性和差异带到了人们意识的最前线。对商业路线和战场的亲密接触,使不同社会的成员更多地意识到那些将他们彼此分离开来的文化特征。出于同样原因,地域广阔和人口众多的帝国的征服与巩固,迫使政权去面对社会文化一致与其成员之间冲突的重要性,以便凝聚其政体。

在诸如埃及和连续的美索不达米亚帝国这样的大国家里,政治权威、社会阶层和集体一致依靠宗教与司法体系维持;这些体系将君主神化为神祇或神祇的后裔。而中国哲学上更加微妙的儒家传统颂扬善良的君主,称其享有"天命"。尽管这些神学合法化框架会使人想到征服世界其他地区的领土,但当这些国家政治精英的统治受到外来挑战时,作为这些框架之根源的种族文化特殊主义便成为至关重要的东西。闪米特-喜克索斯人作为入侵者征服了埃及并建立了王朝统治,即第15王朝和第16王朝(前1674—前1552)。这似乎掩盖了种族划分在那个社会对于政治合法性的重要性。然而,公元前16世纪,埃及诸侯推翻了喜克索斯人的统治,这件事情被起义领导者描绘为本土埃及人对异族人和非法君主的胜利。类似的主题也被用于描述千年以后中国汉族人明朝建立者推翻蒙古人元朝这件事情。

相反,在公元前9至前6世纪,新亚述帝国和新巴比伦帝国对沃月地带大多数地区的征

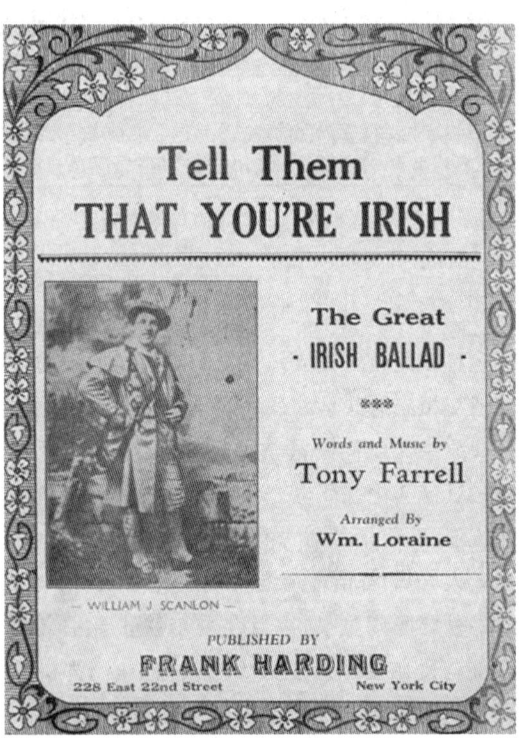

这些散页乐谱上谱写的是歌曲《告诉他们你是爱尔兰人》。这是托尼·法雷尔(Tony Farrell)谱写的歌曲。标题或副歌写着这样一句话:"不要介意别人怎么看你。"

服，迫使其全力应付一种挑战，即巩固和维持它们对各种不同族群的政治权威。它们对诸侯国叛乱的标准反应之一是将成千上万的本土居民成批地放逐到帝国遥远的角落，而空出的土地由外来种族人口占据。这种侵略性的种族—人口工程表明，帝国政权的族群一致性愿望、地域团结愿望和政治独立愿望之间是相互关联的。

古代种族清洗当中最著名的对象是犹太人。古代世界种族民族主义最清晰的案例恰恰出现于犹太人中间。可能正是在“巴比伦之囚”（公元前 6 世纪）期间，明显的犹太种族神学联合得以形成，出现了这样一种观念，即一个上帝选中的民族通过与上帝缔结契约的方式结合到一起，观察上帝的诫命，接受上帝法律的统治，换得在一个边界明确的地域内（从这头到那头）以
1801 自由人的身份生存。这种关于国家地位的观念将亲属关系思想与盟约观念（可以说是种族因素与公民因素的混合）混合起来，推动着一个自治犹太社会在祖籍地的重建，最终导致短命的犹大自治王国在公元前 2 和前 1 世纪再现。通过希伯来《圣经》的传递，古代犹太人的范式将在现代欧洲乃至全球民族主义的塑造中发挥重要作用。

现代种族民族主义

古代世界为我们提供了各种情节，从那些种族自我意识获得较弱发展、几乎没有起到积极政治作用的社会，到那些种族意识构成政治权威和地域主权合法化核心的社会。无论在哪里，当经济衰退和地理政治动荡破坏着中央集权化国家权力创建或维持（例如中世纪早期的欧洲）的时候，种族民族主义显然就有很少、甚或根本没有机会显现出来。相反，高度集权的现代国家的兴起、从地理上连接在一起的经济的发展和方言的文学标准化，都引起了下面这些问题。什么是合法的政治权力的基础？因为国家与民众的种族和文化认同有关，所以国家应该怎样定义自己？这些问题在欧洲一些地区处于中心位置，然后在西方帝国主义扩张的环境中扩展到其他地区。18 至 20 世纪，政治民主化的稳步推进强化了一种日渐发展的信仰，即人们的集体认同是合法化国家存在的关键，也是后者权威和边界描述的关键。

在那些已经存在强大国家并允许进一步巩固中央集权化政治权威的地方，民族认同倾向于表现为市民形式。也就是说，民族认同主要根据一套政治价值和忠诚来定义，同时根据共享的地域范围和历史记忆来定义。英国与法国是这种民族主义变体的经典模式。但即使在这些事例中，民族意识也与特定形式的种族文化和语言认同有着密切关系；种族文化和语言认同被国家权力机关积极提升，目的是同化、抑制或排除挥之不去的地方主义传统（例如英国的苏格兰高地人社会和爱尔兰盖尔语人，法国的布列塔尼认同和语言传统），地方主义传统被视作民族国家统一的潜在障碍。在领土连续、种族多样化并能够实行管理集权化的帝国（例如奥斯曼帝国和哈布斯堡君主国）里，18 至 20 世纪强化国家权威的努力只会激起那些来自疏远族群（例如奥斯曼帝国的亚美尼亚人、哈布斯堡君主国的捷克人和匈牙利人）的强烈自治论者或分离主义者的反弹。在 19 世纪，中欧和东欧成为现代种族民族主义最经常引用的典型事例（一般将其音译为罗杰斯 · 布鲁贝克［Rogers Brubaker］）。

如果帝国政权充当了现代种族民族主义的培育器，那么帝国的突然崩溃恰恰导致种族民族国家在 20 世纪越来越占据主导地位，成为政治当局运作的全球性标准框架。第一次世界大战的结束成为分水岭，哈布斯堡、罗曼诺夫和奥斯曼帝国都成为内部分裂、外部征服的牺牲品。民族自决得到了伍德罗 · 威尔逊和弗拉基米尔 · 列宁等人的拥护，成为新国际秩序的口号。

《米莱尔·埃夫罗斯》(*Mirele Efros*，犹太女王李尔[Lear])的宣传戏剧海报。这或许是用意地绪语表演最广泛的戏剧。该戏剧在20世纪早期的波兰格罗德诺上演，成为波兰移民种族民族主义形成的催化剂。纽约公共图书馆

在当时，英国和法国海外帝国的扩张也不得不以民族自决的信条作为托辞，因为在国际联盟的委任书里面，前奥斯曼帝国在中东地区很多领土的控制权被授予这两个强国，但有一个前提条件，即它们将负责引导这些地区的殖民地人民向着最终的独立发展。在新独立或新扩张
1802 和重新配置的中东欧国家里，政策和制度的基础是努力调试各种不同的种族认同形式和观念，以便形成单一的整体，即所谓的民族国家。这种进程在英国和法国用了几个世纪的时间，而被希望在诸如波兰、波罗的海诸国、捷克斯洛伐克和罗马尼亚这样的国家里一夜之间发生，因为它们晚于非洲和亚洲的后殖民政体而出现。在很多情况下，那些居住在新国家境内的庞大而各种各样的少数民族被迫同化、离开或者静静地接受第二等级的地位，在新的种族民族政治秩序的边缘生存。接踵而至的骚乱和镇压则使社会付出了沉重代价，最终民主制度和政治稳定得以形成。

在21世纪初，种族民族主义始终是一种强大力量，并常常是一种毁坏性的力量。这不仅是苏联边境一带的情况，也是世界很多地方的情况。一些亚洲和非洲国家在1945年以后取得独立，而其独立斗争是以民族主义的名义进行的(例如斯里兰卡和卢旺达)。反殖民斗争和关于殖民统治的记忆的情绪，不足以为一种民族认同的构建提供基础，这种民族认同能够超 1803
越深刻的内部种族文化差异，并且具有结合力。人们已经注意到，全球经济和文化同质化的压力越大，一些群体的反弹就越强烈；这些群体寻求政治主权，将其作为保护种族文化遗产的堡垒，或者将其作为抵抗主导种族的抑制政策的堡垒。尽管一些人将这种倾向的一些表现形式轻视为“微弱异族群体的自恋行为”(Ignatieff 1993)，但任何建立在以人民主权论为原则的政治制度基础上的社会，都不能忽略一个根本性的窘境：如何在不引起那些构成国家人口的种族文化群体之间矛盾的情况下，定义国家的公民身份认同，并为这种认同提供有结合力的形式。

进一步阅读书目：

Anderson, B. (1991). *Imagined Communities* (2nd ed.). London: Verso.

Armstrong, J. A. (1982). *Nations before Nationalism*. Chapel Hill: University of North Carolina Press.

Brubaker, R. (1996). *Nationalism Reframed: Nationhood and the National Question in the New Europe*. Cambridge, MA: Cambridge University Press.

Davidson, B. (1992). *The Black Man's Burden: Africa and the Curse of the Nation-state*. New York: Random House.

Dunbar, R. (1998). *Grooming, Gossip, and the Evolution of Language*. Cambridge, MA: Harvard University Press.

Gellner, E. (1983). *Nations and Nationalism*. Ithaca, NY: Cornell University Press.

Greenfeld, L. (1992). *Nationalism: Five Roads to Modernity*. Cambridge, MA: Harvard University Press.

Grosby, S. (2002). *Biblical Ideas of Nationality: Ancient and Modern*. Winona Lake, IN: Eisenbrauns.

Hastings, A. (1997). *The Construction of Nationhood: Ethnicity, Religion and Nationalism*. Cambridge, U.K.: Cambridge University Press.

Horowitz, D. L. (2000). *Ethnic Groups in Conflict* (2nd ed.). Berkeley: University of California Press.

Ignatieff, M. (1993). *Blood and Belonging: Journeys into the New Nationalism*. New York: Farrar, Straus and Giroux.

Khalidi, R., et al. (Eds.). (1991). *The Origins of Arab Nationalism*. New York: Columbia University Press.

Neuberger, R. B. (1986). *National Self-determination in Postcolonial Africa*. Boulder, CO: Lynne Rienner.

Roshwald, A. (2001). *Ethnic Nationalism and the Fall of Empires: Central Europe, Russia and the Middle East, 1914 – 1923*. London: Routledge.

Schöpflin, G. (2000). *Nations, Identity, Power*. New York: New York University Press.

Smith, A. D. (1986). *The Ethnic Origins of Nations*. Oxford, U.K.: Blackwell.

Suny, R. G. (1993). *The Revenge of the Past: Nationalism, Revolution, and the Collapse of the Soviet Union*. Stanford, CA: Stanford University Press.

Weber, E. (1976). *Peasants into Frenchmen: The Modernization of Rural France, 1870 – 1914*. Stanford, CA: Stanford University Press.

艾薇尔·罗什瓦尔德(Aviel Roshwald) 文

郭子林 译,张瑾 校

Nation-State 民族国家

一个民族国家是单一当局,代表一个民族的主权;这个民族位于一个具有清晰边界的国家里,是一群具有共同文 1804
化、历史和语言联系的人。18 和 19 世纪,欧洲新兴民族国家体系与帝国主义海外扩张有着密切关系。

我们应该将“民族国家”这个词与两个关系密切的词汇区别开来,即民族主义和民族。民族是一群人,这具有集体纽带并属于一个共同区域。这里的集体纽带由诸如种族、语言、宗教、文化或历史中的一个或多个文化现象产生。民族主义是对高于所有其他联系的民族纽带的评价,被表述为民族集体对当前或未来民族国家的认同。民族国家是单一当局,代表一个民族的主权,而这个民族位于一个具有清晰边界的国家里。

“原生论者”探讨这些词汇之间的关系,认为民族(如果不是民族主义)早于民族国家。根据这种观点,民族国家代表了原生民族最终的觉醒;或者表明,原生民族逐渐意识到其种族身份或深刻的文化纽带,希望在现代进程中实现其命运。民族主义者将区域史描述为一种朝着现代民族意识的演进或觉醒。当代民族主义学者中的大多数可以被冠以“构成主义者”的头衔，尽管他们的构成主义的语境和内涵各种各样；但他们都不同意上述观点。构成主义者认为民族在很多方面是相对近期形成的国家的产物，这种国家试图将不同的人群整合为一个政治团体（这个团体逐渐被称为民族）。构成主义者认为，通过将各种各样的历史和区域归属感解释为民族的演进，民族主义者试图使当前的民族国家合法化。

诚然，诸如中国或英国这样的社会拥有很长的国家形成过程，这个过程产生了持久的联系，甚至是关于中国性或英国性的意识。然而，在缺乏现代技术或强烈身份构建需要的情况下，这样的意识经常是暂时的，并局限于几个群体，几乎不可能超越其他地方或宗教纽带。无论如何，一些历史学家认为，历史条件是重要因素，没有任何社会形态能够被武断地构建成一个成功的民族。

民族国家体系

人们认为民族国家是从欧洲国家体系演变而来，后者可以追溯到《威斯特伐利亚条约》(1648)，该条约结束了“三十年战争”。该条约开创了一种制度。根据这种制度，到19世纪，每个国家都按边界确定，都由一个君主统治。但民族国家体系产生的更恰当的时间应是18世纪晚期。当时，哲学家瓦泰尔(Emmerich de Vattel，1714—1767)对民族国家体系做了明确阐释，他认为一个国家应该尊重其他结构类似的国家的领土完整。维斯法介-瓦泰勒(Westphalian-Vatellian)认为，民族国家明显不同于其他政体 1805
(例如帝国或王国)；其他政体有几个经常竞争性的权力来源或层级(例如教会、部落或封建领主)，权力延伸到人，但不一定延伸到领土。

尽管从理论上讲一个民族国家承认其他民族国家的主权和自治，但国家之间为了资源而展

国家构建过程中的一个关键因素是有效的交通运输体系。这张从纳米比亚中南部拍摄的照片展现了在奥斯至吕德里茨铁路线上工作的人们

开竞争。这种竞争不仅使军事征服和殖民成为必要之事，也使一国对另一国领土的吞并或控制成为必要。在18和19世纪，这些国家越来越多地为欧洲和海外资本主义竞争与财富积累创造条件。在整个19世纪，它们在争夺亚洲、非洲、美洲和太平洋殖民地的过程中，标准化和规范化了自己的经济、司法与政治体系。殖民地化或半殖民地化（例如通过对东亚施加不平等条约而实现对其非正式控制）的借口是这样的主张，即殖民地社会没有掌握“文明的民族国家”的法律和制度，因而没有能力参与这种制度。这些国家的资源和劳动力始于殖民地化，可以用于资本主义竞争。这样，正在形成的民族国家体系与海外帝国主义形成了密切关系。

在西欧和北美民族国家边境内，民族与其公民的权利原则紧密结合起来。1789年的法国大革命保护和强制实施作为民族权利的人权与个人权利。《人权宣言》的第三款说：“主权在民。没有任何团体和个人可以实施任何不是直接源于民族（或那个民族的法律）的权威。”在早期阶段，大多数人口都不被授予权利，包括妇女、少数民族和民族内部的奴隶；他们的权利是在19和20世纪通过政治与军事斗争获得的。但这样的权利斗争成为可能的事实，从根本上讲主要是因为国家主权的基础变化了。尤其是在反君主政体的美国和法国革命之后，国家不再从宗
1806 教或王朝主张中获得其主权，而是越来越多地从国家“人民”的思想中获得主权。作为权利承载者的“国家—人民”的概念鼓舞了民族自决，加速了19世纪拿破仑帝国、西班牙帝国、哈布斯堡帝国、奥斯曼帝国和沙俄帝国民族运动的传播。

即使如此，这些运动中的大多数仍是相对优秀人才的事务，而且就其本身而论，民族主义直到19世纪晚期才出现。根据历史学家埃里克·霍布斯鲍姆（Eric Hobsbawm）的看法，在19世纪的很多时期，民族并不被视作与生俱来的权利或地位归属。美洲和法国18世纪革命中的爱国主义主要被视作自愿事务。诚然，地域性的民族国家的确产生了文化同质化，后者是民族主义的条件。但直到18世纪最后几十年，种族划分、语言和其他集体的标志才成为宣称主权的自然基础。可能较早的个例表明种族划分或其他集体标志被用作动员民众的号召力，但这些民众是孤立的，通常是精英人物；而作为一种近乎普遍现象的民族主义，仅仅是在稍晚后的时候才出现，并迅速地在第一次世界大战结束的时候实现。

民族国家与民族主义

几个条件导致了民众民族主义出现在19世纪晚期和20世纪早期。工业化使民众的读写能力和可交换的技能成为必要，哲学家恩斯特·盖勒讷（Ernest Gellner，1925—1995）认为这需要国家生产一种与国家边境一致的文化同质人口。政治学家卡尔·多伊奇（Karl Deutsch，1912—1992）注意到了现代媒介对于民族构建的重要性。政治学家本尼迪克特·安德森强调了印刷媒介大规模市场销售的作用，他称其为印刷资本主义，并向阅读大众描述了想象共同体。民族主义也与群众动员的政治联系起来，群众动员随着1880年以后欧洲政体越来越民主化而出现。这些条件中的一些——例如某些身份动员或印刷资本主义形态——较早地出现在中国和其他地方。不管怎样，正是所有这些条件或大多数条件在国家之间的竞争体系内的同时发展，规范着19世纪末期作为民族国家意识形态的民族主义。

19世纪下半叶，对英国全球霸权的挑战促成了民族主义与国家之间的竞争关系。在方兴未艾的竞争国家（例如德国、日本、美国、俄国和意大利）中，民族主义变成了动员国家境内人口和资源的意识形态手段，这种动员的目的是获

在建墙之前，我就请教，以便知晓此事的优劣。

——罗伯特·弗罗斯特(Robert Frost, 1874—1963)

得全球竞争优势。在这些新型工业化社会里，政治精英和资本主义精英通过采用一些确保国家能够保护其民族经济的政策，逐渐破坏了古典自由贸易原则，而自由贸易原则是因英国霸权而实施。20世纪的两次世界大战主要是受新兴民族国家为了竞争全球资源的驱动而发生的。

同样重要的是民族国家以民族的名义使用资源。民族主义被用于集中人口和资源，以便进行帝国主义扩张和战争。民族国家创造民众组织，用于动员公民支持战争。这样的民众组织首先在日本、苏联和意大利发展起来。这些国家不是第一次世界大战的主要负责国，但它们注意到了战争期间民众的参与不够。这些政府支持的民众组织以征募军队的形式发展起
1807 来，被灌输以强烈的民族主义情绪，例如日本1910年成立的后备军人协会。

去殖民化与全球化

第二次世界大战导致了殖民帝国终结的开始。它也促成了民族国家的胜利，民族国家是整个殖民化世界的继承者国家。这并不是不可避免的，因为在几个殖民帝国里，例如法国和日本，有过大量实验：很多殖民地与通过帝国公民权思想建立起来的帝国大都会国家之间建立了
更平等的联盟。一个最重要的因素确保了殖民 1808
地化产生民族国家，这就是联合国和国际组织的作用越来越大。国际组织包括世界银行、国际货币基金组织、全球关贸协定、国际贸易组织(后来的世贸组织)和世界卫生组织，这些组织倾向于只认可民族国家。新民族国家体系越来越大的资源、势力和声誉确保民族国家成为世界上唯一合法而可行的政体，民族国家被这种体系所认可。

因为殖民地化，一些人认为民族国家形式没有提供有效的保护，不能对抗超级强国的控制；这些强国能够用它们持续不断的军事和财政力量以及在国际组织中的影响，去控制较弱的民族国家。美国和西欧列强已经能够限制新的、常常在制度上脆弱的民族国家自决的能力。类似地，苏联试图限制东欧社会主义共和国的独立，并加强新民族国家对其军事和财政的依赖。冷战期间，创建不结盟运动的努力在印度尼西亚万隆会议期间(1955)获得发展。尽管一些国家能够与超级大国对抗，并获得一些竞争优势，但不结盟运动未能成功。

进一步阅读书目：

Anderson, B. (1991). *Imagined Communities: Reflections on the Origins and Spread of Nationalism*. London: Verso Press.

Arrighi, G. (1994). *The Long Twentieth Century: Money, Power, and the Origins of Our Times*. New York: Verso Press.

Balibar, E., & Wallerstein, I. (Eds.). (1991). *Race, Nation, Class: Ambiguous Identities*. London: Verso Press.

Barraclough, G. (1964). *An Introduction to Contemporary History*. Hammondsworth, U.K.: Penguin Books.

Breuilly, J. (1985). *Nationalism and the State*. Chicago: University of Chicago Press.

Brubaker, R. (1996). *Nationalism Reframed: Nationhood and the National Question in the New Europe*. Cambridge, U.K.: Cambridge University Press.

Bull, H., & Watson, A. (Ed.). (1976). *The Expansion of International Society*. Oxford, U.K.: Clarendon Press.

Chatterjee, P. (1993). *The Nation and its Fragments: Colonial and Postcolonial Histories*. Princeton, NJ: Princeton University Press.

Clarke, D., & Jones, C. (Eds.). (1999). *The Right of Nations: Nations and Nationalism in a Changing World*. New York: St. Martin's Press.

Deutsch, K. W. (1961). Social Mobilization and Political Development. *American Political Science Review*, *55* (3), 493 - 514. 1809
Duara, P. (2003). *Decolonization: Perspectives from Now and Then*. London: Routledge.
Eley, G., & Suny, R. G. (Eds.). (1996). *Becoming National: A Reader*. Oxford, U. K.: Oxford University Press.
Gellner, E. (1983). *Nations and Nationalism*. Ithaca, NY: Cornell University Press.
Hobsbawm, E. (1990). *Nations and Nationalism since 1780*. Cambridge, U. K.: Cambridge University Press.
Smith, A. D. (1986). *The Ethnic Origins of Nations*. Oxford, U. K.: Blackwell.
Tilly, C. (Ed.). (1975). *The Formation of National States in Western Europe*. Princeton, NJ: Princeton University Press.

杜赞奇(Prasenjit Duara) 文
郭子林 译,张瑾 校

Native American Religions 美洲印第安宗教

宗教这个词的意思是神圣与普通生命分离开来。在美洲印第安人那里,神圣、非凡的表象和最有意义的价值观与 1810
日常关切相互交错。这样,对食物的追求和有益目标或政治决策的制定受到了那种推动宇宙运转的存在和力量的制约。生活方式这个词表明了这种密切关系。

这个复杂主题是关于美洲印第安人宗教当中历史意识的理解,从两个主要见解开始叙述。首先,美洲这个半球上有 1 000 多个原住民社会,其宗教涉及的观念和实践不能与这些社会的其他生活领域分离开来,例如经济、政治、宇宙哲学和艺术。这里用生活方式来指代精神与历史之间的紧密交织关系。其次,历史能够用除了文字之外的形式记录和传递,例如北美平原人关于野牛藏身地的岁时计数、安第斯山脉人民的结绳记事、墨西哥被征服前使用的可折叠绘画书。所有这些历史表述都有自己核心性质的口传神话故事。

美洲印第安宗教的多样性

"美洲印第安人"这个词语指的是一些同族社会,但在北美洲、中美洲和南美洲,本土人社会的生活方式是非常不同的。例如,考古记录提供了墨西哥中部主要文化和文明发展演变的证据,这些文化和文明与特奥蒂瓦坎(Teotihuacán, 200—900)、托尔特克人遗址(Toltec, 900—1000)的金字塔和尤卡坦(Yucatan)、危地马拉(Guatemala)以及伯利兹城(Belize, 300—900)玛雅人建筑的巨大金字塔结构建筑物关系密切。南美洲的考古证据表明,亚马孙诸文化之间的相互交流与安第斯山脉高地诸文化的交流一样复杂、古老,安第斯山脉高地诸文化的交流产生了后来的印加帝国。此外,北美洲和中美洲有 500 多种本土语言,而南美洲有 800 多种本土语言。

只在今日美国这个地区,文化历史发展的多样性就是古老的、令人印象深刻的。一个名为

这是一幅19世纪易洛魁人的壁画，描述了一个仪式。在这个仪式里，易洛魁人感谢大神（Great Spirit）。在北美洲、中美洲和南美洲，本土人的信仰和实践各不相同

霍普威尔（Hopewell，前200—公元400）的本土文化，以玉米农业为基础，在俄亥俄河流域中部将泥土堆积起来创造丧葬丘和象形丘。处于全盛期的密西西比文化（Mississippian，600—1400）从墨西哥湾沿着密西西比河往上游直到今日威斯康星州的范围内留下了庙丘。类似地，在西南美洲，当时称为阿那萨齐和凯恩塔（Anasazi and Kayenta，400—1300）的文化将引人注目的峭壁和泥砖住所建筑在很多遗址上，遗址包括科罗拉多的梅萨维德、新墨西哥的查科峡谷和蒙特苏马、亚利桑那州纳瓦霍尔国家纪念区的奇特西尔和贝塔提钦。最后，特霍诺祖先（有时称为莫戈隆人和霍霍坎人［Mogollon and Hohokam］，100—900）的制陶技术和农业灌溉渠仍在使用。这些祖先考古文化的后裔迁居到各种不同的环境里，继续着古代生活方式，却发展出不同的宗教文化。

美洲印第安人之间的宗教差异 1811

北美洲平原本土人特别强调个人想象和人际关系，以圆圈为象征符号，强调幸福的社会生活。西北美洲沿海地区的人们赞赏人类社会的特权和在一个给予性宇宙中的义务，将宇宙想象为世界中的世界，象征性地想象为盒中盒。

西南美洲的普韦布洛人强调公有社会伦理道德和仪式循环中的雨水及谷物生长，这些循环与祖先历史联系起来。东南美洲的本土人继续执行古老仪式，庆祝谷物的季节性生长，即绿谷仪式。在这个仪式中，他们点燃社区的薪火，作为更新宇宙创世活动。

北美洲的次北冰洋和北冰洋民族创造了复杂的技术（例如狩猎技术、雪地鞋、平底雪橇、冰屋）。他们为了生存而发明了这些技术，也是因为严寒气候和流行的萨满治疗实践。各种词语被用于指代所有这些人，试图表明其共享的相似

这幅阿拉斯加因纽特人的面具绘画描绘了一个神物，据说它控制着运动源泉。面具上附属的雕刻海豹，表明佩戴者试图获得帮助，进行一次幸运的海豹狩猎

性，例如美洲印第安人、最早的人群、最早的民族。大多数表明其差异的恰当词语是那些由人们自己使用的词语，例如阿尼什纳布族（Anishinabe，奥吉布瓦族[Ojibway]）、拉科塔族（Lakota，苏族[Sioux]）、俞皮克族（Yup'ik，爱斯基摩人即因纽特人[Eskimo]）、马斯科吉族（Muskogee，克里克族[Creek]）和豪登诺索尼族（Haudenosaunee，易洛魁人[Iroquois]）。

美洲印第安人历史语境中的生活方式

"宗教"这个词表明神圣能够与普通生活或世俗生活分离开来。但在美洲印第安人那里，神圣、非凡的表象和最有意义的生活价值观与实用主义的日常关切不可分割地相互交错在一起。

这样，对食物的追求和有益目标或政治决策的制定，受到那种推动宇宙运转的存在和力量的制约。生活方式这个词语体现了这种关于宇宙力量的精神认知，而这种精神认知是理解个人生活和较大社会意义的关键。

从否认到民族志 1812

15 世纪晚期，欧洲人在研究美洲印第安人时，经常称这些人没有历史意识和宗教。欧洲人之所以拒绝承认美洲印第安人有宗教和关于过去的系统记忆，主要是因为《圣经》在欧洲世界观中占据主导地位，《圣经》揭示了所有世界史。从而，当他们遭遇未知民族时，他们便将其置于《圣经》内来解释。

逐渐地，欧洲人与印第安人相遇的重要意义、欧洲人与本土人的突出差异，致使欧洲人重新思考自己的认同，并反思自己的历史。从 18 世纪开始，欧洲启蒙运动和科学世界观促使人们对不同本土人的社会和宗教活动进行民族志学的分析。受到19世纪和20世纪早期人类学的影响，人们在研究美洲印第安人的社会历史时，经常将单个受调查者记忆的文化作为整个社会的标准文化。这些理想化的观点，倾向于将美洲印第安人的生活方式凝结为永恒的生活方式。

通过呈现欧美历史记录内部关于本土人的各种描述，人种史学研究批评了这些静态的解释。这些学术调查具有重要意义，但它们完全不同于本土人的历史记忆模式。事实上，很多研究者表现出了与历史无关的偏见，而这种偏见防碍了他们理解根植于美洲印第安人生活方式中的深刻历史景象。在这些本土历史模式中，一些模式被有意识地阐释，而其他模式则更具表演意义和象征性。这些本土模式记忆及其传递文化的深刻意义，常常对主导社会强加给它们的历史做出抵制。

1813 ## 美洲印第安人的宗教史

从美洲印第安人的观点看，“什么样的了解历史的方式根植于美洲印第安宗教中?”这样的问题引出了非常不同的回应。下面几点尽管没有包括所有观点，但包含了从本土社区和个人立场理解“美洲印第安人宗教”历史的一些思考。

1. 美洲印第安宗教随着人的生死而开始和结束，他们根据现实谈论世界与自己的起源。这种历史意识在当时既是口头的，也是文学的。但在这两种情况下，它都是由本土人讲述的，没有被锁定在文学文献或主流社会掌握的博物馆里。

2. 关于仪式、神话、神圣物、歌曲和生殖地以及思想的讨论，都体现了本土人的历史洞察力。与那种试图客观描述事件、宗教目标和叙事的学术史不同，本土历史意识经常将它们视作值得尊敬的个人；甚至如果个人没有资格接近或拥抱它们，那么他就是在逃避。

3. 本土历史典型地制造了一些联系，看似是西方学术观点永远持有的，但它们实际上将过去、现在和未来联系了起来，就像一个“超文本”。在这个超文本中，就意义、因果关系和后果而言，过去事件或未来事件与现在事件直接联系了起来。这种关于本土叙事的类型转变和多义特征不仅仅是文学类型的事情，还表明了多种感知世界的方式，这些方式是非常不同的。

4. 地点在本土历史意识中占据核心地位。在本土人的理解中，世俗意义的地点是一种培养行为，可以使个人或群体将那些根植于生活方式中的宇宙价值观变为现实。圣地为那种给予本土人以身份认同的东西提供了基本洞察。这与环境在西方历史思想中发挥的被动客观作用不同。在西方历史思想中，主观的人类可以构建和操纵地点，并把某种意义强加于地点。

作为当下现实的叙事

现在考虑前面列出的第一个观点：本土人以记忆的形式描绘自我，其方式是依靠关于起源的神话和历史事件的传说，他们认为这些历史事件自从人类到达的时候就发生了。神话和传说的历史性对于西方历史学家来说是一个主要障碍。例如，特佤族人类学家阿方斯·奥尔蒂斯(Alphonse Ortiz)在叙述圣胡安的普韦布洛人的起源时，特别简单而直接地记述了其研究对象。他说：“最初我们是一个民族。然后，我们被分成夏季民族和冬季民族。最终，我们再次合并在一起，就像现在这样。”显然，这种复杂的神话学观点涉及对特佤族语言、神话、社会结构、政治管理及宗教生态学的研究。也就是说，神话使人们可以深刻理解圣胡安普韦布洛人的现行社会结构，而且神话为普韦布洛人提供了格式化洞察，使他们理解到他们从一开始就作为一个民族生活在他们现在的土地上。

普韦布洛城历史学家乔·桑多(Joe Sando,

1982)注意到：

> 如果我们接受北美印第安人的口述史……那么我们就可以从古代人开始讲起。他们已经在北美洲生活了数千年，仍然允许欧洲和地中海殖民者强化或促进文化发展。这似乎是本土人在他们的口述史中述说的内容。但后来欧洲人用他们的“铁证”“让我知道”了流行的态度。这种流行的态度非常不愿意考虑本土创世故事，更不用说去证实后者了。

桑多用写实主义的方法解释神话；该神话以他的族人的现存生活为基础，他的族人居住在祖先普韦布洛人的故乡。接受神话的历史性
1814 是历史学家面临的主要挑战，但它也为历史学家“从本土人的视角观察”那些根植于这些故事中的历史事实创造了可能性。

印第安人的口述史

上面列出来的第二个观点要求人们在重构美洲印第安人的宗教史时，必须关注本土人的声音。本土人声音的深刻真实性和脆弱性都出现于口头叙事中，这些口头叙事传递着创世故事、传说与民族故事。真实的本土人声音、各个层面的故事以及口头叙事的直接性和隐私性，都是对本土人历史观的关键性纠正；本土人的历史观痛恨主观解释、研究结果的模棱两可和命令式的经验主义声音。

当口头故事被贴上神话的标签时，它强调了这些故事神圣的启示性特征；但这个词语也可能把这些故事定位在永恒、不变和持久的过去。当本土人叙述起源故事时，我们可以或不可以根据他们对传统版本的遵从进行评价。叙事经常伴以仪式，而仪式强调其所提到的人、事和地点的现有特征。这样，在大量本土民族当中，存在呼喊动物、为地方命名、宣讲伦理规范的叙事，它们与主要仪式一起进行。我们不应该认为这是对过去事件的简单描述，或是客观地对土地、动物或法律进行分类。

例如，大湖地区阿尼什纳布族的米德维文仪式传递这些部落起源—迁移的叙事。命名地理位置不仅表明仪式在哪里举行，还表明它也被尊奉为神灵的重要停留地。实际上，米德维文仪式通过诉诸古代精灵动物主人的方式，使这个大湖民族的移民的形成合法化。米德维文仪式在一些学术著作中被描述为“灭绝”仪式，但本土参与者反复主张这个仪式复合体的当代存在和重要性。尽管不是所有的阿尼什纳布族的虔诚都能凝聚到米德维文仪式中，但这个仪式在当代的复兴强调了本土人的宗教理解，即格式化的宇宙经验一直保持到现在，而且他们认同现在的人类与祖先的关系。

宇宙论叙事与歌曲

第三个观点吸引人们注意仪式、神话、圣物、歌曲和生殖地以及思想互动，这些因素在美洲印第安宗教中具有“个人”地位。尽管这个关系复合体在不同民族那里有截然不同的表述，但一个突出事例来自不列颠哥伦比亚省中部的吉特斯汗民族。

> 每个吉特斯汗人的房屋都是一个adáox骄傲的继承和所有物。这是口头传递的歌曲与故事的实体，歌曲和故事是房屋的神圣档案，是对过去重要事件活生生的、千年之久的记忆。这个不可替代的口头知识库部分上是由神圣歌曲构成的，它们被认为直接来源于祖先。这些歌曲远远超过用音乐表述历史的意义，而是至关重要的时间穿越工具。它们能够使社会成员穿越广阔无垠的时空，进入黯淡的神话世界；

> 这个世界是吉特斯汗人通过其音乐才能和音乐传递的情感创造的……
>
> 综合起来,这些神圣所有物——故事、饰品、歌曲——都为每个吉特斯汗人的房屋提供了坚实基础,为其所在的较大规模的氏族提供了坚实基础。根据目前尚在人世的吉特斯汗老者的观点,每个房屋的所有物都证实了它对其区域范围自古以来的拥有以及对其领土范围拥有权威的合法性。
>
> 事实上,每个房屋与其附属土地(供钓鱼、打猎和采集食物之用)的关系是如此关键,以至于每个房屋和支撑它的土地的精神力量只有一个。(Wa and Delgam 1987)

1815 这一歌曲和仪式复合体的历史证据将建筑与传统环境知识联系起来。吉特斯汗老者为了社区合法性的宇宙和历史连续性而宣传他们对这些宗教实践的关心。

连接过去、现在与未来

关于第四个观点,即美洲印第安宗教的共时性记忆,波尼族作家安娜·李·沃特斯(Anna Lee Walters, 1992)写道:

> 她发现了部落历史的两个主要序列。第一个序列从历史之初开始,向着现在前进。第二个序列从现在开始,向着历史之初逆行。尽管有人讨论人们迁移到一个特殊地方的历史,例如孤立的事件,但这些历史注释似乎恰恰说明的是直到现在它们都被压制在这个大框架下。

解释本土历史性的这些动力,可能使我们有必要放弃对个性、事件或社会和经济力量的年代学、线性、解释性强调。在关于美洲印第安人生活方式的连续性叙事中,主要焦点是更多地强调地点的生殖现实、活动和精灵存在。在不把观念或精神构建接受为最主要事情的情况下,地球上的人类与其他生命的全体参与,为理解历史智慧开辟了一条道路。

关于这种复杂连接的突出说明是整个美洲半球到处可见的烟草象征主义。在一个关于烟草仪式的详细说明中,委内瑞拉奥里诺科河三角洲的瓦劳人的萨满医师描述了在烟草烟雾屋开始的人类意识的历史。当一个瓦劳萨满将烟草烟雾用在一个病人或一个牺牲者身上时,他呼吸宇宙力量;这种力量同时返回到原初状态,治愈现在的病人,并建立起对未来的伦理责任和取向。对于瓦劳人智慧保持者来说,烟草象征主义是对古风萨满基础的联系,这种基础仍然在整个美洲半球扩展。威尔伯特(Wilbert)在《神秘馈赠》(*Mystic Endowment*, 1993)中持这种观点。

地点与历史意识

最后,为美洲印第安人历史意识提供特殊洞察的广泛文化活动是感知地点。作为一种自我和社区培养的方式,本土人对地点的感知是一种日常生活方式,这种方式与当地环境关系密切。普通生活方式与当地地点的相互作用充满了故事,后者传递了伦理教义、社区认同和宇宙存在。

在一个特定的地方,西阿帕奇族通过幽默和辛酸事件,与感知到过去的权威交流;他们关于地点的理解可以比作对当时存在的祖先智慧的吸收。这样的智慧不能依靠死记硬背教授,而是通过个人亲自到特殊地点用各种感觉来唤醒。这是一种历史意识,承认教育思想从土壤中升起,通过个人自己的情感来过滤与地点有关的故事,从视觉和精神上搜寻整体理解。一个阿帕奇族祖先曾愚弄一只小狼,诱骗小狼抬头看着坐在树上的他。听了这个故事以后,基思·巴索(Keith Basso)描述了一个阿帕奇族智慧教师达德利·帕特森(Dudley Patterson)如何肯定他渴望知道一些地点的历史存在。他说:

> “我们的先祖做了那件事!”达德利真诚快乐地大声说,“我们都做那件事,甚至包括妇女和孩子。我们都仰视看她,她双腿微张。这些地方的确是非常好的!现在,你已经从祖先那里吸收了智慧!现在,你能够用自己的头脑工作了。”就像它被生动地设想那样,它被充满活力地感知到;关于
> 地点的感知让自己处于精神和情感认知高
> 度的各种层次。无论它活在记忆里,还是
> 当场被经历过,其影响力与其丰富的内容
> 相称,与象征联系的范围和多样性相称,这 1816
> 些联系漂浮在它的延伸范围内,并推动它
> 前进。(Basso, 1996)

这样,美洲印第安人的生活方式为思考历史提供了多种途径,即依据本土人与外来人接触之前的美洲印第安人社会的历史、拥有欧洲文化的遭遇者的历史、根植于美洲印第安人宗教本身中的历史意识模式。

进一步阅读书目:

Asatchaq.(1992). *The Things That Were Said of Them: Shaman Stories and Oral Histories of the Tikigaq.* Berkeley: University of California Press.

Basso, K.(1996). *Wisdom Sits in Places: Landscape and Language among the Western Apache.* Albuquerque: University of New Mexico Press.

Capps, W.(1976). *Seeing with a Native Eye: Essays on Native American Religion.* New York: Harper Forum Books.

Hill, J.D.(1988). *Rethinking History and Myth: Indigenous South American Perspectives on the Past.* Urbana: University of Illinois Press.

Hoxie, F.E.(1988). *Indians in American History.* Arlington Heights, IL: Harlan Davidson.

Mihesuah, D. A.(1998). *Native and Academics: Researching and Writing about American Indians.* Lincoln: University of Nebraska Press.

Nabokov, P.(2002). *A Forest of Time: American Indian Ways of History.* Cambridge, U. K.: Cambridge University Press.

Ortiz, A.(1969). *The Tewa World: Space, Time, Being, and Becoming in a Pueblo Society.* Chicago: University of Chicago Press.

Sando, J.S.(1982). *Nee Hemish: A History of Jemez Pueblo.* Albuquerque: University of New Mexico Press.

Thornton, R.(1998). *Studying Native America: Problems and Prospects.* Madison: University of Wisconsin Press.

Wa, G., & Delgam, U.(1987). *The Spirit of the Land: The Opening Statement of the Gitskan and Wets'uwetén Hereditary Chiefs in the Supreme Court of British Columbia.* Gabrola, BC: Reflections.

Walters, A.L.(1992). *Talking Indian: Reflections on Survival and Writing.* Ithaca, NY: Firebrand Books.

Wilbert, J.(1993). *Mystic Endowment: Religious Ethnography of the Warao Indians.* Cambridge, MA: Harvard University Center for the Study of World Religions.

Wub-e-ke-niew.(1995). *We Have the Right to Exist: A Translation of "Aboriginal Indigenous Thought", the First Book ever Published from an Ahnishinahbaeotjiway Perspective.* New York: Black Thistle Press.

约翰·格里姆(John A. Grim) 文
郭子林 译,毛悦 校

Natural Gas 天然气

1817 天然气的主要成分是甲烷。它经常与其他矿物燃料相伴而生。天然气比其他矿物燃料更清洁，是重要的能源材料，以气体和液体状态存在，用于供暖、烹饪和汽车动力。天然气经过处理之后，成为近乎纯净的甲烷，用作燃料。

天然气是碳氢化合物气体的可燃混合物，主要成分是甲烷(CH_4)，是有机物质经过几百万年的无氧腐烂产生的。天然气的历史至少可以回溯到3 000年前，回溯到印度、希腊、波斯和中国等古老的文明。但天然气的广泛使用还只是20世纪60年代以来的事情。

在公元3千纪开始的时候，天然气在全球能源供给方面发挥了重要作用。就像其他重要能源例如石油那样，天然气需求与供给关系决定了那些拥有天然气储备的地区获得了某种程度的政治和经济实力。自2009年开始，俄罗斯就既是世界上最大的天然气生产国，也是世界上最大的已探明天然气储量国。中东——包括伊朗、卡塔尔(世界上最大的天然气田所在地)、沙特阿拉伯和阿拉伯联合酋长国——也已探知具有重大意义的天然气储量。

天然气从地井喷出。纽约公共图书馆

当早期文明最初偶然遇到天然气通过岩石缝隙渗出并形成神秘火焰时，人们认为它源自超自然力量。在古代印度、希腊和波斯，这种有关天然气火焰的经历特别常见。然而，大约公元前600年，中国人学会了用天然气火焰煮海水，将盐分离出来，并获得可饮用的水。

1785年，英国成为第一个将天然气使用商 1818
业化的国家，用它为房屋、街道和类似空间照明。大约40年以后，在1816年，美国开始将天然气用于街灯。早在1626年，天然气首先在北美洲被发现，当时探险者发现伊利湖地区的美洲原住民用那些渗出地表的气体点火。然而，到1821年，第一口天然气井才在美国开挖，威廉·哈特(William Hart)在纽约的弗里多尼亚主持了挖掘。1859年8月27日，埃德温·德雷克(Edwin Drake)在地表以下21米的地方同时发现了天然气和石油。德雷克的发现标志着北美洲天然气生产的新阶段。在他的发现之前，天然气主要产自木炭。德雷克为了将他的天然气井的生产能力商业化，他建造了一个管道，将天然气井与附近的村庄、泰特斯维尔、宾夕法尼亚联系起来。

一般来说，在19世纪，天然气似乎只是在欧洲和北美作为家庭及公共街道的照明燃料而发挥了重要作用。但它的作用受到限制，因为天然气很难被从天然气井运送到用户端，当时的管道设施还不能完成这样的工作。随着19世纪80年代电能的出现，天然气灯被电灯代替。

随着天然气失去了作为照明原料的作用，天然气工业开始为其产品寻找新用途。1885年，发明家罗伯特·本生(Robert Bunsen)发明了一种装置，用天然气烹饪和供暖，允许人们控制天然气的火焰。这样使天然气的潜在利益多样化，鼓励了全球对天然气的需求。然而，天然气被运输到其潜在用户手中的困难仍限制着它的实际用途。

第二次世界大战期间，管道制造、金属和焊接技术的发展使管道建筑具有更大的经济吸引力。这样，战后，世界开始建造广泛的天然气管道网络。今日，这种网络仅在美国就长达100万英里(足以往返月球两次)。这些管道，尤其是跨国境管道的位置和控制，是政治和外交紧张关系的潜在源泉；俄罗斯和其几个前加盟共和国(例如白俄罗斯和乌克兰)之间就在20世纪初偶尔经历了这种紧张关系。此外，天然气的使用也是多种多样的，包括水加热、空间加热和制冷、发电燃料。天然气的可运输性使它被用于各种家电成为可能，例如烤箱和衣服烘干机。

20世纪70年代的石油短缺将世界的注意力转向了节能方式，同时对更便宜、更有效的能源的寻找也开始了。20世纪六七十年代，环境意识的兴起进一步冲击能源工业，鼓励污染低的能量生产资源的发展。这些发展的结果是天然气变成了能量生产的首选燃料。但尽管天然气比其他矿物燃料更清洁，它无论如何都会导致碳排放。由于天然气的主要成分是甲烷，所以它也是一种导致温室效应的气体。

持续的石油短缺和对环境质量的担忧有望进一步增加对天然气的需求。就汽车燃料而言，人们认为浓缩天然气或液体天然气比石油和柴油更清洁、更具经济竞争力。自从2009年以来，有多达1 000万辆天然气动力车在世界各地被使用，它们当中的很多被用作公共运输工具，例如公共汽车。电力工业生产领域的变化(例如采用不易氧化的燃料电池)和对那些可以安装在用户端的无污染电力发动机的探索，也有可能增加我们对天然气的依赖。

进一步阅读书目： 1819

Castaneda, C. J., & Smith, C. M. (1996). *Gas Pipelines and the Emergence of America's Regulatory State: A History of Panhandle Eastern Corporation: 1928 - 1993*. Cambridge, U.K.: Cambridge University Press.

Clark, J. A. (1963). *The Chronological History of the Petroleum and Natural Gas Industries*. Houston, TX: Clark Books.

Herbert, J. H. (1992). *Clean Cheap Heat: The Development of Residential Markets for Natural Gas in the United States*. New York: Praeger.

MacAvoy, P. W. (2000). *The Natural Gas Market: Sixty Years of Regulation and Deregulation*. New Haven, CT: Yale University Press.

Peebles, M. W. H. (1980). *Evolution of the Gas Industry*. New York: New York University Press.

伊莱·戈德斯坦(Eli Goldstein) 文
郭子林 译，毛悦 校

Nature 自然

1820 一切文化为了获得食物，都得依赖于自然界——植物、动物、天气、太阳和海洋。同样地，每个文化都有创世故事，这些故事提供了关于文化在自然界中的地位的伦理概念，并对其进行分类。但并非所有文化都体现多数普遍法则、物质事件和地球上的生命形式，尽管西方文化的确试图用所谓自然这个单一概念表达这些内容。

文化史家雷蒙·威廉斯(Raymond Williams)的著作《关键词》(*Keywords*)，追溯了从13至18世纪“自然”这个词在英语语言中的用法变化。他认为自然“或许是语言中最复杂的单词”。

那些研究自然概念史的学者经常提到诸如中国和日本这样的亚洲文化，以区分东方和西方关于自然的概念。在论文集《亚洲人的自然概念》(*Asian Perceptions of Nature*)中，奥利·布鲁恩(Ole Bruun)和阿恩·卡兰德(Arne Kalland)发现，没有任何亚洲文化拥有一个可以概括自然的所有含义的词。卡兰德和艾森施塔特(S. N. Eisenstadt)说，在日本人那里，“现实在移动的环境中构建，甚至在离散的本体论(关于存在的)实体中构建，与绝对主义的西方方法截然不同”(Bruun and Kalland 1995)。同样地，当一位研究者问斯里兰卡的村民这样一个问题时，即是否他们有一个单词“可以表达诸如森林、野生动物、树木、鸟、草和花这样的事物”，答案会是各种各样的，包括“浓密的森林”“圣所”和“众生”(Bruun and Kalland 1995)。

关于自然这个词的语源学文学作品是复杂的。亚瑟·拉夫乔伊(Arthur O. Lovejoy)研究希腊和罗马历史上的自然，其著作《原始主义文献史》(*A Documentary History of Primitivism*)概括了这个概念的起源。自然这个词的意思是“起源、诞生、开端”。希腊诗人荷马在描述一种草药的物理性能时，也提及它的特征和“性质”。在希腊剧作家埃斯库罗斯(Aeschylus，前524—前456)看来，“自然”指的是事物与生俱来的外在特征。现实(本质nature)与外表之间的对比也就出现了。例如，前苏格拉底哲学家们对一把躺椅的外在特征和真正本质进行了区分，其本质是用以制作躺椅的木头。在这一时期，人们也把自然视作整个宇宙及其规律。

英国作家刘易斯(C. S. Lewis)在其《词语研究》(*Studies in Words*)中写道：“相对少量喜欢思辨的希腊人发明了带有大写字母的Nature这个词。”这种发明需要“将所有你知道的或相信的事物——神祇、人、动物、植物、矿物质以及你将要看到的和相信的事物，统统放在一个名字下面；事实上是将所有事物视作一个事物，将这个无定形的和异质的集合转变为一个物体或伪物体”。克拉伦斯·格拉肯(Clarence Glacken)在《罗得岛海滨遗迹》(*Traces on the Rhodian Shore*)中，回顾了涉及自然这个词的各种观点的力量，从其最早在希腊历史学家希罗多德(前484—前425)笔下出现，到17世纪。“有目的地创造”概念在西方人关于自然这个词的构建中发挥了重要作用。所谓“有目的地创造的概念，意味着概念是创造者进行的智能的、有规划的和深思熟虑的行为的结果”，包括自然适合于人类需要的感觉。

自从“自然”这个词产生以后，它就指代整个
物质世界、本质形态和创造力。自然这个词的一 1821

个含义与另一个含义重叠起来。在 14 世纪，自然作为“事物的本质属性或特征”具有了另一种意义，即“与生俱来的力量”。直到 17 世纪，作为物质世界的自然与作为本质形式和创造力的自然重叠起来。这样，自然指代“事物和生物的多样性，可能含有某事物为所有事物共有的假设”(Williams 1976)。

人们也个性化和抽象化自然。古代希腊哲学家们采取了一种在当时的异教信仰中常见的立场，认为自然界是活着的，是一个拥有心灵的包罗万象的动物，在知识、心理和物质亲属关系方面将动物(包括人类)与植物结合起来。柏拉图在其《蒂迈欧篇》(*Timaeus*)中将灵魂想象为雌性动物。拉夫乔伊认为，罗马演说家西塞罗(前 106—前 43)使作为女神的自然概念从希腊人那里一直延伸到 18 世纪。另一方面，卡罗琳·麦钱特(Carolyn Merchant)在《自然之死》(*The Death of Nature*)一书中，追溯了从罗马哲学家普罗提诺(Plotinus，约 204—270)的新柏拉图主义(在古典古代晚期为了与亚里士多德主义、后亚里士多德主义、东方亚里士多德主义等概念相一致而修正的柏拉图主义)到 12 世纪基督教的传统，基督教认为雌性自然“比人类更强大，但……臣服于上帝”。个性化为女性的自然包含了大量歧义性，要么被视作混乱的和毁坏性的，要么被视作天真的和玷污的，甚至被视作一种对神圣秩序的表述。刘易斯认为这种将自然个性化为女性的做法是最难以克服的；但很多环境史家说 17 和 18 世纪是自然被最严格定义的时代，而且自然活力论(这种学说认为有机体的功能是由一种不同于物理化学力量的重要本源导致的)的长期历史缩短了。

现代

卡罗琳·麦钱特将“自然的死亡”时间定位在机械论哲学的兴起。这种思想与英国的弗朗西斯·培根(Francis Bacon，1561—1626)和法国的笛卡儿(René Descartes，1597—1650)两位哲学家关系密切。这些人批评有机体世界观(这种世界观将世界人格化为强有力的活体)，将自然视作消极的惰性物质，认为自然按照钟表匠之神设定的物理定律运转。科学革命的一个结果是女性自然“从一个积极的老师和父母亲转变为……一个无思想的、顺从的物体”。这个物体首先顺从于上帝，然后通过上帝顺从于人类(Merchant 1980)。

自然史家受到物理学和数学解释力的影响较大，继续在数量迅速增加的动植物中搜寻稳定秩序，动植物数量的增加是由 15 至 19 世纪的长途旅行发现导致的。瑞典植物学家卡罗鲁斯·林奈(Carolus Linnaeus，1707—1778)创造了第一个被广泛接受的方法，将生活在自然界中的成员组成一个系列。然而，林奈继续希腊传统，认为自然界的变化从根本上讲是循环的，总是返回到同一个起点。

机械论哲学将自然定位在以数学为基础的定律上，这些定律在物质世界发挥作用。根据这种哲学，地球可以通过“一系列对抽象前提的削减”来理解，几乎不考虑最终的原因，也对生命的丰富性不感兴趣(Glacken 1967)。尽管林奈试图创造一个按照抽象定律运转的自然，但他也激发了自然史的兴起，并为自然学家提供了工具，使其可以组织其发现的植物。对记录和组织大量生命的痴迷也源自一群作家，他们当中的很多受到林奈的影响；他们回溯有机自然的经 1822
典思想，赞成自然的最终原因和设计，并在对感觉世界的观察中寻找它们。英国人约翰·雷(John Ray，1627—1705)是主要自然神学家，在其著作《创世作品中的上帝智慧》(*The Wisdom of God in the Works of Creation*，1691)中，将动物、植物和栖息地之间的相互关联性视作存在聪明造物主的证据。后来的自然主义者继续考察自然中的相互关系的复杂性，甚至当他们已

很多文化试图通过仪式控制文化。这幅画表明巴巴哥人在美国亚利桑那州南部沙漠中参与祈雨舞

经摆脱了设计观点的时候。

在16至18世纪,最持久的自然特征之一是从属法则。拉夫乔伊在他的《存在巨链》(*The Great Chain of Being*)中概括了他的信仰,即神祇为每个物种在一个永恒的生物链里设定了固定位置,这个生物链从最低级的蛆虫经过人类直到上帝。自然史的任务是将新发现填入生物链的恰当位置。环境史家唐纳德·沃斯特(Donald Worster)在其《自然经济》(*Nature's Economy*)中,追溯了作为神圣体系和经济体系的自然的历史:自然这个词最初用于表达"房屋"(*oikos*),后来其指代范围扩大,用于指代房屋管理、人类社会的政治"经济"以及自然经济。这样,林奈在他的论文《经济本性》(The Oeconomy of Nature,1749)中,将自然描述为"地球家族"。上帝是这个家族的"最高经济学家",理性地管理着宇宙。上帝是这个家族的"管家,保持其有成效地运转"。

到19世纪初,两位科学家——英国地质学家查理·莱伊尔(Charles Lyell,1797—1875)和德国地理学家亚历山大·冯·洪堡(Alexander von Humboldt,1769—1859)——开始了一个发现过程,消除了单一链条和稳定分类(科学分类),并引起了人们对一个设计神祇之作用的疑问。英国自然学家达尔文紧随他们的脚步,发现了理解自然史的基本钥匙。达尔文从莱伊尔关于地壳年龄及其不时地剧烈变动历史的理解中受益,并从洪堡关于地理多样性和植物群体相互依赖的发现中受益,达尔文驶向新世界,在1835年到达加拉巴哥群岛,这是南美洲厄瓜多尔沿海一个孤立的群岛。他在这里看到的生物与南美洲的物种非常相像但又非常不同。他的观察使他得出一个理论,即孤立、偶尔迁移与特殊环境的调适导致新物种的演变。

英国经济学家托马斯·马尔萨斯(Thomas 1823
Malthus,1766—1834)的《人口论》为达尔文提供了进化机制:优胜劣汰和适者生存。达尔文称这种机制为"自然选择"。当他在1859年出版《物种起源》时,机械论哲学家关于物质生活的客观看法和自然神学家关于永恒固定的单线条生物链的观点，受到一个世界的挑战；达尔文将其描述为“树木交错的河岸，覆盖着很多种植物，鸟儿们在灌木树上歌唱，各种昆虫飞来飞去，蠕虫在潮湿的土里爬行”。其结果是自然。尽管普遍而不变的物理定律有所参与，但自然有一个不同的历史：“当这个星球按照固定的重力定律周而复始地运转的时候，从如此简单的形式到最漂亮的和最奇妙的形式，它已经、正在进化。”

生态学时代

自然在获得历史的同时，再次获得了某种生命力，这种生命力是在机械论哲学占主导地位的年代丢失的。达尔文接受了林奈的稳定生物链概念，并使其处于通过竞争和相互适应进行的运动状态中。史学家唐纳德·沃斯特(Donald Worster)强调了19世纪晚期和20世纪早期一个向不完善的自然转变的过程；这个自然是互相竞争的生命的社区，因时间和空间而异。生态学者保罗·西尔斯(Paul Sears)将达尔文关于生态学的关注放入他自己的观察中，认为“环境从一开始就将自己建设为恰当的形式和所有生命形式的组织”。学者们通常认为是德国动物学家和比较解剖学家恩斯特·海克尔(Ernst Haeckel，1834—1919)在1866年发明了生态学(oecologie，到1893年改为ecology)这个词。沃斯特与西尔斯一致认为海克尔在达尔文的理论中接触到了生命网络，即自然经济受制于那些源自生存竞争的关系。

设计者的缺乏并不意味着自然中没有秩序存在，这个自然被设想为生态性质的。在20世纪早期，美国和欧洲的植物学家与植物地理学家逐渐在植物群落中发现了一个易变的、积极的自然。到20世纪30年代，这个自然在美国植物学家弗里德里克·克莱门茨(Frederic Clements，1874—1945)的著作中被最强有力地定义下来。他认为自然是动态的，但变化以随着时间推移“连续发展”的方式发生。通过竞争进行的革新具有进步意义，一个特殊的栖息地“以原始的、内部不平衡的植物聚集开始，以一个与周围条件相对持久平衡的复杂形式结束”(Worster 1985)。

生态学和较早期的自然史都低估了无组织力量在生命的创造和维持中的作用。1935年，英国植物学家亚瑟·乔治·坦斯利(Arthur George Tansley，1871—1955)提出了生态系统概念。在这种概念的指引下，机械论哲学在整个20世纪寻求热力物理学，作为约束自然的强有力的方法。将世界的生命方面和无生命方面都统一在能量流的进程下面，这种方式强调了自然进程是历史的，而非克莱门茨认为的有机群落。与作为顶级群落的自然一样，作为生态系统的自然也是线性的，但时间向着逐渐衰落为无序移动，而非朝着进步移动。正如唐纳德·沃斯特描述的那样，“从能量学的角度来考虑，地球的生态系统是一条没有回流的河流中的一站。能量通过它流走，最终消失在广袤的大海中，没有办法使其回流”(Worster 1985)。然而，克莱门茨和坦斯利都认为自然史中存在一个可预见的轨道。

生态学家丹尼尔·博特金(Daniel Botkin)在《不和谐的和谐》(*Discordant Harmonies*)中设想了一个有机自然——一个“全球规模的生命系统，由生命产生，并在某些方面受生命控制”(Botkin 1990)，这个系统可以通过计算机程序模仿。他把克莱门茨和坦斯利的观点统一起来，但有所批判。抽象出来的自然在本质上是模糊的、可变的和复杂的；时间不是单线的，而是一束，其弧度和记号是用可能性定义的。时间的弧度和记号“始终在流动，因时间与空间而变化，也随着个体的生死而变化，随着地方性破坏与恢复而变化，更是对一个冰期到另一个冰期的气 1824
候变化的大规模回应”(Botkin 1990)。在21世纪，自然有一个异常偶然的历史，这为解释自然在人类历史中的作用制造了特殊麻烦。

自然与人类

我们要想考察等式的另一边，即怎样将自然置于历史中，那么我们需要考虑人类在自然中的地位。格拉肯的《罗得岛海滨遗迹》叙述了人类和自然的前工业历史。他假设在整个历史上西方通过几个问题探讨自然界，而所有问题都源自一种感觉，即地球是人类与生俱来的居住地。这个地球显然是如此适合有机生命的环境吗？还是“一个有意创造的创造物”？地球的气候、物理地形和大陆结构，也就是说生命嵌于其中的环境，对人类文化形式和个人健康以及道德的影响是什么？最终，从18世纪到现在，越来越重要的问题是，人类借助其技艺以什么样的方式作为“地理中介”改变着自然，从而使其“远离其假定的原始条件”(Glacken 1967)？

很多人在试图描述自然史的时候都集中在第一个问题，即自然的目的论方面。尽管自然是设计产品的思想的出现与环境影响的概念无关，但这两种概念彼此强化。有机生命(包括人类和他们的文化)被视作对“有意创造的和谐条件”的适应(Glacken 1967)。人类技艺不同于“第一”自然，并证明人类在生物链条上的地位仅仅低于造物主。人类技艺构成了“第二”自然，培养和改善了设计方案。从希腊人直到18世纪，西方人在探讨人类历史中的自然概念时，将自然描述为人类适应的、客观存在的世界，但部分适应是针对有序自然的。人类第二自然的创造物通过驯养动物和狩猎、栽培谷物和挖掘水渠，定居在荒野之地。然而，直到17和18世纪，这样的活动才在第一自然中呈现出不受干扰的稳定性。

随着自然本身开始在现代发展出偶然历史，人类开始意识到他们作为地理变化中介的作用。在文艺复兴期间，一种越来越强烈的自我意识形成了，认为人类具有控制自然的力量。人类历史就是以这种意识为基础构建起来的。人类历史还被一种信仰所推动，即人类所具备的这种控制自然的力量使人类不同于自然中的其他物种。人类历史变成了一种关于如何利用艺术(例如通过炼金术这样的艺术。炼金术是一种中世纪的化学科学和思辨哲学，旨在实现将基本金属转变为金子)，并为了审美和经济目的而转变自然景观的叙述。地理大发现时代孕育了自然史意识；它也提供了比较证据，证明了人类历史与自然史之间的相互关系。除了新动物和植物，新世界的发现和开发提供了一个似乎未受到人类技艺触及的自然。格拉肯说，到18世纪，法国自然主义者乔治-路易·勒克莱尔，布丰爵士(George Louis Leclerc, Comte de Buffon, 1707—1788)依靠对欧洲和美洲的比较构建其地球史，地球史最终被人类历史“第二化”。布丰几乎不欣赏地球上荒芜、无人居住的地方，将第二自然视作对第一自然的改善，并认为第二自然也是对人类文明的改进。

地理变化的中介

在新世界，现代人类作为地理变化中介的重要性更是显而易见的。诸如瑞典植物学家彼得·卡尔姆(Peter Kalm, 1716—1779)这样的早期评论员注意到，居民正在用新环境代替旧环境。他们还提出了一些问题：居民对第一自然产生了怎样的影响？第二自然是否改善了人类住所的前景？美国和英国的工业化促进了自然的转变，加剧了城市、乡村和荒野之地间的差 1825
异，将越来越多的土地劳动力转移为工厂工人。

浪漫主义是一种超验论哲学，赋予作为人类历史中有机力量的第一自然以特权，最有影响地批评了人类对第二自然的尝试。布丰认为地球史因为从第一自然向第二自然的转变而得到改善；但美国浪漫主义超验论者和自然作家

> 身体开始感到疲倦。我读完了所有的书籍。我起身离开这里，找一个地方，看一眼海上的浪花和暴风。我不知道名字的鸟儿在它们陌生的空中快乐地翱翔！
>
> ——史蒂法那·马拉美(Stéphane Mallarmé)：《海风》，理查德·威尔伯(Richard Wilbur)译

亨利·大卫·梭罗(Henry David Thoreau，1817—1862)进行反驳，认为地球有其自己的历史，人类通过第二自然而毁坏了这种历史。对于浪漫主义者来说，那些将自己嵌入第一自然的人(至少返回乡村，最好回到更自由的空间)，将遭遇浪漫主义者所说的机械论哲学越来越多的控制，并遭受物质主义和固有生命精神的压抑。

另一个努力将自然放入历史中的关键人物是梭罗的同代人——美国学者乔治·珀金斯·玛什(George Perkins Marsh，1801—1882)。环境史家们普遍称赞玛什的《人与自然：或人类行为修正的自然地理学》(*Man and Nature*：*or*，*Physical Geography as Modified by Human Action*，1864)为第一部书，综合分析了人类对自然进行修正的不利影响。玛什将佛蒙特州水土流失及森林破坏与地中海盆地恶劣的环境和欧洲、亚洲土地资源使用的历史进行比较，得出的结论是"人类在任何地方都是干扰性中介。他们所到之处，自然的和谐都被打乱"。玛什力劝他的同时代人注意第二自然，要始终考虑自己可以从第一自然的优越性中学到什么。

然而，玛什关于人类是原始自然打扰者的形象，为当代环境史提出了一个关于自然意义的最有争议的问题。玛什和梭罗与19和20世纪的很多人一样，对"客观的"自然世界与人类之间进行了尖锐的比较。在过去2 000多年里，关于"人类在自然中的地位"问题，人们做了含糊不清的回答。一个关于自然的答案是含糊不清的，更是危险的：它既可以包含人类，也可以排除人类。在19世纪，就像玛什和梭罗做的那样，关于工业主义的批评经常认为，人类的技艺已经从改善转向了破坏，不是在创造第二自然史，而是在制造扰乱自然的历史。人类及其技艺变成了非自然的、外在于自然的。类似地，在20世纪早期，生态学时代的两个关键人物——克莱门茨和坦斯利，对人类在自然中的作用也持不同看法。克莱门茨对犁杖带来的扰乱和动植物区的重新安置进行了明确区分；坦斯利认为人类能够用其技艺正确地改变生态。

美国环境学家奥尔多·利奥波德(Aldo Leopold)说，20世纪将需要一个以生态学为基础的"土地伦理"，这将"把人类的作用从土地聚落的征服者转变为其平和的成员和公民。这意味着对人类伙伴的尊重，同样也意味着对生态聚落的尊敬"(Leopold，1949)。玛什、克莱门茨和梭罗支持利奥波德的观点。

这种关于自然在人类历史中作用的争论一直持续到21世纪。最根本的问题是，人们是否可以称自然为脱离了人类修正的存在。雷蒙·威廉斯说："我们已经将自己的劳动、我们的力量与地球的力量结合得太深入了，以至于我们不能自拔，或者不能从地球中分离开来。"威廉·克罗农(William Cronon)接受了威廉斯的观点，认为荒野的麻烦是它在消除人类历史而代替以自然史。史学家理查德·怀特(Richard White)称当代自然为"有机机器"，是自然过程与人类技巧的共生融合。但在威廉斯看来，人类已经创造的第二自然是在社会上受压抑的，是唯物主义者，是受污染的，对人类和有机世界的其他部分是 1826
有害的。史学家麦克尼尔的《太阳下的新事物》强调了目前人们关于自然史的理解与关于人类历史的理解之间麻烦的相互作用；目前人们将自然史理解为易变的和不可预知的，而将人类历史理解为具有破坏力的。麦克尼尔说，在20世纪，人们占据了一个星球，这个星球的未来是不确定的，人们主要通过技术和经济命令对星球进行更爆破性的改变，这样创造了一个"全球社会和环境的整体系统……这个系统比以往更不确定、更混乱"。事实上，21世纪最紧迫的全球问题是环境的未来。

进一步阅读书目：

Botkin, D. (1990). *Discordant Harmonies: A New Ecology for the Twenty-first Century*. New York: Oxford University Press.

Bruun, O., & Kalland, A. (Eds.). (1995). *Asian Perceptions of Nature: A Critical Approach*. Surrey, U.K.: Curzon Press.

Collingwood, R.G. (1945). *The Idea of Nature*. London: Oxford University Press.

Cronon, W. (1983). *Changes in the Land: Indians, Colonists and the Ecology of New England*. New York: Hill and Wang.

Cronon, W. (Ed.). (1995). *Uncommon Ground: Rethinking the Human Place in Nature*. New York: Norton.

Darwin, C. (1964). *On the Origin of Species*. Cambridge, MA: Harvard University Press. (Original work published 1859)

Eisenstadt, S. M. (1995). The Japanese Attitude to Nature: A Framework of Basic Ontological Conceptions. In O. Bruun & A. Kalland (Eds.), *Asian Perceptions of Nature: A Critical Approach* (pp. 189 – 214). Surrey, U.K.: Curzon Press.

Evernden, N. (1992). *The Social Creation of Nature*. Baltimore: Johns Hopkins University Press.

Flader, S. (1974). *Thinking Like a Mountain: Aldo Leopold and the Evolution of an Ecological Attitude toward Deer, Wolves, and Forests*. Madison: University of Wisconsin Press.

Glacken, C.J. (1967). *Traces on the Rhodian Shore: Nature and Culture in Western Thought from Ancient Times to the End of the Eighteenth Century*. Berkeley and Los Angeles: University of California Press.

Krech, S. (1999). *The Ecological Indian: Myth and History*. New York: Norton.

Leopold, A. (1949). *A Sand County Almanac and Sketches Here and There*. London: Oxford University Press.

Lewis, C.S. (1967). *Studies in Words*. Cambridge, U.K.: Cambridge University Press.

Lovejoy, A.O. (1936). *The Great Chain of Being: A Study of the History of an Idea*. Cambridge, MA: Harvard University Press.

Lovejoy, A.O., Chinard, G., Boas, G., & Crane, R. S. (1935). *A Documentary History of Primitivism and Related Ideas*. Baltimore: Johns Hopkins University Press.

Malthus, T. (1890). *An Essay on the Principle of Population*. London: Ward. (Original work published 1798)

Marsh, G.P. (1965). *Man and Nature*. Cambridge, MA: Harvard University Press. (Original work published 1864)

McNeill, J. R. (2000). *Something New under the Sun: An Environmental History of the Twentieth Century World*. New York: Norton.

Merchant, C. (1980). *The Death of Nature: Women, Ecology and the Scientific Revolution*. San Francisco: Harper & Row.

Merchant, C. (1989). *Ecological Revolutions: Nature, Gender, and Science in New England*. San Francisco: Harper & Row.

Plato. (1952). *Timaeus, Critias, Cleitophon, Menexenus: Epistles*. Cambridge, MA: Harvard University Press.

Ray, J. (1759). *The Wisdom of God Manifested in the Works of Creation*. London: John Rivington, John Ward, Joseph Richardson. (Original work published 1691)

Sandell, K. (1995). Nature as the Virgin Forest: Farmers' Perspectives on Nature and Sustainability in Low-resource Agriculture in the Dry Zone of Sri Lanka. In O. Bruun & A. Kalland (Eds.), *Asian Perceptions of Nature: A Critical Approach* (pp. 148 – 173). Surrey, U.K.: Curzon Press.

Sears, P. (1950). *Charles Darwin: The Naturalist as a Cultural Force*. New York: Scribner's.

Soule, M., & Lease, G. (Eds.). (1995). *Reinventing Nature? Responses to post-Modern Deconstruction*. Washington, DC: Island Press.

Thoreau, H.D. (1906). *The Writings of Henry David Thoreau: Journal VIII*. Boston: Houghton Mifflin.

White, R. (1995). *The Organic Machine: The Remaking of the Columbia River*. New York: Hill and Wang.

Williams, R. (1976). *Keywords: A Vocabulary of Culture and Society*. London: Fontana/Croom Helm.

Williams, R. (1980). *Problems in Materialism and Culture*. London: Verso.

Worster, D. (1985). *Nature's Economy: A History of Ecological Ideas*. Cambridge, U.K.: Cambridge University Press.

Worster, D. (1993). *The Wealth of Nature: Environmental History and the Ecological Imagination*. London: Oxford University Press.

维拉·诺伍德(Vera Norwood) 文
郭子林 译,张瑾 校

Navigation 航海

在两个已知点之间通过最短最好的路、在尽可能短的时间内驾驶船只航行所需要的知识被称为航海。在整个历史 1827
上,这种科学由船员一代一代地传下来。它包括这样一些能力:对季节变化导致的季风、海洋和潮流的了解,对水深的
认识,对各个港口之间航行时间的估计。

航海科学或绘制船只通过水域从一个地方到另一个地方的图标,可能被归入沿海航海、海洋航海或实际航海的范畴。沿海航海在陆地能够看得见的地方实践,其方向由一些数据提供,例如海岸线的轮廓,关于明显的地标、水深和当地海潮的知识。当驾驶船只穿越海洋或远离海岸的大片水域时,海员将通过航位推测法记录其大概的位置。这是一种记录位置的方式。按照这种方式,通过对出发位置和行驶路程以及出发之后的航迹向,船员可以计算出船只的位置。因为大量不确定因素影响着这些计算,所以作为结果的位置并不是完全可靠的。不确定因素是速度、海潮和偏航方向(按指南针行驶的路程与航迹向之间的角度,由推动船只侧斜的风引起)。在航行过程中,由这些因素导致的错误累积起来,结果推测航位中的错误可能变得非常大,并导致危险处境。一个准确位置、一个"方位",可以通过观察天体、计算并在航海图上记录下来的方式获得。

这篇文章里面没有讨论实践航海。实践航海被称为航海技术,包括如何操纵船只、装备船只、驾驶船只和调遣船只。

古代世界的航海

航海方式和航海技术在世界的几个地区独立发展起来。从金字塔绘画中得知,埃及水手用测量杆测量船只下面的水深。当波斯和阿拉伯水手穿越印度洋航行,并大约从8世纪向中国航行时,他们使用一种风向图以确定方向;这种风向图以固定的恒星的升降点为基础。他们通过观察太阳和北极星的高度来估计纬度。9世纪,在印度洋的一些地方,波斯人的船只使用海岸定位标,将航线设定在距离陆地最近的范围内。阿拉伯人有在沙漠里依靠观察恒星寻找道路的经验。他们在大约650年使用了一种刻度盘,刻度盘上面的点根据固定恒星起落的点命名。11世纪末期以前,阿拉伯和波斯航海家还没有使用天然磁石。天然磁石可以使铁磁化,并指向北方。到15世纪,阿拉伯水手使用卡玛尔(*kamal*)估算他们的纬度,卡玛尔是一种测量天体高度的仪器。

那些来自南太平洋诸岛屿的水手,传统上用一种"风罗盘"穿越广阔的海洋,这种仪器依靠

> 历史是冒险时代航海的指南。历史探讨的是，我们是谁，我们为什么在我们在的这条路上。
>
> ——大卫·麦卡洛(David C. McCullough，1933—)

风的特点(例如潮湿、寒冷、干燥或温暖)确定岛
1828 屿的方向。他们的“恒星罗盘”确定方向的依据是大量可见明亮恒星的方位。北极星被用作纬度指示标志，南十字星座被用于确定航道。太平洋岛民用“天顶星”记忆大量岛屿。也就是说，带有倾斜方向的恒星等同于相关岛屿的纬度，这些恒星被认为从东向西经过相关岛屿。通过观察恒星的位置，他们能够发现他们处于其目的地的北方还是南方，并据此调整他们的航程。南太平洋航海家通过观察鸟、云的形成和涌浪，来确定方向和他们所处的位置。

天文航海

正如我们今日所知，最早的航海活动是由腓尼基和希腊水手进行的，始于公元前 6 世纪以后。他们在红海和地中海航行，与阿拉伯人的航海方式非常相似，但享有在内海航行的优势，内海的周围就是陆地。

据说，最早依靠恒星定位的水手是神话传说中的奥德修斯。在《奥德赛》的一个诗节中，当他穿越其虚构旅途中的海洋时，他不得不一夜又一夜地与其左手边的大熊星座保持一致。这是依靠天空恒星定位的方法。一颗恒星在升起之后不久(或降落之前)可以被观察到，并被用作罗经方向。不久，下一次升起(或降落)的恒星，或多或少在同样的高度被用于以同样的方式确定方位，这样船只便可在没有使用指南针的情况下在同一条航道上前行。在白天，人们观察太阳的位置，并用其确定方向。顶点(当太阳到达天空中每日最高位置时)指示南方(或北方)，处于较低高度的日升和日落指向其他两个主要方向，即东方和西方。在北纬方向，北极星尽管偏离天空的北极一些度数，但当其升到最高点的时候，仍可以与大熊星座一起出现，大熊星座也指向北方。在赤道以南，有经验的水手至少暂时能够用大熊星座定位北方。他们也通过观察周围的现象估计其位置，例如盛行风的方向和风力。在夜里，天顶星是他们确定其相对于地中海北海滨和南海滨位置的指示物，而北极星和正午太阳的高度都是纬度指示物。关于经度的知识以地中海东西海滨之间航行的时间为基础。磁罗盘或许被 13 世纪十字军战士在地中海船只上采用。海图和航向仍然以手稿的方式存在，于 14 世纪在地中海使用。一个世纪以后，印刷术被引入欧洲。这之后，这些辅助手段被更普遍地使用。

在中世纪早期，北欧人和爱尔兰僧侣开始穿过北大西洋向冰岛航行。因为北极圈的夏季很长，这里的人们几乎不能像南半球的人们那样用恒星帮助航行。为了估算距离冰岛的路线的相对位置，设得兰群岛和法罗群岛被用作“踏脚石”。这些航海家也观察迁徙的鸟类，这些鸟类告诉他们陆地在什么方向；北欧人也提到过他们用船上携带的乌鸦确定陆地的方向。水手们发现天空中成群的云团下面是他们尚不能看到的陆地。当北欧人看到北极星的时候，他们就用它在夜晚确定方向，在白天则用太阳确定方向。他们或许也用这些天体测定他们的航程。指南针在被引进到地中海以后，才逐渐在欧洲北部得到应用。

用特别发达的科学仪器航海和用星历表制定航海日程，是 15 世纪葡萄牙与西班牙航海家进行海上扩张时的事情。当葡萄牙人沿着非洲西海岸开始航海的时候，他们的航线通常是从北往南。他们在夜晚观察北极星、在白天观察正午的太阳高度，从而寻找其纬度。或许在大约 1445 年，他们为了观察天体，使用了水手的天体观测仪，这是一种航行仪器，从天文学天体观测
仪器演化而来。大约 1515 年，直角器也在海上 1829
得到使用；这种仪器受到卡玛尔的启发，是为了同样的目的被使用。到 1474 年，人们到达了赤道以南，看不到北极星了。尽管葡萄牙水手已经在 1454 年看到了南十字星座，但他们发现没有

这幅素描描绘了一些船只，它们穿越了殖民地非洲的坦噶尼喀湖

南极星。然后，人们决定尽力从正午太阳的高度入手改进寻找纬度的方法。结果，第一个太阳每日倾斜表被编纂出来。当哥伦布于1492年向美洲航行的时候，他得到了这种表格的手稿。哥伦布也是第一个观察到西斜角度的人。斜角是地磁北极与地理学北极方向之间的夹角。因地球的位置不同，这个角度可能是偏东、偏西或为零。随着地磁极的位置在一年里稍微改变，斜角增加或减少。重要的是，当设定一个航线的时候，斜角值需要考虑在内。

第一次跨越大西洋航行和1497年穿越印度洋以后，人们更经常使用东西航道，而测量经度成为必要之事。两地之间的经度差异，可以在两地之间的时间差中表达出来。哥伦布试图从观察一次月食找出他在新世界的经度，他知道这次月食也将在西班牙发生。他将他观察到的月食的时间与月食将在西班牙发生的预定时间做比较。因为是建立在对月球运动不完善知识基础上的不准确的预测，他的努力失败了。

1514年，纽伦堡天文学家约翰·维尔纳(Johann Werner)第一个提出经度可以通过测量月距来确定，月距是月球与一个固定恒星之间的角度。月球相对迅速地穿过天空。在一个假定时间，月球和一个特殊恒星之间的角度对于
每个观察者来说都是相同的，每个观察者都能 1830
看见这两个星体。月球与大量恒星之间的角度(也称距离)可以提前为了某些日期和时间或为了一个特殊的(本初子午)经线而计算出来。观察者在测量角度时，将把测量结果及他的当地时间与预设结果及时间做比较，两个时间之间的差异将提供经度的差异。维尔纳的方法是可行的，但在当时从技术上来看，开发足够精密的仪器和月亮时间表是不可能的。1519年，费迪南·麦哲伦的天文学家试图在南美洲将月球与木星结合起来找出经度，但未能成功。这次失败可以归因于预定星历表中的错误。

航海家有时用磁罗盘的变化估算经度。因为经度与变化之间显而易见的关系，16 世纪的学者们设计了把变化转变为经度的方法。然而，要想使这种想法在实践中获得成功需要大量关于磁变的数据；而这样的数据到 18 世纪才可得，当时荷兰航海家在穿越大西洋和印度洋过程中用磁变估计他们的经度。

随着解决海上经度问题的努力失败，西班牙国王于 1598 年为任何提出实际解决方案的人提供奖金。这个做法很快也被荷兰议会、法国和威尼斯政府并最终在 1714 年为英国议会所效仿，英国议会提供 2 万英镑。其结果是有很多发明者认领了这些奖金。伽利略是这些响应者之一，他提出木星的卫星天食和掩蔽能够提供一种解决方式，因为它们是每个观察者都可以同时看到的。用于确定经度的月食观察被天文学家埃德蒙·哈雷(Edmond Halley)于 1719 年在好望角附近、詹姆斯·库克船长于 1766 年在加拿大的陆地上成功地执行。然而，要想成功地航海，对天食和掩星的观察需要非常准确；但由于船只的运动，这种准确性几乎不可能在海上获得。

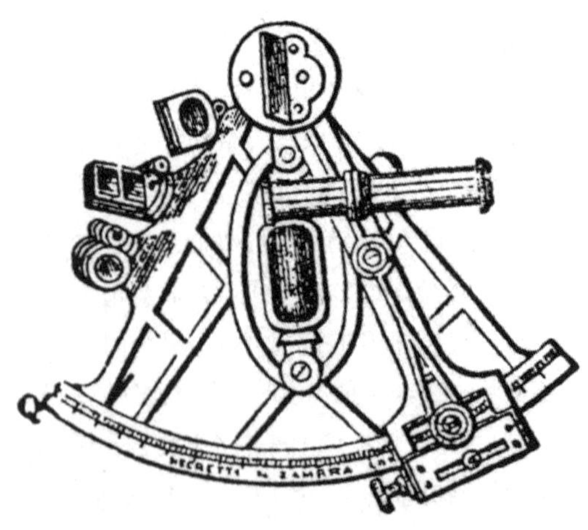

六分仪，一种测量任意两个可见物之间角度的工具，它使海上旅行更安全、更快捷

对于伦敦改善自然知识皇家学会(the Royal Society of London for Improving Natural Knowledge，成立于 1662 年)和巴黎皇家科学院(the Académie Royale des Sciences in Paris，成立于 1666 年)来说，解答如何在海上找出经度的问题是他们支持的很多项目之一。向着解决这个问题迈出的重要一步是巴黎天文台于 1667 年的建立，随后格林威治天文台于 1675 年在伦敦附近建成。这两个机构都受委托纠正当时的星系表，旨在找出位置的经度，以便用于航海。巴黎天文台是第一个出版新航海天文数据表的机构，例如太阳、月亮和行星以及恒星的每日天体位置，这些表格首先出现在 1678 年。从 1761 年开始，出版物也包含月相表，这使得通过前述月距方法找到经度成为可能。几年前，最早的精确月相表由德国数学家约翰·托比亚斯·迈尔(Johann Tobias Mayer)计算出来。英国天文学家内维尔·马斯基林(Nevil Maskelyne)成为航海天文历的推动者；航海天文历首先出现在 1767 至 1769 年之间，也包含月相表。适合使用月距方法的另一个条件是测量距离的精确工具的出现。这在 1731 年得以实现。伦敦的约翰· 1831
哈德利(John Hadley)在这一年设计了八分仪(也称哈德利象限仪)，这是一种双重反射角测量仪器，比水手的星盘和直角器准确许多。大约 30 年以后，它被成功地转变为六分仪，后来被改装为反射环。月距方法很快被牢固地确立为海上寻找经度的可靠方法。詹姆斯·库克是最终应用这个方法的人之一，于 1769 年在新西兰使用它，同时还使用了航海天文历和六分仪。在很多年里，月距方法与航海经线仪作为探查经线的方法互相竞争。航海经线仪是一个时钟，在航海过程中与本初子午线的时间保持精确的一致，由英国人约翰·哈里森(John Harrison)成功研制出来。约翰·哈里森的第四项钟表被授予英国议会经线奖。直到 19 世纪，借助月距的

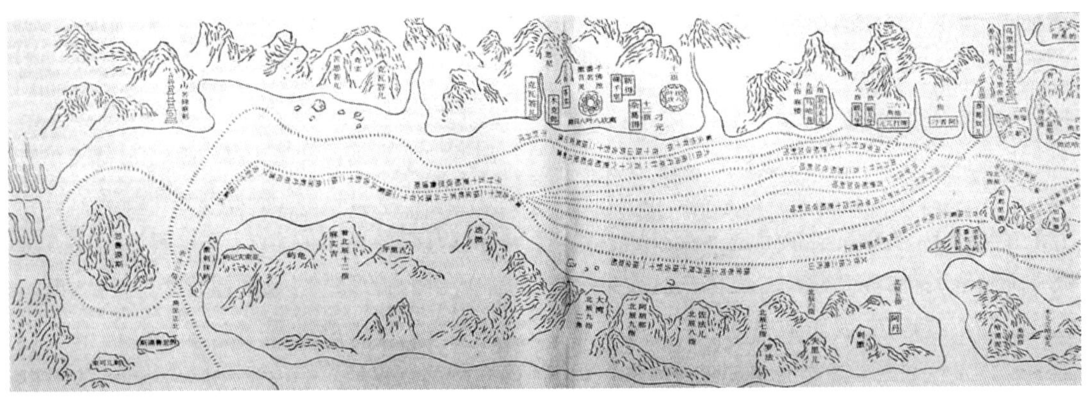

中国航海家郑和的航海图。他的航行以指南针为指导，他曾航行到波斯湾

天文学手段和借助航海经线仪的机械方法都在海上使用。最终，航海经线仪变得盛行，因为用这种仪器寻找经度的方法比通过月距寻找经度更简单。这些寻找经度的方法应用的一个重要结果是，海图变得更精确了。

乌云密布的天空使人们无法观察到正午的太阳，而这样的天气状况可能持续很多天。在18世纪中叶，阿姆斯特丹航海教员科内利斯・杜维斯(Cornelis Douwes)成功地发明了最早的双高度方法，在正午前后测量。这样，在不受传统正午太阳观测限制的情况下，人们可以观测到正午之前的太阳高度。杜维斯的方法被改进，并一直使用到19世纪。在19世纪，方位线航海也逐渐投入使用。这是对各种方法的统称，即天文观察和接下来的计算以及在图标上标注位置。通过这些方法，船只的方位可以在一天当中几乎任何时间确定。1843年，美国船长托马斯・萨姆纳(Thomas Sumner)发明了一种方法，即通过对太阳或恒星的简单观察确定方位线。几个从不同方向观察恒星得出的“萨姆纳氏线”的交集点提供一个方位。在19世纪60年代，萨姆纳氏线方法被法国天文学家和海军军官改进，当时，天文航海已经达到了一定水平；这种水平的天文航海在第二次世界大战之后的很长时间里仍在使用。

电子航海方式

20世纪初，无线电广播的发展开启了新的可能性。首先通过无线电测向，后来通过雷达和双曲线无线电系统测向，例如台卡(Decca)导航系统和远距离无线电导航系统。在这些系统的帮助下，在某些限定范围内，方位线或方位可以 1832
在不受天气条件干扰的情况下获得。1906年，第一个实用性的回转罗盘被发明出来，使人们在不用地球磁场的情况下寻找北方成为可能。

接下来的主要发展是20世纪70年代晚期卫星导航的采用。全球定位系统(GPS)在20世纪90年代获得充分运作。在GPS的帮助下，人们可以持续获得方位，比天文导航更准确。随着GPS越来越便宜、越来越容易获得，卫星目前彻底取代了六分仪和航海天文历。全球定位系统由美国政府操作，而为了摆脱这个系统，欧洲联盟支持并拥有了欧洲卫星导航系统，名为伽利略，这个系统大约在2014年投入使用。在20世纪80年代，人们发明了电子航海图。这是一种数字化的图表(这个表格的形象以数字为基础，并在计算机屏幕上成像)，能够与其他相关航海数据联系起来，包括GPS数据，用电子回声探测仪发现的准确水深，用电子计程仪、回转罗盘和雷达反射影像测定的船速。在接下来几十年里，电子航行表被寄予代替传统纸质航海表的期望。

航空飞机和自动模式

在早些年，航空飞机依靠地面可视信息航行。而随着飞行高度的增加，飞机（在云层中）"盲飞"便不可避免，因而采用了各种无线电导航手段。大多数是非直线的无线电信标，飞机可以借此从一个信标飞向另一个信标。在20世纪20年代，航空标绘技术从航海实践中产生出来，是一种寻找推测位置的技术。第一个航空天文历出现在1933年，5年以后最早的天文航空表出版了。

在20世纪40年代，装有人造（泡沫）水平仪的六分仪被采用，根据天体高度和航空天文历以及天文航空表的使用寻找方位。简洁的计算方法尤其为了航空目的而开发出来；导航机器和航空计算尺也是如此，例如拜格雷夫圆柱形计算尺，后者绕过或忽略部分计算。在第二次世界大战期间，无线电导航被进一步改进。为了发展民用航空，非直线信标仍然在陆地上空使用。为了穿越海洋和沙漠，传统的天文导航也在应用。战后，远距离无线电导航系统被用在穿越海洋的民用航空中，从专用海洋定点测量船发出的无线电信号也是如此。在20世纪60年代，非直线信标逐渐被特高频全向信标（VOR）站取代；自从1957年以来，特殊的极区航行技术也得到应用。

由于飞机在20世纪60年代的增加和喷气式飞机的采用，对航位报告的需求更加迫切。在路面上空，因空中交通管制，地面雷达的使用有所增加；但远程航行基本未变，尽管六分仪得到改进。

20世纪70年代，惯性导航被发明出来，用于民用远程航空，代替了天文导航。目前，GPS也用于民用航空，可预期的是，它将在未来航空中发挥越来越大的作用。

进一步阅读书目：

Cotter, C. H. (1968). *A History of Nautical Astronomy*. London: Hollis & Carter.

Cotter C. H. (1983). *A History of the Navigator's Sextant*. Glasgow, U. K.: Brown, Son & Ferguson.

Hayward, T. (2003). *The History of Air Navigation: A Time Line: Navigation News*. London: Royal Institute of Navigation.

Hewson, J. B. (1963). *A History of the Practice of Navigation*. Glasgow, U. K.: Brown, Son & Ferguson.

Hitchings, H. L., & May, W. E. (1955). *From Lodestone to Gyro-compass*. London: Hutchinson's Scientific and Technical Publications.

Hourani, G. F. (1995). *Arab Seafaring in the Indian Ocean in Ancient and Early Medieval Times*. Princeton, NJ:
1833 Princeton University Press.

Howse, D. (1997). *Greenwich Time and the Longitude*. London: Philip Wilson.

Jonkers, A. R. T. (2003). *Earth's Magnetism in the Age of Sail*. Baltimore: Johns Hopkins University Press.

Lewis, D. (1972). *We, the Navigators: The Ancient Art of Landfinding in the Pacific*. Canberra, Australia: Australian National University Press.

Mörzer Bruyns, W. F. J. (1994). *The Cross-Staff: History and Development of a Navigational Instrument*. Zutphen, Netherlands, Walburg Pers.

Schnall, U. (1975). *Navigation der Wikinger: Nautische Probleme der Wikingerzeit im Spiegel der Schriftlichen quellen*. Oldenburg, Germany: Gerhard Stalling Verlag.

Stimson, A. N. (1988). *The Mariner's Astrolabe: A Survey of Known, Surviving Sea Astrolabes*. Utrecht, Netherlands: Hes.

Taylor, E. G. R. (1958). *The Haven-Finding Art: A History of Navigation from Odysseus to Captain Cook*. London: Hollis & Carter.

Waters, D. W. (1958). *The Art of Navigation in England in Elizabethan and Early Stuart Times*. London: Hollis & Carter.

Williams, J. E. D. (1992). *From Sails to Satellites: The Origin and Development of Navigational Science*. Oxford, U.K.: Oxford University Press.

威廉·摩尔泽·布鲁因斯(Willem F.J. Morzer Bruyns) 文
郭子林 译,张瑾 校

Newton, Isaac 艾萨克·牛顿

艾萨克·牛顿(英国数学家和物理学家,1642/1643—1727)是科学革命的领军人物。科学革命是一个实验、观察和 1834
理论的创造性时代,始于16世纪中叶。牛顿始终是科学方法的标志性人物,甚至对那些非科学家来说也是如此,哪怕他们只是模模糊糊地知道牛顿提出了万有引力定律,发明了微积分。

根据许多历史学家的说法,当天文学家们了解到尼古拉·哥白尼(Nicolaus Copernicus, 1473—1543)的理论时,科学思想上的革命便开始了。哥白尼在他死后出版的一本书里提出了他的理论:地球围绕太阳旋转。艾萨克·牛顿是这次科学革命(约1550—1700)的领军人物。到牛顿去世的时候,哥白尼的理论已经改变了西欧对于宇宙的认识。除了查理·达尔文和阿尔伯特·爱因斯坦,牛顿始终是世界上最广为人知的科学家,是科学方法的标志性人物。但牛顿本人并不满意于自己的成就,因为它们只解释了宇宙的某些方面。他更加雄心勃勃地试图寻找一个可以解释一切的单一系统,即一个统一的宇宙系统。他也不满足于只是了解事情是如何(how)发生的,他更想知道的是为什么(why)。

牛顿显然不适宜农耕生活,于是他的家人将其从林肯郡的农场送到剑桥大学。在剑桥大学,他最初并没有给老师留下深刻印象。他为了躲避瘟疫的爆发而暂时离开大学,返回林肯郡,在这里他度过了一生中最有创造力的时期。几乎他所有的想法都在1665至1666年的18个月时间里形成。牛顿适合那种隐居形式的学者生活。当剑桥任命他为数学教授的时候,他证明

戈弗雷·内勒爵士(Sir Godfrey Kneller)的《艾萨克·牛顿画像》(1689)。汉普郡(Hampshire)法利沃洛普(Farleigh Wallop)的法利之家(Farleigh House)

> 我之所以能够看得更远，是因为我站在巨人的肩膀上。
>
> ——艾萨克·牛顿(1642—1727)

自己是一个不称职的教师。当他建造了一台令人印象深刻的反射望远镜时，他赢得了众人的尊重(并当选为科学界有声望的皇家学会的会员)。

在专业化之前的时代，牛顿为物理学和数学等多个不同学科领域做出了贡献。私人通信形式的“出版物”常常早于印刷出版物很多年就
1835 出现了。当牛顿还是年轻人的时候，就开始研究色彩和光线，1704 年出版的《光学》(*Opticks*)是其该项研究的代表性成果。虽然还很年轻，他就提出了数学理论，他称之为流数法(后来被称为微积分)。同时，德国学者莱布尼茨(G. W. Leibniz, 1646—1716)也提出了微分与积分。一场激烈的争论随之而来：是牛顿还是莱布尼茨能拥有此项殊荣？他们都是独立工作的，所以答案是他们都可以拥有此项殊荣。牛顿最负盛名的是万有引力定律。根据一个流行但可能不太真实的故事，当他看到他家院子里的一棵树上掉下一个苹果时，他受到了启发，他认识到同样的力量(表述为同样的法则)控制着地球和天空中的物体。1687 年，牛顿用拉丁文写作并出版了其重要著作，是关于力学的著作，即《原理》(*Principia*，或《自然哲学的数学原理》[*Mathematical Principles of Natural Philosophy*])。

虽然牛顿也陷入了与一些敢于挑战其思想正确性或独创性的科学家们的无聊争论，但他在英国科学界内外获得的赞誉多于批评。他短期内在下议院任过职。1696 年，他从剑桥搬到伦敦，当时赞助人让他在皇家铸币厂任职，丰厚的薪水使他变得富有起来。1703 年，牛顿当选为英国皇家学会主席。1705 年，他被授予爵位。在 17 世纪 90 年代早期，年轻的瑞士数学家尼古拉·法蒂奥·丢勒(Nicolas Fatio de Duillie, 1664—1753)或许是其为数不多的亲密朋友之一。牛顿从未结婚，并受到反复发作的抑郁症的折磨。牛顿晚年与他的侄女一起过着平静的生活。他的宗教观点是非正统的，他拒绝耶稣基督的神性，但因为其观点不是完全公开的，所以他没有经历其伟大前辈伽利略曾遭受过的迫害。

虽然牛顿过着隐居生活，从未去过其祖国英国以外的地方，他的著作却在欧洲大部分地区获得认可。但并非他的著作的所有观点都获得认可，也并非立即获得接受或被人们意见一致地接受。例如，耶稣会学者们仍然忠于古老的笛卡儿坐标体系，后者由勒内·笛卡儿设计。笛卡儿的涡流理论认为宇宙中粒子本身的推动力(而不是吸引力)是其周围物质移动的原因。牛顿最终赢得了认可，因为他的理论产生了较好的实践结果。例如，他的理论正确地预测了哈雷彗星的回归。18 世纪中叶的几十年中，法国启蒙运动思想家伏尔泰(Voltaire, 1694—1778)和加布里埃尔·埃米莉·勒通内利耶·德·布勒特伊(Gabrielle Emilie le Tonnelier de Breteuil)，即杜沙特莱侯爵夫人(Marquise du Châtelet, 1706—1749)，在英国以外把牛顿的思想推广给受过教育的读者。杜沙特莱把牛顿的《原理》翻译成法语，并写了一篇评论描述牛顿理论的新证据。借助于牛顿的威望，自然科学在启蒙运动期间成为社会科学的典范，后者借用了前者赢得的自信。再后来，那些持欧洲中心论的世界历史阐释者们，把牛顿和科学革命观念作为西方优越性的证据。

最终，世界各地的科学家都承认了牛顿是他们的老师和启发者。例如，到 1730 年，耶稣会传教士把牛顿的一些天文学思想带到中国；到 19 世纪中叶，中国人也了解了牛顿的微积分及其《原理》的部分内容。

20 世纪 30 年代，人们在解释科技进步的时候反对传统上对个人天才的强调，这挑战了牛顿的重要性。马克思主义者和其他人认为，科学是一项集体性的事业，受到当时意识形态的影响，而且新科学思想要想获得非科学家的认可，必须首先有受过教育的公众。最近，学者们指出，牛顿有着“非科学的”兴趣，包括炼金术(把贱

金属变成黄金)、《圣经》编年和预言。事实上,牛顿的所有工作都是相互关联的。仅仅把他描述为现代意义上的科学家是不够的。作为一个处于他那个时代的人,他是宇宙论家,试图用单一的系统理解一切。他始终是新科学的强大象征,新科学最终改变了世界。

进一步阅读书目: 1836

Berlinski, D. (2000). *Newton's Gift: How Sir Isaac Newton Unlocked the System of the World*. New York: Free Press.

Fara, P. (2002). *Newton: The Making of a Genius*. New York: Columbia University Press.

Fara, P. (2004). *Pandora's Breeches: Women, Science and Power in the Enlightenment*. London: Pimlico.

Gleick, J. (2003). *Isaac Newton*. New York: Pantheon Books.

Guerlac, H. (1981). *Newton on the Continent*. Ithaca, NY: Cornell University Press.

Hall, A. R. (1992). *Isaac Newton: Adventurer in Thought*. Oxford, U. K.: Blackwell.

Manuel, F. E. (1968). *Portrait of Isaac Newton*. Cambridge, MA: Harvard University Press.

Westfall, R. S. (1980). *Never at Rest: A Biography of Isaac Newton*. Cambridge, U. K.: Cambridge University Press.

White, M. (1997). *Isaac Newton: The Last Sorcerer*. Reading, MA: Addison-Wesley.

Zinsser, J. P. (2003). The Ultimate Commentary: A Consideration of I. Bernard Cohen's Guide to Newton's Principia. *Notes and Records of the Royal Society of London, 57*(2), 231 - 238.

大卫·费伊(David M. Fahey) 文
张瑾 译,郭子林 校

Nkrumah, Kwame 夸梅·恩克鲁玛

加纳以前被称为黄金海岸,是第一个摆脱欧洲殖民统治而获得独立的次撒哈拉非洲殖民地(1957),为其他有抱负 1837
的非洲国家提供了一个模式。在夸梅·恩克鲁玛(Kwame Nkrumah, 1909—1972)的领导下,加纳推动了一个严格反帝国主义对外政策的形成,它集中于创造泛非政治经济统一体,以形成"美国式的非洲"。

独立的加纳第一个领导者夸梅·恩克鲁玛于1909年出生在现代加纳与科特迪瓦之间的边境。这条国际边境在10年之前就已建立起来,将恩济马语族分隔到两个不同的国家里,恩克鲁玛属于这个民族。现代非洲国家边境的任意性始终是重要的殖民遗产,也是恩克鲁玛后来的生命期间通过统一化政策直接处理的问题;这种统一化政策建议重新划定非洲各国边境。恩克鲁玛有幸获得教育,最终到政府(教师)师范学院学习。他在这里接触到了牙买加泛非主义者马尔库斯·加维(Marcus Garvey, 1887—1940)的思想。加维的作品强调了所有非洲后裔之间的关系和建立非洲国家的需要。也正是在学院里,恩克鲁玛对去美国感兴趣了。1936年,他离开黄金海岸,但首先去了伦敦。恩克鲁玛在伦敦时,了解到埃塞俄比亚被意大利法西斯主义者打败。几年以后,恩克鲁玛说,在那一时刻,他感到"似乎整个伦敦都对我个人宣战"

> 我们的殖民历史和今日新殖民主义的阴谋已经再三证明了我们的信念：除了她自己和她的资源，非洲不能再信任任何人……我们非洲人必须学会团结起来提升非洲人的福祉，否则将沦落为那些殖民我们的帝国主义操纵者的牺牲品。
>
> ——夸梅·恩克鲁玛

夸梅·恩克鲁玛，泛非主义的倡导者

（Nkrumah，1957）。意大利入侵非洲最后一个独立国家被视作对整个黑人世界的暴行。它显然将帝国主义与战争联系起来，突出了欧洲殖民统治对非洲的剥削。正是在这种环境下，恩克鲁玛到了美国。

恩克鲁玛在美国时，开始将美国黑人经历的种族主义与非洲黑人和加勒比海地区黑人经历的殖民关系联系起来。他于1939年从宾夕法尼亚的林肯大学毕业，并进入宾夕法尼亚大学攻读哲学博士学位。这期间，他在一份学生报纸《非洲之音》（*The African Interpreter*）上更公开地发表了反对帝国主义的思想。恩克鲁玛通过泛非主义运动从政
1838 治上介入组织海外非洲人的活动。他的博士论文题目是《帝国主义哲学——以非洲为视角》（*The Philosophy of Imperialism, with Special Reference to Africa*），从未被大学接受；恩克鲁玛认为他是政治审查制度的牺牲品。1945年，恩克鲁玛到伦敦学习法律，或许是去完成他的博士论文。然而，他很快便全身心投入即将到来的第五次泛非会议的组织工作；这次会议将在曼彻斯特举行，由他心目中的英雄之一杜波依斯（W. E. B. Du Bois，1868—1963）主持。恩克鲁玛在这个工作中建立的联系形成了整个非洲未来民族主义和反帝领袖的名人录。他在这次会议上的工作引起了统一黄金海岸大会（UGCC）的注意，该会议的领袖在1947年邀请恩克鲁玛返回加纳担任该党派的秘书。

恩克鲁玛很快就与统一黄金海岸大会闹翻了，在1949年建立了人民大会党（CPP）。人民大会党要求“立刻自治”，发动罢工、抵制和非暴力不合作，以莫汉达斯·甘地的非暴力不合作方式为基础。恩克鲁玛因其政治活动而在1950年被监禁，但1951年他在监狱获得了立法会议的一个席位以后被释放。这个事件标志着英国在黄金海岸统治终结的开始，尽管正式独立和加纳这个名称直到1957年才实现。1952年，恩克鲁玛被选举为黄金海岸的首相，一直服务到1960年他出任加纳总统。他在当权期间，推动了社会主义发展和反帝对外政策。他积极推动

在总统夸梅·恩克鲁玛就职典礼的接待会上（加纳阿克拉，1960年7月1日），恩克鲁玛（左）与杜波依斯和雪莉·格雷汉姆·杜波依斯（Shirley Graham Du Bois）站在一起。美国阿姆赫斯特校区图书馆，杜波依斯中心馆

不结盟运动，在前殖民地中间建立同盟，作为美国和苏联之间推动的两极冷战的另一种选择方式。在1963年，随着非洲统一组织（OAU）的成立，恩克鲁玛出版了著作《非洲必须统一》（*Africa Must Unite*），著作的题目便概括了他关于统一的观点。但非洲统一组织拒绝恩克鲁玛的模式。加纳经济衰退，全国动荡不安。1964年，恩克鲁玛禁止政治敌对势力，将人民大会党确立为唯一的政党，这是很多非洲一党制国家的第一个。他把加纳的一些问题归因于美国中央情报局的干预，但他也理解加纳的大多数问题是经济方面的。1965年，他出版著作，分析了外国投资在维持非洲新式殖民关系方面的作用。这本书名为《新殖民主义：帝国主义的最后阶段》（*Neo-Colonialism: The Last Stage of Imperialism*）。尽管他在分析非洲与世界其他地区经济关系时非常机敏，但恩克鲁玛失去了与那些正遭受可怜的地方经济状况的加纳人的联系。恩克鲁玛的政治敌人成倍增加，他在
1966年的军事政变中被推翻。他在几内亚过着 1839
逃亡生活，直到1972年去世。辩论将围绕着恩克鲁玛的遗产继续下去，但他认为非洲经济与全球经济的关系是通过殖民主义建立起来的观点，提供了一种非洲人关于世界历史的新洞察。

进一步阅读书目：

Arhin, K. (Ed.). (1993). *The Life and Work of Kwame Nkrumah*. Trenton, NJ: Africa World Press.

Davidson, B. (1973). *Black Star: A View of the Life and Times of Kwame Nkrumah*. Boulder, CO: Westview Press.

Nkrumah, K. (1957). *Ghana: The Autobiography of Kwame Nkrumah*. New York: Thomas Nelson & Sons.

Nkrumah, K. (1963). *Africa Must Unite*. New York: Fredrick A. Praeger.

Nkrumah, K. (1964). *Consciencism: Philosophy and Ideology for Decolonization*. New York: Monthly Review Press.

Nkrumah, K. (1965). *Neo-colonialism: The Last Stage of Imperialism*. London: Panaf.

Oppenheimer, B. F., & Oppenheimer, M. (1966). *Ghana: End of an Illusion*. New York: Monthly Review Press.

Rooney, D. (1988). *Kwame Nkrumah: The Political Kingdom in the Third World*. New York: St. Martin's Press.

Smertin, Y. (1987). *Kwame Nkrumah*. New York: International Publishers.

埃里克·马丁（Eric L. Martin）文
郭子林 译，毛悦 校

Nonviolence 非暴力

印度民族主义领袖甘地说：非暴力“是非常古老的”。作为一种理念和理想，非暴力的确很古老。在整个人类历史 1840
上，人们渴望和谐、和平与稳定，这些状况从根本上讲植根于非暴力。人们受到一些领导人的非暴力激进主义的启发。这些领导人包括科拉松·阿基诺、塞萨尔·查韦斯和莱赫·瓦文萨。

人们常常用非暴力手段平复自己的不满。这种非暴力观念是政治和社会变革中深思熟虑

莫汉达斯·甘地的照片，拍摄于 1939 年。纽约公共图书馆

的首选行动战略，直到 20 世纪才获得广泛信誉和可行性。没有人比莫汉达斯·甘地在这方面获得的信誉和可行性更为人知晓。甘地的非暴力运动呈现出的革命性，在范围和全球影响方面都是空前的。

甘地和非暴力行动的力量

莫汉达斯·甘地第一个提出关于非暴力行动的主张，并提出了可以实现该主张的策略。甘地的策略是用道德力量来战斗，他称这一力量为“非暴力的消极抵抗和非暴力反抗”——通过爱与非暴力来积极追求真理。非暴力反抗者（从事非暴力反抗的人）不仅必须谴责暴力，也要谴责报复和仇恨。甘地对非暴力的奉献在非暴力民众运动史上是无与伦比的。

甘地最初的非暴力主义实验是在 20 世纪初南非种族歧视政策的背景下进行的。他随后用非暴力主义改造英属殖民地印度的经济、政治和社会现实。对他来说，非暴力主义的目的不是强迫对手就范，而是要改变参与冲突的那些人之间的相互关系。甘地的运动依赖于这样一些 1841
方法：禁食、联合罢工（hartal，罢工）、不合作、抵制购买、游行与温和抵抗。甘地运动针对的是英国殖民主义的不公正以及印度人的道德败坏。比如，他着手非暴力运动以减轻英国种植园主们对查姆帕兰农民的经济剥削（1917—1918）；致力将印度从英国统治中解放出来（1920—1921，1930—1934，1940—1942）；把次大陆分为印度和巴基斯坦期间和之后，为了缓和印度教徒和穆斯林之间的紧张关系，促成他们之间的团结（1947—1948）。

甘地的非暴力主义形式——无论是精神上的还是策略上的——触动了世界各地的人们，启发着地理、民族、种族和宗教各领域数以百计的领导人。许多人在非暴力运动的道路上追随甘地，即使采取不同策略，但都在国际上获得赞扬。这些人包括印度自由斗士维奴巴·巴维（Vinoba Bhave）、南非大主教德斯蒙德·图图（Desmond Tutu）、美国民权运动领袖马丁·路德·金、美国农场工人活动家塞萨尔·查韦斯（Cesar Chavez）、波兰工会活动家莱赫·瓦文萨（Lech Walesa）和捷克政治活动家瓦茨拉夫·哈维尔（Vaclav Havel）。在甘地之后，非暴力活动在 20 世纪成为一种强大趋势，规范着世界各地多种多样的社会和政治运动。

亚洲的非暴力斗争

在亚洲，人们用非暴力活动抵抗殖民主义或专制政权的压迫，动员人们支持民主改革和人权。阿卜杜拉·加法尔汗（Khan Abdul Gaffar Khan，1890—1988）是印度西北边境省

> 非暴力通向最高道德，这是所有进化的目标。我们在停止伤害其他生灵之前，始终是野蛮人。
> ——托马斯·爱迪生(1847—1931)

(NWFP)帕坦人的穆斯林领袖，后来被称为“巴德沙汗”(Badshah Khan)或“先锋者甘地”。他是伊斯兰教和甘地的追随者，建立了世界上第一支非暴力军队，以抗议英国人的暴行，包括英国人对帕坦村庄的掠夺。这支军队被称为“胡达的仆人”(真主之仆)。这支军队最终成长为8万帕坦人的军队，致力于非暴力活动。巴德沙汗说明了甘地希望统一印度的愿景。然而，分治无法避免，西北边境省成为巴基斯坦的一部分。在真主之仆的支持下，巴德沙汗动员非暴力运动，在新创建的巴基斯坦为帕坦人争取民主权利。在接下来的30年里，他在监狱里度过了15年，流亡了7年。这期间，巴基斯坦继续由军方统治。

真主之仆具有重要意义，不仅因为他们进行反对殖民主义和专制的斗争，也因为其是推动以和平军队解决国际冲突的试验。此外，由于大批穆斯林对非暴力行动的奉献，真主之仆帮助消除了非暴力与伊斯兰教不符的神话。

菲律宾恢复民主制

总统费迪南·马科斯(Ferdinand Marcos)非法宣称自己是1986年大选的获胜者。之后，科拉松·阿基诺(Corazon Aquino，1933—2009)在菲律宾领导非暴力抵抗运动，旨在恢复民主制。受甘地主义抵制和不合作战术的影响，阿基诺呼吁银行、报纸、饮料和电影等行业进行全国性抵制。她呼吁人们撤回自己在与马科斯有
1842 密切联系的大银行的资金，关闭学校和工厂，延迟支付物业费。不合作策略使政府陷于停顿，阻碍了经济发展。家庭主妇、牧师、工人和商人都支持该运动，拒绝接受欺骗性的选举结果。非暴力制裁和抵制力量最终占了上风：马科斯被流放到夏威夷，阿基诺正式当选为菲律宾总统。

1843 非暴力运动在美洲

在美洲，非暴力是美国恢复权利的核心，美国拥有世界上最强大的民主制。非暴力也是中美洲和拉丁美洲打败独裁者的核心运动。

美国南部的民权运动

20世纪五六十年代，马丁·路德·金在美国南部领导了民权运动，甘地非暴力运动的种子在新土壤上生根发芽。依靠非暴力主义和自己作为基督教牧师的经验，马丁·路德·金提出了一种独特的非暴力抵抗哲学。这套哲学在重要民权运动中发挥了积极作用。重要民权运动包括亚拉巴马州蒙哥马利市的公车抵制(1956)、午餐柜台静坐抗议(1960)、自由行(1961)，乔治亚州奥尔巴尼市的运动(1961—1962)、亚拉巴马州伯明翰的运动(1963)以及争取投票权的运动(1964—1965)。这一运动捍卫作为社会抗议方式的非暴力运动，并在全国范围内动员了非裔美国人。1963年，马丁·路德·金在华盛顿特区的林肯纪念堂演讲。在演讲中，他阐明了种族平等的梦想。继甘地在印度的大规模运动之后，这一演讲引起了最大规模的非暴力示威游行，促使1964年的民权法案和1965年的投票权法案得以通过。

农场工人联合会运动

当民权运动仍然处于起步阶段的时候，一位年轻的墨西哥裔美国农场工人塞萨尔·查韦斯(1927—1993)正在寻找解决其社区经济问题的方案。他在甘地的自传《我体验真理的故事》中找到了方向感。心中充溢着非暴力主义的精神，受到马丁·路德·金的民权运动所激励，基于其基督教伦理，查韦斯在1960至1980年间领导美国农场工人联合会(UFW)成员开始了非暴力运动，以保障他们的权利和抗议剥削。通过政策变化和立法，查韦斯取得了许多改善性成果，如增加工资、工作规则的改革、工人福利以及禁止在农场使用危险农药。这一运动依赖的是全国消费者抵制和罢工、纠察队、游行和绝食。该运

1963 年 8 月 28 日，马丁·路德·金博士(Dr. Martin Luther King Jr.)和马修·阿曼(Mathew Ahmann)在华盛顿参加游行。美国国家档案馆

动不仅实现了目标，还展示了此前没有任何政治地位的下层阶级的力量。

萨尔瓦多的公民罢工

在人们发现非暴力的力量后，它的应用范围呈现出多个维度。1944 年，在中美洲的萨尔瓦多，学生、医生和商人用非暴力行动打倒了长期军事独裁者埃尔南德斯·马丁内斯将军(Hernandez Martinez)。马丁内斯残酷政策的反对者用非暴力战术组织公民罢工。他们使马丁内斯失去了最亲密的朋友、盟友和军队成员，并迫使他流亡国外。

阿根廷的失踪者运动

1977 年，14 名母亲在阿根廷布宜诺斯艾利斯举行游行，其座右铭是，“在放弃之前，我们将一直走下去”。这些 60 至 80 岁左右的妇女系着白色围巾，无畏地走进五月广场，成百上千的人们加入她们。她们对其儿子、女儿、丈夫和其他亲属在乔治·魏地拉将军(Jorge Videla)独裁政权下的“失踪”进行抗议。失踪者运动的成员通过步行、给国际机构写信、在报纸上刊登广告、在请愿书上收集 2.4 万人签名的方式，使国际社会了解她们的国家侵犯人权的行为，同时不惜任何代价拒绝保持沉默。她们的努力最终导致了军政府的垮台。

智利抵抗独裁者运动

与萨尔瓦多和阿根廷的示威者一样，智利的示威者也采取非暴力不合作运动，反对奥古斯托·皮诺切特将军(Augusto Pinochet，1915—2006)的独裁统治。随着抗议运动的发展，抗议者获得了勇气，
拒绝皮诺切特的妥协。相反，他们尽力使人们相 1844
信，皮诺切特没有得到智利人民的支持。1988 年，受到这种抗议的挑战之后，皮诺切特呼吁公民表决(投票)，结果他落选了。他试图依仗权威，绕过全民公决的结果。但他自己的支持者在意识到民众抗议高涨之后，拒绝支持他，他最终被击败。

波兰、捷克斯洛伐克和欧洲革命

在 20 世纪的最后 20 年，非暴力革命在整个东欧和中欧成为一大趋势。最引人注目的运动发生在波兰和捷克斯洛伐克。

在波兰，莱赫·瓦文萨(Lech Walesa，1943—)受甘地的启发，于 1980 年领导行业罢工，导致波兰团结工会的建立，这是波兰工会的联合会。在接下来的几年里，随之而来的运动完

全坚持非暴力形式，燃起了整个东欧的民主精神。通过在非暴力行动中的奉献，瓦文萨分享了他所学到的教训："我们可以有效地反对暴力，只要我们自己不诉诸暴力就好。"1990年，瓦文萨成为波兰总统。

在捷克斯洛伐克，作家瓦茨拉夫·哈维尔领导非暴力抵抗运动，反对苏联的压迫。他有创意的论文《无权者的权力》(*Power of the Powerless*)概述了非暴力革命战略。他呼吁人民用敢于"生活在真理中"和拒绝"生活在谎言中"来鼓舞自己的士气。1989年，哈维尔首先当选为捷克斯洛伐克总统，后来在1991年成为新捷克共和国的第一任总统。

南非：一个斗争的国家

尽管甘地在南非开始他的非暴力主义运动，鼓舞了世界各地的非暴力运动，但南非在20世纪绝大部分时间里始终处于种族隔离政策(种族隔离)之下。在这个世纪，有几次反对种族隔离的斗争使用了暴力形式。甚至那个开始实施非暴力抵抗的政治领袖纳尔逊·曼德拉(Nelson Mandela，1918—2013)也采取了暴力，导致他在监狱里服刑23年。然而，非暴力制裁、罢工、租金抵制、街道委员会抵制、对白人业务的抵制，最终使政府失去能力。此外，所有支持通过非暴力手段进行民主改革的人组成了南非联合民主阵线。该组织最终改变了南非。非暴力的方法本身并不会带来变化，但它在揭露种族隔离本质和从事非暴力抵抗的人民所受的苦难方面发挥了作用。这种曝光破坏了政府的公信力。1994年，自由选举后，南非最终成为民主制国家，曼德拉是第一任总统。

展望未来

非暴力在20世纪成为强有力的潮流。非暴力运动在不同背景下进行，它们施加给既定国家制度和权威的挑战程度各不相同，它们产生的有意义的社会转型的程度也各种各样。然而，它们都表明，在改变旧国家制度和权力、创建新社会秩序方面，战争和暴力不是唯一手段，也不是最好的手段。在今后的岁月里，我们可能会看到甘地的主张是正确的："我们经常为暴力领域的惊人发现而感到惊讶。但我坚信，更超乎想象的、看似不可能的发现将出现在非暴力领域。"

进一步阅读书目： 1845

Ackerman, P., & DuVall, J. (2000). *A Force More Powerful*. New York: Palgrave.

Bondurant, J. (1965). *Conquest of Violence: The Gandhian Philosophy of Conflict*. Berkeley and Los Angeles: University of California Press.

Burrowes, R. J. (1996). *The Strategy of Nonviolent Defense*. Albany: State University of New York Press.

Easwaran, E. (1999). *The Nonviolent Soldier of Islam*. Tomales, CA: Niligiri Press.

Flis, A. (2002). What the West has Learned from the East in the Twentieth Century. *Development and Society, 31*, 245-264.

Gandhi, M. K. (1960). *My Nonviolence*. Ahmadabad, India: Navjivan Press.

Havel, V. (1985). *Power of the Powerless: Citizens Against the State in Central Eastern Europe*. New York: M. E. Sharpe.

Ingram, C. (2003). *In the Footsteps of Gandhi*. Berkeley, CA: Parallax Press.

Iyer, R. (1983). *The Moral and Political Thought of Mahatma Gandhi*. New York: Concord Grove Press.

King, M. L., Jr. (1964). *Stride Toward Freedom*. New York: Harper and Row.

Powers, R., & Vogele, W. (Eds.). (1997). *Protest, Power and Change*. New York: Garland Publishing.

Sharp, G. (2000). *The Politics of Nonviolent Action* (8th ed.). Boston: Porter Sargent Publishers.

Suu Kyi, A. S. (1991). *Freedom from Fear*. London: Viking.

塔拉·塞蒂亚(Tara Sethia) 文
张瑾 译,郭子林 校

North Atlantic Treaty Association (NATO) 北大西洋公约组织(北约)

1846 “二战”结束后,同盟国之间关系紧张,苏联对欧洲的侵犯标志着冷战的到来。12 个国家于 1949 年签署了《北大西洋公约》,成立了北大西洋公约组织(简称“北约”),是为了恢复和保持大西洋两岸民主制的安全。截至 2010 年,北约已有 28 个成员国。

1949 年 4 月 4 日,12 个国家签署了《北大西洋公约》,创建了北大西洋公约组织(简称“北约”),旨在“恢复并维持北大西洋地区的安全”(北大西洋地区指的是“北回归线以北”的签署国的领土、岛屿、船舶和飞机)。我们应该将它的诞生放在早期冷战背景下加以考虑。冷战发端于第二次世界大战战胜国之间的关系恶化,大西洋两岸国家认为前盟友苏联越来越严重地威胁到其民主制的安全。1949 年 8 月 29 日,苏联第一颗原子弹的爆炸证实了这种看法。《北大西洋公约》的制定是为了避免重复第一次世界大战后的失误;当时西方四大战胜国(法国、意大利、英国和美国)各顾各,没有在未来安全问题上互相提供保障。

雅尔塔会议允许苏联红军进入欧洲中心地带,温斯顿·丘吉尔大概是第一个充分了解该决定的隐含意义的政治家。美国占领德国南部的陆军和空军残余部队、法国及意大利不存在的装甲兵和空军、英国(英国是传统的海上强国,当时也是空中强国)占领莱茵河的少量陆军,加在一起都不能抵御苏联的攻击,丘吉尔称苏军面前的是一道“铁幕”。一开始英国试图说服美国放弃其战前孤立主义政策,但收效甚微。1945 年 5 月超过 300 万美国士兵驻扎在欧洲,到 1946 年春天不足 40 万兵力驻扎在欧洲,比英国特遣队兵力还少。这时,丘吉尔在密苏里州富尔顿面对杜鲁门总统做了名为“和平砥柱”(*The Sinews of Peace*)的演说,再次拉响了警报。但演说没有引起美国新闻界的关注。

决定性因素很可能是 1947 年 3 月英国无力继续支持希腊政府反对共产党游击队的斗争,这使一个事实变得明晰起来,即在欧洲和世界其他地区,只有美国拥有遏制共产主义扩张的人力、装备和财力资源。1947 年 3 月,美国国会通过了“杜鲁门主义”。美国以“杜鲁门主义”为根据,“支持自由人民去抵制少数武装分子或外界压力”,这是一个重大政策逆转。这个政策很快就从希腊扩展到西欧大多数国家。1947 年 6 月,美国宣布实施“马歇尔计划”(The Marshall Plan),也是出于同样的思路,认为美国援助下的欧洲经济复苏是抵御苏联和其他共产主义扩张的最好壁垒。美国的这些政策符合比利时、
英国和法国政治家公开表达的观点:唯有共同 1847
的防御体系才可以确保西欧安全。随着 1948 年 2 月 22 日布拉格政变的发生,这种呼声变得

日益迫切。布拉格政变之后,事态进展非常迅速。

1948年3月17日,比利时、法国、卢森堡、荷兰和英国在布鲁塞尔签署了互助条约。1948年4月28日,加拿大总理表示有兴趣加入该条约。美国参议员亚瑟·范登堡(Arthur H. Vandenberg)在参议院启动谈判,结果参议院议员们在6月11日达成一致意见,通过了一项呼吁性的决议,即"通过制宪程序,美国与那些以持续而有效自助和互助为基础、并对美国国家安全产生影响的区域性组织和其他集体性组织联合"。正式谈判和条约起草之路已经很明显了。1948年7月6日至1949年3月18日,正式谈判和条约起草在华盛顿进行,并将一些条款公之于众。《布鲁塞尔条约》(the Brussels Treaty)签署国、加拿大和美国共同宣布,它们也要求丹麦、冰岛、意大利、挪威和葡萄牙加入拟定中的联盟,而这些国家也已经接受了提议(西班牙在1982年弗朗西斯科·佛朗哥[Francisco Franco]去世之后才加入该同盟)。

1952年,希腊和土耳其加入同盟。这12个国家就是北大西洋公约组织的创建国。1955年,备受争议的德意志联邦共和国的加盟导致了《华沙条约》(the Warsaw Pact)的签订——苏联阵营版的大西洋联盟,也引起了西欧共产主义政党的极大紧张。西欧共产主义政党谴责该条约是"复仇的"秘密法西斯分子重整军备的行为(旨在发动另一次战争,为1945年的失败报仇),就像他们看待德意志联邦共和国的统治精英那样。20世纪60年代是北约的另一个困难时期,人们质疑"美国核保护伞"和谁将决定核战争。其他成员国当中只有英国(1952)和法国(1960)具备核反击能力,尽管它们还无法与两个超级大国相比较。而且,这两个成员国选择了不同的道路:英国政府选择将其核威慑力量一体化(1962);法国在戴高乐将军(General de Gaulle)及其继任者的领导下,决定继续保持北约成员国身份,但不排除独立核打击措施(1966)。经过20世纪70年代的缓和时期之后,20世纪80年代,美国又在欧洲领土上安装巡航导弹,这导致了很多反北约的示威游行,尤其是在英国。

进一步阅读书目:

Duignan, P.(2000). *NATO: Its Past, Present, and Future*. Stanford, CA: Hoover Institution Press.

Heller, F.H., & Gillingham, J.R. (Vol. Eds.).(1992). NATO: The Founding of the Atlantic Alliance and the Integration of Europe. *The Franklin and Eleanor Roosevelt Institute Series on Diplomatic and Economic History: Vol.2*. New York: St. Martin's Press.

North Atlantic Treaty Organization, Official Website.(2004). Retrieved April 20,2004, from http://www.nato.int/

Park, W.(1986). *Defending the West: A History of NATO*. Boulder, CO: Westview Press.

Schmidt, G. (Ed.).(2001). *A History of NATO: The First Fifty Years*. London: Palgrave.

安托万·卡佩(Antoine Capet) 文

张瑾 译,郭子林 校

> 它流经古老寂静的埃及及其沙漠，就像庄严强大的思想划过梦乡。
> ——选自利·亨特(Leigh Hunt，1784—1859)的《尼罗河》

Nubians 努比亚人

1848 从4至14世纪1000多年的时间里，中世纪的努比亚王国及其人民控制着非洲一个广阔地区。该地区从南部的青尼罗河平原(今日苏丹)到北部埃及的阿斯旺，绵延1200千米。

努比亚人的非洲历史根源可以追溯到一系列曾广泛分布的游牧社会，现代学者称之为阿斯塔巴兰人。这些人在公元前第5个千年和前第4个千年占据东撒哈拉干草原。在公元前第3个千年中期撒哈拉最后一次干旱期，讲努比亚语的祖先社会因阿斯塔巴兰人群的分裂而兴起。最早的文字记录保留下来了，2000年以后为人们所发现，这些文字描述了公元前3世纪和前2世纪的努比亚人。他们当时生活在尼罗河西岸、撒哈拉沙漠边缘地区。他们创建了几个小王国，独立于强大的麦罗埃帝国之外。到公元前2世纪和前1世纪为止，几个努比亚人社会已经迁移到尼罗河以东的地区，但大量的人群定居在第一瀑布和第五瀑布之间的尼罗河沿岸。在这些土地上，努比亚人变成了麦罗埃帝国的臣民。一些学者认为，公元23年，根据条约，罗马疆域与麦罗埃疆域之间的边境确定下来；这之后，麦罗埃人甚至可能鼓励努比亚人沿尼罗河定居下来，充当缓冲地区的农业人口。

努比亚王国的兴起

随着公元前4世纪和前3世纪麦罗埃王国的崩溃，阿斯旺和南方青尼罗河之间的地区经历了一个冲突时期。到5世纪晚期和6世纪早期，努比亚人获得胜利，并迅速兴起。考古发现识别出了尼罗河沿岸的两个努比亚人社会，一个位于第一瀑布和第三瀑布之间，另一个从第三瀑布往南延伸到青尼罗河地区。6世纪，这些区域显然分成三个王国：努巴迪亚，其首都在法拉斯；马库里亚，其首都在栋古拉(Dongola)；最南面的是阿洛蒂雅(Alodia)，其首都位于索瓦(今日喀土穆以南)。有趣的是，这三个王国的王位继承是按照母系继承的，正常方式是外甥继承舅舅的王位。

16世纪40至60年代，传教活动使努比亚宫廷、并适时地使整个努比亚人口皈依了基督教，尽管一些努比亚人早在5世纪就变成基督徒了。努巴迪亚和阿洛蒂雅接受了一性论教义(基督具有单一神—人性质；现代一性论教会包括科普特教会和埃塞俄比亚正教会)，但马库里亚显然最初遵行加尔西顿教义(认为基督拥有两个不同的性质，神性和人性集于一身；这是罗马天主教、东正教和后来的新教教会采信的观点)。

历史学家们的传统观点是，707年之前的某个时候，马库里亚征服和吞并了努巴迪亚。但是，语言历史学家玛丽安·贝克豪斯-吉尔斯特(Marianne Bechhaus-Gerst)对文学和语言学证据重新评论，坚决认为努巴迪亚和马库里亚的统一早在7世纪就发生了。其作品咄咄逼人地声称，努巴迪亚文化支配着两个王国的统一。努巴迪亚语言被称为古努比亚语，变成了统一国 1849
家的书面语言和行政语言；努巴迪亚的一性论信仰变成了既定宗教，代替了马库里亚较早时候对东正教的信仰。

社会史展示出类似的历史。尼罗河的努巴迪亚地区是多层社会形态的发源地，拥有行政管理阶级、繁荣的商人阶级、祭司阶级、城镇仆人和工匠、土地上的农民阶级。相比较而言，前马库里亚社会似乎主要由两个阶层构成：实施统治和管理的精英及其随从，相当大的、或许农奴化的农民阶层，而后者占人口的大多数。换言之，马库里亚的古老土地表现出了一个被征服领土所具有的所有特征，由努巴迪亚统治。外地人称新组合起来的国家为“马库里亚”，因为其主要首都是栋古拉的马库里亚城。但选择栋古拉作为首都的做法最可能反映了集中国家权力的早期政策，因为反抗势力最有可能在那里兴起。

穆斯林征服埃及（639—641）和接下来在642和652年入侵努比亚北部地区，标志着努比亚国家历史的重大转折。马库里亚有效地抗击了两次入侵。和平条约结束了战争。条约建立了马库里亚与埃及政府之间的货物交换关系，最初每年一次，后来在835年之后变为每3年一次；这种关系一直持续到13世纪晚期。在更晚后时代，穆斯林的解释试图将这种关系描绘为一种朝贡关系。但同时代的证据表明，这是一个平等条约。在接下来的几个世纪里，尽管马库里亚人与其北方邻人之间爆发了大量战争，但努比亚人国家似乎整体上保持着繁荣状态。在10世纪，努比亚国王们代表信奉同一教派的科普特基督徒干涉上埃及，并统治埃及南部达几十年之久。很明显，在这个时期，马库里亚国家及其商人阶级始终是贸易的积极参与者，这种贸易往北到达埃及。从9世纪直至12世纪，马库里亚的国王们也控制着陆路通道，并往东向红海扩张商业，在必要的时候实施军事远征，保持着对中间地区贝沙族（Beja）游牧民的松散霸权。

我们对阿洛蒂雅的了解最少。这个努比亚人王国通常被视作两个国家中较强大者，而它想当然是两个国家中人口较多的一个，或许也是较富有的一个。那些到阿洛蒂雅首都城市索瓦的旅行者描绘了一个富足的宫廷，也描绘了一个与红海保持着重要贸易联系的、蒸蒸日上的城市中心。在阿洛蒂雅全盛期，国家的重要产品是金子，从王国东南边境靠近埃塞俄比亚高原边缘地区开采而来。尽管北方王国主要统治那些使用努比亚语言和文化的人，但阿洛蒂雅是一个拥有非常多的族群的国家，其人口中除了努比亚人，还有其他民族，尤其是在国家的大多数边缘地区。阿洛蒂雅太靠南了，几乎不能受到那些与埃及之间的冲突的影响。但是，我们猜测，就像马库里亚的那些国王，阿洛蒂雅的国王们必定与贝沙族人保持很重要的关系，贝沙族人的土地位于阿洛蒂雅和红海贸易中心之间。在10和11世纪，贝沙族有几个小的、有名无实的基督教公国，这些公国的存在表明努比亚对贝沙族产生了突出的政治和物质影响。

努比亚王国的衰落

从12世纪开始，两个新因素开始改变努比亚王国之间的势力平衡。一个因素产生了最长远的效果，那就是一个新族群的出现和扩张，即贝都因阿拉伯人（Bedouin Arabs）。他们从埃及往南渗透到尼罗河以东很多地区。在14和15世纪，这些阿拉伯人开始越来越多地代替或吸收较早的努比亚人，与南撒哈拉沙漠边缘沙漠台地的大狙（Daju）游牧民联系起来，并在大区域里传播具有竞争力的宗教——伊斯兰教——和新族群认同、语言与经济。他们之所以能够取得 1850
成功，关键是他们把最早成熟的骆驼游牧生活引介到最边缘的地区，在这之前，这些地区依靠饲养山羊和绵羊为生，而这是不太可靠的生活方式。13和14世纪出现了另一个复杂因素，即红海山丘较早的贝沙族公国消失了，代之而起的是新的贝沙族氏族联盟——哈达里巴（Hadariba），同时伊斯兰教逐渐开始在他们中间占据主导地位。哈达里巴控制了红海与古老阿洛蒂雅中心地带之间的主要贸易路线，似乎抽取了贸易财富中越来越多的部分。到13世纪中叶，阿洛蒂雅王国最强烈地感受到了这些新压力，并可能开始分裂为很多独立的公国。

独立的努比亚衰落的第二个因素是政治。12 世纪，埃及的新阿尤布统治者制定了更积极的政策，向南部的很多地区发展。之后的马穆鲁克王朝统治者也是这样。在 13 世纪后半期和 14 世纪早期，这些逐渐成为努比亚的主要压力。当时，一些努比亚统治者信奉基督教并很有抱负，为了政治利益寻求穆斯林的帮助，以使他们帮助自己进行内部斗争；但这是在逐渐瓦解他们的政治基础。1324 年，一个新的马库里亚穆斯林王国在栋古拉掌权。北方古老的努巴迪亚地区脱离出去，可能有了自己的基督教统治者，维持了几十年。而南方大量独立的小努比亚公国也是这样，从分裂的阿洛蒂雅离开。

而且，到 16 世纪初，努比亚人的政治和文化世界已经不能挽回地发生了变化。在 1504 年，包括前阿洛蒂雅很多地区和马库里亚南部地区在内的区域统一为新国家，即弗尼王国(Funj)，其首都位于西纳尔(Sinnar)，处于现在的废墟城市索巴以南 200 千米的地方。新统治者们选择伊斯兰教作为最能统一其人口和巩固其与红海国家以及埃及贸易关系的宗教。努比亚人的语言继续得到讲述，尤其在古老的马库里亚地区。但阿拉伯语成为商业语言，并适时地成为弗尼王国的行政语言。在 1500 至 1800 年之间，大多数南方努比亚人逐渐采用阿拉伯语作为第一语言，并逐渐认为自己是阿拉伯人。同样的趋势也逐渐影响到弗尼这个多民族王国内其他民族的民族认同。

进一步阅读书目：

Bechhaus-Gerst, M. (1996). *Sprachwandel Durch Sprachkontakt am Beispiel des Nubischen im Niltal* [Language Change through Language Contact in the Case of the Nubian Languages of the Nile Valley]. Cologne, Germany: Köppe Verlag.

Welsby, D. (2002). *The Medieval Kingdoms of Nubia*. London: The British Museum Press

克里斯托弗·俄瑞特(Christopher Ehret) 文
郭子林 译，毛悦 校

Nuclear Power 核能

1851 美国在广岛投放了一颗铀弹，(3 天后)在长崎投放了一颗钚弹。之后，关于核技术使用(及其毁灭性和建设性)的争论持续了 60 多年。尽管核武器始终是一个有争议的问题，但核能支持者们认为，核能生产能源的能力更强，比其他任何资源都清洁。

当最早的核武器于 1945 年在日本上空爆炸的时候，全世界观察者都明白人类的生活在那一刻发生了变化。那之后的很多年里，当公众更倾向于将核技术视作一种罪恶的时候，核技术已经努力将自己确定为一种公共商品。它的支持者认为，核反应堆产生的电力能够比其他资源更清洁地为世界提供能源。而反对者则不太确定。尽管争论非常激烈,但核能已经越来越成为世界能源的重要组成部分。

以炸弹的身份开始

到20世纪30年代晚期,第二次世界大战威胁着全球。每个国家的领导者都在寻找打败敌人军队的武器。美国和德国科学家们用核反应做实验。在德国,领导人感觉到这样的技术可能是战争的决定力量。作为回应,美国科学家们说服美国物理学家阿尔伯特·爱因斯坦向总统富兰克林·罗斯福写信,陈述他们的研究。爱因斯坦在信中强调了这种技术的潜力,认为如果它被敌人开发出来,潜力会更大。1939年10月,罗斯福授权政府资助核能研究。

最终,科学和军事以前所未见的方式联系起来。然而,最初的科学家们需要展示原子反应的可行性。今日,分离原子粒子产生力的概念已经众所周知;然而,在1940年,这样的概念只能为科幻小说提供滋养。1940年,美国物理学家恩里科·费米(Enrico Fermi)和利奥·西拉德(Leo Szilard)接受了在哥伦比亚大学构建核反应堆的政府契约。其他反应堆实验则发生在一个实验室里,这个实验室位于芝加哥大学斯塔格操场西看台下面。1942年12月,费米获得了科学家们认为的第一个自我运行的核反应堆。因此,是时候将核反应堆公布于众了,而且这个过程将极大地增加实验的范围和规模。

在莱斯利·格罗夫斯(Leslie Groves)将军的领导下,1943年2月美国军队在华盛顿汉福德附近获得了202 343公顷的土地。这块土地是“三位一体核试验工程”的3个主要地点之一,承担生产有用核技术的职责。美国军队保护下的这3个地点的协调活动成为规划和战略的开拓性图解,这种规划和战略也是很多现代企业的特征。军方在汉福德用水力分解钚,并生产必要等级的武器。田纳西州的橡树岭则协调铀

在这幅画里,盖理·希恩(Gary Sheehan)想象1942年12月2日当芝加哥大学的科学家们看到世界上第一个原子能反应堆(CP-1)时的场景,当时这个原子能反应堆可以独立运转了。那天没有任何摄像师在现场。15年以后,艺术家工作了近4个月时间,重构这个历史事件的情绪和动作细节。美国国家档案馆

的生产。在美国物理学家罗伯特·奥本海默(J. Robert Oppenheimer)的指导下,新墨西哥州洛斯阿拉莫斯的生产设施将燃料放入核反应堆。

1852 奥本海默监督核理论家团队推算把核反应用于武器的公式。科学家们来自各个不同的领域,涉足这个复杂的理论任务。在理论准备就绪、材料准备齐全以后,项目开始以炸弹的形式聚集和实验。所有这一切必须绝对秘密地在广阔的洛斯阿拉莫斯进行。然而,战争的紧迫性使很多人确信,这个协调、和谐的事业是挽救成千上万美国生命的最好方式。

到1944年为止,第二次世界大战已经对世界造成了可怕的毁坏。欧洲战场很快以德国投降而终结。尽管德国对核武器技术的追求为美国科学家的努力添加了燃料,德国的投降并没有结束美国的核项目。太平洋战场仍是活跃的,日本不接受投降的提议。“三一核能项目”继续前进,并用日本城市广岛和长崎作为最初原子弹爆炸的试验场。美国投弹手艾诺拉·盖伊(Enola Gay)于1945年8月6日在广岛投放了一颗铀弹,3天以后美国投弹手博克斯卡(Bocks Car)向长崎投放了一颗钚弹。死亡总人数约15万至30万,大多数是日本公民。核时代和拥有炸弹的生活就此开始。

原子能的未来

第二次世界大战之后,核弹和氢弹试验持续了近20年。然而,很多从事最初试验的科学家希望这项技术能够用于非军事领域。奥本海默最终感到公众因为爆炸而改变了对科学探究的态度。他在1946年的一次演讲中说:“我们制作了一个事物,一个最可怕的武器,该武器突然而深刻地改变了世界的性质……根据我们所生活之世界的所有标准来判断,这个事物是邪恶的。”

很多牵涉其中的科学家相信核技术需要控制,而这些控制措施不同于那些对之前任何发明的控制措施。在爆炸之后不久,一场运动开始了,为的是建立一个全球科学家董事会。他们将在政治独立的情况下管理这项技术。然而,摆脱美国军队用这个新工具对全球进行控制,是不可能的。美国原子能委员会(AEC)在1946年成立,使美国军队和政府当局控制了武器技术,并对该技术其他可能的用途进行管制。美国利用“原子核王牌”迅速成为全球最高领导者。

在20世纪50年代,科学家们转移了注意力,试图将核反应用于和平事业,尤其是能源生产。核反应是一个相当简单的过程。与发电机依靠燃料发动类似,核电站依靠热能的热量去旋转涡轮机,以产生电。热能来自核裂变,过程是这样的:当一个铀原子核撞击另一个铀原子核的时候,就会释放出一个中子;当原子核裂变的时候,就会释放出更多的中子和热量。如果新中子撞击其他核子,链条反应就发生了。这些链 1853
条反应就是核能的来源。接下来,核能加热水,为涡轮机提供能量。

美国原子能委员会很快就捕捉到了这种情感,开始计划着“驯化原子”。然而,令美国公众对他们曾经认为最具毁灭性的技术感到舒服,将是一件了不起的飞跃。美国原子能委员会和其他组织赞助了一批关涉未来的通俗文章。这些文章声称未来道路是通过原子能的使用创造的,而且放射物可用于治疗癌症。

人们也通过媒体宣传原子能的未来,包括以原子能为动力的农业和汽车。一些乐观主义的推测认为,大量能源可以在不依赖诸如煤炭或石油这样有限自然资源的情况下获得。对于很多美国人来说,这项新技术意味着对日常生活的控制。对于美国总统德怀特·艾森豪威尔(Dwight Eisenhower,1953—1961年在位)的行政部门来说,这项技术意味着美国经济和商业能力的扩张。

> 一个核能工厂一年的所有废弃物可以储存在一张办公桌下面。
>
> ——罗纳德·里根(1911—2004)

当冷战围绕着核武器展开的时候，艾森豪威尔政府寻找很多方式来确定核能的民用角色，甚至在苏联导弹威胁着每个美国人的时候。政府实施犁头项目，努力将毁灭性武器转变为民用能源生产者。其可能的应用名单是令人敬畏的：激光切割穿山高速公路；用联邦基金在美国中西部建筑以核能为动力的温室，以提高农作物生产；辐射土壤，以便简化除草和害虫管理。大笔联邦补助金资助的民用能源生产项目是政府的长远目标。尽管如此，原子从来不能完全摆脱其军事功能。在核电站经历了一些事件之后，这一点变得显而易见了。

关于核燃料事件的公共质疑

20 世纪 70 年代晚期之前，有大量核电站发生事故，但它们大多没有引起美国公众的注意。核能变得越来越流行，尽管批评者不断提到安全问题。1979 年，美国宾夕法尼亚州哈里斯堡外围居住区经历了第一次核事故。三里岛(TMI)的核电站事故彻底改变了美国能源生产的景观。尽管只有相对少量的放射性气体泄漏，但这个事故表明了公共认识的缺乏。恐慌弥漫全州，哈里斯堡被部分疏散。

国际社会也非常关注三里岛核电站事故。但它显然没有对世界造成严重威胁。受到这个时代很多事故的困扰，世界其他超级大国在发展核能产业方面遇到了更大的困难。然而，没有任何事故堪与 1986 年发生在乌克兰的切尔诺贝利(Chernobyl)熔化事件相比。在一次实验期间，燃料装置破裂，产生了一股爆炸气流。气流将反应堆的覆盖板掀翻，将裂变产品释放到大气中。第二次爆炸从核心部分释放出正在燃烧的燃料，造成一次巨大爆炸，燃烧了大约 9 天。据估计，这个事故释放的放射性物质是广岛和长崎原子弹爆炸释放的 30 到 40 倍。几百人在事故之后的几个月里死去，成百上千的乌克兰人和俄罗斯人不得不放弃整个城市。

早在切尔诺贝利事件之前，核武器和核能的影响就已经引起了环境组织的极大关心。在切尔诺贝利事件之后，国际环境组织(例如绿色和平组织)认为核能将导致跨国界的环境灾难。有意思的是，甚至在环保运动组织内部，始终有很多人支持核能，因为它具有清洁性。几乎每个能够生产大量电的其他方法都产生烟或其他污染，而核能只产生水蒸气。然而，至少在公众的心目中，始终存在核爆炸的可能性。

国际市场的增长

尽管事故减少了美国国民对核能的兴趣，1854
但国际社会拒绝如此迅速地判决这项技术。自从 20 世纪 90 年代早期以来，核能已经成为世界上发展最迅速的电源之一。很多国家有至少 1/4的电力依赖于核能。这些国家包括比利时、保加利亚、匈牙利、日本、立陶宛、斯洛伐克、韩国、瑞典、瑞士、斯洛文尼亚和乌克兰。

根据《原子能科学家公告》(*Bulletin of the Atomic Scientists*)，9 个国家掌握了核武器制造能力(美国、中国、法国、俄罗斯、英国、印度、巴基斯坦、以色列、朝鲜)。30 个国家拥有大约 440 个商用核能反应堆。现在建造的核电站没有 20 世纪 70 年代和 80 年代建造的多，但较新的核电站具有更高的效能，能够生产更重要的能源。除此之外，核能被用于除公共电力之外的其他事项。除了商用核电站，有 280 个研究性的核反应堆在 56 个国家运行，还有更多的核反应堆在建设中。这些反应堆有很多用途，包括研究、训练以及医药和工业同位素的生产。反应堆也被用作船舶动力，尤其用于潜水艇。150 多艘各式各样的船只(包括潜水艇)是用 200 多个核反应堆推动的。

最后，核能也是国际政治当中不稳定的标准杆。诸如朝鲜和伊朗这样的国家已经因为其对核技术的追逐，引起了西方国家的恐慌，这些西方国家希望迫使它们进行协商。尤其是在伊朗的事例中，很多国家怀疑其“和平地”使用核能的宣称。出于对自身安全的考虑，以色列和其他国家已经要求伊朗不被允许发展任何类型的新核技术。

不管怎样被使用，核能始终受到其最令人不安的影响的困扰：即使核反应堆在其服役期间极好地运转，核反应过程也会产生危险的废物。事实上，核反应废物源自耗尽了的燃料棒，有人认为其能保持毒性达 5 万年之久。目前，每个核能国家用自己的方式处理核废物。美国原子能公共事业部门现在将放射性废物储存在 70 多个地方。这些废物即将到来的命运是内华达州尤卡山内部构建和开凿的核废料仓库。

从国际上来看，形势并不明朗。德国的反对者们已经阻止了核废物的运输，那些运往日本再处理的带有钚的废物也经常受到阻止。一些观察者已经说出了他们所关心的事情，即欠发达国家将使自己成为更发达国家的废物倾倒场。对于很多国家来说，这种安排带来的收益太可观了，以至于很难改变这种趋势。

在 21 世纪，各种能源越来越高的价格给核能产业带来了巨大利益。尤其需要注意的是，新注意力已经集中在对已用核材料的再处理上。在这种情况下，关于“核废物”的概念已经被重新定义。支持者认为，如果已经耗尽的燃料棒能够被再处理，为其他类型的核电站提供燃料，那么就没有废物这样的东西了。而这些努力在法国取得了突出进展，法国因此成为 2009 年全球核能的领导者。

在能源产业中，很多观察者继续相信核能始终是未来能源的最好希望。安全和垃圾清理问题需要解决。然而，在那些拥有稀少能源供给的国家里，核能——甚至与之有关的担忧——始终是最实惠的选择。

进一步阅读书目：

Boyer, P. (1994). *By the Bomb's Early Light*. Chapel Hill: University of North Carolina Press.

Brennan, T. J., Palmer, K. L., Kopp, R. J., Krupnick, A. J., Sta-gliano, V., & Burtraw, D. (1996). *A Shock to the System—Restructuring America's Electricity Industry*. Washington, DC: Resources for the Future.

Brower, M. (1992). *Cool Energy: Renewable Solutions to Environmental Problems* (Rev. ed.). Cambridge, MA:
1855 MIT Press.

Cantelon, P., & Williams, R. C. (1982). *Crisis Contained: Department of Energy at Three Mile Island*. Carbondale: Southern Illinois University Press.

Cooke, S. (2009). *In Mortal Hands: A Cautionary History of the Nuclear Age*. New York: Bloomsbury.

Darst, R. G. (2001). *Smokestack Diplomacy: Cooperation and Conflict in East-West Environmental Politics*. Cambridge, MA: MIT Press.

Erikson, K. (1994). *A New Species of Trouble—the Human Experience of Modern Disasters*. New York: W. W. Norton.

Garwin, R. L., & Charpak, G. (2001). *Megawatts and Megatons: A Turning Point in the Nuclear Age*. New York: Knopf.

Hampton, W. (2001). *Meltdown: A Race Against Nuclear Disaster at Three Mile Island: A Reporter's Story*. Cambridge, MA: Candlewick Press.

Hughes, T. P. (1983). *Networks of Power: Electrification in Western Society, 1880 – 1930*. Baltimore: Johns Hopkins University Press.

Hughes, T. P. (1989). *American Genesis*. New York: Penguin Books.

Josephson, P. R. (2000). *Red Atom: Russia's Nuclear Power Program from Stalin to Today*. New York: W. H. Freeman.

Mahaffey, J. (2009). *Atomic Awakening: A New Look at the History and Future of Nuclear Power*. New York:

Pegasus.

May, E.R.(1993). *American Cold War Strategy*. Boston: Bedford Books.

May, E.T.(1988). *Homeward Bound*. New York: Basic Books.

McNeill, J. R. (2000). *Something New under the Sun: An Environmental History of the Twentieth-century World*. New York: Norton.

Melosi, M.V.(1985). *Coping with Abundance: Energy and Environment in Industrial America*. New York: Alfred A. Knopf.

Moorhouse, J. C. (Ed.). (1986). *Electric Power: Deregulation and the Public Interest*. San Francisco: Pacific Research Institute for Public Policy.

Nye, D.E.(1990). *Electrifying America: Social Meanings of a New Technology*. Cambridge, MA: MIT Press.

Poole, R.W., Jr. (Ed.). (1985). *Unnatural Monopolies: The Case for Deregulating Public Utilities*. Lexington, MA: Lexington Books.

Smil, V.(1988). *Energy in China's Modernization: Advances and Limitations*. Armonk, NY: M.E. Sharpe.

Smil, V.(1994). *Energy in World History*. Boulder, CO: Westview Press.

Tucker, W.(2008). *Terrestrial Energy: How Nuclear Energy will Lead the Green Revolution and End America's Energy Odyssey*. New York: Bartleby.

Weiner, D. R. (1988). *Models of Nature: Ecology, Conservation, and Cultural Revolution in Soviet Russia*. Bloomington: Indiana University Press.

布莱恩·布莱克(Brian Black) 文

郭子林 译,毛悦 校

O

Oceania, Ancient 古代大洋洲

早在公元前 4 万年，人类就开始从东南亚向大洋洲的南太平洋诸岛迁移。约公元前 2000 年，一次集中迁移浪潮带 1857
来了影响深远的环境变迁。因为这些移民带来了家畜，使当地动物群濒临绝迹。他们为了耕作而砍伐森林，造成水土流失。尽管接下来的移民定居使生态环境重新恢复了平衡，但在 17 世纪几乎没有人认为这里是乐园，因为人们意识到这种平衡是非常脆弱的。

大洋洲是一大片岛屿和群岛，横跨南太平洋。该地区的面积超过 8 800 万平方千米，其中大多数是海洋。该地区的陆地面积共计 160 万平方千米，由 25 000 多个岛屿组成。大洋洲通常分为 3 个地区。第一个是美拉尼西亚地区，包括新几内亚、所罗门群岛、新喀里多尼亚、斐济以及其他岛屿。这些岛屿宛如一条腰带，大致延伸到澳大利亚的东北部。第二个地区是密克罗尼西亚，由众多群岛构成，包括马绍尔群岛、帕劳群岛、关岛和其他较小的环礁（由环绕潟湖的暗礁构成的珊瑚岛），靠近菲律宾东部。第三个地区是波利尼西亚，包括萨摩亚群岛、库克群岛以及其他岛屿。这些岛屿星罗棋布，形成一个巨大三角形，新西兰、夏威夷和复活节岛是这个三角形的 3 个顶点。

尽管关于人类穿过古代大洋洲迁移的历史还存在争议，然而大多数考古学和语言学证据表明人类是通过一系列移民浪潮移植到这个领域的；这些移民浪潮从东南亚开始，向东移动。目前所知，新几内亚最早的人类居住史可以追溯到公元前 4 万至前 3.5 万年。几乎在同一时期，澳大利亚迎来了第一批人类。约公元前 2.6 万年，人类移居到所罗门群岛，该群岛距离新几内亚最近。到公元前 7000 至前 5000 年，狩猎-采集者群体占据了美拉尼西亚西部的大部分地区，但新几内亚一些遗址出土了早期作物栽培的证据，包括为种植芋头（一种根茎可食用的植物）而修建的灌溉系统。但大洋洲其他地区无人居住。

公元前 2000 至前 1000 年期间，另一波来自东南亚的移民席卷了美拉尼西亚，产生了新语言形态和新人类定居模式。与第一批占据这里的狩猎-采集者相比，这批移民对环境产生了更大的影响。拉皮塔文化因新喀里多尼亚考古遗址出土的特殊陶器而得名。它有这样一些特点：居住区域更大；人们既捕捞贝类，也种植甘薯、芋艿和香蕉，同时还驯养猪、狗和鸡。

快速殖民

然而，拉皮塔文化最重要的创新是先进的航海技术。先进的航海技术使美拉尼西亚东部的快速殖民成为可能，也使人类第一次从美拉尼西亚往北迁入密克罗尼西亚、向东迁入波利
尼西亚。15 至 20 米长的桨叉架船、改良的航行 1858
技术和精密的导航技术，允许殖民者穿越辽阔海域，使他们能够携带定居所需的作物和动物。目前所知，到公元前 1500 年，美拉尼西亚东部边缘的斐济出现了最早的定居点；到公元前 1000 年，航海者已能够穿越几百千米的开阔洋面，将斐济与波利尼西亚西部的萨摩亚群岛和汤加群岛联系起来。大约同时，殖民者向北推进，进入密克罗尼西亚，定居在加罗林群岛和马绍尔群岛。在随后的 1 500 年中，波利尼西亚其他地区也有人居住了。约 650 年，最后一批殖民者到达夏威夷。公元 1000 至 1200 年间，最后一批殖民

独木舟上的装饰性木雕。左图来自新西兰，右侧上下两图均来自新几内亚。引自 *The Grammar of Ornament by Owen Jones*. London：Bernard Quaritch，1910。纽约公共图书馆

者到达新西兰。这之后，内部定居和迁移继续进行，最值得注意的是波利尼西亚和南美洲的接触，这使番薯得以引进到波利尼西亚。番薯成为整个波利尼西亚东部的基本作物。

人类在这些之前与世隔绝的大洋洲诸岛上的定居，引起了深刻的环境变迁。在人类引入家畜之前，这些岛屿上除了蝙蝠以外没有任何哺乳动物。人类到来以后，因过度狩猎和与家畜的竞争，当地动物群锐减，最终使很多物种灭绝了。殖民者还推行拓荒性农业，广泛使用刀耕火种技术，砍伐了大量森林，很多岛屿因此出现了水土流失问题。这种情况尤其在波利尼西亚东部和南部的部分地区是事实。这些地区较为凉爽干燥的气候并不适宜发展热带农业，后者是殖民者试图往这些地区引进的。在一些极端情况下，例如在复活节岛和波利尼西亚东部的马克萨斯群岛一些地区，人类的到来似乎加剧了环境危机。在人类殖民之后的最初一个或两个世纪里，生态系统大规模崩溃，人口数量急剧减少，或者人们放弃在当地定居。随着殖民者寻找新岛屿以便开发，对自然环境的持续压力也成为跨越大洋洲快速迁移的主要动力之一。

食物系统

到 1500 年之前，在欧洲人到达这一地区之前，大洋洲大多数人类定居点已经或多或少地发展出了稳定的食物系统，这些系统根据当地气候和生态条件而各有不同。捕鱼是最重要的元素，大洋洲居民实施了一系列捕鱼技术，包括复杂的渔网和陷阱、鱼饵和鱼叉。主要农业作物是椰子、面包果、洋芋和芋头根茎，驯养的猪、狗和鸡供给额外蛋白质。许多岛民仍然从事刀耕火种的农业生产：人们将田地上的植物清理和烧掉，耕种两到三年，然后再闲置若干年，最多闲置 20 年。但是，一些大洋洲社会使用梯田和复杂的灌溉系统，从而发展出了更广阔的耕作体系。岛上居民发展出了复杂社会结构，可以将人口控制在当地环境能够维持其生存的范围内。

大量欧洲航海者在 1600 至 1800 年间到访 1859
南太平洋地区，他们将许多大洋洲岛屿视作神秘的热带天堂。对于欧洲人来说，相对温和的天气和看似富足的自然资源掩盖了一个事实：大多数大洋洲社会建立在脆弱的生态平衡之上，在与外界接触之后，这种平衡很少能够长期维持下来。

进一步阅读书目：

Craig, R., & King, F. (1981). *Historical Dictionary of Oceania*. Westport, CT: Greenwood Press.

Denoon, D.; Malama, M.; Firth, S.; Linnekin, J.; & Nero, K. (Eds.). (1997). *The Cambridge History of the Pacific Islanders*. Cambridge, U.K.: Cambridge University Press.

Jennings, J. (Ed.). (1979). *The Prehistory of Polynesia*. Cambridge, MA: Harvard University Press.
Scarr, D. (1990). *The History of the Pacific Islands; Kingdoms of the Reefs*. Melbourne: Macmillan Company of Australia.
Spate, O. (1988). *Paradise Found and Lost*. Minneapolis: University of Minnesota Press.

詹姆斯·里德(James Lide) 文
毛悦 译,郭子林 校

Oceans and Seas 海洋

海洋占生物圈的98%,覆盖着地球表面70%的面积。通过蒸发和降雨的方式,水在海洋、大气和陆地之间流动,由 1860
此输送化学成分和热量,决定着地球气候,使土地肥沃,也使土地受到侵蚀。人类依赖于海洋资源。例如,人类收获海洋生物,在洋底开采石油。

地球上的大洋包括4个盐水汇合体(一起流动),这些盐水被控制在地球表面巨大的盆地中。海则是较小的盐水水体。海洋覆盖了3.61亿平方千米的面积,占地球表面的70.8%,占生物圈(世界上可存活生命的部分)总量的98%。盐水占这个星球上水的总量的97.2%,其余的是淡水。通过蒸发和降雨,水在海洋、大气和陆地之间流动。水循环(指水从大气中的蒸汽通过降雨落到陆地或水表,最终作为蒸发和蒸腾作用的结果回到大气中的过程)输送并储存化学成分和热量,决定地球气候,使土地肥沃,也使土地受到侵蚀。海洋的平均盐分是3.5%,淡水的蒸发和流入决定了盐分的差异。赤道附近的大洋表面温度可能为30℃或更高,并向两极地区递减,在两极地区海水在-2℃冻结。大洋内部的温度相当稳定,在海洋深处降到约0℃。

太平洋是最大的大洋,表面面积为1.66亿平方千米,几乎是其余3个大洋——大西洋(8 400万平方千米)、印度洋(7 300万平方千米)、北冰洋(1 200万平方千米)——的表面积的总和。南极洲地区的大洋有时被列为第五大洋,汇聚了来自太平洋、印度洋和大西洋南部的水。大洋的节段可以被形容为封闭海和陆缘海。封闭海切入陆地的大陆板块,例如地中海、哈德逊湾、白海、波罗的海、红海和墨西哥湾。陆缘海则因群岛而与大洋分离开来,例如加勒比海和白令海、鄂霍次克海、中国东海、日本海和北海。

大洋的深度在大陆架上高达约200米,在海洋盆底深达3 000至4 000米,在最深处为6 000至11 000米。洋底覆盖以死亡的海洋生物的沉积物、来自大陆的侵蚀土壤和红黏土。

大洋的水通过风、气压和潮汐的变化而流动。海湾的洋流将暖水带到北大西洋,借此能够在欧洲比其他地区更靠北的纬度上维持人类生存。智利、秘鲁、美国加利福尼亚和非洲的纳米比亚岸边的太平洋和大西洋边缘的上升流地区则将冰冷而养分丰富的海水带到海面,其相对狭窄的大陆架日照充足,养分丰富,因此海洋生 1861
物众多。但厄尔尼诺现象(一种沿南美洲西海岸不规则出现的异常温暖的表层水流)可能逆转太平洋的洋流，引发不正常的气候现象，对陆地和海洋产生影响。

生命始于大洋，但科学对海洋生物的了解并不完备。人类已知约 1 500 种鱼类，但据估计仍有 5 000 种需要确认。据统计，北大西洋有 20 万洋底种群，但这个数字可能也只是实际种群数量的 1/3 或 1/4。由于缺乏养分，公海是蓝色的沙漠，而大陆架却盛产大量海洋生物，热带珊瑚礁则是多种生物（由动植物种群数量表明的生物多样性）的栖息地。

海洋资源

人类利用海洋进行交通和贸易，通过海洋生物获益，在洋底开采石油，因此产生了开发和污染的可能性。

海运是在大陆之间运送货物最廉价的方式，也是最重要的方式，但对海洋栖息地和生物多样性造成了严重的环境压力。在 15 世纪之前，大洋是大陆之间进行联系时遇到的令人敬畏的障碍。在食物采集时期（旧石器时代，前 200 万—前 1 万年），移民们越过托雷斯海峡和白令海峡，从非洲和欧亚大陆到达澳大利亚与南北美洲。约公元前 2000 年，波利尼西亚人迁移到太平洋岛屿上，维京移民穿越北大西洋也是人类掌握了早期航海技术的明证。1435 年，中国皇帝决定中止中国舰队穿越印度洋到非洲的探险，从而这个重要文明与另一大洲的第一次接触以失败告终。随后，哥伦布穿越大西洋从西班牙到加勒比海的航行却开辟了与新世界持续交流的通路。这种交流也对环境造成了重大影响。随着三桅帆船和航海仪器的发展，环球航海业使陆生植物和动物的交换成为可能，这对这些动植物的输入国产生了重大影响。装载煤的港口和煤仓地区沿着海岸线和河口扩展，挖泥船带来了潮汐流的改变和海岸侵蚀，海洋栖息地也随之发生变化。在 20 世纪，油轮在数千千米的海面上排出压载水，给海洋生态系统带来重大改变。压载水是对海洋生物多样性的最严重威胁之一，会给生态系统带来不可挽回的改变。外来物种在新环境中没有天敌，会迅速繁殖，使原有生物灭绝。

从最早的历史时期以来，人类就在近海岸的海洋环境中收获动植物。人类捕捞鲸鱼、海豹、鱼类、甲壳类动物和藻类植物，供自身消费。海藻、盐、海绵、珊瑚和珍珠更是用途广泛。今日的重要药物，从抗凝血剂到肌肉松弛剂，都来源于海生螺类。

从 16 世纪开始，运输革命使捕鲸业和渔捞作业可以在遥远的岛屿和大陆上进行。这些遥远水域的海洋生物资源枯竭之后，这些作业就只能在远洋进行；最初在北半球，后来也在南半球进行。这些活动使一些生物灭绝了，例如白令海的大海牛、大西洋欧洲一边的灰鲸、后来大西洋美洲一边的灰鲸，以及加勒比海的僧海豹。早期人类对原始生态系统的影响是非常重要的，不仅包括对一些标志性种群的影响，也包括对整个生态系统的影响。那些影响生态系统运转的最高级捕食者被捕杀殆尽以后，生态系统将会经历结构性转换。今天，大多数具有重要商业价值的鱼类种群已被利用到极致，或许高强度的捕捞活动已经使这些种群不能再持续发展。因为如此沉重的捕鱼压力，世界上许多最珍贵的鱼类资源正在减少，一些鱼类已经在局部地 1862
区灭绝。最引人注目的例子是纽芬兰的鳕鱼捕捞业，这一产业在 1991 年崩溃；这不仅对生态系统造成了巨大且很可能不能修复的伤害，也使加拿大大西洋省份的很多人失去了唯一的生存手段。

在洋底，对矿物的商业开发才刚刚开始，有望在 21 世纪获得急剧增长。洋底所含能量主要是石油和天然气，也有矿物质，例如氯化钠（食盐）、锰、钛、磷酸盐和金。人们也开始利用大洋的潮汐能。工业化社会的发展使更多的污水和

将我们和世界分隔开来的并不是海洋，而是美国人看待事物的方式。

——亨利·米勒(Henry Miller，1891—1980)

佛罗里达群岛国家海上禁捕区的生物学家拍摄到了船只停在珊瑚礁上而给后者带来的损伤。美国国家海洋和大气管理局

其他废物排放到大洋中，也产生了石油泄露现象。

世界上约2/3的人口居住在距海岸60千米的范围内；在超过100万人口的城市中，几乎半数的城市位于河口附近。这种聚落形态是人们选择的结果，人们选择大洋而非农业作为食物和职业来源。海洋也是交流、运输和贸易通道。但在一些历史时期，人们对海岸定居存有偏见。最显著的例子出现在许多新石器时代(前8000—前5500)的文化中。随着农业的采用，人们越来越希望在内地未开垦的土地上定居。毫无疑问，19世纪的北美西进运动也是人们倾向于在陆上定居的结果，尽管殖民者必须穿越大西洋来寻找机会。与此相反，其他殖民活动，例如古代腓尼基人和希腊城邦的殖民，则是人们倾向于海洋生活的表现。

法国历史学家费尔南德·布罗代尔(Fernand Braudel，1902—1985)是第一位试图从自然环境和交流与文化交换途径的角度撰写内海(这里指地中海)历史的人。他认为地中海沿岸的共同环境条件为人们提供了共同文化基础。他阐明了山地、平原和沿海低地的生活是如何与跨越欧洲文明和阿拉伯文明的大海联系起来的，并强调海上航道是欧洲经济增长的关键。布罗代尔认为欧洲分为3个部分：地中海地区、欧洲大陆和欧洲第二地中海(即北海和波罗的海，或统称为北海)。其他很多历史学家也由此认识到一点：如果地中海海滨存在共同文化，那么其他海域也存在这样的情况，只不过在自然环境(例如海域是封闭海还是陆缘海、到达海滨是否便利等)和历史经历等方面有所区别。这类历史学家的观点是有问题的，因为他们仅仅关注海滨的共同方面，却未对地区系统的内部联系和外部联系进行比较。

对于大洋在人类历史上所发挥的作用问 1863
题，其他研究一直强调克服距离障碍。在地理大发现时代(约1491—1750)，克服距离障碍当然是占据优势地位的主题。即使在最近关于欧美关系史的研究中，克服距离障碍也是学界非常关注的课题，而在对澳大利亚史的研究中更受关注。在全球航空时代之前，欧美之间的交往和澳大利亚始终“受制于距离”；也就是说，任何到外国访问的人都要花费几周、甚至几个月的时间在海上航行。

在现代交通体系尚未出现的时代，海运通常比陆地运输廉价，但速度并比后者要慢。船舶的移动受到很多不可预知的自然条件的限制。如果遇上逆风，船只常常会延迟数周时间。尽管一些船长对当地水域极为熟悉，能够日夜兼程，但大多数人只敢在白天航行。对船只实际航行距离的计算表明：尽管顺风有时能将船速提升到每小时18千米，但考虑到船只抛锚等待时间，船只在整个航程中的平均时速超不过 1.85～3.7 千米。由此，我们可以算出船只每天航行的距离是 45～90 千米。这种算法与陆地上的实际行进距离相符合。一车的载量通常只有 12～18 桶谷物或鱼，一艘小船的装载量则可能是这个数值的很多倍。200 吨位的船只最多需要 10 名船员。船只与船员的吨数比为 1∶10。对于每天行进距离相当的马车来说，这一比率则是 1∶1。因此，在沿海城市市场上，海上补给速度比内陆补给速度快很多。最近，对中世纪英国进行的一项研究显示，海运、河运和公路运输的成本比例为 1∶4∶8。陆运效率并没有随着其他贸易（如农业）生产率的增长而迅速提高，因此，相对于其他成本而言，陆运成本在 18 世纪之前也在增加。

大海不一定以同样的方式使文化扩张更加便利，例如审美、饮食或宗教偏好。信息和文化传播与散装货物的运费没有多少联系，而更多地依赖于个人旅行模式，大多数个人常常是徒步或骑马旅行。封闭海和陆缘海经常有发达的贸易和交通基础设施，但文化关系并不一定对此有所反映，实际上可能表现出相当不同的交流模式。不管怎样，在航海时代（约 1500—1850），沿海地区还是在世界各地发挥了决定性作用。封闭海或陆缘海在沿海地区的延伸使沿海资金与劳动力异乎寻常地集中起来，这使独特的海滨文化得以发展起来。这样的集中往往以造船木材易得为基础，但森林的缺乏并没有阻碍一些沿海地区的兴起和繁荣。

19 世纪的工业运输革命极大地提升了远途旅行，甚至环球旅行的水平，但却降低了地区运输经济的重要性。更新升级的公路、铁路和蒸汽船创造了一个世界市场，其货物远远多于以前，地区市场让位给全球市场。大多数小规模海洋社会不能筹集参与全球运输市场所需的资金，结果沿海地区从连绵的居住区转变为资金集中的港口城镇。因此，在工业时代，地区海景时代结束了。

港口城镇是海上运输系统的节点。3 000 年前，第一批港口城镇在地中海地区发展起来。港口城镇可以有自己的本土舰队，最重要的特点是它是内陆贸易和海上贸易的中心。因此，港口城镇倾向于利用有利的自然条件，例如轻松自如的多式联运（陆运、河运和海运）、通往多产的内地和市场的道路、战略优势，以及对水路的控制。港口城镇为接触到一个国家的经济动脉提供了途径，因此出于财政和军事考虑，港口城镇 1864
历来被国家严格地管控着。这些城镇曾偶尔获得全部或部分主权，如意大利的城邦和汉萨同盟的城镇；或者，这些城镇曾控制过地域国家，如 16 至 18 世纪的荷兰。但在大多数情况下，这些城镇处于较大地域强国的控制之下。19 世纪，随着船舶运输需求的增加，对劳动力的需求也增加了，港口城镇成为人口稠密、劳动力密集的地区。这些城镇自身沿着码头和船埠延伸开来，

1900 年以来海平面一直在上升，20 世纪下半叶更是加速变化。美国国家海洋和大气管理局的国家大地测量局的研究人员进行了一项海岸线调查。美国国家海洋和大气管理局

成为笨拙的实体。而且,城市拥挤堵塞,污染严重。但19世纪下半叶,燃煤轮船交通的扩展却使严格遵守日程的时间安排成为可能,并具有极大的重要性。因此,煤仓港口和专用码头这些新基础设施沿着海岸涌现,以利于为轮船服务。只要煤仓码头没有沿着海洋边缘排列起来,那么风力驱动的船只就可以击败蒸汽船;但最终蒸汽船占领了越来越多的海上航线,因此到20世纪初,开往澳大利亚的行进缓慢的帆船成为最后退出竞争的风力船。

20世纪初,柴油机得到应用;到20世纪50年代,燃煤船几乎不见踪影。在这个阶段,客轮在远洋运输中失去优势,航空取而代之,但货运新时代的到来大大弥补了船主的损失。20世纪上半叶,船舶的用途是提供最适宜的货运途径以及更短的留港时间。阿根廷的肉类产业和加那利岛的香蕉贸易需要冷藏船,而石油工业使油轮兴起。到20世纪60年代,设计革命引进了多用途的船运集装箱。集装箱是一种金属箱,可以冷藏也可以进行其他调整以合乎运输标准,因此便于在船上储存。集装箱货船成为全球化贸易的载体,连接资源来源、修饰包装和消费等各个环节。

为了实现最优处理,海港这一曾经复杂的系统已经被压缩到最小程度,成为只有一些世界级港口的系统,这些港口是一些大集装箱航线的节点。为这一系统服务的是一系列支线,较小港口和大量货车运输服务确保了每个集装箱都能被运送到最终目的地。

全球化的集装箱运输系统对环境造成了巨大影响。这一系统无疑使经济系统合理化,但取决于是否可获得丰富而廉价的能源。例如,将东亚的虎虾运到摩洛哥,让那里的廉价劳动力将虾去皮,再运到德国包装,最终运送到(比如说)巴黎的一家餐馆供消费,这个过程中的成本将会被忽略。

海洋法与海上强国

海洋法由来已久。荷兰律师、历史学家和神学家胡果·格劳秀斯在他1609年的著作《论海 1865
上自由》(*Mare Liberum*)中,最先提出了国际海洋法的原则。他认为海洋是取之不尽的公共财产,各国均有海上航行自由。从理论上看,所有主要欧洲海洋国家都遵从了这些原则,而这些原则最终也成为所有海洋航行的指导原则。大多数国家声称对领海或沿海水域拥有主权,但商船可以自由通行。这一原则最突出的例外是丹麦松德海峡,后者是北海和波罗的海之间的连接通道。1857年,丹麦政府提高了对通过松德海峡的外国船只的关税,并根据国际条约和补偿原则加强了审查权。大炮的射程最初界定了领海范围;但在19世纪,3海里的限制越来越多地被各国接受,并写入国际条约中。"二战"后,美国总统杜鲁门(Harry Truman)声称对北美大陆架拥有更广泛的经济利益,此举对日本不利;智利和秘鲁则声称拥有200海里的沿海专属渔区,此举对美国的金枪鱼捕捞者不利。冰岛很快也提出声明,将英国捕捞者排除在冰岛海域之外。这些声明的主要经济动机是石油和渔业。1958年,联合国召开第一次国际海洋法会议,以求就海洋法建立新共识。这次会议将领土范围扩展到12海里,但并没能解决问题。1960年召开的第二次会议也几乎没有取得进展。20世纪六七十年代,各国立场发生了引人瞩目的变化。鱼类的供给越来越有限,鱼类资源的消耗也更为普遍,这一点比以往要明显得多。实践证明,通过国际机构管理资源的尝试在很大程度上不起作用了。许多沿海国家,既包括发达国家也包括发展中国家,越来越强烈地感受到远海国家的大型船队对本国沿海带来的威胁。同时,对深海洋底矿产资源控制的问题也使发展中国家提出了更为合理分配海洋资源的要求。第三次国际会议从1974年一直持续到1982年，形成了一个国际认可的公约。该公约最主要的创新是宣布沿海国家的200海里“专属经济区”(EEZ)权利，沿海国家可据此对所有的矿物和生物资源宣布主权。157个国家签署了这项公约，而美国、英国和德国对公约关于海底矿物资源的规定表示反对。专属经济区的规定代表了19世纪殖民统治以来根据属地原则进行的最大重新分配。

选择200海里作为管辖权的界线与生态系统无关，也确实与矿物资源的分布无关，而只是国际协商的结果。无论这一公约有什么缺憾，它毕竟授予了沿海国家管理自己区域内资源的权利。专属经济区的历史虽然短暂，但它却表明：除了国家经济利益这一促成其产生的原因之外，这种方法还可以促进对海洋资源的保护。

管理与保护

海洋法仅提供了国际上处理海洋相关事务的大致框架，而民族国家则发展出复杂的政策和制度，对海洋产生了影响。近年来两项关于海洋环境的政策逐渐成型：沿海区综合管理(ICZM)与海洋保护区(MPA)。处理根据自身性质进行水域和沿海开发以及海底利用等问题的具体政策，还不能完全解决人们在寻求管理、保护和发展海洋环境时遇到的系列挑战。这正是发展沿海区综合管理的理由。20世纪80年代以来，沿海区综合管理已作为应对沿海和近海岸管理的一项跨领域政策发展起来，但这一政策在大多数国家的实施很有限。在世界各地，海洋保护区被指定为限制人类进入的地区，1866
以保护海洋栖息地。珊瑚礁、易遭到破坏的产卵区和海洋生物多样性的热点地区常常被选为海洋保护区，但到2000年也仅有1%的海洋通过这样的限制得到保护。在世界大多数地区，海洋仍然可以公开进入，人类在海上的行为不受限制。水下世界在很大程度上未被人类开发，成为最后的边境。

进一步阅读书目：

Anand, R.P. (1982). *Origin and Development of the Law of the Sea: History of International Law Revisited*. The Hague, The Netherlands: Nijhoff.

Borgese, E.M. (1998). *The Oceanic Circle: Governing the Seas as a Global Resource*. New York: United Nations Publications.

Braudel, F. (1996). *The Mediterranean and the Mediterranean World in the Age of Philip II*. Berkeley and Los Angeles: University of California Press.

Carlton, J.T., Geller, J.B., Reaka-Kudla, M.L., & Norse, E. (1999). Historical Extinctions in the Sea. *Annual Review of Ecology and Systematics*, *30*, 515-538.

Chaudhuri, K.N. (1985). *Trade and Civilisation in the Indian Ocean: An Economic History from the Rise of Islam to 1750*. Cambridge, U.K.: Cambridge University Press.

Chaudhuri, K.N. (1990). *Asia before Europe: Economy and Civilisation of the Indian Ocean from the Rise of Islam to 1750*. Cambridge, U.K.: Cambridge University Press.

Cicin-Sain, B., & Knecht, R. (1998). *Integrated Coastal and Ocean Management: Concepts and Practices*. Washington, DC: Island Press.

Day, T. (1999). *Oceans*. Chicago: Fitzroy Dearborn Publishers.

Garrison, T. (1995). *Oceanography: An Invitation to Marine Science* (2nd ed.). Belmont, CA: Wadsworth Publishing.

Horden, P., & Purcell, N. (2000). *The Corrupting Sea: A Study of Mediterranean History*. Oxford, U.K.: Oxford University Press.

Houde, E., & Brink, K. H. (2001). *Marine Protected Areas: Tools for Sustaining Ocean Ecosystems*. Washington, DC: National Academy Press.

Masschaele, J. (1993). Transport Costs in Medieval England. *Economic History Review*, *46*, 266 - 279.

McPherson, K. (1993). *The Indian Ocean: A History of People and the Sea*. Mumbai (Bombay), India: Oxford University Press.

Mills, E. L. (1989). *Biological Oceanography: An Early History, 1870 - 1960*. Ithaca, NY: Cornell University Press.

Reid, A. (1993). *Southeast Asia in the Age of Commerce, 1450 - 1680*. New Haven, CT: Yale University Press.

Roding, J., & van Voss, L. H. (Eds.). (1996). *The North Sea and Culture (1550 - 1800)*. Hilversum, The Netherlands: Verloren Press.

Thorne-Miller, B., & Earle, S. A. (1998). *The Living Ocean: Understanding and Protecting Marine Biodiversity* (2nd ed.). Washington, DC: Island Press.

保罗·霍尔姆(Poul Holm) 文
毛悦 译,郭子林 校

Oil 石油

石油(又称黑金)是近代史上最具争议的商品之一。作为 20 世纪最重要的能源,石油一直是农业和交通发展以及 1867
由此引发的社会和经济生活变迁的重要因素。但石油也一直是国内国际冲突的源泉,并与环境恶化有着密切关系。

在 20 世纪的世界史上,没有哪个商品或产业比石油产生的影响更大。石油是一种复杂的碳氢化合物的混合体。从最根本上说,它来源于亿万年前存活并死去的动植物。石油的开采和使用改变了社会经济生活,也对环境产生了深刻而持久的影响。对石油的控制也有利于决定重要战争的结果,并一直是美国全球大国地位的核心要素。

利用石油的历史

早在公元前 3000 年,美索不达米亚和中国就用天然海草形成的石油加热、照明、入药、填补船缝和修建道路。后来,石油也是希腊火药的重要成分;这是石油和石灰混合成的一种可燃物,用于战争。然而,直到 19 世纪中叶,石油才被广泛使用,那时提炼原油技术的发展创造了石油的新用途。用硬岩钻开采石油的技术也极大地扩大了石油生产。从原油中提炼出的煤油很快成为主要照明材料,以石油作为基本成分的润滑剂也替代了植物油、鲸脂油和动物油脂。

石油在 19 世纪主要用于照明,在 20 世纪则成为现代生活中不可或缺的部分。电力开始取代煤油成为主要照明材料,至少在城市里是这样的。19 世纪末,人们发明了以石油为动力的内燃机。20 世纪,内燃机在交通领域得到广泛应用,这为石油创造了广阔的新市场。受益于提炼技术的改进,石油成为汽车、卡车、轮船和飞机的燃料选择,这使交通彻底发生了变革,也改变了全世界各个社会的物质、经济和社会图景。石油驱动的机械,以石油化学产品为主要成分的

> 对太阳能的使用还没有开始，因为石油工业不依赖于太阳。
>
> ——拉尔夫·纳德(Ralph Nader, 1934—)

杀虫剂、除草剂和化肥，也在农业生产领域激发出前所未有的增长。1909 年，合成氨方法——最初从煤炭中合成，后来从天然气中合成——的进展，使无机化肥得以大规模地应用，带来了粮食产量的极大增加，也明显加重了水污染现象。到 20 世纪末，石油约占全球能源消耗(包括 90%以上的交通能源消费)的 40%；无论从数量上还是从价值上衡量，石油都是国际贸易中最重要的商品。

石油对环境造成的影响

开采石油、运输和提炼石油以及燃烧石油对环境产生重要影响。石油是化石燃料的主要
1868 成分，化石燃料的燃烧使大量二氧化碳进入大气，而世界上的海洋、土壤和生物量无法全部吸收这些二氧化碳，这可能会影响地球气候。1997 年 12 月，发达国家通过关于气候控制的《京都议定书》，同意减少其温室气体排放。(尽管 2012 年失效的《京都议定书》有这样的目标，但全球温室气体的排放持续增长。2009 年 12 月，联合国气候变化大会在丹麦哥本哈根召开，与会代表未能达成一个取代《京都议定书》的具有约束力的协议；但在 2010 年 4 月的墨西哥坎昆会议上，谈判代表寻求对现有协议进行扩展和补充。)石油生产和石油衍生产品(包括石油化学工业产品)在很大程度上直接或间接地造成了空气、水和土壤的污染。例如，石油动力技术使采矿和伐木活动大幅度增长，造成了严重的环境影响。

石油与军事实力

20 世纪初，诸如英国和美国这样的大国的海军开始用石油取代煤炭作为燃料，石油由此成为军事实力必不可少的元素。在第一次世界大战中，尽管大国海军的作用是相对次要的，但石油和内燃机预示着陆地、海上和空中移动的一场革命。

石油对于第二次世界大战的爆发和结果都至关重要。在希特勒入侵苏联的决议背后隐藏着一个重要因素，那就是希特勒希望控制石油，以便维持沉重的机械化战争机器的运转。日本约 80%的石油需求要依赖美国。1941 年夏，美国决定削减对日本的石油出口，使日本领导人必须做出选择，是攫取荷属东印度群岛的石油供给，还是顺从美国的压力。“二战”中所有主要武器系统都是由石油驱动的——水面军舰(包括航空母舰)、潜水艇、飞机(包括远程轰炸机)、坦克和大部分海陆运输。石油也用于军需品与合成橡胶的生产。石油供应充足是盟军力量的重要来源，而德国和日本未能获得使用石油的途径则是其战败的重要因素。

尽管核武器和后来的弹道导弹的发展从根本上改变了战争的本质，但石油仍是驱动力量，仍然处于军事力量的中心位置。除了核动力战舰(主要是航空母舰和潜水艇)的发展，世界上大多数战舰仍然依赖于石油，飞机、装甲车和运输也依赖石油。此外，就石油的需求量而言，新一代武器总是比此前的武器需要的更多。

石油与世界大国

世界各国都需要石油，但石油供应来源地却较为稀少，最大的几个来源地还处于发展中国家或欠发达国家。石油的所有权、使用权和价格引发的争论也使石油成为国际冲突的源泉，特别是在中东，世界已知石油储量的 2/3 都在这一地区。石油输出国组织(OPEC)创建于 1960 年，是产油国组成的垄断联盟；这一组织在很大程度上影响着石油生产速度及其与石油价格的比率关系。石油输出国组织约占世界已知石油储量的 2/3，约占世界石油产量的 1/3。

20 世纪上半叶，美国得益于国内繁荣的石

油工业，主要以石油储量丰富的墨西哥湾和加勒比地区为基础，控制的石油资源远远超出其自身需求，并在两次世界大战中为盟军的战斗提供燃料供给。“二战”以后，维持西方对中东富饶石油资源的使用权成为美国外交政策的关键要素。对石油的控制也是美国支持西欧
1869 和日本经济复苏的动力，并维持了西方联盟的凝聚力。

与此相反，苏联却不能将其控制的大量国内石油供应转化为在东欧以外地区的政治影响力。尽管苏联与伊朗和阿拉伯世界地理位置临近，在这些地区做了大量工作，这一地区也存在着普遍的反西方情绪，但苏联人未能将美国逐出中东。20 世纪 70 年代，苏联人在短时间内曾因石油价格升高而受益，苏联改革者们用石油出口的收入缓解从计划经济向市场经济转化的过渡期，同时维持社会福利计划，但 80 年代中期国际石油价格崩溃，破坏了他们的这些努力。在冷战后的 21 世纪，石油使俄罗斯能为军事现代化项目提供资金，重新获得一些此前失落的世界大国威望。同样，委内瑞拉在跨美洲的政治事件中有时表现出的大胆立场，也在部分上源于其丰富的石油储备。

石油峰值论

石油峰值指的是世界石油开采到达最大值的那个时间点。在稳定期之后，石油生产速度开始降低，并进入最终的衰落期。乐观的预测认为，石油产量将在 2020 年左右达到峰值。悲观主义者声称，石油峰值将在 21 世纪最初 10 年中的某一时段来临。而很有可能的是，我们只有在石油峰值的事实出现之后才能知道其出现的时间。很难确定石油峰值将会对价格、消费和更为普遍的世界事务产生何种具体影响。这在某种程度上取决于替代能源的可行性。

石油在交通和农业中扮演着主要角色，没有哪种替代能源拥有石油的广泛用途、高能量密度，并能像石油一样易于运输；这意味着石油价格和对石油使用权的竞争将继续成为世界事务中的重要问题。在世界石油储备的基础上，无论建立在高水平的石油使用基础上的社会、经济和政治模式是否可持续，环境科学家都已经发出警告，认为这在生态上是不可持续的；高水平的石油消费的继续将对地球环境造成严重影响，而且这种影响很可能是不可逆的。

进一步阅读书目：

Bromley, S. (1991). *American Hegemony and World Oil: The Industry, the State System, and the World Economy*. Cambridge, U.K.: Polity Press.

DeGolyer & McNaughton. (1999). *Twentieth Century Petroleum Statistics*. Dallas, TX: Author.

Heinberg, R. (2003). *The Party's Over: Oil, War, and the Fate of Industrial Societies*. Gabriola Island, Canada: New Society Publishers.

McNeill, J. R. (2000). *Something New under the Sun: An Environmental History of the Twentieth Century World*. New York: W.W. Norton & Company.

Painter, D.S. (1986). *Oil and the American Century: The Political Economy of U.S. Foreign Oil Policy, 1941 – 1954*. Baltimore: Johns Hopkins University Press.

Painter, D.S. (2002). Oil. In A. DeConde, R.D. Burns, & F. Logevall (Eds.), *Encyclopedia of American Foreign Policy* (Vol.3, pp.1 – 20). New York: Charles Scribner's Sons.

Philip, G. (1994). *The Political Economy of International Oil*. Edinburgh, U.K.: Edinburgh University Press.

Smil, V. (2003). *Energy at the Crossroads: Global Perspectives and Uncertainties*. Cambridge, MA: MIT Press.

Strahan, D. (2007). *The Last Oil Shock: A Survival Guide to the Imminent Extinction of Petroleum Man*. London: John Murray.

Venn, F. (2002). *The Oil Crisis*. London: Longman.
Yergin, D. (1991). *The Prize: The Epic Quest for Oil, Money, and Power*. New York: Simon & Schuster.

大卫·潘特(David S. Painter) 文
毛悦 译,郭子林 校

Oil Spills 溢油

1870 在至少 6 000 年的时间里,无数种形式的石油因数百种目的而得到应用。溢油会自然而然地发生,这也是石油勘探、运输和加工的结果。几次灾难的发生促使人们制定了更为严格的环境标准。2010 年 4 月,墨西哥湾的钻探平台发生爆炸,随后溢油,这使全球重新关注溢油的危险。

石油是一种主要能源来源。因为石油在世界上分布不均衡,所以人们必须通过海路或者管道将石油运输到远方。主要的石油运输和转移活动都在海上、港口及河流进行,但不仅限于这些地区。在石油开采、储存、处理、提炼、运输和转移的任何地方都会发生事故性溢漏。这些溢漏要么涉及范围很大,要么是灾难性或习惯性的。几乎没有任何其他环境问题是如此普遍,或有潜力造成直接环境危害和长期影响。近来一些船只发生了引人注目的溢油事件,这些船只包括阿莫科石油公司的卡迪兹号(Amoco Cadiz)、埃克森·瓦尔迪兹号(Exxon Valdez)和海洋皇后号(Sea Empress)。海湾战争期间,发生了大量蓄意制造的溢油事件。2010 年,英国石油钻井平台深海地平线号爆炸造成的泄漏石油,从距路易安那州海岸 64 千米的地方流入墨西哥湾;这被视作美国历史上最糟糕的环境灾难。

原油是碳氢化合物的一种流体或半流体的混合物,含有硫磺、氧、氮、其他元素和金属。浅浅的内陆海曾经覆盖了大陆上的广大地区,海中繁茂活跃的小型海洋动植物腐烂的遗骸化作了碳氢化合物。几十万年之后,这些微小生物体的遗骸沉到海底。这些有机质被泥巴覆盖,成为我们今天称作石油的复杂碳氢化合物。过去的 6 亿年中,没有完全腐烂的动植物遗骸被埋在厚厚的岩层之下,通常每次积累一层。由于石油、天然气和煤是由生活在几百万年之前的生物体形成的,因此被称为化石燃料。

从古生代(5.7 亿~2.45 亿年前)以来,这种有机质缓慢地移动到渗透性更好的可渗透岩层,例如砂岩和沙泥岩中,并被固定在那里。这些“油箱”上面覆盖着不能渗透的岩石,石油由此积累。一些油田向侧面的岩石延伸出几千米,可能有几百米深。一些石油通过自然渗出进入海洋,这些天然的溢油会对附近的生物体产生巨大影响。

一些石油的碳氢化合物产品包括溶解的天然气、汽油、苯、石脑油、煤油、柴油、轻暖油、重暖油和各种重量的焦油。石油通过复杂详尽的提炼过程产生这些产品。随后,这些产品再进一步提炼、合成,产生其他产品,例如溶剂、涂料、沥青、塑料、合成橡胶、纤维、肥皂与清洁剂、蜡和果胶、药品、爆炸品和肥料。在提炼过程中或运输

劳伦斯·阿尔玛-塔德玛爵士(Sir Lawrence Alma-Tadema)的《摩西的发现》(*The Finding of Moses*, 904)。布面油画。尼罗河上的船只外围是用沥青涂抹的,婴儿摩西被放在灯心草做的篮子顺水遗弃,篮子上"涂抹着沥青"。尽管这幅画具有幻想色彩,但阿尔玛-塔德玛爵士的画作因其在考古学意义上的精确细节而闻名

途中,也会发生溢油。

小型溢油事件的历史

1871 6 000 年来,人们使用柏油、沥青和液态石油的方式数不胜数,极富创意。古代居住在美索不达米亚河谷中的人们用当地手挖矿井中的柏油作为建筑物和船只的黏合剂。《创世纪》中的洪水传说记录了方舟的黏合做得很好。尼罗河上的船只用柏油做了接合,婴儿摩西被放在灯心草做的篮子中漂走,篮子上涂抹着沥青。埃兰人、迦勒底人、阿卡德人和苏美尔人开采石油衍生出来的沥青或柏油浅层沉积物,出口到埃及,用来保存伟大国王和王后的木乃伊,还可做成马赛克来装饰他们的灵柩。(由于液态石油有助于伤口愈合并能保持伤口清洁,古代埃及人还将其用作泻药和伤口敷料。)伊朗胡泽斯坦省的考古遗迹显示,在公元前 4000 年的苏美尔时期,柏油已被普遍用于黏合和珠宝镶嵌。柏油也作为黏合剂用于巴别塔和早期巴比伦神庙的墙壁与圆柱。早在公元前 600 年,巴比伦人就树立起粘土锥形纪念物,涂上沥青,点缀上微小的次等宝石,做成复杂精致的马赛克。

很快,化石燃料就因其可发光的属性而得到使用。根据希腊传记作家普鲁塔克(Plutarch)的记述,约公元前 331 年,亚历山大大帝在伊拉克基尔库克看到大地中不断发出火焰时,大为震惊,当时可能是渗漏出的天然气在燃烧。公元前 1 世纪,罗马人用上了油灯。200 年,中国人最先将石油用作燃料,他们依靠滑轮和手工劳动,通过管子将石油从地下吸出。这些使用过程中造成的溢油规模有限、范围较小。

石油很快就被用于军事目的，特别是海上小规模战斗，这造成了较大规模的溢油。在古代，人们在城外挖好沟渠，灌满石油，点燃后保
1872 卫城市。波斯人发明了原始蒸馏程序，可以获得可燃物，并将其用于战争。公元前480年围攻雅典时，波斯人用浸透了石油的布裹住箭，再用弹弩将这些箭射向其希腊敌人。673年，希腊人使用了后来广为人知的希腊火药，用管子将火药发射到那些入侵君士坦丁堡的波斯船只上，这样希腊人几乎摧毁了整个舰队，这是近距离作战的案例。7和8世纪，拜占庭人用燃烧弹对付穆斯林；燃烧弹（可能是石油、石脑油和诸如硫磺这样的化学物质与生石灰的混合物）装在罐子或者管子里被扔向敌船，能造成巨大损毁和恐怖。（具体“配方”依然不为人所知，但历史学家们相信这一配方是君主们代代相传的。）萨拉森人用希腊火药来对付十字军的圣路易(St. Louis)；圣约翰骑士团用燃烧弹在马耳他打击入侵的土耳其人。蒙古人在围攻中亚时也燃烧石油制品。1220年，成吉思汗的大军向西亚的不花喇(Bukhara，今乌兹别克斯坦布哈拉)投掷装满石脑油的罐子，并向城堡的各个大门开火。不花喇燃烧起来，最终被攻陷。人们被迫逃离这座城市，否则就会死去。

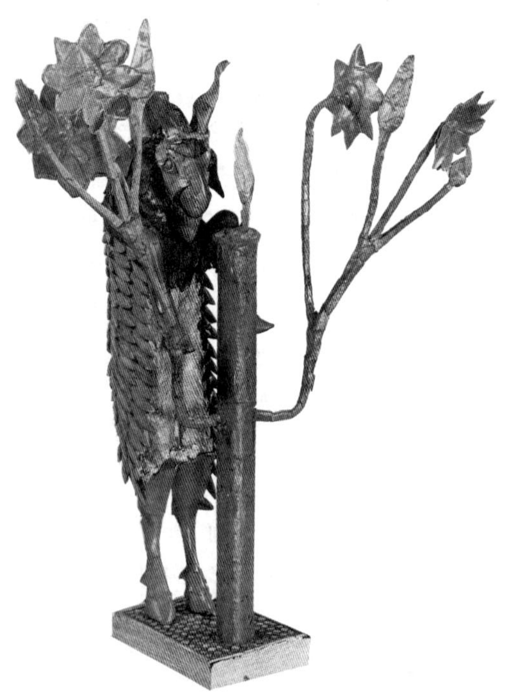

这座山羊雕像是从苏美尔人的城市乌尔的皇家墓地中挖掘出来的，由金、银、天青石、铜、贝壳、红色石灰石和沥青制成。古代文明还用沥青和柏油作为镶嵌工艺的“黏合剂”。美国宾夕法尼亚州费城大学博物馆

文艺复兴时期，随着贸易的兴起，石油运输得到发展，也造成了更严重的溢油。1726年，俄国的彼得大帝颁布法令，对从里海的巴库(Baku)乘船沿伏尔加河而上的石油运输进行管理。石油成为物物交换和贸易中的重要产品，也成为偷窃对象。在新世界，委内瑞拉人用柏油为船只和手编的篮子做黏合，液态石油则用于医药和照明。北美人将石油用于巫术、医药和涂料。1539年，第一桶委内瑞拉石油出口到西班牙，以缓解皇帝查理五世(Charles V)的痛风症。

1820年，人们用小口径铅管将纽约弗雷多尼亚渗出的天然气输送给附近的消费者，包括当地酒店，石油运输的现代史由此开始。随着时间的推进，石油运输和转移直接造成的溢油可能性逐渐增加。

溢油的现代史

目前已知，拥有绝大多数石油储量的是中东，其次是北美。石油输出国组织(OPEC)的成员国拥有最大石油储量，其中沙特阿拉伯居领先地位。石油沉积层在全球的分布影响着石油的生产和运输模式，也由此决定了溢油的潜在分布范围。世界石油产量从1950年的4.5亿吨升至1996年的27亿吨，并继续缓慢上升。溢油随产量的增加而增多。

油轮运输是最主要的石油运输方式，传统的航道在石油生产国与进口国之间发展起来。
目前，主要运油线路是从中东到日本、欧洲和美 1873

科学家们在密西西比的海湾滨海地区测量一只死去的肯普氏海龟。溢油使这一濒危物种格外危险，因为它们不加选择地进食，也没有能够避开石油污染水面的行为机制。美国国家海洋和大气管理局

国。石油也通过管道经过很长的距离运送到炼油厂。溢油主要发生在海陆运输路线沿线以及石油转运港口。小型溢油事件发生在从油轮到油轮、从油轮到炼油厂的石油转运过程中，石油从破损的地下管道中溢出，溢油分布在炼油厂和贮藏设备周围。每年约有75.6亿升石油由于溢油和其他事故进入海洋。

大型溢油事件通常发生在油轮事故中。随着油轮尺寸的增大，发生事故的风险也在增加。19世纪80年代的油轮容量为3 000吨，1945年为1.65万吨，1962年为11.5万吨，1977年则为51.7万吨。在油轮的现代时期，1989年之后，尤其是埃克森·瓦尔迪兹号的灾难之后，人们通常根据油轮大小和其航行的海上运输线来分类，例如巴拿马运河大型船和苏伊士运河油轮。它们是最大的运油轮船，分别“适合”在巴拿马运河和苏伊士运河航行。根据近些年的条例，例如国际海事组织的《防止船舶污染国际公约》，只有双层机壳的船只才能定期往来于公海。这将会减少未来油轮溢油事件的发生概率，尽管并不是所有规定和公约都具有法律约束力。

大型溢油事件吸引着媒体关注，但进入海洋的石油只有4%来自油轮事故。另有25%来自油轮作业，14%来自其他运输事故，34%来自河流和入海口。约有11%的石油是因自然渗透而进入海洋的。

主要溢油事件

1978年以来，小型溢油事件的数量逐渐增加，而大型溢油事件的数量则相对稳定。每年发生1～3起3 800万升以上的溢油事件。在任何一年，一两起灾难性事件就能大幅度地增加泄漏到陆地上和海洋中的石油数量。一年中，全世界每个不超过37.8万升的小型溢油事件加在一起也有约3 800万升的石油溢出。即使没有大型灾难性事件发生，仍然有大量溢油流入海洋和陆地栖息地。

1991年，在海湾战争中，伊拉克军队从科威特撤军时破坏了上百座油井、油港和油轮，造成9.07亿升石油泄入波斯湾，是记录在案的最大溢油事件，但大多数溢油事件是较小的。根据国 1874
际油轮船只污染联合会（ITOPF）的资料，从溢油事件的数量和泄漏的石油数量来看，20世纪70年代是史上最糟糕的10年。其他大型溢油事件包括墨西哥的埃克斯托克1号油井（5.29亿升，1979）、阿拉伯半岛的诺鲁兹油田（3.02亿升，1980）、乌兹别克斯坦的费尔干纳谷地（3.02亿升，1992）、沉没在南非海域的卡斯蒂略号（2.94亿升，1983）和沉没在法国海岸的阿莫科

石油就像野生动物，谁抓住它，谁就拥有它。

——保罗·盖提(J. Paul Getty，1892—1976)

石油公司的卡迪兹号（2.57 亿升，1978）。在所有其他溢油事件中，每起事件泄漏的石油都少于 1.89 亿升。1989 年，瓦尔迪兹号在阿拉斯加的溢油事件中泄漏石油 0.41 亿升，仅排到第 28 位。但由于受影响的亚北极圈生态系统很脆弱，所以这次事故的破坏性尤为严重。2010 年，墨西哥湾发生了溢油事件，其后果远远超过瓦尔迪兹号带来的灾难。

埃克森·瓦尔迪兹号(Exxon Valdez)在威廉王子海湾(Prince William Sound)发生溢油事故后，工人们用高压热水冲洗海岸线，把石油从海滩上冲淋下来，用漂浮的吊杆收集起来，再从水面掠掉。美国国家海洋和大气治理署

溢油的影响

动物、植物和生态系统中那些非生物部分对于溢油的敏感程度并不相同。一些植物很脆弱，栖息地范围狭窄，只能生长在偏僻的地方。一些动物非常特别，只能生活在很少的地方，或只能吃很少种类的食物。即使是小溢油事件也特别容易使这些物种受到伤害。由于生长期有限、多样性有限和石油自身衰退过程缓慢，北极圈生态环境中的植物和动物也很脆弱。

其他物种相对普通，可以在不同生态条件下生存，接受多种食物，地理分布广泛。这样的动物和植物适应性强，经常能够很快从溢油事件造成的损害中恢复过来，尽管最初的死亡数量可能很高。还有一些动物，例如一些鸟类、鱼类和哺乳动物，如果溢油的散布缓慢，它们可以逃开。

很多因素可以用于决定一次溢油事件是否对植物和动物具有破坏性影响。这些因素包括溢油规模、石油类型、泄漏时间(特别涉及生物体的生命周期)、特定植物和动物的脆弱性、特定生态系统的脆弱性。溢油地点能够决定影响程度。潮间带的沼泽或河口几乎没有潮汐流，因此发生在那里的溢油事件中的石油被卷入海里的机会也降低了，而海洋的稀释作用其实可以钝化溢油的影响。石油常常集中在沼泽边缘，那里也聚集着大量无脊椎动物、幼鱼和觅食鸟类。许多无脊椎动物没有能力移动或仅能移动很短的距 1875
离，这使它们易受溢油的影响。

溢油的时机很关键。当溢油事件在鸟类、鱼类或哺乳动物迁徙季期间发生时，大量动物受到溢油的影响概率就会非常高。溢油事件发生在无脊椎动物或鱼类产卵季，可能会使它们在这个季节失去繁殖机会。溢油事件在海洋哺乳动物的迁徙季节发生，会使当地相当数量的海豹、海狮、海獭、鲸和其他哺乳动物丧生，或者削弱其生存能力。海鸟尤其危险，它们大多数时间生活在海洋中或入海口，这些地方经常发生大规模溢油事件。海鸟经常成百上千地聚集在一起筑巢。溢油事件在这些地方发生一次，就能使数百只海鸟“遭受石油污染”或使其丧生。受到石油污染的大鸟将石油带回鸟巢，鸟蛋或雏鸟也因此丧生。由于鸟类明显可见，人们常常将其作为评估溢油严重程度的生物学指标，尽管很多鸟死于海洋中，或者沿岸溢油事件影响的海鸟种群中的一小部分得以恢复生机。在飓风季发生的溢油可能使现场极难清理。

在溢油事件或清理现场过程中，人们可能会受伤或生病，食用被石油污染的鱼类或贝类也会使人生病。溢油事故会导致在油轮、炼油厂或输油管道工作的工人死亡，或者导致清理过程中的雇佣人员的死亡。溢油经常在恶劣天气和波涛汹涌的海面发生，这使油轮上的船员面对着更为严峻的风险。

溢油对捕鱼社区的影响是毁灭性的。捕鱼社区在短期和长期都受溢油影响。在数周甚至数月中，鱼类被感染或受到污染，渔业便彻底停业。石油对鱼类的影响是长远的，可能在石油消失之后多年里，渔业收成都较低。记录表明，在埃克森·瓦尔迪兹号溢油事件之后至少6年时间里，渔业仍遭受损失。低产出和受限制的捕鱼区域使渔夫的收入减少；那些将钓鱼当作消遣的人很多年都不光顾这里，这也使导游和酒店的收入受损。渔夫和导游失去了工作，他们的生活方式也不能继续。美洲原住民社区也失去了他们收获传统资源的能力，包括鱼类和贝类，这使他们的生活发生了永久性改变。由于当地经济的大部分要依赖于渔业和旅游业，所以这些影响就串联起来了。溢油对美学和现存价值观的影响，对渔业和旅游业的影响，都是巨大而广泛的。英国石油公司的“深海地平线号”溢油事故对野生动植物以及渔业和旅游业的长期和短期影响必定是灾难性的。在地球的另一端，在中国的重要滨海旅游城市大连发生的溢油事件清楚地说明，人们不断地寻找古代生物体的聚集形式——化石，会造成灾难，而这种灾难影响着生态系统、人类健康和地区经济。如果不幸中还存有一线希望，那么我们希望灾难会带来更完备、更有约束力的国际法，以便约束人们对地球资源的开发、运输和加工；我们还希望灾难能唤醒人们寻找替代能源的紧迫感。

进一步阅读书目：

Burger, J. (1997). *Oil Spills*. New Brunswick, NJ: Rutgers University Press.

Cahill, R. A. (1990). *Disasters at Sea: Titanic to Exxon Valdez*. San Antonio, TX: Nautical Books.

DeCola, E. (1999). *International Oil Spill Statistics*. Arlington, MA: Cutter Information Corp.

U.S. Department of Energy. (1980 - 1998). *International Energy Annual Reports*. Washington, DC: Author.

Gin, K. Y. H., Huda, K., Lim, W. K., & Tkalich, P. (2001). *An Oil Spill-food Chain Interaction Model for Coastal Waters*. *Marine Pollution Bulletin, 42*(7), 590 - 597.

Gottinger, H. W. (2001). Economic Modeling, Estimation and Policy Analysis of Oil Spill Processes. *International Journal of Environment & Pollution*, *15*(3), 333 - 363. 1876

Griglunas, T. A., Oplauch, J. J., Diamatides, J., & Mazzotta, M. (1998). Liability for Oil Spill Damages: Issues, Methods, and Examples. *Coastal Management 26*(2), 67 - 77.

International Tanker Owners Pollution Federation (ITOPF). (2010). Statistics: Numbers and Amount Spilt. Retrieved July 13, 2010, from http://www.itopf.com/information-services/data-and-statistics/statistics/#no

Louma, J. R. (1999). Spilling the Truth. Ten Years after the Worst Oil Spill in American History, Alaska is still Feeling the Effects of the *Exxon Valdez* Disaster and Cleanup. *Audubon*, *101*(2), 52 - 62.

Rice, S. D., et al. (2001). Impacts to Pink Salmon Following *Exxon Valdez* Oil Spill: Persistence, Toxicity, Sensitivity, and Controversy. *Reviews in Fisheries Science*, *9*(3), 165 - 211.

Peterson, C. H. (2002). The *Exxon Valdez* Oil Spill in Alaska: Acute, Indirect, and Chronic Effects on the Ecosystem. *Advances in Marine Biology*, 39, 3–84.

胡安娜·伯格(Joanna Burger) 文
毛悦 译,郭子林 校

Organization of American States (OAS) 美洲国家组织

1877 美洲国家组织(OAS)是世界上历史最悠久的地区性组织,可以追溯到1889至1890年。美洲国家组织声明,其关心的首要问题是发扬民主、捍卫人权、多边安全和经济社会发展。今天的美洲国家组织的成员国包括35个美洲独立国家,其他62个国家享有常任观察员职位,就像欧洲联盟那样。

美洲国家组织的总部设在华盛顿特区。它是一个国际组织,是泛美联盟(PAU)的继承者。泛美联盟始建于1889至1890年第一届美洲国际会议,最初名为美洲共和国商务局。此次会议旨在寻求应对美洲商业和司法问题的方法。美洲国家组织由秘书长、会员大会、常任理事会和美洲整体发展理事会组成。有专门的组织和机构来处理药物控制、通讯、人权和农业等各种各样的问题。

1948年春季,第九届美洲国际会议在哥伦比亚波哥大举行,21个美洲国家的代表签署了《美洲国家组织宪章》(the OAS Charter)与《美洲人民权利和义务宣言》(the American Declaration of the Rights and Duties of Man),后者是第一个国际人权原则宣言。美洲国家组织以美洲国家间的互助条约为基础建立起来,这标志着冷战的开始。冷战是美国在超过1/4世纪时间里的重要事件。也就是说,美洲国家组织是美国广泛努力的一部分。美国还实行杜鲁门主义和马歇尔计划,并组建北大西洋公约组织(NATO)。泛美联盟很顺利地过渡到美洲国家组织,泛美联盟主席阿尔贝托·列拉斯·卡马戈(Alberto Lleras Camargo)成为首届美洲国家组织的秘书长。那些没有参与美洲国家组织的美洲国家大多是与英联邦联系在一起的英国领地和英属殖民地。美洲国家组织最初的签约国只有21个,在随后几年里有十几个国家加入该组织。最后一个加入该组织的是圭亚那,它在1991年加入该组织。

美洲国家组织有明确目标,包括与联合国合作促进半球和平、支持经济发展、鼓励文化和社会互动、保护美洲国家的主权与独立。《美洲国家组织宪章》第一章规定了该组织及其成员国的目标:"实现和平和正义秩序,促进成员国之间的团结,加强成员国之间的合作,捍卫主权、领土完整和独立。"第二章列出了8个基本目标:

1) 加强大陆和平与安全;

2) 促进和巩固代议民主制,对不干涉原则给予应有尊重;

3) 防止可能出现的困难,确保和平解决成
员国之间可能产生的争议; 1878

4) 一旦成员国受到侵略,该组织为其提供共同行动;

5) 寻求政治、司法和经济中可能出现的问

题的解决方案；

6）通过合作行动，促进经济、社会和文化发展；

7）消除极端贫困这一构成半球人民民主制全面发展的障碍；

8）实现对常规武器的有效限制，使成员国能够最大限度地把资源用于促进各自的经济和社会发展。

在组织内部和各成员国之间当然存在着紧张局势和差异，这在某种程度上反映了美国和拉美国家之间的差异，前者陷入了冷战两极分化的困局，而后者则担心美国的势力和干涉。美洲国家组织已经在维持美洲和平方面取得了一些成绩。例如，它在1948—1949年和1955年帮助哥斯达黎加和尼加拉瓜结束了两国之间的边界斗争，还在1969年解决了洪都拉斯与萨尔瓦多之间的“足球战争”。

美洲国家组织也面临着一些挑战。1959年，菲德尔·卡斯特罗（Fidel Castro，1926—2016）领导一场运动，推翻了独裁者富尔亨西奥·巴蒂斯塔（Fulgencio Batista）的腐败政权。3年后，卡斯特罗宣布自己是马克思列宁主义者。美国以颠覆罪的名义将古巴驱逐出美洲国家组织。1964年，美洲国家组织对古巴实施贸易限制。但是，到20世纪90年代，几乎除美国以外的所有美洲国家组织成员国都恢复了与古巴的外交关系和贸易往来。到21世纪，美国对古巴的立场也在软化。2009年6月3日，美洲国家组织决定废除1962年把古巴排除在该组织运作之外的决议。2009年7月5日，该组织引用《美洲内部民主宪章》（the Inter-American Democratic Charter）第21条，不承认洪都拉斯6月28日政变之后的政府，政变颠覆了总统何塞·曼纽尔·塞拉亚（José Manuel Zelaya）的统治。

对于美国来说，门罗主义和来自苏联冷战的挑战与中美洲和加勒比地区国家的主权同样重要。美洲国家组织批准了1965年美国在圣多明各（多米尼加首都）的干预活动，但反对1979年美国在尼加拉瓜的行动，因为美洲国家组织的代表认为，桑地诺的支持者政权不太可能受到苏联的干预和威胁。桑地诺的支持者推翻了该国的安纳斯塔西奥·索摩查（Anastasio Somoza）。这种观点与美国政府的想法相左。

在短期内，美国似乎致力于积极参与美洲事务。1961年，约翰·肯尼迪（John F. Kennedy）总统承诺美国帮助促进拉美经济发展、土地改革和社会发展。他承诺用数十亿美元来帮助拉美各国政府。但随着美国完全陷入越南战争，美国政府减少了这一计划的投入，1973年美洲国家组织解散了执行联盟的委员会。

随着苏联解体和随之而来的冷战结束以及主要国际机构在拉丁美洲的活动，美洲国家组织的影响力开始下降。对于美国来说，中东和平问题、与中国的关系问题、帮助东欧在苏联解体后的谈判问题、印度次大陆的紧张关系问题，都比拉丁美洲事宜重要。国际货币基金组织和世界银行开始在协助加勒比和中美洲以及南美洲许多国家的经济和政府问题上发挥越来越重要的作用。冷战的结束促进了美洲国家组织的复兴，但该组织的未来前景取决于如何适当处理美国与拉丁美洲成员国之间的权力不平等问题，尤其是如何处理民主、人权、安全以及贸易和经济繁荣等问题。

进一步阅读书目： 1879

Ball, M. M. (1969). *The OAS in Transition*. Durham, NC: Duke University Press.

Bloom, B. L. (2008). *The Organization of American States*. New York: Chelsea House.

Calvert, P. (1994). *The International Politics of Latin America*. New York: St. Martin's Press.

Hartlyn, J., Schoultz, L., & Varas, A. (Eds.). (1992). *The United States and Latin America in the 1990s*. Chapel Hill: University of North Carolina Press.

Horwitz, B. (Ed.) (2010). *The Transformation of the Organization of American States: A Multilateral Framework for Regional Governance*. New York: Anthem Press.

McKenna, P. (1995). *Canada and the OAS: From Dilettante to Full Partner*. Ottawa, Canada: Carleton University Press.

Miller, N. (1989). *Soviet Relations with Latin America, 1959–1987*. New York: Cambridge University Press.

Scheman, L. R. (1988). *The inter-American Dilemma: The Search for inter-American Cooperation at the Centennial of the inter-American System*. New York: Praeger.

Shaw, C. M. (2004). *Cooperation, Conflict and Consensus in the Organization of American States*. New York: Palgrave Macmillan.

Slater, J. (1965). *A Revaluation of Collective Security: The OAS in Action*. Columbus: Ohio State University Press.

Slater, J. (1967). *The OAS and United States Foreign Policy*. Columbus: Ohio State University Press.

Thomas, C. R., & Magliore, J T. (2000). *Regionalism Versus Multilateralism: The Organization of American States in a Global Changing Environment*. Boston: Kluwer Academic Publishers.

Wiarda, H. J. (1992). *American Foreign Policy toward Latin America in the 80s and 90s*. New York: New York University Press.

查理・多布斯(Charles M. Dobbs) 文
张瑾 译,郭子林 校

Orientalism 东方主义

1880 爱德华・萨义德在1978年出版的《东方主义》(*Orientalism*)是一项关键而有争议的研究,重新定义了一个词,这个词最初的意思是"关于东方的学术(或者关于东方语言和文化的知识)"。萨义德强调西方人对"东方"(本身是一个模棱两可的词)的看法依赖于对作为"他者"的东方的形象塑造,这样促进了其殖民地化和征服。

几乎没有任何历史词汇像东方主义——西方人对东方的研究(和定义)——那样,成为那些尝试着解释现代世界体系的人使用的中心词汇。我们必须在殖民主义和帝国主义全球史的语境中理解东方主义。在诸如"东方"文学研究这样的学科中考察东方主义,表明欧洲文明渴望了解其对立面——"他者"——的形象。诸如霍米・巴巴(Homi K. Bhabha)和斯皮瓦克(Gayatri Chakravorty Spivak)这样的后殖民主义批评者辩称,殖民时代和帝国时代的文学文献尤其表明了(西方)宣称自己对世界其他地区拥有优势。

爱德华・萨义德和东方主义

美国-巴勒斯坦英语和比较文学教授爱德华・萨义德(Edward Said, 1935—2003)认为文学、艺术和政治是不可分割的。他的《东方主义——西方人关于东方的看法》是一项挑战性的和引起争论的研究,自从第一次出版以来就获得了同样数量的赞扬和争论。该著作重新定义了东方主义,这个词最初仅仅意味着关于东方的学术或关于东方语言和文化的知识。萨义德认为，对于那些西方人来说，东方主义是他们通过定义“他者”即东方人来定义自己行为的过程。他认为，关于理论研究中的他者与自我形象构建中的他者，这个过程可以告诉我们同样多的内容，甚至可以更多地告诉我们关于前者的情况。究竟是什么构成了“东方”，尚不清楚。对于一些人来说，它是中东；对于其他人来说，它包括整个亚洲（这一点能够通过观看让-莱昂·热罗姆[Jean-Léon Gérome]的画作《耍蛇者》[*The Snake Charmer*，约 1870]当中富有异国风情的画面得到增强，该画作的一个细部成为萨义德 1978 年出版著作的优雅封面：热罗姆在这幅作品中以近乎逼真的现实主义描绘，但画面中的影像是埃及、土耳其和印度因素的混合体）。另一个维度出现在讨论中，即西方近似于非洲。然而，这个维度到目前为止已经被忽视了，尤其被萨义德本人忽视了，他强调东方主义者讨论的一致性，包括地理学上的东方。相比较而言，马克思主义学者们指出了大量问题和差异，这些问题和差异明显源自很多学科和知识与力量之间的多维关系。简言之，知识从科学上看不是天真的，从政治上看也不是无私的。

知识与力量

根据萨义德的东方主义，西方生产的关于东方的知识帮助了欧洲殖民者，一方面使他们保持征服和对殖民地的剥削，另一方面为他们提供了关于客观和超然科学的借口。他们说，
1881 了解和命名他者先于对他者的控制。例如，语言学、文学、哲学和历史学对伊斯兰教和其民族的研究结果可能是这样的，即它被西方用作在世界范围内展示其优越性的工具。此外，人们认为东方主义也在博物馆和学院以及生物学和人类学争论中展示出来。

哲学家和历史学家詹姆斯·密尔（James Mill，1773—1836）在著作《英属印度史》（*History of British India*，1817）中表达了自己的信念，即现代化是与西方帝国主义扩张相关联的。在萨义德看来，现代化也与世界的英国化一致。麦考莱（Thomas Babington Macaulay，1800—1859）或许是 19 世纪最著名的英国历史学家，认为在他那个年代占主导地位的新教价值观和功利主义价值观有助于印度次大陆的再教育。在 18 世纪，世界主义观念可能事实上对很多知识分子具有非常高的吸引力；他们经历了一次开放，使欧洲文明与亚洲文明之间的比较成为可能，鼓励相互之间感受相似性和共同基础。但是，在 19 世纪，一种更民族中心论的态度成为标准，由很多观点类型化，例如哲学家黑格尔（G. F. W. Hegel，1770—1831）的观点。值得注意的是，黑格尔称非洲为没有历史的大陆。东方主义恰恰源自这种优越感，正是以此为基础的。它反映了一种信念，即东方人（无论其构成因素是什么）从本体论上来看是不同的，并表现出不同的特征。

这样，关于东方的知识是由几代知识分子、作家、政治家和艺术家构建的。它是较广泛帝国文化的一部分，帝国文化与意大利政治思想家安东尼奥·葛兰西（Antonio Gramsci，1891—1937）对文化霸权的理解有关。个体学者的作品很少谈论东方知识本身，更多地谈论像西方文化表现出的那样的东方知识统一性。从而，19 世纪的西方学者成为其自己学术领域的俘虏，不能克服文化局限；这是由他们研究中的方法论和语义学造成的，并因此持续不断地对他们不能客观地认识的主题做独白。就像萨义德指出的那样，这些学者经常甚至没有到访过他们写作的那些国家，因此他们几乎不能宣称自己完全客观地了解它们。西方掌握了一种特殊的认知方式，即“科学”——一种假定的客观认识宇宙真理的途径，但那种与西方科学研究相伴而行的无所不知的态度却缺乏关于东方社会实际的切身经验。

让-莱昂·热罗姆的布面油画《耍蛇者》(1870)。这幅画的一个细部成为萨义德著作《东方主义》的封面。尽管热罗姆用艰苦的现实主义作画，但场景是由埃及、土耳其和印度文化的一些因素构成的混合体，表明欧洲人将东方视作“他者”。斯特林和弗朗辛·克拉克艺术研究所

东方主义者谈论的信息是这样的：东方是纯粹的接受者，是被动的反应者，人们可以用诸如“柔弱的”这样的形容词来描述东方；而西方是历史的主角，构建生活，裁判他者。这是殖民者与被殖民者、统治者与被统治者之间的关系。

东方主义及其传统

在《东方主义》后来版本的引言中，萨义德宣称，在 20 世纪最后的 25 年里，关于中东、伊斯兰和阿拉伯世界的研究没有在美国得到很大发展。相比较而言，欧洲提供了一个更好的画面。关于东方的不同看法源自关于东方的不同兴趣，无论是政治的、经济的、军事的、科学的，还是文化的兴趣。萨义德认为，欧洲和中东的地理邻近对于相互文化刺激是非常重要的。他强调了英国和法国作家的影响，但没能提及德国和东欧学术的影响。

萨义德对性别和文学研究、话语分析和后殖民评论、社会研究和历史研究的影响，在英语世界表现得非常明显，但在诸如德国这种具有短期致命经历的社会，萨义德东方主义论题获得的反响是相对冷淡的。然而，东方主义得以发展的刺激因素来源于很多文化源泉。鉴于那些显而易见的原因，从 19 世纪后半期欧洲直接殖民的开始和殖民统治的建立到去殖民化和政治
独立时代的这一时期，对于东方学术的发展来 1882
说是最重要的。

萨义德相信东方主义论题在 1798 年经历了第一个全盛期，这是伴随着拿破仑入侵埃及开始的。学者和政治家伏尔奈伯爵(C.-F. Chasseboeuf, Comte de Volney, 1757—1820)曾在埃及和叙利亚旅行，变成了法国战役的尖锐批评者，但是他倡导通过暴力将当地政府从宗教占主导的绝对主

义转变为共和主义。因为伏尔奈也参与历史纪念物的保护工作，所以我们可以将他的态度视作文化传播的早期版本，这本身表现在开罗法国埃及研究所的机构建立上。文化传播是欧洲文化入侵东方社会的结果，因关于东方民族的假定的消极信仰而合法化。

另一方面，甚至在最早的年代就有一种关于“西洋崇拜者”的批评。这种批评形塑了一种理解，即西方怎样投射其关于“他者”形象的认识？东方应该怎样通过研究西方文化认同做出回应？从本质上看，这种辩证关系不仅需要调查东方学者和西洋崇拜者传统是怎样发明的，还应该特别反对“东方学者和西洋崇拜者是什么和是谁”这样的问题。西方对东方的态度是由那种存在于统治者与被统治者之间的殖民关系形成的，相反的情况在同样的程度上也是事实：新西方主义是为了在西方与世界其他地区之间划一条界限、挑战这种差别、研究社会内部的分化而构建起来的。

然而，西方主义不应该因为西方对东方主义的批评而被误认为是一个学术科目。这里正如人们已经指出的，两种观点（宗教的和马克思主义的）是特别有意思的，尤其在阿拉伯世界。巴勒斯坦学者阿卜杜-拉提夫·提巴维（Abdel-Latif Tibawi）认为，直到最近，大多数西方学者在叙述中东问题时，既没有得到足够的语言和社会科学的训练，也缺乏对伊斯兰事件的同情。更沉重的指控是，研究东方的学者关于宗教问题的学术远不是客观的。事实上，有人认为，这导致了基督教、伊斯兰教和犹太教之间的宗教仇恨的发展。马克思主义者的观点也建立在一种文化对抗的图景上，认为当前殖民地宣传政治独立时，东方主义应该被克服。但是，它继续存在于那些相信“东方人”具有所谓的被动性的人们的思想中。与宗教观点相比，马克思主义者的观点更注意社会和政治问题。除了认可那些排斥欧洲中心主义世界观的机会，那些持这种反帝国主义观点的人认为东方主义有助于促进亚洲、非洲和南美洲人们之间的学术合作。换言之，马克思主义者的观点是面向问题的，对第 1883
三世界国家采取比较的视角，而与那种主要采取对分和二分的视角相对立；萨义德对现存东方主义的批评就是这样的。

东方主义、萨义德及其评论者

首先，爱德华·萨义德在《东方主义》中提出的观点经常因为缺乏历史感而受到批评。它也被认为存在败笔，即它太不重视那些具有基督教或犹太教背景的研究东方的学者在叙写穆斯林时所持的宗教动机。尽管对于19世纪那些理解伊斯兰教和穆斯林的人来说，历史和宗教都是关键，但关于萨义德论点的批评主要来自文学批评、文化研究或女权主义等领域（女权主义学者提出的问题是萨义德将东方主义视作白人男性学者和作家的领域，没有足够关注女性学者的研究）。首要的是，始终存在一个问题，即高级文学，尤其小说，是否为向大量民众传递帝国主义信息的合适媒介？或许文学教授萨义德高估了狄更斯、吉卜林、康拉德和他们同代人的影响。

其次，萨义德认为，尽管诸如旅行报告和日记这样的文学文献常常具有虚构性，但它们旨在反映东方的现实。然而，那种故意虚构东方形象的文学作品能够被谴责为东方主义吗？萨义德的批评者认为相反的情况是事实，其根据是，职业语言学家的“东方话语”（即他们的主题）想当然不是东方学的。在19世纪的西方世界，职业语言学家首先成为关于东方之科学的核心，而相对新颖的地理学和历史学等学科则在关于殖民事件和帝国事件的政治决策中实施最大影响。萨义德没有讨论这其中的原因。这意味着东方主义的批评者高估了东方学学者的影响，同时低估了那些学术学科的影响。在这些学科中，东方学者的态度并不明显，或许更内敛。

> 自从荷马时代以来，每个欧洲人在谈到东方的时候，都是种族主义者、帝国主义者，并几乎是十足的民族中心主义者。
>
> ——爱德华·萨义德(1935—2003)

约翰·弗里德里克·刘易斯(John Frederick Lewis)的布面油画《君士坦丁堡的后宫生活》(*Harem Life in Constantinople*，约 1857)。后宫生活的外国风情令西方观察者着迷，这导致西方艺术家们只要在画室的角落里看到它一眼，就能复制它

最后，东方主义概念的批评者宣称，文化上统一的西方思想(这是萨义德提出的)从来就不存在。尽管萨义德拒绝承认存在一个由东方主义构建出的"东方"实体，但他毫无保留地谈论一元的"西方"，即一个单独的西方文明，这个文明能够通过各种方式控制世界，包括认知方式和文化方式。考虑到各个大陆之间实际的跨文化关系和转换，批评者们认为萨义德的模式太过强烈地以独白思想为基础；他们支持对话， 1884
对话将最终把发展中的世界带回到辩论会上。

尽管萨义德的很多概括是有问题的，他的批评者也指出他的很多概括常常过度简化，但东方主义的特殊价值始终存在：它聚焦和强化了对学术科目与帝国主义之间微妙关系的研究。学者们受到东方主义的激发，重新阐述这样一些问题："东方"和"欧洲"的特征、跨文化交流、人们在什么情况下可以获得关于相对于自我的他者知识。

进一步阅读书目：

Breckenridge, C. A., & van der Veer, P. (Eds.). (1993). *Orientalism and the Postcolonial Predicament: Perspectives on South Asia*. Philadelphia: University of Pennsylvania Press.

Carrier, J.G. (Ed.). (1995). *Occidentalism: Images of the West*. Oxford, U.K.: Clarendon Press.

Clifford, J. (1980). Review Article of E.W. Said "Orientalism". *History and Theory*, *19*, 204 - 223.

Codwell, J. F., & Macleod, D. S. (1998). *Orientalism Transposed: The Impact of the Colonies on British Culture*. Aldershot, U.K.: Ashgate.

Dallmayr, F. (1996). *Beyond Orientalism: Essays in Cross-cultural Encounter*. Albany: State University of NewYork Press.

Freitag, U. (1997). The Critique of Orientalism. In M. Bentley (Ed.), *Companion to Historiography* (pp. 620 - 38). London: Routledge.

Inden, R. (1990). *Imagining India*. Oxford, U.K.: Blackwell.

King, R. (1999). *Orientalism and Religion*. London: Routledge.

Lewis, B. (1993). *Islam and the West*. Oxford, U.K.: Oxford University Press.

Lowe, L. (1991). *Critical Terrains: French and British Orientalisms*. Ithaca, NY: Cornell University Press.

Macfie, A.L. (2000). *Orientalism: A Reader*. Edinburgh, U.K.: Edinburgh University Press.

Macfie, A.L. (2002). *Orientalism*. London: Longman.

MacKenzie, J.M. (1995). *Orientalism: History, Theory and the Arts*. Manchester, U.K.: Manchester University

Press.
Majeed, J. (1992). *Ungoverned Imaginings: James Mill's The History of British India and Orientalism.* Oxford, U.K.: Oxford University Press.
Osterhammel, J. (1997). Edward W. Said und die "Orientalismus"- Debatte. Ein Ruckblick [Edward W. Said and the "Orientalism" Debate: A Review]. *Asien-Afrika-Lateinamerika*, *25*, 597 - 607.
Peltre, C. (1998). *Orientalism in Art*. London: Abbeville Press.
Said, E. W. (1978). *Orientalism: Western Conceptions of the Orient*. London: Penguin.
Said, E. W. (1993). *Culture and Imperialism*. London: Chatto & Windus.
Turner, B. S. (1994). *Orientalism, Postmodernism and Globalism*. London: Routledge.
Young, R. (1990). *White Mythologies. Writing History and the West*. London: Routledge.

本尼迪克特·司徒赫泰(Benedikt Stuchtey) 文
郭子林 译,张瑾 校

Osman I 奥斯曼一世

13 世纪末,奥斯曼(奥斯曼帝国的建立者,约 1258—1326)建立了奥斯曼帝国的基础,这是历史上最大的帝国之一。 1885
但历史资料中关于他的生平却鲜有记载。他的继任者将奥斯曼帝国的疆域远远地扩展到奥斯曼统治的部分安纳托利亚之外。

学者们更多地是从传说中而非从历史证据中了解统治者奥斯曼。他将自己的名字"给予"奥斯曼帝国(奥斯曼在阿拉伯语中是 Uthman,也写作 Othman 和 Ottoman)。事实上,没有人知道他究竟什么时候出生、什么时候掌权的。但可以确定的是,他一生当中的主要事件都发生在 14 世纪早期。

作为埃尔图格鲁尔(Ertugrul)的儿子,奥斯曼领导安纳托利亚(现代的土耳其)的一个小酋长国。它只不过是这一地区无数突厥酋长国之一。最初,奥斯曼及其父亲为塞尔柱王朝效力,只有少量追随者,为了躲避蒙古人而向西逃窜。父亲死后,奥斯曼的酋长国势力大增,常常是以塞尔柱王朝为代价的。奥斯曼为了给自己的游牧大军开拓更多牧场而扩张疆土。他的力量逐渐壮大,他的军队成功地击退了蒙古人的几次进攻,结果蒙古人未能控制奥斯曼。

奥斯曼帝国的建立者奥斯曼一世的肖像

从那个时代的硬币可知，到1281年，奥斯曼已经是独立的统治者，他曾多次与拜占庭军队作战，通常以获胜者的姿态出现。他的军事基地位于安纳托利亚西北的萨卡利亚（Sakarya）河谷。然而，同时代史料中的细节都是概括性的，关于其活动的大多数知识以传说而非历史记录为基础。无论如何，我们知道他的军队在伊斯兰世界和拜占庭边境活动。奥斯曼在尼库米迪亚（Nikomedia，伊兹米特 Izmit）附近打败了拜占庭人，也在卡托奇亚击败过拜占庭人。我们并不清楚这些战役发生在什么时候，然而，同时代编年史家帕奇梅雷斯（Pachymeres）认为发生在
1886 1307年之前。尽管奥斯曼享受了击败拜占庭人的快乐，但这种快乐并没有持续多久，他未能成功占领布尔萨和伊兹尼克。

奥斯曼在世界历史上的作用比他在有生之年的行动表现出的更大。他为历史上最伟大的伊斯兰帝国之一奠定了基础，而这个帝国实际上也是人类历史上所有最伟大的帝国之一。他的直接继任者继续扩张新兴奥斯曼国家的领土，使其扩展到奥斯曼统治的部分安纳托利亚之外很远的地方。尽管我们尚不能确定宗教在奥斯曼与拜占庭人的战争中发挥了多大作用，但它已经成为奥斯曼传统的一部分，即奥斯曼人最初以穆斯林武士的身份生活在边境，专门与缺乏信仰的人作战。

进一步阅读书目：

Imber, C. (2003). *The Ottoman Empire, 1300 – 1650: The Structure of Power*. New York: Palgrave.

Inalcik, H. (2001). *Phoenix: The Ottoman Empire: The Classical Age, 1300 – 1600*. London: Phoenix Press.

Kafadar, C. (1996). *Between Two Worlds: The Construction of the Ottoman State*. Berkeley and Los Angeles: University of California Press.

Lindner, R. P. (1983). *Nomads and Ottomans in Medieval Anatolia*. Bloomington: Indiana University Press.

Shaw, S. J. (1976). *History of the Ottoman Empire and Modern Turkey: Vol. 1. Empire of the Gazis: The Rise and Decline of the Ottoman Eempire, 1280 – 1808*. Cambridge, U.K.: Cambridge University Press.

提摩太·梅（Timothy May）文
毛悦 译，郭子林 校

Ottoman Empire 奥斯曼帝国

1887 奥斯曼帝国（约1300—1922）是世界历史上最持久和最成功的帝国之一。它纵贯中世纪晚期、现代早期和现代多个年代，在高峰阶段掌握了欧洲、亚洲和非洲大陆很多地区。尽管就官方而言奥斯曼国家几乎始终是伊斯兰国家，但直到最后半个世纪，它统治的臣民主要是基督徒。

奥斯曼帝国首先出现在安纳托利亚西北角，然后从希腊语基督徒文化区向土耳其语伊斯兰文化区转变。事实上，奥斯曼国家的形成伴随着并完成了这种转变。奥斯曼国家在1453年获得世界帝国的地位，它在这一年征服了拜占庭君士坦丁堡。在14至17世纪之间，奥斯曼

帝国是地中海和欧洲地区最强大的国家之一。事实上，它曾一度在政治、军事和经济实力方面超越世界上其他所有国家，除了中国的明朝。

国际政治的发展

奥斯曼从侯国向世界帝国的转变，与帝国在全球其他地方获得的成就一样，都源自各种因素的复杂混合，包括地理、毗邻国家的软弱和运气。但我们也必须充分肯定奥斯曼的政策和成就。毕竟在土耳其民族从中亚迁入之后，有很多小国家和侯国在安纳托利亚争夺霸权。奥斯曼家族出现在拜占庭边境距离君士坦丁堡（今日伊斯坦布尔）不远的地方。该王朝及其支持者们采用实用主义的治国谋略和征服方法。他们用手中掌握的物质奖励人们，不太在乎他是基督徒还是穆斯林，是希腊人、保加利亚人、塞尔维亚人还是土耳其人。这样，在这些早期战场上，奥斯曼王朝通常率领的军队是穆斯林
1888 与基督徒战士的混合体。这些实用主义政策也包括针对革新的特殊开放政策，包括军事技术。直到17世纪某个时候，奥斯曼人才享有战略性的战场优势。总体上看，开放与革新可以用来解释奥斯曼侯国成长为世界强国的原因。与罗马相像，奥斯曼转变为帝国不是一蹴而就的，而是建立在成就和决心稳步积累的基础上的。奥斯曼帝国提供了一个依靠军事力量进行持久建设的国家事例，也提供了一个对臣民差异性进行公正对待和容忍的国家事例。

然而，在17世纪，奥斯曼的卓越悄悄消失了。就像关于帝国兴起的解释始终不易理解一样，关于帝国衰落的解释亦是如此。在奥斯曼帝国这个事例中，有一点似乎很明显，帝国边界之外运转良好的多种因素对奥斯曼帝国国际地位的衰退起到了重要作用。毫无疑问，欧洲资本主义和工业主义的兴起、西欧对新世界的征服及其对美洲财富的垄断，都是理解奥斯曼帝国与欧洲在军事和经济实力方面的对比越来越失衡的重要因素。到19世纪早期，奥斯曼帝国已经变为二流经济、军事和政治强国，它与大约1850年后除日本之外的整个非欧洲世界分享共同的命运。从经济上来看，奥斯曼臣民与西欧大

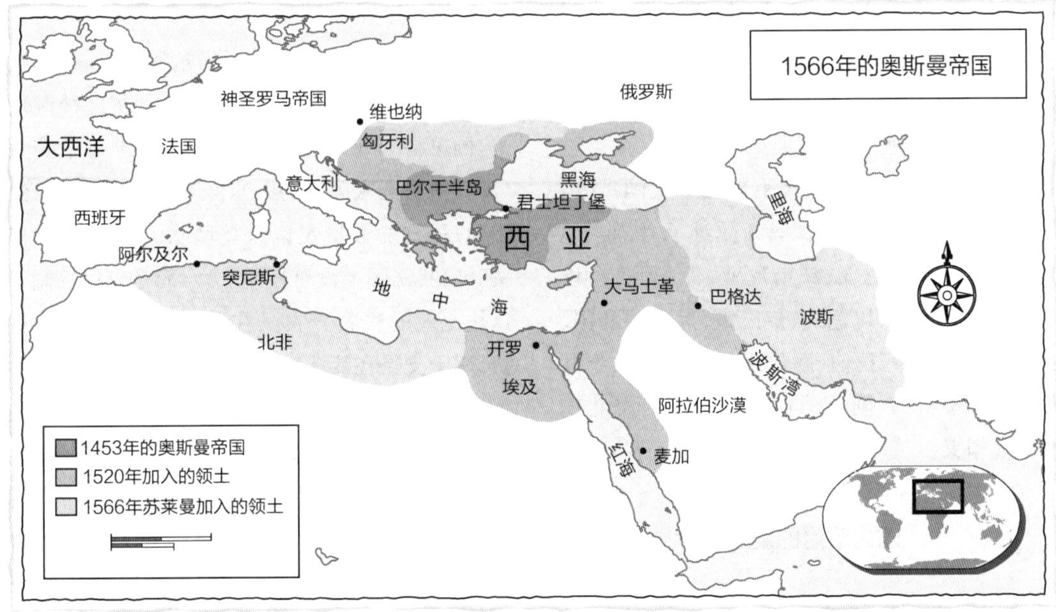

多数国家居民之间的财富差距扩大了。从政治上看，奥斯曼在19世纪中叶变成了“欧洲同盟”的一部分，但始终臣服于几个大国，例如英国、法国和新生的德国。

从国际上来看，在西部和北部前线，奥斯曼国家遇到了越来越强大的敌人，这些敌人因新世界的财富而富有起来，能够将更多的资金用于军队装备和供养战场上的军队；最终，奥斯曼帝国的扩张在17世纪晚期减速之后停止。当根深蒂固的官僚和政治家们开始为他们的孩子保留职位，关闭了新革新者的上升门路时，革新减少了。1683年，奥斯曼帝国在维也纳的灾难性军事失败之后获得了一些胜利，但在接下来的100多年里主要是失败。

在19世纪，有几次重要的命运逆转，因为一系列成功的改革醒目适度地加强了奥斯曼国家及其军队。随着国家越来越多地寻求对其臣民（公民）的生活进行更密切的控制，中央官僚机构的规模大大增加。以前，早期现代奥斯曼国家就像全球各地同时代的国家那样，主要是收税和维持秩序。在更现代的外观下，奥斯曼国家和其他国家负责健康、教育及其臣民的福利，并试图把政府带到生活的每个层面。在这种努力下，奥斯曼国家在19世纪取得了很多成功，它
1889 在1914年比在1800年左右更强大。尽管有这种令人印象深刻的记录，但奥斯曼帝国在第一次世界大战中被打败，其领土被几个大国瓜分，尤其被英国和法国瓜分。奥斯曼继承者国家包括今日的阿尔巴尼亚、波斯尼亚、保加利亚、埃及、希腊、伊拉克、以色列、黎巴嫩、黑山共和国、罗马尼亚、沙特阿拉伯、塞尔维亚、叙利亚、土耳其和巴尔干半岛、阿拉伯世界、北非、黑海北岸的其他国家。

国内政治的发展

从国内发展的视角来看，奥斯曼国家经历了数个世纪的持续变化。奥斯曼统治者苏丹最初是几个平等者中的一个，但在1453年征服君士坦丁堡和16世纪晚期之间，奥斯曼苏丹作为专制君主实施统治。那之后，直到大约1800年，帝国家族的其他成员经常与行省贵族合作，控制了国家。在19世纪，官僚和苏丹争夺统治权，官僚在该世纪中期掌权，苏丹在该世纪第一个25年和第4个25年掌权。总体上看，苏丹在奥斯曼历史上所有时期控制帝国体系，但实际上从个别情况来看，他们仅仅统治15世纪、16世纪和19世纪的一些时段。强调这样一个事实似乎是重要的，即奥斯曼家族实施苏丹统治的原则在奥斯曼帝国存在的数个世纪里几乎未受挑战。与中国的事例不同，没有天命——这种天命会转移到新家族，并为人们颠覆一个王朝提供合法性。

数个世纪过去了，政治权力几乎始终位于帝国中心，并在特殊时期向行省延伸，或者直接通过军事和政治手段，或者间接通过财政手段。中央政权通过国家机器实施其军事、财政和政治权威，国家机器在不断演进。这样，除了灵活性、适应性和变化，没有单独的奥斯曼体系或统治方法。

在早期几个世纪里，帝玛尔制（*timar*）是骑兵的财政基础，他们用弓箭战斗。在这种制度下，国家将一小块土地上的税收授予每个骑兵（和其他为国家服务的人），但不是将土地本身给予他；税收的数量足以维持骑兵及其马匹的消费。骑兵实际上没有控制土地，而是仅仅控制了这块土地的税收。农民在土地上耕种，支付税费，用于支持在战斗和家中的帝玛尔骑兵。这种帝玛尔制仅仅在奥斯曼帝国历史的早期阶段是奥斯曼财政和军事事务的核心，或许是仅仅在14、15和16世纪的部分时间。国家几乎不能发展帝玛尔制度，政权开始抛弃骑兵以及帝玛尔制的财政基础。帝玛尔制名义上继续存在，一直持续到19世纪。而配备着火器的步兵越来越重

奥斯曼帝国的军队，1914 年，加沙。帝国在第一次世界大战时被打败，其领土被几个列强分割，尤其是被英帝国和法国分割

要。正如他们所做的，著名的禁卫军军团不再是使用枪支的禁卫军精英，而是大规模的火器步兵。供养这些全职士兵需要大量现金。因此，包税制逐渐代替了帝玛尔制，成为主要财政手段。包税制提供现金收入，帝玛尔制主要收取实物税。到 1700 年为止，终身包税制开始成为平常事，并在该世纪后期成为主要财政制度。尽管有这些变化，奥斯曼军队还是在 17 世纪末期的军事竞赛中输掉了，因为农业税收不能与欧洲人从殖民主义、越来越多的世界贸易和迅速增长的国内经济中获得的收入相媲美。在 18 世纪，奥斯曼军队的补给继续变化：禁卫军步兵和帝玛尔骑兵继续在名义上存在，但将其重要性让位于行省贵族的军队和克里米亚汗国的军队，后者是一个附庸国。19 世纪的变化是更激进的：中心国家控制的全球男子征兵缓慢发展。终身包税制被放弃，但农业税无论如何都持续
1890 下来了，这是中央精英与地方贵族持续合作的方式。

或许令人惊奇的是，直到 19 世纪晚期，大多数奥斯曼臣民是基督徒。但随着那些主要以基督徒为居民的巴尔干行省领土的丧失，到 19 世纪第 3 个 25 年，穆斯林变成了帝国的主要元素。但无论他们是穆斯林、基督徒，还是犹太教徒，所有臣民都处于宗教法和世俗法的管辖下。在国家看来，穆斯林享有高于基督徒和犹太人的法律地位，然而后面这些群体掌握了有保障的法律权利和地位。就这些权利和法律保护而言，任何穆斯林都无须支付特殊税负。在其他方面，所有社区都要交纳同样的税负。奥斯曼国家规定谁执行法律谁就管理一个社区，无论是穆斯林社区、基督徒社区，还是犹太教徒社区，甚或帝国社区。苏丹和他的代理人在各自社区里决定审判：或者直接进行，或者通过任命那些轮流被提名为法官的人执行。从理论上讲，各个群体的宗教法在特殊的穆斯林、犹太教徒或基督徒社区里

摇纱工人，布尔萨地区（Bursa area），1892。纺纱成为帝国的重要新出口工业，职工主要是女性劳动者

施行。但从实际上来看，穆斯林法庭常常被所有宗教信仰的臣民使用。这是由几个原因造成的，包括：法官实施的正义的效果，还有，这样的法庭裁定可能比基督徒或犹太教徒法庭裁定有更大权重。除了这种宗教法，国家常规地颁布自己的世俗条例（总是宣传这样的条例遵守伊斯兰原则）。在19世纪，当大量条例和规则标志着一个庞大的官僚国家出现时，空口应酬话消失了，这有利于科学管理。此外，作为19世纪改
1891 革方案的一部分，国家试图用世俗法庭代替宗教法庭，但这个努力遭到很多奥斯曼帝国基督徒领袖和他们在欧洲国家的赞助人的强烈反对，他们唯恐丧失影响力。

奥斯曼帝国的经济

奥斯曼帝国的人口始终以耕种者为主，他们为了生活和买卖而种植各种作物。很多人不仅种植，还制造手工纺织品和其他产品；这些产品既为个人使用，也在市场上销售。谷物始终是他们种植的作物当中最主要的。苏丹在理论上遵守古代区域先例，拥有大多数土地，允许其他人种植作物和饲养动物。在实践中，这些土地使用者通常享有稳定的土地使用期限，并几代人生活在土地上。分成制是广泛存在的，至少在19世纪市场上销售的大多数作物都是这样获得的。大多数栽培者是小土地所有者，大地产是相当不寻常的。奴隶劳动是家务劳动的普通方式，

但很少用在农业上。为了满足越来越多的国外需求,以及 19 世纪奥斯曼城市居民越来越多的需求,农业的商业化在 18 和 19 世纪获得极大发展。在这方面,奥斯曼制造业始终是小规模手
1892 工生产者的主要领域,尽管在晚期出现了某种机械化。奥斯曼制造商在 1700 至 1800 年之间丧失了大多数当时存在的外国市场,既因为海外保护主义政策,也因为欧洲制造商提高了效率,后者本身是以更无情地剥削劳动者和越来越机械化的结合为基础的。然而,在 19 世纪,地毯制造和丝绸纺织作为最重要的新出口工业出现,其职员主要是在家庭之外工作的女性劳动者。自始至终,奥斯曼制造商为他们的商品保持了重要的国内市场。19 世纪后半期,重要的技术突破发生在运输和交通领域。蒸汽轮船代替了船只在海上航行。铁路出现了,但这些主要出现在巴尔干省份,而奥斯曼帝国后来失去了这些省份。此外,到 19 世纪晚期,一个相当密集的电报网络把大多数城镇和城市连接起来。

民族与宗教群体的关系

奥斯曼国家如何对待非穆斯林臣民?各种族群与宗教社区之间的整个关系如何?这些始终是今日热议的主题,政治家和学者都参与讨论。奥斯曼继承者国家的很多居民,尤其是巴尔干半岛的人们,都记得“奥斯曼的束缚”,而他们最终摆脱了这种束缚。他们记得非正义,但忘记了奥斯曼统治的宽容。他们对奥斯曼时代的频繁憎恶是一种情感,这种情感常常源于有关国家构建的神话,而这些神话是奥斯曼统治结束以后构建起来的,并非人们在奥斯曼统治下的实际经历。就像在一开始提到的那样,直到 19 世纪晚期,大多数奥斯曼臣民都是一种或另一种类型的基督徒,尽管国家的官方宗教是伊斯兰教。这的确是奥斯曼帝国长寿的一个关键因素;奥斯曼国家几乎始终作为多民族、多宗教的实体而运转,没有试图强加宗教或根据其臣民的种族身份定义国家身份。帝国的持久性可以归功于它对臣民差异的容忍。只要臣民交税并服从管理,那么国家就保护这些不同的表达。在奥斯曼时代的很多时候,奥斯曼王国内的少数民族获得的待遇很可能比他们在欧洲更好。尽管基督徒和犹太教徒少数派低于穆斯林,但他们的确获得了奥斯曼帝国法律的保护,而法律保护是欧洲宗教少数派在欧洲不能拥有的。然而,随着启蒙时代平等观念在 18 世纪及之后时代发展起来,这些奥斯曼帝国的方法似乎不具吸引力了。尽管在奥斯曼时代最后的几年里发生了暴行,但这些暴行应该放在帝国 600 年时间段里社区间基本令人羡慕的记录环境中考量。关于奥斯曼帝国宽容的证据,可以在前奥斯曼帝国土地上的种族和宗教地图上发现。如果奥斯曼国家追求消灭差异的政策,我们怎样解释今日这些国家盛行的种族和宗教的多样性呢?

进一步阅读书目:

Brown, L.C. (Ed.). (1996). *Imperial Legacy: The Ottoman Imprint on the Balkans and the Middle East*. New York: Columbia University Press.

Doumani, B. (1995). *Rediscovering Palestine: Merchants and Peasants in Jabal Nablus, 1700 - 1900*. Berkeley and Los Angeles: University of California Press.

Goffman, D. (2002). *The Ottoman Empire and Early Modern Europe*. Cambridge, U.K.: Cambridge University Press.

Imber, C. (2002). *The Ottoman Empire, 1300 - 1650: The Structure of Power*. New York: Palgrave Macmillan. 1893

Inalcik, H., & Quataert, D. (1994). *An Economic and Social History of the Ottoman Empire, 1300 - 1914*.

Cambridge, U.K.: Cambridge University Press.
Kafadar, C. (1995). *Between Two Worlds: The Construction of the Ottoman State*. Berkeley and Los Angeles: University of California Press.
Lowry, H. (2003). *The Nature of the Early Ottoman State*. Albany: State University of New York Press.
Quataert, D. (2000). *The Ottoman Empire, 1700–1922*. Cambridge, U.K.: Cambridge University Press.
Todorova, M. (1997). *Imagining the Balkans*. Oxford, U.K.: Oxford University Press.

唐纳德·夸特尔德(Donald Quataert) 文
郭子林 译,毛悦 校

P

Pacific, Settlement of 移居太平洋

1895 考古学证据表明，约到 1000 年，人类已经居住在太平洋的大多数岛屿上了。对这些岛屿的殖民需要远程航行，这比 15 世纪欧洲人探险之前的任何航行路线都要长。远途航海、海岛殖民模式和人们对遥远而与世隔绝的脆弱环境的影响，都是世界历史中的重要问题。

1777 年，库克船长发现了太平洋正中央的圣诞岛。他写道，似乎没有任何痕迹表明在他之前有人来过这里。但他错了，因为他的手下曾见过几只老鼠，而这一定是人类带到这里的。随后的研究表明，比欧洲人发现这个小岛早 500 年的时候，波利尼西亚人曾移居圣诞岛。事实上，考古学证据显示，在约 1500 个适于人类居住的太平洋岛屿中，大多数在约 1000 年之前就已有人类定居，这种迁移是人类在 15 世纪欧洲探险航行之前进行的最远航行。远途海上航行的发展、随后的岛屿定居模式，以及人类对遥远而与世隔绝的脆弱环境的影响，都是世界历史中的重要问题。

太平洋覆盖了地球表面 1/3 的面积，其特点是庞大、多样和分散。太平洋大约有 25 000 个岛屿，绝大多数都分布在热带，从东南方向的印度尼西亚一直延伸到复活节岛。人类到这些岛屿定居是通过两个明显的移民阶段完成的。东南亚、澳大利亚、新几内亚的大岛和所罗门群岛构成了“近大洋洲”，人类最早在更新世晚期定居在这里。密克罗尼西亚、美拉尼西亚东部（瓦努阿图、新喀里多尼亚、斐济）和波利尼西亚的小岛（所有岛屿都在夏威夷、复活节岛和新西兰这三点构成的三角形中）整体上被视作“远大洋洲”，人类最早在全新世晚期定居在这里。

更新世移民与全新世的发展

公元前 25000 年时，海平面比现在低 120 米，所以今日远至巴厘岛和婆罗洲的东南亚岛屿以及中国台湾和日本，在当时依靠旱地与亚洲大陆连接起来。这些岛屿上居住着大型胎盘类哺乳动物，包括象、鹿、猪和人类。然而，澳大利亚和新几内亚却形成了一块分离的大陆，被称为萨胡尔（Sahul），形成一个以袋类哺乳动物为特征的古代生物区。位于二者之间的是华莱士（Wallacea）。这是一片海洋，岛屿星罗棋布，各种生物混居在这里。爪哇的直立人可能曾经到达过一些岛屿，尤其是弗洛勒斯岛（Flores），这可以追溯到 180 万至 100 万年之前。但考古资料表明，苏拉威西岛、马鲁古群岛、帝汶岛和菲律宾群岛的最早殖民发生在公元前 50000 年至前 35000 年。到公元前 45000 年，也有人类殖民萨胡尔。这些移民无疑是智人以及他们的现代后代，例如澳大利亚原住民和新几内亚高原人；他们保留的遗传标记将其与来自非洲故乡的人类早期移民联系在一起。

我们对更新世时期的海上技术一无所知。 1896
因为直立人几乎完全与旱路迁移联系在一起，从而即使较少的早期智人分散到华莱士，那也格外引人注目。用巨大竹片和其他材料做成的筏子在这一地区很常见。与较早的原始人类相比，此时的人类可能更多地使用这类筏子穿越河口和池塘。结果几千年后，少数人群似乎能够进行超过 170 千米的远途移动了，而人类到达澳大利亚的航程大概就是 170 千米。与这个完全相反的观点认为，正式水上交通工具（例如独木舟和成形的小艇）和航海技术的发明，都可归功

于更新世时代的人们。有证据显示，早在公元前35000年，不仅人类进入到这些未曾有生物踏足的岛屿，一些有用的动物也随之而来，例如负鼠和小袋鼠。到公元前20000年，用黑曜石制成的工具已经从新不列颠岛来到新爱尔兰岛。无论如何，有一点值得注意：在整个更新世晚期和全新世初期，人类能够航行的最远距离只有200千米左右。随着时间的推移，航海越来越频繁，但直到全新世晚期才变得更广泛或更有效。

到公元前9000至前6000年，上升的海平面已经将萨胡尔大陆分成新几内亚、澳大利亚和塔斯马尼亚。自那以后，在澳大利亚和塔斯马尼亚这两个排外的觅食社会里，那些与世隔绝的人便沿着不同的文化轨迹发展。然而，新几内亚存在早期农业发展的痕迹。库克遗迹（Kuk site）海拔1 600米，位于瓦吉河谷（Wahgi Vally）中。对库克遗址的研究表明，到全新世早期（约公元前8000年），这里已系统地种植露兜树属植物（旋叶松）和香蕉；到公元前5000年，这里已建起了规则的庭院土丘和排水沟。这些可能用于种植芋艿、甘蔗和香蕉。这些作物以及山药和面包果树似乎都已经成为新几内亚栽培的作物。

到全新世晚期，大约公元前2000年的时候，园艺可能已在新几内亚广为流传，也可能在所罗门群岛上流传。人们发现了木匠使用的磨制石斧，也发现了黑曜石在新几内亚群岛频繁移动的证据。这些都表明了独木舟或其他航海工具的存在。然而，正是外部影响积极地推动着全新世晚期的海上迁移。

移居远大洋洲

考古证据显示，大约公元前1300至前1200年，新几内亚群岛尤其是俾斯麦山地区较古老的无陶器文化，基本上被一种物质文化所取代。这种物质文化包括陶器、抛光石斧和凿子、石板 1897
和贝壳工具、各种装饰品和鱼钩。尽管至少一些元素在新几内亚有着悠久历史，包括贝壳斧头、贝壳珠子和简单鱼钩；但制陶工艺是新的，这种独特的红光齿印陶器发现于东南亚更早期的遗址中。这也表明，大约公元前2500年以后，一种新石器文化开始向外扩张。这种新石器文化在大约公元前5000年起源于中国南方。这种文化包括水稻和粟的栽培与猪、狗和鸡的饲养。

谷物栽培从未到达新几内亚地区和大洋洲的其他地方，但家畜和陶瓷文化却到达了这里，

这是一幅版画，源自《说明库克船长航行到南太平洋和美洲西北海岸的52幅地图和133幅版画的集册》（*Collection of 52 Maps and 133 Plates to Illustrate Captain* [*James*] *Cook's Voyages to the South Pacific and North West Coast of America*）一书。此书于1793—1794年在荷兰出版

它们很可能与芋艿、香蕉、面包树和其他农作物的栽培有关。语言学和遗传学数据表明，这不仅仅是文化传播的事例，还存在着大量移民。具有东南亚血统的人迁移到新几内亚沿海地区，并进入一些较小的岛屿，与当地居民通婚。这些移民的语言属于南岛语系，在当地广泛使用。恰恰是这些文化混合型的人口，开启了移居太平洋的第二个重要阶段。

在公元前1000至前800年之间，有一次快速人口迁移，从新几内亚群岛出发，向东南迁往瓦努阿图和新喀里多尼亚，向东迁往斐济、汤加和萨摩亚。这被称为拉皮塔（Lapita）文化，以新喀里多尼亚一处早期遗址的名字命名。在该文化的某一时刻——并不一定是在该文化初期，猪、狗、鸡以及一些块根作物和木本作物被引入遥远的太平洋岛屿。新不列颠岛的黑曜石出现在东部遥远的斐济，拉皮塔陶器装饰风格也同时发生变化。因此，整个地区要么是在不断地移民，要么存在着某种程度的互动。而一种陶瓷文化几乎与拉皮塔文化同时出现并类似，该文化向密克罗尼西亚南部运动。这两个文化都代表了太平洋远途航海的开端。同样重要的是，在远大洋洲，从拉皮塔文化向东迁移的移民进入一些岛屿；在这些岛屿里，迄今为止最高形态的陆地哺乳动物是几种蝙蝠。

航海与定居

约公元前1000年，航海的航程突然增大6倍，达到了1 200千米，这表明帆出现在了太平洋。关于帆的最早记录出现在公元前3000年之前的中国和埃及。成形的桨可能也出现了，既可用于推进，也可用于转向。早期恒星导航技术和控船技术也发展起来。其后，航海技术的演进一直是移居远大洋洲的历史上最为重要的问题之一。历史学家彼得·巴克（Peter Buck）认可传统观点，认为早期殖民者使用又大又快的双层船体的独木舟，能够在强东南季风中航行。以这种假设为基础，现代航海研究者们，例 1898
如本·芬尼（Ben Finney），长期与本地船员一起

斐济海岸附近，几位男子在一艘舷外支架式木舟上。威廉·亨利·杰克逊（William Henry Jackson）摄

工作，建造双层船体的独木舟，并在太平洋附近行驶以演示古代波利尼西亚人的航海技术。这些实验获得的数据随后被用于电脑模拟，得出了早期海上迁移的可能模式。这种新传统研究得出了一些结论：当时的航海技术足够成熟，人们可以到达大洋洲的任何地方，因此殖民的整体模式是从西向东持续进行；拉皮塔文化殖民在约公元前900年向东远及萨摩亚，到前500年或更早的时候到达东波利尼西亚的库克群岛，到500年遍及东波利尼西亚。

最近在东波利尼西亚进行的年代学研究对这一假设提出了质疑。关键考古学遗址提供的年代，比较早数据提供的年代更晚近。例如，马克萨斯人（Marqnesan）的重要遗址——哈图雅图雅、哈尼和阿纳普亚——曾经被追溯到约公元1年，现在则被追溯到不早于900年。整个东波利尼西亚研究还有很多与此类似的结果。因此，远大洋洲殖民史的模式似乎是偶然性的，而非连续性的。具体如下：

1. 使用红光陶的文化（尤其拉皮塔文化）在公元前1000至前800年间非常快速地传播到密克罗尼西亚西部，并从新几内亚向西波利尼西亚传播；

2. 约公元前200年，或许从圣克鲁斯群岛（Santa Cruz islands）开始，向密克罗尼西亚中部扩张，向东拉皮塔文化延伸区（纽埃岛 Niue、普卡普卡岛 Pukapuka 和罗图马岛 Rotuma）边缘地带的一些小岛殖民；

3. 900至1100年期间，无陶器文化快速地从西波利尼西亚向整个东波利尼西亚传遍；

4. 约600至800年间，向南波利尼西亚（新西兰和边远群岛）殖民。

顺风航行

不时中断的移居模式说明，需要重新考虑假定的远大洋洲航行的成熟程度。语言学数据也说明了这一点："双层独木舟"一词在中太平洋各种语言发展之后才出现，而中太平洋各种语言的发展发生在拉皮塔文化扩张之后；也没有表达"固定桅杆"或"固定索具"这样的术语。早期迁移可能使用了舷外支架式独木舟。在西太平洋和东南亚，独木舟传统上使用三角帆索结构，但这种结构可能直到1200年才因阿拉伯航海技术传播的影响而引入远大洋洲。在中太平洋和东太平洋，海洋斜杠帆在传统上占主导地位。斜杠帆的早期形态发现于新西兰，可能也发现于马克萨斯，它们没有固定桅杆或固定索具。这种帆由两根帆桅杆和一面三角帆构成，三角形的顶点在下方。这种帆依靠风对船尾帆布的 1899
压力而升起。独木舟利用这种帆顺风航行，因为侧面支柱的缺乏意味着船只遇上横风时，风会把船帆向船体之外吹。历史研究显示，更为复杂的帆装（rig）是那些包括固定桅杆、升降索和平衡板的斜挂大三角帆，直到17、18世纪才在中太平洋出现。这是人们定居东波利尼西亚和南波利尼西亚之后很久才发生的事情。因此我们可以假定，在整个远大洋洲定居期间人们使用的都是新西兰帆装。

尽管这种帆装颇为简单，但它可以在海上维修；既可以拉高，也可以降低。这种帆装还能减轻传动装置的巨大压力，特别是在船只迎风航行时，可以减轻脆弱露兜帆的压力。在遇到狂风或暴风时，这种帆装可以立刻卸下。但这种帆装必然使航行相对缓慢，而且对顺风的依赖程度高。问题随之出现了：那些不能依赖盛行季风航行的船只如何移居到远大洋洲呢？

西风出现的时间尽管短暂但频繁，因此不能够解释殖民过程中的长时间停留现象。而厄尔尼诺现象造成的西风在出现频率方面也有长期变化。学者们对厄尔尼诺现象的频率和强度进行了间接测定，包括对中国黄土产生、大洋环流变化和湖泊淤积量的长期记录。这些测定表明，在公元前3000年、公元前1400至前500年、

这幅照片是爱德华·索尔兹伯里(Edward A. Salisbury)在20世纪20年代拍摄的。照片描绘了一群勇士与其独木舟在所罗门群岛中的维拉拉维拉岛(Vella Lavella)海滨。独木舟两侧镶嵌着珍珠贝壳拼成的精美图案。美国国会图书馆

400至900年和1100至1700年这几个时段里,厄尔尼诺现象出现的频率高得异乎寻常。在东南亚以外的传播、拉皮塔文化的扩张以及进入东波利尼西亚的迁移活动也近似于这种模式,在很大程度上都是自西向东的运动。在季风占统治地位的"正常"模式的间歇期,自东向西迁入中密克罗尼西亚和南波利尼西亚的迁移活动也发生了。总之,远大洋洲的迁移可能只限于以低平均速度进行长途顺风航行。成功的航行是非常困难的,比传统主义者和新传统主义者假想和估计的成功率低得多。在风向明显不利时,人们可能很少进行航海活动;但风向偶尔会频繁转换,这样的重要事件为人们的航行提供了条件,使人们向东方殖民的可能性得以增加。

动物区系的破坏

移民们到达这些无人居住的岛屿之后,破坏了当地古老而脆弱的生态系统,造成了毁灭性后果。人们早在1843年就意识到了这种对生态系统的大规模破坏。1843年,考古学家们在毛利人的垃圾堆里发现了已灭绝的巨鸟(恐鸟[moa])的遗骸。此后,关于人类造成生态变化的证据越来越多。有大量关于陆栖脊椎动物灭绝的记录。在更新世时期,新爱尔兰岛上不会飞的大型鸟类灭绝了。新喀里多尼亚的巨大冢雉或宽尾家禽、陆地鳄和巨大角龟消失了。汤加的巨型鬣蜥和冢雉灭绝了。最近的研究显示,随着人类的到来,斐济岛上的无数物种消失了。 1900
这些消失的物种包括另一种陆地鳄、巨型鬣蜥和乌龟、巨蛙、两种大型冢雉、另一种巨型冢雉以及不会飞的巨鸽,巨鸽类似于古代巨鸟。在新西兰,近40个鸟类物种消失了,包括13个物种的恐鸟。这意味着大陆上的鸟群减少了50%。在夏威夷和东波利尼西亚其他地方,从中部群岛到边缘地带,也遭受了类似损失。物种灭绝的速度很快,尽管没有大岛屿上恐鸟灭绝的速度快;恐鸟在人类登上大岛屿之后的50年内就灭绝了。与灭绝一样,其他动物群出现了数量锐减和活动范围收缩的情况。在亚热带波利尼西亚最早的遗址中,考古学家们曾发现过一些种类的海豹,但到18世纪,人们只能在新西兰找到这些物种了。在新西兰,在猎杀活动的影响下,这些动物的活动范围收缩到了亚南极地区。

这些数据显示，远大洋洲动物区系的衰竭很快，而且发生得很早。灭绝的动物群的遗骸出现在一些遗址中，其年代可以追溯到人类定居后的最初一个或两个世纪。从那以后，这些动物群就再未出现，这是典型模式。至少在体型较大的动物群中，种群灭绝与人口密度无关；密度很小的人群也能够很快地破坏本土动物群。此外，现在人们已经清楚地认识到，这种动物群的灭绝过程是很普遍的。大卫・斯戴德曼(David Steadman)估计，这个动物群消亡的过程如此普遍，以至于从整体上看大洋洲内部已有8 000个物种或种群消亡了。

森林砍伐

植被模式也发生了深刻变化。随着人类的到来，森林开始退化，因为人类开辟农业用地，而他们的猪和鸡以及老鼠在森林地面搜寻种子。在新喀里多尼亚，公元前1000年后森林树种的多样性受到破坏；到500年，大规模的森林砍伐开始了。在斐济的主岛维提岛(Viti Levu)，约公元前100年人们开始大量砍伐森林，而人们在更早的时候就砍伐小岛屿上的森林。这些数据表明，在拉皮塔地区，到公元前1000年的时候已有人类定居；早期人们对风景的破坏相对较小，但随着人口密度的增加和定居点向内陆扩张，沉渣物的分布与植被模式发生了巨变。丘陵的沉渣侵入河谷，在海岸附近再度沉积，为农业发展增添了机遇。

东部地区的模式则没有这样清晰，很大程度上是因为人类最早的殖民时机无法确定。与拉皮塔陶器文化相比，东波利尼西亚无陶器文化在考古学上缺少最初殖民的地层标志。表面上看，根据湖泊沉积岩心样本，人为造成的景观变化在曼加伊亚(Mangaia)和库克群岛可追溯到公元前1500年，在新西兰、复活节岛和社会群岛可追溯到500年，但这种结论是有争议的。最近在新西兰进行的研究显示，湖泊沉积层经常因古老土壤碳的洗刷而受到污染，因此放射性碳年代过于久远。

远大洋洲的景观变化似乎可以分为两种模式。在西部大岛上，景观变化经常进行得较慢，经过千年时间才完成主要部分的景观改变。这似乎是一种受密度制约的模式，与农业的不断扩张保持一致。在东部岛屿上，早期影响更加强烈，这可能表明许多岛屿规模较小，山坡陡峭，土壤相对脆弱，并且在公元2千纪中气候波动情况加剧。

岛屿殖民

移居太平洋的活动发生在一系列海上迁移中。海上迁移始于更新世。在全新世晚期，海上迁移的频率和范围都迅速增加。进入和穿越远大洋洲的活动反映了航海技术的进步，表明了有利的气候变化对航海的推动作用，也表明农业起到了供养岛屿定居点的作用。人类殖民深 1901
刻地改变了岛屿脆弱的环境。虽然大洋洲岛屿物种灭绝对于生物多样性来说是灾难性的，但对于最初来到岛上的人类来说，对种类丰富、从未经受侵扰的动物种群的开发利用，却是他们确保自己生存下来的最佳策略。如此便利的食物供给使定居岛上的人口数量迅速增加，使人类免于灭绝。同样，大量砍伐森林和高地沉积物的再沉积，使人类能够依靠集约型农业实现人口数量的长期增长。换言之，人类对环境的重要改造确保了人类成功地定居在太平洋大多数岛屿上。

进一步阅读书目：

Allen, J., & O'Connell, J. F. (2003). The Long and Short of It: Archaeological Approaches to Determining when Humans First Colonized Australia and New Guinea. *Australian Archaeology*, *57*, 5 - 19.

Anderson, A. J. (2000). Slow Boats from China: Issues in the Prehistory of Indo-Pacific Seafaring. In P. Veth & S. O'Connor (Eds.), *East of Wallace's Line: Studies of Past and Present Maritime Cultures in the Indo-Pacific Region* (pp. 13 - 50). Rotterdam, Netherlands: Balkema.

Anderson, A. J. (2002). Faunal Collapse, Landscape Change and Settlement History in Remote Oceania. *World Archaeology, 33*, 375 - 390.

Anderson, A. J. (2003). Initial Human Dispersal in Remote Oceania: Pattern and Explanation. In C. Sand (Ed.), *The Prehistory of the Pacific: Assessments of the Archaeological Evidence*. Noumea, France: Museé Territorial de Nouvelle Caledonié.

Burley, D. V., & Dickinson, W. R. (2001). Origin and Significance of a Founding Settlement in Polynesia. *Proceedings of the National Academy of Sciences USA 98*, 11829—11831.

Burney, D. A. (2002). Late Quaternary Chronology and Stratigraphy of Twelve Sites on Kaua'i. *Radiocarbon 44*, 13 - 44.

Clark, G., Anderson, A. J., & Vunidilo, T. (Eds.). (2001). *The Archaeology of Lapita Dispersal in Oceania*. Canberra, Australia: Pandanus Press.

Finney, B. R. (1994). *Voyage of Rediscovery: A Cultural Odyssey Through Polynesia*. Berkeley: University of California Press.

Irwin, G. J. (1992). *The Prehistoric Exploration and Colonization of the Pacific*. Cambridge, UK: Cambridge University Press.

Kirch, P. V. (2000). *On the Road of the Winds*. Berkeley: University of California Press.

Latinis, D. K. (2000). The Development of Subsistence System Models for Island Southeast Asia and Near Oceania: The Nature and Role of Arboriculture and Arboreal-based Economies. *World Archaeology, 32*, 41 - 67.

McGlone, M. S., & Wilmshurst, J. M. (1999). Dating Initial Maori Environmental Impact in New Zealand. *Quaternary International 59*, 5 - 16.

McGrail, S. (2001). *Boats of the World: From the Stone Age to Medieval Times*. Oxford, UK: Oxford University Press.

Moy, C. M., Seltzer, G. O., Rodbell, D. T., & Anderson, D. M. (2002). Variability of El Niño/Southern Oscillation Activity at Millennial Timescales During the Holocene Epoch. *Nature 420*, 162 - 165.

Steadman, D. W. (1995). Prehistoric Extinctions of Pacific Island Birds: Biodiversity Meets Zoo Archaeology. *Science, 267*, 1123 - 1131.

Worthy, T. H., Anderson, A. J., & Molnar, R. E. (1999). Megafaunal Expression in a Land without Mammals—the First Fossil Faunas from Terrestrial Deposits in Fiji. *Senckenbergiana Biologica 79*, 337 - 364.

阿瑟尔·安德森(Atholl Anderson) 文
毛悦 译,郭子林 校

Paleoanthropology 古人类学

所谓古人类学实际上是一种范围广阔的科学，旨在理解智人的生物和文化演化过程。无数专家——从地质年代学 1902
家到考古学家以及众多其他学科的专家——主要采用跨学科研究方法，进行田野调查，研究化石记录。

古人类学是一个范围广阔的科学领域，专注于理解我们自己物种——智人及其所属之动物界人科的生物和文化演化过程（人科属于灵长类，灵长类包括现存智人及其近亲化石亲属，这些化石亲属从遗传学上来讲与现有类人猿关系并不密切，现有类人猿包括黑猩猩、倭黑猩猩、大猩猩和猩猩）。古人类学实践中的核心人物是古生物学者，这些科学家研究化石记录，而后者构成了关于人类历史的直接生物学证据。但是，这个研究领域也因很多不同类型科学家的参与得到充实，包括地层学家、地球年代学家、埋葬学家、功能和比较解剖学家、分类学家、分子人口遗传学家、考古学家、各种类型的进化生物学家以及大量其他领域的科学家。作为本质上集体合作研究的科学领域，古人类学的概念最早形成于20世纪60年代，当时路易·里基（Louis Leakey，在其早期职业生涯中，他是传统“寂寞的古生物学者”的典范）和妻子玛丽（Mary）将各个领域的专家组织在一起，研究坦桑尼亚奥杜威峡谷的沉积物，这些沉积物中保留着原始人类的遗物。之后不久，芝加哥大学的克拉克·豪威尔（Clark Howell）将跨学科方法应用到他对埃塞俄比亚南部奥莫（Omo）盆地丰富化石沉积物的考察中。几乎自那以后，所有集中研究人类进化的田野调查都包括各类专家，并涉及很多外围专家的协助。

证据的性质

人类生物学进化的档案是化石记录。化石是由死亡生物的遗骸构成的，以累加的地质编录的形式保存下来。这些遗骸几乎始终由骨骼和牙齿构成，因为这些是身体上最坚硬的部分，最不容易腐烂，也最不容易受到其他形式的毁坏。它们本身的毁灭过程是埋葬学家的研究对象。他们研究生物遗骸如何成为支离破碎的样本，及化石聚集物如何累加起来。陆地生物化石保存在沉积岩里，后者是由湖水和河水腐蚀的微粒沉积形成的。这样的沉积物依次累加起来，较晚的沉积层覆盖在较早的沉积层上面，这个过程由地质学家重构出来，而地质学家被称为地层学家。化石在岩石层序列中的地位可以决定它们的相对年代（比这个早，比那个晚），但绝对年代（按年计算）的确定是地球年代学家的研究领域。时间往往因一个特殊事件（例如熔岩流表层的冷却）而消失，地球年代学家在努力量化这种时间时，最经常利用一个事实，即岩石中包含的不稳定“放射性”元素按照一定时间和以相对于稳定状态的固定比率进行“衰变”。对于较早时期而言，火山岩（处于沉积层序中，因此允许人们估计那些在它上面和下面的带有化石的沉积物的年代）是地球化学断代中喜欢使用的物体；在较近的时代，真正的化石（例如依靠放射性 1903
碳）甚或人工产品（例如依靠热释光测年法）经常能够得以确定年代，误差在几年范围内。

化石本身可以提供很多种信息。首先，它们告诉我们过去存在的各种人类。根据化石在解剖学上的相似性和相异性，以生物体的基本类型和生态系统的构建模块为基础，古生物学者首先将化石划分为很多种类。尽管将化石归类为若干物种听起来是初级工作，但实际上这是古人类学当中最困难的过程之一，也是最有争议的工作之一。近些年，诸如扫描电子显微镜检测法和计算机化断层显像这样的新方法已经帮助扩大了形态学的范围，形态学被用于解决这样的问题。一旦我们识别出物种，那么我们就可以推断出它们的系谱关系（那些以祖先和血统为基础的关系）。再者，这样的推断法通常是以化石的形态学为基础的，同样受到各种算法和处理方法的制约。在过去几十年里，现存物种的分子比较已经帮助巩固了我们关于现存物种之间关系的观念，也因此巩固了我们关于人类化石确定无疑适合的框架的概念。在原始人类这个舞台上，由于分子遗传学者从尼安德特人化石中提取线粒体 DNA 的成功，所以分子证据已证实了智人与尼安德特人之间的物种差异。

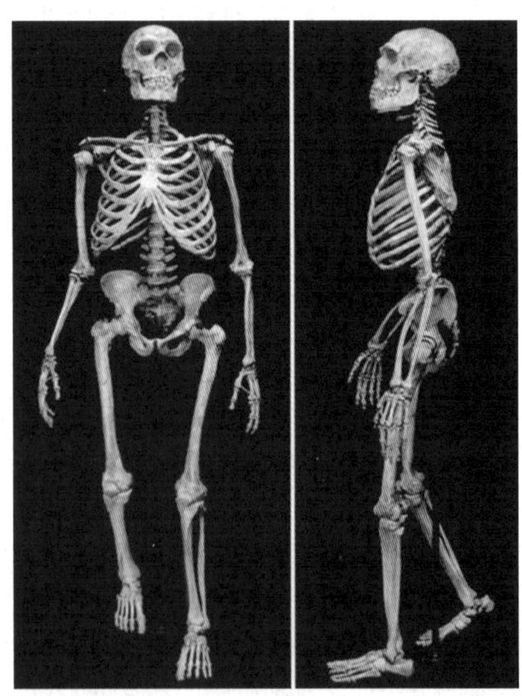

一具尼安德特人骨骸的正面和侧面。索耶（G. J. Sawyer）和布莱恩·梅列（Blaine Maley）在 2005 年重构了这个复合骨骸，是用 4 个国家 5 个不同遗址中的骨骼系统构建起来的

进一步解剖学的考察能够解释大量有关灭绝物种曾经如何生活的信息。尤其当功能比较用于分析那些我们已知其行为的现存物种的结构时，这样的研究允许人们对有关物种解剖学上有限的（在原始人类这个物种中，最重要的是运动）行为进行实验性重构。在极少的事例中，从骨骼解剖学得到的推论可以被独立地证实。例如，著名的 350 万年前的脚印在坦桑尼亚的莱托里（Laetoli）保存下来，直接为当时那次大迁移中的直立行走提供了证据。通过对我们祖先的牙齿及其穿戴的分析，我们可以增加关于他们吃什么的理解。关于化石骨骼中稳定同位素比值的分析能够进一步增加我们对古代饮食的理解。关于相关化石动植物和特殊化石周围沉积物所堆积的环境的地质学证据分析，能够解释大量相关生物的生活和活动环境的信息。

在原始人类事例中，我们关于古代人行为举止的知识因考古记录而大大增加。古代人的行为举止大约在 250 万年前随着最早石器工具的发明而开始。考古学有时被定义为“关于古代垃圾的研究”，以古代人活动之后留下的所有痕迹为研究对象。它不仅仅限定于对古代手工制品的研究，还扩展到那些手工制品在特殊遗址累积的方式，以及这些遗址是如何处于它们所出土之场景的。通过所有层面的综合分析，我们在很大程度上可以确定现在灭绝的人类如何与其周围的环境交往，并且彼此之间如何在一定
范围内相互交往。尽管我们不得不承认，即使是 1904
丰富的考古记录也只是间接地反映较早人类复杂的社会、经济和物质生活。

人类进化的记录

人类进化史的重构受到关于进化过程的各种观点的极大影响。在 20 世纪中叶，大多数以英语为母语的古人类学者受到“进化综合观”的支配。这种观点认为进化过程最终将所有进化

现象归入人口基因序列的逐代变化，这种变化在自然选择(通过自然在每一代人当中进行，那些继承了良好适应性基因的个体比那些继承较少良好天赋的个体更容易获得成功)的引导下进行。这种观点引出了一种本质上线性的人类进化观，后者认为人类从原始状态到我们目前光鲜的完美状态是一个缓慢而顽强的长途跋涉。随后，越来越多的原始人类化石记录使人们意识到进化过程比这种线性进化过程更复杂，受到很多外部影响的制约，很多原始人的进化因适应而完全是随意的。

结果，关于原始人类的记录提供的图景只是多种场景之一，也是人类进化的实验之一；很多原始人类物种借助进化实验而出现，并在生态学竞技场上战斗，尝试很多显然可以变为人的方式。我们人科的故事是很多物种起源与灭绝故事当中的一个。对于今日的我们来说，智人是世界上唯一的人类，这似乎是自然之事，因为这是我们熟知的。但事实上，这是一个非常不符合规则的情况。也正是这种情况强烈地表明，确实存在一些关于我们的物种的不寻常的事情。

最早的直立双足动物

最早的化石发现于700万至600万年前之间和440万年之前的非洲遗址，据称位于我们的祖先而非类人猿所在的地方。我们主要根据不同部分的骨骸识别出乍得沙赫人属、原初人属和地猿，人们从这方面或那方面对它们的属性进行争论。这反映了一个事实：最早的人类看上去像什么？关于这个问题，我们至今仍没有清晰的看法。然而，它们的共同之处在于，每个属都以一种或另一种微弱的特征表明自己是直立两足动物。大约1 000万至700万年前，随着气候变得没有那么潮湿而且更加有季节性，古代非洲森林开始分裂开来，这显然为地面上的双足动物提供了新的生态机会。之后，不足为奇的是，这种适应已经成为人科成员的真正判断标准。然而，仍然可能，甚至很可能的是，直立双足不止一次在祖先人群里演进，现存的类人猿和人类都是出身于这个人群。

南方古猿阿法种是记录最多的早期双足人类物种，源自大约380万至300万年前之间的东非遗址。这个物种以著名的“露西”(Lucy)骨骸为例，身材很小，身高在大约3.5和4.5英尺之间。这样的生物保留了攀树中使用的各种特征，尽管他们为双足发展而展示出各种骨盆和后肢专业化，并想当然地已经在地面上行走时依靠双足移动。然而，南方古猿阿法种脖颈以上各个部分的比例很像猿猴，例如大脸、小脑壳。这也是古人类学者经常将这些早期人类归为“双足黑猩猩”的原因。

这种特征的结合是非常成功的，本质上始终是稳定的。因为这种“古朴的”原始人类的各个物种在大约200万年之前的那个时期来来往往。诸如南方古猿阿法种这样的原始人类生活在森林边缘和新扩张的林地，或许主要依靠植物性食物维持生命，尽管他们可能已经以去世动物的遗骸为食，并猎取一些小哺乳动物为食，就像今日一些黑猩猩做的那样。

或许正是这样古朴、小脑壳类型的原始人类，首先开始在大约250万年之前制造石器。这 1905
些工具是用一块鹅卵石打击另一块鹅卵石获得的小型尖燧石，是粗糙的，但非常有效能，并一定对其制造者的生活产生了深刻影响，例如允许他们将尸体拆解开并将其带到更安全的地方去食用。

具有现代人身体比例的早期原始人类

有趣的是，没有任何技术变化标志着第一批拥有与我们自己基本相似身体比例的原始人类物种出现在200万年前。在酷热的热带稀树

> 我们把更多的骨骼卖给艺术家，而非科学家。
>
> ——罗纳德·考比勒(Ronald Cauble)

草原生活，没有树木的庇护，这种徒步双足动物前所未有的移动是最可能的。这些人常常被称为东非直立人，他们的这次移动使他们几乎直接走出了非洲边界，180万年前高加索德玛尼西遗址是最好的例证。

大约150万年前，以故意塑型的“手斧”形式存在的技术革新后来也出现在非洲。在这个时期，也出现了原始人脑容量增加的倾向，尽管在人们取得对这个时期原始人类多样性的更好理解之前，这种增加的准确模式不得而知。

到大约100万年前，原始人类已经深入到欧洲，开始在那里变得多样化。这个过程最终以尼安德特人的出现为顶点。这种原始人类的大脑与现在人类的大脑一样大，尽管存在非常不同结构的头颅。与此同时，通向智人的世系也在非洲演进，尽管这个人类进化的阶段非常缺乏化石记录，并非常令人着急。分子和化石证据都表明，解剖学上的现代智人到20万年前已经出现在非洲了；到大约10万年以前，这样的原始人类已经到达了以色列。以色列至少在当时已经被尼安德特人零星地占据了。有趣的是，在大约10万和5万年前之间这个共存的时期，尼安德特人和东地中海地区现代人分享本质上相同的技术。在这个时代，我们在非洲发现了象征性行为方式最早的萌芽，这是目前世界各地智人的特征。

在大约4万多年前，一种更复杂的石器时代技术在以色列或许由智人开发出来，他们最初起源于非洲。之后不久，当地尼安德特人消失了，现代人迅速侵入欧洲。这些“克罗马农人”(Cro-Magnons)给我们留下了关于现代人几乎所有象征行为的令人惊异的记录，包括各种介质上的具象艺术和几何艺术、乐谱、符号、身体装饰品、复杂丧葬仪式，等等。同时，技术变得非常复杂，开启了一种持续革新和变化的模式。随着环境的变化，较早的人类调整陈旧的工具，用于新目的；但从认知角度讲，现代智人的典型做法是通过发明新技术以适应这样的变化。

上面概括的事件发生顺序强烈地表明，随着智人出现在非洲，一种意料之外的象征认知能力诞生了。这种新认知潜能显然是在紧急事件中获得的；在紧急事件中，生物学所得之物的同时发生，产生了完全新型的东西。这种史无前例的潜能或许是一个长期进化史创造的，但并不是这个进化史的必然结果。关于这种潜能(其生物学基础或许是在那种通向现代解剖学的重组中获得的)的表述，不得不等待行为的发现；这非常像祖先鸟在发现它们能够用羽毛飞行之前大约几百万年的时间里，一直是有羽毛的。似乎最合理的观点是，行为释放者是语言的发明者，语言活动与象征思想紧密结合起来。

一旦向着象征思想的转变发生了，智人便可以消除诸如尼安德特人这样的人类竞争者，并开始从事侵略性的人口扩张。在这个最初的阶段，所有人类社会在经济上都是以狩猎和采集为基础的。然而，很快，依靠动植物驯养的定居生活方式便在世界各地彼此独立地发展起来。然后，定居生活方式导致了进一步的人口扩张、都市化、经济专业化和复杂社会的发展。它 1906
也导致了智人与世界其他地区关系的重新定义。古生物学者尼尔斯·埃尔德雷奇(Niles Eldredge，1995)认为这个定义的特点是“宣布独立于”我们周围的生态系统。

古人类学的启示

首先，古人类学的研究告诉我们，智人到达地球的过程并不是一种对远古的微调。相反，我们这种有认知能力的独特物种在短期内出现在地球上，是自然界的意外事件，而非体现了任何早已存在趋势的发展顶点。这个完全始料不及的事件只是高度分散的人类发明史的复位：在人口规模非常小的环境下，人口膨胀，各地在社会和技术领域内无休止地发明(无休止地发明是人类经验的局限),人们显然不愿意从这种经验中学习,这些结合起来,使类似的情况反复发生。

其次,几乎所有地方定居社会的史前史都表明,技术的过度强化已经一再地与气候异常结合起来,导致了最终的经济崩溃;这其中的原因既有人类固有的癖性,也有外来的直接原因。尽管智人有非凡的推测能力,但并不是完全理性的物种,其世界历史反映了这个事实。尽管有进化心理学和还原论等相反的方法,但我们不能将我们自己的历史理解为这样一个物种的历史,即这个物种从生物学上来讲非常或广泛适应任何特殊的行为方式。

进一步阅读书目:

Bahn, P., & Vertut, J.(1997). *Journey through the Ice Age*. London: Weidenfeld & Nicholson.

Deacon, H.J., & Deacon, J.(1999). *Human Beginnings in South Africa: Uncovering the Secrets of the Stone Age*. Cape Town, South Africa: David Philip.

Delson, E., Tattersall, I., Van Couvering, J.A., & Brooks, A.(2000). *Encyclopedia of Human Evolution and Prehistory* (2nd ed.). New York: Garland Press.

Eldredge, N.(1995). *Dominion: Can Nature and Culture Co-exist?* New York: Henry Holt.

Gould, S.J.(2001). *The Structure of Evolutionary Theory*. Cambridge, MA: Belknap/Harvard University Press.

Johanson, D., & Edgar, B.(1996). *From Lucy to Language*. New York: Simon & Schuster.

Kingdon, J.(2003). *Lowly Origin: Where, When, and Why Our Ancestors First Stood Up*. Princeton, NJ: Princeton University Press.

Klein, R.(1999). *The Human Career* (2d ed.). Chicago: University of Chicago Press.

Klein, R., & Edgar, B.(2002). *The Dawn of Human Culture*. New York: Wiley.

Schwartz, J.H.(1999). *Sudden Origins: Fossils, Genes, and the Emergence of Species*. Wiley.

Stringer, C.B., & McKie, R.(1996). *African Exodus: The Origins of Modern Humanity*. London: Jonathan Cape.

Tattersall, I.(1995). *The Fossil Trail: How We Know What We Think We Know about Human Evolution*. New York: Oxford University Press.

Tattersall, I.(1998). *Becoming Human: Evolution and Human Uniqueness*. New York: Harcourt Brace.

Tattersall, I., & Schwartz, J.H.(2000). *Extinct Humans*. Boulder, CO: Westview Press.

Wenke, R.J.(1999). *Patterns in Prehistory: Humankind's First Three Million Years*. New York: Oxford University Press.

White, R.(2003). *Prehistoric Art: The Symbolic Journey of Mankind*. New York: Abrams.

伊恩·塔特萨尔(Ian Tattersall) 文

郭子林 译,毛悦 校

Pan-Africanism 泛非主义

1907 泛非主义是一场政治和社会运动。这场运动在历史上推动了非洲统一的政治议程，促进了关于非洲黑人身份和海外非洲移民身份的广泛文化取向。关于泛非主义的意识形态起源于19世纪早期，但其政治纲领到1900年才形成。

泛非主义运动源于19世纪美国和加勒比海地区几位重要知识分子和活动家的理念和努力。这些人当时对以下问题做出了回应：受压迫的奴隶制度、种族歧视与隔离、殖民主义，以及种族—文化、心理压制和诋毁，后者强化了前述所有制度。

起源与主题

很多近期研究表明，从奴隶制时期至今，非洲文化在北美黑人中具有重要意义。长期以来，黑人文化在加勒比海地区也具有重要意义，这更是广为人知的事情。所以有人认为，泛非主义根源于黑人遭受的奴役经历。这是恰当的观点，因为这种经历使“非洲民族主义”得以发展。“非洲民族主义”指的是奴隶们反抗压迫、“弥合种族差异”的努力，“泛非洲冲动激发了这种努力”(Stuckey 1987)。

黑人废奴主义者，例如大卫·沃克(David Walker，1785—1830)、亨利·海兰德·加尼特(Henry Highland Garnet，1815—1882)、玛丽亚·史都华(Maria Stewart，1803—1879)和弗里德里克·道格拉斯(Frederick Douglass，1817—1895)，通过对非洲文化的解读，以及讨论自埃及和埃塞俄比亚时代以来的古代历史，去反对奴隶制。他们也都受到了基督教救赎承诺的影响，特别是《圣经》中提到非洲的内容，例如《诗篇》68：31(钦定英译本)中“埃塞俄比亚人要急忙举手祷告”，其中“埃塞俄比亚”被认为是非洲和非裔美国人的同义词。这句话直到20世纪仍被广泛引用。

马丁·德拉尼(Martin Delany，1812—1885)、亚历山大·克拉梅尔(Alexander Crummell，1819—1898)和爱德华·布莱登(Edward Blyden，1832—1912)之间尽管存有显著差异，但他们基本都是黑人民族主义者。他们三人都曾亲自到访非洲：德拉尼曾在尼日尔河谷和利比里亚旅行，克拉梅尔在利比里亚做了20年的传教士之后才返回美国，布莱登从加勒比海地区的圣托马斯移居到利比里亚和塞拉利昂居住。泛非运动后来的口号之一“非洲人的非洲”要归功于德拉尼，是他在1861年创造了这个短语，尽管最初的表述是“非洲种族的非洲，黑人统治的非洲。我所指的黑人是具有非洲血统并且承认自己种族身份的人”(引自 Brotz 1992)。很显然，这句话表明了非裔美国移民在提升非洲地位中所起的关键作用。

与德拉尼一样，亚历山大·克拉梅尔也是民族主义者，也支持小规模移民到非洲。但他主要是传教士，对非洲本土文化几乎不感兴趣，也没有多少了解；他提倡对非洲进行基督教化以使其“开化”。与克拉梅尔相比，德拉尼的方式要世俗得多，他提倡具有教学、医药、商业、交通和其他领域技能的自由黑人移民到非洲。

爱德华·布莱登是19世纪最重要的黑人学 1908
者，他对非洲的看法比较复杂，有时互相矛盾。历史学家霍利斯·林奇(Hollis Lynch)认为，早在19世纪70年代布莱登就创造出了“非洲个

亨利·海兰德·加尼特的肖像(Henry Highland Garnet,约1881)。蛋白印相法拍摄。加尼特和其他废奴主义者利用《圣经》中提到的救赎承诺进行论辩,反对奴隶制。美国国立肖像馆,史密森学会

性”(African personality)这个概念。该概念指的是非洲文化和心理的独特特征。这个概念算是20世纪黑人文化认同运动的预兆。布莱登对西非民族主义者和泛非主义理论家有很大影响。用林奇的话来说,“布莱登的泛黑人意识形态无疑是泛非主义最重要的历史源头”(Lynch,1967)。

因此,通向泛非主义的早期观点包括黑人民族主义、非洲人的非洲的理念。也有一些人——并不是所有人——强调回归非洲故乡。还有人提出伟大的非洲历史文化的概念,强调作为黑人文明的埃及和埃塞俄比亚。更有一些人强调其他方面,包括需要通过传教活动使非洲上升、重生以实践上帝的承诺,就如同《诗篇》68:31中表达的那样。

政治泛非主义

杜波依斯曾于1897年向美国黑人学院(American Negro Academy)提交过一篇具有开创意义并极富争议的文章——《种族的保护》(*The Conservation of Races*)。当时他刚刚在哈佛大学获得博士学位,而后来他成为泛非主义之父。在文中,他号召非裔美国人“站在他们应得的位置上,成为泛黑人人权主义的先驱”(引自Foner 1970)。杜波依斯提倡“种族组织”“种族团结”“种族统一”以及自助精神,因为“要想使黑人天赋、黑人文学艺术和黑人精神获得发展,只有黑人团结起来、融合起来,接受宏大理想的鼓励,黑人才能够完全向人类展示其拥有的伟大启示”(Foner 1970)。杜波依斯在很大程度上受到了亚历山大·克拉梅尔以及欧洲民族主义理论家的启发。在19世纪90年代末,他首先转变为一位关注种族的人(在19世纪90年代末他主要是一位关注非裔美国人问题的人),最终成为泛非主义的支持者和组织者。

泛非主义最重要的早期政治组织者并不是杜波依斯,而是亨利·西尔维斯特·威廉姆斯(Henry Sylvester Williams, 1869—1911)。他是一位律师,1896年从特立尼达岛(Trinidad)来到伦敦。1897年9月24日,他建立了一个黑人组织,名为非洲协会。1899年,威廉在一封信中首次使用“泛非会议”这个词,这是该词最早的文献记录。当时,他写信要求在1900年召开泛非会议。

泛非会议于1900年7月23—26日在伦敦召开,约38名代表参会,他们分别来自美国、加勒比海地区和非洲。与会代表一致同意建立永久的泛非协会,将其总部设在伦敦,在海外设立分支,未来举行会议。

爱德华·威尔莫特·布莱登的肖像(Edward Wilmot Blyden,约19世纪末)。早在19世纪70年代,布莱登就创造出“非洲个性”这一概念。这个概念指的是非洲文化和心理的独特特征。美国国会图书馆

1909 杜波依斯被选为致辞委员会的主席,这一委员会撰写了《致世界各国书》(Address to the Nations of the World),在会议结束的时候被采纳。这一致辞包含了杜波依斯最著名的名言之一:“20世纪的问题是种族界限问题。”(Foner 1970;Du Bois 1961)后来经修改,这句话在杜波依斯1903年的著作《黑人的灵魂》中发表。这篇致辞的主要观点是呼吁终结种族主义和经济剥削,并且“一有可能,就尽快将政府权利给予非洲和西印度群岛的黑人殖民地”(Foner 1970)。

1900年的会议作为第一次泛非集会而具有重要意义。但西尔维斯特·威廉姆斯不知疲倦的努力并没有形成一个永久组织。威廉姆斯开始专注于他的律师生涯,而非泛非组织。曾经承诺继续组织当地分会的人们未能成功,第二次国际会议也未能举办。因此,在1902年之前,泛非协会就已消亡。1911年,威廉姆斯在特立尼达岛去世。

杜波依斯重启召开国际泛非会议的实践,他于1919年组织了他所命名的第一届泛非代表大会(与会议不同)。这次大会与第一次世界大战后的巴黎和会同期在巴黎召开。来自非洲、美国和西印度群岛的57名代表通过了一项决议,声明“非洲当地人必须拥有加入政府的权利,一旦情况允许就应立即加入;与这一原则相符的是,政府应为本地人存在,而不是本地人为政府存在”(引自Langley 1979)。

1921年的泛非代表大会分为3个会期在伦敦、布鲁塞尔和巴黎举行,113名代表参会。杜波依斯发表了主席报告,与会代表通过了一份《世界宣言》,要求“落后群体实行地方自治”(Padmore 1972)。杜波依斯率领的代表团向国际联盟的托管委员会递交了一份请愿书,要求任命“具有黑人血统的人”加入委员会,并要求成立一个“研究黑人问题的国际研究所”(Padmore 1972)(黑人问题指的是全球范围的种族歧视,包括殖民主义)。

1923和1927年,杜波依斯又作为主要组织者组织了两次会议。1923年的会议在伦敦和里斯本召开。伦敦会议上通过的决议要求当局允许非洲人在政府中拥有发言权,允许非洲人获得土地和资源;决议还要求非洲的发展是“为非洲人的利益,而不仅是为欧洲人的利润”(Padmore 1972)。1927年的会议在纽约召开,没有提出新的重要要求。

杜波依斯想要在非洲土地上举办下一次代 1910
表大会,提议1929年在突尼斯举办,但法国殖民政府不予批准。在1927至1945年间,全球经济萧条,法西斯主义和纳粹主义上升,难以举办泛非会议。

杜波依斯的肖像。杜波依斯号召非裔美国人“站在他们应得的位置上，成为泛黑人人权主义的先驱”。美国国会图书馆

加维运动

马尔库斯·加维(Marcus Garvey, 1887—1940)是美国的一位牙买加移民，在 20 世纪 20 年代组织了一系列泛非主义活动，并激发了一整套泛非主义理念。他的努力从根本上说很成功，因为他具有广泛吸引力，鼓励人们移民非洲，还为人们树立了榜样——在全球设立全体黑人进步协会(他于 1914 年在牙买加建立的组织)的地方分会。1918 年他创办了一份报纸，名为《黑人世界》(*Negro World*)，并于 1920 年开始举办全体黑人进步协会的年会，这极大地鼓舞了黑人的情绪。他的活动鼓舞了一些未来的非洲领袖、牙买加拉斯特法里派教义以及美国伊斯兰民族组织的发展。但他开创的一家轮船公司失败了，他于 1923 年被定罪为邮件欺诈，入狱服刑 3 年，被驱逐出境，回到牙买加。1940 年，他逝世于伦敦。

埃塞俄比亚与泛非主义

1935 至 1941 年间，意大利法西斯主义者对埃塞俄比亚的入侵和占领，使全世界前所未有地关注埃塞俄比亚这一泛非象征。正如《诗篇》68：31 中那样，《圣经》中的埃塞俄比亚仍象征着黑人争取自由的不断上升的希望；但到 19 世纪 90 年代末，非裔美国人开始获得更多关于埃塞俄比亚这个国家的具体知识。1896 年 3 月 1 日，阿杜瓦战役激励了这种不断增长的兴趣。在这次战役中，埃塞俄比亚皇帝曼涅里克二世(Menilek II, 1844—1913)的军队大胜意大利侵略军。在欧洲殖民时代，这次战役是唯一成功维护了一个非洲国家的独立的军事抵抗。这次战役在黑人媒体上被广泛报道，在世界范围内点燃了人们对这个国家的极大兴趣。此后，埃塞俄比亚人和非裔美国人之间的外交和人员联系增加，特别是埃塞俄比亚年轻的王位继承人塔法里·马康南王子(Tafari Makonnen, 1892—1975，1930 年即位后被称为海尔·塞拉西一世[Haile Sellassie])于 1919 年派出第一个埃塞俄比亚官方代表团访美之后。

马拉库·贝恩(Malaku Bayyan，或 Bayen, 1900—1940)的职业生涯也许可以说明这些增强的联系。20 世纪 20 年代，马拉库(埃塞俄比亚人用这个名字称呼他)在俄亥俄州读大学。1929 年，他进入霍华德大学医学院。1935 年，他从该校毕业。他后来说：“我对种族团结的信仰使我选择霍华德大学求学，这样我能够与我的人民更亲密地接触。”(引自 Harris 1994)他娶了一位在霍华德大学工作
的非裔美国人，20 世纪 30 年代往返于埃塞俄 1911
比亚和美国之间。

1936 年，海尔·塞拉西一世的军队战败后，皇帝流亡到英格兰，命令马拉库在美国“协调黑

人团结运动”，特别是控制为分散的埃塞俄比亚难民收集的基金（Zewde 2002）。1937 年，马拉库建立了埃塞俄比亚世界联合会，创办了报纸《埃塞俄比亚之声》（*Voice of Ethiopia*），报纸的标语是“埃塞俄比亚向上帝伸出她的双手”（Harris 1994）。这份报纸自视为加维的《黑人世界》的继承者，但提倡使用“黑色”（black）一词，而不是“黑人”（Negro），因为前者表达非裔美国人、西印度群岛人、埃塞俄比亚人以及其他非洲人之间更大的统一。这个词有一种清晰的泛非视角，说明“我们设法创造一个非洲合众国”（Harris 1994）。

第二次世界大战后的泛非主义

20 世纪 30 年代，英国两位重要的埃塞俄比亚支持者阐明了埃塞俄比亚人与“二战”运动之间的泛非主义联系，他们是乔治·帕德莫尔（George Padmore，1900—1959）和马康南（T. Ras Makonnen，1899/1903—197?）。乔治·托马斯·纳撒尼尔·格里菲斯（George Thomas Nathaniel Griffith），为了纪念塔法里·马康南王子而使用了马康南这个名字。帕德莫尔出生在特立尼达岛，当时名为马尔科姆·那斯（Malcolm Nurse）。20 世纪 20 年代末，他加入共产国际时启用新名，但后来他支持非洲民族主义和泛非主义。马康南来自圭亚那，但声称有埃塞俄比亚血统。他曾在美国、英格兰、加纳和肯尼亚居住，与海外移民中具有非洲血统的人们密切地进行私下往来。在警察暴行发生，或殖民地不公正事件发生时，他采取面对面的方式来游说和发表主张，因此成为“实践的泛非主义”的代表。

马康南具有商业头脑，这使他能够组织泛非联合会，使其能够筹措到资金。这一组织于 1944 年建立，由几个团体合并而成，其中包括 1937 年为支持埃塞俄比亚而成立的国际非洲服务局。泛非联合会组织了 1945 年的曼彻斯特代表大会，在战后继续存在，马康南的刊物《泛非洲》战后也继续发行。

1945 年的泛非代表大会是“已经召开的最大、也最有代表性的泛非代表大会”（Padmore 1972），具有重要意义，标志着泛非运动的复活。参会代表包括非洲和加勒比海地区未来的一些政治领袖和文化精英。杜波依斯当时已 77 岁高龄，也积极参加了整个会议。

这次代表大会的各项决议也比以往大会的决议更加激进。他们驳斥殖民统治的所有委婉用语，例如伙伴关系、托管、监护权和托管制，而要求“自治与独立”以及所有殖民地享有“不受帝国主义控制”的权利，“无论是政治控制还是经济控制”（Langley 1979）。

1945 年之后的政治泛非主义包括争取国家独立和非洲统一的运动，而这两者从根本上说是相互对立的。在文化上，泛非主义涉及一系列黑人作家和艺术家的会议，自 1956 年后定期召开；还涉及刊物《非洲存在》的出版。夸梅·恩克鲁玛，1957—1966 年任独立加纳的国家元首，领导了政治运动。他资助了 1958 年的两次泛非会议、独立非洲国家会议和更为重要的全非人民会议——被描述为泛非代表大会系列会议的“真正的继承者”（Wallerstein 1967）。

尤里乌斯·尼雷尔（Julius Nyerere，1922—1999），1961—1985 年任坦桑尼亚领导人，支持南部非洲的解放事业，在成立于 1963 年的非洲统一组织（OAU）的解放委员会中发挥了重要作用，还组织解放运动。1974 年，他在达累斯萨拉姆大学也主办了一次泛非代表大会。在这次会议中，非裔美国人和加勒比海地区的积极分子是先锋，他们提出一个公认的主题——“全世界黑人的自立、自决和团结”（Abdul-Raheem 1996），并强调人民组织和解放运动的参与而非 1912
政府的参与。1994 年 4 月，另一次泛非代表大会在乌干达的坎帕拉召开。在那之前，非洲大陆

> 如果非洲民族主义不是泛非主义，那么它就是毫无意义的、危险的、不合时宜的。
>
> ——尤里乌斯·尼雷尔(Julius K. Nyerere, 1922—1999)

基本上实现了政治独立，因而大会主要处理这样一些重要问题：赔款、经济发展、民主、社会问题、科技以及妇女运动。

这些问题以及其他反映今日非洲现实的问题说明，以泛非为基础的行动仍然有其必要性。尽管并没有非洲合众国，然而非洲领导人和思想家越来越认识到非洲必须以某种形式联合起来。目前至少有 12 个以经济为基础的地区团体，例如西非国家经济共同体、东南非共同市场、中非国家经济共同体和南部非洲发展共同体。在过去若干年中，非洲统一组织一直在转型成为非洲联盟，宣称其致力于在未来 20 年中创造一个非洲经济联盟。当前泛非议程中最重要的障碍可能就是应对非洲内部的问题，这首先需要巩固各国间的团结。尽管过去两个世纪里非洲和海外非洲人取得了很大进步，但在当前和未来，泛非主义者及其支持者仍需继续努力。

进一步阅读书目：

Abdul-Raheem, T. (1996). *Pan-Africanism: Politics, Economy and Social Change in the Twenty-first Century*. London: Pluto Press.

Ackah, W.B.(1999). *Pan-Africanism: Exploring the Contradictions*. Brookfield, VT: Ashgate.

Appiah, K.A., & Gates, H.L., Jr. (Eds.).(1999). *Africana: Encyclopedia of the African and African American Experience*. New York: Basic Civitas Books.

Brotz, H. (Ed.).(1992). *African-American Social and Political Thought, 1850 - 1920*. New Brunswick, NJ: Transaction Publishers.

Cronon, E.D.(1969). *Black Moses: The Story of Marcus Garvey and the Universal Negro Improvement Association* (2nd ed.). Madison: University of Wisconsin Press.

Du Bois, W.E.B.(1961). *The Souls of Black Folk*. Greenwich, CT: Fawcett. (Original work published 1903)

Du Bois, W.E.B.(1968). *Autobiography*. New York: International Publishers.

Foner, P.S. (Ed.).(1970). *W. E. B. Du Bois Speaks: Speeches and Addresses, 1890 - 1919*. New York: Pathfinder.

Harris, J.E.(1994). *African-American Reactions to War in Ethiopia, 1936 - 1941*. Baton Rouge: Louisiana State University Press.

Jacobs, S.M.(1981). *The African Nexus: Black American Perspectives on the European Partitioning of Africa, 1880 - 1920*. Westport, CT: Greenwood Press.

Langley, J.A. (Ed.).(1979). *Ideologies of Liberation in Black Africa, 1856 - 1970*. London: Rex Collings.

Legum.C.(1965). *Pan-Africanism: A Short Political Guide* (2nd ed.). New York: Frederick Praeger.

Lewis, D.L.(1993). *W.E.B. Du Bois: Biography of a Race, 1868 - 1919*. New York: Henry Holt.

Lynch, H.R.(1967). *Edward Wilmot Blyden: Pan-Negro Patriot, 1832 - 1912*. London: Oxford University Press.

Makonnen, R.(1973). *Pan-Africanism from within* (K. King, Ed.). Nairobi, Kenya: Oxford University Press.

Mathurin, O.C.(1976). *Henry Sylvester Williams and the Origins of the Pan-African Movement, 1869 - 1911*. Westport, CT: Greenwood Press.

Moses, W.J. (Ed.).(1992). *Destiny and Race: Selected Writings, 1840 - 1898, Alexander Crummell*. Amherst: University of Massachusetts Press.

Mshomba, R.E.(2000). *Africa in the Global Economy*. Boulder, CO: Lynne Rienner.

Nkrumah, K.(1970). *Africa must Unite*. New York: International Publishers. 1913

Padmore, G.(1972). *Pan-Africanism or Communism*. Garden City, NJ: Anchor.

Quirin, J.A. (in press). African American Perceptions of the Battle of Adwa, 1896 - 1914. In S. Uhlig (Ed.), *Proceedings of the Fifteenth International Conference of Ethiopian Studies, Hamburg, Germany, 20 - 25 July 2003*. Wiesbaden, Germany: Harrasowitz.

Richardson, M. (Ed.).(1987). *Maria Stewart: America's First Black Woman Political Writer*. Bloomington:

Indiana University Press.

Shepperson, G. (1960). Notes on Negro American Influences on the Emergence of African Nationalism. *Journal of African History, 1*, 299 - 312.

Stuckey, S. (1987). *Slave Culture: Nationalist Theory and the Foundations of Black America*. New York: Oxford University Press.

Thompson, V. B. (1969). *Africa and Unity: The Evolution of Pan-Africanism*. New York: Humanities Press.

Wallerstein, I. (1967). *Africa: The Politics of Unity*. New York: Vintage Books.

Zewde, B. (2002). *Pioneers of Change in Ethiopia: The Reformist Intellectuals of the Early Twentieth Century*. Oxford, U.K.: James Currey.

詹姆斯·克维林(James A. Quirin) 文

毛悦 译,郭子林 校

Paper 纸

1914 造纸术起源于中国,随着印刷术的传播而广为流传;不久之后,纸张印刷方法极大地增加了信息量,这些信息维持着世界的发展。最初的造纸材料是破布和植物纤维。19 世纪以来,为了供应足够纸浆,满足造纸需求,整个针叶林被砍伐。

纸是一种薄毡感觉的材料,用植物纤维制成,在全世界范围内被广泛用于书写、绘画和包装。英语单词"纸"源自古代埃及人、希腊人和罗马人使用的类似材料——纸莎草纸(papyrus)。

古物

在纸出现之前,人们使用的类似物品通常被称为"塔帕纤维布"(tapa)。这种材料几乎可以在赤道地区所有文化中找到,也用于装饰和服装。人们可以通过捶打构树、无花果树或月桂树等植物的内树皮,制作塔帕纤维布。在古代埃及,纸莎草纸也是以同样的方式,用纸莎草的纤维制成。

最古老的造纸技术源于这种捶打方法和制毡方法(制毡需要将材料按压以使其附着在一起,形成大的整体)的结合。这种方法至今仍然在喜马拉雅山、中国和东南亚的一些地方使用。用木锤敲打煮熟的植物皮,获得一层薄薄的纤维层,随后在一大桶水中溶解,制成纸浆。造纸者将足够制成一张纸的纸浆倒入模子,这种模子由木质的框架和布屏或竹屏构成。造纸者再用手将纸浆均匀地铺开在屏上。造纸者小心地抬起模子,水渐渐流出去,一张纸就在屏上形成了。然后,造纸者把模子放在阳光下或靠近火源放置,使其干燥。干燥之后,纸张就很容易地从屏上剥离下来;除了可能需要使其平滑之外,不需要再做进一步的处理。

最近在中国古墓中发现的非常古老的纸张表明,从公元前最后两个世纪以来,中国一直在生产纸张。据说,105 年,宦官蔡伦发明了用纺织废料即破布造纸的方法。我们今天所知的纸由此诞生。中国的造纸者发明了大量特殊技术,包括上胶(使墨水不能透过纸张)、涂层和染色。

他们引入竹子作为一种纤维植物，在碱液中煮过之后再敲打。纸的用途广泛，可以用于写作、绘画、包装、服装、防潮、装饰、窗户，甚至用于制作气球和风筝。最后但同样重要的是，纸张还用于制作冥币，人们焚烧冥币以祭奠逝去的先人。

造纸术的传播

中国造纸术很快就传到了朝鲜半岛；610 年传到日本，并在日本成为一种技术精湛的工艺。最终产生了 shifu，这是用纸纱线（paper yarn）织成的美丽织物。

造纸的学问还从中国传播到了中亚，然后继续流传到印度。阿拉伯人在其向东扩张的进
1915 程中，逐渐熟悉了撒马尔罕附近的新书写材料的生产，随后在巴格达、大马士革和开罗建起造纸厂，后来在摩洛哥和西班牙也建起造纸厂。阿拉伯人用芦苇做成造纸用的屏，用破布纸浆做成薄层，并在两面都覆上淀粉糊，淀粉糊还可以上色。这使阿拉伯纸张具有良好的书写性能，而且美观。阿拉伯造纸术传到中世纪的欧洲。欧洲人的创新在 19 世纪传遍世界，特别是造纸机的发明（使生产率成倍增长）。

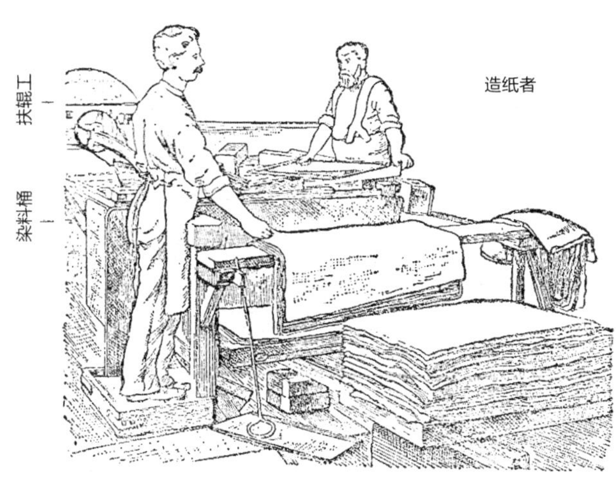

手工造纸时要把模子浸入一大桶纸浆中，抬出来时要恰到好处，使纸张达到必要的厚度

欧洲的手工纸

在中世纪的意大利，热那亚、法布里亚诺（Fabriano）和阿马尔菲（Amalfi）的造纸者试图改进阿拉伯造纸术。他们的创新包括使用水力造纸、用捣碎机（来源于缩绒机，使布收缩并增厚）捣烂破布、用金属丝做模子、堆压造纸（把将要做好的纸放在毡子上压制）、用螺旋栓压制纸张、用动物胶浸泡胶料，生产流程的推进以劳动分工为基础。

他们生产出了 3 种纸：书写用纸、印刷用纸（大多没有上胶）以及廉价的包装用纸，包装用纸也用作草稿纸。印刷用纸造成了平面艺术（木刻、雕刻）的演变。在染料桶旁工作的人有 4 个：抄纸工，用模子做出纸张；压纸工，配合抄纸工工作，将纸张放在毡上；摊纸工，将压好后的潮湿纸张从毡上取下；学徒，将纸浆填入桶中，并给桶持续加热。在一个工作日里，平均 13～15 个小时最多可造出 9 令纸（大约 4 500 张纸）。

技术在不断发展。16 世纪，人们开始使用类似于锻锤的抛光锤，可以弥补玻璃或石头磨光器在手工抛光（打磨）上的不足。到 17 世纪末，所谓荷兰式打浆机补充甚至取代了捣碎机，是一种更为有效的工具。

水印

在中世纪的意大利，人们还发明了水印，为历史学家提供了无比卓越的年代测定和鉴别真伪的工具。真正的水印是纸张上的图形，肉眼可见。在手工造纸中，将弯曲的金属线缝在模具的屏上来形成水印。金属线减少了纸张的厚度，因此可以使图形透明。在造纸机发明

之后，覆盖着金属细网纱的滚轴将水印压在湿纸网上。水印用作造纸者的商标。研究纸的历史学家通过比较某一特定年代或来源的水印，就能够确定文件或印刷品的时代及来源。人们用带有凸起的细金属丝网的模子压出凹凸相间的水印(凹凸交错的水印、凸起水印、凹陷水印)，就可以在纸上做出黑白照片一般的图像。

一位中国的造纸者正在工作

工业化造纸的出现

从 16 世纪开始，由于行政和商业原因，纸越来越重要。随着越来越多的人进行写作和阅读训练，私人用途也使纸变得更为重要。教堂改革者们的辩论和关于科学的新作品都在纸上印刷与广泛出版。受欢迎的小册子、传奇故事和戏剧集都印刷出来，在欧洲全境
1916 散播。17 世纪初，每周发行的报纸已经出现，18 世纪变为每天发行。在大多数国家，报纸经过政府审查后，成为塑造公众观点、传播科学进步的新闻的唯一途径。18 世纪末，印刷媒体的发展支持了启蒙运动和法国大革命的思想理念。

在 18 和 19 世纪，印刷的进一步发展导致人们对纸张的需求急剧增长，特别是对新技术下产生的高级纸张的需求。造纸行业出现的惊人高潮很快与此共同导致了原材料的严重短缺，也使一些规定出台。政府掌管破布的交易，以保障当地行政用纸的生产。系统寻找纸浆材料的替代品的工作，几乎没有立刻取得任何成果。

在 18 世纪，一些大工厂开始关注手工作业，这种手工活动仍然依赖于开放的行会组织中的熟练造纸工人。人们努力提高产量和通过机械完成许多工作，造纸机的设计和建造是这方面的高潮。法国人尼古拉-路易斯·罗伯特(Nicholas-Louis Robert，1761—1828)使用连续的金属丝网造出了第一台造纸机，1799 年获得专利。英格兰的布莱恩·唐金(Bryan Donkin，1768—1855)、亨利·弗得瑞尼尔(Henry Fourdrinier，1766—1854)和西利·弗得瑞尼尔(Sealy Fourdrinier，卒于 1847)又完善改进了这种造纸机。很快，其他类型的造纸机也开发出来，例如狄金森(Dickinson)滚筒机。19 世纪，弗得瑞尼尔的长网造纸机和滚筒机得到普及和发展，加上了烘干部件；这一技术稳步提高，带来了生产速度的显著增长。随着造纸术工业化程度的加强，没有能力或不愿购买机器的小经营者被迫从事部分工作或生产特殊级别的纸和纸板，但他们迟早会被迫终止这些活动。

约书亚·吉尔平(Joshua Gilpin)启动了美国造纸行业发展中决定性的转折。1815 年，他从英格兰不仅带回了狄金森滚筒机的图纸，还带回了一位具有指导意义的造纸工程师劳伦斯·格雷特雷克(Lawrence Greatrake)。他们不久就成功地造出了独特的造纸机(包括所谓的圆网单滚筒造纸机)，美国很快就在纸张生产、纸和纸板人均消费量(1980 年为每年人均逾 300 千克)方面居于世界领先水平。

在造纸术的工业化过程中，出现了几次明确的标志性趋势。首先，此前由手工完成的所有

> 我在枕下放一张纸。无法入眠时，我就在黑暗中写作。
>
> ——亨利·大卫·梭罗(1817—1862)

工作顺序得以机械化，因此使能源需求激增。然后，人们努力在工业化规模上寻找造纸原料破布的替代品，并找到了适宜的工业植物。人们认为稻草可充当造纸原材料，但事实证明这并不合适，因为由此生产出来的纸张质量太差。1843 年人们发现可以使用研磨木浆，随后又发明了化学纸浆(最初在 1854 年获得专利)，这一问题才得到解决。制浆(通过机械或化学方法将纤维从木头中抽取出来)本身也发展成为一种工业。但从一开始就出现了两大问题：研磨木材产生出的纤维质量较差，短期内就易于腐烂，特别是在与酸性松香胶一起用于印刷时。因此，1850 至 1980 年间生产的大多数含木浆的
1917 书籍和报纸都有破损的危险，需要进行保存处理。19 世纪，由于重水和空气污染，化学制浆工厂与当时新建成的生产合成染料的化工厂已经成为大众生态运动和生态立法的最初靶子。卷筒纸宽度的增大(卷筒纸是一个术语，指的是机械造纸作坊里生产出的连续的纸张)、生产速度的加快、电力驱动装置的引入以及专为生产特种纸和纸板而设计的机器的发展，都标志着造纸术进入了进一步的发展时期。卷筒纸的宽度从 1830 年的 85 厘米增加到 1990 年的 1 100 厘米。生产速度从 1820 年的每分钟 3～5 米增加到 1995 年的每分钟逾 2 000 米。因此，从 19 世纪开始，纸价下跌，非常廉价的小册子和杂志得以生产出来，全世界越来越多有读写能力的人可以阅读这些小册子和杂志。

随着印刷术的发展，人们也创造出新品种的纸以及特种纸，例如穿孔卡片、纸管纸、纸型用纸(纸型原纸)、半透明纸(仿羊皮纸)、弹药筒纸、信封、烟草包装纸、厕纸，等等。新材料(预热法机械木浆、脱墨废纸、新填充物、制版化学药品以及染料)、新的纸张成型技术、中性施胶剂等的使用，对生态的更大压力而最有效的自动化的应用，都促使了进一步的改善。

今日的纸

从中世纪到 18 世纪末，纸张消耗量以 50 的系数扩大。从那以后，纸和纸板就始终是世界范围内以指数增长的大规模商品。

技术和商业变迁导致了某些纸张类型的专业化和新纸张品种的发展，新商业实体也因公司合并而形成，或者依靠那些可以自己供应原材料的企业集团和贸易组织而形成。新纸张成型技术和化学纸浆加工的进展、全球市场增长的需求(特别是在发展中国家)、化学纸浆价格走势以及选址问题，再次增加了资本的重要性。要想成为成功的竞争者，就需要大量资本，这导致了大型公司集团的形成，它们可以进行国际运作。具有技术用途的纸张的需求量逐渐增加。

环境问题方面也发生了一些变化。新林业原则的采用，废纸循环利用、热回收、封闭水循环、制浆过程中破坏性强的化学过程的替代，都改善了制浆和造纸工业以前的不良形象。纤维总消耗量的 60%是由废纸提供的，因此森林得以避免受到过度砍伐。现代造纸过程更快，消耗的水和能源更少，将污染降到了最低值，还能生产出耐用的纸张。

在信息处理和私人、公共交流方面的电子革命，似乎并没有影响人们对纸张的依赖。在人类为自己的记忆找到便于携带、更为持久、又更为廉价的存储介质之前，人们对纸的依赖不会受到影响。而即使到那时，纸张仍将是日常生活中无所不在的帮手(例如，在包装和卫生方面)。

进一步阅读书目： 1918

Gravell, T. L., & Miller, G. A. (1979). *A Catalogue of American Watermarks, 1690－1835*. New York: Garland.

Gravell, T.L., & Miller, G.A.(1983). *A Catalogue of Foreign Watermarks Found on Paper Used in America, 1700 - 1835*. New York: Garland.

Hills, R.L.(1988). *Papermaking in Britain, 1488 - 1988*. London: Athlone Press.

Hunter, D.(1952). *Papermaking in Pioneer America*. Philadelphia: University of Pennsylvania Press.

Hunter, D.(1978). *Papermaking: The History and Technique of an Ancient Craft*. New York: Dover.

Labarre, E.J.(1952). *Dictionary and Encyclopedia of Paper and Paper-making* (2nd ed). Amsterdam: Swets & Zeitlinger.

Smook, G.A.(1982). *Handbook for Pulp and Paper Technologists*. Montreal: CPPA/TAPPI.

Stevenson, L. T. (1940). *The Background and Economics of American Papermaking*. New York: Harper & Brothers.

Tschudin, P. F. (2002). *Grundzüge der Papiergeschichte* [Compendium of Paper History, in German only]. Stuttgart, Germany: Hiersemann.

彼得·丘丁(Peter F. Tschudin) 文

毛悦 译,郭子林 校

Parliamentarianism 代议制政体

1919 代议制政体起源于18至19世纪的英国,赋予政府立法机构中的民选代表以权力,保障地绅的财产权,削弱绝对君主的权力。代议制政体目的是在英国国内和各殖民地稳定政府管理,使权力交接有序进行。工业革命和工会逐渐增长的权力使代议制政体衰落,但在加拿大、以色列、斯堪的纳维亚半岛和欧洲联盟还存在这一体系的改良形式。

作为统治结构的组织原则,代议制政体起源于近代英国,是君主立宪制的一种早期变体。代议制政体设计出一个功能性的、相对自由的公民框架,通过防止或应对政治冲突,同时将真正的权力赋予立法机构,来寻求和谐与繁荣,这也代表了人民的意志(或者,最初代表了拥有相当财产的男性的意志)。

代议制政体保证了高度稳定,同时削弱了君主专制的统治能力。对于最好的积极代议制政体而言,它希望负责任的现任主权政府在议会上得到民意代表的绝对多数票支持。一个稍微逊色的代议制政体希望的是,如果少数派政府存在,那么立法机关会支持这个政府,或至少容忍这个政府,其表现形式是政府在例行投票中不会失败。代议制政体确保权威和权力的持有,并确保权力始终在运作中,使国家不会出现长期看守政府、动荡政权或过渡政权。

这一框架与君主立宪制的框架近似,但前者以基于规则的议会传统和不成文的政治惯例作为民主生活的主轴,而非特许文件或明确的王室特权。这一政治结构的法律基础是成文宪法的替代品,大多数国王和女王都反对成文宪法,因为成文宪法将明确限制其地位和公众影响所带来的权力。此外,代议制政体确保精英和政治阶级对经济、社会、外交和国防政策的制定与实施程序发挥重要影响。

在英国体制中,执政党只要在两次选举之间拥有有效的授权,就可以行使行政权,组成并领导内阁。任期可延续到5年,但一般都是4年左右。议会最多负责5年时间。在这期间,首相可随时要求君主解散下议院。实际上，在任首相行使全权和广泛自由裁量权，正是这种制度的关键。首相是最大政党的领袖和下议院中最显要的议员。首相拥有的这些特性使其越来越成为在位君主的可行替代者。因此，代议制政体顾及了专业的、城市的、非世袭的、没有地产的上层阶层的崛起，将政治权力从君主和贵族手中转移到他们手中。

一些重要表决——年度预算审批或至关重
1920 要的国内措施审批或与其他国家的重要协议审批——的失败会导致首相及其内阁立刻辞职，并且（或者）立即举行大选。尽管这种模式没有形成文字，但它是英国政治文化中具有约束力的惯例。确保得到选民的新授权是必要的，即使选举刚刚结束。立刻会安排新选举时间。竞选活动持续几个非完整工作周。权力从失败的政党手中转移到获胜政党手中，如果选举结果表明了这一点，那么这一过程就非常迅速，在选举结果公开宣布之后几天内就可完成。选举结果在几天之内就可以获得。

历史

17世纪的光荣革命使1215年开始的大宪章政治运动取得圆满成功，这正是广大民众憎恨君主专制、独裁的结果。最初在英格兰，随后在英国其他地方，并最终在海外殖民地，贵族和上中产阶级成员的权威变得越来越大，国家政策中的大多数问题都由他们决定。势力均衡逐步转移到地方士绅和当时正在崛起的自由主义城市专业人员团体（辉格党）一边，他们支持经典自由主义理念，在社会、经济生活、精英话语和外交中表现活跃。政治主权有时披着公民和经济权利的外衣，越来越以授权为基础，立法机构对国王和女王的责任和特权规定得越来越严格。

将真正的权力授予英国议员，这种模式的目标是在保卫财产权的同时使代议政府恢复活力。这一模式在18和19世纪得以发展。最初投票表决后，还要进行选举。这种政治结构授予每个选区得票最多的候选人以席位，而非根据得票总数的比例向各党派分配席位。这种政治结构的典型结果是产生了两党制。在两院制的立法机关内部，下议院逐渐取代上议院，在法律制定和实施中成为资深伙伴。这种变化使代议制处于英国政府生活和官僚透明程度（官僚及其行为受制于议会一贯的评论和评估）的中心位置。

自由派（辉格党）和保守派（托利派）轮换执行对英国政府的绝对掌控，而非由第三个党派或广泛联盟执政，甚至在长期战争中也是如此。有影响力的首相包括保守派的本杰明·迪斯雷利（Benjamin Disraeli，1804—1881）和自由派的威廉·格莱斯顿（William E. Gladstone，1809—1898）。在19世纪下半叶，他们轮流执政。

影响

尽管这一体制实际上确保了稳定的行政管理牢不可破和政治权力的有序过渡，但也有严重后果。公务员职位，特别是那些永久的副部长职位，变得非常有影响力，因为正是这些职位上的人持续不断地管理着政府各部门。这些职位上的公务员出身于名门望族，毕业于精英院校。他们在很大程度上代表着上流社会的利益，很自然地倾向于抑制改革或者否定激进的选择。首相能够将官员重新打乱组合，即使是在同一个内阁内部；有时候他们也确实这样做了（特别是在任期中期前后），这样做可以缩短部长们在同一职位的任期。结果，长期任职的官僚经常决定政策事项，而不仅仅是实施政策。此外，这种保守的等级制度在相当程度上对宗派利益、经济改革的进展、社会流动性和殖民社群不那么敏感；或者说，认为上述问题与那些不列颠群岛上的主要派系和大公司所关注的问题相比是次要的。

美国的异议

1921

18世纪六七十年代,移居到北美的人越来越厌恶这种死板的框架。这种框架使他们不能接触到影响他们日常生活的决策过程。本杰明·富兰克林(Benjamin Franklin, 1706—1790)用"无代表不纳税"的口号概括了这种模式。他曾在伦敦居住,对英国很熟悉。他还领导运动,反对"有效代表制",这种制度使出身名门的政治家有途径获得立法权,尽管他们并没有任何选区(代表了"腐败的行政区"),而这种做法当时在英国盛行。随后美国的制度使政府的3个分支——行政、立法和司法——势力均衡(政府机关彼此间相互制衡),总统与国会相对独立,都在成文宪法中做出规定,这在某种程度上是对感知到的代议制政体的过度与不足做出的回应。

对爱尔兰的排斥

爱尔兰的天主教徒直到20世纪20年代还是英国国民。表面上看,他们与其他选民有平等的权利。但事实上,英国政治体制只是给他们以虚假的权利承诺,例如用财产条件限制他们的选举权。而且,他们特殊的民族和宗教利益或者留给了没有实际机会在国内接触权力的宗派政党,或者被归入主要成员是英格兰人和爱尔兰新教徒的政党。代表性无法体现是19世纪爱尔兰要求地方自治的主要原因之一,这导致了第一次世界大战后爱尔兰的独立。

代议制政体的衰落

从19世纪中叶开始,英国工业革命的影响

奥利弗·克伦威尔(Oliver Cromwell),是英国内战中的重要人物,是1640年查理一世短期国会(3周)和长期国会(这样命名是因为国会只有获得成员一致同意才可解散)的成员

改变了国内政治结构。20世纪初,维多利亚时代随着维多利亚女王一同逝去,继任者都是平庸的君主,影响力远远不及女王。工会和工党随之崛起,它们代表工人阶级更广泛的公民权。英国内部的非英格兰因素(例如苏格兰人)打破了富人对社会秩序进行控制的传统。这个历程持续了几十年,经历了"一战"的动荡和工党的上台。这个历程的顶点是权力从有限的议会大厅转移到更大的公共舞台。

尽管如此,英国代议制政体的改良形式继续存在,特别是在发展中世界和那些曾被英国("威斯敏斯特体系")控制的国家。威斯敏斯特是英国民主、协商、代议性的议会制度,通过政府控制国家事务,政府由政党组建,而这个政党在议会中拥有多数票和独立司法部门。在一个与 1922
后来形成美国政治制度的模式相类似的模式中,这种殖民主义的民主遗产与美国国会及总统之间的相互制衡相竞争;美国国会议员与总统都由人民直接选出，而不是由议会选出首相。

斯堪的纳维亚半岛

尽管斯堪的纳维亚半岛从来都不是英帝国的领土，但这里却通过商业联系和地理邻近对英国有足够了解和亲密感，结果在君主立宪制内部，作为组织原则的代议制政体的独特版本得以发展起来。

瑞典

1907 年，这一框架进入瑞典，议会即瑞典国会是政治权力的重点。这种对英国制度的效仿是广泛改革的主要部分。这些改革引入了普遍公民权，旨在缓和阶级对抗，缓解逐渐增强的城市和农村人口之间的紧张关系。与英国政府不同，瑞典的多届政府都是由至少两个政党组成的联盟执政，因此稳定性自然就更弱了。

挪威

1905 年，挪威和平地从瑞典独立出来。通过随后制定的成文宪法，挪威采用了一种代议制政体的形式。“二战”中德国战败后，被占领的挪威于 1945 年重新获得主权，代议制政体得到加强。君主可以世袭，但必须宣誓保证维护挪威的宪法和法律，这为普遍公民权提供了准备。大选之后，君主任命挪威议会中最大政党的党魁作为总理。随后由总理建立政府；如果需要的话，由享有议会足够多数的联盟来组建政府。内阁成员形式上由君主提名，但实际上由总理任命。选举通常每 4 年举行一次；议会可以提早解散，但不能在 4 年任期中途解散。

以色列

1948 年，联合国从英国托管地巴勒斯坦将以色列分离出来。近 30 年的英国控制留下了印记。只有得到并维持以色列议会的足够多数票，政府才能够组建或维持。以色列总统的作用与英国君主类似，都是名义上的国家元首，其主要职责之一就是指定总理。在议会对政府的不信任投票中落败将导致政府垮台，但如果没有具体法律解散当前的议会，就不会引发新选举。在新内阁获得议会信任宣誓就职之前，由即将离任的总理全权代管。

看守政府可以在相对较长的时间内留任。1990 年 3 月，以色列工党和右翼的利库德集团(Likud)组成的国家统一联盟因为在巴以和平进程上存在分歧而破裂，总理伊扎克·沙米尔(Yitzhak Shamir，1915—2012)用 3 个月的时间建立了一个可供替代的联盟。1996—2001 年，以色列存在一种混合制，在这种制度下要进行两次选举：一次选总理，另一次选政党。当选的领导人只有建成能在议会获得多数票的联盟之后才能开始执政。

2000 年 7 月，以色列工党的埃胡德·巴拉克(Ehud Barak，1942—)在提出与巴勒斯坦和解的争议性提议之后，失去了大多数联盟伙伴，也失去了议会的多数票。他在上一年以令人信服的个人多数票(56%，利库德集团的本雅明·内塔尼亚胡[Binyamin Netanyahu]为 44%)当选，但所属政党较弱(他领导的以色列政党集团[Israel bloc]仅获得 120 个席位中的 26 席)。尽 1923
管如此，由于没有绝对多数票推翻他，巴拉克只是被迫于 2000 年 12 月要求在 2001 年 12 月进行个人选举。甚至在他彻底败于(38%对 62%)利库德集团的阿里尔·沙龙(Ariel Sharon，1928—2014)之后，他仍在总理的职位上停留了 1 个月。

加拿大

加拿大是英国前殖民地。从 1867 到 1948 年，加拿大缓慢地获得独立。加拿大是英联邦的主要成员，采用代议制政体，英国君主是其名义上的国家元首。加拿大的联邦制使各省有很大程度的自治。联邦议会几乎是按比例地代表加拿大人民(对于人口较少的大西洋地区有某种倾向)。加拿大还有一个不经选举产生的参议院,参议员由总理根据各省人口比例和历史惯例来任命,这显然是对英国上议院的复制。曾有改革这一制度的计划(如1992年的《沙洛特条约》),但没有取得效果。

加拿大进步保守党的总理乔·克拉克(Joe Clark, 1940—)的短暂任期是一个特别吸引人的例子,可以说明代议制政体的运作方式。克拉克1979年击败曾任11年首相的前自由党首相皮埃尔·艾略特·特鲁多(Pierre Elliot Trudeau, 1919—2000),领导着少数派政府。议会中几位来自加拿大西部的独立的右翼议员支持克拉克。1980年2月,仅执政8个月之后,克拉克的第一次年度预算未能获得足够的支持,他不得不要求加拿大总督(英王任命的王室代表)解散联邦议会。在次月的投票中,克拉克落败,特鲁多作为反对党领袖在短短的9个月之后又成为首相。

当代欧洲

欧洲联盟从法国人1950年的愿景发展而来,经历了不太乐观的起始,当时英国并未加入,也迎来了1957年《罗马条约》的签署。欧洲联盟成为欧洲大陆的发动机,有着复杂的体系,是各种结构的混合体。现在欧洲联盟正聚集更多的政治动力,纳入新的成员,将欧洲南部和东部的国家合并进来,巩固法律,并宣称宪法权力。欧洲联盟越来越独立于那些使其级别快速扩张的成员国。在保障公众支持牢固的联邦制的道路上,代议制政体可能成为其指导原则。欧洲联盟议会的成员从1979年起就由直接选举产生,并经常代表意识形态议程和欧洲大陆(而不是国家的)利益。欧洲联盟议会的形成也平衡了地方政治家和国家政府的影响。争夺权威的竞争将会继续,但真正的权力似乎越来越被赋予一个机构,其结构和规程可能类似于英国下议院的传统作用,尽管大多数欧洲联盟成员国没有代议制政体的传统。

进一步阅读书目:

Barton, H. A. (2003). *Sweden and Visions of Norway: Politics and Culture, 1814 - 1905*. Carbondale: Southern Illinois University Press.

Black, J. (2000). *New History of England*. Stroud, Gloucestershire, U.K.: Sutton.

Bumsted, J. M. (1998). *History of the Canadian Peoples*. Toronto and New York: Oxford University Press.

Flynn, M. K. (2000). *Ideology, Mobilization, and the Nation: The Rise of Irish, Basque, and Carlist Nationalist Movements in the Nineteenth and Early Twentieth Centuries*. New York: St. Martin's Press.

1924 Lacey, D. R. (1969). *Dissent and Parliamentary Politics in England, 1661 - 1689: A Study in the Perpetuation and Tempering of Parliamentarianism*. Piscataway, NJ: Rutgers University Press.

Lazin, F. A., & Mahler, G. S. (Eds.). (1996). *Israel in the Nineties: Development and Conflict*. Gainesville: University Press of Florida.

Manin, B. (1997). *Principles of Representative Government*. Cambridge, U. K., and New York: Cambridge University Press.

Nordstorm, B. J (2002). *The History of Sweden: The Greenwood Histories of the Modern Nations*. Westport, CT: Greenwood Press.

Schama, S. (2000). *History of Britain*. New York: Hyperion.

Walter, J. (1999). *Understanding Popular Violence in the English Revolution: The Colchester Plunderers*. Cambridge, U.K., and New York: Cambridge University Press.

Warleigh, A. (2003). *Democracy and the European Union: Theory, Practice and Reform*. London and Thousand Oaks, CA: Sage.

伊泰·斯内(Itai Sneh) 文
毛悦 译，郭子林 校

Pastoral Nomadic Societies 游牧社会

游牧社会将放牧牲畜视为谋生的理想方式，认为他们的社会整体或部分进行规律性的活动是正常现象。尽管这种 1925
生活方式的结果是人口密度低，游牧民总数始终相对较少，但游牧民对世界历史的影响却是深远的。

在2 000年里(前500—公元1500)，欧亚大草原(通常是南欧或亚洲平坦而没有树木的广阔地面)骑马的游牧民，例如斯基泰人、匈奴人、匈人(Huns)、突厥人和蒙古人，建立了强大国家，对其在中国、中亚、伊朗、土耳其和欧洲那些定居邻居形成重要挑战。7世纪中叶伊斯兰教崛起之后，在沙漠中饲养骆驼的贝都因人成为中东和北非关键性的政治行为者。在撒哈拉以南非洲，饲养牲畜的游牧民，例如马赛人(Masai)和祖鲁人(Zulus)，在19世纪末之前控制了大陆草地的大部分地区。这些游牧社会认为放牧牲畜是谋生的一种可行方式，也认为社群习以为常的迁移和重新安置是其生活中正常的组成部分。

起源

早期理论家认为游牧制度由狩猎发展而来，将发展为定居农业。而考古学证据在很大程度上颠覆了这种观点，因为两种植物(小麦和大麦)与动物(绵羊和山羊)最初的栽培与驯养显然同时发生在9 000多年前的近东。因此，游牧制度更可能是新石器时代(前8000—前5500)混合经济专门化的结果，是从公元前5000年之后在定居村庄基础上发展而来，而非定居生活方式的先驱。随着后来对牲畜的驯化，尤其随着驴、马和骆驼这样的负重动物的被驯化，游牧专门化的可行性增强了。青铜时代(约前4000—前3000到铁器时代)，负重动物开始被驯化，诸如牲畜拉车这样的新技术得以应用。直到这时，游牧民才能够真正有效地利用流动的居所，例如用黑山羊毛织成的帐篷(圆顶帐篷)。

最近的人种志(与文化研究相关)研究在很大程度上质疑“纯游牧民”的概念。所谓纯游牧民，意思是这些人完全依靠牧业产品生活，与定居世界没有任何往来。在历史上，游牧民始终在经济和政治上与其定居邻居紧密联系在一起。没有这些联系，他们很难轻易地生存下来。

为什么游牧?

一般来说，在气候条件使季节性牧草出现而农业不能持续发展的地方，会出现游牧制度。因为人不能吃草，所以他们通过放牧食草动物，有效地开发出另一种与众不同的能量来源。虽然历史学家通常交换使用游牧民(nomads)和牧

格罗德那亚(Golodnaia)草原上吃饱的绵羊。谢尔盖伊·米哈伊洛维奇·普罗库丁-古斯基(Sergei Mikhailovich Prokudin-Gorskii)拍摄于1905至1915年间。美国国会图书馆

民(*pastoralists*)这两个术语，但这两个术语存在明显区别。前者指的是活动，后者指的是一
1926 种生活。并不是所有牧民都在游牧，也不是所有的游牧民都是牧民(例如采集-狩猎者，或者像吉卜赛人那样的流动性群体)。

游牧民利用轻便的帐篷或者棚屋简化迁移过程，让他们的牲畜在广阔而呈季节性变化的牧场上循环迁移。迁移周期的时间和长度根据当地条件确定。在牧草和水分充足的情况下，游牧民的流动相对较少；在牧草和水分不足的情况下，游牧民的流动要多一些。尽管不同群体之间迁移路线的可预测性不同，但游牧民并不是“游荡者”，他们知道自己要去哪里，也知道自己为什么要去那里。

组织与分布

游牧社会是以流动的家庭而非个人组织起来的，每个人(男人、女人和孩子)在生产的不同方面都扮演着角色。这些特点将游牧民与欧洲牧羊人或美国牛仔区分开来；后面这些人来自更大的定居社会，还定期回到那样的社会中。所有游牧社会都有结构上的相似之处，如部落组织和对父系(通过父系传递的)血统及居住地的强烈偏好。

游牧社会的范围限于旧世界。新世界中唯一驯养本土大型动物的地区是南美安第斯山脉，但那里饲养美洲驼的社群是阿尔卑斯山农庄的组成部分，没有建立起单独的游牧社会。在16世纪，西班牙人征服之后，绵羊、山羊、马、驴和牛才被引入美洲。尽管畜牧业在美国西部、巴西和阿根廷越来越重要，但牧场由定居人群经营。7世纪中叶，美国西南的土著平原印第安人从西班牙人那里俘获马匹，但这并没有使当地出现经典的游牧社会；他们是骑马猎手，追逐成群的北美野牛，但他们从未驯服这种动物。

主要类型和重要动物

在游牧社会中，饲养的动物种类少得惊人。6种物种(绵羊、山羊、牛、马、驴和骆驼)是广泛
分布的，另2个物种(高海拔地区的牦牛和北部 1927
亚北极地区的驯鹿)则分布在亚洲有限的地区。人们也经常养狗，令其看家护院。游牧社会可分成6种不同类型，每一类都饲养一种重要动物，

既有主要文化意义，也有具体地理范围。

牧羊人在照料他们的羊群。远处是巴勒斯坦的他泊山（Tabor，照片拍摄于 1898 至 1946 年间）。美国国会图书馆

欧亚大草原：马

在欧亚大草原地区，游牧民虽然也饲养绵羊、山羊、牛和双峰驼，但将马放在头等重要的位置。对马的驯养可能早在公元前 4000 年就出现了，但公元前 1000 年后骑马活动的出现才为草原游牧力量奠定了基础。从公元前 7 世纪开始，斯基泰人和萨尔马提亚人（Sarmatians）在俄罗斯南部和乌克兰建立了独特社会。他们的生活方式相对快速地向东扩展，到公元前 3 世纪，诸如匈奴人、乌孙人和月氏人这样文化类似的族群，在中国北部边界的草原获得发展。在随后的 2 000 年里，中国北部边境草原建立起来一系列游牧帝国，它们成为中国最大的外交挑战。这些帝国还控制了丝绸之路的关键环节，是将中国和西方连接起来的陆上贸易路线。

在中国边境，相继出现了一些最强大的游牧族群，分别是匈奴人、突厥人、蒙古人、瓦剌人和准噶尔人。在西方，中世纪和近代早期最著名的草原游牧民包括匈人、可萨人、钦察人（库曼人）、金帐汗人（鞑靼人）和卡尔梅克人（Kalmuks）。在蒙古人征服之后，哈萨克人（Kazakhs）、土库曼人和吉尔吉斯人（Kirghiz）控制了中亚。

西南亚和中亚：绵羊和山羊

游牧社会在西南亚和中亚的山脉及高原地区占支配地位，人们饲养绵羊和山羊，并将马、骆驼和驴用于交通。这些游牧社会始终与毗邻城镇的农民存在共生关系，用肉、家畜、羊毛、奶制品和兽皮与后者交换粮食和制成品。实际上，许多定居村庄都有游牧起源；当游牧家庭因失去牲畜而变得穷困时，就会在农业村庄定居下来。

公元 1000 至 1500 年，游牧民在政治上控制 1928
了中亚地区，并在伊朗高原和安纳托利亚高原建立起一系列重要王朝。这些王朝包括塞尔柱王国、伽色尼王国（Ghaznavids）、花剌子模沙王朝（Knwarazm Shahs）、蒙古伊尔汗国（Mongol Il-khans）、帖木儿帝国（Timurids）、乌兹别克和奥斯曼帝国。1500 年之后，游牧民建立了强大的地区同盟，保留了相当自治权。这种同盟一直持续到 20 世纪。在一些以定居为主的族群中，例如在普什图人、库尔德人和俾路支人当中，也存在重要游牧元素。

中东和北非的沙漠：骆驼

撒哈拉沙漠和阿拉伯沙漠是贝都因人的家乡，他们专门饲养单峰驼作为食物来源和交通

巴尔·扎拉夫(Bahl el Zeraf)岸边的牛栏。雨果·阿道夫·贝纳齐克(Hugo Adolf Bernatzik)摄。纽约公共图书馆

工具。他们也能得到其他收益：从绿洲的农夫那里敲诈椰枣，从其他游牧民那里抢夺骆驼，向沙漠商队售卖骆驼，作为雇佣兵服役。一些游牧民只饲养骆驼，他们大多居住在阿拉伯半岛(亚洲西南的半岛，包括沙特阿拉伯、也门和波斯湾国家)。他们的迁移路线分布最为广泛，这使他们能够找到沙漠深处的牧草。由于缺水，只有骆驼能在那里存活。在北美和中东其他地区，更多的游牧民混养骆驼和绵羊，但他们的迁移周期更有限，因为绵羊需要定时饮水。

骆驼被驯化的时间较晚(约公元前1500年)。那些专门饲养骆驼的游牧民出现于一种环境，而美索不达米亚和埃及的城市文明已经在这种环境中存续了2 000年。在公元前500至前100年间，阿拉伯北部地区引入骆驼鞍之后，饲养骆驼的贝都因人在政治上变得重要起来。这种鞍使骑骆驼的战士更便于战斗，使他们能够控制利润丰厚的香料贸易路线，后者贯穿阿拉伯半岛。这些骑骆驼的战士成为早期伊斯兰军队的核心。在公元七八世纪，他们征服了近东和北非。

将骆驼用于交通的需求不断增长，也促进了饲养骆驼的社会的崛起。骆驼有效地替代了轮式车辆，成为移动货物的最经济的方式。因此，直到20世纪，在汽车和卡车才出现之前，轮式车辆在这一地区彻底消失。

撒哈拉以南地区的热带草原：牛

在撒哈拉以南非洲的热带草原地区，牛的价值极高，但山羊和季节性农业在生活中也发挥着重要作用。在这一地区的社会中，牛的所有
权是决定一个人财富与地位的关键因素。仪式 1929
性的活动包括交换牛或将牛用于祭祀。那里的游牧民用小屋替代轻便的帐篷，将驴用作交通工具。由于周边定居的人们也看重牛，所以我们很难判断哪些社会是真正的游牧社会。但一般而言，在这些社会里，牛与人的比例是5∶1。

最突出的游牧社会位于东非，包括努尔人、图尔卡纳人和马赛人。马赛人因其饮食而著名，他们的食物主要是肉、奶和血。在18世纪，他们迅速向南扩张，逐渐主导了肯尼亚和坦桑尼亚高地草原的大部分地区。在19世纪中叶，努尔人在苏丹南部的扩张方式与此类似，替换或合并了周边的族群。直到19世纪下半叶，这些族群为抵抗欧洲殖民势力的吞并而战斗，才与外部世界有了更广泛的互动。在这一时期，非洲南部的游牧社会，如祖鲁人社会，快速地成为强大

的王国,能够更有效地抵抗欧洲扩张。

亚洲高纬度地区:驯鹿

在高纬度的亚北极地区,由于对驯鹿的不断利用,这里的游牧制度出现了最复杂的变化。这种变化是有连续性的而且范围很广,从仅仅为了获得肉食而简单地猎杀野生动物、放牧半野生动物,到真正游牧制度的出现。驯鹿可用来挤奶,还被斯堪的纳维亚半岛的拉普人(Lapps)用于拉车。驯鹿以地衣为食,而非其他驯养食草动物所吃的草或灌木等物种,于是驯养驯鹿的社群与其他牧民隔离开来。从而,这些在遥远的北方放牧驯鹿的人对世界历史的影响是最间接的。一些人认为,放牧驯鹿是游牧制最古老的形式,因为那些依赖于猎杀驯鹿为生的社群可追溯到狩猎-采集时代(旧石器时代)。但目前许多学者认为,对驯养驯鹿的利用是最近才发生的,对驯鹿的驯养在过去的500年里才出现。

亚洲高海拔地区: 牦牛

高海拔的西藏高原环境恶劣,而牦牛使游牧制度存在于海拔3 000米以上的地区。其畜群还包括牦牛和牛的杂交种、各种高海拔地区的绵羊、克什米尔细毛山羊以及马。西藏牧民用羊毛、兽皮、盐和奶制品向村庄里的村民换大麦,这是他们的主要食物。过去,他们也把牦牛供应给陆上商队,牦牛是高山地区唯一能够运输沉重货物的动物。那里的游牧民迁移的距离相对短些,他们住在用牦牛毛制成的黑色帐篷中。许多游牧公社被并入佛寺管理的大型地产中。

政治结构

游牧社会政治结构的复杂度与其定居邻居的中央集权程度有很大关系。一些政治组织是中央集权程度最高、最复杂的,它们出现在那些面对强大中央集权国家的游牧民中。与此形成鲜明对照的是东非游牧民,它们面对的对手没有国家,只依赖于分散的政治组织。游牧社会政治结构有四种基本类型:

1. 马赛人以年龄集合为基础的政治组织或努尔人无首领(缺少政府首领或首长)的部分血缘群落是撒哈拉以南非洲的特征。在那里,在殖民时代之前,游牧社会几乎没有遭遇国家社会。

2. 北非和阿拉伯地区的贝都因人社会是典型的以血统为基础的政治组织,领导者是不变
的,但没有支配性或中央集权的组织。他们仅遭 1930
遇了地区中强大的国家。

3. 超部落联盟,有着强大的世袭领导人,出现在整个伊朗高原和安纳托利亚高原上,是庞大帝国内部的地区政治网络的组成部分。

4. 中央集权的游牧国家,统治着广阔地域和众多人口,周期性地在蒙古草原上发展起来,通常是对单一王朝统治下的大一统中国的回应。

沿着中国边境建立起来的中央集权的游牧国家对世界历史的影响最重大。他们将马术和箭术结合起来,形成令人敬畏的骑兵,这使这些游牧民强大起来。这些游牧民将袭击或敲诈其定居邻居与控制国际贸易网络结合起来。通过这样的政策,他们尽管人口相对较少,却变得非常富有,并具有政治影响力。这种财富和影响成就了蒙古庞大、长久的游牧帝国,是强大中国本土王朝的政治对手,双方经常交战。这些早期帝国中最著名的是匈奴帝国,是汉朝的竞争对手。581—907年,一系列突厥帝国与中国的隋朝和唐朝对峙。在西方,阿提拉(Attila)领导的匈奴人创建了同样强大但相对短暂的帝国,在5世纪威胁着罗马人。

世界舞台上出现的最强大的游牧帝国是蒙

> 玉米养育了我们；驯服的牲畜使我们顺从。由此出现了小屋、城堡和王国。
>
> ——理查德·威尔伯(Richard Wilbur, 1921—)

古帝国。在成吉思汗和他的13世纪继承者的领导下，蒙古人征服了欧亚大陆的大部分地区，建立了一个世界帝国。从太平洋到多瑙河、从西伯利亚冰冻森林到波斯湾潮湿海滨的广大地区都是这个帝国的疆域。不过，18世纪之后，草原游牧民的政治力量明显衰落，因为火药革命削弱了他们的军事优势。西方俄国沙皇和东方中国清朝不断增长的皇权使欧亚大草原到19世纪初已在两者之间分开，这破坏了草原部落的自治权。

今日游牧民

我们现在仍能在游牧民传统居住的范围内找到游牧社会，但他们不再拥有曾经的影响力了。他们作为骑马的弓箭手或沙漠战士所拥有的军事力量在几个世纪之前就消失了。同样地，装有发动机的运载工具和飞机也使他们不能将自己隔离在大草原的沙漠深处或高山中，使他们难以继续保持自治。随着世界人口的扩张，他们的牧区也丧失了，即使是最低限度上适合农耕的土地也丧失了。现代政府对迁移的人们存有偏见，采取积极政策使游牧民定居下来，这加速了游牧民丧失土地的进程。但在世界许多地方，游牧制度仍然是一种可行的经济战略，并有可能在未来以某种形式延续。游牧民的历史遗产依然存在：蒙古游牧部落在草原上疾驰，贝都因的骆驼骑手穿越于沙丘之间，高大的马赛人手握长矛，这些都是大众头脑中根深蒂固的经典形象，我们甚至无法抹去这些印象。

进一步阅读书目：

Barfield, T.J.(1989). *The Perilous Frontier: Nomadic Empires and China*. Oxford, UK: Blackwell.

Barfield, T.J.(1993). *The Nomadic Alternative*. Englewood Cliffs, NJ: Prentice Hall.

Barth, F.(1961). *Nomads of South Persia*. Boston: Little, Brown.

1931 Beck, L.(1986). *The Qashqa'i of Iran*. New Haven, CT: Yale University Press.

Bulliet, R.(1977). *The Camel and the Wheel*. Cambridge, MA: Harvard University Press.

Goldstein, M., & Beall, C.(1989). *Nomads of Western Tibet: The Survival of a Way of Life*. Berkeley and Los Angeles: University of California Press.

Humphrey, C., & Sneath, D.(1999). *The End of Nomadism?: Society, State, and the Environment in Inner Asia*. Durham, NC: Duke University Press.

Ibn, K.(1967). *The Muqaddimah* (F. Rosenthal, Trans.; N. Dawood, Ed.). Princeton, NJ: Princeton University Press.

Ingold, T.(1980). *Hunters, Pastoralists and Ranchers*. Cambridge, UK: Cambridge University Press.

Kelly, R.(1985). *The Nuer Conquest: The Structure and Development of an Expansionist System*. Ann Arbor: University of Michigan Press.

Khazanov, A.M.(1994). *Nomads and the Outside World* (2nd ed.). Madison: University of Wisconsin Press.

Khazanov, A.M., & Wink, A. (Eds.).(2001). *Nomads in the Sedentary World*. Richmond, UK: Curzon.

Lancaster, W.(1997). *The Rwala Bedouin Today* (2nd ed.). Prospect Heights, IL: Waveland Press.

Lattimore, O.(1940). *Inner Asian Frontiers of China*. New York: American Geographical Society.

Morgan, D.(1986). *The Mongols*. Oxford, UK: Blackwell.

Morris, D.R.(1965). *The Washing of the Spears: A History of the Rise of the Zulu Nation under Shaka and its Fall in the Zulu War of 1879*. New York: Simon & Schuster.

Ratchnevsky, P.(1991). *Genghis Khan: His Life and Legacy* (T. Haining, Trans. & Ed.). Oxford, UK: Blackwell.

Tapper, R.(1997). *Frontier Nomads of Iran: A Political and Social History of the Shahsevan*. Cambridge, UK: Cambridge University Press.

Trippett, F.(1974). *The First Horsemen*. New York: Time-Life Books.

托马斯·巴菲尔德(Thomas J. Barfield) 文
毛悦 译,郭子林 校

Paul, Saint 圣保罗

在将基督教从犹太教的一个宗派转变为世界性的宗教方面,圣保罗(早期基督教神学者,10—67)比其他任何人 1932
的贡献都要大。他在传教途中,在从安纳托利亚到希腊的地区建立了教堂;他给那些改信基督教的信徒的信中明确了教义、解决了纷争;尤为重要的是,他劝说彼得和耶路撒冷的其他使徒放弃犹太律法,引导他们走上基督徒的道路。

圣保罗毕生都自视为犹太人,但今天他却被视为第一位确然的基督教神学者。保罗是耶稣的信徒中第一位坚持将非犹太人纳入上帝家族中的人。他也是坚持犹太圣经对于耶稣最早的信徒具有重要意义的第一人,他的坚持间接地促进了由《旧约》和《新约》两部分组成的基督教圣经的形成。他的7封书信(《罗马书》《哥林多书Ⅰ和Ⅱ》《加拉太书》《腓立比书》《帖撒罗尼迦前书》《腓利门书》)是最早的《新约全书》作品,因此也是可得到的最早的基督教文献。对于1世纪教堂中犹太教徒与异教徒之间关系的任何研究,或者对于1世纪教堂的争论、教义和实践的任何考察而言,这些书信都是必不可少的。在基督教的历史上,保罗给罗马人的书信促进了4世纪圣奥古斯丁(Saint Augustine)的改宗,也有助于5世纪圣奥古斯丁对救赎教义的发展;这封信也促使马丁·路德在16世纪坚持只通过信仰进行救赎,并确定了20世纪新正统运动中卡尔·巴特(Karl Barth)的工作。

1世纪初,保罗出生在塔尔苏斯,生为犹太人。他年轻时曾迫害过耶稣的信徒。保罗在看到耶稣复活的幻象之后,自己也成为耶稣的信徒。在公元35至60年,他作为传教士,走遍了古代近东和地中海地区,建立教堂。保罗周围的人并没有忘记他早年曾是热心的犹太教徒和他作为耶稣信徒的新生活之间的矛盾,保罗必须花费大量时间来捍卫他作为耶稣十二使徒之一的权利,或者作为被召唤来传播福音(《加拉太书》《哥林多书》)的传教士的权利。在罗马皇帝尼禄统治时期(Nero, 54—68),保罗似乎是作为殉道者被处决了。

保罗的教堂多半由异教徒参加。他有力地争辩,认为异教徒不必为了被别人视作耶稣的信徒而坚持犹太人的传统。相反,耶稣的启示可以传递到任何相信他的活人、死人以及复活之人那里,无论种族(《加拉太书》《罗马书》)。保罗还讲授基督教教义的重要性,例如耶稣复活和基督复临(《哥林多书》《帖撒罗尼迦前书》)。保罗在《哥林多前书》中对圣餐或是上帝晚餐的讨论,在《腓立比后书》中对关于化身(耶稣亦人亦神)的赞美诗的讨论,是对这些教义最初的描述。此外,由于保罗的信是写给具体的教堂会众的,

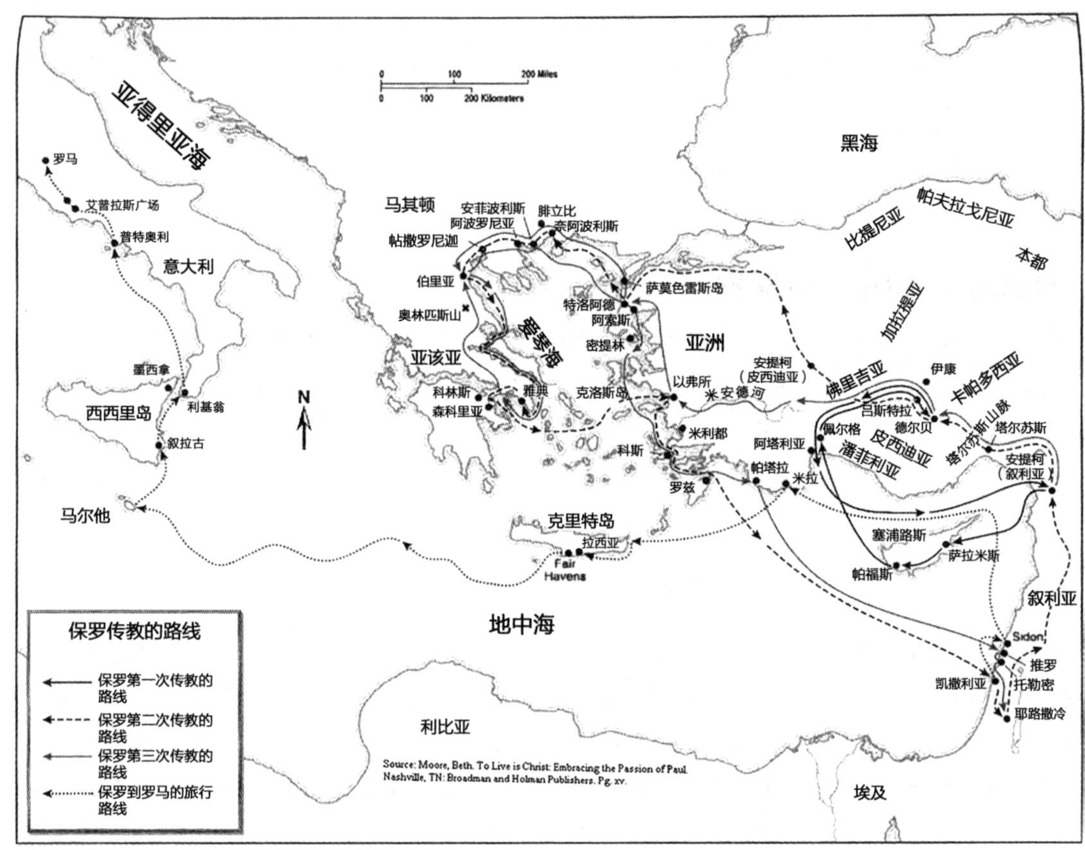

保罗传教的路线。在旅途中，圣保罗在安纳托利亚和希腊建立了教堂

因此他在每封信中都写了很多社会伦理方面的内容。例如，《哥林多前书》中提到了早期教堂中女性的地位，《腓利门书》可能谈到了奴隶制，尽管学界尚没有就信件的确切用意达成共识。

1933 关于保罗的遗产，学界仍有争议。一些学者将基督教神学的建立归功于他，另一些学者则将基督教的反犹太教观点的形成归咎于他，因为他不时地批评犹太教的实践，并引发论战；他还声称只有坚信耶稣，不遵守犹太教的传统，才能在上帝面前保持正直。他关于女性和奴隶的观点也受到批评，因为这些观点明显支持1世纪的理想，将这两个群体都置于在社会地位上屈从于自由民的地位。无论人们认为他应被称为圣人，还是谴责他是基督教的反犹太情绪的元凶，甚至是社会压抑的提倡者，保罗在《新约》上，也因此在基督教的（过去的和现在的）各种形式上，留下了永久而明显的印记。

进一步阅读书目：

Dahl, N.A. (1977). *Studies in Paul: Theology for the Early Christian Mission*. Minneapolis, MN: Augsburg.

Dunn, J.D.G. (1998). *The Theology of Paul the Apostle*. Grand Rapids, MI: Eerdmans.

Hawthorne, G.F., & Martin, R.P. (Eds.). (1993). *Dictionary of Paul and His Letters*. Downers Grove, IL: InterVarsity.

Roetzel, C.J. (1998). *The Letters of Paul: Conversations in Context* (4th ed). Louisville, KY: Westminster John

Knox.
Sanders, E. P. (1983). *Paul, the Law, and the Jewish People*. Philadelphia, PA: Fortress.
Stowers, S. K. (1994) *A Rereading of Romans: Justice, Jews, and Gentiles*. New Haven, CT: Yale University Press.

斯特西·戴维斯(Stacy Davis) 文
毛悦 译,郭子林 校

Peace Projects 和平计划

和平计划的目的是在国家之间建立必要的程序,以便处理纠纷,最终避免战争。大多数和平计划将管理公民社会 1934
的基本原理带到了国家关系的层面。通过对国内框架和国际框架进行类比,我们发现,法治、法庭、制裁是稳定社会的工具,也可以用于稳定国家间的关系,因此可用于安定世界秩序。

在"二战"最激烈的时候,伊迪丝·温拿(Edith Wynner)和乔治亚·劳合(Georgia Lloyd)出版了《和平计划上的探照灯》(*Searchlight on Peace Plans*)一书。他们想通过这本书,在苦难和悲痛的时候洞察和平。此书概述了自古代埃及以来西方世界起草的主要和平计划与世界秩序建议书。仅在14至20世纪中叶,就有超过125项计划被提出来。除了许多无名的和身份模糊的作者以外,一些著名历史人物引人注目,例如阿利盖利·但丁(Dante Alighieri)、威廉·佩恩(William Penn)、杰里米·边沁(Jeremy Bentham)、伊曼纽尔·康德(Immanuel Kant)和托马斯·潘恩(Thomas Paine)。无论是赫赫有名的作者,还是默默无闻的作者,他们都有一个共同的梦想,那就是摆脱战争。

和平计划天然地从属于国家关系,无论这些国家是王国、民族国家,还是现代国家。和平计划的目标是通过建立一系列和平解决纠纷的程序来避免战争。与空想的方案不同,和平计划的目的,既不是改变人性,也不是消除个体之间的暴力。大多数和平计划将管理公民社会的基本原理调换到国家关系的层面。通过对国内框架和国际框架进行一般类比,我们发现,法治、法庭和制裁是稳定社会的工具,也可以用于稳定国家间的关系,因此可用于安定世界秩序。

专门研究国际关系的历史学家亨斯利(F. H. Hinsley)观察到,和平计划在战争期间和之后最为常见,在毁灭性特别强的冲突之后更多见。和平计划也出现在政治动荡、多个实体争夺最高地位的时期。实际上,仔细考察7个世纪的和平计划之后,我们会发现,持久和平的理念经常配合着特别的政治秩序。这些和平计划既希望通过提升秩序来实现和平,也希望实现世界无战争的梦想。正如随后的事例所显示的,很多计划最初旨在实现共同渴望,但它们经常隐藏着特别意识形态和具体利益。

从中世纪至近代早期

教皇权和神圣罗马帝国之间的斗争主导了中世纪的政治思想。和平计划反映了这种紧张关系。教皇究竟是精神向导,还是拥有超越世俗皇帝之权力的人？14世纪初，皮埃尔·杜布瓦（Pierre Dubois，约1255—约1312）和阿利盖利·但丁（1265—1321）各自起草了一份和平计划，反对罗马主教。但丁在《论世界帝国》（*De Monarchia*，1310）中支持世俗皇帝。他认为世
1935 界是存在等级的，所有贵族之上的贵族——“君主”——是唯一能给基督教世界带来和平的人。古代罗马帝国以同样的方式给世界带来了罗马和平，罗马帝国的控制带来了持久和平。

杜布瓦在法国国王菲利普四世（Philip IV）的资助下写作，他的立场更有新意。他的著作《收复圣地》（*De Recuperatione Terrae Sanctae*，1305）关注基督教十字军发现圣地的活动。为实现这个目标，杜布瓦宣称欧洲各君主应停止纷争，放弃彼此交战。与但丁不同，鉴于基督教世界包含太多的人、太多的文化而又分布在太广阔的地域上，他反对帝国的解决方式。随后杜布瓦提出了一种新的联盟：由欧洲的君主建立一个委员会，充当仲裁法庭。拒绝提交纠纷或拒绝遵守法庭决议的成员将面临制裁，包括逐出教会、对其采取经济和军事行动。负责将被控者逐出基督教社团的教皇只拥有道德力量。同时，法国国王执行制裁，并因此拥有委员会的领导权。

杜布瓦的计划显然是为使菲利普四世和其他国王能够侵占教皇的权力而设计的。和平至多是杜布瓦第二位的考虑。不过，这个14世纪的计划事实上包含了所有更进步的和平计划的基本元素：委员会或独立实体的联合、解决纠纷的程序和强制措施。

300年来，杜布瓦的计划逐渐被忘却。在此期间，罗马教皇拥有世俗权的梦想和皇帝统一基督教世界的梦想都消失得无影无踪，尽管在16世纪，皇帝查理五世（Charles V）曾最后试图复兴统一基督教世界的梦想。作为对帝国这一最后努力的回应，欧洲出现了民族国家。杜布瓦的文本于1611年被重新出版：他提出的建立欧洲国家君主委员会的计划在1310年不合时宜，但在目前则是可能的了。

君主国之间的和平

在16和17世纪，现代国家体系的崛起带来了新学说，即均势学说。尽管这一体系以均势为基础，但它认可国家间的持续争斗，支持国家为了自己的利益而改变平衡。在当时，为了荣誉或者为了经济或领土优势而竞争，也是新紧张关系的根源。人们刚刚发现新世界。战争是当时处理竞争国家之间关系的手段，是一种极端的但合法的手段。作为一种副产品，冲突也相应增加了，关于和平的思考也因此被提出来。但哲学家们意识到，呼唤基督教世界团结起来的声音并没有得到响应。他们不得不跟随杜布瓦的脚步，起草计划，使独立国家为了共同利益而加入群体。因此，17和18世纪的和平计划都是同一理念的不同表达，如埃默里克·克吕塞（Emeric Crucé）的《新模糊主义》（*Nouveau Cynée*）、苏利（Sully）的《伟大设计》（*Grand Design*）、圣皮埃尔神父（Abbé de Saint-Pierre）的《欧洲永久和平计划》（*Project to Bring Perpetual Peace in Europe*）和威廉·佩恩的《通往欧洲现在和未来和平之路》（*Essay towards the Present and Future Peace of Europe*）。在这一时期的计划中，佩恩和圣皮埃尔的计划尤其具有代表性。尽管他们的观点显然是以欧洲为中心的，却与此前的观点不同。此前的观点主张和平计划，但通常推动具体利益。

在1693年的著作《通往欧洲现在和未来和平之路》中，佩恩建议建立欧洲议会，定期召集议会，其职责是通过仲裁和惩罚进攻性行为解决纠纷。“议会”中各国代表的比例根据各国的实力、税收、出口和进口而定。但佩恩认为，作为回报，成员国在集会内必须放弃国家主权的重要属性——全体一致的决定权，而接受3/4的多数

戴着面具的抗议者，象征着受害者，要求将奥古斯托·皮诺切特（Augusto Pinochet）将军遣送回智利，以作为对其战争罪行指控的回应

票即可通过表决的规则。一国因此就会因其他国家的意愿而被迫行动。

圣皮埃尔提出的计划于1712年首次出版，这项计划以两个观察为基础。第一，只要没有
1936 强制执行的条约，欧洲就不能实现和平。第二，均势是对和平的持续威胁。为了解决这些问题，他建议成立一个“大联盟”，由国际武装作为支持。与佩恩不同，圣皮埃尔建议24个欧洲国家的代表数量相同。

多年来，圣皮埃尔修改他的计划，加入反对意见和驳斥这些意见的内容，以克服任何批评意见，并将其计划的修改版呈送给欧洲君主，希望他们意识到自己将会从有组织的国际关系中获得怎样的收益。与佩恩一样，圣皮埃尔信任这些欧洲统治者，认为他们会评估和平秩序带来的经济收益。但在其1729年版的条约中，这位神父承认，他低估了欧洲领导者的基本关切：维持他们的行动自由，或是他们所称的国家主权。无论他如何宣称联盟的目的恰恰是在攻击者面前保持成员国的独立，但没有人认真考虑。圣皮埃尔招致了与他同时代人的一些尖刻评论。伏尔泰（1694—1778）嘲笑“乌托邦的圣皮埃尔”，认为他太天真了，竟然相信国君会以和平的名义放弃权力，因为正是国家权力界定了君主的特征。国家主权当时是和平计划的绊脚石。

康德学派实现永久和平的途径

伊曼纽尔·康德是处理国家主权这一不可逃避的事实的第一人。他的《论永久和平》（*Thoughts on Perpetual Peace*, 1795）是被引用最多、最有影响的关于和平的文献。但令人意外的是，这一文献是关于持久和平的理念，而非实践纲领，因为康德将永久和平想象为一种渐近的探索：人类将无限趋向于永久和平。

康德相信利己主义是人类的驱动力。他也

> 他们要将刀打成犁头，把枪打成镰刀。这国不举刀攻击那国，他们也不再学习战事。
>
> ——《弥迦书》(4：3)

1937 相信，人的利益服从于和平的道德律，正如战争是人类生活中固有的因素。人类持久地寻求将自己的法律强加在别人身上，但他们也害怕会有一部法律被武断地强加在自己身上。他们希望打破这种不安全的循环，结果是服从于习惯法。这样，他们希望有一个国际范围内的“社会契约”，即一个联盟。换言之，他们希望建立一个由各国组成的自由联盟，而不是一个否定国家身份的超国家实体。但康德强调了任何联盟计划获得成功的先决条件。在《关于永久和平的第一篇决定性文章》中，他认为“每一个国家的公民宪法都应该是共和主义的”(1983)。全体居民受到那个以宪法和权力分立为基础的社会契约的支配，也可能接受国际范围内的契约。这个先决条件将和平与共和政体——或者民主制——联系起来，成为自由主义和现代和平道路的基石。

康德表达了他关于和平与联邦制的观点，而从前的美洲殖民地正在经历第一次大规模的联邦架构。均势占统治地位的欧洲正陷入20年的战争中，这是法国大革命和拿破仑新帝国统治梦想造成的结果。

和平、发展与相互依赖

1815年拿破仑退位后，欧洲主要的冲突大幅度地减少，但1/4世纪的动乱极大地激发了人们关于和平的想法。19世纪，和平团体与和平计划层出不穷。1816年，第一个和平学会建立起来，即贵格会(Guakers)，这为和平计划的制定提供了动力。各种各样的团体的目标是宗教性的——将基督教原则用于民族关系和国际关系，但也是人文主义的。他们受启蒙运动的启发，寻求国家之间交往的理性化。作为工业和科学发展的结果，关于人类不断进步的信念越来越坚定，因此人们认为永久和平代表着文明最终的顶点。在现代世界，和平运动的积极分子相信，战争将不可避免地被废弃，而许多迹象都支持这一观点。

首先，即使“欧洲协约”的目的在于抑制国家自立和自由主义改革，它也表明在关系紧张的时期，领导人们也可以会面，并可以找到共同认可的方案来解决欧洲问题。其次，贸易与商业的国际扩张表明国家之间的依赖关系逐渐加强了，这看起来好像主权将很快荒废。再者，新近成立的非政府组织(例如国际电信联盟和国际邮政联盟)也表明，各国应合作，为了共同的利益而采取通用规则。最后，联邦概念在美国、瑞士(1848)、加拿大(1867)和德国(1871)流行起来，证实了康德的预言：国家联盟是一个行得通的解决方案。1849年召开的巴黎和会第一次对“欧洲国家联盟”进行了讨论。

尽管民族主义和军备在这个世纪末都不成比例地增长了，但和平运动的积极分子坚信，借助于理性、科学、合作和由仲裁与调解支撑的国际法，战争终将消失。大规模战争的来临令人震惊。

当代世界中的永久和平梦想

1914至1918年间，许多和平组织和个人仍然提出了一些和平计划，其中大多数是翻新了此前方案的命题(例如国家联合、人类议会、国际委员会和执行部队)。对于这些计划的作者而言，冲突使国际体系的无政府状态更加明显，也使根据法律规则重建国际体系的必要性凸显。而且，为维护和平而建立国际组织的理念也出现在政治话语中。伍德罗·威尔逊总统(1856—1924)许诺将为和平联盟而努力，并呼吁民主扩 1938
张，这使和平运动的积极分子充满热情。和平计划不再只是纯粹的推测。

1919年，国际联盟成立，试图管控国际关系。这一机构经过精心设计，不侵犯成员国的主权，因此也只具有道德上的影响力，但这种影

> 我们发动战争,为的是我们可以和平地生活。
>
> ——亚里士多德(公元前 5 世纪)

响力很快就消失了。随着时间的流逝,和平运动的提倡者们明白了全球一体化的进程不能从这样一种政治结构中产生出来。教育、合作以及国际主义者思想状态的创造必须成为重点。“二战”后,和平的国际社会的梦想由联合国实现了,但与其之前的机构一样,联合国也是由战胜国设计的,反映了新的地缘政治秩序。联合国的影响依赖于其拥有主权的成员国的意愿。

康德对和平的反思今日仍在回响。两个世纪之前,这位哲学家警告我们,替代国家的全球机构并不是灵丹妙药。今天,世界联邦仍然极不成熟,全世界意义的和平计划不再是论题。然而,欧洲国家不断推进和平的一体化进程,说明 1849 年最初讨论的联邦计划并非完全不切实际。康德所提倡的民主原则和世界主义——国际心理状态——的扩展,很可能代表了人类关于和平的最佳希望。

进一步阅读书目:

Armstrong, D. (1982). *The Rise of International Organization: A Short History*. Houndmills, U.K.: Macmillan.

Aron, R. (2003). *Peace and War: A Theory of International Relations*. New Brunswick, NJ: Transaction Publishers.

Hemleben, S. J. (1943). *Plans for World Peace through Six Centuries*. Chicago: University of Chicago Press.

Howard, M. (2000). *The Invention of Peace: Reflections on War and International Order*. New Haven, CT: Yale University Press.

Kant, I. (1983). *Perpetual Peace, and other Essays on Politics, History, and Morals* (T. Humphrey, Trans.). Indianapolis, IN: Hackett Publishing Company.

United Nations. (1996). *The League of Nations, 1920 – 1946: Organization and Accomplishments: A Retrospective of the First Organization for the Establishment of World Peace*. New York: United Nations.

卡尔·布夏尔(Carl Bouchard) 文
毛悦 译,郭子林 校

Peacemaking in the Modern Era 现代国际社会调停

根据历史记录,我们能够确定现代国际社会调停的模式。调停的核心是寻求确保均衡的措施。所谓均衡是指任何 1939
单一国家都不应支配其所有邻国,而且一个占支配地位的国家或集团可以受国家联盟的制衡。调停在确保最强大国家的优势的同时,使较弱国家也可以影响国际关系。

理论上讲,法国哲学家和政治学者雷蒙·阿隆(Raymond Aron)将和平定义为两个政治单元之间暴力或对抗的暂停状态(1966)。两个交战国家相互妥协并停止战斗的这个过程,可以因一方军队的失利得以进行,或者在军事僵持的情况下通过旨在停止战斗的谈判来实现。因此,调停是一个政治进程。通过这个进程,各国从武装冲突的状态转向和平状态,确认由战争导致的政治、地理、经济或社会变化。

调停与现代国际体系的诞生有关,因此也与

德国人在德意志帝国国会外举行群众集会，对《凡尔赛和约》表示抗议

建构国际关系的基本原则相关：国家主权、得到正式承认的国际行为体的平等、国际法的编撰和承认、均衡机制的调节性影响。

正如约翰·米尔斯海默（John J. Mersheimer）所言，既然各国“生存在一个根本上说充满竞争的世界，它们视彼此为真实的或者至少潜在的敌人，因此它们试图牺牲彼此来获得权力”，而且“强大的动力推动一国利用其他国家”，调停试图限制这种新的冲突风险。

威斯特伐利亚体系

17世纪，欧洲出现了现代国家和法治，为调停创造了条件。封建时期的国际关系建立在欧洲王朝、神圣罗马帝国和罗马教皇的垂直权力关系基础之上。在这样的背景下，神圣罗马帝国和罗马教皇成为整个基督教的代表，能够干涉欧洲各王朝的内部事务。

《威斯特伐利亚和约》将国际权力关系变为水平的权力关系，由此使外交发生变化。威斯特伐利亚体系以4个界定现代国际关系的基本原则为基础，引入国家主权原则，作为国家间关系的基础。更重要的是，1648年在明斯特（Münster）和奥斯纳布吕克（Osnabrück）签署的2个和约结束了“三十年战争”，引入了国家利益概念。条约将国家利益作为一个激励因素来界定调停的条件，并形成了基于欧洲均势基础上的国际体系。正如亨利·基辛格（Henry Kissinger，1957）所说，在政务行为中，用国家利益来取代宗教动机，欧洲外交得以世俗化。 1940
《威斯特伐利亚和约》建立在引入调停过程的基础之上，这种调停过程维持了此前战争中出现的政治均衡。在“三十年战争”的具体案例中，由法国国王、瑞典女王和神圣德意志帝和平不是恐怖或恐惧的产物。和平不是墓园的寂静。和平不是暴力镇压悄无声息的结果。和平是动态的。和平是慷慨的。和平既是权利,也是义务。

——奥斯卡·罗梅罗(Oscar Romero, 1917—1980)

国组织的调停过程,通过分裂德意志确保了其后200年法国在欧洲大陆的优势地位。这也为17和18世纪无数欧洲战争的和平解决指明了道路。

维也纳会议

法国大革命和拿破仑·波拿巴的上台,对均衡调停的基础形成了重大挑战。政治体系向民族国家体系的转变和庞大军队的引入改变了调停基础。拿破仑的军队在欧洲推进,似乎是不可抵抗的力量,挑战着旧秩序的结构。法国军队对欧洲的征服试图使法国成为主导国,但结果使英国与奥地利结盟,并使普鲁士和俄国联合起来与拿破仑对抗。

随后产生的调停协议类似于已经确立的威斯特伐利亚体系的外交传统。维也纳的解决方案奠定了奥地利、英国和俄国的欧洲优势国家地位。1814年,战胜国在维也纳会面时,调停过程背后的根本变化是奥地利、英国和俄国决心阻止法国恢复实力以改变欧洲均势。拿破仑的"百日王朝"——从1814年他结束在厄尔巴岛的囚禁到他的军队在滑铁卢的最后一搏——证明了一种能够确保新的均势延续下去的外交体系的必要性。

考虑到主要大国的代表(俄国沙皇亚历山大一世、奥地利外相克莱门斯·梅特涅[Klemens von Metternich]和英国外相罗伯特·斯图亚特·卡斯尔雷[Robert Stewart Castlereagh])的目的是还原旧制度,限制法国大革命对欧洲政治体系和社会价值观的影响,他们明白,需要建立一个能够牵制法国大革命影响的外交体系。

维也纳会议根本上持反对大革命的立场,在梅特涅的领导下,对调停过程采用了务实的方针。法国也参加了谈判,法国的君主政体得以恢复,但也包容了成文宪法。为限制与法国人民敌对的风险,法国被允许保留1789年时的边界线。法国已经从维也纳会议中撤出,但仍然 1941
是重要的世界强国。作为控制法国的一种方式,沙皇亚历山大一世、神圣罗马帝国皇帝弗朗西斯二世(Francis II)和普鲁士的腓特烈·威廉四世(Frederick William IV)谋划了神圣同盟。这一同盟旨在维持欧洲现状;英国避开了这个同盟,认为其有侵犯性,又过于保守。神圣同盟条款的第1条是:

> 遵照《圣经》中所有人应互视为兄弟的信条,牢固的兄弟情谊将这三个缔约的王朝凝聚在一起,视彼此为同胞,在任何情况下都将给予任何一方支持、援助和帮助;视自己为臣民和军队的一家之父,以同样的兄弟情谊的精神引导他们,这种精神使他们生机勃勃,以护卫宗教、和平与公正。(Simpson and Jones, 2000)

维也纳体系的主要成就是引入了一个框架,使战胜国联合起来,确保欧洲的现状得以维持。代表大会制度由此产生。根据这种制度,奥地利、英国、法国、普鲁士和俄国进行会晤,就威胁到维也纳会议形成的势力均衡的各种国际危机进行协商并做出回应。维也纳和平调解模式及其所确立的代表大会制度尽管在本质上是保守的,却带来了一个世纪的和平,直到第一次世界大战爆发。

《凡尔赛和约》

第一次世界大战彻底改变了欧洲的势力均衡。全面战争的展开引发了调停进程;这一进程基本上将战败国排除在调停后产生的均势结构之外,以防止这些国家寻求重新调停。

第一次世界大战给人类造成的损失规模如此庞大,以至于两个新因素被引入这一调停进

> 使人和睦的人有福了，因为他们必称为神的儿子。
>
> ——《马太福音》5：9

程，于1919年在凡尔赛宫进行。这两个因素是战争罪和集体论坛的建立，二者旨在牵制战争。《凡尔赛和约》于1919年6月28日签订，其中声名狼藉的第231条将战争的责任完全归咎于德国。德国被排除在和平谈判之外，被要求支付赔款、缴械、限制其现役陆军与海军的规模、不得建立新的空军。

在美国总统伍德罗·威尔逊（1856—1924）的影响下，战胜国同意建立一个国际组织，以通过外交和集体安全来确保凡尔赛调停结果带来的政治现状。为了通过协商取代武装冲突的方式来使外交行为合法化，《凡尔赛和约》建立了国际联盟。这是一个国际论坛，是联合国的前身。但纳粹德国和法西斯主义的意大利都寻求改变战争之后的均势，在这两国的压力下，国际联盟这个旨在实现全面裁军的国际论坛夭折了。

国际联盟除了本身契约的道德价值之外没有任何权威，成为1919年调停进程失败的缩影。1919年，俄国的布尔什维克革命和中欧发生的无数革命运动似乎形成了一种真实的威胁，调解者不得不快速行动以稳定国际关系。但正如历史学家杰克·罗斯（Jack C. Roth）所阐释的，“德国的失败掩盖了这样一个事实：1919年时德国支配欧洲的潜力可能比1914年时更大。事实上，战争的结束打破了一个联盟，而要使德国受到控制正需要这样的联盟”。

激发凡尔赛调停进程的是一种要将国际关系“合法化”的集体意志，而强制机制的缺乏则意味着整个体系有赖于其成员的善意。国际联盟无力遏止1931年日本入侵中国、德国重新武装以及意大利对埃塞俄比亚的入侵，这表明了
1942 凡尔赛体系的集体外交的弱点以及不使用强制手段很难实现稳定的调停进程。

从第二次世界大战到冷战

1945年，英国、美国和苏联的联盟击败了德国。在德国第二次要求在欧洲获得权力之后，胜利者们决定建立一个适宜的调停进程，以确保维持欧洲的现状。“二战”的结束标志着国际政治的重大变化。它标志着欧洲优势的终结，也标志着建立在美苏两个超级大国基础上的国际体系的出现。

在雅尔塔和波茨坦，英国、苏联、法国和美国试图建立一个适宜的调停进程，以彻底解决德国问题。如果说美苏两国在1945年曾希望战时的合作永存，那么它们在意识形态上的分歧很快就打碎了任何合作希望。而且，当时国际现状依赖于支配国即美苏之间的力量均衡。事实上，调停进程的失败，恰恰意味着世界在未来50年处于战争威胁中。

核武器的存在改变了国际关系的风险。在原子弹爆炸之前，战争被认为是一种调节机制，反映着国际力量平衡的变化。当毁灭人类的风险出现后，调停取代战争成为焦点。

理解调停

根据历史记录，我们能够鉴定一种调停的模式。在这一进程的核心，调停寻求的是确保均衡，没有任何一个国家能够控制其所有邻国。支配性的国家或国际集团是存在的，但我们可以通过国家的联合来制衡它们。调停保证了那些最强大国家的优势地位，同时也允许较弱的国家对国际关系施加影响。只要各国的利益保持在由调停进程限定的界线之内，战争就可以避免。

进一步阅读书目: 1943

Aron, R. (1966). *Peace and War: A Theory of International Relations*. New York: Praeger.

Kissinger, H. (1957). *A World Restored: Castlereagh, Metternich and the Restoration of Peace 1812 - 1922*. New York: Houghton Mifflin.

Kissinger, H. (1994). *Diplomacy*. New York: Simon & Schuster.

Mersheimer, J. J. (2003). *The Tragedy of Great Power Politics*. New York: Norton.

Roth, J. C. (1968). *World War I: A Turning Point in Modern History*. New York: Knopf.

Simpson, W., & Jones, M. (2000). *Europe, 1783 - 1914*. London: Routledge.

马丁·拉伯奇(Martin LaBerge) 文

毛悦 译,郭子林 校

Pentecostalism 五旬节派

五旬节派根据字面意思理解《圣经》,相信基督即将复临。这一派的宗教仪式极其丰富,这是他们与其他原教旨主 1944
义者或福音派的区别。五旬节派强调预言、解释模糊不清的语音、治愈和驱魔。这一运动起源于美国,并传播到加勒比地区、拉丁美洲、撒哈拉以南非洲、东南亚、韩国、英国和东欧。

美国内战之后,五旬节派作为一种独特运动出现。它在圣洁运动的基础上发展得更为激进,寻求在美国各主流教派,尤其是在循道派中复兴卫斯理公会派的完美教义。五旬节派的一个重要因素——讲模糊不清的语言,似乎断断续续地存在了 1 000 年。尽管五旬节派内部有多种信条,但他们一般强调以下几点:第一,由讲模糊不清的语言而展现出来的圣灵的洗礼;第二,耶稣基督即将复临;第三,作为福音派特点的讲模糊不清的语言的重要意义。五旬节派按照字面意思理解《圣经》,并强调清教徒的美德。但与其他原教旨主义者或福音派(例如南方浸礼宗和基督教会)不同,五旬节派的宗教仪式要丰富得多。五旬节派还强调预言、解释模糊不清的语言、治愈和驱魔。在意识形态层面,圣洁教派和五旬节派都强调"神圣化"的概念。与风格相对克制的圣洁教派的宗教仪式相比,五旬节派强调充满灵感的、迸发狂喜的情绪,比如大喊大叫、指指点点、抽搐昏厥、满地打滚,特别是讲模糊不清的语言或言语不清(glossolalia)。阿帕拉契亚南部和欧扎克山脉的一些五旬节教派甚至使用有毒的巨蛇。

五旬节派在美国的发展

五旬节派的早期遗址包括两个中心。一个中心在北卡罗来纳州西部和田纳西州东部,与汤姆林森(A. J. Tomlinson)和上帝会有关。另一个中心位于堪萨斯州的托皮卡(Topeka),与查理·帕罕(Charles Parham)和洛杉矶 1906 至 1909 年跨种族的阿苏扎街复兴运动有关。1898 年,查理·帕罕离开循道派的美国圣公会教堂,在堪萨斯州的托皮卡建立圣地康复中心。道伊(J. A. Dowie)在伊利诺伊州锡安城建立的康复

美国传教士乔治·坎德林(George T. Candlin)的照片。他参加了1893年芝加哥博览会的世界宗教会议(五旬节派的前身)。会议标题是“这就是五旬节,之后是整个世界的改宗”

部鼓舞了查理·帕罕。1900年,他从芝加哥到纽约再到乔治亚州,访问圣座和康复部门。1900年年末,查理·帕罕在托皮卡建立了圣地圣经学院。1901年初,他的一些学生在研读了“圣灵的洗礼”之后开始讲模糊不清的语音。查理·帕罕关闭了他的学校,指导学生们传播五旬节派的启示。1905年,他在休斯敦开设了另一所基督教学院,招募了威廉·西摩(William Seymour)。威廉·西摩是非裔美籍圣座牧师,继续推动阿苏扎街著名的复兴运动。特别重要的是,参加这一运动的下层社会的穷人不仅来自美国各地,还来自其他国家。威廉·西摩在东南地区传播五旬节派的福音,他的听众既有
1945 白人,也有黑人。1907年初,基督上帝教会(COGIC)的两位创始人之一查理·梅森(Charles H. Mason)与两位同胞参加这项复兴运动之后,将圣洁教派转变成了五旬节派的团体。基督上帝教会的另一位创立者琼斯(C. P. Jones)排斥五旬节派,建立了美国基督教会(圣洁派)。据估计,到20世纪最初几年,五旬节派在美国、加拿大和墨西哥北部吸引的改宗者已有5万~10万之众。

阿苏扎街复兴运动之后的几年里,五旬节派最初的跨种族特征开始被打破。1914年,基督上帝教会任命的白人牧师建立了多个神召会。总部设在田纳西州孟菲斯的基督上帝教会今天拥有着世界上最大的以黑人为主导的五旬节派团体,而神召会已发展成为世界上最大的五旬节派团体,目前总部设在密苏里州的斯普林菲尔德。几年之后,出生在加拿大的艾梅·森普尔·麦克弗森(Aimee Semple McPherson)脱离了神召会,在洛杉矶建立了自己的集会,1927年并入四方福音会的国际教堂。一些五旬节派的信徒,特别是那些与世界五旬节集会以及国际联合五旬节教堂有关的信徒,强调上帝的单一性(oneness)和以耶稣的名义洗礼,而不是以圣父、圣子和圣灵的名义洗礼。到20世纪末,仅在美国就出现了几百个五旬节派的宗派,其中很多都是非裔美国人。在非裔美国人和欧裔美国人的五旬节派中,传教士的历史多姿多彩,甚至有些夸张。20世纪40年代,一位五旬节派圣洁教堂的福音传道者欧罗·罗伯茨(Oral Roberts)在俄克拉荷马州的塔尔萨创建了“治愈和广播部”。美国万民联合祈祷会的创建者“甜蜜神父”(“Sweet Daddy”)格雷斯(Grace)仿佛是“黑色大都市的众神”中的一尊,凯西·库尔曼(Kathryn Kuhlman)是长老会的一位白人会员,艾达·罗宾逊主教(Ida Robinson)是一位非裔美国人,也是美国西奈山圣教堂的创建者。她们证明了在五旬节派中女性有能力上升到领导者的位置,尽管男性也同样在付出努力谋求主导地位。五旬节各教派也注意吸引女性信徒,其女

性信徒的比例高于主流教派中的女性信徒的比例。

灵恩运动的发展

五旬节派本身在很大程度上迎合了社会中下层或劳动阶级的人们;而新五旬节派,或者说灵恩运动,基本上照顾的是更加富裕的人们的需求,从社会中下层到中上层。20世纪50年代,灵恩运动最初在一些主流新教教堂的教众中传播,例如圣公会教徒(Episcopalians)、路德
1946 教派成员和长老会教徒,到60年代,则在罗马天主教教徒中传播。1952年,代摩士·撒加林(Demos Shakarian)建立了国际全备福音商人团契。大卫·庇利斯(David J. du Plessis)出生在南非,是康涅狄格州神召会的牧师。1954年他通过加入世界基督教协进会而与主流教堂建立了联系,并作为五旬节派唯一的观察员参加了第二届梵蒂冈大公会议。由于他的这些行为,1962年神召会将他逐出教会。但在主流教堂中发动灵恩运动方面,庇利斯起到了重要的推动作用。始于加利福尼亚州的子民运动是年轻人的复兴运动,为灵恩运动注入了能量。神召会牧师吉姆·巴克尔(Jim Bakker)和吉米·史华格(Jimmy Swaggart)与欧罗·罗伯茨一样,成为非常活跃而有影响力的灵恩运动的福音传播者。

天主教内部的五旬节派于1967年春始于匹兹堡的迪尤肯大学,随后传播到圣母大学和密歇根州立大学。天主教五旬节派的参与者最初自称为"五旬节派天主教徒"或"天主教五旬节派",但随后出于阶级原因改称为"天主教灵恩派"(McGuire 1982)。

五旬节派在全球的传播

五旬节派从其发源地美国传播到世界很多地区,包括加勒比海地区、拉丁美洲、撒哈拉以南非洲、东南亚、韩国、英国甚至东欧。著名的基督教统计学家大卫·巴雷特(David J. Barrett)和托德·约翰逊(Todd M. Johnson)(引自Wacker, 2001)认为,到2000年共有5.25亿五旬节派教徒/灵恩运动参与者(占世界基督教教徒的27%),因此,目前五旬节派已是天主教之外最大的基督教分支。大型而独立的五旬节派集会在拉丁美洲和美洲大量涌现,特别是在20世纪八九十年代。巴西出现了大批改宗新教的教徒,尤其改宗五旬节派。当地各种统计数据显示,在任何一个周日,去教堂做礼拜的新教徒都要多于天主教徒。很多原本参加巴西新教主流集会的教徒都为了建立五旬节派的集会而离开了新教集会。尽管是北美人将五旬节派引入了拉丁美洲,但大体而言现在是拉丁美洲人来负责传播这一运动。与美国的情况一样,南非的五旬节派出现于20世纪初,作为各种族都参与的一项运动吸引了黑人和穷困的南非白人,但很快就根据种族不同而分化。阿兰·安德森(Allan H. Anderson)在《关于南非五旬节派的危险记忆》(*Dangerous Memories for South African Pentecostal*, 1999)中就持这种观点。北美人和欧洲人的各种努力终于使神召会在南非地区形成。在南非,许多五旬节派的黑人信徒选择加入很多非洲的独立教派。在世界各地,一些五旬节派信徒通过世界五旬宗同盟建立起联系,但表面上似乎大多数人并没有加入这一实体。

对五旬节派的解读

目前,五旬节派在全世界拥有信徒,许多社会学家和宗教学者也就此著书立说。罗伯特·梅普斯·安德森(Robert Mapes Anderson)的《被剥夺继承权者的幻想》(*Vision of the Disinherited*, 1979)或许对欧裔美国人五旬节

派进行了最有洞察力的分析，他认为五旬节派有几方面的功能，但没有任何一个功能严重地挑战了整个社会或在社会内部重大地改变了五旬节派信徒的地位。第一，对于被边缘化的民众而言，五旬节派起到了疏导的作用。第二，五旬节派为其领导者提供了开启职业生涯的机会。第三，对于主流教堂内部的不满，起到了“安全阀”的作用。第四，便利了从农村到城市的迁移过程。第五，使其信徒顺从、勤勉和节俭。第六，形成了一个顺从的劳动阶级。从历史上来
1947 看，这些观点也适用于非裔美国人的五旬节派。由于民权运动和黑人权利运动对第三代五旬节派黑人牧师的影响，越来越多的黑人五旬节集会讨论政治和社会问题。孟菲斯的黑人注册选民人数得以翻番，其中牧师与基督徒联盟这个组织居功至伟。而五旬节派的机构教堂——基督上帝教会的母教会（位于孟菲斯市区以东约1英里处）——对于联盟的建立发挥了重要作用。五旬节派的黑人教徒在市议会、州议会中赢得席位，并受命在联邦政府行政机构中担任较为次要的职务。

梅雷迪斯·麦圭尔（Meredith McGuire）将这种对权利的赋予的追寻视为天主教灵恩运动的核心。她认为，即使是美国社会那些相对富裕而保守的民众也“感觉到变化‘抢走了’他们控制未来的权力，将他们的意愿作用于环境的权利，知道有何期待并从而采取相应行动的权力”（McGuire 1982）。托马斯·乔尔达什（Thomas J. Csordas）在《神圣自我》（*The Sacred Self*）中认为，对神灵存在的认知常常为天主教灵恩运动的信徒注入安全感，使他们能够克服创伤性事件的记忆。

多位学者考察了五旬节派在拉丁美洲和其他发展中国家以及欠发达国家所起的作用。在很大程度上，巴西和拉丁美洲其他地区的五旬节派迎合了当地穷人。尽管以基督徒为主的社区受解放神学的激发，使拉丁美洲的天主教焕发生机，但五旬节派已被证明是一个有力的竞争者，因为它能够挖掘出心灵深处的情感需求，并向追随者承诺往社会上层流动的可能性。安德鲁·切斯特纳特（R. Andrew Chestnut）对巴西贝伦市五旬节派信徒做了民族学研究后，在《巴西的再生》（*Born Again in Brazil*）中报告说，在他的受访者中，很大一部分人改宗五旬节派都是在重病中，或者在重病初愈之后。托马斯·兰开斯特（Thomas R. Lancaster）也持类似观点，他在《感谢上帝与革命》（*Thanks for God and the Revolution*，1988）中发现，尼加拉瓜的五旬节派教堂招募的大部分信徒都是最底层的穷人，其中许多人或酗酒、或生病、或年迈。

五旬节派有传统的政治宿命论，但拉丁美洲的五旬节派信徒在政治上也很活跃，尽管他们通常青睐保守派的候选人，例如危地马拉的里奥斯·蒙特，他曾在五旬节派的主要学校任教，还有秘鲁的阿尔贝托·藤森（Alberto Fujimori）。事实上，根据大卫·斯托尔（David Stoll）的《拉丁美洲正在转向新教吗？》（*Is Latin America Turning Protestant?*）一书，皮诺切特将军曾支持智利最大的新教教派五旬节派的教堂。一些巴西的五旬节派信徒也支持过左翼候选人及政党，例如卢拉·达席尔瓦（Luiz Inacio Lula da Silva）和工党。尽管如此，切斯特纳特认为巴西的五旬节派总体上“通过参与在民众中占据主导地位的庇护制政治而巩固了政治现状”（1997）。南非的五旬节派在很大程度上与反种族隔离运动保持着距离，尽管一些较为年轻的黑人五旬节派信徒表达了对社会制度的异议。就韩国这一个案而言，荣格（Jung）认为五旬节派采取了一种明确的反共产主义倾向，并“产生了一种与历史无关的、不关心政治的、以来世为中心的信仰形式”（1999），支持了该国的资产阶级。相反，斯托尔观察到，五旬节派的牧师和集会“倾向于持国家和社

会保持自治的观点”。

日益多样化的五旬节派

与其他宗教传统一样，五旬节派并不是单一实体。正如本文所示，五旬节派在特定国家内部（例如在美国或巴西）和不同国家中都展现出了惊人的多样性。无论如何，在其略多于100年的历程中，五旬节派在政治、经济和文化上都已成为一支重要力量。此外，五旬节派，尤其是灵恩运动，已不再仅仅是被压迫和剥夺权利者的宗教。因此，越来越多的历史学家、神学家、社会学家、人类学家和其他学者，无论是否五旬节派的信徒，都将五旬节派视为世界体系背景下值得严肃思考的主题。

社会学家大卫·马丁（David Martin）认为， 1948
五旬节派一方面构成了一种文化革命，回应了全球经济变化。另一方面，与宗教激进主义有所不同的是，五旬节派并没有给出一种支配一切的政治方案。所以，总体来说与基督教一样，五旬节派支持现存社会政治或社会经济秩序，或对其形成挑战。

进一步阅读书目：

Anderson, A. H. (1999). Dangerous Memories for South African Pentecostals. In A. H. Anderson & W. J. Hollenweger (Eds.), *Pentecostals after a Century: Global Perspectives on a Movement in Transition* (pp. 89–107). Sheffield, U.K.: Sheffield Academic Press.

Anderson, R. M. (1979). *Vision of the Disinherited: The Making of American Pentecostalism.* New York: Oxford University Press.

Baer, H. A., & Singer, M. (2002). *African American Religion: Varieties of Protest and Accommodation* (2d ed.). Knoxville: University of Tennessee Press.

Blumenhofer, E. L., Spittler, R. P., & Wacker, G. A. (Eds.). (1999). *Pentecostal Currents in American Protestantism.* Urbana: University of Illinois Press.

Chestnut, R. A. (1997). *Born Again in Brazil: The Pentecostal Boom and the Pathogens of Poverty.* New Brunswick, NJ: Rutgers University Press.

Csordas, T. J. (1994). *The Sacred Self: A Cultural Phenonomenology of Charismatic Healing.* Berkeley: University of California Press.

Harrell, D. E. (1975). *All Things are Popular: The Healing and Charismatic Revivals in Modern America.* Bloomington: Indiana University Press.

Hollenweger, W. J. (1997). *Pentecostalism: Origins and Developments Worldwide.* Peabody, MA: Hendrickson.

Jung, L. H. (1999). Minjung and Pentecostal Movements in Korea. In A. H. Anderson & W. J. Hollenweger (Eds.), *Pentecostals after a Century: Global Perspectives on a Movement in Transition* (pp. 138–160). Sheffield, U.K.: Sheffield Academic Press.

Lancaster, R. N. (1988). *Thanks for God and the Revolution: Popular Religion and Class Consciousness in the New Nicaragua.* New York: Columbia University Press.

Mariz, C. L. (1994). *Coping with Poverty: Pentecostals and Christian Base Communities in Brazil.* Philadelphia: Temple University Press.

Martin, D. (2002). *Pentecostalism: The World Their Parish.* Oxford, U.K.: Blackwell.

McGuire, M. (1982). *Pentecostal Catholics: Power, Charisma, and Order in a Religious Movement.* Philadelphia: Temple University Press.

Sanders, C. J. (1996). *Saints in Exile: The Holiness-Pentecostal Experience in African American Religion and Culture.* New York: Oxford University Press.

Stoll, D. (1990). *Is Latin America Turning Protestant? The Politics of Evangelical Growth.* Berkeley: University of California Press.

Synan, V. (1997). *The Holiness-Pentecostal Tradition: Charismatic Movements in the Twentieth Century.* Grand Rapids, MI: William B. Eerdmans Publishing.

Wacker, G. (2001). *Heaven Below: Early Pentecostals and American Culture*. Cambridge, MA: Harvard University Press.

汉斯·贝尔(Hans A. Baer) 文
毛悦 译,郭子林 校

Periodization 历史分期

1949 历史写作试图连续记录整个人类社会的历史,因此需要一个框架结构。历史分期将历史分成不同的时期是历史学家撰写历史时使用的框架。然而,这种技术始终包含对不同历史时期的标记,例如黑暗时代或文艺复兴时期,这些标记暗含了对不同类型的社会或人类历史不同时期孰优孰劣的判断。

人类历史是流动的、复杂的、连绵不断的,因此按照时间顺序将历史分成明确的几个部分的做法必然是武断的。尽管如此,与讲故事一样,历史写作需要框架结构,需要按照不同的时期将人类历史组织起来,历史学家称这一过程为"历史分期"。历史分期有助于我们建立框架结构。历史分期常常破坏复杂的历史现实,即使是小心谨慎地分割历史,也会存在一些曲解真实历史的情况。任何历史分期方案都必须折中地考虑几个互相矛盾的因素:清晰、连贯、准确、忠实。

世界历史的研究试图连续记录整个人类社会的历史,但寻找合适的历史分期是一项非常复杂的工作。本文探讨世界历史研究中历史分期带来的问题、划分历史时期的一些传统方法、《宝库山世界历史研究指南》所采用的框架结构的折中办法。

分期问题

将历史分成易管理的、有标记的时间段这项任务,会带来几种不同类型的问题。我们将这些问题分成理论问题、组织问题和伦理问题。

理论问题

历史分期会带来理论问题,这是因为任何按年代顺序排列的方法都会突出历史中的某些方面而遮掩其他方面。研究性别史的历史学家寻找的历史时期是男女两性之间的相对地位和权力发生变化的时期(例如赋予女性选举权或早期农业社会中父系社会关系的出现),研究战争的历史学家更感兴趣的历史时期可能是影响军事冲突的技术进步(例如火药的使用或者最早的有组织的军队的出现)发生的时期,而研究宗教的历史学家可能更看重公元前第1个千年内所谓普世信仰出现的时期。不同问题突出了历史的不同侧面,并生发出不同的历史分期法。选择一种分期法其实是在做出一些关键性判断:人类历史上什么是最重要的,什么不是最重要的。通过集中关注一个特定地区、时期或主题,历史学家们可以避免上述挑战。但在世界历史中,历史分期需要做出一个重要判断,即地球上所有社会最重要的变化是什么。这些变化究竟是什么,历史学家是否达成了足够的共识?目前，关于这一问题的答案很可能是否定的。

组织问题

1950 历史分期也带来了严峻的组织方面的挑战。我们如何能找到正确处理许多不同地区和社会的标签？每个地区和社会都有自己独特的历史轨迹。在世界历史中，这个问题格外严重，因为相邻地区或国家可能在发展过程中密切联系，而相距遥远的社会可能常常没有什么共同之处。近代史专业出现在欧洲，许多已确立起来的历史分期方案也是为了理解欧洲历史而设计出来的。这是事实，例如将历史分为古代、中世纪和现代的传统划分方法就是这样。这样的标签在欧洲之外用处不大，但由于这一划分方法已经非常完善，因此有时仍然会被采用。与此类似，中国历史学家长期使用朝代的标签作为历史写作的框架结构，但这种标签在其他地区几乎没有任何意义。我们是否能够找到一些既适用于非洲也适用于整个欧亚大陆、南北美洲和太平洋地区的标签？对于这个问题，历史学家目前也没有达成共识。

伦理问题

历史分期的方法也带来了伦理问题，因此历史分期容易暗含价值判断。关于欧洲历史的教科书普遍使用这样的标签，例如“黑暗时代”“中世纪”“文艺复兴”“科学革命”和“民主革命时代”。当这些标签用于整个历史阶段时，绝不是中性的。人们通常在使用这些标签的时候很清楚黑暗时代是落后的，中世纪是过渡阶段，而真正通往现代性的进步始于文艺复兴。这种分期方法含蓄地对比了不同地区不同的“进步”水平，因此带有对不同地区和不同时代的价值判断。直到最近，人们通常认为，西方社会已经现代化，而其他很多社会仍然停滞于较早的历史时期或阶段，需要迎头赶上。是否有可能建立一个历史分期体系，以避免将一个时期或地区的价值观强加于其他时期或地区？

没有一个分期体系能够满足所有这些不同的需求。正如一般意义上的历史写作，历史分期方案既反映了其所形成之时代的偏见和判断，也反映了问题及其涉及的范围。这就意味着，历史学家只能在很多不同范围之内撰写历史，没有单一方案可以适用于许多不同范围。

历史分期方案

最简单的历史分期方法是将过去分成两个重大时代，这在许多创世神话中都出现过。这两个时代可以是创世时代和当今时代（澳大利亚原住民的一些记录中就是这样分期的），或者是末日之前的时代和末日之后的时代（犹太教、基督教、伊斯兰教传统中的创世神话就是如此分期的）。无论是要赞赏还是谴责当今时代，二分法的历史分期方式都提供了一种有力地对比现在与过去的方式。甚至今日两分法的方案中依然存在着这种分期法的痕迹，比如现代化理论中的历史分期就将所谓的现代化社会和传统社会进行对比。

大多数历史分期法更为复杂，将人类历史分成几个主要时代，每个时代还要再细分成不同的时期。王朝史用主要国王和皇帝统治时间作为框架来编写历史记录。中国王朝和玛雅编年史的年表都存在这样的记录。王朝史常常隐含着一种周期性的观点，每个王朝（正如每个统治者）都要经历强大时期和衰落时期。通过更直线性的观点得出的历史记录经常将一系列独特时期作为主要框架，而所有历史时期都可以视作一个更大的、整体轨迹的组成部分。希腊诗人赫西俄德（Hesiod）在公元前 8 世纪描述了历史
上的 5 个伟大时期。首先是黄金时代，这一时代 1951
的人们欢喜满足、庄严如神。然后是几个衰落阶段，即白银时代、青铜时代和英雄时代。最后是他自己所处的时代，赫西俄德认为暴力和愚蠢

> 黄金时代早于而非晚于我们。
>
> ——圣西门和威廉·莎士比亚

是这个时代的特点。

在近期历史写作中也出现了兴起和衰落的模式，例如奥斯瓦尔德·斯宾格勒或阿诺德·汤因比的著作。马克思主义史学提供了一种周期性和线性年表相结合的方法：始于一个简单美好的时代(原始共产主义时代)，随后的几个时代以逐渐提高的生产力和日益增长的不平等与剥削为特征。但马克思主义的方案给出的最佳时代是未来时代。在这个未来时代，高生产率和最初时代平均主义的回归同时出现，将解决各种社会矛盾。

现代大多数概述式的历史叙述所青睐的分期方案，从根本上说是线性的。这种分期方案极大地受到了考古学家和人类学家所做工作的影响。建立一种历史分期法以便涵盖整个人类历史问题，对这些学者比对历史学家更为紧要，而后者通常关注的是较短的时间段。与历史学家不同，考古学家主要处理的是物质器物，因此对他们来说根据物质的外形建立历史分期的框架是很自然的事情。19世纪的丹麦考古学家克里斯蒂安·汤姆森(Christian Thomsen，1788—1865)与杨斯·沃尔索(Jens Worsaae，1821—1885)建立的历史分期方案包含3个时代：石器时代、青铜器时代和铁器时代。这种分期方法在史前史的研究中仍然存在一些影响。20世纪，马克思主义者认为特定技术的发展意味着会出现独特生活方式和社会结构。以这一洞见为基础，戈登·柴尔德(V. Gordon Childe，1892—1957)提出，人类史前史上的主要转折点是农业的出现("新石器革命")和城市与国家的出现("城市革命")。19世纪的人类学家，例如刘易斯·亨利·摩尔根(Lewis Henry Morgan，1818—1881)和爱德华·泰勒(Edward Tylor，1832—1917)，提出了平行的分期方法，即在从"蒙昧"到"野蛮"再到"文明"的进化过程中，不同时期的不同社会结构存在差异。

20世纪晚期，历史学家、人类学家和考古学家对于其选用的历史分期法所暗含的价值判断越来越敏感。因此尽管现代大多数历史分期法都保持着一种历史的方向感，但通常都反对假设这种方向性隐含着进步或衰落的意味。另一方面，大多数最大规模的现代历史分期法仍然主要依靠技术因素和社会因素的结合来区分不同的时代。这种传统的根源可追溯到最早的成文史。公元前3000年，苏美尔人的《吉尔伽美什》史诗对比了城市英雄武士吉尔伽美什和来自荒野的伟大朋友恩奇都(Enkidu)，承认不同的技术意味着不同的生活方式、不同的伦理体系、不同的政治和社会行为类型。卡尔·马克思通过生产模式理论正式提出这种洞见。对于这种解决历史分期挑战的方式而言，最好的辩护词是基本技术塑造了人类历史的众多方面，例如生活水平、人口统计、两性关系、政治结构以及历史变迁的速度和本质。

关于整体世界史的历史分期

以下这种分期方案是一种相对宽松的框架，旨在从最大规模上讨论世界历史。这个框架为整体人类历史提供了一种分期方法，由3个部分构成，在主要时期内又进行了下一级的历史分期，这可能因地区不同而不同。这一嵌套结构必然是在各种不同目标中进行的不完美折中，也是世界历史现代写作中达成的宽泛共识。从整体上看，本书中的文章将采取适合具体问题或地区的更为明确的分期方法。在这3个主要 1952
时代中，第一个时代是最长的，占人类在地球上所生活时间的95%以上；现代是最短的，只有260年。狩猎-采集时代人口少，因此如果用存活的人口数量来衡量，农耕时代和现代则显得更为突出。在曾经存在过的约1 000亿人口当中，可能有12%的人生活在狩猎-采集时代，68%的人生活在农耕时代，20%的人生活在现代。在现代，越来越高的预期寿命意味着，如果

表 1 世界历史的三个主要时代

主要时代	近似年代		次时代
狩猎-采集时代 主要以食物采集生活方式为基础的社会	距今 25 万—1 万年	非洲起源	距今 25 万—10 万年
		全球迁移	距今 10 万—1 万年
农耕时代 主要以农耕生活方式为基础的社会	前 8000—公元 1750 年	城市出现之前的农业社区	前 8000—前 3000 年
	距今 10 000—250 年	亚非欧大陆之外的较晚的时代	距今 10 000—5 000 年
		农业社区与最早的城市和国家	前 3000—前 500
		农业、城市和帝国	前 500—公元 1000
		现代革命前夕的农业社会	
现代 主要以现代工业技术为基础的社会	1750 年至今	工业革命	1750—1914
		20 世纪危机	1914—1945
		当代	1945 至今

用人类存活年限来衡量，现代更为突出，占到了人类所有存活年数的近 30%，农耕时代可能只占逾 60%，狩猎-采集时代则不到 10%。

这种分期方法将 3 种根本的技术变迁作为分期框架，来应对世界历史的核心理论挑战。第一个时期是最早的人类社会的出现，这些人类社会的生存依赖于食物采集。第二个时期是
1953 农业的出现，也是主要依赖农业生产的社会的出现。第三个时期是现代工业社会的出现。这种历史分期方案在第一和第三个时代中也适度地处理了所有分期系统面对的组织方面的问题。所有人类社会都依赖于可描述的、宽泛的技术作为觅食方式，所以一些有用的和一般化的概括可用于所有人类社会；在 1 万年以前，这种观点是合理的。但在世界许多地区，目前依然存在食物采集社会，这是事实。如果我们更为精确地界定第一个历史时期，那么我们也许应该说，在第一个历史时期，所有人类社会的生存都依赖于食物采集。就现代而言，我们要想提供一个全球性的分期方案，也是相对容易的，因为世界各地相互连通并受制于一些共同力量和影响。我们可以这样定义现代：在这个时期，过去两三个世纪中意义深远的技术变迁改变了全世界的各个人类社会。这一时期的第二层分级系统反映了一种共识，是关于现代社会一些最重要转变的共识。

农耕时代（距今约 10000～250 年）组织方面的挑战是最为棘手的。这一时期为大多数历史写作提供了主题。在这一时期，世界最为多样，没有哪个单一标签能够恰如其分地捕捉到这种多样性。在这一时期的大部分时间里，亚非欧大陆、南北美洲和太平洋世界的历史在完全分离的舞台上展演。在欧亚大陆的一些地区，农业社会早在 1 万年之前就已出现。在非洲和南北美洲，所有社会在几千多年里都依赖于食物采集。在澳大利亚，农业社会直到现代才出现。界定农耕时代的最好方法就是这样描述它：在这个时代，农业第一次开始在世界一些地区对人类社会产生重大影响。但在时间上的巨大差别意味着在这个大时期内选择灵活的次级分期方法至

关重要。我们采用的这种分期方法意味着我们承认农业社会历史上存在4个大致的阶段。在不同的地区，这些阶段出现的时间也不同。在第一个阶段，存在着农业社区，但没有真正的城市和国家。在第二个阶段，存在城市、国家和帝国的早期形态。第三个阶段的特点是出现了更大的城市和国家，而且它们相互联系、更成体系。回顾人类历史，我们可以在这一理解的基础上定义第四个阶段，在1000至1750年间，世界处于过渡阶段，这种过渡比人类历史上此前任何一个时代中出现的变化都更具革命性。

从上述历史分期法来看，伦理问题的最好解决方法就是极为小心地使用词语和标记。这里使用的标记倾向于不隐含任何判断，比如人类历史上的不同时期或不同类型的社会存在高下之分。但这种分期方法显然暗示着某种轨迹。从最大的规模上来看，人类历史存在着定向性，对这一点并无过多怀疑。食物采集社会、农业社会和现代社会在时间上并不是随意出现、乱作一团的，而是有明显顺序的。这种顺序正是潜在的逻辑，反映出人类与自然的关系所发生的变化。从大的地质年代表来看，人类的技术发生变迁，可以产出越来越多的能量、食物和其他资源，使人类人口增长。而这反过来又使更大、更复杂的社群兴起，他们的技术和绝对数量使其无论在何时遭遇规模更小、生产力更为落后的社群时都具有多种优势。人类历史是有形态的，这恰恰说明了为什么某种历史分期法是尤其必要的。

进一步阅读书目：

Bentley, J.H.(1996). Cross-cultural Interaction and Periodization in World History. *American Historical Review*, 101, 749 - 756.

Dunn, R.E. (Ed.). (2000). *The New World History: A Teacher's Companion*. Boston & New York: Bedford.

Green, W.A.(1992). Periodization in European and World History. In *Journal of World History*, *3*(1), 13 - 53.

Livi-Bacci, M.(1992). *A Concise History of World Population*. Oxford, U.K.: Blackwell.

Stearns, P.N.(1987). Periodization in World History Teaching: Identifying the Big Changes. *The History Teacher*, *20*, 561 - 580. August 20, 2009, from http://www.tufts.edu/as/wright_center/cosmic_evolution/docs/splash.html.

大卫·克里斯蒂安(David Christian) 文
毛悦 译，郭子林 校

Persian Empire 波斯帝国

1954 公元前6世纪，波斯帝国——史无前例的庞大帝国——的创建将4个早期主要大河文明中的两个(底格里斯河-幼发拉底河和尼罗河的那两个古文明)结合到一起。在大流士一世的统治下，波斯帝国变得高度组织化和系统化，而且效率很高。公元前330年，亚历山大大帝打败波斯军队，帝国终结。

公元前550年，居鲁士二世(约前585—约前529)建立了波斯(或阿契美尼德)帝国。帝国的领土包括伊朗高原、安纳托利亚（亚洲的土耳其）、埃及、努比亚、塞浦路斯和希腊北部的部分地区。公元前 330 年，波斯最后一位国王大流士三世（Darius III，前 336—前 330 年在位）被马其顿的亚历山大（亚历山大大帝）打败。波斯帝国给自己所统治地区带来了 2 个世纪的和平时期。

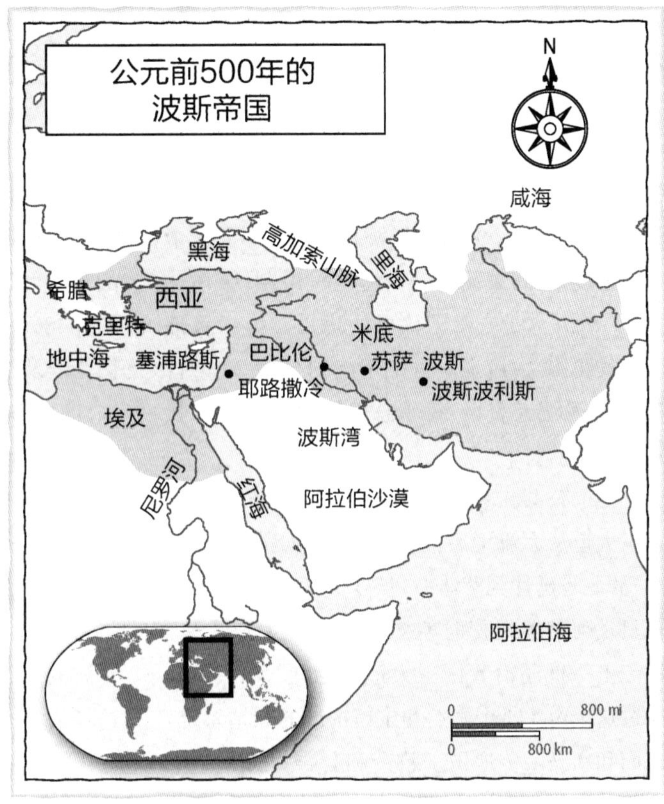

波斯的兴起

波斯是一个部落联盟，与其他讲伊朗语的民族一起，于公元前 1 个千纪进入伊朗高原。他们在高原西南部诸如安桑（Anshan）这样的地方建立了据点，这里后来被称为波西斯行省或法尔斯行省。直到公元前 559 年，居鲁士二世才能够统一波斯各部落，变成了安桑的国王。10 年以后，公元前 550 年，他才能够打败米底的末代国王阿斯提阿格斯（Astyages，约前 584—前 550 年在位）。然后，他向安纳托利亚移动，于公元前 547—前 546 年，打败吕底亚的国王克洛伊索斯（Croesus，约前 560—前 546 年在位），占据其首都萨迪斯（Sardis）。随后，他于公元前 539 年征服了美索不达米亚和巴比伦城。居鲁士进入巴比伦城时，崇拜巴比伦神马尔杜克，并重建马尔杜克神庙。他还释放了那些被囚禁在巴比伦的希伯来人，在耶路撒冷重建希伯来人的神庙，《旧约》因此友好地记载他和波斯人（《以赛亚书》35：40—55；《以斯拉记》1）。他留下了一些史料，用阿卡德语记录了他的宗教容忍态度，这就是“居鲁士滚筒印章”。到约公元前 529 年他死在游牧民族塞人的手中时，他的帝国从伊朗高原一直延伸到地中海。

居鲁士的儿子冈比西斯二世（Cambyses II，前 529—前 522 年在位）因为在公元前 525 年征服埃及并将其并入波斯帝国而闻名。就像他父亲尊重巴比伦神祇一样，冈比西斯二世尊重埃及的仪式和宗教，被接受为新王国第二十六王朝的法老，在这一时期，一支波斯军队从埃及侵入利比亚，另一支波斯军队从埃及往南进入埃塞俄比亚。尽管波斯人在军事战斗中没有取得成功，但他们却能够通过谈判而将这个地区并入波斯帝国。冈比西斯去世时，他的兄弟巴迪亚（Bardiya，根据一些记录）或者一个化名为巴迪亚的冒名顶替者（根据其他记录）登上王位。巴迪亚或冒名顶替者免除税务，重新分配土地。然而，不久之后，大流士一世（Darius I，前 522—前 1955
486 年在位）便在波斯贵族的支持下，发动了一场政变，使自己的家族成为波斯的统治者。大流士一世娶了居鲁士二世的女儿。

大流士一世与帝国的组织

大流士一世承担着组织阿契美尼德波斯帝国的重任。他通过很多方式统一帝国。例如，他为了更好地进行贸易和经济活动，统一了整个帝国的度量衡；大流士一世还统一币制；金币达里克（*darics*）变成帝国认可的货币。为了管理统一的王国，大流士一世把帝国划分为 23 个行政单位，称为总督区，每个总督区由一名行省长官或总督监督。

他的公共工程项目包括国王大道的修建。国王大道从大流士一世在苏萨（Susa，伊朗西南部）的冬宫延伸到萨迪斯，长度大约 2 560 千米；它只是阿契美尼德时期构建的很多大道之一。大流士一世还沿着国王大道构建了驿站系统；通过这个由 111 个站点和旅馆构成的驿站系统，人们和新马匹传递国王敕令和公告。另一个重要公共工程项目是新首都的修建，希腊人称这个新首都为波斯波利斯（Persepolis，波斯人的城市）。大流士一世将所有总督区的工匠、工程师和物质材料聚集到一起，象征着帝国的所有地区和人们都聚集到了一起。波斯波利斯是一个仪式首都。在波斯新年期间，大流士一世在这里接见客人和使节，他们是来向万王之王交付人质和贡金的。大流士一世还完成了一项埃及工程，开通了连接地中海与红海的苏伊士运河，这比英国在 1866 年完成同样的任务早了 2 000 多年。然后，他开始让人们知道他是在什么样的情况下掌权的。他的版本是，他从巴迪亚的冒名顶替者那里夺得王位，而这给我们在今日伊朗西北部的科曼莎行省留下了一长篇楔形文字铭文（贝希斯敦铭文 the Bisitun inscription，这篇铭文于 19 世纪 40 年代得到解读，使亚述和巴比伦记录的翻译成为可能）。然后，他将这份铭文的复本翻译为帝国内不同的语言，写在羊皮纸和皮革上，送到不同地区，供其臣民阅读。

希波战争

在大流士一世统治时期，爱奥尼亚希腊人反抗波斯人的统治，请求希腊大陆的雅典人的帮助。这件事情引发了一场长期战争——希波战争。大流士一世的儿子薛西斯一世（Xerxes I，前 486—前 465 年在位）不得不再次征服埃及，因为埃及已经叛乱了。然后，薛西斯一世于公元前 480 年开始征服希腊的活动。尽管他最初取得了成功，但他后来在温泉关、萨拉米斯和普拉提亚战役中战败。为了破坏希腊的稳定，波斯人采用了一种战略，使希腊城市国家之间为了各自的利益而相互对抗，此时支持一方，彼时又支持另一方。值得注意的是，尽管对于希腊人来说希波战争是生死攸关的事情，但在波斯人看来，这场战争不值得在帝国铭文中提起。

阿契美尼德王朝晚期的统治 1956

薛西斯一世的统治处于阿契美尼德波斯帝国的后期。在这一时期，宗教容忍开始消亡。公元前 465 年，薛西斯一世被杀死。阿塔薛西斯（Artaxerxes）是他的继承者，一直统治到公元前 424 年。阿塔薛西斯的继承者是大流士二世（前 404—前 359），是统治时间最长的波斯统治者。

在这时，两个重要宫廷妇女斯塔提拉（Stateira）和帕丽萨悌斯（Parysatis）试图对国王施加影响。阿塔薛西斯二世的妻子也逐渐变得十分强大。阿塔薛西斯三世·奥库斯（Artaxerxes III Ochus，前 350—前 338 年在位）统治时期，对起义进行镇压，再次征服埃及，并征服腓尼基和塞浦路斯。最后一位阿契美尼德国王是大流士三世（前 336—前 330 年在位）。正是在这个时候，马其顿的腓力二世征服了希腊城市国家。他的军事改革极大地改善了马其顿（和希腊）军队。在马其顿的亚历山大（亚历山大

一位长着 4 个翅膀的战士形象在一个发现于帕萨迦德(Parsargadae)的浅浮雕上被刻画出来。浮雕的上部用 3 种语言铭刻着一句话:"我是阿契美尼德人,是国王居鲁士。"

大帝)的率领下,马其顿军队变成了强大的军事力量。据说,亚历山大想报复波斯人在一个世纪以前对希腊所做的事情。他在 3 次决定性的战役中打败了波斯军队,即格拉尼库斯战役、伊苏斯战役和高加米拉战役。大流士三世逃往伊朗东部,在那里被他自己的同胞谋杀。

波斯社会

波斯人的基本家庭单位被称为 tauma。几个 taumas 形成一个氏族,而几个氏族结合在一起形成波斯部落。在宫廷里,万王之王占据至高无上的地位。国王之下的重要官职是千夫长,是万王之王与那些想获得国王接见的人之间的中介。接下来是王子,他们居住在宫廷里,来自氏族。阿契美尼德波斯社会的精英是波斯贵族和米底贵族,而王子享有特殊的地位。战士阶层中的一部分人是伊朗人,他们被免除税务,很多人是陆军和骑兵指挥官。国王掌握着一支特殊的军队,由 1 万名强壮的士兵组成,被称为不死战士,他们的职责是保护国王。与国王在一起的这些波斯王子是精英统治者。王室妇女居住在私人住处或后宫里,受到太监的保护。她们在战斗中与国王和贵族一起行动,允许拥有自己的财产。

奴隶制是无可争辩的事实。奴隶是主要劳 1957
动者,既可以是田地里的收割者,也可以是手工工人。然而,当他们在波斯贵族的土地上劳动,或很少的情况下在小农的土地上劳动时,他们能够获得劳动报酬。

琐罗亚斯德教(拜火教)是波斯人的主要宗教。琐罗亚斯德教的祭司(麦吉 magi)背诵神圣的颂诗,维持仪式的运转。人们认为麦吉是米底部落,变成了帝国的宗教博士。大流士一世在贝希斯敦铭文中提到大神阿胡拉·马兹达(Ahura Mazda)60 多次。伊朗神祇密特拉和阿纳希塔,像阿胡拉·马兹达那样经常被国王提起和崇敬。

就绝大部分而言,阿契美尼德波斯人非常容忍其他宗教。居鲁士二世崇敬希伯来神耶和华和巴比伦神马尔杜克。波斯波利斯出土的经济泥板文书表明,国家分配一些食物作为非琐罗亚斯德教祭品。这样,很明显,尽管阿契美尼德波斯人在他们的首都和家乡崇拜阿胡拉·马兹达,但他们没有强迫人们改变信仰。

波斯帝国的重要意义

随着波斯帝国——当时已知世界最大的帝国——在公元前 6 世纪建立起来,4 个早期大河文明中最早的两个(底格里斯河-幼发拉底河和尼罗河的那两个)被真正统一起来,得以彼此接触。这导致了思想的交换。这也为世界上这些被波斯人控制2个世纪之久的地区带来了和平时期(波斯和平),这是史无前例的。尽管没有得到同时代希腊人的友好记忆,但同时代的希伯来人和美索不达米亚人却怀着尊敬和羡慕记载波斯人。

进一步阅读书目:

Boyce, M. (1982). *A History of Zoroastrianism: Vol. 2. Zoroastrianism under the Achaemenians*. Leiden, The Netherlands: Brill.

Dandamaev, M. A. (1989). *A Political History of the Achaemenid Empire* (W.J. Vogelsang. Trans.). Leiden, The Netherlands: Brill.

Dandamaev, M. A., & Lukonin, V. G. (1989). *The Culture and Social Institutions of Ancient Iran*. Cambridge, U.K.: Cambridge University Press.

Frye, R. N. (1993). *Heritage of Persia*. Costa Mesa, CA: Mazda.

Frye, R. N. (1984). *The History of Ancient Iran*. Munich, Germany: C.H. Beck.

Gershevitch, I. (Ed.). (1979). *The Cambridge History of Iran: Vol. 2. The Median and the Achaemenian Periods*. Cambridge, U.K.: Cambridge University Press.

Root, M. C. (1979). *The King and Kingship in Achaemenid Art: Essays on the Creation of a Iconography of Empire*. Louvain, Belgium: Peters.

Schmitt, R. (1991). *The Bisutun Inscription*. London: Corpus Inscriptionum Iranicarum.

Stronach, D. (1978). *Pasargadae*. Oxford, U.K.: Oxford University Press.

Vogelsang, W. (1992). *The Rise and Organization of the Achaemenid Empire: The Eastern Iranian Evidence*. Leiden, The Netherlands: Brill.

Wiesehöfer, J. (1996). *Ancient Persia*. London & New York: I.B. Tauris.

图拉杰·达里亚(Touraj Daryaee) 文
郭子林 译,毛悦 校

Peter the Great 彼得大帝

1958 在世界历史上,关于1682至1725年的俄国沙皇彼得一世的长期观点认为,他独立地将俄国从一个落后的边缘国家转变成了主要现代强国,尽管他的一些政策是由其先辈们开始实施的。"大帝"这个尊称部分上源自他的身高,他有201厘米高(大约6尺7寸)。

彼得一世(1682—1725年的俄国沙皇)是一个现代化的人物,使俄国兴起为一个主要世界强国。沙皇阿列克谢一世(Alexis I, 1645—1676年在位)的儿子彼得与他的同父异母哥哥伊凡(Ivan)共治,直到后者在1696年去世。在他们的姐姐索菲亚(Sophia)摄政期间,彼得追逐自己的爱好,这些爱好预示着他后来的改革。他学习航海技术,训练他的"剧"团。在1686年,俄国加入反对土耳其的神圣联盟;在1697—1698年,为了帮助这次战争,彼得成为第一个访问西欧的俄国统治者。对于彼得来说，这也是一次自我教育的旅行。他经历的西方文化促使他强迫他的贵族们剃掉胡须（虔诚信仰东正教的特征），并改穿西方服装。

与土耳其缔结和平之后，1700 年彼得与瑞典展开北方大战。彼得在战争初期屡屡战败，1709 年在乌克兰的波尔塔瓦获得胜利，占领了瑞典东部波罗的海的一些港口。1711 年，俄军被土耳其人打败，彼得被迫乞和，他得以继续进行瑞典战争，最终彼得与瑞典成功缔结《尼斯塔德条约》（the Treaty of Nystad，1721）。他接受了皇帝、大帝和国父等称号。

在彼得的改革中，战争是决定性因素。他用外国技术改进军队、创建舰队。他的目的是用新技术训练俄国人，发展私有企业，但国家始终是主要生产者和消费者。彼得的政治改革旨在改善行政效率。他于 1711 年创建参议院，于 1717—1720 年创建一些新政府部门，并在 18 世纪初期建立了一些以瑞典模式为基础的省级政府机构。为了理顺和改善军事与行政工作，他创立了等级表（1722），构建了一个由 14 个职级构成的阶梯状职级。世袭精英仍享有特权，尽管一些新职员获得了发展机遇，最著名的是彼得的宠臣亚历山大・孟斯基科夫（Aleksandr Menshikov，约 1670—1729）。

彼得成功地建立了一些技术学院，例如莫斯科数学和航海学院（Moscow School of Mathematics and Navigation，1710），但一些新小学（1714）普遍失去了对小学生的吸引力。科学院（The Academy of Sciences，1725 年创建）是他在这个领域的主要成就，其最初的职员完全是外国人。东正教也开办学校。1721 年，彼得用国家监管的教士委员会代替主教长制（最后一个主教死于 1700 年）管理教会。教士委员会又称圣议会。他限制人们加入修道院，征收教会基金，用于战争。

1703 年，彼得在前瑞典疆土上建立了圣彼得堡，作为波罗的海舰队的军事基地和外贸港口。从大约 1712 年开始，圣彼得堡代替莫斯科，成为俄国的首都。圣彼得堡成为俄国“通往欧洲的窗口”。它的主要建筑物是由外国建筑师设计的，它的居民不得不遵循欧洲风尚。在 17 世纪，俄国
上流社会的妇女过着半隐居的生活；彼得当时迫 1959
使她们与男人一起社会化。然而，很多俄国人不愿意彻底从莫斯科迁往这些外国生活环境。

彼得是一个实干家。他研究很多工艺，包括造船、木材车削技术和牙科技术。他从最底层开始自己的陆军和海军生涯，为其他人示范。但是，这个平易近人的人始终是绝对统治者，具有野心勃勃的想法：使俄国与其他欧洲国家平起平坐，并获得它们的尊敬。他面临很多严峻问

保罗・德拉罗什（Paul Delaroche）的《俄罗斯的彼得大帝》（*Peter the Great of Russia*，1838）。布面油画。列宁和斯大林都崇拜彼得大帝，因为他促进了俄国经济和军事的发展

题。他的臣民当中超过90%的人是农民，其中一半是农奴。为了满足军事雇佣、劳力和税收的需要，彼得不得不延伸和强化农奴制。贵族们也发现终身服役是繁重的。他们没有人权或制度，他们臣服于彼得的大量规则，这些规则的设计旨在"每个人都知道自己的职责，任何人都不能借口不知道自己的职责"，就像很多法令陈述的那样。这些规则延伸到彼得的继承人阿列克谢·彼得洛维奇（Alexis Petrovich, 1690—1718），后者是他与第一任夫人生的儿子。阿列克谢反对他父亲的很多想法，1718年因叛逆罪被处死。1722年，彼得适时地签署了一道法律，要求由现任君主提名继承人，以降低"无能"继承者的危险。但是，彼得未能成功地提名继承人。他的遗孀叶卡捷琳娜一世（Catherine I, 1725—1727年在位）继承了他的统治，叶卡捷琳娜一世是利沃尼亚的农民，在1712年与彼得结婚。

一个长期观点认为，彼得大帝独立地将俄国从一个落后的边缘国家转变成了主要现代强国，尽管他的一些政策是由其先辈们开始实施的。他身高201厘米，身高尺寸比生命还长。列宁和斯大林都崇拜彼得，因为他"促进了"俄国经济和军事发展。然而，关于他的活动的"资产负债表"的观点是截然相反的。批评者质疑的是他的改革方案和使用暴力的沉重代价、过分模仿西方的危险以及他造成的西方化精英与农民大众的分野。时至今日，他仍是俄罗斯备受争议的人物。

进一步阅读书目：

Anderson, M.S.(1995). *Peter the Great*. London: Longman.

Anisimov, E.V.(1993). *Progress through Coercion: The Reforms of Peter the Great*. New York: M.E. Sharpe.

Bushkovitch, P.(2001). *Peter the Great: The Struggle for Power, 1671 - 1725*. Cambridge, U.K.: Cambridge University Press.

Cracraft, J.(2003). *The Revolution of Peter the Great*. Cambridge, MA: Harvard University Press.

Hughes, L.A.J.(1998). *Russia in the Age of Peter the Great*. New Haven, CT: Yale University Press.

林德赛·休斯(Lindsey Hughes) 文

郭子林 译，毛悦 校

Philosophy, Asian 亚洲哲学

1960 亚洲哲学的根本目标是寻求个人与他者的和谐、个人与自然的和谐。印度传统（印度教、佛教和耆那教）主要关注的是寻求个人与宇宙和谐的路径；而中国哲学（儒家和道教）则重在探寻正确的道，以便过上富裕生活，依靠值得尊敬的统治者用正确的价值观管理国家。

亚洲哲学倡导的观念关乎个体与他者的和谐共处，也关乎个体与自然的和谐共存。印度和中国都对宇宙、终极意义、伦理和人的意志等问题给出了复杂的回应。尤其在当前，亚洲人试

图开拓其哲学基础，世界各地的知识分子都发现理解亚洲传统和当代思想是非常必要的。在南亚，莫汉达斯・甘地非暴力学说的深刻影响依然可见。在中国，人们对新儒学的兴趣于21世纪再次兴起。理解印度教、佛教、耆那教、儒家和道教的关键理念，有助于我们更清晰地看待印度和中国在世界舞台上扮演的角色。

从大约3 500年前的圣书《梨俱吠陀》颂诗表达出的创世神话，到耆那教（公元前800）和佛教（公元前500）的形成，在公元最初几个世纪中，通往精神领悟的6种不同途径起源于印度的哲学思想，从许多信仰中产生，同时又培养了很多信仰：人类秩序与大宇宙之间的联系，作为践行信仰之方式的自我牺牲原则，呼吸与呼吸技法的重要性，因果报应理论（道德上的因果关系规律），使个人认同和同情自然秩序的等级关系、规则和仪式，实现超然和内省的方法。因此，印度哲学主要关注个人实现与宇宙和谐统一的途径。

古代中国哲学专注于寻找道，即过上富裕生活的正确道路。与探寻抽象真理的古希腊、罗马哲学家不同，中国哲学家寻找通往成功的最佳途径。中国哲学倾向于激发出一种社会运动，消除贵族与生俱来的权力，追随值得信赖的统治者和有能力的大臣，他们能够管理国家、保障国家安全和农业的丰收。古代中国人提出了逻辑论证，做出了很多科学发现，发明了技术，特别是在冶金术和农业领域。这些论证、科学发现和技术需要更多哲学“原理”的支撑，也因哲学原理而获得进步。

古代印度思想

印度哲学始于《梨俱吠陀》中的早期颂诗。祭司们吟咏、背诵、供奉着这些诗篇。在至少3 500年之前，祭司的祖先们在今日巴基斯坦和印度的北部地区创作了这些诗篇，是印欧语系中现存最古老文学作品的代表。

在《梨俱吠陀》的创世叙事（X：129）中，世界
始于无名无形的混沌。水最先出现，随后是太阳
的火光和呼吸运动。欲望从这些模糊难辨的实 1961
体中喷涌而出，欲望之下的实体不同于欲望之
上的实体。圣人出现了，他们认为存在总是非常
接近于不存在。他们还宣称，任何人都无法从神
祇那里获得关于宇宙最终起源的答案，因为神
祇也是在起源运动之后被创造出来的。

在另一首颂诗里，人类身体被视作天空和大地的宏观现实的微相。人类双脚接触大地的身体。身体的中间区域与气息的升降相互关联。人类的头伸入天空，右眼预示太阳，左眼预示月亮。而且，人类社会结构也与身体结构一致。农民在地球上工作，与双脚关系密切。商人通过腿的运动搬运其货物。士兵和国王用他们强壮的臂膀保护人们。祭司、教师、医生和法律制定者依靠他们的头脑维持仪式性的秩序。

伟大战士因陀罗（Indra）的故事也具体地表达了早期印度哲学。因陀罗打败了压抑生命的巨龙，释放了给予生命的水（并因此确保了人类的生殖繁衍）。因陀罗用他的雷电释放了给予生命的季风，结果从阴森可怖、干旱缺水状态的非存在中，创造了一个可靠的存在王国或世界。在这个王国里，人们自由地向大量神祇献祭，通过崇拜吉祥天女詹西（Lakshmi）获得财富，通过崇拜妙音天女娑罗室伐底（Sarasvati）获得知识，通过崇拜瓦卡（Vak）而变得声音洪亮，等等。在献祭和崇拜之后，一个人暂时处于艺术、仪式高潮和有节奏的状态，这是美好生活的信号。最终，生命循环继续进行，需求的过程一再重复。

基本传统

当早期《奥义书》在公元前800年出现时，宣告了新哲学的到来，为后来的传统奠定了基础。

王子悉达多剪掉头发，表明自己从世间隐退。婆罗浮屠上的浮雕。纽约公共图书馆

欲望和气息的重要性始终是恒久不变的主题。当耶若婆佉(Yajnavalkya)和沙提亚卡玛·迦跋纳(Satyakama Jabala)讨论主要自然元素和在四个方向、三度空间——大地、生命与运动之大气空间和上面的天空——以及巨大海洋中确定自己方位的重要性时，他们做了新思考。瑜伽、轮回和因果报应思想，首先通过《奥义书》被引入婆罗门教。

耆那教(公元前800)和晚后的佛教(公元前500)的兴起也发生在这个历史时期。耆那教教徒强调制定严厉的道德规范，以便去除那种阻碍业力物质出现的人类精神。这个规范包括非暴力实践、真诚、不偷盗、禁欲和掌握最少数量的物质产品。早期耆那教教徒谴责一些婆罗门社区执行的复杂动物献祭，持续倡导素食主义。

乔达摩·悉达多(Siddhartha Gautama，佛陀，约前566—前486)创造了修道院宗教秩序，比耆那教追求的秩序更温和。佛陀传授消除痛苦的八正道，从采用正确观念开始，在纯净的冥思状态中达到最高境界。两种传统都创作了丰富的文学作品，详细阐述自己的哲学(耆那教主
1962 张灵魂的净化，佛教主张不存在经久不衰的灵魂)。它们还创作了很多关于其伟大导师的故事、关于过去生命的叙事和信徒必须遵循的规则清单。

在婆罗门教传统中，4个目标和一个对生命阶段的理想四重分析出现了。《法典》(印度教法典，既是神圣的，也是世俗的，在公元前600至前300年之间写成)把对财富和快乐的追求视作两个最必要的大事。接下来是对社会的责任(*dharma*)。对于一些人来说，这3个目标没有为人生提供足够的意义。在这种情况下，出现了第4个目标——追求解脱(*moksha*)，而方式是追随一位宗师(*guru*)，后者熟悉那些导向超越的技术和哲学。根据古代《法典》，一个人生长到7岁的时候，应该开始学习，并继续学习大约7年。之后，他可以结婚，并过着家长的生活。在中年晚期，他可能将其所有的职责都交给孩子和曾孙，进入精神追求的阶段(遁世期)。那些获得智慧的人便有资格教导其他人。

6种不同的途径

到公元最初的几个世纪，6种不同的哲学途径在婆罗门印度兴起：数论派(Samkhya)、吠檀多派(Vedanta)、瑜伽派(Yoga)、正理派(Nyaya)、胜论派(Vaiseskika)和弥漫差派(Mimamsa)。前3个派别认为第4个阶段的精神成就是人类可以达到的。后3个派别宣称从世间痛苦中解脱出来只能在死后发生，在这3个派别看来，最好的希望是过好今生的生活，而将获得奖赏的希望寄托给死后。

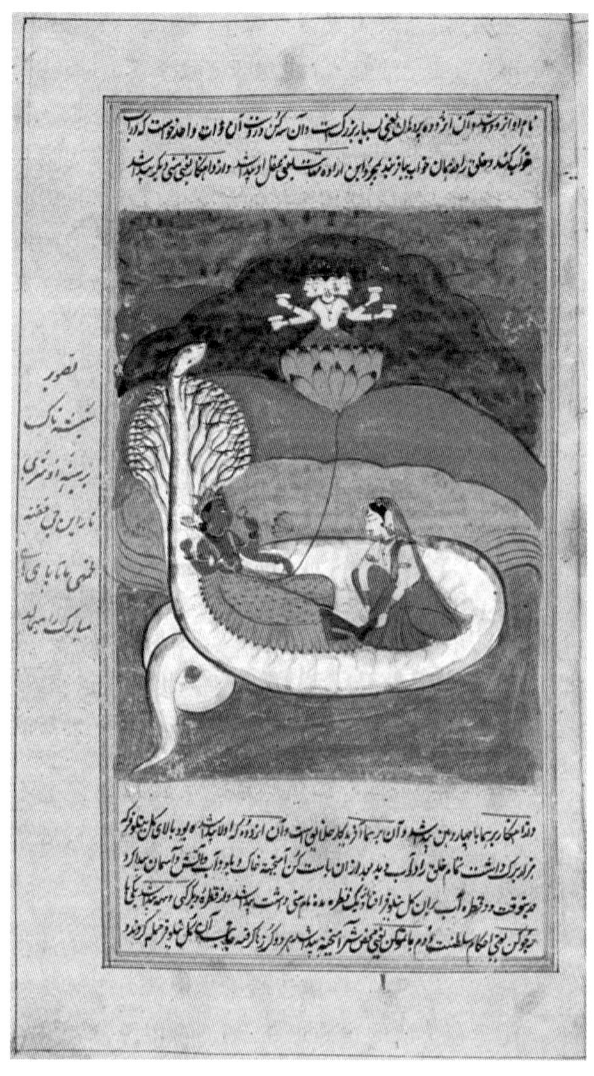

克利须那神（Krishna）与一位妇女坐在一条白蛇上，这位妇女在为他洗脚。一个神从莲花中升起。节选自《摩诃婆罗多》（*Mahabharata*）的1850年版本。耶鲁大学贝内克珍本及手稿图书馆

古典数论派将生命分为意识和活动两大类，后者又分为23个小类。活动产生精神，精神又区分为自我和思想。这种精神是因果报应的储藏室，可能充满焦虑和困难；或者，它可以获得训练以至于变得纯净。精神进一步产生出人的身体，身体的活动组织（肛门、生殖器、手、脚和嗓音）与5种感觉联系起来，也与5种元素关系密切；这5种元素是土、水、火、空气和空间。通过理解所有这些活动提供的经验和意识，个人便向着人类自由发展。

吠檀多派没有拒绝数论派的细节观点，但选择了更简单的哲学。以《奥义书》中一些大格言为基础，吠檀多派宣称所有事物都充满了与上帝联系的内在意识。上帝只有一个，没有第二个。所有事物都是上帝的组成部分。每个个体都以个体灵魂的形式具体化那个上帝。当一个人看到其灵魂的真正本质的时候，他与上帝就建立起一种联系。

瑜伽派以数论派为基础，提供特殊的 1963
伦理和身体实践，推动个体到一种自由状态。这些实践包括友谊、同情、幸福和平静的培养以及前面列出的耆那教的伦理格言。瑜伽派圣经《帕坦伽利》（Patanjali）详细说明练习的效果，认为练习可以净化气息，并使练习者建立起与身体能量中心（轮穴）的联系。

正理派认为，要想过上美好的生活，个人应该熟悉思考和逻辑。胜论派概括了物质世界的种类，认为通过了解世界是如何运转的，个人能够使快乐和幸福具体化。弥漫差派则为如何最好地执行仪式提供了详细说明，强调崇拜行为产生深刻幸福状态。

到古典时代晚期（约400），这些各式各样的传统彼此之间进行积极对话。佛教徒在现代巴特那（Patna）构建了一所庞大的综合性大学，称为那烂陀寺，每年容纳和培训数千名僧侣。到当时，大神庙和洞穴表明了这3个传统宗教的财富和势力，它们是佛教、耆那教和较晚后出现的印度教。史实文学作品广泛传播开来，包括《摩诃婆罗多》《罗摩衍那》和《往世书》。这些鸿篇巨著性的文献除了包括引人注目的故事，还是人们学习哲学的工具。《薄伽梵歌》是教授印度思想的储藏库，因为克利须那神（毗瑟挐的化身）将瑜伽的各种形式告诉不情愿的

> ……包荒，用冯河，不遐遗。朋亡，得尚于中行。
>
> ——《易经》

战士阿朱那(Arjuna)：知识、行动、奉献和冥思。

新视野

在7世纪和8世纪，一场新运动出现了，密教(Tantra)在北部和南部同时兴起。密教认为仪式可以被实施，将有效地推动一个人朝着更深入状态的力量和内省发展。它认为帮助实践者克服所有形式的附属物会冒犯传统道德。密教创作了大量新文学作品。这些作品和密教倡导的方法受到印度教徒和佛教徒以及大量耆那教僧侣的严厉批评；在他们看来，对严肃伦理道德的遵守是不可侵犯的。

同时，年轻的哲学家商羯罗(Sankara)写了很多关于《奥义书》和《薄伽梵歌》的评论，提出了新的哲学解释，称为不二论吠檀多。商羯罗强调变化的世界只是一种错觉，通过正确冥思和"非此亦非彼"的记忆，个人能够看透面纱和浮渣、看清现实。其他哲学家在接下来几百年里逐渐凸显出来，包括阿毗那婆笈多(Abhinavagupta)和《瑜伽维西斯塔》(Yogavasistha)的不知名的作者。前者详细阐述了一种以美学为基础的哲学。后者提出了一种观点，即世界像梦一样出现和分解，我们需要寻找内在力量去管理和净化这个梦。伊斯兰教在11世纪开始进入印度。部分上为了对伊斯兰教的一元论神学做出回应，虔诚运动兴起，力劝人们向单个神献身，最突出的是克利须那神；这样的宣传尤其见于柴塔尼亚(Chaitanya)和米拉拜(Mirabai)的诗歌。过去的1 000年的中期也出现了系统论哲学家，例如耶输毗奢耶(Yashovijaya，耆那教教徒)和毗那频书(Vijnanabhikshu，阿维丁[Advaitin])。当时，佛教已经从印度撤退了，因为从西方来的苏丹毁坏了佛教寺院和图书馆。印度教和耆那教建筑项目因泰姬陵这样的大建筑物而显得相形见绌。

英国人统治印度时期出现了印度思想的复兴。诸如兰拉姆·莫罕·罗伊(Ram Mohan Roy)、斯瓦米·维韦卡南达(Swami Vivekananda)、鲁宾卓纳斯·泰戈尔(Rabindranath Tagore)、室利·阿罗频多(Sri Aurobindo)和莫汉达斯·甘地这样的哲学家们获得西方教育，将新思想带入与印度古代文献和传统的对话中。罗伊是印度普世主义的倡导者。维韦卡南达认为印度的瑜伽可以提高世界范围的精神性。泰戈尔是诺贝尔奖得主，使世界人民记起了诗歌美的重要性。1964
阿罗频多认为自我实现是内在过程的演进。甘地的非暴力哲学彻底改革了政治策略，他不仅成功地领导印度摆脱殖民统治的战斗，还启发了美国的民权运动，引起了几十年以后菲律宾马科斯政权的倒台。

印度哲学留下了悠久的遗产。随着世界的现代化，印度哲学明显的印记不仅发现于次大陆，还几乎见于目前世界各地关于因果报应、社会责任和通过各种形式的瑜伽过上美好生活的论述。

古代中国思想

在公元前221年秦朝统一中国，血腥的战国时期结束之前，中国哲学家集中精力于寻找过上幸福生活的正确道路，他们希望统治者根据这些价值观管理政府。因此，先秦时期的各种哲学家被分入很多学派。司马迁的《史记》列出了6个学派：儒家、墨家、法家、名家、阴阳家和道教。在班固的《汉书》和刘歆的《七略》中，他们又加上4个学派：农家、纵横家、杂家和小说家。每个"学派"都有一些可以用来将其与其他学派区分开来的学说。儒家、墨家和道教有很多分支学派，还有一些学派是这些古代文献没有列举出来的，包括兵家和以宋荣子为代表的宋尹学派。毫不奇怪，争论不仅讨论哪种道路是正确的道路，还讨论怎样找到它。

农业、冶金、军事艺术和统治权的技术变化创造了对技术型人才的需求。关于能够领导有才能的大臣并值得尊敬的统治者的概念成为各派哲学家共享的思想。先秦时期，政治、经济和文化变化增加，为新哲学创造了环境。因为训练精良的有学问的骑兵、官员和熟练工匠的需求大增，孔子(前 551—前 479)开创的为每个人甚至普通人提供教育的制度变得流行起来。大多数先秦哲学家提议所有人，尤其是统治者和大臣们，都应该坚守其获得的社会角色。为了社会正常运转，每个人都必须做他应该做的事情。大多数哲学家回顾历史上的黄金时代，为人们之间和人与自然之间的和谐关系设定标准。他们中的很多人倡导每个人都具有成为圣人的潜能。除了这些一般共性，各个哲学派别就如何达到和谐及怎样正确地教育人们的细节进行争论。

孔子及其影响

孔子认为周朝家族和封臣已经丧失了先前国王们的道，丧失了周朝建立者——文王和武王以及周朝公侯们的道。在孔子看来，道指的是先前国王的道，是美德之道。孔子倡导过去社会非常和谐的黄金时代的流行思想。他旨在通过复兴过去的美德和价值观来改革社会；这样的改革首先从统治者家族开始，然后通过贵族延伸到普通人。从方法论上讲，孔子的学说应该从一点一滴地往孩子头脑中灌输孝顺思想开始。孝顺的孩子变成忠诚的大臣。从本体论上讲，孔子认为所有人生来都是相似的，都有仁爱的能力。由于不正确的培养，人们失去了他们先天的仁爱习性。孝顺保持仁爱的习性。这些学说提倡分等级的爱，人们更爱近亲而非远亲，更爱同村之人而非陌生人。

社会腐败的问题进一步通过美德教育和个性发展来减轻。仪式活动(礼)是提高人类仁爱(仁)的正确道路。所有人，尤其政府官员必须是
1965 可信的(信)。人们必须遵守正确的正义(义)标准。人们应该实行符合道德的智慧(智)。这些通常被称为 5 种美德；还有更多的美德。通过美德教育，人们理解美德的作用，并实践美德，造就多才多艺的个人和帝国的和平。

孔子的门徒强调其学说的不同方面。孟子认为人在出生时本性都是好的。孟子阐释天命，认为国王统治是上天认可的，农民起义也是如此。孟子反对个人主义的杨朱学派、农家、兵家和墨家。他的哲学在宋朝得到复兴，称为新儒学。荀子(活跃于前 298—前 238)提出了实用主义的儒家思想，认为人生而离经叛道。教育和仪式活动是控制人们的。荀子认为一个聪明的统治者应该遵循最近期的国王的道路，而不是先前的国王的道路。他的学说影响到了儒家学说在汉朝的发展。

墨子最初是儒家门徒。他接受军事艺术的训练，为不被看好的一方进行辩护。他吸引了很多门徒。与孔子相像，墨子相信以前国王的道和美德教育是矫正社会腐败的方式。但他攻击孔子的主张。在墨子看来，社会腐败是由提倡家庭价值观和孔子主张的分等级的爱导致的。墨子认为先前国王的道提倡每个人之间平等的爱(兼爱)。如果人们都会以爱自己父母的方式爱彼此，那么所有冲突都会以和平而终止。关于公共福利，墨子提倡国家在运行过程中注重节俭，反对贵族奢侈的丧葬和音乐表演，更反对普通人效仿之。墨子批评攻击性战争，因为它是分等级的爱产生痛苦的证据。他的追随者们发明了定义术语和辩论的方法。

法家支持社会改革以建立法律和秩序，认为儒家思想和墨家思想在提倡道德高于法律的过程中使社会堕落。道德制造了社会问题，因为它认为保护社会利益而非法律是正当的。随着西周(前 1046—前 771)将各个族群结合起来，并在经济上扩张，对法制政府的需求增加了。到春秋时期(前 770—前 476)末期，成文法出版了。一些法家人物强调人们对秩序井然的国家政府的需求，也强调人们对既适用于普通人也适用

于贵族的成文法的需求，甚至强调人们对治国才能之价值观以及政治技术和方法的需求。韩非(约前280—前233)和李斯在孔家导师荀子的门下学习。他们到秦国辅助吕不韦。吕不韦是年幼的国王的令尹(意即丞相)，这个年幼的国王后来变成了秦始皇。韩非把法家思想系统化了，尤其是系统化了有关法律、权力和治国才能的观念。他攻击儒家和墨家门徒关于君主应该准确体现以前圣贤统治者符合道德之道路的主张，批评他们的道德论，以便支持自己的法律思想。类似的法律发展道路也发生在古代希腊和古代罗马国家。

名家起源于那些分配奖赏和惩罚的官员。对职称和绩效的评估转变成了一种将名与实联系起来的哲学。因为辩论是哲学家获得声誉和生计的手段，所以所有学派都强调辩论。名家门徒理性调查矛盾领域。惠施是庄子的朋友，他们认为万物形成一个综合的个体。惠施试图通过理性和语言了解这个个体；而庄子通过直接经验寻找它。他们的思想可以与希腊的怀疑主义者和诡辩家相比较。

握牢自然力量，人们可以区分处于两极、相互关联又相对的现象，例如重与轻、干燥与潮湿、热与冷、明与暗。这种关联性思想是大多数中国哲学家的思想基础。我们在希腊前苏格拉底思想家(尤其是阿那克萨哥拉[Anaxagoras])那里可以看到这种思想。最初，阴指的是阴影，阳指的是日光。后来，它们变成了哲学概念，指的是相互关联但相互对立的宇宙力量。阳与光明、运动、阳性和给予生命的力量有关。阴与黑暗、宁静、阴性、腐败和死亡关系密切。这两种力量互相关联、彼此包含。它们被用于解释事物
1966 为什么变化和怎样变化。它们与五种相(五行)结合在一起，即木、火、土、金和水。

道教与道

如果儒家建立了文化传统，那么道教便形成了反文化。与大多数哲学家不同，道教想成为隐遁者。他们的一些思想与赫拉克利特(Heraclitus)的思想相似。一些道教实践活动与希腊犬儒学派的行为相似，后者也从社会中隐遁。他们的冥思实践可以与印度教和佛教实践相比。道教起源于古代萨满实践，例如从自然中获得力量。这些萨满实践被改进为气息调理和冥思技术(Roth 1999)。

阴阳和八卦符号对于道教哲学来说都具有重要意义

《老子》和《庄子》是从先秦时期遗留下来的两部文献，形成了道教思想的核心。老聃或老子(约公元前6世纪)是81首诗(章)的所谓作者，这些诗上面有他的名字——老子。文献是由宫廷官员写成的，他们希望给自己的统治者和同僚提出建议，建议他们通过修身按照正确的道路管理国家，修身会将他们与自然力联系起来。世间的四个伟大事物是道、天、地和国王。“人法地，地法天，天法道，道法自然。”(《老子》，第25章)他们鼓励统治者按照道行事，方式是“无为而无不为”(《老子》，第37章)。老子对古代哲学的贡献是他能够把道吸收进最一般的和最终的类别。

根据《史记》中庄子的传记，他拒绝接受楚威王(前339—前329年在位)的邀请，不愿出任丞

相之职。据说,他是同名书籍《庄子》前7章的作者。《庄子》集中探讨修养,通过拥抱自然变化进行修养,自然变化最终导致人们进入天空的安静状态或者与道的神秘统一。这种类型的自然神秘主义可以与新柏拉图主义的先验的神秘主义和婆罗门教的神秘主义相比较。活着时与自然力量、道和谐一致,死亡时与自然成为一体,是最终的神秘体验。庄子的哲学强调与变化保持一致的生活的重要性。庄子认识到人们专注于其他人的观点,因此,他们努力工作、在困境中生活、年纪轻轻就死去。他主张人们实践冥思、减少压力和冲突,会把他们带入与自然之道的和谐一致。

《七略》中列出的前3部杂家文献是《尸子》《吕氏春秋》和《淮南子》,都是哲学著作,应用了统一的哲学思想,都是从其他派别中吸取来的。《尸子》(约公元前300年)以残篇的形式保留下来,综合了其他哲学。《吕氏春秋》(公元前238年)和《淮南子》(公元前130年)对其他哲学的综合和统一表现得更明显。《吕氏春秋》按照季节组织哲学体系,例如杨朱的个人主义、道教的非攻和墨家的博爱都是在春季实践的;儒家的教育、仪式和音乐都是在夏季研究的;军事和司法事务留到秋季处理;墨家节俭的丧葬、法家的管理事务和死刑适于在冬季进行。这种庞杂倾向 1967
影响到了汉朝文学和哲学。

名家没有出现在汉代学者关于诸子百家的论述当中。实际上,他们获得了“子”这种赋予哲学家的荣誉头衔。孙武(孙子)因他论述战略的著作《孙子兵法》而闻名。今日的军事院校都在研习这部书。他的著作认可了在军队中培养伦理德性的重要性,认为这样可以支撑士兵的忠诚,使其单纯地参与战争。

先秦时期是一个动乱时代,但对于中国哲学来说却是一个重要时代。各个学派的各种思想都被吸收进汉朝的儒家思想中,使该思想成为综合的和可行的思想。尽管儒家门徒鄙视法家,但信奉“儒家思想”的汉帝国和之后的历代王朝要想繁荣发展,除了控制民众的仪式制度,首先必须有司法制度,还需与其他国家有外交往来。考虑到儒家思想和道教接下来发展的庞杂性,杂家为那些继续研究正确之道的中国哲学家留下了持久的印象。

进一步阅读书目:

Ames, R.T., & Rosemont H., Jr. (1998). *The Analects of Confucius: A Philosophical Translation*. New York: Ballantine Books.

Chan, W.T. (1963). *A Source Book in Chinese Philosophy*. Princeton, NJ: Princeton University Press.

Chethimattam, J. B. (1971). *Consciousness and Reality: An Indian Approach to Metaphysics*. London: Geoffrey Chapman.

Dasgupta, S.N. (1922-1955). *A History of Indian Philosophy*, (5 vols). Cambridge, U.K.: Cambridge University Press.

deNicolas, A.T. (1976). *Meditations through the Rig Veda: Four Dimensional Man*. York Beach, ME: Nicolas Hays.

Fung, Y.L. (1952). *History of Chinese Philosophy*. Vols. I & II. D. Bodde (Trans.). Princeton, NJ: Princeton University Press.

Goodall, D. (Ed.). (2005). *Hindu Scriptures*. London: Phoenix.

Graham, A.C. (1989). *Disputers of the Tao*. La Salle, IL: Open Court.

Hsiao, K.C. (1979). *A History of Chinese Political Thought*. F. W. Mote (Trans.). Princeton, NJ: Princeton University Press.

Ivanhoe, P.J. (2002). *The Daodejing of Laozi*. New York: Seven Bridges Press.

Radhakrishnan, S., & Moore, C.A. (Eds.). (1957). *A Source Book in Indian Philosophy*. Princeton, NJ: Princeton University Press.

Roth, H. D. (1999). *Original Tao: Inward Training (Nei-yeh) and the Foundations of Taoist Mysticism*. New York: Columbia University Press.

克里斯托弗·克伊·察柏尔(Christopher Key Chapple) 文
詹姆斯·塞尔曼(James D. Sellmann)
郭子林 译,毛悦 校

Philosophy, Greek And Roman 希腊罗马哲学

1968 希腊罗马哲学在古代世界的演进是通过对社会现实的本质以及理性与感性之间的关系进行探讨的方式展开的。柏拉图及其学生亚里士多德(以及他们关于柏拉图的形式理论的争论)或许是现代世界最可辨认的,但赫拉克利特的观点是后来所有西方哲学思想的特征,即智慧是通过理解理性如何引导世界而获得的。

哲学源自希腊语"爱智慧"一词,是对真理和存在本源、知识和伦理的理性探究。它包括宇宙观、自然史、伦理学、认识论和政治学。希腊罗马哲学是西方文化遗产的根源,在一种爱争论的氛围中发展起来,研究重要文化问题:现实的本质、逻辑与现实的关系、知识与怀疑精神之间的关系、理性与感性的关系。最初的希腊文作品遗失了,只有柏拉图和亚里士多德的作品保留下来。大多数希腊哲学最多是根据后来(常常怀有敌意的)作家的记载重构出来的,这些作家的简短摘录通常缺乏语境。

前苏格拉底时代

早期希腊哲学可称为"前苏格拉底时代的哲学",尽管包括一些与苏格拉底同时代的思想家;其肇始于大约公元前 600 年爱奥尼亚(土耳其)的米利都。米利都是古代希腊一个富有的港口城市。思想家们在米利都接触到了近东医学、农业、数学和天文学方面的发明。这种接触激发米利都哲学家们提出了一些关于世界的新问题。自然世界的材料、成分和运作是什么?自然(*phusis*)是一个事物,还是很多事物?事物借以形成、终止和从一个事物转变成另一个事物的变化过程是什么?哲学家们回避魔法、神祇和自然的人格化,根据从自然界观察到的本源来解释存在。3 个米利都学派为唯物主义一元论者提供了稍微不同于往常的解释。一元论提出的信仰是一个基本物质是所有现存事物的本源(*archē*)。泰勒斯(Thales,活跃于前 600—前 545)把水视作世间万物的本源,他或许是通过对水分的生产性质(种子获得水,就会生长)的观察获得的这种认识。阿那克西曼德(Anaximander,活跃于前 580—前 545)认为水也是特殊物质,从而提出一种物质,称为无极(*apeirōn*),这种物质包含所有对立面,比火厚重,但比空气更好,不可破坏,不能确定,起媒介作用,无穷大。阿那克西曼德假设了物质相互作用的原理,提出了值得关注的观点,即物体通过凝聚和膨胀从无极中分离出来。阿那克西曼德的学生阿那克西美尼(Anaximenes,活跃于前 555—前 535)修改了这种物质与能量统一理论的范式,假定空气为世间万物的本源,但保留了阿那克西曼德的凝聚膨胀原理。一元论者(正确地)认为物

质不能被创造或毁灭，只能被改变。

以弗所的赫拉克利特（Heraclitus，活跃于前510—前490）把希腊哲学的焦点从宇宙观转变到认识论。赫拉克利特拒绝经验论，认为逻各斯（logos，理性）是宇宙的组织原理，火要么是世间万物的本源，要么是引起变化的刺激因素。1969 冲突的本质是保持感官事物的平衡状态，并使世界变化成为可能。赫拉克利特提出一个将支配未来思想家们的问题。变化是可能的吗？如果是，那么变化是怎样发生的？他的观点成为后来哲学的特征，即智慧是通过理解理性如何引导世界而获得的。

接踵而至的思想家们提出了多元物质系统。恩培多克勒（Empedocles，活跃于前460—前430）提出了一个四根说（土、水、气和火），获得了亚里士多德的支持。变化是由爱和恨的振荡力量造成的。当宇宙倾向于全部爱的时候，几个因素彻底混合起来；当恨占主导地位的时候，几个因素彻底分离开来。德谟克里特（Democritus，前440—前380）提出原子论，获得伊壁鸠鲁学派（Epicureans）的提倡：感性世界由空白（虚空）和原子构成，原子是自然界不可缩减的实体，其潜在规模、形状和结构都是无限的。阿那克萨哥拉（Anaxagoras，活跃于前480—前430）激进地（并因此遭到激烈拒绝）提出了多元的种子说，即每个事物的一部分都存在于每个事物之中；这引出了阿那克西曼德关于世界本源的观点。

尽管思想家们继续争论宇宙论的问题，但焦点转向了伦理学和认识论。意大利南部的毕达哥拉斯学派（在公元前5世纪）培养了两个不同的学派：知者学派（*mathematicoi*）和听者学派（*acousmaticoi*）。知者学派提出数字原子主义的物质系统：所有事物都源自数字，数字的特征决定了事物的特征，这是向演绎证据迈进的初期步骤。相较而言，听者学派强调神秘主义和权威论，可能受到了色雷斯或斯基泰（Scythian）萨满教的影响。听者学派坚持公共禁欲主义生活方式，提倡严格的仪式纯洁（尤其禁止杀戮），其信徒们保持避免污染，使灵魂能够上升到纯真和类神状态。色诺芬尼（Xenophanes）是第一个形成宇宙神（演变成了柏拉图笔下的造物主和亚里士多德笔下的不动的推动者）概念的希腊人，也是系统思考观点与知识之间的差别的第一个希腊人。他讽刺神人同形同性论和多神论，写道："如果牛或马或狮子有手，能够像人那样绘画和雕刻，那么马将把它们的神刻画得像马一样，牛将把它们的神描绘得像牛一样，它们都会按照与它们自身的身体形状塑造神祇的身体。"

巴门尼德（Parmenides，活跃于前490—前450）提倡抽象概念，直截了当地否认经验主义的价值。巴门尼德相信只有存在者存在，那是一种简单、静态和永恒的实体，把现实（真理之路）和表象（意见之路）区分开来。变化是不可能的；存在是永恒的、静止的。相较而言，表象世界具有欺骗性，人类对自然的解释是谬论（正如赫拉克

亚里士多德的头部雕像。亚里士多德是柏拉图的学生，是亚历山大大帝的老师。纽约公共图书馆

利特认为的那样)，世界上表面上的变化都是错觉。值得注意的是，巴门尼德在毕达哥拉斯学派的指导下学习，使用演绎论证，影响到后世的理性对话。演绎论证是仔细构建起来的论证，从对最初的“真”假设开始，直至得出无可争辩的结论。

哲学家们以各种方式对巴门尼德关于变化的断言做出反应。芝诺(Zeno，约前490—前
1970 430)被亚里士多德称为“逻辑辩证之父”，采用悖论法探讨巴门尼德的观点。在阿基里斯和乌龟的悖论中，芝诺指出飞毛腿英雄不能战胜行动迟缓的乌龟，因为阿基里斯必须首先走完乌龟已经走过的那一半路程。既然阿基里斯不可能跨越无数的点(芝诺假设空间是无限可分的)，那么乌龟将总是保持一定的领先距离。亚里士多德批评芝诺的预设存在问题。

智者

公元前5世纪的智者运动体现了一种新的哲思方法：旅行学者为了金钱教授智力技能；尤其是教授修辞和能言善辩的技巧，因此正如柏拉图认为的那样，这种为了金钱而教授技术的行为贬低了这种技术的价值。诡辩家普罗泰哥拉(Protagoras，活跃于前460—前420)的著名论断是“人是万物的尺度”(在没有任何语境的情况下被引用)，提倡相对主义的认识论，即信仰在信奉者看来是真实的，那么这种信仰就是真实的。柏拉图驳斥这种认识论。

柏拉图

在解决宇宙论、伦理学、认识论和自然本质等问题方面，在引导人们对理性思考、辩论和理论评价等的注意方面，柏拉图(前427—前348/347)是前苏格拉底时代哲学成就的顶峰。柏拉图师从苏格拉底。苏格拉底什么都没有写，但坚定地将哲学转向政治学和伦理学。柏拉图的思想和流派一样有影响力。在他的对话集中，柏拉图从来不作为讲话者出现，而是按照几个不同的人物角色写作(苏格拉底是最有说服力和最有影响的角色)；这种策略使柏拉图与其笔下对话者的观点拉开距离，并迫使读者积极参与复杂的、有时无结论的议题，而非消极地接受柏拉图本人的观点。

柏拉图相信宇宙秩序是美(ta kalon，直译为“美”)，而且展现出秩序的事物是值得研究的。柏拉图也提出了关于宇宙的第一个系统目的论解释；根据造物主的计划构筑一个仁慈理性的工匠，他以头脑中最好的思路安排外在秩序。为了回应巴门尼德对变化的否定，柏拉图提出了理念论。非物质的、不可感的、永恒的和可知的理念永远存在，而且毫无变化，这是相较于生成物的不断变化的世界而言的。可感世界的物体仅仅是理念的影子。例如，没有两张桌子是一模一样的，没有任何可感的桌子能够复制理念的桌子。尽管如此，可感的桌子分有理念的桌子(形状、物质材料和功能)。因此，变化和稳定都是真实的。在《理想国》第7卷中，洞穴之喻说明
了这个理论。 1971

探知柏拉图的真正思想(在对话集中含糊不清地表达出来)是困难事情，这产生了两个主要的柏拉图传统。柏拉图在雅典的学派——怀疑主义的柏拉图学派——一直活跃到公元前1世纪，该学派主要是反对其他哲学思想，而不发展自身最初的观点。后来的柏拉图主义者则试图系统地研究和推进柏拉图的思想。

亚里士多德

柏拉图最著名的学生亚里士多德，是亚历山大大帝(马其顿的亚历山大)的良师益友，也是

让-莱昂·热罗姆(Jean-Léon Gérôme)的《苏格拉底在阿斯帕西亚房间里寻找亚西比德》(*Socrates Seeking Alcibiades in the House of Aspasia*, 1861年)。布面油画

17世纪以前在欧洲科学界保持绝对地位的学者。现存的亚里士多德残篇都是他在自己于雅典创办的吕克昂学园讲授的未经润色的讲稿。亚里士多德拒绝自然的数学化,建立了研究和考察模式,支持经验观察和演绎论证。

亚里士多德拒绝柏拉图的理念论,认为物体只能通过人们对其功能的认识得到理解,而且可感事物可以还原为4种原因:(1)形式因——事物获得的(形状);(2)质料因——潜在于形式中的事物(例如大理石);(3)动力因——引起变化(例如一位雕刻师);(4)目的因——变化的目的(例如美化或赞助)。目的因占据首要地位,但离不开其他原因:一把锯的目的决定了它的质料(铁)和形式(形状)。属性(例如颜色、重量和结构)不能离开其物体而独立存在,物体是由形(硬度、颜色)和物(岩石、木头)构成的。例如,没有完美普遍的狗,只有特殊个别的狗,一些狗有下垂的耳朵,其他狗有短尾巴。亚里士多德化解了巴门尼德关于变化的问题,认为变化不是从非存在到存在,而是从潜能到现实。例如,种子是潜在的植物,生长是靠增量发生的。变化能发生在实体(生或死)、质量(用热量软化的蜡)、数量(增长和降低)、位置(移动)中。变化和运动可以回溯到事物的本质:变成橡树是橡子的本质。

希腊化哲学

在亚历山大大帝统治时期,一种新的国际主义精神扩大了文化可能性,尤其在那些学术中心;这些中心吸引了来自整个希腊语世界的学生。哲学学派在雅典和亚历山大里亚蓬勃发展起来,作品形成3种类型:(1)系列文集(以老师和学生之间的师承关系为基础,包括主要和次要人物);(2)哲学家论述集(系统记录不同哲学家关于某些主题的观点,安排在一起,以便展示各个学派之间的矛盾或差异)；(3)关于思想学派的论文(对一个学派主要学说的概述)。

两个思想学派最盛行：伊壁鸠鲁学派和斯多葛学派。它们共享的目标是获得快乐，从焦虑与恐惧中解脱出来。两个学派都认为非理性恐惧源自对自然现象原因的无知。它们都认为物理学和伦理学的研究对于根除非理性恐惧和达到至善是根本。它们都认为哲学的目的是获得心灵的宁静。两个学派在对待物理学的细节和寻找至善的方法上存在分歧。

伊壁鸠鲁学派

伊壁鸠鲁(Epicurus，活跃于前 310—前 270)反映了个人主义的希腊化精神和文化的自我表述，在那种文化中政治生涯和政府干预几乎没有出场机会。伊壁鸠鲁的哲学、伦理学和物理学体系源自原子论，在雅典他的学园即“花园”中讲授。伊壁鸠鲁发展了德谟克里特的原
1972 子论，声称原子持续地向下运动，但偶尔会“转向”，这使冲突(导致混合物的形成)成为可能，因此使调节目的论(命运)和自由愿望成为可能。伊壁鸠鲁相信由原子的属性和安排引导的物质宇宙的存在，从而所有现象都是可以解释的。

伊壁鸠鲁主义在拉丁诗人卢克莱修(Lucretius，约前 90—前 55)那里得到了最雄辩的表述，其关于《物性论》的史诗保留了伊壁鸠鲁的学说。卢克莱修坚信世界的物质性。只有原子和虚空是持久的。原子和虚空可以说明世界的变化。可感物体(包括人类灵魂)是由原子成分创造的，并被毁坏还原成原子成分。个体原子能够合并起来，创造任何数量的可感物体或生物体。原子是存在的，这可以通过观察证明：风能够被感觉到；水能够蒸发；金属和石头可以腐蚀。所有现象，包括疾病和重大自然现象(闪电、雷、地震、彩虹、火山喷发、磁力)，都可以用原子的属性解释。至高美好是摆脱了焦虑的自由，只能通过对自然哲学关于面对无知导致的迷信和恐惧的研究才能获得。学习和研究不能根除自然爱好，但能重新安排灵魂的原子，结果人类可以生活在那种摆脱了焦虑的自由状态。

斯多葛学派

芝诺(Zeno，约前 334—前 262)在雅典画廊创建了一个学派，学派的名字便来源于画廊这个地方的名字。斯多葛主义试图使个人和政治存在顺应有序的宇宙。斯多葛学派遵循亚里士多德的物理学(普纽玛，易变的和相互转换的因素，自然运动)，认为每个事物都与暴躁的神灵有着密切联系，元素源自火，并将回归火。变化和运动通过圣灵(灵魂，精神)发生，通过运动张力将宇宙合并起来，运动张力接下来用相反方向上的同时运动制造内在一致和平衡。

斯多葛学派采用了犬儒学派的伦理学体系。犬儒学派的追随者用极端原始主义解释其格言：“根据自然生活。”斯多葛学派坚持认为激情始终是糟糕的，唯一的善是德性，德性是通往幸福的唯一条件。德性包括履行对国家承担的义务(例如政治生活)。结果，这种以义务为基础的哲学在那些受义务困扰的罗马知识分子中发展起来，包括西塞罗(Cicero)、小塞内卡(Seneca the Younger，约前 4/公元 1—公元 65)和皇帝马可·奥勒留(Marcus Aurelius，121—180)。

罗马哲学创始人

哲学主要保持在希腊知识分子的视野内。直到公元前 1 世纪中叶，罗马人还拒绝希腊哲学，认为它是脱离实际的、分散人的注意力的和破坏性的。他们根据执政官敕令(公元前 161 年)驱逐了来自希腊城市的哲学家。罗马人最终发现希腊伦理学具有吸引力，但回避思考和数

> 古典时代的伟大价值在于这样的事实，即那个时代的作品是现代学者依然能够准确阅读的作品。
> ——弗里德里希·尼采(1844—1900)。

学。西塞罗提倡数学仅仅是为了提高智商。希腊哲学因其对政治学、伦理学和职责的强调而罗马化。

西塞罗(前 106—前 43)受到柏拉图主义怀疑主义倾向的严重影响，使哲学可以为罗马受众所理解。他概述了主要哲学学派的思想，从罗马历史中寻找证明行为正确性的事例，并用这些事例说明哲学观点。西塞罗还发展了拉丁哲学词汇，发明了一些翻译希腊概念的拉丁文词语(essentia、qualitas 和 moralis；这些拉丁语词语的英语对应词分别是 essence、quality 和 moral)。他政治性地运用哲学，希望通过在统治阶级中倡导为了美德而履行义务的方式，捍卫和复兴罗马共和国，而统治阶级之前履行义务的动机是对声誉、财富和权力的渴望。

西塞罗对后来的哲学家产生了明显影响。奥古斯丁(Augustine，354—430)从罪孽转向西塞罗的《霍腾西乌斯》(*Hortensius*，目前已经遗失)中阐述的哲学和上帝。托马斯·霍布斯(Thomas Hobbes，1588—1649)和伯纳德·曼德维尔(Bernard Mandeville，1670—1733)反
1973 对道德怀疑主义。大卫·休谟(David Hume，1711—1776)的《关于自然宗教的对话集》(*Dialogues Concerning Natural Religion*)是以西塞罗的《论神的本质》(*De natura deorum*)为模本的。约翰·洛克(John Locke，1632—1704)的政治哲学在美国《独立宣言》中反映出来。

新柏拉图主义

古代哲学的最后阶段是新柏拉图主义(一个现代词语)时期，它是古典古代后期世界占主导地位的哲学体系。它深深地影响着基督教、拜占庭和伊斯兰哲学、文艺复兴时期的人文主义(在 15 世纪思想家乔瓦尼·皮可·德拉·米兰多拉[Giovanni Pico della Mirandola]和马西里奥·斐西诺[Marcilio Ficino]的参与下)。普罗提诺(Plotinus，204—270)把亚里士多德的逻辑、斯多葛主义和神秘主义结合起来，旨在简单地阐发柏拉图的哲学，捍卫柏拉图主义，反对逍遥学派和斯多葛学派的批评。但是，他的阐发尤其关注灵魂的性质，演变成为最初的宗教科学哲学。普罗提诺考察灵魂与身体之间的关系，设想出 3 个根本的、可理解的和神圣的本体——太一(等同于柏拉图《理想国》第 6 卷“善的理念”，是可感世界的终极原因)、理智、灵魂，其他每一件事物都源自这三者。普罗提诺把人类的自我

切萨雷·马加里(Cesare Maccari)的《西塞罗揭发喀提林》(*Cicero Denounces Catiline*，1882—1888)。壁画。西塞罗从罗马史中寻找恰当行为的事例来解说这些观点

等同于超然物，即有理智的灵魂（不是那种使身体富有生机的具身性灵魂）。存在的最高目标是灵魂通过合一返回到太一那里。

他的学生波菲利（Porphyry，约 233—305）出版了普罗提诺的作品，并对其做了评论。波菲利的学生杨布利柯（Iamblichus，约 300—327）吸收了毕达哥拉斯主义的观点，认为连贯的灵魂遍布全身。因此，为了把灵魂从受到污染的身体中解放出来，法术是必要的。晚后的新柏拉图主义者包括普罗克洛（Proclus，411—485）和约翰·斐罗帕纳斯（John Philoponus，490—570）。前者试图将所有希腊哲学系统化，后者对亚里士多德的评论提供了希腊-罗马传统、伊斯兰传统和文艺复兴传统之间的连续性。

尽管罗马皇帝查士丁尼（Justinian）在 529 年关闭了学园，但希腊罗马哲学持续发展，因为思想家们继续提出希腊-罗马哲学家们提出过的问题，并对其进行解答。

进一步阅读书目：

Annas, J. (2000). *Ancient Philosophy: A Very Short Introduction*. Oxford, U.K.: Clarendon Press.

1974 Annas, J. (2003). *Plato: A Very Short Introduction*. Oxford, U.K.: Clarendon Press.

Barnes, J. (2000). *Aristotle: A Very Short Introduction*. Oxford, U.K.: Clarendon Press.

Dillon, J., & Gearson. L. P. (Eds.). (2004). *Neoplatonic Philosophy: Introductory Readings*. Indianapolis, Indiana: Hackett.

Fieser, J., & Dowden, B. (2009). *Internet Encyclopedia of Philosophy*. Retrieved September 23, 2009, from http://www.iep.utm.edu/

Kirk, G. S., Raven, J. E., & Schofield, M. (Eds.). (1983, 1999). *The Presocratic Philosophophers*, 2nd ed. Cambridge, U.K.: Cambridge University Press.

Long, A. A., & Sedley, D. N. (Eds.). (1987). *The Hellenistic Philosophophers*. 2 Vols. Cambridge, U.K.: Cambridge University Press.

Stanford Encyclopedia of Philosophy. (2009). Retrieved September 23, 2009, from http://plato.stanford.edu/

乔治娅·伊尔贝-马西（Georgia L. Irby-Massie）文
郭子林 译，毛悦 校